Verhandlungen

des

VII. Allgemeinen Deutschen Bankiertages

zu

Köln am Rhein

am 9., 10. und 11. September 1928

Auf Grund der stenographischen Niederschrift

Berlin und Leipzig 1928

WALTER DE GRUYTER & CO.

vormals G. J. Göschen'sche Verlagshandlung — J. Guttentag, Verlagsbuchhandlung — Georg Reimer — Karl J. Trübner — Veit & Comp.

Eröffnungssitzung

am Sonntag, 9. September 1928, nachmittags 5½ Uhr im Großen Saale des Gürzenich in Köln.

Vorsitzender Geheimrat Prof. Dr. jur. Riesser, Dr. rer. pol. h. c.:

Als Vorsitzender des Centralverbands des Deutschen Bank- und Bankiergewerbes habe ich nach unserer Satzung, was ich hiermit tue, den VII. Allgemeinen Deutschen Bankiertag zu eröffnen, der das Glück hat, sich in der großen, schönen, endlich befreiten Hansestadt Köln versammeln zu können.

Satzungsgemäß haben wir zunächst die Konstituierung des Bankiertags durch die Wahl des Präsidenten vorzunehmen. Ich bitte um Wortmeldungen!

Geheimer Kommerzienrat Remshard, Vorstandsmitglied der Bayerischen Hypotheken- und Wechsel-Bank, München:

Meine sehr geehrten Damen und Herren! Die Eröffnung des VII. Bankiertags, der ein besonders interessanter zu werden verspricht, zwingt jeden alten Bankier zunächst zur Rückschau, zur Rückschau auf die Tage der Uneinigkeit, der Zerrissenheit, der Schutzlosigkeit unseres Standes, auf die Jahre des Kampfes gegen die Apathie in unseren eigenen Reihen, auf die Jahre des Kampfes zur Erringung der dem Bankierstande zukommenden Geltung im öffentlichen und wirtschaftlichen Leben. Wer hat Gegensätze überbrückt, wer uns geeinigt und uns durch die Schwierigkeiten und Wirrsale der letzten Jahrzehnte erfolgreich hindurchgeführt? Wer hat es meisterhaft verstanden, durch die geradezu klassische Leitung die Bankiertage zu würdigen Kundgebungen zu gestalten, die ihre Wirkung nach innen und außen kräftig ausüben mußten? Unsere Blicke, Gefühle und mit heißem Dank erfüllten Herzen sind und bleiben gerichtet auf die Ehrfurcht gebietende Gestalt des weisen Nestors in unserem Rate, des Herrn Geheimen Justizrats Prof. Dr. Riesser. (Lebhafter allseitiger Beifall.) Wer anders als er, dem das Gemeinwohl, dem das Wohl des Vaterlandes über alles geht, soll die Geschäfte führen? Wer anders als er, auf den die Charakterisierung zutrifft, welche Tacitus dem germanischen Führer in seiner bekannten Prägnanz zuteil werden läßt mit den Worten: er ist mehr Vorbild als Befehlshaber, immer auf dem Platze, immer gerüstet, immer rührig an der Spitze — so herrscht er allein durch die Achtung, die er allen gebietet.

Ich weiß, meine sehr geehrten Herren, daß Sie meinen Antrag, Herrn Geheimrat Dr. Riesser auch diesmal zum Präsidenten unserer Tagung zu wählen, mit begeisterten Zurufen aufnehmen werden. (Lebhafter allseitiger Beifall.)

Vorsitzender Geheimrat Prof. Dr. jur. Riesser:

Ich danke auf das herzlichste Herrn Geheimrat Remshard für seine schönen Worte, die freilich, soweit meine Person in Frage kommt, weit mehr in die Höhe gingen, als ich es mitmachen könnte. Ich danke ihm und danke Ihnen allen, daß Sie seinem Antrage in so freundlicher Weise entsprechen wollen. Ich darf annehmen, wenn kein Widerspruch erfolgt — er erfolgt nicht —, daß antragsgemäß die Wahl des Präsidenten erfolgt ist und darf erklären, daß ich es als eine hohe Ehre empfinde, daß ich jetzt zum siebenten Male zum Präsidenten des Deutschen Bankiertags gewählt worden bin.

Meinerseits bitte ich Sie, zu Vizepräsidenten des Bankiertages durch Zuruf zu wählen die anwesenden Mitglieder des Vorstands des Centralverbands, also die Herren:

Dr. Arthur Salomonsohn, Dr. Max M. Warburg, Dr. Walter Frisch, Oscar Wassermann, Otto Bernstein, Dr. Eduard v. Eichborn, Otto Fischer, Alfred Maron, Moritz v. Metzler, Bruno Edler v. d. Planitz, Dr. Heinrich v. Stein, Wilhelm J. Weissel,

sowie die Herren:

Dr. Louis Hagen, Präsident der Industrie- und Handelskammer Köln, dessen Initiative die Tatsache unserer Tagung in Köln wesentlich zu danken ist,

Dr. Robert Pferdmenges, Direktor des A. Schaaffhausen'schen Bankvereins und Vorsitzender der „Vereinigung von Banken und Bankiers in Rheinland und Westfalen", mit welcher der Centralverband seit Jahren in treuester Waffengemeinschaft arbeitet und die sich auch um die Vorbereitung dieser Tagung hervorragende Verdienste erworben hat,

Dr. Eduard Beit v. Speyer, Frankfurt a. M.,

Richard Schmidt, i. Fa. Hammer & Schmidt, Präsident der Industrie- und Handelskammer in Leipzig,

Hans Remshard, Vorstandsmitglied der Bayerischen Hypotheken- und Wechselbank, Vorsitzender der Bayerischen Bankenvereinigung, München.

Es erhebt sich kein Widerspruch; die Herren sind somit einstimmig durch Zuruf gewählt, und ich darf wohl feststellen, daß sie die Wahl annehmen. Sämtliche Herren Vizepräsidenten bitte ich, nunmehr hier am Tische Platz nehmen zu wollen.

Zu Schriftführern der Tagung ernenne ich kraft Ermächtigung unserer Satzungen die Herren stellvertretenden Geschäftsführer des Centralverbands:

Dr. Hans-Albrecht Fraenkel, Dr. Erich Trost, Paul Schmidt und Dr. Kurt Tornier.

Ich darf nunmehr, meine verehrten Herren, auf das herzlichste und wärmste willkommen heißen neben unseren Mitgliedern, die sich in einer Zahl, wie wir sie niemals gesehen haben, hier versammelt haben, unsere Ehrengäste, in erster Linie den Herrn Oberbürgermeister Dr. Adenauer, den genialen, allen Lagen und Zeiten gewachsenen Leiter dieser schönen und ruhmreichen Stadt, den Herrn Reichswirtschaftsminister sowie den Herrn Reichsbankpräsidenten. Ich begrüße zugleich die sonstigen Herren Vertreter von Reichs- und Landesministerien, der Deutschen Reichsbahn-Gesellschaft sowie einer weiteren großen Zahl von Behörden; wollte ich sie alle beim Namen nennen, ich glaube, Sie würden ganz gewiß von morgens bis abends noch weiter zu sitzen haben, um alle Namen in sich aufzunehmen. Ich darf also wohl darauf verzichten, der Not gehorchend.

Ich danke ferner für ihr Erscheinen den Vertretern und Mitgliedern des Reichsrats, des Reichstags und der Landtage, des

Deutschen Städtetages, des Deutschen Industrie- und Handelstags und des Deutschen Landwirtschaftsrats und des Preußischen Staatsrats.

Mein Gruß gilt weiter den Industrie-, Handels-, Gewerbe-, Landwirtschafts-, Handwerks- und Maklerkammern, den Börsenvorständen, Zulassungsstellen und Börsenkommissariaten und den hier vertretenen öffentlichen und privaten Banken, Bankinstituten und Banken- und Bankiervereinigungen, unter denen ich den Verband Deutscher Privatbankiers in Dresden besonders hervorheben möchte, der durch eine unmittelbar nach dem letzten Bankiertage mit uns abgeschlossenen Vereinbarung dem Centralverbande als körperschaftliches Mitglied beigetreten ist und dessen Unterstützung unserer Arbeiten bei der für uns selbstverständlichen Wahrnehmung der Interessen der mittleren und kleineren Bankgeschäfte in der Provinz von uns besonders hoch bewertet wird.

Ein herzlicher Gruß sei auch gerichtet an die Herren Vertreter von Universitäten und Hochschulen sowie an die Vorstände von Anwaltskammern und des Deutschen Anwaltvereins, nicht weniger an die hier vertretenen freien Verbände, insbesondere die Spitzenverbände aus Industrie, Handel, Landwirtschaft, Gewerbe, Handwerk und der Privatversicherungen, mit denen wir in den letzten Jahren so häufig die wichtigsten Fragen erörtert und nach außen auch vertreten haben.

Unserer aufrichtigen Genugtuung möchte ich aber auch Ausdruck geben dafür, daß auf dieser Tagung auch zahlreiche und angesehene Vertreter der Landwirtschaft erschienen sind und durch ihr Erscheinen Zeugnis dafür abgelegt haben, daß die Zeit vorüber ist, wo Landwirtschaft und andere bürgerlichen Berufsstände sich absolut nicht vertragen konnten. Nun ist sie vorüber, und sie ist vorüber zu unserer Freude und im Interesse des Gemeinwohls.

Unsere lebhafte Freude gilt aber auch der Tatsache, daß wir auf dieser Tagung auch zahlreiche Vertreter von ausländischen Bankenvereinigungen und von Angehörigen des ausländischen Bankgewerbes versammelt sehen. Wir dürfen darin ohne Zweifel auch einen Ausdruck der nach und nach auch in den internationalen Verkehr übergehenden Ueberzeugung erblicken, daß die wirtschaftliche und finanzielle Lage eines Landes auch die aller anderen im internationalen Verkehr stehenden Länder stark beeinflussen muß — wir haben Proben dieser Tatsache zur Genüge miterlebt — und daß die Wirtschaft eines Landes nicht bedrängt und nicht verletzt werden kann ohne schwere Schädigung auch der anderen Weltverkehrsstaaten.

Eine isolierte Finanzpolitik und eine isolierte Wirtschaftspolitik kann auf die Dauer nicht gedacht und nicht durchgeführt werden.

Unsere aufrichtigen Willkommensgrüße darf ich auch übermitteln an die zu unserer Freude in so großer Zahl hier versammelten Vertreter der inländischen und ausländischen politischen und Fachpresse. Die kulturelle Bedeutung der Presse, ihre gewaltige Ausdehnung und Macht sowie die Größe ihrer Leistungen ist wohl noch nie so plastisch vor aller Augen getreten wie durch die großartige Ausstellung der „Pressa", auf deren Boden sich unsere Verhandlungen abspielen werden. Ich hoffe, daß die hier vertretene Presse des In- und Auslands auch unsere jetzigen Verhandlungen mit warmem Interesse begleiten wird und ihnen wie früher eine uns stets willkommene ernste und sachliche Kritik zuteil werden läßt.

Wenn ich mich zum Schlusse noch mit einigen Bemerkungen direkt an die Herren Vertreter der Reichsregierung und der Reichsbank wende, so möchte ich an die Spitze stellen die Hoffnung, daß es in Zukunft gelingen werde, die häufigen Störungen und Krisen erster und zweiter Ordnung, welche sich bei einer Uebertreibung des sogenannten parlamentarischen Systems zwangsläufig einstellen, stark zurückzudämmen. Heute liegen die Dinge so, daß fast jede auf lange Sicht berechnete und meist auch nur so denkbare Arbeit der Reichsministerien durch solche Krisen fast beständig erschwert oder unmöglich gemacht wird. Ich hoffe ferner, daß die Reichsregierung, wie auch immer ihre parteipolitische Zusammensetzung sein möge, in enger Fühlung mit allen in Betracht kommenden wirtschaftlichen Kreisen die Geschicke des Reichs unter Ablehnung einseitiger parteipolitischer Ziele und Bestrebungen im Sinne überparteilicher Sachlichkeit zu leiten entschlossen sein wird.

Soweit der Herr Reichswirtschaftsminister in Betracht kommt, entnehme ich diese Ueberzeugung aus meiner langjährigen Kenntnis seines Wesens und Wirkens. Ich hoffe deshalb auch, daß er es für gerecht und im Interesse der Gesamtwirtschaft

— das ist eine Voraussetzung, die auch wir aufstellen — liegend erachten wird, daß das Bankgewerbe im endgültigen Reichswirtschaftsrat nicht in einer so völlig unzureichenden Vertreterzahl erscheint, wie sie sich zu unserem starken Befremden, ungeachtet aller früheren gegenteiligen Erklärungen, in dem jetzt vorliegenden Gesetzentwurf findet.

Entschlossen, unsere berechtigten Interessen unter Wahrung des Gemeinwohls nach allen Richtungen energisch zu vertreten, werden wir nach unserer stets festgehaltenen Gewohnheit die Rücksicht auf das Gemeinwohl niemals hinter die privaten Interessen zurücktreten lassen. Das Gemeinwohl selbst aber kann nur dann gefördert werden, wenn unsere Verhandlungen mit Regierung und Regierungsbehörden getragen werden von einem Geiste gegenseitigen Vertrauens.

Den Herrn Reichsbankpräsidenten, den ich zu meiner Freude hier sehe, kann ich daran erinnern, daß auf den letzten beiden Bankiertagen 1920 und 1925 die deutsche Währung den Gegenstand eines besonderen Punktes der Tagesordnung gebildet hat. Daß hierfür dieses Mal ein Bedürfnis nicht bestanden hat, dürfen Sie, Herr Präsident, in erster Linie als Ihr Verdienst ansehen. (Bravo!)

Ich gedenke aber bei diesem Anlaß auch der Zeiten, wo vielfach die beklemmende Alternative bei Theorie und Praxis dahin lautete: „Wirtschaft o d e r Währung". Die Reichsbank hat sich demgegenüber meines Erachtens mit Recht zu der Parole: „Wirtschaft u n d Währung" bekannt (Bravo!), in der Erkenntnis, daß eine gesunde Wirtschaft und eine gesunde Währung sich gegenseitig bedingen müssen. Es ist wohl kaum erforderlich, daß ich dabei ausdrücklich noch hervorhebe, daß zu einer gesunden Wirtschaft, deren pflegliche und sorgliche Behandlung wir von der Reichsbank erwarten, auch die B ö r s e und der E f f e k t e n m a r k t gehören, und daß auch zwischen deren Vertretern und der Reichsbank eine dauernde vertrauensvolle Zusammenarbeit im Interesse der Gesamtwirtschaft dringend erforderlich ist.

Lassen Sie mich diese Bemerkungen abschließen mit der Hoffnung, daß der VII. Allgemeine Deutsche Bankiertag, der so viele, wenn auch bei weitem nicht alle wichtige Aufgaben auf seine Tagesordnung gestellt hat, auch hinter hochgespannten Erwartungen nicht zurückbleibe und auch diese seine jetzige

Tätigkeit dem höchsten Ziele, das es geben soll und muß, zugute komme, dem Wohle des Vaterlandes! (Lebhafter allseitiger Beifall.)

Ich erteile nunmehr das Wort Herrn Oberbürgermeister Dr. Adenauer.

Oberbürgermeister Dr. Adenauer, Köln:

Meine sehr verehrten Herren! Es ist mir eine große Freude und eine große Ehre, den VII. Allgemeinen Deutschen Bankiertag als Hausherr in dieser Stadt und diesem Saale begrüßen zu dürfen.

Sie wissen, meine Herren, daß Sie in einer Stadt tagen, in der das Bankwesen seither eine große, eine bedeutende Rolle gespielt hat. Sie wissen, daß in dieser Stadt trotz der Konzentrationsbestrebungen, die gerade auch in Ihrem Zweige so stark aufgetreten sind, auch jetzt noch Bankhäuser ihren Sitz haben, die internationale Bedeutung und internationalen Ruf besitzen. So dürfen Sie die Hoffnung hegen, daß Sie hier in einer Atmosphäre arbeiten werden, die Ihrer Arbeit günstig ist. Sie dürfen auch erwarten, daß der technische Apparat, den die Stadt Köln Ihnen bei Ihren Arbeiten zur Verfügung stellen wird, mit dazu beitragen wird, diese Arbeiten glatt und reibungslos zu gestalten.

Ich habe den lebhaften Wunsch, meine Herren, daß Ihre Arbeiten Ihnen Zeit lassen möchten, auch einen Gang durch die Stadt und einen Gang durch die „Pressa" zu machen. Wenn ich von einem Gang durch die Stadt spreche, so meine ich damit einen aufmerksamen Gang durch die Stadt im weiteren Umfang des Wortes. Sie werden dann sehen, daß diese Stadt, nachdem der Panzer der Festung gefallen ist, alles getan hat, was in ihren Kräften stand, um die Grundlage für eine gute zukünftige Entwicklung zu schaffen. Und wenn Sie, meine verehrten Herren, die „Pressa" aufmerksamen Auges besichtigen, dann werden Sie sehen, daß hinter diesem Namen viel mehr steckt, als Sie vermutet haben. Es ist noch zu früh, das endgültige Fazit dieser Ausstellung, der ersten großen deutschen internationalen Ausstellung nach dem Kriege, zu ziehen. Aber das eine kann man doch schon jetzt sagen: diese Ausstellung wird dazu beitragen, Vorurteile hinwegzuräumen und Brücken zu schlagen zwischen den maßgebenden Vertretern der verschiedenen Völker.

Ihre Tagungen, meine verehrten Herren, sind verhältnismäßig selten. Ihre letzte Tagung fand im Jahre 1925 statt, zu einer Zeit, als die deutsche Wirtschaft unter den Nachwirkungen der Inflationszeit noch heftig litt. Rein äußerlich betrachtet, ist das Bild jetzt bei Ihrer VII. allgemeinen Tagung ein anderes geworden. Aber ich wiederhole: rein äußerlich betrachtet. Wir vergessen meines Erachtens zu leicht und zu gern, welche Last und welche Ungewißheit wir mit uns herumtragen. Mit Recht haben Sie daher nach meiner Meinung diesen gesamten Fragenkomplex an die Spitze Ihrer ganzen Arbeit gestellt.

Mir scheint, meine Herren, daß man von deutscher Seite aus bei der Behandlung dieser Dinge zwei Punkte vor allem nicht außer acht lassen darf. Der eine Punkt ist der folgende: unsere Vertragsgegner werden uns so weit belasten, wie wir nach *ihrer* Ueberzeugung irgendwie es vertragen können. Der zweite Punkt: man sollte meines Erachtens von deutscher Seite aus diese Dinge nicht überstürzen, sondern man sollte unter allen Umständen zu einer Lösung zu kommen suchen, die auf die Dauer tragbare Verhältnisse schafft, auch wenn die Verhandlungen etwas länger dauern.

Sie, meine verehrten Herren, sind nach meiner Meinung dazu berufen, bei der Lösung dieser sehr schwierigen Aufgaben in besonderer Weise mitzuwirken. Sie überschauen eigentlich am besten die deutsche Wirtschaft in allen ihren Zweigen. Sie sind dazu berufen, die Oeffentlichkeit und namentlich auch die internationale Oeffentlichkeit und Ihre internationalen Geschäftsfreunde rückhaltlos, objektiv, in nachprüfbarer Weise, ich möchte fast sagen, in wissenschaftlicher Weise über den Stand der Dinge in Deutschland aufzuklären, damit eben das Ausland auch die Ueberzeugung bekommt, daß unsere Tragfähigkeit an einer gewissen Grenze aufhört.

Noch ein zweites, meine verehrten Herren, können Sie tun. Es kann sehr wohl sein, daß die Lösung dieser Fragen länger dauert, als wir erwarten, und daß während der Verhandlungen darum krisenhafte Erscheinungen in Deutschland auftreten. Dann, meine verehrten Herren, suchen Sie durch sorgsame und schonende Behandlung unnütze Befürchtungen zu vermeiden und die Nerven des deutschen Volkes zu erhalten.

Meine verehrten Herren! Die Banken sind meines Erachtens berufen, eine Führerrolle in der Wirtschaft zu spielen. Mögen Ihre Beratungen ihnen dabei helfen! Möge Ihre Führerschaft sich auswirken, wie Ihr verehrter Herr Präsident das eben gesagt hat, zum Besten der Allgemeinheit, zum Besten des gesamten deutschen Volkes! Das ist der Wunsch, mit dem ich Sie herzlich hier in Köln willkommen heiße. (Lebhafter Beifall.)

Präsident Geheimrat Prof. Dr. Riesser: Das Wort hat nun der Herr Reichswirtschaftsminister.

Reichswirtschaftsminister Dr. Curtius:

Meine Damen und Herren! Der VII. Allgemeine Deutsche Bankiertag folgt in seiner Gestaltung der Tagesordnung bewährten Traditionen. Er stellt nicht nur Wirtschafts- und Standesfragen aus dem engeren Kreise des Bankiergewerbes in seinen Mittelpunkt, sondern er läßt die ganzen Beratungen sich abspielen um das Zentrum großer Finanz- und Wirtschaftsfragen der allgemeinen deutschen Volkswirtschaft. Auch für ihn und seine Einberufung ist entscheidend, was Ihr Herr Präsident bei der Begrüßungsansprache zum VI. Bankiertag mit den Worten gekennzeichnet hat, „daß man weit über die Kreise hinaus, die in fortlaufender Berührung mit dem Bankwesen stehen, von einer sachverständigen und unpolitischen Seite aus Näheres über die Voraussetzungen, Gründe und Ziele der Bankpolitik kennenlernen möchte, die naturgemäß zugleich einen Einblick in die allgemeine Wirtschaftspolitik und Wirtschaftslage gewähren muß". Die Anziehungskraft, die hiermit auch der VII. Allgemeine Deutsche Bankiertag ausgeübt hat, zeigt diese Riesenversammlung und zeigt auch die überaus große Zahl von Behördenvertretern, die Ihrem Rufe gefolgt sind.

Mit freundlichen Worten haben Sie, verehrter Herr Präsident, die Regierungsvertreter in der Schar der Gäste begrüßt. Indem ich Ihnen namens der Vertreter der Reichsregierung und zugleich im Auftrage der preußischen Regierung auch für die anwesenden preußischen Vertreter meinen verbindlichsten Dank sage, entledige ich mich des Auftrags der Reichsregierung, Ihnen ihre Grüße und aufrichtigen Wünsche für einen erfolgreichen Verlauf Ihrer Beratungen auszusprechen. Mir und allen anwesenden Vertretern der Reichsregierung ist es ein Bedürfnis, unsere Genugtuung darüber auszusprechen, daß es uns vergönnt ist, in Ihrem Kreise zu weilen und Ihnen dafür herzlichst zu danken.

Meine sehr geehrten Herren! Wer die Tagesordnung Ihrer bevorstehenden Beratungen mit der Tagesordnung des VI. Allgemeinen Deutschen Bankiertages vergleicht, wer sich in die damalige Wirtschaftslage und ihre Beurteilung durch Ihre Vertreter zurückversetzt, der gerät leicht in die Versuchung, eine Parallele zur heutigen Wirtschaftslage zu ziehen und die Entwicklung dieser drei Wirtschaftsjahre noch einmal zu durchlaufen, um daraus Schlüsse auf Gegenwart und Zukunft zu ziehen. Doppelt reizvoll ist ein solches Problem für den, der während dieser Zeit die Wirtschaftspolitik mitführen durfte. Ich darf aber dieser Versuchung nicht erliegen. Ihre Ausführung würde den mir gesteckten Rahmen einer Erwiderungsansprache sprengen. Wenn ich Erwartungen enttäusche, die vom Auftreten des Wirtschaftsministers auf Wirtschaftstagungen Konjunkturdiagnosen fordern, so glaube ich, voraussagen zu dürfen, daß Sie reichlich entschädigt werden durch die Ausführungen der ersten Fachmänner der deutschen Finanzwelt über Deutschlands Finanzwirtschaft, die Entwicklungstendenzen in der deutschen Wirtschaft, die Bedeutung der Kapitalbildung, die Lage der Landwirtschaft und die anderen in Ihrer Tagesordnung einbegriffenen Fragen.

Auch die Reichsregierung bescheidet sich gern mit der Rolle des wißbegierigen Zuhörers. Sie glaubt, Ihrer Sachkunde im gegenwärtigen Augenblick ganz besonders zu bedürfen. Es kann uns nicht genügen, Ihre Auffassung in gelegentlichen vertraulichen Besprechungen bei gesellschaftlichen Veranstaltungen oder auch — bei den guten Beziehungen, die zwischen uns bestehen — jederzeit bereitwillig gewährten offiziellen Auskünften und Verhandlungen mit einzelnen oder einem mehr oder weniger großen Kreise von einzelnen Vertretern Ihres Gewerbes kennenzulernen. Notwendig ist daneben, von Zeit zu Zeit, wie Sie bei der Einrichtung Ihrer Bankiertage richtig empfunden haben, die Anhörung von Meinungen und Rat, Wünschen und Kritik des ganzen Standes, organisiert in Vorträgen, Diskussion und Entschließungen, getragen von dem Gefühl der Verantwortung für Ihr eigenes Gewerbe, für die Gesamtwirtschaft und für die Nation.

Ihre bedeutsame Tagesordnung wird mit einer Darstellung der Finanzwirtschaft beginnen. Sie werden dabei das Reparationsproblem in den Mittelpunkt stellen. So fällt der Schatten dieses deutschen Schicksalsproblems auf Ihre ganzen Beratungen.

Die Zurückhaltung der Reichsregierung in der öffentlichen Erörterung der Lösung der Reparationsfrage hat bisher allgemeine Billigung gefunden. Solche Zurückhaltung ist heute doppelt geboten. Genf ist der Brennpunkt der deutschen Politik. Die Reichsregierung hat, gestützt auf unser Recht und auf politische Vernunft, durch den Reichskanzler volle alsbaldige Räumung der besetzten Gebiete gefordert. Die Verhandlungen darüber sind im Gange. Die Gegenseite hat dabei auch Verhandlungen über die Reparationsfrage angeregt. Wir erkennen die Abhängigkeit des Räumungsverlangens von einer Neuregelung unserer finanziellen Verpflichtungen nicht an (Bravo!) und wissen, daß gerade das Rheinland eine Erkaufung der Räumung ablehnt. (Bravo!) Daß die Reichsregierung aber jederzeit bereit war und sich bereit erklärt, über die Reparationsfrage zu verhandeln, möchte ich ausdrücklich betonen. Es ist verständlich, daß ich bei dieser Lage nicht zum Reparationsproblem sachlich Stellung nehmen kann. Welche Bedeutung aber Ihr sachkundiges Urteil über die Einwirkung des Dawes-Planes auf die deutsche Finanzwirtschaft haben wird, liegt auf der Hand.

Der zweite Gegenstand Ihrer Tagesordnung stellt die Kapitalbildung in den Mittelpunkt. Auch er wird daher die Reparationsfrage und ihre Lösung beleuchten.

Die erste Entschließung des VI. Deutschen Bankiertags hat als wesentliches Hindernis für die Wiedergesundung der deutschen Wirtschaft die Kapitalarmut, das unzureichende Ausmaß sowie das zu langsame Fortschreiten der Kapitalneubildung bezeichnet. Seitdem ist nun freilich eine Kapitalneubildung in einem Ausmaße eingetreten, das alle überrascht und viele zu weitgehenden Prophezeiungen veranlaßt hat. Nach allem, was wir durchgemacht haben, dürfen wir uns dieses Beginns der Wiedererstarkung unserer Volkskraft freuen. Es war auch notwendig, in kritischen Zeiten und gegenüber zersetzendem Pessimismus auf die eigene Leistung hinzuweisen. Daran dürfen aber keine falschen Schlußfolgerungen geknüpft werden. Man darf die Größenordnungen nicht vergessen, in denen sich eine Volkswirtschaft wie die deutsche bewegt, und muß den gewaltigen Kapitalbedarf ins Auge fassen, der aus den verschiedensten Ursachen entspringt. Wir haben nicht nur die entsetzlichen Kapitalzerstörungen wieder aufzubauen, die Krieg, Versailler Vertrag und Inflation angerichtet haben, wir müssen vor allem den Wachstumsbedarf der deutschen Wirtschaft decken. Es wird nicht leicht sein, aber eine gerade von Ihnen mitzulösende Aufgabe, diesen Wachstumsbedarf zahlenmäßig zu begründen. Ich begnüge mich, einen Versuch nach dieser Richtung hin zu unternehmen. Man kann den Zuwachs an Erwerbstätigen in den vergangenen drei Jahren auf ungefähr 900 000 Köpfe veranschlagen. Wenn man darauf beispielsweise die Keynessche Formel, die mit einer durchschnittlichen Kapitalinvestition von 20 000 M je Arbeiter rechnet, anwenden würde, so käme man zu dem Ergebnis, daß die Höhe der für Deutschland geschätzten Eigenkapitalbildung erst gerade für diesen Kapitalbedarf ausreicht. Dazu kommt aber die Notwendigkeit, mit dem Fortschritt der Technik, die in der Gegenwart größere Umwälzungen bringt als je zuvor, Schritt zu halten. Man kann in diesem Zusammenhang darauf verweisen, daß in den Vereinigten Staaten von Amerika auf einen industriellen Arbeiter 2,8 PS, in Deutschland nur 1,2 PS entfallen und daß nach Feststellung des Vereins Deutscher Maschinenbau-Anstalten für das Jahr 1925 dort je Kopf der Bevölkerung 99,4, in Deutschland aber nur 36,2 M an Maschinen investiert waren. Schließlich drückt auf unsere Volkswirtschaft der politisch-finanzielle Druck der Reparationslast, die uns mehr als andere zwingt, unsere Volkswirtschaft nach innen und außen unter stärkster Kapitalinanspruchnahme zu entwickeln.

Wir haben in den vergangenen Jahren nach Kräften unseren Export gesteigert. Niemand sollte die Fortschritte, die wir erzielt haben, verkleinern. Keiner aber von uns allen, die wir dafür verantwortlich sind, verkennt die Größe der Aufgabe, die noch zu lösen bleibt. Immer dringender wird hierfür der Wiederaufbau von Auslandsanlagen, das Schlagen von Kreditbrücken, die Wiederherstellung des Vertrauens in die gleichberechtigte Behandlung der deutschen Kaufleute und Kapitalisten. Daß Sie diese Aufgabe tatkräftig fördern, beweist unter anderem die von Ihnen im vorigen Jahre ins Leben gerufene „Ständige Kommission zur Wahrung der Interessen der Besitzer ausländischer Wertpapiere", die sich im engen Zusammenwirken mit den Emissionsbanken und der Reichsregierung zur Aufgabe gemacht hat, die für unsere Zahlungsbilanz wichtige Anerkennung der notleidenden ausländischen Werte zu erreichen. Hierher gehören auch die gemeinsamen, hoffentlich bald endlich zum Ziele führenden Bemühungen der Reichsregierung und der Banken, die Mobilisierung der im Reichsschuldbuch eingetragenen Forderungen der Liquidationsgeschädigten mittels ausländischen Kapitals durchzuführen. Mit Herrn Dr. Luther bin ich ferner der Meinung, daß es eine große organisatorische Tat wäre, wenn es gelänge, in einer allgemeinen Form zu günstigen Bedingungen Geldmittel für die Kreditierung von Auslandsaufträgen durch Aufnahme entsprechender Auslandsanleihen zu beschaffen.

In der Binnenwirtschaft ist vordringlich die Behebung der Agrarkrise, die Lösung all der ungeheuren Aufgaben, die die Agrarpolitik an uns stellt. Welche Bedeutung die Reichsregierung diesen Fragen beimißt, hat die Regierungserklärung gezeigt. Ich begrüße es, daß der dritte Punkt Ihrer Tagesordnung Vorträge und Diskussion über die Lage der Landwirtschaft und ihre Bedeutung für das Bankgewerbe in Aussicht stellt. Auch hier wird ein gewaltiger Kapitalbedarf für Drainage, Meliorationen, Verbesserung der Verkehrsmittel und -wege, Ausbau des Maschinenparks, vor allem auch für die Verbesserung der landwirtschaftlichen Schulung und für die Absatzregelung aufzuzeigen sein.

Neben solch großen Fragen, auf deren sachkundige Behandlung wir alle gespannt sind, treten gewiß diejenigen etwas in den Hintergrund, die sich mit reinen Finanzfragen und mit den besonderen Angelegenheiten des Bankiergewerbes befassen. Sie sind aber auch an sich von großer Bedeutung und für die Vertreter des Reichswirtschaftsministeriums, als des zuständigen Amtes, von erheblichem Interesse.

So werden Sie unter anderem auch über die Verwaltung der öffentlichen Gelder durch die Reichsbank verhandeln. Das Thema war bereits Gegenstand Ihrer Verhandlungen auf dem VI. Bankiertag. Der Fortschritt, der seitdem erzielt worden ist, ist nicht zu verkennen. Die Reichsregierung, insbesondere das Reichswirtschaftsministerium, hat die dahingehenden Bestrebungen der Reichsbank lebhaft gefördert, zumal wir davon überzeugt sind, daß bei zentraler Zusammenfassung durch den Privatdiskontmarkt die beste und billigste Zuführung der öffentlichen Gelder an die kreditsuchenden Landesteile gesichert ist. Es ist im ganzen gelungen, in mühevollen Verhandlungen zu einheitlicher Regelung zu gelangen. Die fehlenden Stücke werden hoffentlich in der nächsten Zeit noch ergänzend eingefügt werden können. Entsprechende Verhandlungen sind vom Reichswirtschaftsministerium eingeleitet.

Als letzten Punkt der Tagesordnung behandeln Sie den Wettbewerb im Bank- und Kreditverkehr. Gestatten Sie mir dazu einige allgemeine Bemerkungen.

Bei der schwierigen Lage der deutschen Wirtschaft im Verhältnis zu den Ländern mit größerer Kapitalkraft wird es nach wie vor die Aufgabe aller Kreditinstitute sein, die vorhandenen Mittel zu möglichst niedrigen Zinssätzen dem Darlehnsnehmer zur Verfügung zu stellen. Soweit die Banken von sich aus hierzu durch Rationalisierung ihres Betriebes beizutragen in der Lage waren, kann mit Genugtuung der Fortschritt auf diesem Gebiete festgestellt werden.

Die von den Kreditinstituten getroffenen örtlichen Abmachungen über die Kreditbedingungen für Darlehen haben günstig gewirkt. Leider werden noch immer Klagen darüber erhoben, daß die Kredit-Bedingungen in einzelnen Landesteilen, besonders in Ostpreußen und anderen Randgebieten erheblich schärfer seien als in Berlin und im Westen Deutschlands. In der Fachpresse ist diese Frage gerade in der letzten Zeit besprochen worden. Auch mir sind dahingehende Klagen auf meiner Reise durch Ostpreußen vor einigen Wochen vorgetragen worden. Wir wären Ihnen dankbar, wenn Sie diese Sorgen Ostpreußens und anderer Randgebiete zerstreuen könnten.

Bei den im Verhältnis zum Kreditbedarf zu geringen Spargeldern wird es weiterhin erforderlich sein, diese nicht verzetteln zu lassen und sie möglichst restlos den Kreditinstituten zuzuführen. (Sehr richtig!) Wir haben es daher im Reichswirtschaftsministerium nicht ohne Besorgnisse beobachtet, daß einzelne nicht zu dem Bankgewerbe gehörende Unternehmungen besondere Einrichtungen zur Erlangung und Nutzbarmachung der Spargelder getroffen haben.

So notwendig auch die Förderung des Spartriebes ist, es muß berücksichtigt werden, daß bei der engen Verbindung zwischen Geld- und Kapitalmarkt eine wirtschaftlich nicht zu verantwortende Steigerung der Haben-Zinsen auf den Markt der festverzinslichen Papiere übergreifen muß. Zwar hat der Pfandbriefumlauf eine sehr erfreuliche Steigerung erfahren. Er ist seit Ende 1926 bis zum 30. Juni dieses Jahres halbjährlich um 724, 548 und 768 Millionen Reichsmark von 2439 auf 4480 Millionen Reichsmark gestiegen. Die außerordentliche Nachfrage nach Hypothekengeldern und der Wettbewerb der Realkreditinstitute aber machten es notwendig, aufgetretene Mißstände beim Absatz der Pfandbriefe und Kommunalobligationen abzustellen. Die Beratungen, die durch das Reichswirtschaftsministerium veranlaßt und gefördert wurden, haben erfreulicherweise zu dem Abkommen der privaten und öffentlich-rechtlichen Kreditinstitute untereinander über die Höchstsätze der Bonifikationen beim Inlandsabsatz geführt, das jetzt auch auf den Absatz ins Ausland erweitert worden ist. Es wäre dringend zu wünschen, daß alle an dem Abkommen beteiligten Stellen die getroffenen Vereinbarungen strikt innehalten, da Umgehungen derselben durch Gewährung besonderer Begünstigungen notwendigerweise die Bedingungen im In- und Auslande bei Aufnahme neuer Anleihen auch anderer Schuldner verschlechtern müssen.

Bei der großen Bedeutung, welche die Ziffern des Kreditverkehrs der Banken für die Beurteilung unserer Wirtschafts- und Konjunkturlage haben, ist es zu begrüßen, daß im Frühjahr dieses Jahres die auf eine erweiterte Publizität des Kreditverkehrs gerichteten Bestrebungen der Reichsbank durch Vereinbarungen mit den Kreditbanken zum Erfolge geführt haben. Die nunmehr monatlich vorliegenden Bilanzziffern zeigen, daß es den deutschen Banken in steigendem Maße gelungen ist, der Wirtschaft neue Kraft durch Kredite zuzuführen. Es wird allerdings notwendig sein, denjenigen Klagen nachzugehen, die immer wieder aus den Kreisen der mittleren und kleinen Industrie wegen ungenügender Kreditversorgung erhoben werden. Die bisher eingeschlagenen Wege, diesen auch für unseren Export wichtigen Industrien langfristige Kredite zu erträglichen Bedingungen zu beschaffen, die unter Führung der öffentlichen Hand beschritten worden sind, haben noch nicht das vorhandene Bedürfnis gedeckt. Wenn jetzt durch die Privatbanken ein weiterer bedeutsamer Versuch in dieser Richtung gemacht wird, so müssen wir das nicht nur im Interesse der notleidenden Industriezweige, sondern für die Gesamtwirtschaft freudig begrüßen. Wir wünschen diesem Versuch vollen Erfolg.

Meine Damen und Herren! Lassen Sie mich zum Schluß einige Eindrücke von Wirtschaftstagungen der letzten Zeit, die ich besucht habe, hiermit verknüpfen. Ich habe in den letzten vier Wochen eine Dienstreise durch Ostpreußen gemacht, den Kongreß der freien Gewerkschaften in Hamburg besucht, wichtige Wirtschaftsverhandlungen in Süddeutschland gepflogen. Heute bin ich am Rhein im Kreise der deutschen Finanzmänner. Wer so zu wirtschaftlicher Information und Aussprache nach Ost, Nord, Süd und West fährt, dem drängt sich die Mannigfaltigkeit unserer Wirtschaftsgestaltung und damit die Notwendigkeit der Pflege der örtlichen Besonderheiten auf. Um so schwerer wiegt aber die Pflicht, um so dringender erhebt sich das Problem, solche Mannigfaltigkeit zur Einheitlichkeit zusammenzufassen, einheitliche deutsche Wirtschaftspolitik zu treiben. Der Reichskanzler hat diese Aufgabe mit besonderem Nachdruck in der Regierungserklärung hervorgehoben; die beteiligten Minister suchen das Ziel durch laufende Besprechungen zu erreichen.

Die Wirtschaft Ostpreußens ist nach allgemeiner Auffassung gleichbedeutend mit der Landwirtschaft Ostpreußens. Dennoch aber hörte ich einen der ersten Landwirte dort sagen: das Zauberwort zur Hebung der landwirtschaftlichen Schätze heiße Industrialisierung. Hier im Westen, im Mittelpunkt der Industrie, stellen Sie die Agrarfrage an die Spitze Ihrer Beratungen am zweiten Tage. Sie bekunden damit Ihrerseits die Solidarität der Interessen, die gegenseitige Abhängigkeit unserer Wirtschaftszweige.

Meine Teilnahme am Kongreß der freien Gewerkschaften in Hamburg sollte zum Ausdruck bringen, daß Kapital und Arbeit nur zwei Seiten des einheitlichen Wirtschaftsvorganges, daß Wirtschafts- und Arbeitsministerium nur zwei Sparten einheitlicher Wirtschaftspolitik sein dürfen. Darüber hinaus wollte ich meine Freude über das wachsende wirtschaftspolitische Interesse der Gewerkschaften ausdrücken. Nach der

Tagesordnung des Bankiertages werden Sie diese Probleme nicht ausdrücklich behandeln. Bei dem Grundgedanken Ihrer Tagesordnung ist das erklärlich. Hoffentlich nehmen aber Vorträge und Diskussionen auch auf diese Seite unserer Wirtschaft Rücksicht und schlagen die Brücken, ohne die wir nicht zum Ziel gelangen.

Aus alledem erwächst der Reichsregierung und mir die Pflicht, alle Kräfte zur Pflege und Förderung sämtlicher Wirtschaftszweige in einheitlicher, die lebendige Mannigfaltigkeit ohne Erdrückung zusammenfassender Wirtschaftspolitik einzusetzen. Die Sicherung unserer Wirtschaftslage, die völlige Wiederherstellung unserer früheren Wirtschaftsblüte — Ziele, zu denen wir alle hinstreben und deren Erreichung Wirtschaft und Reichsregierung in vertrauensvollem Zusammenarbeiten ihre besten Kräfte widmen — können nur verwirklicht werden, wenn es gelingt, immer wieder die Spannungen zwischen den großen sozialen Gegensätzen zu lösen, für das Zusammenwirken von Arbeitnehmer- und Arbeitgeberschaft neue Wege und Formen zu finden, zum Ausgleich der Gegensätze und gegenseitigen Durchdringung statt Absperrung der Klassen auch die rechte politische Plattform zu finden.

In diesem Geiste, meine Damen und Herren, sind wir Regierungsvertreter zu Ihnen gekommen. Wir freuen uns auf die bevorstehenden Beratungen und wünschen dem VII. Bankiertag, daß er eine weitreichende Wirkung auf den Wiederaufstieg der deutschen Wirtschaft ausüben möge. Indem ich Ihnen nochmals für Ihre Einladung bestens danke, rufe ich Ihnen ein herzliches Glückauf zu. (Lebhafter Beifall.)

Präsident Geheimrat Prof. Dr. Riesser:

Ich spreche den beiden Herren Vorrednern herzlichen Dank für ihre Ausführungen aus. Im Laufe der Verhandlungen wird sich genug Gelegenheit bieten, auf einzelne Fragen, welche die Herren angeregt haben, einzugehen.

Ich darf jetzt dem Herrn Reichsbankpräsidenten Schacht das Wort geben.

Reichsbankpräsident Dr. Schacht:

Meine sehr verehrten Herren! Es ist immer ein besonderer Genuß, den Tagungen des Allgemeinen Deutschen Bankiertages beizuwohnen. Immer haben diese Tagungen es verstanden, die großen, zeitbewegenden und der Bankwelt naheliegenden Probleme durch berufene Männer von hoher Warte aus behandeln zu lassen, so daß nicht nur das Interesse der engeren Fachwelt, sondern auch das der Regierung und der breiteren Oeffentlichkeit, nicht zuletzt auch das der Reichsbank an diesen Tagungen angeregt wurde. Es ist keine Uebertreibung, wenn ich sage, daß die Materialien und Protokolle der Bankiertage bei uns in der Reichsbank zu denjenigen Materialien gehören, die wir am häufigsten in die Hand nehmen. Es ist mir deshalb eine besondere Freude, Sie auch bei der heutigen Tagung namens des Reichsbankdirektoriums begrüßen zu können.

Es wäre reizvoll, wenn es nicht den Rahmen einer Begrüßungsrede überschreiten würde, an der Hand der Geschichte der Bankiertage einmal zu verfolgen, wie verständnisvoll die wichtigen finanz- und bankpolitischen Probleme unserer Zeit auf den Bankiertagen behandelt worden sind. Hier ist tiefgründige und fruchtbringende Arbeit für die ganze deutsche Wirtschaft geleistet worden. Ich erinnere an den Kampf der 90er Jahre gegen die verkehrsfeindlichen Bestimmungen des Börsengesetzes, gegen das Börsenregister und gegen das Terminhandelsverbot in Industrieaktien, an das Problem der gesetzlichen Regelung des Scheckwesens, an die kurze Lebenszeit des Scheckstempels, an die nach der amerikanischen Krisis von 1907 auftauchenden Wünsche zur gesetzlichen Regelung des Depositenwesens und anderes. In allen diesen Fragen hat der Centralverband des Deutschen Bank- und Bankiergewerbes und haben mit ihm die Bankiertage einerseits für eine liberale Gesetzgebung gekämpft, andererseits aber auch durch Weckung der Selbstdisziplin und der Standesehre, sowie durch freiwillige Mitarbeit auf dem Gebiete der Publizität — ich erinnere an die Monatsbilanzen — dazu beigetragen, daß die deutsche Bank- und Börsengesetzgebung sich in einem den praktischen Bedürfnissen verständnisvoll Rechnung tragenden Rahmen bewegt hat.

Insbesondere möchte ich noch an die Tagung von 1912 erinnern, auf der die Liquiditätsfrage der Banken und der Reichsbank die wesentlichste Rolle spielte, ein Problem, das uns bei der heutigen Kapitalknappheit besonders wieder beschäftigt. Die Empfehlungen, die damals H e l f f e r i c h in seinem berühmt gewordenen Referat zu der Frage der Reichsbank-Beanspruchung gab, und die sich der Bankiertag in einer Resolution zu eigen machte, sind mutatis mutandis heute noch und wiederum aktuell. Damals gelang es mit Hilfe der kleinen Banknoten durch Heranziehung von Goldmünzen aus dem deutschen Verkehr den Goldbestand und damit die allgemeine Kapazität der Reichsbank beachtlich zu stärken. Während das Verhältnis zwischen ruhendem und zirkulierendem Goldbestande Ende 1905 18 : 82 betrug, stellte es sich Ende 1913 auf 30 : 70. Die Ueberlegung des Jahres 1912, daß für das sichere Funktionieren unserer Währung ein starker Goldbestand bei der Reichsbank wesentlicher sei als ein starker Goldumlauf, trifft heute in verstärktem Umfange zu, zumal wir an eine Wiedereinführung des Goldmünzenumlaufes infolge unserer allgemeinen Verarmung auf lange Zeit hinaus nicht werden denken können.

Wenn Helfferich weiter damals mit Erfolg eine Verbesserung der Kassenliquidität der Banken empfahl und vor einer übermäßigen Kreditausweitung warnte, so ist auch dieses Problem heute recht aktuell. Es ist in diesem Kreise ja allgemein bekannt, wie die Reichsbank in den letzten Jahren auf eine Erhöhung der Barliquidität der Banken einzuwirken suchte. Die heutige Ziffer von kaum 3 pCt. bei den Zwischenbilanz-Instituten ist gegenüber reichlich 6 pCt. im Jahre 1914 auf die Dauer nicht genügend.

Neben den bezeichneten Maßnahmen zur Stärkung der Reichsbank wurde auf dem Bankiertag 1912 weiter die Förderung des bargeldlosen Zahlungsverkehrs verlangt. In dieser Hinsicht sind, wie Ihnen bekannt ist, seitdem sehr erhebliche Fortschritte erzielt worden, Fortschritte, die zum Teil schon über das hinausgehen, was auf diesem Gebiete hätte geschehen sollen. Der Eifer, mit dem man auf diesem Gebiete den Anregungen der Reichsbank gefolgt ist, ist teilweise in Uebereifer umgeschlagen. Es will mir nicht richtig erscheinen, daß man neben dem Reichsbankgironetz, das dem Großverkehr, und dem Postschecknetz, das dem Kleinverkehr dient, immer neue Girokreise entstehen läßt und dadurch viele Firmen und Behörden zwingt, im Interesse ihres Zahlungsverkehrs mehrere Konten zu führen. Das führt nur zu einer weiteren Zersplitterung der an sich schon schwachen Kapitalien. Es lag nie in der Absicht der Reichsbank, eine solche Entwicklung zu fördern, deren

Unwirtschaftlichkeit klar auf der Hand liegt. Es scheint mir dabei vor allem übersehen worden zu sein, daß die Rentabilität des Ueberweisungsverkehrs an sich immer eine zweifelhafte Sache ist. Der Postscheckverkehr kann sich bekanntlich nicht selbst erhalten, trotzdem er technisch voll auf der Höhe ist und die Postscheckämter keine Zinsen vergüten. Auch die privaten Girokreise tragen wohl kaum zur Erhöhung des Reingewinnes der Beteiligten bei. Dazu kommt, daß bei fortschreitender Beschleunigung des Ueberweisungsverkehrs bei meist steigenden Unkosten der Zinsgewinn aus den während der Ueberweisungsdauer zur Verfügung stehenden Beträgen zurückgeht, mithin der an sich schon recht zweifelhaften Rentabilität die Tendenz zum weiteren Sinken innewohnt.

Die geeignete Trägerin des Ueberweisungsverkehrs ist die Reichsbank. Sie hat das Notenmonopol, ist infolgedessen nicht in gleichem Maße auf privatwirtschaftlichen Erwerb angewiesen, sondern handelt nach volkswirtschaftlichen Gesichtspunkten. Das Gesetz weist ihr die besondere Aufgabe zu, den Zahlungsausgleich zu erleichtern. Sie ist am ehesten imstande, ein etwaiges Verlustgeschäft im großen Giroverkehr zu tragen, und ist nicht wie die privaten Girokreise genötigt, die Unkosten der Ueberweisung direkt oder indirekt auf die Kundschaft umzulegen. In je höherem Grade der Giroverkehr sich bei der Reichsbank abspielt, desto unmittelbarer werden alle seine Verbesserungen der Gesamtwirtschaft zugute kommen.

An diesen Verbesserungen hat, wie Sie wissen, die Reichsbank es nicht fehlen lassen. Wir haben unlängst den telegraphischen Giroverkehr eingeführt, von dem man sagen kann, daß er die einzelnen Geldmärkte Deutschlands zu einem einheitlichen großen Geldmarkt zusammenzuschweißen auf dem Wege ist, da es auf diese Weise ermöglicht wird, alle einzelnen Landesteile unmittelbar aus dem natürlichen Reservoir des zentralen Geldmarktes zu speisen und das alte Märchen von der angeblich ungesund wachsenden Zentralisierung praktisch ad absurdum zu führen.

Die in diesen Tagen in Kraft getretenen Neuerungen, durch die wir im Reichsbankgiroverkehr für unsere Kunden weitgehende Vereinfachungen, Verbilligungen und Bequemlichkeiten eintreten lassen, mögen Ihnen ein weiterer Beweis sein, daß die Reichsbank ihrerseits kein Opfer scheut, um ihren gemeinwirtschaftlichen Aufgaben gerecht zu werden. Sie wird auch einer weiteren technischen Vervollkommnung des Giroverkehrs ihr ganz besonderes Interesse zuwenden.

Daß wir bei unseren Bestrebungen zur Verbesserung der deutschen Geldwirtschaft und zur immer festeren Fundierung des deutschen Kredites im In- und Auslande jederzeit Verständnis bei der deutschen Bankwelt gefunden haben, dafür bei dieser Gelegenheit auch einmal öffentlich unseren Dank auszusprechen, möchte ich mir nicht versagen. Selbstdisziplin und freiwillige Mitarbeit an der Lösung volkswirtschaftlicher Probleme werden uns auch über manche noch kommende Schwierigkeit hinwegtragen. Ich zweifele nicht, daß auch dieser 7. Bankiertag von hohem Verantwortungsgefühl gegenüber der Allgemeinheit getragen sein wird und wünsche Ihrer Tagung von Herzen einen ersprießlichen Verlauf. (Lebhafter Beifall.)

Präsident Geheimrat Prof. Dr. Riesser:

Das Wort hat nun Herr Geheimer Kommerzienrat Dr. h. c. Louis Hagen, Präsident der Industrie- und Handelskammer, Köln:

Geheimer Kommerzienrat Dr. h. c. Louis Hagen, Köln:

Meine verehrten Damen und Herren! Der Deutsche Industrie- und Handelstag hat mich beauftragt, dem Centralverband des Deutschen Bank- und Bankiergewerbes seine Grüße und Wünsche zu übermitteln. Sein allgemein verehrter Vorsitzender, Herr Franz v. Mendelssohn, ist durch tiefe Trauer verhindert, an der Tagung des Centralverbandes teilzunehmen. Das geschäftsführende Präsidialmitglied, Herr Minister Hamm, mußte nach Reichenhall, um dort an der staatswissenschaftlichen Tagung teilzunehmen und ein Referat zu erstatten. Dem Auftrage des Deutschen Industrie- und Handelstags haben sich die sämtlichen deutschen Spitzenverbände der Wirtschaft angeschlossen. Ich habe daher die Ehre, in aller dieser Auftrag dem Centralverband des Deutschen Bank- und Bankiergewerbes aufrichtige Wünsche für ein gutes Gelingen zum Ausdruck zu bringen. Vor allem aber, meine Damen und Herren, bin ich ermächtigt, besonders herzlich diese Wünsche namens der Kölner Industrie- und Handelskammer zum Ausdruck zu bringen. Ich kann mich vornehmlich den Ausführungen des verehrten Herrn Oberbürgermeisters dieser

Stadt anschließen, der es schon ausgesprochen hat, wie hoch erfreut und beglückt wir sind, den Deutschen Bankiertag zum ersten Male in den 27 Jahren seines Bestehens in unseren Mauern zu begrüßen; und ich bin überzeugt, daß die Wände dieses Raumes, der an Tradition und Geschichte sicherlich nicht arm ist, auch kommenden Geschlechtern von der diesmaligen Tagung des Deutschen Bankiertags berichten wird, auf dem hervorragende weltbewegende Probleme besprochen und gefördert werden sollen, wie sie der Herr Reichsminister Curtius und der Herr Reichsbankpräsident Schacht Ihnen schon angedeutet haben.

Meine verehrten Damen und Herren! Wenn ich von den deutschen Spitzenverbänden beauftragt bin, in deren Namen hier zu sprechen, so liegt es mir vor allen Dingen ob, dem gesamten Präsidium des Centralverbandes, dem Vorstand und dem Ausschuß und nicht zum wenigsten seinen bewährten Geschäftsführern höchste Anerkennung dafür auszusprechen, daß sie in den 27 Jahren ihrer Tätigkeit unter den schwersten Verhältnissen Großes geleistet haben, und vor allen Dingen auch zu danken, daß sie in so hervorragender Weise die gegenwärtige Tagung vorbereitet haben. Ich bin aber überzeugt, daß alle Organe des Centralverbandes sich darüber freuen werden, wenn ich diesen Dank der Spitzenverbände und namentlich auch der Kölner Industrie- und Handelskammer auf den bewährten, allseitig hochverehrten Herrn Präsidenten abstelle. (Bravo!) Seien Sie überzeugt, Herr Geheimrat Riesser, daß in diesem Saale niemand ist, dem die Geschichte des Centralverbandes des Deutschen Bank- und Bankiergewerbes unbekannt geblieben ist durch die hervorragenden Leistungen, die er Ihnen zu verdanken hat. Ich bin überzeugt, daß das bescheidene, entgegenkommende Wesen, das Sie alle Zeit an den Tag legen, Beifall findet; ich bin aber auch überzeugt, daß es allseitige Anerkennung findet, daß Sie mit Mäßigung die Disziplin und die Rechte des Verbandes jederzeit zu wahren wußten. Auch ist es Ihrer Person nicht zum wenigsten zu danken, daß gerade der Centralverband in der breiten Oeffentlichkeit und namentlich im gesamten Wirtschaftsleben Deutschlands eine geradezu hervorragende Stellung einnimmt. (Bravo!)

Meine verehrten Damen und Herren! Vor drei Jahren, als die letzte Tagung des Centralverbandes in Berlin stattfand, war gerade eine mehrjährige tiefgreifende Krisis ihrem Ende nahe, die fürchterliche Inflationszeit und deren unmittelbare Folgen, Ereignisse, mit dem kaum jemals ein Volk auf dieser Erde vorher belastet war. Damals waren die schweren Wirkungen, die der Versailler Vertrag mit sich gebracht hat, noch lange nicht am Vernarben, noch weniger am heilen. Und vor allem die Stabilisierung unserer Währung stand erst im Anfangsstadium ihrer Wirkung. Durchgreifende, aber gerechte Maßnahmen der Reichsbank wurden von Einsichtigen bereits befolgt, von Zögernden erst geprüft. Dem deutschen Volke dämmerte nach und nach, daß eine neue Entwicklung seiner Wirtschaft nur auf einer absolut festen Währung aufgebaut werden könnte. Meine Damen und Herren, wenn Sie sich dagegen heute fragen: wie stehen wir in der Beziehung heute vor der Welt?, so kann niemand verkennen, daß unsere Währung einen großen Kampf bestanden hat und daß trotz der Knappheit der Mittel, mit denen wir wirtschaften müssen, in keinem Augenblick mehr unsere Währung geschwankt hat und heute uns die unbedingte Sicherheit bietet, daß wir, auf ihr aufbauend, besseren Zeiten wieder entgegengehen werden.

Nichts ist heute für das deutsche Volk so notwendig wie Geduld. Die deutsche Wirtschaft ist weit davon entfernt, einen Siegeslauf zu beginnen. Unsere ganze Verfassung, unsere ganze wirtschaftliche und vor allen Dingen unsere finanzielle Verfassung deutet darauf hin — auch das ist heute bereits aus beredtem Munde ausgesprochen worden —, daß wir mit der größten Vorsicht an die vielen uns noch zur Erledigung gestellten Aufgaben herantreten müssen, daß wir mit den kürzesten Schritten und niemals mit einem Schnellschritt Ueberlegungen ausführen dürfen. Ich bedaure, daß ich mich mit dem hochverehrten Herrn Reichswirtschaftsminister in einer Beziehung nicht in Uebereinstimmung befinde, daß nämlich bei uns eine Substanzzunahme auch nur in geringem Maße zu erkennen ist. (Sehr richtig!) Eine Substanzzunahme, Herr Reichswirtschaftsminister, ist bei uns nicht vorhanden, auch an keiner Stelle bemerkbar. Wir können nicht einmal unterscheiden, ob wir Substanz gewinnen oder ob wir geborgte Mittel haben. (Sehr richtig!) Eine Zunahme unserer Mittel besteht darin, daß wir uns das Vertrauen derjenigen Länder erobert haben, die über reichliche Mittel verfügen und die unserer

Wirtschaft diese Mittel zur Verfügung stellen; und das, meine Damen und meine Herren, ist ein großes Verdienst auch des Centralverbands des Deutschen Bank- und Bankiergewerbes, daß gerade die deutsche Bankwelt, die an Solidität sich stets ausgezeichnet hat, die auch an Weitblick nicht zu überbieten ist, im Ausland es verstanden hat, das Vertrauen zu Deutschland soweit auszunutzen, daß reichliche Mittel, wenn auch leider vorläufig nur in erheblichem Maße kurzfristig, uns zur Verfügung gestellt werden. Wir müssen uns aber davor hüten, daß wir diese Mittel als unser Eigentum ansehen. (Sehr richtig!) Wir müssen uns davor bewahren, daß wir unsere Dispositionen nur so treffen, als ob das auf die Dauer immer so weitergehen könnte. Wohl müssen wir jederzeit darauf gefaßt sein, daß bei irgendwelchen Ereignissen der Welt, ganz sicherlich nicht durch unsere Schuld, diese uns geliehenen Kapitalien zurückgezogen werden; und dann muß sich erst zeigen, wie fest Deutschland fundiert ist, wie fest unsere Wirtschaft verankert ist, wie wir uns in schweren Zeiten, die wir jetzt und noch für lange Zeit durchmachen müssen, gewappnet haben. (Sehr richtig!)

Meine verehrten Damen und Herren! Auf dem letzten Bankiertag hat einer der bewährtesten Bankführer in Deutschland zum Schluß sich dahin geäußert: mit einem gewissen Optimismus muß nun an die Arbeit herangegangen werden. Dieser gewisse Optimismus hat uns nichts geschadet; er hat uns weitergebracht. Und ich möchte heute vor jedem Pessimismus warnen. (Bravo!) Für einen Pessimismus liegt meiner Ansicht nach gar keine Veranlassung vor. Aber ich muß auch davor warnen, daß wir uns zu optimistischen Gefühlen auch nur im entferntesten hingeben. (Sehr richtig!) Wir werden eine lange Reihe von Jahren zu kämpfen haben gegen Hemmnisse, wie sie sich schwieriger niemals einem Volke entgegengestellt haben. Aber bei dem Fleiß und der Intelligenz, deren sich die deutsche Wirtschaft erfreut, bei der Uebersicht und dem Organisationstalent, dessen unser Volk in allen Schichten fähig ist, bin ich überzeugt, daß der Tag doch kommen wird, wo auch wieder die Sonne über der Wirtschaft scheinen wird, wo wir bessere politische, innen- und außenpolitische Verhältnisse haben werden und wo infolgedessen bei Ausdauer, Kraft,

Energie und Fleiß günstigere Zeiten für uns alle in wirtschaftlicher Beziehung wieder herankommen werden.

Ich hoffe, daß bei der Vielfältigkeit der Probleme, die auf der gegenwärtigen Tagung des Centralverbands des Deutschen Bank- und Bankiergewerbes zur Diskussion gestellt werden, bei der Klarheit, welche manchen der Redner auszeichnen wird, es gelingt, diesem Bankiertag diejenige Geltung zu verschaffen, die er verdienen wird und die uns über viele Schwierigkeiten in der Zukunft hinwegbringen wird.

In dieser Hoffnung und mit diesem aufrichtigen und innigen Wunsche bitte ich den Herrn Präsidenten des Centralverbandes des Deutschen Bank- und Bankiergewerbes, den Bankiertag zu eröffnen und ihm als Devise nur das eine Wort auf den Weg zu geben: Glückauf! (Lebhafter anhaltender Beifall.)

Präsident Geh. Justizrat Prof. Dr. Riesser:

Ich danke Herrn Geheimrat Hagen herzlich. Wir erwarten mit größtem Interesse die näheren Ausführungen, mit denen er morgen beginnen wird.

Ich darf nunmehr noch das Wort geben Herrn Direktor Dr. Pferdmenges, Vorsitzendem der Vereinigung von Banken und Bankiers in Rheinland und Westfalen.

Direktor Dr. Pferdmenges, Köln:

Meine sehr verehrten Damen und Herren! Gestatten Sie mir, namens der Vereinigung von Banken und Bankiers in Rheinland und Westfalen und insonderheit namens ihrer Mitglieder in Köln, in dessen Mauern wir den heutigen VII. Allgemeinen Deutschen Bankiertag festlich begehen, Ihnen ein herzliches Willkommen zu entbieten. Mit der Freude, Sie hier begrüßen zu können, darf ich zugleich den nochmaligen Dank an den Vorstand und zumal an den hochverehrten Herrn Präsidenten, Geheimrat Riesser, verbinden, der unserer Bitte, Köln als Tagungsort zu wählen, in so bereitwilliger Weise entsprochen hat. Unser lebhaftester Wunsch und unsere Hoffnung ist, daß die Erfüllung dieser Bitte niemanden von Ihnen gereuen möge, daß vielmehr Sie alle von Köln, das in so glücklicher Weise altehrwürdig Historisches mit dem lebendig-frischen Jung-Modernen vereint und vieles Schöne und Interessante zu bieten vermag, die angenehmsten Erinnerungen mit nach Hause nehmen werden.

Meine sehr verehrten Damen und Herren! Dinge von allergrößter Wichtigkeit und Tragweite für unser Wirtschaftsleben und darüber hinaus für das Wohl der Gesamtheit werden uns in den Sitzungen der beiden nächsten Tage beschäftigen. Wie ein roter Faden wird sich durch alle diese Verhandlungen eine große Frage ziehen: wird uns und unserem deutschen Vaterlande die Möglichkeit des Wiederaufstiegs gegeben sein — die Möglichkeit zu einem Wiederaufstiege, der ihm den Platz an der Sonne gewährleistet, auf den es kraft des Arbeitswillens, der Tüchtigkeit und der Intelligenz seiner Bevölkerung gerechterweise Anspruch erheben darf?

Es ist nicht meine Aufgabe, zu dieser Frage hier Stellung zu nehmen. Gestatten Sie mir aber, ohne dem Ergebnis der Verhandlungen dadurch in irgendwelcher Weise vorgreifen zu wollen, kurz auf das eine hinzuweisen: Wenn es uns überhaupt gelingen kann, uns wieder hoch zu arbeiten, hinauf zu der Stellung, die uns gebührt, uns frei zu machen von all den drückenden Fesseln, die uns heute noch beengen, und uns selbst im günstigsten Falle noch auf viele Jahre hinaus noch beengen werden, dann nur unter der Wirtschaftsordnung, unter der wir vor dem Kriege groß geworden sind und die auch heute noch unser Wirtschaftsleben und das aller mit uns im Güteraustausch stehenden maßgebenden großen Wirtschaftszentren der Welt beherrscht: die individualistische, die Freiheit des wirtschaftlichen Schaffens garantierende Wirtschaftsordnung im Gegensatz zur gebundenen, sozialistischen. Ich möchte an dieser Stelle nicht über den Mehr- oder Minderwert dieser beiden Wirtschaftsordnungen vom ethischen Standpunkte aus streiten, obwohl man auch in dieser Beziehung sehr geteilter Meinung sein kann. Kaum geteilter Meinung kann man aber hierüber sein vom Standpunkte der rein wirtschaftlichen Zweckmäßigkeit und Erfolgsmöglichkeit. Höchsten wirtschaftlichen Erfolg, letzte rationelle Ausnutzung aller gegebenen Möglichkeiten, größtdenkbaren technischen Fortschritt kann nur eine individualistische Wirtschaftsordnung gewährleisten mit ihrer naturgegebenen ständigen gegenseitigen Anspornung aller in der Volksgemeinschaft schlummernden Kräfte. Mag es in glücklichen Vorkriegszeiten ohne allzu weitgehenden Schaden für die Allgemeinheit denkbar gewesen sein, auf höchstmöglichen wirtschaftlichen Erfolg zu Gunsten anderer Ideale zu verzichten, so sind wir doch heute in einer Zwangslage, die es uns zur unabweisbaren Pflicht macht, das aus unserer Wirtschaft herauszuholen, was sich nur eben herausholen läßt. Darüber ist man sich heute wohl ganz allgemein im klaren. Und auch die, die diese Auffassung nicht zu teilen vermögen, die auch vom wirtschaftlichen Standpunkte aus nicht ohne weiteres die Unterlegenheit einer sozialistischen Wirtschaftsordnung glauben anerkennen zu können, sind sich doch im klaren darüber, daß wir in unserer heutigen Lage inmitten einer kapitalistisch eingestellten Welt auf keinen Fall uns dem Risiko von Experimenten aussetzen können, deren Ausgang im besten Falle zweifelhaft sein muß. Ich glaube, nichts Falsches zu behaupten, wenn ich sage, daß diese Auffassung nicht nur Gemeingut der gesamten deutschen Wirtschaft, sondern auch Gemeingut aller verantwortlichen Politiker ist, gleichgültig, welcher Partei sie angehören. Diese Tatsache scheint mir mit Rücksicht darauf, daß wir heute im Reiche wieder eine Regierung der großen Koalition besitzen, besonders beachtlich zu sein. Regieren verpflichtet! Wer zur verantwortlichen Mitarbeit berufen ist an all den großen der Lösung harrenden Aufgaben, darf nicht dem einzelnen, nicht einer bestimmten Schicht oder Klasse der Bevölkerung zu Liebe oder zu Leide handeln, der muß vielmehr den Blick auf das Ganze richten, darf stets nur Wohl und Wehe des gesamten Landes im Auge behalten. Seine Freiheit und Unabhängigkeit zu erkämpfen und sicherzustellen mit den friedlichen Mitteln des wirtschaftlichen Wettbewerbs, darum geht es für uns in der Zukunft. Wissen wir aber, daß wir diesem Ziel nur näher kommen können unter Beibehaltung unserer heutigen individualistischen Wirtschaftsordnung, dann heißt es auch, diese Erkenntnis mit allen Kräften in die Tat umzusetzen. Das Ziel ist klar. Klar und gerade muß aber auch der Weg sein, der zu diesem Ziele führt. Es geht nicht an, eine Wirtschaftsordnung halb anzuerkennen, das Gute, was sie bringt, einzuheimsen, die Mängel, die ihr wie allem Irdischen anhaften, die untrennbar mit ihr verbunden sind, zu bekämpfen. Dadurch muß notwendigerweise das System selber Schaden leiden und auch das Gute vernichtet werden, das aus ihm fließt. Es handelt sich um grundsätzliche Dinge, an die nicht gerührt werden darf — nicht um des Grundsatzes, sondern um der Sache willen. Keine Kompromisse, keine irgendwie gearteten Zugeständnisse aus parteitaktischen oder parteipolitischen Erwägungen darf es geben, die in ihrer Summierung eine empfindliche Durchbrechung der als richtig anerkannten Wirtschaftsordnung bedeuten — Zugeständnisse und Kompromisse, die die Wirtschaft in der Erfüllung der ihr zugefallenen zentnerschweren Aufgaben immer wieder auf das empfindlichste behindern.

Die klare, große Beständigkeit gewährleistende Linie tut uns nicht zuletzt in unserer Wirtschaftspolitik not. Denn darüber kann kein Zweifel bestehen: nichts verlangt das zur Befruchtung der Wirtschaft unentbehrliche Kapital mehr als Ruhe und Sicherheit, nichts stößt es mehr ab als dauernde Beunruhigung und Unsicherheit. Wollen wir es uns erhalten, wollen wir die Wirtschaft zum höchsten Grade ihrer Leistungsfähigkeit bringen, dann können wir es nur, indem wir dieser Notwendigkeit Rechnung tragen.

Klar muß es auch dem einfachsten Mann werden, daß es heute nicht nur darauf ankommen kann, wer produziert, d. h. wer im Besitze der Produktionsmittel ist, daß vielmehr die wichtigste und erste Frage ist: Wie produzieren wir?, und zwar: Wie produzieren wir am besten, am meisten, wie können wir den größtmöglichen wirtschaftlichen Erfolg erzielen? Zweite Frage kann es dann erst sein: Wie ist eine möglichst gerechte Verteilung dieses Ertrages zu erreichen? Nur weltfremde Ideologie oder einseitige parteipolitische Einstellung kann heute noch die Dinge anders sehen. Wenn am sprudelnden Quell sich zwei um ihren Anteil an dem Wasser streiten, so kann keiner dadurch gewinnen, wenn bei diesem Streit die Quelle selbst verschüttet wird. Zusammenfinden aller wirtschaftlichen und politischen Kräfte zur gemeinsamen Aufbauarbeit unter eindeutiger Anerkennung der gegebenen Wirtschaftsordnung, Versöhnung des Kapitals mit der Arbeit, die bei den Arbeitnehmern das festbegründete Bewußtsein wach werden läßt, daß sie auch ohne staatliches Eingreifen und dann vor allem ihres gerechten Lohnes gewiß sein können — das muß die Losung des Tages sein. Nicht leicht wird es sein, sie in die Wirklichkeit umzusetzen; dessen bin ich mir bewußt. Schlimmster Feind einer Versöhnung zwischen Kapital und Arbeit wird weniger die zwar jahrzehntelang systematisch in entgegengesetztem Sinne beeinflußte Mentalität des Arbeiters an sich sein, sondern vor allem die diese Mentalität immer aufs neue bestärkende, von Reichs wegen geübte Politik, die an Stelle freier Vereinbarung zwischen Kapital und Arbeit den Zwang gesetzt hat, und zwar einen Zwang, der sich leider nur zu oft über wirtschaftliche Notwendigkeiten hinweggesetzt hat. Man wird es dem einfachen Mann nicht verdenken können, wenn er hieraus unter Verkennung der tatsächlichen Verhältnisse den Schluß zieht, daß er ohne Zwang niemals zu seinem gerechten Lohne gelangen kann; er kann sich mit Recht darauf berufen, daß Stellen, die höhere Weisheit und tiefere Einsicht als er selbst besitzen sollten, der Wirtschaft anscheinend immer aufs neue bestätigen, daß sie sich der Pflicht zur Zahlung des gerechten Lohnes entziehen will. Und so vergiftet diese Politik des Zwanges die Atmosphäre, sät künstlich Mißtrauen zwischen Kapital und Arbeit, hindert den Aufbau — niemand zur Freude, allen zum Leide.

Freiheit der Wirtschaft ist daher nicht nur die Grundlage der Schaffung eines höchstgesteigerten Wirtschaftserträgnisses, sie allein kann auf die Dauer auch die Grundlage einer gerechten Verteilung desselben sein. Mit dieser Freiheit stehen wir — mit ihr fallen wir. Wer sie bekämpft, bekämpft sich selbst und stellt sich hindernd in den Weg, der allein zum Aufstieg führen kann, und dieser Weg ist: Durch Freiheit der Wirtschaft zur Freiheit und Wohlfahrt des Landes. (Lebhafter Beifall.)

Präsident Geheimrat Prof. Dr. Riesser dankt Herrn Direktor Dr. Pferdmenges durch Händedruck und erteilt Herrn Geheimrat Prof. Dr. Thiess von der Universität Köln das Wort.

Geheimrat Prof. Dr. Thiess, Köln:

Meine verehrten Damen und Herren! Die Universität Köln hat mich beauftragt, Ihre Tagung hier zu begrüßen. Wir Professoren danken dem Centralverband für die Einladung, die er an uns hat ergehen lassen, und für die Bekundung, die darin liegt, von der vielseitigen und tiefgehenden Verwandtschaft unserer und Ihrer Arbeit. Dieses Gefühl der Verbundenheit ist bei uns in Köln besonders stark, denn wir gehören zu dem modernen Typ der Universitäten, wie er jetzt überall auf der Erde sich emporentwickelt, dem Typ, der die Durchforschung der Unternehmung mit den gleichen Methoden und der gleichen Sorgfalt betreibt wie die älteren Universitätsaufgaben und der an der Ausbildung des Nachwuchses der Wirtschaft ebenso mitwirken will wie bisher die Universitäten an der Ausbildung für öffentliche Verwaltung und freie Berufe. Der Begründer dieser neuen Hochschulpläne in Köln ist ein Mann, der eine große Rolle gespielt hat auch bei der Begründung unserer ersten deutschen Großbanken, Gustav von Mevissen; ihm ist die Idee und die Ausführung dieser neuen Pläne zu verdanken. Bürgersinn und Stadtverwaltung haben es geschafft, daß die Wirtschaftshochschule zur Volluniversität ausgestaltet werden konnte. Hervorragende Vertreter des Bankfaches sind unter denen, die unsere Einrichtungen gestiftet haben und die im Kuratorium an unserer Verwaltung mitwirken. Der Rektor unserer Universität in diesem Jahre ist der wissenschaftliche Vertreter der Bankbetriebslehre, Magnificenz Walb, der es sehr bedauert, durch eine Auslandsreise heute verhindert zu sein. — Sie sehen, wie aufrichtig unsere Wünsche für Ihre Arbeiten sein müssen. — Unsere Schwesteruniversität Frankfurt ist auf der gleichen Basis errichtet, und ihr Herr Rektor hat mich beauftragt, seine Wünsche in gleicher Weise anzufügen. Wir wünschen Ihnen eine erfolgreiche Beratung, fruchtbringend für Sie und für uns und für die uns in gleicher Weise am Herzen liegende Volksgesamtheit. (Lebhafter Beifall.)

Präsident Geheimrat Prof. Dr. Riesser dankt Herrn Geheimrat Prof. Dr. Thiess herzlich und schließt die Eröffnungssitzung mit dem Bemerken, daß am folgenden Tag die Verhandlungen um 9½ Uhr in der Messehalle beginnen.

(Schluß: 7 Uhr.)

Erster Verhandlungstag.

Montag, den 10. September, vormittags 9½ Uhr.
Sitzung in der Messehalle.

Präsident Geheimrat Prof. Dr. Riesser:

Ich eröffne die Sitzung und erteile nunmehr das Wort als erstem Referenten Herrn Geheimrat Dr. Hagen.

Geh. Kommerzienrat Dr. h. c. Louis Hagen, in Firma A. Levy und Sal. Oppenheim jr. & Cie., Köln:

Deutschlands Finanzwirtschaft zu Beginn des 5. Jahres des Dawes-Planes.

Meine Damen und meine Herren! Am 1. September dieses Jahres hat das fünfte Reparationsjahr begonnen, in dem zum ersten Male aus dem Reichshaushalt der volle Betrag von 1¼ Milliarden Goldmark zu zahlen ist. Die uns gewährte Schonzeit ist vorbei. Wir stehen an der Schwelle des sogenannten Normaljahres, in dem die gesamten, von der deutschen Wirtschaft auf Grund des Dawes-Abkommens aufzubringenden Beträge sich nunmehr auf 2½ Milliarden Goldmark beziffern. Werden wir es schaffen? — dies ist die bedeutendste, weite Kreise beschäftigende Frage. — Ziehen wir die Bilanz der letzten fünf Jahre, lassen wir die Erinnerung zurückgleiten an die finstersten Zeiten der Nachkriegsgeschichte, an die Zeiten des Ruhrkampfes und des katastrophalen Zusammenbruches der Mark im Herbst 1923 und vergleichen wir damit das Bild, das sich heute dem Beobachter darbietet, dann könnte das scheinbar — ich sage ausdrücklich scheinbar — Anlaß genug zu rosigem Optimismus sein. Damals Chaos, wohin man sah; namentlich unverkennbarer

Niedergang auf allen Gebieten der Wirtschaft. Glänzende, beispiellos aufgebauschte Ziffern des Umsatzes und der Gewinne als äußerer Schein, dauernder Substanzverlust und fortschreitender Rückgang der Produktion als wahres Gesicht. Dazu schärfste politische Bedrückung! Der Ruhrkampf verloren. Fremde militärische Willkürherrschaft weit über die im Versailler Friedensvertrag vorgesehenen Gebiete hinaus. Phantastische, noch in den bekannten astronomischen Ziffern schwelgende Anforderungen an die Leistungskraft des deutschen Volkes. Das Rheinland unter ganz besonders schwerem wirtschaftlichem und politischem Druck. Heute: Ruhr und große Teile des Rheins wieder frei von militärischer Bedrückung, eine gesunde, gefestigte Währung, eine konsolidierte, wieder aufblühende Wirtschaft. Grund zwar genug, denen dankbar zu sein, die uns aus diesem Chaos hinaus wieder empor zu geordneten Verhältnissen geführt haben; aber noch lange kein Grund, froh des Erreichten, stolz auf seine Tüchtigkeit, nunmehr die Hände in den Schoß zu legen in der angenehmen Hoffnung, es werde sich auch künftig alles in gleicher Weise bemeistern lassen. Gewaltig sind die Lasten, die die deutsche Wirtschaft noch zu tragen hat. 2½ Milliarden Goldmark sollen alljährlich auf Grund des Dawes-Abkommens von der Wirtschaft abgeliefert werden. Eine ungeheuerliche Kontribution, wie sie bisher noch zu keiner Zeit einem Volke der Erde als Strafe für angebliche Schuld an einem verlorenen Kriege auch nur annähernd aufgebürdet worden ist. Ungeheuerlich vor allem deswegen, weil es an jeder zeitlichen Begrenzung dieser Kontribution fehlt. Nur schwache Lichtschimmer sind einstweilen vorhanden, daß es in absehbarer Zeit zu einer vernünftigen Regelung unter Festsetzung einer tragbaren Endsumme kommen wird. Wie gewaltig die uns auferlegte Last ist, wird erst klar, wenn man sich vergegenwärtigt, daß die Normalzahlung von 2,5 Milliarden Goldmark größer ist, als der Aktivsaldo der amerikanischen Zahlungsbilanz, der auf 2,1 Milliarden Goldmark berechnet wird, und fast ebenso hoch ist wie der Aktivsaldo der englischen Zahlungsbilanz, der 3,2 Milliarden Goldmark beträgt. Mit banger Sorge muß daher jeden im Wirtschaftsleben an verantwortlicher Stelle Stehenden die Frage erfüllen: Wird die deutsche Wirtschaft, wird unser Organismus in der Lage sein, diesen gewaltigen Kapitalentzug, diesen fürchterlichen Blutverlust auf die Dauer ertragen zu können? — Sehen wir uns die uns aufgebürdeten Lasten näher an: 660 Millionen Goldmark jährlich für Verzinsung und Tilgung der Eisenbahn-Obligationen, 290 Millionen Goldmark Beförderungs- resp. Verkehrssteuer, 300 Millionen Goldmark Belastung aus den Industrie-Obligationen, 1¼ Milliarden Goldmark unmittelbar aus dem Reichshaushalt unter Verpfändung der Eingänge aus Zöllen und den wichtigsten Verbrauchssteuern. Von den nach Abzug dieser 1¼ Milliarden Goldmark verbleibenden Bedürfnissen von Reich, Ländern und Gemeinden wird das Schicksal der Wirtschaft — wird die Entscheidung darüber abhängen, ob die deutsche Wirtschaft, ohne zum fühlbaren Rückgang verurteilt zu sein, auf die Dauer die Dawes-Lasten wird tragen können. Der ehrliche Versuch hierzu muß gemacht werden und wird gemacht werden. Es ist direkt töricht, wenn von manchen Seiten des Auslandes der Reichsregierung die Absicht unterstellt worden ist, als suche sie durch künstliche Niederhaltung der Wirtschaft die Erfüllung zu sabotieren. Ein derartiges Unterfangen wäre — da gar zu durchsichtig — nach außen zwecklos, nach innen verbrecherisch. Zu einem ehrlichen Versuch gehört aber zweierlei: von Reichs-, Staats- und Gemeindewegen muß alles unterlassen werden, was nicht unbedingt notwendig, wohl aber geeignet ist, die Leistungsfähigkeit der Wirtschaft zu beeinträchtigen. Von seiten der Wirtschaft selbst muß alles getan werden, um ihre Leistungsfähigkeit zu steigern. Trotzdem müßte alles Bemühen vergeblich sein, wenn nicht unserer Erfüllungsbereitschaft eine richtig verstandene Annahmebereitschaft unserer Gläubiger gegenübersteht.

Will man die Finanzpolitik von Reich, Ländern und Gemeinden richtig würdigen, so kann man dies nur, wenn man von den gegebenen wirtschaftlichen Verhältnissen ausgeht. Denn Finanzpolitik ist Wirtschaftspolitik, muß es immer sein, im guten oder im schlechten Sinne. Im guten Sinne nur dann, wenn in ihr die gesamten wirtschaftlichen Verhältnisse zum Ausdruck gelangen, und zwar nicht nur im jeweils gegenwärtigen Augenblicke. Das wäre nur Finanz-Stümperei. Hinausschauend über den Augenblick, die Zukunft, ihre Aussichten, ihre Entwicklungsmöglichkeiten erkennen, und sie zu meistern suchen — das allein ist wahre und gute Finanzpolitik. Das allein ist aber auch

Führerpolitik. Eine solche Führerpolitik brauchen wir, eine Politik durch Männer, die nicht nur, der Opportunität des Tages dienend, den Augenblick erfassen, sondern die, vorausschauend und namentlich vorausfühlend, gewillt und kraft ihrer Persönlichkeit auch in der Lage sind, ihre auf weite Sicht gewonnenen Erkenntnisse unabhängig von den Einflüssen des Tages in die Tat umzusetzen. Bei einer auf solche Weise betriebenen Finanzpolitik wird die Wirtschaft nicht nur Objekt, sondern in wohlverstandenem Sinne auch Subjekt der Finanzpolitik sein. Wie ist es nun um unsere Wirtschaft bestellt, hat sie den Ansprüchen, die an sie gestellt werden müssen, genügt, hat sie also ihrerseits alles getan, um ihre Kraft und Leistungsfähigkeit zu steigern? —

Das wichtigste und wertvollste Aktivum, das sie in den letzten Jahren errungen hat, ist die Wiederherstellung des internationalen Vertrauens in Deutschlands Kraft und Kreditwürdigkeit. Unendlich viel beigetragen zur Erreichung dieses Zieles hat die kluge, geschickte und zähe Verständigungspolitik Stresemanns, von der er sich mit Recht seit den Tagen von Locarno allen Nörglern zum Trotz nicht wieder hat abbringen lassen. Unendlich viel beigetragen hat aber nicht zuletzt die deutsche Wirtschaft selbst, deren verhältnismäßig rascher Aufstieg aus Nacht und Chaos im Auslande nachhaltigen Eindruck erweckt hat. Als außerordentlich wertvoll haben sich auch die in dem Krisenjahr 1925 anläßlich des Zusammenbruchs führender Wirtschaftskonzerne gebildeten Stützungskonsortien der Banken erwiesen. Schützend haben sie sich vor die ausländischen Gläubiger gestellt und dafür gesorgt, daß ihnen auch nicht ein Pfennig verlorengegangen, sondern ihnen alles auf den Tag zurückgezahlt worden ist. Unsere Sorge muß es sein, dieses Vertrauen nicht nur zu erhalten, sondern nach Möglichkeit noch zu konsolidieren. Das gilt vor allem auch gegenüber Frankreich, mit dem eine engere wirtschaftliche Verflechtung sich für beide Partner auf die Dauer nur als nützlich erweisen kann. Frankreich, das Land des großen, anlagesuchenden Kapitalreichtums — nicht zuletzt eine Folge seiner Sparsamkeit, die wir uns in mancher Hinsicht nur zum Vorbild dienen lassen können —, Deutschland, das kapitalschwache, nach wie vor auf die Einfuhr ausländischen

Kapitals angewiesene Land. Die Möglichkeiten eines wirtschaftlichen Zusammenarbeitens liegen gewissermaßen auf der Hand.

Das zweite, nicht minder wichtige, aber doch erst in der Zukunft seinen vollen Wert erweisen könnende Aktivum ist die durchgreifende Verbesserung unseres Produktionsapparates, wie sie unter dem Begriff der Rationalisierung in den letzten Jahren geschaffen worden ist. Wie bitter notwendig diese Rationalisierung war, wollten wir in dem verschärften Konkurrenzkampfe, vor allem in dem Ringen um die Wiedergewinnung alter und Erzielung neuer Absatzgebiete auf dem Weltmarkte nicht vollständig an die Wand gedrückt werden, wissen namentlich Sie alle — meine Damen und meine Herren — und weiß heute auch die ganze Welt. Wenn im Mai 1921 die Gesamtlasten Deutschlands auf Grund der Reparationsverpflichtungen auf die phantastische, bis heute offiziell noch nicht aufgehobene Summe von 132 Milliarden Goldmark festgesetzt worden sind, so beruhte diese Summe nicht allein auf einem übertriebenen, rücksichtslosen Forderungswillen der Gläubiger, sondern vor allen Dingen auch auf einer maßlosen Ueberschätzung der deutschen Leistungsfähigkeit. Bedingt war diese Ueberschätzung namentlich durch die Vorstellung, daß es Deutschland während des Krieges und während der Inflationszeit gelungen sei, seinen Produktionsapparat nicht nur zu erhalten, sondern darüber hinaus auf einen hochmodernen Stand zu bringen. Der Irrtum dieser Vorstellung liegt — wie gesagt — heute der ganzen Welt offen. Erst den gewaltigen Anstrengungen der letzten Jahre ist es unter starker Verschuldung an das Ausland gelungen, unseren Produktionsapparat den modernen Anforderungen anzupassen, wenn auch noch keineswegs in genügender Weise. Der Rationalisierungsprozeß kann daher auch noch nicht als abgeschlossen angesehen werden.

Als einen Teil dieser Rationalisierung im weitesten Sinne betrachte ich auch die verschiedenen großen Trust- und Kartellbildungen der letzten Jahre: den gewaltigen Konzentrations- und Akkumulationsprozeß, wie er seinen stärksten Ausdruck findet in den Riesengebilden auf dem Gebiete der Eisen- und chemischen Industrie — den fortschreitenden Prozeß der freiwilligen Selbstbeschränkung auf dem Gebiete der Konkurrenz, der mit der internationalen Rohstoffgemeinschaft zu zwischenstaatlichen Vereinbarungen bedeutungsvollsten Umfanges geführt hat. Man mag über die Kartelle, vor allem auch über die internationalen Kartelle, denken wie man will — hier näher darauf einzugehen, würde weit über das mir zugewiesene Thema hinausführen —: ihr großer volkswirtschaftlicher Nutzen kann nicht verkannt werden. Eindämmung übermäßiger Konkurrenz — Kriseneinschränkung und Ermöglichung besserer Löhne sowie gleichmäßigerer Beschäftigung durch Preisregulierung, Preisstabilisierung und Anpassung an den jeweiligen Bedarf —, das sind hohe wirtschaftliche Vorteile, die in ihrer Bedeutung nicht unterschätzt werden dürfen. Das Bild der Rationalisierung der letzten Jahre wäre also ohne Behandlung der Kartelle nicht vollständig.

Galt es bei der Rationalisierung auf dem Wege über die Trust- und Kartellbildungen in erster Linie Schwierigkeiten innerer, mehr mentaler Natur zu überwinden — Schwierigkeiten, die in der Herbeiführung einer gemeinsamen Willensbildung widerstrebender Interessen lagen —, so lag die Schwierigkeit der Rationalisierung im übrigen vor allem in äußeren Gründen, das heißt in der Unmöglichkeit, das erforderliche Kapital in ausreichendem Umfange am heimischen Markte aufnehmen zu können. Es mußte also auf die Kapitalkraft des Auslandes zurückgegriffen werden, das, an der Spitze Amerika, nach Wiederherstellung des Vertrauens in Deutschlands Kraft und Kreditwürdigkeit bereitwilligst seinen Kredit zur Verfügung stellte. Die deutsche Wirtschaft hat — und zwar einschließlich der Länder und Gemeinden — in der Zeit vom 1. 1. 1925 bis 31. 5. 1928 rund 5,35 Milliarden Reichsmark — ausschließlich der kurzfristigen Kredite, die fast ebenso hoch sind — auf dem internationalen Kreditmarkt aufgenommen und davon inzwischen rund 500 Millionen Reichsmark zurückgezahlt; sie hat in der gleichen Zeit an Reparationsleistungen rund 4,79 Milliarden Reichsmark abgeführt: In weitaus größerem Ausmaße, als das Reich aus den Dawes-Verpflichtungen entlastet wurde, haben sich also Private, Länder und Gemeinden verschuldet. Nicht das Reich also, sondern die Privatwirtschaft, sowie Städte und Kommunen nehmen Schulden im Auslande auf, die zur Zahlung der Dawes-Verpflichtungen unter entsprechender Entlastung des Reiches nötig waren. Die Schuld ist damit ihres völkerrechtlichen Charakters entkleidet und zur reinen Privatschuld geworden. Ein außerordentlich wichtiger rechtlicher Unterschied, aber eben doch nur ein Unterschied rechtlicher Natur. Volkswirtschaftlich gesehen bleibt die Lage dieselbe. Denn dieselben Kräfte, die bisher letzte Träger der Dawes-Verpflichtungen waren, sie sind es auch im wesentlichen geblieben. Nur jetzt nicht mehr mittelbar, sondern unmittelbar. Theoretisch ist es durchaus denkbar — einen fortwährenden Zufluß ausländischen Kredits vorausgesetzt —, daß auf diese Weise im Laufe der Zeit die gesamte Reparationslast auf die Privatwirtschaft abgewälzt wird. Frage ist nur, ob eine auf diese Weise erfolgende Regelung der Reparationsschuld im Interesse der deutschen Volkswirtschaft liegen kann. — Richtig ist zwar, daß die Frage der Angemessenheit der Reparationsverpflichtungen, sobald sie einmal in Privatschulden umgewandelt sind, sich sehr bald von selbst lösen müßte. Die Lösung würde aber, wenn in gleichem Maße fortgesetzt, nur erkauft werden können mit dem Zusammenbruch und der Bankrotterklärung des größten Teiles unserer Wirtschaft und dem Uebergang deutschen Volksvermögens in weitestem Umfange in ausländische Hände. Nicht das aber kann das Ziel sein. Kein Recht haben wir, den Kopf in den Sand zu stecken und zu warten, bis es zu spät ist, bis der Zusammenbruch vollendet — ihn zu verhindern gilt es. Nicht gleichgültig und unbesorgt könnten wir also einer dauernden Abwälzung der Reparationsschuld von den Schultern des Reichs auf die Schultern der Privatwirtschaft zusehen.

Das schließt nicht aus, daß zunächst der Zufluß ausländischen Kapitals noch als wünschenswert angesehen werden muß. Denn zur Vollendung der noch keineswegs abgeschlossenen Rationalisierung werden wir einstweilen noch ausländisches Kapital nur schwer entbehren können. Dazu sind die gewaltigen einmaligen Anforderungen, die in dieser Beziehung an die Wirtschaft gestellt werden, noch immer zu groß. Bewußt müssen wir uns allerdings bleiben, daß auch in dem so gekennzeichneten Rahmen ein Zufluß ausländischer Kredite nicht unbedingt für die notwendige Dauer als gewährleistet angesehen werden kann. Wenn zwar auch irgendwelche bestimmte Anzeichen nach dieser Richtung hin vorläufig nicht vorhanden sind, so darf doch die Möglichkeit eines Umschwunges auf Grund veränderter Voraussetzungen nicht außer acht gelassen werden. Hierin liegt eine große Gefahr. Je höher in einem solchen Augenblicke die Auslandsverschuldung, vor allem die *kurzfristige* ist, um so schlimmer. Denn aus einer Häufung von Verzinsung, Tilgung und Zurückzahlung privater Schulden mit den Uebertragungen des Transfer-Komitees müßten sich ernste Schwierigkeiten wirtschaftlicher und währungspolitischer Natur ergeben. Wenn das Transfer-Komitee zwar auch gezwungen ist, auf unsere Währung Rücksicht zu nehmen, so würde es doch stets bestrebt sein, bis an die äußerste Grenze des Möglichen zu gehen. *Auf messerscharfem Grate würde also unsere Währung dauernd am Abgrunde entlang taumeln.* Man wird demnach dem Herrn Reichsbankpräsidenten an sich durchaus Recht geben müssen, wenn er sich nachdrücklichst gegen eine zu weitgehende *kurzfristige* Auslandsverschuldung eingesetzt und im übrigen der Frage der *produktiven* Verwendung der im Auslande aufgenommenen Kredite ganz allgemein sein schärfstes Augenmerk zugewendet hat. Die Frage, welche Kredite als produktiv zu betrachten sind und welche nicht, wird nicht immer leicht zu beantworten sein, da nicht immer der *unmittelbare* Verwendungszweck als das Entscheidende wird angesehen werden können. Daß hierbei die Kreditpolitik der öffentlichen Hand ganz besonders heikel ist, ist klar. Die *Privatwirtschaft* wird normalerweise keinen Kredit aufnehmen, dessen Verzinsung und Tilgung aus eigener Kraft nach menschlichem Ermessen nicht sichergestellt ist. Wenn naturgemäß auch bei den Krediten der öffentlichen Hand die Rückzahlung und Tilgung als solche regelmäßig gewährleistet sein wird, so wird es sich doch mitunter sehr fragen, ob es lediglich die *nutzbringende Verwendung* dieser Kredite ist, die diese Gewähr gibt, oder nicht etwa nur die Möglichkeit einer künftigen zusätzlichen *steuerlichen Belastung* der Wirtschaft.

Das eine glaube ich hierbei mit aller Deutlichkeit aussprechen zu müssen: Die von den öffentlich-rechtlichen Verbänden aufgenommenen Anleihen müssen *immer* als unproduktiv in dem hier in Rede stehenden Sinne angesehen werden, wenn sie Zwecken dienen, die auf eine Konkurrenz gegenüber der Privatwirtschaft hinauslaufen. Denn jede Konkurrenz der öffentlichen Hand gegenüber der Privatwirtschaft schwächt diese, schwächt damit aber auch die Sicherheit und Produktivität der von der Privatwirtschaft aufgenommenen ausländischen Kredite.

Ob es möglich sein wird, durch die hierfür geschaffene Beratungsstelle eine wirklich wirksame Kontrolle über die Produktivität der von Ländern und Gemeinden aufgenommenen Kredite auszuüben, erscheint mir auf die Dauer zweifelhaft. Im übrigen muß man sich aber auch bewußt sein, daß alle derartigen Kontrollmaßnahmen ein zweischneidiges Schwert sind. Gewiß können sie nach der einen Seite hin einen gewissen Schutz bieten gegen ein den Gesamtinteressen der deutschen Volkswirtschaft zuwiderlaufendes Finanzgebaren mancher oder vielleicht gar vieler öffentlich-rechtlicher Körperschaften. Auf der anderen Seite müssen sie aber unvermeidbar manche Nachteile zur Folge haben. Die bürokratisch langsame Verfahrensart, die allen derartigen Beratungsstellen anhaften muß, wird sich wie Blei an die Schwingen so mancher durchaus zu billigenden kommunalen Tätigkeit hängen. Vergessen wir nicht: wenn so manche unserer deutschen Großstädte in den letzten Jahren einen so glänzenden Aufstieg genommen haben, dann haben wir dies in vielen Fällen nur dem genialen Scharfblick ihrer Führer zu danken, die es verstanden, im richtigen Augenblick die richtige Entscheidung zu treffen. Selbstverständlich müssen auch diese genialen Führer auf die Not der deutschen Finanzen Rücksicht nehmen. Auch sie dürfen sich bei Verwirklichung der ihnen als zweckmäßig erscheinenden Pläne nicht der Tatsache verschließen, daß eine weitgehende Selbstbeschränkung nicht nur im Hinblick auf Luxusausgaben, sondern auch auf viele an sich berechtigte kommunale Wünsche das Gebot der Stunde ist. Je eher diese Erkenntnis Gemeingut aller für die Leitung der Städte verantwortlichen Stellen geworden ist und je nachdrücklicher sie in die Praxis umgesetzt wird, um so eher können wir auch auf eine Kontrolle in der jetzigen Art verzichten. Ein Vorgang, den ich mit den Städten auf das lebhafteste begrüßen würde. Denn — ich darf das hier mit aller Deutlichkeit zum Ausdruck bringen — ich bin ein ausgesprochener Feind jeglicher Zwangsmaßnahmen namentlich auf Grund der im Kriege und in der Nachkriegszeit gemachten Erfahrungen.

Müssen wir uns — zurückkommend auf das vorhin Gesagte — einmal bewußt sein, daß die Aufnahme ausländischen Kapitals nur eine vorübergehende Erscheinung sein darf und hoffentlich sein wird, und müssen wir weiterhin damit rechnen, daß in dem Hereinfließen ausländischen Kapitals eines Tages ein fühlbarer Umschwung eintreten kann, so ergibt sich hieraus der verstärkte Zwang zur Schaffung innerer Kapitalbildungsmöglichkeiten. Wir gelangen somit zu einem Problem, das ich als das fundamentalste unserer ganzen innerdeutschen Finanzwirtschaft bezeichnen möchte. In jeder Volkswirtschaft müssen — sollen auf die Dauer keine ernsthaften Störungen eintreten — Kapitalbildung und Kapitalbedarf im Einklang miteinander stehen. Der Kapitalbedarf muß sich aber unter der Herrschaft der modernen Wirtschaftsgestaltung entsprechend dem ihr innewohnenden Zwang zur Expansion in ständig aufwärtssteigender Linie bewegen. Das gilt für alle modernen Volkswirtschaften. Das gilt namentlich aber für die deutsche Volkswirtschaft, wo zu den allgemein gültigen Ursachen des wachsenden Kapitalbedarfs Gründe ganz besonderer Natur treten, so die dauernde Zunahme unserer Bevölkerungszahl und vor allem auch die bereits erwähnte Notwendigkeit zur Nachholung verabsäumter technischer Fortschritte. Begünstigung und Förderung aller Kapitalbildungsmöglichkeiten ist denn auch gerade für die deutsche Volkswirtschaft eine unbedingte Lebensnotwendigkeit. Ist aber dieser Lebensnotwendigkeit bisher in genügender Weise Rechnung getragen worden? — Nein — ganz im Gegenteil!

Zwar zeigt das Anwachsen der Einlagenbestände bei den Sparkassen ein an sich nicht unerfreuliches Bild, wenn zwar auch längst nicht die Vorkriegsziffern wieder erreicht worden sind. Aber die Sparkassen sind — oder sollten es doch wenigstens sein — nur die Sammelbecken der unendlich vielen in der Volkswirtschaft zerstreuten Splitterbeträge. Das Anwachsen ihrer Ziffern beweist also nur, daß es den breiten Kreisen der Bevölkerung — den Arbeitern, Angestellten und Beamten, glücklicherweise wieder möglich geworden ist, zu sparen; es beweist aber nichts darüber, wie es mit der wichtigsten Vorbedingung für eine volkswirtschaftlich ausreichende Kapitalbildung, der Rentenbildung, der Rentabilität der Wirtschaft selbst bestellt ist. Rentabilität, das bedeutet nicht nur: Bestreitung der auf den Unternehmen ruhenden Unkosten einschließlich derjenigen steuerlicher Natur und Vornahme der notwendigen Abschreibungen, das bedeutet vor allem: Möglichkeit der Ausschüttung eines angemessenen Gewinnes und nicht zuletzt Möglichkeit einer ausreichenden Reservenstellung. In einer Wirtschaftsordnung, aus der die notwendigerweise mit fremden Mitteln arbeitenden Kapitalgesellschaften nicht mehr fortzudenken sind, ist die Unmöglichkeit einer angemessenen Gewinnausschüttung auf die Dauer gleichbedeutend mit Lahmlegung der Wirtschaft selbst. Aber auch Unmöglichkeit einer ausreichenden Reservenbildung muß sich in Zeitläufen, wie den heutigen, mit ihrem gegen früher ungleich kürzeren Ablauf der einzelnen Konjunkturwellen als eine der schwerwiegendsten Gefahrenquellen erweisen. Wo sind aber die hiernach nötigen Voraussetzungen einer echten Rentabilität erfüllt? Bei der weitaus größten Mehrzahl der Betriebe auf jeden Fall nicht. Die Gründe hierfür sind doppelter Natur. Sie wirken von außen und von innen. Von außen: die Reparationslasten — von innen: zu hohe steuerliche und soziale Abgaben. Schon heute arbeitet die gesamte deutsche Wirtschaft im Durchschnitt mit mindestens 70 pCt. ihres Reingewinnes für den Staat. Ein geradezu erschreckendes Ergebnis. — Neben der Höhe der steuerlichen Belastung und der Kompliziertheit ihrer Erhebung muß vor allem auch die Art und Weise ihrer Berechnung als außerordentlich drückend empfunden werden. Noch immer werden die wichtigsten Steuern auf der Grundlage des jährlichen Reingewinnes erhoben, statt, wie dies allein der Billigkeit entsprechen würde, auf der Grundlage eines mehrjährigen Durchschnittes. Die Folge dieser verfehlten Handhabung ist, daß der Staat zwar am Erträgnis günstiger Jahre in vollem Umfange teilnimmt, es den einzelnen Unternehmungen aber getrost überläßt, Verluste ungünstiger Jahre allein zu tragen: ein Ergebnis, das sowohl im Hinblick auf die hierdurch verursachte Unmöglichkeit, eine gewisse Beständigkeit in der steuerlichen Belastung zu erzielen, als auch vom Standpunkte der steuerlichen Gerechtigkeit zu verurteilen ist. Baldige Abhilfe tut hier dringend not.

Noch ein paar Worte resp. Ziffern zu den sozialen Abgaben:

Der Gesamtaufwand für soziale Lasten ist 1926—1927 errechnet mit rund 4,5 Milliarden gegen 1,3 Milliarden im Jahre 1913. Interessant dürfte noch sein, daß die soziale Belastung

im Jahre 1925	in Deutschland	rund	60.—	RM
	in England	rund	34.—	RM
im Jahre 1927	in Deutschland	rund	82.—	RM
	in England	rund	37.—	RM

auf je 1000.— RM Volkseinkommen ausmachte.

Aber nicht allein als hinderlich für eine ausreichende Bildung neuen Kapitals hat sich die zu hohe steuerliche und soziale Belastung erwiesen, sondern in einer sehr großen Zahl von Fällen geradezu als kapital vernichtend. Fast 67 pCt. der gesamten Steuern werden als Real- bzw. als Objektsteuern erhoben, also ohne Rücksicht auf das wirkliche Erträgnis. Nicht gering ist denn auch die Zahl derjenigen Betriebe, die die ihnen auferlegten Lasten nur durch Angreifen der Substanz tilgen konnten und können. Es gilt dies in ganz besonderem Maße auch für die Landwirtschaft. Eine um so bedauerlichere Tatsache, als ohne Stärkung der Landwirtschaft nie eine Rettung für Deutschland wird kommen können. Folge dieser Kapitalzerstörung bzw. ungenügenden Kapitalbildung sind denn auch die selbst unter Berücksichtigung der besonderen konjunkturellen Verhältnisse noch immer viel zu hohen Zinssätze des inneren Geld- und Kapitalmarktes, denen sich auch der Reichsbankdiskontsatz, will er den notwendigen Kontakt mit dem Markte nicht verlieren, unbedingt anpassen muß. Angesichts der Höhe der Zinssätze hat man geglaubt, den Banken an Hand der Zweimonatsbilanzen den Vorwurf zu machen, daß sie heute in erster Linie den teueren Kontokorrentkredit pflegten, den billigeren Akzeptkredit jedoch im Gegensatz zu früher vernachlässigten. Dieser Vorwurf ist unberechtigt. Richtig ist zwar, daß die Ziffern der in Form von eigentlichen Akzeptkrediten gewährten Beträge gegen früher zurückgegangen sind. Dafür sind aber die zur Finanzierung des Auslandsgeschäfts gegebenen Remburskredite ganz erheblich gestiegen — zu Gunsten des Kunden, für den sich diese Art der Kreditgewährung als die billigste darstellt, zum Nachteil der Bank, die bei gleichem Risiko wie beim Akzeptkredit die Provision mit dem ausländischen Bankier teilen muß. — Anlaß sei genommen, bei dieser Gelegenheit einer im Entstehen begriffenen Gepflogenheit öffentlicher Körperschaften, vor allem der Städte und Kommunen, sich Kredite durch Akzeptgewährung zu verschaffen, entgegenzutreten. Akzeptgewährung ist normalerweise nur ein Mittel zur kurzfristigen Kreditbeschaffung im Zusammenhang mit der Warenbewegung und kann und darf nur der Wirtschaft gestattet sein, die durch entsprechende Produktion und Absatz bzw. Umsatz der Waren sich Anspruch hierauf erwirbt. Bei den öffentlichen Körperschaften, bei denen diese Voraussetzung nicht gegeben ist, muß sie auf das Allerentschiedenste verurteilt und die Beseitigung der bisherigen Neigung mit allem Nachdruck gefordert werden. —

Was die öffentlichen Gelder anbelangt, so wird man es begrüßen müssen, daß es der Reichsbank inzwischen in weitestem Umfange gelungen ist, sich darüber wieder die Kontrolle zu verschaffen. Die von den öffentlichen Stellen geübte Praxis, die aufgekommenen Gelder lediglich unter dem Gesichtswinkel des größtmöglichen Gewinnes und ohne Zusammenhang mit der allgemeinen Kreditlage zu bewirtschaften, hat nicht wenig dazu beigetragen, die jeweiligen Tendenzen des Geldmarktes zu übertreiben und dadurch die Politik der Reichsbank zu gefährden. Die Zentralisierung der öffentlichen Gelder unter Kontrolle der Reichsbank bleibt daher eine unbedingte Notwendigkeit.

Sprach ich soeben von der die Kapitalbildung in ungünstigster Weise beeinflussenden zu hohen steuerlichen und sozialen Belastung der Wirtschaft, so darf nicht übersehen werden, daß ganz ähnliche Wirkungen auch die in letzter Zeit immer stärker in die Erscheinung tretende Tendenz der zwangsweisen nicht durch die Wirtschaftslage gerechtfertigten Erhöhung der Löhne und Gehälter zeitigt.

Lohnerhöhungen können förderlich sein, wenn sie auf gesunder wirtschaftlicher Entwicklung beruhen, wenn sie also mit einer Erhöhung der sich bezahlt machenden Produktion Hand in Hand gehen. Lohnerhöhungen ohne diese Voraussetzungen müssen sich jedoch als wirtschaftlich hemmend und gefährlich erweisen. Denn eine Erhöhung der Löhne ohne gleichzeitige Vermehrung der Produktion ist nur möglich entweder unter Schmälerung der Renten der einzelnen Unternehmungen oder durch Heraufschraubung der Preise. Eine Schmälerung der Renten ist, wie dargelegt, nur bei den wenigsten Betrieben überhaupt denkbar. Preiserhöhungen werden daher — wie dies gerade die jüngste Vergangenheit eindringlichst gezeigt hat — die logische Folge bleiben. Die ungeheuren Anstrengungen, die mit der Rationalisierung der Wirtschaft gemacht worden sind in dem Bemühen, durch Verbreiterung und Verbesserung der Produktion gleichzeitig auch deren Verbilligung anzustreben, müssen auf diese Weise vollständig zunichte werden. Es ergibt sich zwecks Ausgleichs der durch die Lohnerhöhungen zusätzlich geschaffenen Belastungen, also zwecks Einsparung von zu teuer gewordenen Arbeitskräften, die Notwendigkeit zu immer weiteren Rationalisierungen und der Inanspruchnahme immer weiterer Auslandskredite unter hohen Zinsbelastungen: ein höchst unproduktiver, geradezu sinnloser Vorgang. Sinnlos deshalb, weil wir in unserer deutschen Volkswirtschaft mit ihren ausreichend vorhandenen Arbeitskräften eine auf die Spitze getriebene Rationalisierung mit dem Streben zu höchstmöglichster Ausschaltung menschlicher Tätigkeit gar nicht gebrauchen — ja gar nicht gebrauchen können. Denn durch eine solche auf die Spitze getriebene Rationalisierung, die unter den gegebenen Verhältnissen nicht einer Erweiterung, sondern lediglich der Aufrechterhaltung des gegenwärtigen Produktionsstandes dient, müssen auf die Dauer in zunehmendem Maße Arbeitskräfte frei werden, deren alsbaldige Wiedereinbeziehung in den Produktionsprozeß nach Lage der Sache ausgeschlossen erscheinen muß. Ob sich die verantwortlichen Stellen dieser Folgen ihrer

Lohnpolitik mit allen sich daraus ergebenden weiteren Konsequenzen bewußt sind? — Es erscheint unmöglich, diese Frage bejahen zu können.

Eine der weiteren, im Augenblick für uns nachteiligsten Folgen ist, daß das durch die Lohnerhöhung bedingte Steigen der Preise unsere Ausfuhr in ungünstigster Weise beeinflußt. Zwecks Abtragung unserer Reparationsverpflichtungen einerseits, der privaten Verschuldung andererseits, müssen wir aber ausführen, müssen sogar forciert ausführen. Eine andere Erfüllungsmöglickeit besteht für uns nicht. Wenn unsere Handelsbilanz zurzeit noch immer passiv ist, so ist diese Tatsache an sich zwar kein Grund zu sonderlicher Beunruhigung. Solange wir noch ohne ausländisches Kapital nicht auskommen können, wird unsere Handelsbilanz passiv bleiben. Immerhin muß es unsere Sorge sein, jede überflüssige Luxuseinfuhr nach Möglichkeit zu vermeiden. Notwendig vor allem ist aber, daß die mit der Rationalisierung bezweckte Verbilligung unserer Produktion in einer fortschreitenden Steigerung der absoluten Ziffern unserer Ausfuhr von Fertigwaren ihren Ausdruck findet. Leider muß jedoch die Entwicklung der Ziffern der Fertigwarenausfuhr in der letzten Zeit mit nicht geringer Sorge erfüllen. Vielleicht ständen wir uns in dieser Beziehung wesentlich günstiger, wenn bei der seinerzeit erfolgten Stabilisierung unserer Währung einem von mir stark betontem Umstande die Beachtung geschenkt worden wäre, die er meines Erachtens verdiente. Ich habe damals den Vorschlag gemacht, der neu geschaffenen Geldeinheit nicht, wie geschehen, den vollen Goldwert der Friedensmark, sondern höchstens 60 pCt. derselben zu geben, bin aber leider an maßgebender Regierungsstelle auf einen nicht zu überwindenden Widerstand gestoßen. Selbstverständlich mußte es vom währungspolitischen Standpunkte aus gleichgültig sein, welche Relation die neue Geldeinheit zur Vorkriegseinheit erhielt. Hinsichtlich der inneren Preisbildung bin ich jedoch der Meinung, daß die von mir vorgeschlagene Relation von nicht zu unterschätzender Bedeutung gewesen wäre. Es ist eine bekannte Tatsache, daß für die Wertungsgewohnheiten der Bevölkerung die Geldeinheit von weitgehendem psychologischem Einfluß ist. Ich will damit allerdings nicht behaupten, daß als Folge dieser Wertungsgewohnheiten nun die Preise aller wichtigeren Gebrauchs- und Konsumgüter und damit auch der meisten Löhne von der neuen Geldeinheit — trotz deren erheblich geringeren Wertes — nur gerade ebensoviel wie früher von der alten Geldeinheit, das heißt wie früher Friedensmark erfordert hätten. Das würde in dieser Allgemeinheit schon aus dem Grunde unmöglich sein, weil wir in weitestem Umfange auf eine Einfuhr ausländischer Rohstoffe angewiesen sind. Ich bin aber doch der Meinung, daß sich zum mindesten eine fühlbare Annäherung des durchschnittlichen Preis- und Lohnniveaus an die neue Geldeinheit vollzogen hätte. Dadurch hätten gleichzeitig die vorhandenen Betriebsmittel einen größeren Wert erhalten, so daß die Möglichkeit einer verstärkten Ausfuhr mit einer verringerten Notwendigkeit zur Aufnahme von Krediten, insbesondere auch von ausländischen Geldern Hand in Hand gegangen wäre. Beides Momente von wesentlicher Bedeutung für eine günstige Gestaltung unserer Handelsbilanz.

Hiervon aber abgesehen wird man vor allem in der durchaus verfehlten Politik der zwangsweisen Erhöhung der Löhne ohne gleichzeitige Erhöhung der Produktion den wichtigsten Grund für die ungünstige Entwicklung unserer Handelsbilanz sehen müssen. Der Versuch, durch zwangsweise Beeinflussung der Preisgestaltung die verderblichsten Folgen einer zwangsweisen Lohnerhöhung auszuschalten — wie dies im Bergbau geschieht — muß sich auf die Dauer als geradezu verhängnisvoll erweisen. Die Folgen dieses Versuches zeigen sich in aller Deutlichkeit schon jetzt. Bei 90 pCt. aller Kohlenzechen ist nicht Gewinn, sondern im Gegenteil beginnender Substanzverlust die Regel. Unser Kohlenbesitz gehört aber gerade zu den wertvollsten Teilen unseres Volksvermögens. Ihn zu verschleudern heißt, die deutsche Volkswirtschaft in nicht wieder gutzumachender Weise dauernd zu schädigen. Ich möchte davon absehen, die Frage näher zu prüfen, ob man die mit dem Bergbau betriebenen gefährlichen Experimente nicht als einen Teil und zwar als einen der wichtigsten Teile der sogenannten „kalten Sozialisierung" wird ansehen müssen. Lassen es sich aber die verantwortlichen Stellen für die dem

Bergbau gegenüber betriebene Politik gesagt sein, daß die Sozialisierung eines nicht nur vorübergehend, sondern durch die bisher ihm gegenüber angewandten Methoden dauernd geschwächten Bergbaues auch den Nutznießern dieser Sozialisierung keine Freude mehr bringen kann.

Meine Damen und meine Herren, lassen wir uns den Blick für den Ernst der Situation nicht verschleiern, schauen wir nicht zu intensiv nur auf die gegenwärtigen Verhältnisse, vor allem auf die an manchen Stellen günstige wirtschaftliche Entwicklung der letzten Zeit. Es ist nicht alles Gold was glänzt! Die Entwicklung der an vielen Stellen schon im Abflauen begriffenen Konjunktur rechtfertigt keineswegs die übertrieben optimistischen Schlüsse, die häufig aus ihr in Hinsicht auf die Leistungsfähigkeit der deutschen Wirtschaft gezogen werden. Vergessen wir nicht, daß jede Konjunktur an sich nur etwas Vorübergehendes ist, und daß gerade die erwähnte Konjunktur zu einem großen Teile ganz besonderen, einmaligen Gründen ihre Entstehung verdankt, vor allen Dingen als sogenannte „Investitionskonjunktur" dem aus der Rationalisierung der Betriebe sich ergebenden einmaligen großen Bedarf. In einzelnen Branchen sind zwar die Aussichten noch immer gut, so vor allem für die chemische und die Elektro- sowie elektrotechnische Industrie, für die Schiffahrt und auch für die Brauereien. In der elektrotechnischen Industrie ist es insbesondere die Kabelindustrie, in der die zahlreichen Kabelverbindungen zwischen allen Ländern der Welt noch günstige Möglichkeiten bieten. Auch für den Baumarkt sind an sich noch Aussichten vorhanden, sind doch die großen Städte noch lange nicht am Ende ihrer Bautätigkeit angelangt. Gerade hier hängt aber alles ab in erster Linie von der Frage der Finanzierungsmöglichkeit, also von einem immerhin ungewissen Faktor. Im übrigen ist der Beginn einer rückläufigen Konjunktur unverkennbar festzustellen und sein Verlauf einstweilen noch nicht abzusehen. Ganz besonders schlecht ist die Lage der Landwirtschaft. Die Entwicklung der Konjunktur an sich kann daher auch zu irgendwelcher optimistischen Einschätzung der deutschen Leistungsfähigkeit keinen Anlaß geben. Die Grundlagen für eine dauernde gedeihliche Weiterentwicklung der deutschen Wirtschaft sind noch keineswegs vorhanden. Sie müssen erst geschaffen werden. Die Möglichkeit hierzu liegt einzig und allein in der durch meine bisherigen Ausführungen gekennzeichneten Richtung. Sie zeigen den Weg für eine Politik, wie sie sein soll — wie sie aber leider noch nicht ist.

Die Ziele dieser Politik sind zwangsweise gesteckt. Sie liegen in zweifacher Richtung: Nach außen heißt es, den Reparationsverpflichtungen gerecht werden, nach innen den Aufgaben, wie sie sich bei einem Volke von der Kulturhöhe des deutschen mit Naturnotwendigkeit ergeben. Gelingt es nicht, diesen Aufgaben trotz ihrer Beschränkung auf ein nicht zu unterschreitendes Mindestmaß und trotz größter Sparsamkeit auf allen Gebieten gerecht zu werden, ohne gleichzeitig die Wirtschaft einem übermäßigen, ihre Weiterentwicklung in Frage stellenden steuerlichen Druck auszusetzen, so ist damit die Untragbarkeit der uns durch das Dawes-Abkommen auferlegten Lasten erwiesen. Daß nach dieser Richtung bereits alles geschehen ist, was geschehen konnte, kann nicht behauptet werden, trotz allen Fortschritts, der seit dem Jahre 1924 mit seiner brutalen Steuerpolitik auf der einen, und der maßlosen Verschwendung der öffentlichen Gelder auf der anderen Seite eingetreten ist.

Den in den letzten Jahren erheblich gestiegenen Einnahmen von Reich, Ländern und Gemeinden stehen in noch weit größerem Umfange gesteigerte Ausgaben gegenüber. Der Ausgleich ihrer Haushalte war daher regelmäßig nur mit Schwierigkeiten möglich, und zwar meist nur durch Aufnahme von Krediten. Bemerkenswert ist, daß auch der Voranschlag des Reichshaushaltsetats für 1929/30 trotz reichlich optimistischer Beurteilung der wirtschaftlichen Zukunftsaussichten und der hiernach erwarteten hohen Steuereingänge noch immer mit einem Fehlbetrage von 581 Millionen Reichsmark rechnet. Fragt man nach den Gründen dieses noch keineswegs erfreulichen Standes unserer öffentlichen Finanzwirtschaft, so wird man sie zwar einmal in einer weitgehenden Zwangsläufigkeit der Lasten suchen müssen, vor allem soweit Länder und Gemeinden in Frage kommen. Im übrigen darf aber nicht übersehen werden, daß an der ungünstigen Gestaltung der Haushalte eine noch immer vorhandene Neigung zu übermäßiger Verausgabung Schuld trägt, eine Folge der regelmäßigen Ueberschätzung unserer wirtschaftlichen Entwicklungsmöglichkeiten durch Parlamente und Ministerien und ihrer hieraus resultierenden zu großen Bewilligungsfreudigkeit.

Erste Forderung muß daher nach wie vor bleiben: Eine auf das notwendigste beschränkte Ausgabenwirtschaft bei Reich, Ländern und Gemeinden, die einen Ausgleich der Haushalte nicht nur ohne Erhöhung der Steuern gestattet, sondern die darüber hinaus die im Interesse einer gedeihlichen Weiterentwicklung unserer Wirtschaft unbedingt zu fordernde Steuersenkung möglich macht. Eine derartige Ausgabenwirtschaft verlangt vor allem auch, daß etwaige etatmäßige Steuerüberschüsse angesammelt, und nicht wie bisher für schleunigst noch geschaffene Neuausgaben verbraucht werden. Sache des Reiches wird es sein müssen, die Führung einer zielbewußten Spar- und Steuersenkungspolitik in die Hand zu nehmen. Hierzu gehört auch die alsbaldige Schaffung des von der Wirtschaft schon seit langem dringlichst geforderten Steuervereinheitlichungsgesetzes. Immer wieder wird man darauf hinweisen müssen, daß für einen wirtschaftlichen Wiederaufstieg ein einheitlicher, ein organisches Ineinandergreifen sämtlicher Steuern gewährleistender Aufbau der inneren Abgaben genau so wichtig ist, wie die Zolleinheit. Daß es ferner notwendig ist, auch in der Erhebung der Steuern ganz allgemein in soweit eine Aenderung eintreten zu lassen, als die Besteuerung nicht mehr wie bisher auf Grund des Ergebnisses des letzten Geschäftsjahres, sondern auf Grund eines mindestens dreijährigen Durchschnittes vorzunehmen ist, darauf habe ich bereits vorhin verwiesen.

Erwartet muß auch werden, daß die Reichsregierung der Frage der endgültigen Regelung des Finanzausgleichs nachdrücklichste und alsbaldige Beachtung schenkt. Während der letzten fünf Haushaltsjahre haben die Ueberweisungen an die Länder und Gemeinden mehr als ⅓ der gesamten Steuereinnahmen des Reiches verschlungen. Hier scheinen mir noch größere Möglichkeiten zu Ersparnissen gegeben, vorausgesetzt, daß eine vernünftige Regelung des Finanzausgleichs erfolgt, die den Ländern und Gemeinden nicht mehr gewährt, als ihnen unter Berücksichtigung der tatsächlichen Umstände zum Ausgleich der ihnen zwangsweise auferlegten Lasten zusteht. Allerdings wird es sich hierbei wohl kaum vermeiden lassen, den Ländern und Gemeinden für die Erhebung von Steuern in weiterem Umfange als bisher die Verantwortung zu überlassen. Ich sehe darin auch nichts Nachteiliges, im Gegenteil, etwas durchaus Erstrebenswertes. Ich bin entschieden der Meinung, daß man vor allem den Gemeinden wieder die Möglichkeit geben sollte, auch die Einnahmeseite ihres Haushaltsplanes unter eigener Verantwortung, den besonderen Verhältnissen und Bedürfnissen des Gemeindewesens Rechnung tragend, individuell zu gestalten. Daß es hier noch große Hindernisse zu überwinden gilt, daß es vor allem nicht leicht sein wird, die richtigen Steuern zu finden, deren Erschließung man den Gemeinden überlassen darf, ohne die Interessen des Reiches zu verletzen, und ohne eine Ueberlastung der Steuerpflichtigen befürchten zu müssen, zu deren Schutze man vor allen Dingen an die Einführung einer Maximalbegrenzung der Gesamtsteuern wird denken müssen — aller dieser Schwierigkeiten bin ich mir durchaus bewußt. Schwierigkeiten sind aber dazu da, um überwunden zu werden.

Kurz nur wenige Worte über die in letzter Zeit stark in den Vordergrund gerückte Frage der Rationalisierung der Verwaltung. Es ist heute wohl eine unbestrittene Tatsache, daß die Steuern in ihrer gegenwärtigen Höhe nicht nötig wären, wenn wir nicht einen Verwaltungsapparat besäßen, der infolge seiner unnötigen Kompliziertheit und Aufblähung und der dadurch bedingten Kraft- und Zeitverschwendung gewaltige Summen in durchaus überflüssiger Weise verschlingt und sie der unmittelbaren volkswirtschaftlichen Nutzung entzieht. Alle Kreise, und auch die maßgebenden Regierungskreise sind sich denn auch heute über die Notwendigkeit einer grundlegenden Reformierung unserer Verwaltung an sich durchaus im klaren. Immer stärker hat sich aber auch die von mir durchaus geteilte Auffassung durchgesetzt, daß eine grundlegende wirklichen Nutzen versprechende Reformierung der Verwaltung nicht denkbar ist bei Fortbestehen der heutigen deutschen Vielstaaterei mit ihrem ungeheuer verwickelten Nebeneinander- und Gegeneinander-Regieren, also nicht denkbar ist ohne gleichzeitige Aenderung unserer gegenwärtigen Verfassung. Aus dieser Tatsache allein ergibt sich aber bereits zur Genüge, wie außergewöhnlich schwierig und heikel das ganze Problem ist. Politische Wünsche und Interessen werden nur zu leicht in Konflikt geraten mit besserer wirtschaftlicher Einsicht. Gewaltsam läßt sich hier nichts erreichen. So notwendig unsere Wirtschaft der Entlastung von dem auf ihr ruhenden Steuerdruck bedarf, so notwendig braucht sie aber auch zu ihrer gedeihlichen Weiterentwicklung innerpolitischen Frieden. Entfesselung politischer Leidenschaften auf einem so heiklen Gebiet, wie dem hier in Frage kommenden, können wir uns nicht erlauben. Historisch Gewordenes, in dem Gefühlsmäßigen Verankertes kann nicht von heute auf morgen durch einen Federstrich, durch einen einfachen Akt der Gesetzgebung beseitigt werden. Die gefühlsmäßige Umstellung muß ihr vorausgehen. Immerhin, auch hier dürfen wir nicht rasten und ruhen. Klarheit muß in zielbewußter Arbeit darüber geschaffen werden, daß in einer Zeit, die nur durch Ausnutzung aller wirtschaftlichen Möglichkeiten uns die außenpolitische Freiheit wiedergeben kann, innerpolitische Wünsche sich wirtschaftlichen Notwendigkeiten unterordnen müssen. Ist diese Klarheit hergestellt — hergestellt in allen Kreisen der Bevölkerung und nicht zuletzt in der Verwaltung selbst —, dann kann der Weg zu dem Ziel, das heute noch manchem unerreichbar erscheinen mag, nicht mehr so weit sein.

Spricht man von einer Rationalisierung der Verwaltung, so darf man allerdings hierbei nicht lediglich an die richtige Organisation der Verwaltung denken. Ebenso notwendig wie die Vervollkommnung der Technik der Verwaltung, d. h. die Sicherung einer zweckentsprechenden, möglichst reibungslosen Durchführung der der öffentlichen Hand obliegenden Aufgaben, ist auch eine Rationalisierung ihres Aufgabenkreises selbst. Nicht allein das „Wie", auch das „Was" ist von grundlegender Bedeutung. Zweck und Wesen der „Verwaltung" muß den verantwortlichen Stellen wieder etwas klarer zum Bewußtsein kommen, als dies bislang der Fall gewesen ist. Die Verwaltung hat sich fern zu halten von unnötigen Eingriffen in die Wirtschaft, hat sich vor allem fernzuhalten von überflüssigem Wirtschaften selbst. Verwalten heißt: vorhandene Werte erhalten, wirtschaften heißt: neue Werte schaffen. Das ist aber nicht Sache der öffentlichen Hand. Nur insoweit wird man Zugeständnisse machen können und müssen, als Interessen der Allgemeinheit und des öffentlichen Wohles im Vordergrunde stehen, wobei allerdings die Grenzziehung nicht immer leicht sein wird. Im übrigen muß aber eine privatwirtschaftliche Tätigkeit der öffentlichen Hand grundsätzlich ausgeschlossen sein. Grundsätzlich ausgeschlossen muß vor allem aber auch sein: jegliche steuerliche Bevorzugung der öffentlich-rechtlichen Betriebe. Muß es an sich schon als durchaus verfehlt betrachtet werden, daß die öffentliche Hand ohne zwingenden Grund der Privatwirtschaft, d. h. den Steuerzahlern auf deren ureigenstem Gebiet Konkurrenz bereitet, so muß es selbstverständlich als ganz besonders verurteilenswert erscheinen, wenn diese Konkurrenz erst durch so künstliche Mittel, wie das einer weitgehenden Steuerbevorzugung gefördert oder sogar erst ermöglicht wird. Der Erfolg der bisherigen wirtschaftlichen Betätigung der öffentlichen Hand kann doch — von allem anderen ganz zu schweigen — lediglich der sein: Schwächung und vielleicht sogar Vernichtung der Steuerkraft der einzelnen Unternehmung, ohne für den hierdurch bedingten steuerlichen Ausfall irgendeinen Ausgleich zu schaffen. Also: Bedrohung der Existenz des Einzelnen ohne greifbaren Nutzen für die Allgemeinheit. Ein völlig sinnloses Ergebnis. Rückführung der Betätigung der öffentlichen Hand auf das im Interesse der Allgemeinheit oder des öffentlichen Wohles gebotene Mindestmaß — unbedingte steuerliche Gleichsetzung aller öffentlich-rechtlichen Betriebe mit den Betrieben der Privatwirtschaft — das ist eine Forderung, die nicht oft und dringend genug wiederholt werden kann.

Doch nicht nur von einer verfehlten wirtschaftlichen Betätigung selbst muß sich die Verwaltung fernhalten, fernhalten muß sie sich auch — wie soeben bereits erwähnt — von allen unnötigen sonstigen Eingriffen in die normalen Entwicklungstendenzen der Wirtschaft. Hierhin gehört vor allem der von Reichswegen geübte immer stärker in die Erscheinung tretende Wirtschaftsprotektionismus, der alles andere als geeignet ist, die Wirtschaft zu fördern, im Gegenteil eine schwere

Gefahr für ihre gedeihliche Weiterentwicklung bedeutet. In erster Linie gilt dies von der immer unerträglicher werdenden Bevormundung auf sozial- und lohnpolitischem Gebiet, von deren hemmendem Einfluß auf unsere Wirtschaftsgestaltung ich bereits vorhin gesprochen habe.

Meine Damen und meine Herren, Deutschland mag mit Recht stolz darauf sein, daß es auf einem Gebiete von höchster kultureller Bedeutung wie dem der Sozialpolitik, seit länger als einer Generation führend ist. Sicher ist auch, daß wir auch künftighin ohne eine vernünftige und gerechte Sozialpolitik nicht auskommen können. Nur gilt auch hier das Wort, daß man die Henne, die die goldenen Eier legen soll, nicht schlachten darf. Die Wirtschaft ist die Trägerin aller sozialpolitischen Maßnahmen. Nur solange sie gesund und leistungsfähig bleibt, ist eine Sozialpolitik möglich. Jede Ueberspannung muß sich also auf die Dauer nicht nur für die Wirtschaft, sondern vor allen Dingen auch für die Schützlinge einer überspannten Sozialpolitik selbst von Nachteil erweisen. Schaffung und Erhaltung einer blühenden Wirtschaft; darin liegt noch immer der beste soziale Schutz des Arbeitnehmers. Eine gute und vernünftige Wirtschaftspolitik ist daher auch zugleich die beste Sozialpolitik, das zeigen uns die Verhältnisse in Amerika auf das eindringlichste, wo man soziale Belastungen auch nicht im entferntesten in einem Umfange wie hier kennt, wo aber die Lage der Arbeiterschaft trotzdem wesentlich besser ist, wie bei uns.

Als einen Teil, und zwar als einen ganz besonders wichtigen Teil dieser übertriebenen Sozialpolitik muß man auch die von Reichswegen auf dem Umwege über die Schlichtungsstellen betriebene Politik der zwangsweisen Festsetzung der Löhne betrachten. Auch hiervon habe ich bereits vorhin kurz gesprochen. Daß der breiten Masse der Arbeitnehmer ein auskömmlicher Lohn garantiert sein muß, ist eine Selbstverständlichkeit, und ich bin der letzte, der diese Selbstverständlichkeit bestreiten würde. Dazu bedarf es aber nicht der bisher geübten Politik. Denn diese Politik wäre nur verständlich, wenn man gewissermaßen als von etwas ganz Natürlichem davon ausgehen müßte, daß es dem Unternehmer in einseitig egoistischem Gewinnstreben lediglich um Ausbeutung, also um eine im Verhältnis zur Arbeitsleistung zu niedrige Entlohnung des Arbeitnehmers zu tun ist. Eine derartige Prämisse ist aber falsch, muß falsch sein unter den heutigen wirtschaftlichen Verhältnissen. Die Ausbeutung des Arbeitnehmers war möglich, als Deutschland vorwiegend noch Agrarstaat war, und die Industrie sich erst allmählich zu entwickeln begann, als der Arbeitnehmer erst einen geringen Bruchteil der Gesamtbevölkerung repräsentierte, seine Kaufkraft für den Absatz der Industrieerzeugnisse daher auch nur von untergeordneter Bedeutung war. Heute ist in dieser Beziehung ein grundlegender Wandel eingetreten. Der in zwangsläufiger Entwicklung sich ständig erweiternde Produktionsapparat der modernen Wirtschaft braucht Absatz in immer größerem Umfange und kann ihn nur in den breiten Massen der Bevölkerung finden. Die Kaufkraft des Arbeiters ist heute nicht mehr zu entbehren. Der Arbeiter und seine nicht erwerbstätigen, also auf seinen Verdienst angewiesenen Familienangehörigen bildeten nach einer im Jahre 1925 vorgenommenen amtlichen Berufszählung 42,57 pCt. der Gesamtbevölkerung des deutschen Reiches; Angestellte und Beamte einschließlich ihrer nicht werktätigen Familienangehörigen 16,31 pCt. Insgesamt machte also der Stand des Arbeitnehmers im weitesten Sinne (Arbeiter, Angestellte, Beamte und nicht werktätige Familienangehörige) fast 60 pCt. der Gesamtbevölkerung aus. Ist aber die Kaufkraft des Arbeiters heute nicht mehr zu entbehren, dann brauchen wir keine staatliche Bevormundung der Wirtschaft auf dem Gebiete des Lohnwesens. Denn dann muß der Zwang der Tatsachen — auf's Ganze gesehen — diese gerechten Löhne immer von selbst herbeiführen. Für die Frage des gerechten Lohnes ist aber seine rein ziffernmäßige Höhe durchaus belanglos. Entscheidend ist nur seine Kaufkraft. Nicht der Nominallohn, lediglich der Reallohn ist maßgebend für den Lebensstandard des Arbeitnehmers. Nicht auf eine zwangsweise, den wirtschaftlichen Verhältnissen nicht angepaßte Erhöhung, sondern im Gegenteil auf einen allmählichen Abbau der Nominallöhne müßte also die Politik der Regierung gerichtet sein. Nur auf diese Weise können wir zu einer Verbilligung unserer Preise und damit allmählich zu einer immer stärkeren Umfang annehmenden

Ausfuhr unserer Fertigwaren, und so auch nur endlich zu wirklichen Ueberschüssen unserer Wirtschaft kommen. Nur auf diese Weise kann aber weiterhin auch die Frage der Aufbringungsmöglichkeit unserer Verpflichtungen die nötige Klärung erfahren. Denn mit fallenden Preisen und Löhnen, und damit auch ziffernmäßig fallenden Umsätzen und Gewinnen werden auch die Steuereingänge, die in ihrer heutigen Höhe ein durchaus falsches Bild von der Leistungsfähigkeit unserer Wirtschaft geben müssen, automatisch einen entsprechenden Rückgang erfahren und ein der wirklichen Wirtschaftslage angepaßtes Bild zeigen. Die Frage der Aufbringungsmöglichkeit der Reparationsleistungen wird also hierdurch erst in das richtige Licht gerückt.

Man sollte meinen, daß sich keine Regierung, gleichgültig, wie sie auch politisch zusammengesetzt sein mag, dieser Erkenntnis verschließen könnte. Leider sind aber wirtschaftliche Erkenntnis und politische Auswertung des Erkannten zwei Dinge, die — scheint es — im heutigen Deutschland schwer zu vereinigen sind. Trotzdem — wollen wir vorankommen — wird nichts anderes übrigbleiben, als die Wege, die einzig und allein zum Ziele führen können, zu beschreiten. Erleichtert würde m. E. auf jeden Fall die Erreichung dieses Zieles, wenn Arbeitsministerium und Wirtschaftsministerium in einem Amte vereinigt oder doch wenigstens so besetzt würden, daß die Träger der Ministerien nicht verschiedenen politischen Parteien angehören. Auch diese Tatsache kann nicht nachdrücklich genug betont werden.

Mit allen unseren Bemühungen allein ist es jedoch nicht getan. Ich habe bereits eingangs meiner Ausführungen darauf hingewiesen, daß uns eine Abtragung unserer Verpflichtungen nur dann möglich sein kann, wenn unserer Erfüllungsbereitschaft eine Annahmebereitschaft der Gläubiger gegenübersteht, und zwar — ich möchte dies nochmals ausdrücklich unterstreichen — eine richtig verstandene Annahmebereitschaft, wie sie im Dawes-Plan selbst ihre Grundlage findet. Bekanntlich unterscheidet der Dawes-Plan scharf zwischen der inneren Aufbringung der Dawes-Last in Reichsmark und ihrer Uebertragung an das Ausland, aus der Erkenntnis heraus, daß mit der inneren Aufbringung der Reparationen deren Uebertragung an das Ausland noch keineswegs gewährleistet ist. Hierbei herrscht volle Klarheit darüber, daß die Uebertragungen auf die Dauer nicht die Summe überschreiten können, die durch die Zahlungsbilanz überwiesen werden kann, soll anders nicht eine Gefährdung der Währung eintreten. Voraussetzung einer währungspolitisch bedenkenfreien Uebertragung von Zahlungen an das Ausland ist also die Erzielung eines in unserer Zahlungsbilanz zum Ausdruck gelangenden wirtschaftlichen Ueberschusses. Sache eines besonderen Transfer-Komitees ist es, die hiernach zulässigen Uebertragungen vorzunehmen unter eigener Verantwortung und unter Ausschaltung jeglicher Verantwortung des Reiches.

Da nun die deutsche Volkswirtschaft über nennenswerte Erträgnisse aus Auslandsguthaben oder sonstigen Auslandsanlagen nicht verfügt, ebenfalls wesentliche Ueberschüsse aus der sogenannten unsichtbaren Ein- und Ausfuhr kaum vorhanden sein dürften, so können für die Uebertragung in erster Linie nur die Ueberschüsse unserer Handelsbilanz in Frage kommen. Als logische Folge ergibt sich hieraus für die Gläubigerländer, unsere Ausfuhr, vor allem auch die in die Gläubigerländer selbst, nach Möglichkeit zu fördern. Das Gegenteil ist jedoch der Fall. Fast überall eine Zollpolitik, die am liebsten eine hermetische Abschließung gegen unsere Waren herbeiführen möchte. Wenn trotzdem in den letzten Jahren in immer größerem Maße Transferierungen in ausländischer Währung an die Gläubigerländer stattgefunden haben, so war dies nur möglich unter Ausnutzung der durch das Einströmen der Auslandskredite geschaffenen günstigen Devisenlage, die in weitestem Umfange einen Umtausch von Reichsmark in ausländische Valuta gestattete. Ein derartiger Transfer ist jedoch nicht echt. Er ist nur geborgt und muß natürlich ein durchaus falsches Bild von der tatsächlich vorhandenen Uebertragungsfähigkeit der deutschen Wirtschaft geben. Daß der Reparationsagent zu dieser Art des Transfer seine Zustimmung gegeben hat, ist um so bedauerlicher, als der Irrtum einer solchen Uebertragung in dem Dawes-Gutachten selbst anerkannt ist. Klar und deutlich heißt es dort anschließend an den Hinweis, daß nur auf Grund echter Wirtschaftsüberschüsse Uebertragungen vorgenommen werden können: „Anleiheoperationen können die Sachlage *verschleiern*, oder ihre praktischen Auswirkungen *zeitlich verschieben; aber ändern können sie sie nicht.*" — Daß unserer *Erfüllungs*bereitschaft eine *richtig verstandene Annahme*bereitschaft gegenübersteht, kann bei dieser Sachlage wirklich nicht behauptet werden. Trotz dieser verfehlten Uebertragungspolitik des Transferkomitees, die sich eines Tages schließlich von selbst wird korrigieren müssen, kann selbstverständlich nicht geleugnet werden, daß die Einrichtung des Transfers an sich eine weitgehende Sicherung für unsere Währung bedeutet. Seine Bestimmungen enthalten eines der wichtigsten Rechte, die der Dawes-Plan uns gibt. *Wenn daher von seiten des Reparationsagenten angeregt worden ist, Deutschland wieder die Verantwortung für den Transfer zu übertragen und ihm als Aequivalent dafür eine angemessene Begrenzung seiner Schuld zu gewähren, so kann dieser Vorschlag an sich zwar diskutabel erscheinen, aber nur dann, wenn wirklich eine Begrenzung erfolgt, die von Deutschland unter allen Umständen und nicht nur unter besonders günstigen Verhältnissen als angemessen und tragbar anerkannt werden kann.*

Meine Damen und Herren, ich komme zum Schluß. Das Ergebnis meiner Betrachtungen möchte ich dahin zusammenfassen: Gewaltig und drückend sind die Lasten, die der Dawes-Plan uns auferlegt. Drückend vor allem deshalb, weil irgend eine zeitliche Begrenzung dieser Lasten nicht vorgesehen ist. Aber auch die Jahreszahlung von 2½ Milliarden Goldmark an sich — ganz abgesehen von der Zeitdauer dieser Belastung — muß m. E. schon jetzt als viel zu hoch angesehen werden. Die gegenwärtige Lage unserer Wirtschaft kann auf jeden Fall keinen Grund zu irgendeiner anderen optimistischeren Einschätzung geben. Immerhin muß der ehrliche Versuch gemacht werden, die übernommenen Verpflichtungen abzutragen, ohne daß hierdurch das deutsche Volk, und *vor allen Dingen auch die deutsche Arbeiterschaft* unter das Maß der Lebensbedingungen sinkt, auf das es entsprechend seiner Kulturhöhe Anspruch erheben kann.

Auf die Wege, die hierbei beschritten werden müssen, habe ich hingewiesen: Größte Sparsamkeit auf allen Gebieten der öffentlichen Finanzwirtschaft zum Zwecke der steuerlichen Entlastung der Wirtschaft — Vermeidung jeglichen Eingriffes in die Wirtschaft und ihrer Bevormundung, die nur geeignet sein kann, sie in ihrer Entwicklungsfähigkeit zu hemmen statt zu fördern — Einschränkung der Auslandskredite auf das Maß, das eine produktive Verwendung der Kredite nach Möglichkeit gewährleistet — baldige Verbesserung unserer Handelsbilanz durch Verzicht auf jede überflüssige Luxuseinfuhr und Steigerung unserer Ausfuhr, vor allem der Fertigwaren — Herbeiführung eines Lohnniveaus und damit Preisniveaus, das, unter Gewährleistung eines auskömmlichen Reallohnes der breiten Masse, die Ausfuhr gestattet, und das vor allen Dingen auch die Steuereingänge auf das den wirklichen wirtschaftlichen Verhältnissen entsprechende Maß zurückführen und damit auch die Frage der inneren Aufbringungsmöglichkeit in das rechte Licht rücken wird — das sind die Forderungen, die erhoben werden müssen. Nur wenn sie erfüllt sind, und wenn dann sich zeigt, daß nicht nur die Uebertragung der auf das Reparationskonto geleisteten Zahlungen an die ausländischen Gläubiger, sondern auch die innere Aufbringung selbst ohne Gefährdung der Wirtschaft nicht möglich ist, ist der Boden auch bei den Gläubigerländern für die Erkenntnis geschaffen, daß eine Revision des Dawes-Planes unvermeidbar ist. Klarheit muß dann aber darüber herrschen, daß kein Volk der Erde, sei es noch so opferbereit, für alle Ewigkeit schwerste Kriegskontributionen wird zahlen können. Die Unmöglichkeit, sich jemals wieder aus fremder Schuldknechtschaft befreien zu können, das Bewußtsein, den besten Teil seiner Kraft auf unabsehbare Zeiten für andere opfern zu müssen, muß auf die Dauer jede wirtschaftliche Initiative lähmen — zum Schaden des Schuldners, aber auch zum Schaden des Gläubigers. Eine endgültige Begrenzung unserer Schuld auf ein angemessenes Maß, das uns eine Abtragung auf absehbare Zeit gestattet, liegt daher in allseitigem Interesse. Wie hoch die endgültige Schuld zu beziffern sein wird, wie die endgültigen Jahreszahlungen zu bemessen sein werden, das sind Fragen, auf die ich hier nicht näher eingehen kann; das sind Dinge, die die Politiker werden beschäftigen müssen. So groß aber auch unser Interesse an einer vernünftigen Regelung unserer Reparationsverpflichtungen ist: zu überstürzten Versuchen, mit den Gläubigerstaaten in Verhandlungen hierüber zu kommen, liegt meines Erachtens kein Anlaß vor. Die Zeit arbeitet für uns. Sie muß und wird in den Gläubigerländern das Verständnis dafür wecken, daß ihre Interessen mit den unseren durchaus identisch sind. Das eine aber kann sicher sein: Keine nochmaligen freiwilligen Verpflichtungen, die nicht so sind, daß wir sie unter allen Umständen, auch unter Berücksichtigung empfindlicher Rückschläge der Wirtschaft werden innehalten können. Denn, meine Damen und meine Herren, gleichgültig wie die Regelung auch sein mag: immer wird sie so sein, daß die Gegenwart die Lasten allein nicht wird tragen können. Künftige Generationen werden mit daran tragen müssen. Ungeheuerlich ist daher auch die Verantwortung, die auf uns ruht. Wir kämpfen nicht nur für uns und unser eigenes Schicksal — wir kämpfen für die Zukunft, das Glück unserer Kinder und Kindeskinder. Ihnen wieder das zu ermöglichen, was uns, die wir den Niedergang erlebten, nicht mehr beschieden sein kann: Als freies, unabhängiges Volk, ledig aller drückenden äußeren Verpflichtungen leben zu können, muß uns als leuchtendes Ziel vor Augen stehen. Das Ziel ist hoch, aber nicht unerreichbar. Um es zu gewinnen, heißt es alle Kräfte anstrengen, heißt es Opfer bringen für jeden von uns. Hart, aber gerecht würde uns sonst dereinst der Vorwurf unserer Kinder treffen: Sie haben unsere Zukunft in Händen gehabt, sie haben sie leichtfertig preisgegeben! Sorgen wir dafür, daß nicht die Nachwelt über uns das bittere Urteil spricht, daß wir uns in einer in ihrer Schwere großen Zeit als ein kleines Geschlecht erwiesen haben. Befreien wir den Friedensvertrag von Lasten, die den kommenden Generationen in Deutschland das Leben unerträglich machen müßten! (Lebhafter, anhaltender Beifall und Händeklatschen.)

Präsident Geheimrat Prof. Dr. Riesser:

Gestatten Sie, verehrter Herr Geheimrat, daß ich den Dank der Versammlung meinerseits nochmals in Worten wiederhole. Sie haben von jeher, solange ich Sie kenne, das, was man Achtstundentag nennt, in Ihrer Arbeit nicht gekannt; in den letzten Tagen und Wochen werden aber die Stundenzahlen, mit denen Sie sich selbst bedacht haben, noch erheblich viel höher gewesen sein. Dafür aber können Sie sich auf einen von Ihnen stets festgehaltenen Grundsatz berufen: Arbeiten, solange die Arbeit möglich ist, und des Gemeinwohls beim Arbeiten niemals vergessen. Sie haben uns trotz größter Arbeitslast nie eine Ablehnung zuteil werden lassen, wenn wir um Ihre Mitarbeit baten. Ich erinnere namentlich auch an Ihre Arbeiten in Paris bei den Verhandlungen der Internationalen Handelskammer. Ich danke Ihnen also nochmals von Herzen und freue mich, daß Sie auch diesmal bereitwillig wie immer unserem Rufe gefolgt sind. (Lebhafter Beifall.)

Ich erteile nunmehr das Wort Herrn Hans Fürstenberg, Geschäftsinhaber der Berliner Handels-Gesellschaft.

Hans Fürstenberg, Berlin:

Wenn wir uns mit den finanzwirtschaftlichen Problemen der Gegenwart und der Zukunft beschäftigen, so müssen wir zunächst darauf bedacht sein, die Zusammenhänge, aus denen diese Fragen erwachsen sind, im Auge zu behalten. Die finanzwirtschaftlichen Kriegsfolgen erstrecken sich auf die meisten unserer großen Wettbewerber. Erhebliche Verluste an Nationalvermögen, Aufsaugung des Betriebskapitals der Nationen durch die Kriegsfinanzierung, Ueberschuldung der Staaten nach innen und außen, Ueberbesteuerung als Folge einer derartigen Ueberschuldung, abenteuerlich hohe Nachkriegslasten, Währungsverschlechterungen, das alles sind Erscheinungen, die sich nicht nur bei uns, sondern auch bei vielen unserer Nachbarn in der einen oder anderen Form bemerkbar gemacht haben. Wir denken alle noch zurück an jene ersten Kriegswochen, in denen man so häufig die Ansicht äußern hörte, der Krieg werde nicht sehr lange dauern, weil er nicht bezahlt werden könne. Der Krieg hat trotzdem über vier Jahre gedauert, aber daß er nicht bezahlt werden konnte, war leider durchaus zutreffend. Das ist eine Tatsache, mit deren Folgen wir uns abzufinden haben.

Einen Augenblick schien die Last untragbar, und die Welt stand am Scheidewege zwischen der Privatwirtschaft und einer Auflösung des Eigentumsbegriffes. Diese Fragestellung ist uns in Deutschland klarer vor Augen getreten als in der westlichen Welt, denn dort wurden, zum mindesten nach außen, die Formen der Privatwirtschaft besser aufrechterhalten als bei uns. Aber hinter diesem äußeren Gewand bewirkten auch in anderen vom Kriege schwer betroffenen Staaten Inflationen eine Vernichtung von Privatbesitz durch Annullierung von öffentlichen und privaten Verpflichtungen. Selbst diejenigen Länder, die sich wirtschaftlich am stärksten fühlten, waren damit einverstanden, daß durch eine Senkung des Goldwertes die Höhe ihrer Auslandsverpflichtungen herabgesetzt wurde. Die öffentliche Hand ging zu Verstaatlichungen über, für die keine oder keine genügende Gegenleistung gewährt wurde. Privatvermögen wurde weggenommen durch Vermögensabgaben und durch ein In-die-Höhe-Schrauben der Erbschaftssteuer, die in Deutschland noch heute bis zu 60 pCt. vom Nachlaß ansteigt. Die Verwirrung über die Heiligkeit des Begriffes Privatvermögen ging so weit, daß die Rückgabe der als Kriegsmaßnahme überall in der Welt beschlagnahmten Auslandsvermögen unter den Tisch fallen konnte. Das Vorgehen eines englischen Dominion und neuerdings die erfreulichen Entschlüsse der Vereinigten Staaten von Amerika haben in dieser Beziehung eine Umkehr eingeleitet.

Viele der vom Kriege betroffenen Staaten und öffentlichen Körperschaften sahen sich nicht in der Lage, ihre vor und während des Krieges in Gold eingegangenen Verpflichtungen an das Ausland zu erfüllen. Nicht nur die Besitzer russischer Staatswerte, sondern auch die vieler anderer Staats- und Stadtanleihen wurden eines großen Teils ihrer Vermögen beraubt. Durch eine unendliche Anzahl von Neuregelungen ist es in zäher Arbeit gelungen, in dieses Chaos einige Ordnung hineinzutragen. Aber die finanziellen Aufräumungsarbeiten, die der Krieg notwendig gemacht hat, sind noch längst nicht beendigt. Eine Frage dieser Art, die uns Deutsche besonders beschäftigt, ist das Reparationsproblem. Aber Sie wissen auch, daß z. B. die Frage der interalliierten Schulden trotz der vielen in dieser Sache schon unterzeichneten Verträge noch immer nicht als abgeschlossen gilt. Noch manche Jahre werden vergehen, ehe überall in der Welt die Sanierung so weit vorgeschritten ist, daß auf eine Einhaltung aller übernommenen Verpflichtungen unbedingt gerechnet werden kann.

Wenn man heute die Aera der Enteignungen von Privatvermögen als abgeschlossen ansehen darf, so bleiben den Staaten zwei Mittel, mit denen die Herbeiführung eines weiteren Ausgleichs angestrebt werden kann. Das eine besteht in der erneuten Aufnahme von Krediten, das andere besteht in der Erhebung von Steuern. Es ist hier erwähnt worden, daß zum Beispiel vom Reingewinn der großen deutschen Gesellschaften annähernd drei Viertel dem Staate zugute kommen. Aber auch in anderen Ländern überschneiden sich Einkommensteuern und Erbschaftssteuern. In vielen Fällen treten Vermögenssteuern und hohe Realsteuern hinzu. Drastische Maßnahmen dieser Art sind ursprünglich nur als Kriegsmaßregeln gedacht gewesen. Die Höhe der Nachkriegslasten und eine gleichzeitig einsetzende soziale Umschichtung haben dazu geführt, daß sie beibehalten wurden. Sehr schnell war überall mit großer Deutlichkeit die Tendenz hervorgetreten, das Los der breiten Massen zu verbessern. Eine neue Arbeitszeitgesetzgebung, ein Anwachsen der Ansprüche auf soziale Fürsorge, ein überall empfundener Wohnungsmangel sind Anzeichen dieser Bewegung. Auch diese Rechnung mußte nun auf Kosten der Privatwirtschaft beglichen werden.

Die Wirkungen traten besonders auf dem Gebiet der Industrie deutlich zutage. Die Ansprüche gingen hier dahin, Unterlagen für die Beschaffung großer Betriebsmittel aufzubauen, billig und möglichst konkurrenzlos zu fabrizieren und die großen, auf diese Weise erzielten Ueberschüsse in der Hauptsache zwischen Staat und Arbeiter zu verteilen. Zwischen den zentralen Verwaltungen der deutschen Kriegswirtschaft und den auf der Macht der Sowjets aufgebauten russischen Industrietrusts, den großen industriellen Zusammenballungen in den Vereinigten Staaten, England, Deutschland und anderen Ländern, den über die Landesgrenzen hinausgehenden Monopolbildungen, wie wir sie kürzlich erlebt haben, bestehen Zusammenhänge, über die die Nachwelt deutlicher urteilen wird, als wir es heute vermögen. Man nehme einen russischen Trust, verwandele ihn in eine Aktiengesellschaft, steuere ihm den überwiegenden Teil seiner Einnahmen fort, und man wird zu einem uns ziemlich wohlbekannten Tatbestand kommen.

Wie ist es möglich, daß die angestammten Formen der Weltwirtschaft einem solchen Ansturm gewachsen waren?

Tatsächlich haben wir heute das Schlimmste hinter uns. Wenn wir nur in einem großen Wirtschaftsgebiet der Welt, nämlich dem russischen, einen grundlegenden Wirtschaftszusammenbruch erlebt haben, so erklärt sich dies wohl daraus, daß der Wirtschaftskörper der Welt ein starkes Gegengift in sich trug in Form neuer und aufblühender Wirtschaftskräfte. In den anderthalb Jahrzehnten, die seit dem Kriegsausbruch vergangen sind, haben wir eine beispiellose Entwicklung der Technik, besonders der Verkehrstechnik, erlebt. Zahlreiche neue Erfindungen haben dazu beigetragen, auf unserem Erdball Möglichkeiten zu schaffen, von denen frühere Geschlechter sich nichts träumen ließen. Eine fortschreitende Verbesserung und Vereinheitlichung der Produktion und moderne Verteilungsmethoden, die sich in den letzten Jahren mehr und mehr herausbildeten, haben eine neue Wirtschaftsphase hervorgerufen. Wir kennzeichnen diese gemeinhin mit dem Schlagwort „Amerikanisierung", weil sie in dem Land, dem als einzigen der Krieg von Nutzen gewesen ist, ihren deutlichsten Ausdruck finden mußte.

Während der amerikanische Wirtschaftsbau immer kräftiger in die Höhe schoß, kehrte England zum Goldstandard zurück, brachten Frankreich, Italien und Belgien das Haus in Ordnung, wurden im ganzen westlichen Europa Grundlagen für eine neue Wirtschaftsblüte gelegt. Deutschland fand sich als Kriegsverlierer und als Bindeglied zwischen Ost und West vor eine besonders schwere Aufgabe gestellt. Heute, wo wir im Begriff stehen, uns unsere Stellung in der Welt zurückzuerobern, wissen wir, daß dies nur auf der Grundlage einer gesunden Privatwirtschaft möglich ist, wie sie in jenen Ländern, mit denen wir im Wettbewerb stehen, mit allen Mitteln wiederhergestellt wird. Die Zukunft Deutschlands hängt von dem Erfolg dieses Wettbewerbs ab. Das werden wir uns bei der Prüfung unserer finanzwirtschaftlichen Probleme stets vor Augen halten müssen.

Ich habe geglaubt, Ihnen diesen Hintergrund in Erinnerung bringen zu sollen, weil die derzeitige Lage unserer Finanzwirtschaft nur unter Berücksichtigung solcher Zusammenhänge beurteilt werden kann. Wenn ich hier versucht habe, die der Weltwirtschaft während der Nachkriegsjahre gemeinsamen Momente hervorzuheben, so wissen wir andererseits, daß die

Entwicklungskurven in den einzelnen Ländern verschieden verlaufen sind. So hat Deutschland sich gezwungen gesehen, sich seiner inneren Kriegsschuld durch eine sehr radikale und schmerzhafte Kur zu entledigen. Eine der wichtigsten Ursachen hierfür war der anhaltende Zwang, Sachlieferungen zu leisten. Bekanntlich kam es zu einem vollständigen Zusammenbruch der alten Währung. Die vornehmste Aufgabe nach der Inflation war daher die Schaffung einer neuen Reichsmark. Es ist die fundamentale Tatsache der modernen deutschen Finanzwirtschaft, daß wir heute wieder eine unerschütterlich starke Währung haben, die im In- und Auslande volles Vertrauen genießt. Der Umlauf an Zahlungsmitteln ist größer als im Frieden. Berücksichtigt man jedoch die inzwischen eingetretene Entwertung des Goldes und die Erhöhung des Zahlungsmittelumlaufs in anderen Ländern, so darf man die Emissionspolitik unseres Zentralnoteninstituts als sehr vorsichtig kennzeichnen. Nach den Erfahrungen der Inflation finde ich eine derartige Einstellung berechtigt, würde es aber nicht bedauern, wenn man mit der Zeit dazu kommen könnte, auf diesem Gebiet eine noch etwas elastischere Politik anzuwenden. Das Deckungsverhältnis unser Banknoten, unter Einbeziehung der Rentenmarkscheine, ist ein gesundes. Die Reichsbank hat in den letzten Monaten ihre Gold- und Devisendeckung erheblich verstärken können, so daß das Deckungsverhältnis nunmehr nahe an 50 pCt. herankommt. Der Politik anderer Notenbanken folgend, hat die Reichsbank in jüngerer Zeit größeren Wert auf Verstärkung ihrer Goldbestände gelegt, ein Verfahren, das mit gesunden Währungsgrundsätzen im Einklang steht. Man darf hoffen, daß wir auf diesem Wege schließlich auch wieder zur freien Goldeinlösung kommen werden. Der Diskontsatz der Reichsbank, der während der letzten Jahre nicht immer in vollem Einklang mit der Lage des Geldmarktes stand, hat sich jetzt den Verhältnissen angepaßt, so daß von einer wirklichen Beherrschung des Geldmarktes seitens der Reichsbank gesprochen werden kann. Der Umfang der Diskontierungen, der Ende 1927 bedeutend anschwoll, ist wieder ein normaler geworden und zeigt eine bemerkenswerte Stetigkeit. Größere Festlegungen, wie sie im Zusammenhang mit der Notlage der Landwirtschaft leicht hätten eintreten können, sind vermieden worden. Die Trennung von den Geldbedürfnissen des Staates ist eine vollständige. Wir können also nur der Reichsbankleitung unseren Dank für alles von ihr Erreichte aussprechen.

Wenn unsere Währung noch eine Schwäche aufweist, so besteht sie in dem noch immer vorhandenen Mangel an ausreichenden Terminumsätzen. Es ist oft genug darauf hingewiesen worden, daß die Wiedereinbürgerung der Reichsmark im Warenverkehr der Welt ohne einen genügenden Terminhandel großen Schwierigkeiten begegnet. Um diese Frage hat sich schon manche Polemik entsponnen, auf die ich hier nicht eingehen möchte. Es genügt, darauf hinzuweisen, daß dieses Problem in engem Zusammenhang mit dem der Gesundung der deutschen Geldmärkte steht und daß wir von einer Autonomie der deutschen Währung und einer internationalen Geltung, wie sie vor dem Kriege bestand, leider noch ziemlich weit entfernt bleiben werden, bis eine Klärung auch in dieser Hinsicht eingetreten sein wird.

Mit der Einführung einer neuen Währung wurde der ganze Komplex der Aufwertungsfragen aufgerollt. Angesichts des Umfanges der eingetretenen Verluste erschien es, insbesondere im Interesse des Mittelstandes, notwendig, wenigstens für gewisse Entschädigungen zu sorgen. Diese Rückbildung erwies sich als beinahe ebenso schmerzhaft wie die vorangehende Auflösung. Durch die Periode der Umstellungen, der Golderöffnungsbilanzen und der Aufwertungsauseinandersetzungen sind wir nun glücklich hindurch. Der deutsche Gesetzgeber hat hierbei einen Scharfsinn und das deutsche Publikum eine Geduld bewiesen, wie sie in keinem anderen Lande der Welt aufzubringen wären. Nehmen wir an, daß zwischen der moralischen Gerechtigkeit und der materiellen Möglichkeit ein so richtiger Mittelweg gefunden worden ist, wie es nach Lage der Dinge möglich war, und seien wir uns klar darüber, daß nunmehr nichts wichtiger ist, als an dem endgültigen Charakter der getroffenen Regelungen nicht wieder zu rühren!

Erst in den nächsten Jahren werden wir uns über das Ausmaß, in welchem die Folgeerscheinungen der Aufwertungsgesetzgebung sich in Deutschland auswirken werden, ganz klar werden können. Für die Höhe unserer Reichsschulden hat es hierbei bereits unangenehme Ueberraschungen gegeben. Die neuauflebenden Schulden des Deutschen Reiches sind auf einen Kapitalbetrag von etwa 5¼ Milliarden RM errechnet worden, und schon rächt sich die Kompliziertheit der Gesetzgebung durch unangenehme Auseinandersetzungen wegen Alt- und Neubesitzes. Während die Aufwertung für die Länder keine allzu große Rolle spielen wird, wird es sich bei den Gemeinden immerhin um einen Betrag von etwa 650 Millionen RM handeln. Die Belastung der deutschen Landwirtschaft aus der Aufwertung ist mit etwa 3 Milliarden RM zu veranschlagen und in einem entsprechenden Verhältnis sind die langfristigen Schulden der Industrie wieder aufgelebt. Bei den Sparkassen und den Hypothekenbanken werden sich die Wirkungen der Aufwertung endgültig erst in den nächsten Jahren feststellen lassen.

Sie haben gesehen, daß der am Ende der Inflation erreichte Zustand der allgemeinen Entschuldung nicht lange aufrechterhalten werden konnte. Das gilt zunächst von den öffentlichen Körperschaften, bei denen sich zu der Aufwertung alter Verpflichtungen auch noch eine ganze Reihe neuer Anleihen gesellten. Unter den neuen Anleihen des Reiches steht an der Spitze die Dawes-Anleihe, die ja bekanntlich in der Hauptsache der Leistung von Reparationen und dem Wiederaufbau unserer Währung zugute gekommen ist. Bei den Anleihen der Gemeinden handelte es sich in der Hauptsache um die Finanzierung besonderer Aufgaben. Zu den Kriegslasten, den Nachkriegslasten, den sozialen Bedürfnissen gesellt sich hier ein kräftig, ja vielleicht allzu kräftig erwachender Unternehmungsgeist. Die neuen Anleihen der Länder und Gemeinden erreichten Ende März 1928 einen Betrag von rund 3,2 Milliarden RM, wovon etwa ein Drittel auf die Länder und zwei Drittel auf die Gemeinden entfielen. Seither sind nicht unerhebliche weitere Anleihen aufgenommen worden. Außerdem haben Staaten und Gemeinden für öffentliche oder gemischte Wirtschaftsbetriebe Garantien in Höhe von etwa ½ Milliarden RM übernommen. Hierzu kommt die schwebende Schuld der gleichen Stellen. Bei den Ländern handelt es sich dabei um Beträge, die nicht wesentlich unter 250 Millionen RM liegen können und vielleicht erheblich höher sind, während bei den Gemeinden Ende 1927 eine schwebende Schuld von rund 700 Millionen RM vorlag. Man wird also annehmen können, daß Länder und Gemeinden zusammen neue Verpflichtungen in Höhe von etwa 4,5 Milliarden RM eingegangen sein werden.

Wir kommen hiermit auf das Gebiet der Finanzverwaltung, deren Reorganisation nach dem verlorenen Kriege zu den wichtigsten Aufgaben der neu erstandenen deutschen Republik gehörte. Der wichtigste Schritt, der unternommen wurde, um hier zu einer Neuregelung zu kommen, verknüpft sich mit dem Namen Erzberger. Das Deutsche Reich hatte sich seines bisherigen Oberhauptes entledigt. Der deutsche Kaiser war aber gleichzeitig König von Preußen gewesen, das heißt Herrscher desjenigen deutschen Landes, das etwa zwei Drittel der Gesamtfläche des Deutschen Reiches ausfüllt. Der deutsche Reichskanzler pflegte gleichzeitig preußischer Ministerpräsident zu sein. Die gesamte Bismarcksche Verfassung war auf monarchischem Gedanken aufgebaut. Das alles stürzte zusammen, ohne daß entsprechende starke neue Zentralorgane an die Stelle der beseitigten Faktoren getreten wären.

Man darf Erzberger das Verdienst nicht absprechen, daß er auf dem Gebiet der Finanzen die dringliche Notwendigkeit der Zentralisierung erkannt hätte. Er hat eine Vereinheitlichung der Steuererhebung beim Reich, insbesondere auch für die so wichtige Einkommensteuer, durchgesetzt. Die Zölle und Verbrauchssteuern werden nach Art. 83 der Reichsverfassung ohnehin vom Reich verwaltet. Leider ist Erzbergers Finanzreform aber ein Torso geblieben, denn die Zentralisierung beschränkte sich auf die Reichsabgaben, das heißt einen Teil der Einnahmenseite, und ließ die Ausgabenseite der Budgets vollständig frei. In dem Zustand, in dem unsere öffentliche Finanzwirtschaft sich seither befindet, darf sie nicht verbleiben. Ich beziehe mich dabei auf ausführlichere Darlegungen, die ich vor einiger Zeit im „Bank-Archiv" veröffentlicht habe. Ich brachte damals zum Ausdruck, daß wir uns in kurzer Zeit entschließen müssen, ob wir vorwärts oder rückwärts steuern wollen, rückwärts, indem wir Ländern und Gemeinden das volle Recht der Steuererhebung zurückgeben und ihnen die Verantwortung für ihre Ausgabenwirtschaft lassen, vorwärts, indem wir zu einer allmählich fortschreitenden Zentralisierung der gesamten Steuererhebung und der Ausgabenwirtschaft gelangen.

Als ich das schrieb, hatten wir in Preußen noch eine andere Majorität als im Reich. Die inzwischen erfolgten Neuwahlen haben jedenfalls das Gute gehabt, daß sie diesem Uebelstand abgeholfen haben. Der Gedanke einer Personalunion zwischen dem Ministerpräsidenten in Preußen und im Reich, der damals auftauchte, ist wieder fallen gelassen worden. Ich bedaure dies, denn ich glaube, daß hier der einzige Weg gewesen wäre, um in absehbarer Zeit zu einer durchgreifenden Verwaltungsreform zu kommen, wie sie die ganze öffentliche Meinung Deutschlands verlangt. Ich kann auf die Frage des Einheitsstaates, als außerhalb unserer Erörterungen liegend, hier nicht eingehen. Dagegen bleibt die Forderung einer weitgehenden Vereinheitlichung der Finanzverwaltung zu erörtern. Diese Forderung ist um so aktueller, als wir kurz vor der Notwendigkeit stehen, einen neuen Finanzausgleich zwischen dem Reich einerseits und den Ländern und Gemeinden andererseits herbeizuführen. Wird diese Gelegenheit versäumt, so besteht die Gefahr, daß die Dinge für geraume Zeit auf der gleichen Bahn weiterlaufen wie bisher.

Nach dem bisher gültigen Ausgleich erhalten Länder und Gemeinden einen vom Reich garantierten Mindestbetrag von 3,2 Milliarden RM, über die sie eine Rechnungslegung bisher nicht abzugeben hatten. Seit Jahren sind Bemühungen im Gange gewesen, durch die zunächst erreicht wurde, daß seitens der Länder und Gemeinden wenigstens Angaben über die Höhe der von ihnen erhobenen Steuern veröffentlicht werden. Diese Statistik ließ für 1926 bei den Ländern eine jährliche Steuererhebung von 2,4 Milliarden RM und bei den Gemeinden eine solche von etwa 3,5 Milliarden RM erkennen. Es handelt sich bei den letzteren neben der Gewerbesteuer hauptsächlich um Realsteuern, unter denen die Hauszinssteuer wohl die wichtigste ist. Von allen Steuerarten, die die Nachkriegszeit hervorgebracht hat, ist diese vielleicht die unerfreulichste, da sie einer einseitigen Enteignung der Hausbesitzer gleichkommt und da die Erträgnisse nur zum Teil den Zwecken zugeführt werden, die das Gesetz vorsieht. Aber auch die Grundsteuern sind in ihrer jetzigen Form kaum tragbar. Sie untergraben das legitime Grundstückgeschäft und hemmen damit die Bautätigkeit. Die städtischen Luxussteuern sind zum mindesten unerfreulich, die Gewerbesteuern unverhältnismäßig hoch. Ich will hiermit keine Anklagen erheben. Die Städte haben sich eben ihre Steuern nehmen müssen, wo und wie sie sie fanden, nachdem das Reich und die Länder sich schon die normaleren Steuerquellen gesichert hatten. Zwischen diesen verschiedenen Steuerbereichen besteht weder in der Form noch in den Grundsätzen eine Uebereinstimmung.

Wie man sieht, ist das Prinzip der Zentralisierung auch schon bei der Steuererhebung in sehr erheblicher Weise durchlöchert. Nun konnte man zur Zeit der Erzbergerschen Finanzreform vielleicht annehmen, daß eine fortschreitende Zentralisierung bei der Verwaltung der Einnahmen dafür sorgen würde, daß sich die Ausgaben in einem bestimmten Rahmen halten würden. Die Einschaltung Deutschlands in die internationale Finanzwirtschaft und das Wiederaufleben unserer eigenen Kapitalmärkte hat durch diese Rechnung einen Strich gemacht, da jetzt ja in ausgiebigem Maße die Möglichkeit besteht, Ausgaben durch Anleihen zu decken.

Vor kurzem ist nun auf das Drängen des In- und Auslandes in dieser Sache ein bedeutender Schritt vorwärts gemacht worden. Die Reichsregierung hat sich in ihrer Verordnung über Finanzstatistik vom 23. Juni 1928 endlich dazu entschlossen, die Rechte auszuüben, die sie nach den Bestimmungen des letzten Finanzausgleichs bereits seit dem 27. April 1926 besaß. Hiernach haben Länder und Gemeinden ausführliche Jahresaufstellungen über ihre Einnahmen und Ausgaben einzureichen.

Eine Lösung des Problems ist mit diesem an sich sehr dankenswerten Vorgehen noch nicht erreicht, denn von nachträglichen statistischen Veröffentlichungen bis zur Ausübung von Kontrollrechten ist natürlich noch ein weiter Weg. Vorläufig sind die Länder in der Festsetzung ihrer Ausgaben und bei der Aufnahme ihrer Anleihen vollständig autonom. Die Gemeinden unterliegen zwar in vielen Teilen Deutschlands für die Aufnahme von Anleihen einer landesrechtlichen Genehmigungsbestimmung. Aber die betreffenden Vorschriften sind uneinheitlich und ein einschränkender Einfluß scheint bisher so gut wie nicht ausgeübt worden zu sein. Die vom Reich durch die Beratungsstelle ausgeübte Kontrolle andererseits bezieht sich lediglich auf Auslandsanleihen und ist, wie Sie wissen, auch nicht einmal auf diesem Gebiet immer in vollem Umfange wirksam gewesen.

Ich gehöre nicht etwa zu denjenigen, die die Wirtschaftsunternehmungen der Provinzen und Städte in Bausch und Bogen verwerfen. Gerade in Preußen ist ja der Geist der Selbstverwaltung, seit Stein die Städteordnung schuf, heimisch. Was unsere Stadtverwaltungen Großes geleistet haben, wird einem ja im schönen Köln wieder besonders deutlich bewußt. Jedes Land hat nun einmal seine besondere wirtschaftliche Struktur, und die Kommunalisierung eines erheblichen Teiles der „public utilities" in Deutschland ist wohl bis auf weiteres als Tatsache anzusehen, mit der gerechnet werden muß. Daß die Uebernahme derartiger Wirtschaftsfunktionen finanzielle Bedürfnisse hervorruft, die mit bloßen Verwaltungsausgaben nichts zu tun haben, liegt auf der Hand.

In einer etwaigen Vermischung von Verwaltungsaufgaben und wirtschaftlichen Aufgaben bei Ländern und Gemeinden würde aber eine große finanzwirtschaftliche Gefahr liegen. Tarifeinnahmen wirtschaftlicher Betriebe und Steuereinnahmen für Verwaltungszwecke, das sind zwei Gebiete, die nie miteinander in Berührung kommen dürfen. Schon der bloße Verdacht, daß Gemeinden sich durch Tariferhöhungen finanzieren könnten, muß vermieden werden. Die sicherste Gewähr hiergegen wäre darin zu finden, daß die wirtschaftlichen Betriebe der öffentlichen Hand sich genau der gleichen Publizität unterwerfen, wie sie bei Unternehmungen der Privatwirtschaft üblich und notwendig ist. Es ist nicht einzusehen, warum von Gesetz und öffentlicher Meinung eine Rechnungslegung nur von denjenigen Unternehmungen verlangt werden sollte, die sich in privatem Besitz befinden, obgleich das allgemeine Interesse bei den Unternehmungen der öffentlichen Hand ja doch mindestens gleich stark ist.

Gegen Anleihen, die für wirtschaftlich produktive Zwecke aufgenommen werden, ist nicht viel einzuwenden, denn sie stehen auf beinahe gleichem Boden mit den Anleihen der Privatwirtschaft. Jedoch ist hierbei unter Produktivität nicht eine allgemeine Nützlichkeit zu verstehen, sondern eine sichere Rentabilität, die eine Verzinsung und Rückzahlung der Anleihe gewährleistet. Anders steht es für Anleihen, die solchen Voraussetzungen nicht entsprechen. Es ist, wie wir sehen, den Ländern und Gemeinden ziemlich leicht gemacht worden, Anleihen aller Art zu beschließen. Andererseits steht fest, daß eine Tilgung nur aus Steueraufkommen möglich ist, und das Recht der Steuererhebung ist ja den Ländern und Gemeinden in wesentlichen Punkten genommen und auf das Reich übergegangen. Das Reich könnte also letzten Endes in die Lage kommen, für Verpflichtungen aus Anleihen geradestehen zu müssen, über deren Höhe und deren Verwendung es keine Kontrolle besitzt.

Diese Zustände haben den bekannten Einspruch des Reparationsagenten hervorgerufen. In dem Memorandum vom 20. Oktober 1927 wurde hervorgehoben, daß die Ausgaben und die Anleihen der deutschen Behörden ständig im Wachsen seien und daß bei diesem Vorgehen wenig Rücksicht auf die finanziellen Folgewirkungen genommen werde. In der Tat müssen wir zu einer allgemeinen Ueberwachung der Anleihe- und Steuerpolitik kommen. Andererseits müssen den Gemeinden Steuereingänge gesichert werden, die sie für ihre normalen und laufenden Verwaltungsbedürfnisse brauchen. Aber diese Steuern müssen entweder vom Reich selbst für Rechnung der Gemeinden erhoben oder wenigstens mit den vom Reich erhobenen in Einklang gebracht werden. Wenn ich hier derartige Vorschläge für die Gemeindefinanzen mache, so bin ich mir bewußt, daß die Frage bei den Ländern noch viel schwieriger liegt. Höchstwahrscheinlich wird daher eine durchgreifende Finanzreform nicht nur mit einer allgemeinen Verwaltungsreform zusammengehen müssen, sondern auch mit einer Verfassungsreform.

Vor diesem Wort braucht man nicht zu erschrecken. Die Weimarer Verfassung ist in unruhigen Zeiten entstanden und hat manche wichtige Aufgabe unvollendet gelassen. Wir müssen uns darüber klar sein, daß wir erst am Anfang eines neuen Geschichtsabschnittes stehen und dürfen unser öffentliches Leben nicht jetzt schon in einen Zustand der Verknöcherung verfallen lassen. Es darf festgestellt werden, daß die Länderkonferenz, auf welcher sich die Ministerpräsidenten der Länder und Vertreter des Reichs unter dem Vorsitz des Herrn Reichskanzlers zusammengefunden haben, um über die hier berührenden Fragen zu beraten, zu ähnlichen Ergebnissen gekommen ist. In der damals gefaßten Entschließung heißt es: „Reichsregierung und Ländervertreter sind der Auffassung, daß die Weimarer Regelung des Verhältnisses zwischen Reich und Ländern unbefriedigend ist und einer grundlegenden Reform bedarf" und ferner „Reichsregierung und Länderregierungen sind sich darüber einig, daß Maßnahmen zur Sicherstellung sparsamster Finanzgebarung in Reich, Ländern und Gemeinden getroffen werden müssen". Leider ging die Einigkeit der Länderkonferenz über diese beiden Punkte nicht wesentlich hinaus. Ob die angestrebte Verstärkung der Reichsgewalt durch Förderung der föderativen oder der unitarischen Kräfte, durch Weiterbildung oder durch Rückbildung unseres Finanzwesens anzustreben sei, darüber bestanden Meinungsverschiedenheiten. So ist es zunächst bei der Einberufung mehrerer neuer Ausschüsse geblieben. Die deutsche Oeffentlichkeit muß sich darüber klar bleiben, daß diese Fragen unaufhaltbar im Rollen sind.

Es kann nicht meine Aufgabe sein, in die politischen Probleme, die hier auftauchen, allzu weit einzudringen. Unsere Verfassung enthält einen Ansatz zu einer Bereicherung nach der wirtschaftspolitischen Seite in Form der Bestimmungen über den Reichswirtschaftsrat. Wie sie wissen, hat sich dieser Organismus zunächst jahrelang mit einem vorläufigen Charakter begnügen müssen. Wenn ich hier auf den Reichswirtschaftsrat hinweise, so bringe ich damit keine egoistische Stellungnahme des Bankgewerbes zum Ausdruck. Für unser Gewerbe wurden nämlich in der Verordnung über den vorläufigen Reichswirtschaftsrat vom 4. Mai 1920 im ganzen 2 Vertreter für die Arbeitgeber und 2 Vertreter für die Arbeitnehmer vorgesehen, das heißt ebensoviel wie für die Fischerei und für die Hausfrauen. Dagegen erhielten Landwirtschaft und Industrie je 68 Vertreter. Wir haben uns mit dem Reichswirtschaftsrat deswegen zu beschäftigen, weil ein Regierungsentwurf über seine endgültige Ausgestaltung vorliegt. Ueber diesen Entwurf schon heute ein abschließendes Urteil fällen zu wollen, wäre verfrüht. Der erste Eindruck, den er auslöst, geht dahin, daß ein auf dieser Grundlage ausgebauter Reichswirtschaftsrat weder Fisch noch Fleisch sein würde. Er würde in der Kräfteverteilung dem Reichstag ähneln und im übrigen nur in beratender Funktion neben ihm herlaufen. Die weitgehenden Untersuchungsrechte, die der Entwurf vorsieht, müssen schon im voraus schwere Bedenken erwecken. Auf diesem Wege wird sich der hier vorhandene interessante Ansatz zur Schaffung einer ersten Kammer kaum weiterbilden lassen. Erst kürzlich hat der Präsident der Universität Wisconsin, Dr. Frank, für Amerika die Forderung aufgestellt, neben dem Abgeordnetenhaus und dem Senat noch als drittes Parlament eine Wirtschaftskammer zu schaffen, in welcher der Besitz ein Wort über die Verwendung der von ihm aufgebrachten Mittel mitzusprechen hätte. Wenn diese Dinge in anderen Ländern in Fluß kommen, so dürften wir die Hoffnung haben, auch eine gesunde Weiterentwicklung unserer Verfassung Platz greifen und unsere Verwaltung neue Bahnen einschlagen zu sehen.

Ich will offen hinzufügen, daß der Gesichtspunkt der Sparsamkeit, der in den Vordergrund gerückt wird, wenn man die Verwaltungsreform mit dem Begriff Rationalisierung verquickt, für mich in zweiter Reihe steht. Eine Berechnung, deren Richtigkeit ich nicht nachzuprüfen vermag, hat ergeben, daß die Ersparnisse, die durch eine durchgreifende Verwaltungsreform im günstigsten Falle erreicht werden könnten, etwa 200 Millionen RM im Jahre betragen würden. Diesen Betrag hätte man in Vorkriegszeiten nicht geringschätzig betrachtet, ich gebe aber zu, daß er bei einem Reichsetat von beinahe 10 Milliarden RM und einer Gesamtbelastung, einschließlich der sozialen Lasten und der Reparationen von etwa 22 Milliarden RM, an Bedeutung verliert.

Unerträglich ist aber die Demoralisation, die eintreten muß, wenn jede Vermehrung der Einnahmen durch die Ausgaben überholt wird, wenn Reichsbehörden Verwaltungen einrichten, für die die Länder schon leistungsfähige Einrichtungen besitzen, wenn dann umgekehrt die Länder dem Reich Konkurrenz machen, wenn die Länder untereinander ein Netz diplomatischer Vertretungen aufbauen und wenn die Behörden, über eine Kommunalisierung der „public utilities" hinaus, der Privatwirtschaft Konkurrenz machen.

Die Grundlagen für eine Neuorganisation unseres Finanzwesens müssen auf dem Gebiet der Steuerpolitik des Reiches gefunden werden. Wie Sie wissen, sind auch hier seit der Schaffung der neuen Währung die Ausgaben dauernd im Wachsen gewesen. Sie haben für das Rechnungsjahr 1924/5 rund 7,2 Milliarden RM betragen, während die Schätzung für 1928/9 eine Gesamtziffer von 9,7 Milliarden RM erkennen läßt. Ein Teil dieser Erhöhung erklärt sich aus einer Vermehrung der eigentlichen Verwaltungskosten von rund 1,7 auf rund 2,5 Milliarden RM, ein Betrag, der im Hinblick auf die allgemeine Verteuerung und Verbesserung der Lebenshaltung als einigermaßen angemessen gelten dürfte, und der einen erheblichen Etat für soziale Aufgaben enthält. Die größten Ausgabeposten im Budget sind die bereits erwähnten Ueberweisungen an die Länder und Gemeinden, dann aber die verschiedenen Kriegslasten, unter denen die Reparationen hier zum ersten Male mit rund 1¼ Milliarden RM und die Kriegspensionen allein mit 1,7 Milliarden RM erscheinen. Andere Kriegslasten treten hinzu. Unter den sozialen Hilfsmaßnahmen ist die in der Reichsverfassung verankerte Arbeitslosenunterstützung zu erwähnen, die in Zeiten großer Arbeitslosigkeit erhebliche Beträge erfordert hat. Wenn jetzt ein erheblicher Teil dieser Leistungen durch das Arbeitslosenversicherungsgesetz aufgebracht werden soll, so handelt es sich dabei nur um eine Abwälzung auf die Privatwirtschaft.

Die Höhe dieser Lasten ist kaum noch erträglich, und es muß darauf bestanden werden, daß nicht auf dem Wege von Kompromissen zwischen den Parteien neue Lasten hinzutreten. Wieviel wir im laufenden Finanzjahr im ganzen eigentlich zu zahlen haben, wissen wir infolge der bisherigen Mängel in der Finanzstatistik unserer Länder und Gemeinden noch nicht. Für 1926 beliefen sich die Steuererhöhungen für Reich, Länder und Gemeinden auf über 13 Milliarden RM. Ich glaube nicht, daß wir für das laufende Jahr weniger als 16 Milliarden RM werden aufbringen müssen. Das ist, ohne soziale Lasten, schon bald das Dreifache der Vorkriegsbelastung.

Hohe Steuern zu zahlen ist nicht nur Aufgabe des *deutschen* Steuerzahlers. Auch in England und Frankreich ist die Steuerlast eine schwere und selbst in den Vereinigten Staaten von Amerika ist erst in jüngerer Zeit ein Abbau der bis dahin sehr drückenden Einkommensteuer erfolgt. Ein genauer Vergleich mit unseren Steuersätzen wird durch die Verschiedenheiten in der wirtschaftlichen Struktur der einzelnen Länder erschwert. Obgleich die Statistik hier noch sehr zu wünschen übrigläßt, steht aber doch fest, daß die Steuerlast in Deutschland bei weitem die schwerste ist. Es bleibt die Frage zu beantworten, ob die Weltwirtschaft unter der Vorherrschaft dieser Kriegssteuern gesunden kann, aber diese Frage vermögen wir nicht allein zu beantworten. Was wir zu erstreben haben, ist eine den Bedürfnissen unserer Produktion möglichst entsprechende Verteilung der Steuerlast.

Bei einem Vergleich mit den Vorkriegsverhältnissen finden wir, daß damals das gesamte Aufkommen aus direkten Steuern etwa 2,1 Milliarden M betrug, während wir jetzt im Reich allein ein Mehrfaches dieses Betrages in derartigen Steuern aufbringen müssen. Die Steuervermehrung entfällt also in sehr erheblichem Umfange auf die direkten Steuern. Die schädlichen Wirkungen auf die Kapitalbildung sind Ihnen bekannt. Das Projekt einer neuen Vermögenszuwachssteuer erscheint unter diesen Verhältnissen besonders bedrohlich. Das Problem muß, ähnlich wie die Reparationsfrage, aus der politischen Atmosphäre herausgebracht werden. Alle Steuern, ob direkte oder indirekte, werden letzten Endes vom Volke in seiner Gesamtheit getragen. Diese Frage sollte nicht in die Parteipolitik gehören, aber leider fällt sie gewissermaßen in das Gebiet der äußeren Politik. Im Dawesplan finden sich nämlich Bestimmungen, die eine Erhöhung der indirekten Steuern geradezu mit einer Strafe belegen. Zur Zeit der Entstehung des Sachverständigengutachtens lag die deutsche Wirtschaft derart danieder, daß man eine Vermehrung der öffentlichen Einnahmen in erster Reihe aus den indirekten Abgaben erhoffen konnte. Daher wurde eine Verpfändung dieser dem Reiche zustehenden Einnahmen verlangt und die Indexberechnung gleichfalls auf diesen Einnahmen aufgebaut. An dieser Stelle ist ein Konstruktionsfehler zutage getreten, an dessen Abänderung auch das Ausland ein Interesse haben sollte.

Wenn wir innerhalb gewisser Grenzen die Höhe der uns auferlegten Steuern als etwas Unabänderliches ansehen müssen, so können doch innerhalb der einzelnen Steuergattungen Uebertreibungen stattfinden, die bestimmte Gewerbe gefährden. Vom Standpunkt des Bankiers könnte ich hier eine hinreichend lange Liste aufzählen. Ich werde noch Gelegenheit haben, auf die schädlichen Wirkungen der auf das Fünffache des Vorkriegsbetrages erhöhten Börsenumsatzsteuer hinzuweisen und habe einige schwer zu tragende kommunale Steuern schon erwähnt. Ich möchte nicht durch weitere Aufzählungen ermüden. Allein in vielen Fällen ist es nicht nur die Höhe der Steuern, die uns schwer belastet, sondern auch die Härten bei der Anwendung mancher Steuerarten. Die Kompliziertheit vieler Steuergesetze und, man muß es wohl so nennen, die Schikanen, denen der Steuerzahler infolgedessen ausgesetzt ist, sind es, die uns am schwersten drücken, und hier erwächst dem Staat kein Nutzen, während der Steuerzahler unter Umständen einen schweren Schaden trägt.

Bevor ich dieses Gebiet verlasse, kann ich leider nicht umhin, noch einmal auf das schon so oft besprochene Thema der Kapitalertragsteuer einzugehen. Diese Steuer bringt bekanntlich dem Staat so gut wie nichts ein, hat aber zur Folge, daß unsere ja leider unvermeidliche Verschuldung gegenüber dem Auslande fast ausschließlich in fremder Währung erfolgen muß, anstatt, wie dies währungspolitisch vorzuziehen wäre, in Reichswährung. Als tragikomisch muß man es empfinden, daß in den letzten Monaten gerade behördliche Stellen vielfach dazu übergegangen sind, die Wirkungen des Gesetzes zu umgehen, indem sie ihre Anleihen mit geringen Zinsen und ungewohnt hohen Rückzahlungsbedingungen ausstatteten.

Wenn auch die Kompliziertheit der Steuerhandhabung im Auslande nichts zu wünschen übrigläßt, so haben wir in Deutschland doch leider den traurigen Ruhm, in dieser Beziehung an der Spitze zu stehen. Aus dem reichen Material, das mir vorliegt, greife ich einen Punkt heraus, nämlich die Art der Wertfestsetzung, auf Grund derer in Deutschland Steuern erhoben werden. Nicht einmal bei den vom Vermögen zur Hebung gelangenden Steuern sind die hierbei zugrunde gelegten Normen einheitlich. Sowohl für die Gesellschaftssteuer als für die Reichsvermögensteuer und Industrieumlage, die Gewerbekapitalsteuer, die Grundvermögensteuer sowie die sonstige landesrechtliche Hauszinssteuer werden jedesmal vollkommen verschiedene Werte von ein und demselben Gegenstand berechnet. Aber damit ist den Ansprüchen der Steuerbehörde noch nicht genug getan. Für die Erhebung der Gesellschaftssteuer erfolgt die Ermittelung des Wertes bei Sacheinlagen oder Fusionen nach Grundsätzen, die nicht an die Wertermittelung für die Reichsvermögenssteuer gebunden sind. Auch beim Sanierungsstempel haben die Finanzämter das Recht, den Wert des noch vorhandenen Vermögens wiederum nach anders gearteten Grundsätzen festzulegen. Welche Mengen von Arbeit den durch derartige Methoden betroffenen Stellen erwachsen, brauche ich hier wohl nicht auszuführen. Hoffentlich wird das Steuervereinheitlichungsgesetz, das uns schon so oft versprochen worden ist, nun bald zur Tatsache. Dann wird man auch darauf rechnen können, daß die Gewerbesteuer, die in ihrem gegenwärtigen bunten Durcheinander zu einer völligen Unübersichtlichkeit geführt hat, eine Vereinheitlichung erfährt.

Im engen Zusammenhang mit der Steuerlast stehen zwei weitere Faktoren. Das sind einmal die direkten Leistungen der Wirtschaft, die mit dem kommenden Reparationsjahre auf 1¼ Milliarden RM anwachsen und von denen der Hauptteil auf die Reichsbahn entfällt. Die Verkehrssteuer in Höhe von 290 Millionen RM, die nur formell durch das deutsche Budget hindurchläuft, ist hierin enthalten. Noch wesentlich höher stellen sich bekanntlich die der deutschen Wirtschaft auferlegten sozialen Lasten. Man hat sie neuerdings auf beinahe 5 Milliarden RM jährlich geschätzt. Ohne auf die Frage selbst näher eingehen zu wollen, möchte ich wenigstens auf die Folgen hinweisen, die die Handhabung unserer sozialen Gesetzgebung auf die Finanzwirtschaft ausübt. Von den verschiedenen Stellen der sozialen Versicherung sind seit der Währungsstabilisierung etwa 2,5 Milliarden RM angesammelt worden, während die Ansammlung vor dem Kriege nach rund 15jähriger Aufbauarbeit rund 3,5 Milliarden RM betrug. Bei dem derzeitigen Stand der deutschen Kapitalmärkte wäre es wohl vernünftiger, die als notwendig angesehenen sozialen Leistungen fortlaufend zu erheben, anstatt sie, wie dies früher angezeigt erscheinen mochte, mit derartiger Beschleunigung kapitalisieren zu wollen. Ich erinnere nur an die unabweisbare Notwendigkeit, unsere Landwirtschaft und in naher Zukunft auch die Reichseisenbahnen mit großen Beträgen zu erträglichen Bedingungen zu versehen. Statt dessen streckt bereits das Reich seinen Arm nach diesen Reserven aus zwecks Deckung des eigenen Finanzbedarfs.

Wir haben uns hier eingehend mit der neuen Verschuldung der öffentlichen Hand zu beschäftigen gehabt. Noch viel gewaltiger mußte natürlich am Ende der Inflation der Finanzbedarf der Wirtschaft auftreten. Ein immerhin sehr erheblicher Teil dieses Bedarfs konnte im Inlande gedeckt werden. Wie dies einem vollständig am Boden liegenden Wirtschaftskörper möglich war, darüber wird wohl erst die Zukunft endgültig Antwort erteilen können.

Wie dem auch sei, die deutschen Emissionsmärkte zeigten bereits Ende 1925 einen bemerkenswerten Aufschwung. Die Jahre

1926 und 1927 haben mit je 4,3 Milliarden RM Emissionen, sowohl für die Aktien wie für festverzinsliche Werte, größere Beträge an den deutschen Markt kommen sehen, als dies vor dem Kriege üblich war. Der Durchschnitt der Jahre 1907 bis 1913 erreichte für deutsche heimische Emissionen nämlich den Betrag von 3,2 Milliarden M. Hierzu kamen damals allerdings noch ausländische Werte mit einem Jahresdurchschnitt von etwa einer halben Milliarde M. Die Möglichkeit einer Gewährung von Auslandsanleihen haben wir noch nicht wieder erreicht. Im Gegenteil ist Ihnen ja genugsam bekannt, in wie großem Maße wir selbst ausländischen Emissionskredit in Anspruch nehmen müssen. Trotzdem darf man die Leistungen unserer heimischen Kapitalmärkte als sehr beachtenswert bezeichnen. Im ganzen sind seit der Neuordnung für etwa 12¼ Milliarden RM Emissionen in Deutschland erfolgt. Im laufenden Jahre hat sich das Bild aus verschiedenen Gründen verschleiert. Obgleich das Ergebnis hinter den Vorjahren zurückstehen dürfte, ist die Schlußfolgerung berechtigt, daß der deutsche Kapitalmarkt normalen laufenden Bedürfnissen unserer Wirtschaft gewachsen sein sollte. Gegenüber den immer noch zu lösenden einmaligen Aufgaben des Wiederaufbaues mußte er dagegen versagen und dies erklärt die Höhe der Zinssätze, die noch immer für heimische Anleihen und Kredite bewilligt werden müssen, und die Tatsache einer ständig wachsenden Auslandsverschuldung.

Vielleicht würden die Ergebnisse auf den deutschen Emissionsmärkten noch günstiger ausgefallen sein, wenn unsere Börsen etwas weniger stiefmütterlich behandelt worden wären. Als sich die Emissionstätigkeit für die festverzinslichen Werte wirklich zu entfalten schien, wurde sie durch Auflegung einer 5proz. Reichsanleihe im Nominalwert von 500 Millionen RM niedergestreckt. Die Aktienspekulation, die seit der Inflation großen Teilen des deutschen Publikums in Fleisch und Blut überzugehen drohte, gehört seit dem 13. Mai 1927 ebenfalls der Vergangenheit an. Zu diesen Faktoren gesellte sich eine Steuergesetzgebung, die einen Wiederaufbau des Geschäfts nicht gerade begünstigte.

Falls die Inaktivität unserer Börsen zu einem Dauerzustand werden sollte, so müßte man dies mit ernster Sorge betrachten. Diese Fragen mit Aufmerksamkeit zu verfolgen gehört zu den wichtigsten Aufgaben des Bankiers, der auch seinereits alles tun sollte, um eine Gesundung herbeizuführen. Ich habe mich zum Beispiel oft gefragt, ob es nicht richtig wäre, nach ausländischem Vorbild eine größere Publizität der Börsenumsätze herbeizuführen, um die Gefahr zu mildern, daß große Kursveränderungen durch kleine Umsätze herbeigeführt werden können.

Aus der Notwendigkeit, einen Teil unseres Kreditbedarfs im Ausland zu finanzieren, ergab sich ein Abhängigkeitsverhältnis vom Auslande, über dessen Tragweite man sich keinen Illusionen hingeben darf. Wir empfinden das nur zu deutlich in der Verfassung unserer Geldmärkte. Daß in einer so krisenreichen Zeit wie der unsrigen auch in anderen Geldzentren starke Schwankungen nicht ausgeblieben sind, darf uns nicht wundernehmen. Aber wir sind, um von anderen wirtschaftlichen und politischen Begleiterscheinungen unseres Abhängigkeitsverhältnisses hier ganz zu schweigen, stets der Gefahr ausgesetzt, derartige fremde Schwankungen mitmachen zu müssen. Erst während der letzten Monate haben wir es erlebt, daß das Anziehen der Geldsätze auf dem New Yorker Markte eine Rückwirkung auf unsere Verhältnisse gehabt hat. Angesichts unserer rückläufigen Konjunktur hätte sich höchstwahrscheinlich eine Entspannung bei uns bereits durchgesetzt, wenn nicht eine Gegenwirkung von außen stattgefunden hätte. Es handelt sich hier nur um verhältnismäßig kleine Schwankungen, aber nichts beweist, daß nicht auch im Auslande einmal ernsthafte Krisen eintreten können, gegen die wir dann schutzlos sein würden.

Betrachtet man die Verfassung unseres Geldmarktes unabhängig von solchen ausländischen Einflüssen, so wird man finden, daß die kurzfristigen Kreditbedürfnisse der deutschen Wirtschaft, ebenso wie die langfristigen zu einem recht erheblichen Teil im Inlande gedeckt werden konnten. Die von den deutschen Banken gewährten Kredite sind jetzt umfangreicher als vor dem Kriege und die Wechseldiskontierungen und andere kurzfristige Kredittransaktionen haben wieder ein erhebliches Ausmaß erreicht. Wir haben auch geraume Zeit, und zwar bis zum Frühjahr des vergangenen Jahres, wieder normale Geldsätze gehabt. Sie werden sich daran erinnern, daß es damals Zeiten gegeben hat, in denen wir Wechsel sogar unter dem Diskontsatz der Reichsbank von 5 pCt. hereinnehmen konnten. Dem Ansturm einer mächtig anschwellenden Konjunktur hat sich der Markt dann allerdings nicht gewachsen gezeigt, und dies hat zu dem bekannten Heraufschnellen der Sätze und zu einer erhöhten Beanspruchung des Auslandes auch für kurzfristige Kredite geführt.

Wer die Schwächung der deutschen Geld- und Emissionsmärkte beklagt, möge sich gleichzeitig die Frage vorlegen, wieviel deutsches Kapital wohl im Auslande angelegt wird. Eine Statistik über die ausländischen Anlagen der deutschen Banken, deren Ergebnisse nicht veröffentlicht worden sind, hat einschließlich der laufenden Guthaben immerhin Milliardenbeträge festgestellt. Ich würde es für borniert halten, von einem in die Weltwirtschaft so stark verflochtenen Lande wie Deutschland zu verlangen, daß es keine starken Auslandsreserven unterhalten sollte. Für die Banken dürfte dies geradezu ein Erfordernis sein und auch für andere Teile der Wirtschaft ist es nicht ohne Berechtigung. Allein die Mittel, die wir für derartige Anlagen auszuscheiden vermögen, sind zur Zeit noch begrenzt. Welche Beträge mag wohl die gesamte deutsche Wirtschaft im Auslande angelegt haben? Ich will das Gespenst einer neuen Kapitalflucht hier gewiß nicht an die Wand malen, aber man darf nicht vergessen, daß das Kapital eigenen Naturgesetzen folgt und daß Versuche einer Maßregelung durch Zwang immer nur konträre Wirkungen ausgeübt haben.

Der wundeste Punkt in unserem Kreditsystem bleibt die Dualität der Zinssätze für Reichsmark und für ausländisches Geld. Sie wissen alle, daß wir heute in Deutschland noch immer in verschiedenen Währungen leben und daß für Kredite in deutscher Währung zur Zeit wesentlich höhere Sätze bewilligt werden müssen, als für Dollar und Pfunde, obgleich die Unerschütterlichkeit aller drei Goldwährungen von keiner Seite bezweifelt wird. Ich stelle fest, daß die Differenzierung der Mark nichts mit einer Vertrauensfrage zu tun hat. Wir haben vorübergehend für Valutadarlehen sogar höhere Sätze gehabt als für Markdarlehen. Wenn in dieser Hinsicht eine Rückbildung stattgefunden hat, so beruht dies auf Ursachen, die nicht als dauernd anzusehen sind und die unter Umständen ebenso schnell wieder verschwinden können, wie sie gekommen sind. Vielleicht sind wir selbst an der heutigen Sachlage nicht ganz unschuldig, indem wir zwischen Mark- und Valutakrediten hin und wieder eine übertrieben große Differenzierung vorgenommen haben.

Die Rolle eines Kreditmittlers zwischen Ausland und Inland ist dem deutschen Bankier in großem Umfange zugefallen. Es mag manchen deutschen Wirtschaftskreisen merkwürdig erscheinen, aber es ist eine Tatsache, daß das allmählich wieder erwachende Vertrauen des Auslandes zu Deutschland zunächst weder der Industrie noch, allgemein gesprochen, dem Handel galt, sondern sich in erster Reihe auf die deutschen Banken konzentrierte. Auf den Schultern unseres Kredits sind große Teile der deutschen Wirtschaft zu den ausländischen Geldquellen gelangt. Heute verfügen manche Teile der Wirtschaft unmittelbar über Emissionskredite und über Handelskredite im Auslande, die dem deutschen Bankier keinen oder nur geringen Raum zur Betätigung lassen. Diese Erscheinung halte ich nur für das Produkt einer Uebergangszeit, weil sie ernsthafte Gefahren für beide Parteien in sich schließt. Uns verbleibt die schwere Verantwortung, die damit verbunden ist, daß wir für umfangreiche kurzfristige Kredite zwischen den ausländischen Geldgeber und den deutschen Geldnehmer treten. Wir sind uns dieser Verantwortung bewußt. Aber gerade wegen dieser Verantwortung denkt das Ausland in erster Reihe an den deutschen Bankier, wenn Probleme der deutschen Finanzwirtschaft zur Sprache gebracht werden. Das, was wir geleistet haben, berechtigt und verpflichtet uns dazu, bei einer Regelung der finanziellen Zukunftsfragen die Stimme zu erheben.

Der Gesamtbetrag unserer Auslandsverschuldung ist Ihnen bekannt. Er ist hoch und wird einschließlich Amortisation und Nebenkosten eine jährliche Belastung unserer Zahlungsbilanz von mindestens ¾ Milliarden Reichsmark im Gefolge haben. Das braucht uns noch nicht zu erschrecken. Die im Auslande seit der Neuordnung aufgenommenen Anleihen und Kredite dürften immerhin nur die Hälfte der im Inlande aufgebrachten Beträge erreichen, kennzeichnen sich also als Zusatzkapital während einer Uebergangsperiode des Wiederaufbaues. Wir haben die aufgenommenen Kredite in der Hauptsache nützlich verwendet, in erster Reihe auch, um uns wieder eine gesunde Goldwährung zu schaffen. Wir haben mit dem Rückhalt dieser Währung das Recht, die ausländischen Kapitalmächte zu benutzen. Und wir sind uns gegenüber den Ländern, die uns bereitwillig Kredit gegeben haben, unserer Dankesschuld bewußt. Was uns heute aber bedrückt, ist der Umstand, daß sich vorläufig kein Ende dieser Kreditinanspruchnahme absehen läßt.

Untersuchen wir die Grundlagen unserer Zahlungs- und Handelsbilanz, so werden wir finden, daß uns die Friedensverträge Lasten auferlegt haben, hinter denen selbst die Reparationsverpflichtungen an Bedeutung zurückstehen. Wir haben mit Lothringen unsere Erze und einen Teil unseres Kali verloren, mit Oberschlesien und, vorübergehend, mit dem Saargebiet einen Teil unserer Kohle, mit dem Danziger Korridor und Posen hervorragend wichtige Ernährungsgebiete und mit den Kolonien einige weitere Rohstoffquellen. Die Grundlage unserer Handelsbilanz hat sich also wesentlich verschlechtert. Deutschland ist in weit höherem Maße als früher ein verarbeitendes Land geworden.

Die Belastung unserer Zahlungsbilanz infolge der neu aufgenommenen Auslandsschulden habe ich bereits erwähnt. Hier wirken wiederum die Folgen der Friedensschlüsse mit. Wir haben durch diese fast unser gesamtes Auslandsvermögen, darunter einen großen Teil unserer ausländischen Bankniederlassungen und unserer Handelsflotte verloren. Auf all diesen Gebieten hat allerdings ein gewisser Wiederaufbau stattgefunden, aber man wird leider feststellen müssen, daß wir von den Vorkriegsverhältnissen noch weit entfernt sind.

Früher hat Deutschland in der Reihe der Kapital ausleihenden Länder gestanden, wenn auch nicht in so hohem Maße wie England und Frankreich. Neben unseren ausländischen Renteneinkommen stand unser ausländisches Arbeitseinkommen. Kleine Fehlbeträge in der Handelsbilanz spielten unter diesen Bedingungen keine Rolle. Wenn wir jetzt zum Schuldnerland geworden sind, so dürfen wir uns nicht zu irreführenden Vergleichen mit Schuldnerländern der Vorkriegszeit verleiten lassen. Rußland und die Vereinigten Staaten in ihrer damaligen Verfassung waren große Rohstoffexporteure. Sie waren in einem primitiven Wirtschaftsstadium, das große Kreditaufnahmen im Auslande rechtfertigte. Deutschland war und ist aber eines jener hochentwickelten Wirtschaftsgebiete, deren Aufgaben, auf die Dauer, in entgegengesetzter Richtung liegen müssen.

Rohstoff-Exporteure sind wir jetzt weniger denn je. Wir dürfen daher über ein gewisses Maß hinaus nur Schuldner werden, sofern wir billige und gute Fertigfabrikate exportieren und uns wieder mit aller Energie darauf verlegen, als Unternehmer im Ausland Geld zu verdienen. Mit dieser letzten Aufgabe werden wir als Banken uns nicht zuletzt zu beschäftigen haben, während starke Exportvermehrungen nur durch eine intelligente Preis-, Lohn-, Handels- und Steuerpolitik gefördert werden können.

Man hat behauptet, daß wir wegen unseres großen Bedarfes an Betriebskapital und der damit verbundenen Auslandsverschuldung während der letzten Jahre einen erhöhten Import gehabt hätten. So mancher Streit ist darüber entbrannt, ob hierbei der Kapitalbedarf oder der Warenbedarf der primäre Faktor sei. Ich glaube, daß man die Fragen nicht voneinander trennen kann. Es ist unbedingt erforderlich, daß wir die Kapitalbildung im Inland fördern und gegen unwirtschaftliche Kreditinanspruchnahme im Auslande vorgehen. Wenn wir aber nicht gleichzeitig auf einen Ueberschuß in der Handelsbilanz hinarbeiten, so können wir nichts anderes erreichen, als die Verschuldung in andere Bahnen umzulenken.

Wenn wir eine Verbesserung der Handelsbilanz zum Ausgangspunkt unserer Finanzpolitik nehmen, so werden wir in mehr als einer Hinsicht umlernen müssen. Das deutsche Volk ist an die Lebenshaltung eines kapitalexportierenden Volkes gewöhnt, es hat die Bedürfnisse eines hochstehenden Kultur- und Industrievolkes. Ich glaube, gezeigt zu haben, das uns alle Voraussetzungen für ein großes Schuldnervolk fehlen, und ich warne vor einer Finanzpolitik, die uns zu einem solchen machen würde. Indem wir uns rechtzeitig und eingehend mit dieser Frage beschäftigen, werden wir dem Auslande den Beweis dafür erbringen, daß wir für alle bisher aufgenommenen Verpflichtungen gute Schuldner sind. Ich darf hinzufügen, daß sich unser Export, absolut betrachtet, hervorragend entwickelt hat. Das ständige Anwachsen unserer Ausfuhr auf den im Vorjahre erreichten gewaltigen Gesamtbetrag von 10,8 Milliarden Reichsmark, einschließlich Sachlieferungen, steht in erfreulichem Widerspruch zu den konjunkturmäßig und saisonmäßig bedingten starken Schwankungen unserer Einfuhr. Wir dürfen also auf eine weiter fortschreitende Besserung hoffen.

Ich habe geglaubt, bei all diesen Darlegungen die Reparationsfrage zunächst außer Betracht lassen zu sollen. Sie ändert an dem Gesagten in grundsätzlicher Beziehung nichts, sondern tritt überall verschärfend hinzu. Eine Beurteilung der Reparationsfrage ist nur unter dem Gesichtswinkel der deutschen Zahlungsbilanz möglich und unter Berücksichtigung derjenigen historischen Tatsachen, an denen sich nun einmal fürs erste nicht rütteln läßt. Wir sind uns klar darüber, daß wir uns durch Unterzeichnung des Londoner Abkommens zur Erfüllung der im Dawesplan formulierten Leistungen verpflichtet haben und daß wir durch Verpfändung der Zölle und anderer indirekter Abgaben Sicherheiten gestellt haben, deren Erträgnis schon heute die Deutschland vorgeschriebenen Leistungen übersteigt. Wenn daher an einer Erfüllung des Dawesplanes im wörtlichen Sinne kaum noch zu zweifeln ist, so bleibt die Frage offen, ob derartig große Beträge, wie sie von Deutschland gefordert werden, unserer Wirtschaft auf die Dauer entzogen werden könnten, ohne daß andere dringende Bedürfnisse leiden und ohne daß die Lebenshaltung des deutschen Volkes allzusehr heruntergedrückt würde, was ein Verstoß gegen den Dawesplan wäre.

Andererseits steht fest, daß der Transfer zwar nicht auf dem natürlichen Wege funktioniert hat, den die Sachverständigen seinerzeit im Auge gehabt haben, wohl aber auf dem indirekten Wege des anhaltenden Kapitalbedarfs der deutschen Wirtschaft. Solange unsere Goldwährung uns erhalten bleibt, solange wir Einfuhrüberschüsse haben, solange wir Anleihebedürfnisse im Auslande decken müssen, solange wird auch diese Art von Transferierungen andauern. Unser Export müßte wesentlich über den Import gehoben werden, unsere Geldmärkte müßten durch Förderung der Kapitalbildung einen bisher noch nicht erreichten Grad der Leistungsfähigkeit erhalten, damit der Transfer stocken und an seine Stelle eine Ansammlung von Reparationsgeldern im Inlande treten würde. Ob ein derartiger Uebergang ohne Störung in unserer Finanzwirtschaft vor sich gehen würde, bliebe abzuwarten, darf aber gehofft werden.

Ich gebe zu, daß die Herbeiführung einer solchen, den natürlichen Grundlagen besser entsprechenden Situation, den geeignetsten Zeitpunkt für eine Lösung der Reparationsfrage abgeben würde. Es fragt sich aber, ob wir gut daran tun, diese vielleicht noch in weiter Zukunft liegende Entwicklung abzuwarten. Einstweilen verfälscht der Dawesplan unsere gesamte Finanzwirtschaft. Wie unendlich schwer ist es, mit wirklichem Erfolg Sparsamkeit zu predigen, solange der Reparationsbetrag unbegrenzt ist und das Gefühl bestehen mag, daß nicht für das eigene Land, sondern zu Gunsten Dritter gespart wird. Wie schwer ist es auch, unsere Export-, Kredit- und Geldmarktpolitik rationell zu betreiben, solange man mit jeder Maßnahme Gefahr läuft, in die gefährlichen Gewässer der Transferfrage zu geraten. Vergessen wir auch nicht, daß die Zahlungen mit dem soeben beginnenden Dawesjahr die sogenannte Normalleistung, das heißt den Riesenbetrag von 2,5 Milliarden RM erreicht haben und daß hiermit nicht einmal, wie vielfach geglaubt wird, der Maximalbetrag unserer Leistungen gekennzeichnet ist. Seien wir uns schließlich bewußt, daß die Vereinigten Staaten von Amerika, als deren Vertreter der Reparationsagent sich in objektiver Weise um eine Lösung der Frage bemüht, ihrerseits nur in bescheidenem Umfange Reparationsgläubiger sind. Das materielle Hauptinteresse liegt bei Regierungen, die noch immer geneigt sein mögen, diese Fragen mit politischen Interessen zu verknüpfen. Wer diese Begleitumstände in Erwägung zieht, wird allen denjenigen dankbar sein, die sich der unangenehmen Aufgabe unterziehen, eine so schwierige Frage ins Rollen zu bringen. Daß wir bei dem derzeitigen Zustand unserer Zahlungsbilanz keinen Grund haben, auf eine beschleunigte Lösung zu drängen, wenn sie uns nicht günstig wäre, ist richtig. Selten aber hat sich eine Frage so sehr zur Lösung durch gütliche Verständigung geeignet, wie gerade die Reparationsfrage.

Eine solche Lösung kann nur die Form eines Kompromisses tragen, ebenso wie der Dawesplan selbst ein Kompromiß zwischen den Ansichten einiger Sachverständiger darstellte. Wer das Reparationsproblem als eine Doktorfrage anfaßt, wird damit der Allgemeinheit keine großen Dienste leisten können. Der Dawesplan ist ein Provisorium. Für uns handelt es sich nicht um eine Revision des Dawesplanes, sondern um die Herbeiführung eines Definitivums. Alle Erfahrungen, die auf Grund des Dawesplanes gesammelt werden konnten, sind gesammelt.

Wir können übersehen, wieviel Deutschland etwa inländisch aufbringen kann und über unsere echten Transferfähigkeiten wird die Welt auf diesem Wege nichts weiteres erfahren.

Wenn Sie sich die einzelnen Wirtschaftsgebiete der Welt einmal als Einheiten vorstellen wollen, so ergibt sich das merkwürdige Bild, daß die Vereinigten Staaten von Amerika seit Jahren indirekt an die Regierungen Englands, Frankreichs, Belgiens große Reparationsbeträge auszahlen, deren Rückzahlung später seitens der deutschen Wirtschaft erfolgen soll. Wenn man hierbei von einer Kommerzialisierung der Reparationsschuld spricht, so übersehe man nicht, daß diese Kommerzialisierung in der Hauptsache von Amerika zu Gunsten von Dritten vorgenommen wird. Tatsächlich hat Amerika an Deutschland während der letzten Jahre Kredite gegeben, die alle von Deutschland in diesem Zeitraum unentgeltlich an die Hauptreparationsgläubiger abgeführten Leistungen decken.

Der Dawesplan hat das eine klar bewiesen, daß auf die Dauer große wirtschaftliche Leistungen ohne Gegenleistungen unmöglich sind, selbst wenn sie einem unterlegenen Lande vorgeschrieben werden. Wir wollen nicht übersehen, daß der Dawesplan auch viel Nützliches geleistet hat. Wenn Amerika während der letzten Jahre die Finanzierung der Reparationszahlungen im wesentlichen auf sich genommen hat und dagegen Kredite an ein Wirtschaftsgebiet gab, dessen Kreditfähigkeit ja doch immerhin natürliche Grenzen finden wird, so ist es damit zunächst einem Gebot der Stunde gefolgt. Aus dem Dawesplan ist jedem der Beteiligten der eine oder andere Nutzen erwachsen, den Vereinigten Staaten ein Warenlieferungs- und ein Finanznutzen, Deutschland ein Wiederaufbaunutzen, den Reparationsgläubigern ein Reparationsnutzen und die Möglichkeit, ihre eigenen, schwer erschütterten Wirtschaftsgebäude zu stützen. Fortsetzen läßt sich dieses System aber nicht über gewisse Grenzen hinaus.

Es ist an der Zeit, dem gefährlichen Schwebezustande, in dem sich das Reparationsproblem befindet, ein Ende zu bereiten. Die Klärung des Reparationsproblems wird den Auftakt zu einer Lösung der anderen noch schwebenden internationalen Finanzfragen bilden. Die Notwendigkeit wirtschaftlicher Verständigungen mit unseren großen westlichen Nachbarn ist hier bereits erwähnt worden. Noch nicht einen Monat ist es her, daß gerade an dieser Stelle ein führender französischer Politiker Worte der Freundschaft mit uns ausgetauscht hat, und bald darauf hat unser Außenminister seinen Besuch in Paris abgestattet. Ich glaube, daß wir auch der Lösung wirtschaftlicher Probleme an unseren östlichen Grenzen auf die Dauer nicht aus dem Wege gehen sollten. So darf man für die Zukunft eine allmählich fortschreitende wirtschaftliche Befriedung der Welt erhoffen, in der Deutschland wieder den ihm gebührenden Platz einnehmen wird.

Ich habe heute die Aufgabe gehabt, viele Kritiken aneinander zu reihen. Wir dürfen darüber nicht vergessen, wie Großes in den letzten Jahren geleistet worden ist. Nach den Schwierigkeiten, die die deutsche Finanzwirtschaft in den Jahren 1914 bis 1928 überwunden hat, braucht sie vor keiner Aufgabe, die die Zukunft ihr bringen kann, mehr zurückzuschrecken. Wir gehen diesen Aufgaben mit Zuversicht entgegen. (Lebhafter Beifall.)

Präsident Geheimrat Prof. Dr. Riesser:

Sie haben, verehrter Herr Kollege, heute zum ersten Male vor einem Bankiertag gesprochen. Man darf wohl sagen, daß es nicht leicht ist, vor einem solchen Kreise von Sachverständigen das Wort zu ergreifen. Sie aber haben bereits eine Reihe von ausgezeichneten Abhandlungen über die Gegenstände geschrieben, die uns heute beschäftigen, und haben sich schon dadurch einen Namen gemacht. Es wird sich zeigen, daß auch Ihr heutiges Referat das Niveau des Bankiertages als ein hohes erkennen ließ.

Das Wort hat nunmehr Herr Dr. Georg Eberstadt, in Fa. L. Behrens & Söhne, Hamburg, zu dem Sonderthema: Die Verwaltung der öffentlichen Gelder durch die Reichsbank.

Dr. Georg Eberstadt, Hamburg:

Ueber die Frage der Verwaltung der öffentlichen Gelder ist seit der Stabilisierung der Mark viel geschrieben und viel geredet worden. Die Frage wurde zu gewissen Zeiten außerordentlich lebhaft diskutiert. Es kamen Monate, in denen man weniger von ihr hörte. Ganz still ist es wohl in den letzten Jahren nie über sie geworden. Es bedarf ja aber im übrigen kaum einer Rechtfertigung für einen deutschen Bankiertag, wenn er die öffentliche Geldverwaltung, ihre Konzentration und insbesondere die Stellung der Reichsbank in dem System der Verwaltung der öffentlichen Gelder zum Gegenstand eingehender Untersuchung macht. Wenn in der Oeffentlichkeit weniger von ihr die Rede gewesen wäre, so wäre das Bankgewerbe der Verpflichtung, sich mit diesen Fragen zu befassen, doch keineswegs enthoben. Die öffentliche Hand war stets und ist heute, wie wir wissen, mehr denn je ein so überragender Faktor in der Finanzwirtschaft unseres, wie übrigens eines jeden Landes, daß ein Berufsstand, wie der unsrige, in dessen Aufgabenkreis „Geldverwaltung" obenan steht (das Geldverdienen braucht ja darüber nicht vergessen zu werden) die volkswirtschaftliche und privatwirtschaftliche Pflicht hat, zur Frage der Verwaltung der öffentlichen Gelder Stellung zu nehmen. Es braucht nicht erst hervorgehoben zu werden, daß diese Stellungnahme sine ira et studio zu erfolgen hat; so leidenschaftslos, wie es ein derartiges Thema, dem man Leidenschaften au fond gar nicht zutrauen könnte, erfordert. Es darf hierbei nicht danach gesehen werden, ob pro fisco oder contra fiscum, für Reichsbank oder gegen Reichsbank, für das private Bankgewerbe oder gegen es, für Berlin oder gegen die Zentrale, für oder gegen die Provinz. Entscheidend kann nur das sein, was für die gesamte Volkswirtschaft erstrebenswert erscheint.

Vorweg noch eines: Ich beschränke mich in meinem Referat auf die Beziehungen zwischen öffentlichen Geldern und Geldmarkt. Die nicht minder wichtigen und in vielem noch der zweckmäßigen Lösung harrenden Fragen der Verwendung der öffentlichen Gelder im Markt für langfristiges Geld, dem Kapitalmarkt, muß ich schon, um mein Referat nicht über Gebühr auszudehnen, unbehandelt lassen.

Wenn ich mich nun zu dem eigentlichen Thema meines Referates äußern darf, so muß vor allem hervorgehoben werden, daß über den Begriff dessen, was man unter „öffentlichen Geldern" zu verstehen hat, nicht durchweg die notwendige Klarheit herrscht. In der Diskussion der Frage der öffentlichen Gelder, insbesondere in der Presse, aber nicht nur hier, wird meist ängstlich vermieden, zu sagen, was man eigentlich unter ihnen versteht.

Wenn man den Begriff der öffentlichen Gelder definieren will, so wird man bei rein juristischer Betrachtung sagen: öffentliche Gelder sind alle im Eigentum des Reiches, der Länder und der Gemeinden befindlichen Gelder. Diese rein formale Auffassung wird aber dem, was man volkswirtschaftlich unter öffentlichen Geldern zu verstehen hat, nicht gerecht. Nicht alle Gelder, die in das Eigentum des Staates gelangt sind, kann man „öffentliche" nennen. Man muß vielmehr ihren Kreis in folgender Weise begrenzen: Oeffentliche Gelder sind die Beträge, über die der Staat als Hoheitsträger, in Ausübung der öffentlichen Gewalt, in Erfüllung seiner unmittelbaren Staatsaufgaben verfügt. Es gehören ferner zu ihnen alle Gelder, die aus staatlichen Zwangsbeiträgen jeder Art entstehen (insbesondere also die sogenannten sozialen Fonds). Das Wort ergibt schon, daß „öffentliche" Gelder in einem Gegensatz zu „privaten" Geldern stehen. Die „privaten" Gelder sind die Gelder der Volkswirtschaft, die „öffentlichen" Gelder sind der Volkswirtschaft durch den Staat entzogen. Man wird also außer der positiven Definierung des Begriffes der öffentlichen Gelder, negativ als nicht zu den öffentlichen Geldern gehörend, die Beträge auszuscheiden haben, über die der Staat in irgendeiner Form als selbst Wirtschafttreibender verfügt. Diese Beträge sind, wie wir alle wissen und keineswegs alle billigen, heute sehr erheblich.

Zu ihnen gehören vor allem die Beträge, die in den sogenannten reichseigenen Betrieben arbeiten. Es scheiden also aus unserer Betrachtung z. B. alle die Mittel aus, die zum Vermögen der in der bekannten Dachgesellschaft der reichseigenen Betriebe, der Viag, vereinigten Unternehmungen gehören. Auch die Eigenmittel der Reichskreditgesellschaft sind somit keine „öffentlichen Gelder". Unter den Begriff fallen dagegen vornehmlich alle aus Steuern, Zöllen und sonstigen Abgaben aufkommenden Beträge. „Oeffentliche Gelder" sind ferner die in der Erfüllung der sozialen Gesetzgebung entstehenden sehr erheblichen Summen. Dahin gehören die der Reichsversicherungs-Anstalt für Angestellte und der Erwerbslosenfürsorge, insbesondere der Reichsanstalt für Arbeitsvermittlung und Arbeitslosenversicherung, zufließenden Gelder. Auch die Gelder der Krankenkassen, Berufsgenossenschaften und die sehr erheblichen der Invalidenversicherung usw. wird man hierbei zu erwähnen haben. Es sind ferner die Beträge nicht zu vergessen, die in Ausführung des Dawesplanes anfallen. Hierbei muß allerdings Doppelzählung vermieden werden. Die Gelder z. B., die der Kommissar für die verpfändeten Abgaben verwaltet, sind bereits von den oben erwähnten Abgaben erfaßt. Es gehören aber hierher die Beträge, die bei der Bank für Industrie-Obligationen verwaltet werden.

Nicht zu den öffentlichen möchte ich, in Konsequenz meiner soeben ausgeführten Begriffsbestimmung und -begrenzung, die Gelder rechnen, die unter staatlicher Aufsicht bei den privaten Versicherungs - Unternehmungen und bei den öffentlichen Banken und Sparkassen anfallen. Ich weiß, daß ich mich in diesem Punkte in einem Gegensatz zu den Ausführungen des Herrn Reichsbank-Präsidenten Dr. Schacht befinde, der in seinem Buche über die Stabilisierung der Mark diese Posten gerade hervorhebt. Ich halte dies aber für eine zu weite Fassung. Staatliche Aufsicht allein kann das Wesen der Beträge, die den privaten Versicherungsunternehmungen gehören, nicht ändern. Sie gehören der privaten Volkswirtschaft und haben mit der öffentlichen Geldwirtschaft und Geldverwaltung nichts zu tun. Auch die Gelder der öffentlichen Banken und Sparkassen kann man m. E. nicht in Bausch und Bogen den öffentlichen Geldern zurechnen. Auch hier ist die volkswirtschaftliche Entstehungsgeschichte der Gelder maßgeblich. Soweit sich nämlich in den Händen der Girozentralen Gelder befinden, bei denen es sich um echte Spargelder oder bankmäßige Guthaben privater Betriebe handelt, die ihren bankmäßigen Verkehr bei den Girozentralen abwickeln, so mag es, vor allem was den letzten Punkt angeht, das gute Recht des privaten Bankgewerbes sein, sich hierüber zu ärgern; aber als „öffentliche Gelder" sind diese Beträge doch nicht anzusprechen. Es sind Gelder der privaten Volkswirtschaft, hinsichtlich deren Verwendung der Staat als Aufsichtsorgan der betreffenden Stellen wohl eine Möglichkeit der Einflußnahme besitzt, die aber hierdurch nicht zu seinen eigenen, zu öffentlichen Geldern werden können. Etwas anderes ist es natürlich mit den bei den öffentlichen Banken und Girozentralen arbeitenden wirklichen Staats- und Kommunalgeldern. Dies sind öffentliche Gelder. Sie sind es aber nur wegen ihrer Herkunft und nicht, weil sie bei diesen Bankanstalten arbeiten.

Eine gesonderte Betrachtung erfordern Reichspost und Reichsbahn.

Was zunächst die Reichspost angeht, so scheint es mir hier nicht zweifelhaft zu sein, daß die ihr zur Verfügung stehenden Gelder „öffentliche" sind. Nach dem Reichspostfinanzgesetz ist zwar der Reichspost- und Telegraphenbetrieb vom 1. 4. 1924 an als ein selbständiges Unternehmen unter der Bezeichnung „Deutsche Reichspost" vom Reichspostminister unter Mitwirkung eines Verwaltungsrats nach kaufmännisch-wirtschaftlichen Grundsätzen zu verwalten. Die Deutsche Reichspost ist aber Reichsanstalt und statio fisci geblieben. Sie hat nicht die Eigenschaft einer eigenen, vom Reichsfiskus verschiedenen juristischen Person. Das Vermögen des Reichs, das dem Reichspost- und Telegraphenbetrieb gewidmet und in ihm erworben ist, sowie alle öffentlichen und privaten Rechte und Verbindlichkeiten der Reichspost- und Telegraphenverwaltung sind nur als Sondervermögen des Reichs von dem übrigen Reichsvermögen, seinen Rechten und Verbindlichkeiten getrennt zu halten. Das ist etwas Grundverschiedenes von dem, was ich oben über die sog. reichseigenen Betriebe ausführte, durch die der Staat als selbst Privatwirtschaftstreibender auftritt. Die Postgelder sind also „öffentliche Gelder".

Nicht ganz so einfach, aber gleichfalls in positivem Sinne ist die Frage zu beantworten, ob die Gelder der Reichsbahn zu den sogenannten „öffentlichen" gehören. Die Verhältnisse der Reichseisenbahnen sind bekanntlich in den durch das sogenannte Londoner Abkommen vom August 1924 notwendig gewordenen Gesetzen festgelegt. Es sind dies das Gesetz über die Deutsche Reichsbahn-Gesellschaft (Reichsbahn-Gesetz); das Gesetz betr. die Satzung der Deutschen Reichsbahn-Gesellschaft und das Gesetz betr. die Personalverhältnisse bei der Deutschen Reichsbahn-Gesellschaft. Nach diesen Gesetzen bildet die zum Betriebe der Reichseisenbahnen errichtete „Deutsche Reichsbahn-Gesellschaft" eine eigene Gesellschaftsform privatrechtlicher Art mit starkem öffentlichen Einschlag. Wenn auch ihre Stellen keine Behörden oder amtliche Stellen des Reichs sind, so haben sie doch die öffentlich-rechtlichen Befugnisse in gleichem Umfange, wie sie bis dahin den Stellen der Deutschen Reichsbahn-Verwaltung zustanden. Es läßt sich somit vielleicht schon juristisch rechtfertigen, die Reichsbahn nach wie vor als ein öffentliches Gebilde anzusprechen. Auch der der Eisenbahn vom Staate verliehene Monopol-Charakter, der eine Wesensverwandtheit zwischen öffentlichen Abgaben und den von der Eisenbahn erhobenen Tarifgebühren zur Folge hat, spricht dafür, ihren Geldern den Charakter der „öffentlichen Gelder" beizulegen. Ganz zwingend sind aber sicherlich die Ausführungen von Dr. Schacht in seinem erwähnten Buche. Er hebt hervor, daß sich diese Fragen nicht theoretisch behandeln lassen, sondern aus der historischen Entwicklung heraus beurteilt werden müssen. Die Deutsche Reichsbahn wird aber, wie er richtig hervorhebt, nach wie vor von der gesamten Bevölkerung als ein Unternehmen angesehen, das nach Grundsätzen der Staatswirtschaft geleitet werden muß, wenn die allgemeinen Interessen gewahrt werden sollen. Auch die Reichsbahn-Gelder sind somit „öffentliche".

Ehe ich mich nun zu den wesentlichen Fragen meines Referats wende: „Wie sind die öffentlichen Gelder zu verwalten?" möchte ich zuvor auf ein nicht zu umfangreiches statistisches Material eingehen.

Die öffentlichen Gelder nahmen bekanntlich nach der Stabilisierung der Mark sehr rasch einen zeitweise geradezu unerhörten Umfang an. Es braucht nur daran erinnert zu werden, daß das Reich nach der Inflation in kürzester Frist den zweifelhaften Erfolg errang, aus der wirklich nicht überreichen deutschen Wirtschaft über 5 Milliarden an Steuern herauszuziehen, einen Betrag, der ihm die Möglichkeit der Erzielung von 2 Milliarden an Ueberschüssen verschaffte. Man hat berechnet, daß damals mehr als 20 pCt. des deutschen Volksvermögens der öffentlichen Hand gehörte, und daß ein vermutlich noch größerer Anteil des Volkseinkommens im Laufe eines Jahres im Wege von Steuern, sozialen Abgaben, Post- und Eisenbahn-Gebühren die öffentlichen Kassen durchwanderte. Im November 1926 schätzte der Herr Reichsbank-Präsident die Beträge, die sich in Händen von Reichsbahn, Postministerium, Reichsfinanzministerium und Preußischem Finanzministerium befanden, auf insgesamt 2½ Milliarden. Für Mitte dieses Jahres sind die den erwähnten Stellen mehr oder weniger vorübergehend zur Verfügung stehenden Beträge, die uns ja hier allein interessieren, von einer Seite, die ich als sehr kompetent ansprechen muß, immer noch auf reichlich 1½ Milliarden geschätzt worden. Ende 1913 beliefen sie sich nur auf M 850 Millionen! Die flüssig angelegten Gelder der Sozialversicherung aller Spielarten schätze ich auf Grund eingehender Prüfung auf nicht weniger als RM 750 Millionen. An Einzelziffern möchte ich hierbei folgende anführen:

Soziale Fonds:

Die Gelder der Invalidenversicherung wurden von dem Enquete-Ausschuß an Kassa und Bankguthaben mit RM 61,4 Millionen per Ende 1924 angegeben, wobei man hinzufügte, dies reiche nicht für den Bedarf von zwei Monaten aus. Diese Beträge sind zwischenzeitlich gewaltig angewachsen. So weist z. B. die Landesversicherungsanstalt der Hansestädte per 31. 12. 1926 einen Barbestand einschließlich Bankguthaben von RM 4,8 Millionen aus; am 31. 12. 1927 belief sich dieser Posten auf RM 7,2 Millionen. Wenn ich diese Ziffern für das ganze Reich mit 30 multipliziere (dies ist die Zahl der Landesversicherungsanstalten; nach dem Verhältnis zwischen Bevölkerungszahl der Hansestädte und Gesamtbevölkerungszahl müßte man mit einer noch größeren Ziffer multiplizieren), kommt man auf Kassenbestände von rund RM 145 Millionen (per 31. 12. 1926) bzw. 210 Millionen (per 31. 12. 1927).

Für die Krankenkassen ergibt sich folgendes Bild (in 1000 RM) per Ende 1926:

	Ortskrk.	Landkrk.	Betriebskrk.
Kasse	77 922	5 914	16 497
Guthaben	75 734	4 235	47 379
	153 656	10 149	63 876

	Innungskrk.	Reichsges. Krk.	Knappschaftl. Krk.
Kasse	3 266	103 599	2 348
Guthaben	5 262	132 610	18 273
	8 528	236 209	20 621

Insgesamt ergibt sich somit die Ziffer von RM 493 039 000!!

Wenn ich in diesem Zusammenhang darauf hinweise, daß die in Deutschland vorhandenen rund 7800 Krankenkassen bis 1930 ihre Reservefonds auf den Betrag von einer Milliarde bringen werden, so kann man wohl mit Recht sagen: „des Steuerzahlers ganzer Jammer faßt mich an"!

Die Reichsversicherungsanstalt für Angestellte, die bekanntlich ein ungeheures Vermögen besitzt (RM 732 Millionen per 31. 12. 1927), kommt mit verhältnismäßig kleinen, jederzeit greifbaren Mitteln aus. Ihr Präsident hat das sogenannte Betriebsvermögen mit durchschnittlich 3—4 Millionen vor dem Enquete-Ausschuß beziffert. Es ist seitdem noch kleiner geworden. Die Bilanz per 31. 12. 1927 weist nur noch RM 1,6 Millionen Guthaben bei Banken und der Post und RM 107 000,— Barbestand aus.

Zu nicht unbeachtlicher Bedeutung werden sich die Gelder der Reichsanstalt für Arbeitsvermittlung und Arbeitslosenversicherung entwickeln. Nach dem Gesetz hat sie einen Notstock aus den ihr zufließenden Beträgen anzulegen, der ausreicht, 600 000 Arbeitern Unterstützung für einen Zeitraum von 3 Monaten zu zahlen. Man hat berechnet, daß man für diesen Zweck einen Notstock von ca. 165 Millionen ansammeln muß. Das Amt ist sich klar darüber, daß nur etwa die Hälfte dieser Summe langfristige Anlage auf dem Kapitalmarkt finden kann. Ein Viertel, also ca. 40 Millionen, wird man täglich greifbar halten müssen, ein weiteres Viertel kann auf 2—3 Monate fest weggegeben werden.

Für die Post liegen mir die Ziffern per 31. 3. 1927 vor. Damals belief sich der Posten „Kasse" auf RM 97 730 000,—. Das Postscheck-Guthaben betrug RM 552 488 294,51.

Bei der Reichsbahn erscheint per 31. 12. 1927 der Posten „Kasse" mit RM 66 000 000,— gegen nur RM 8 500 000,— per 31. 12. 1926. Dagegen hat sich der Posten „Bankguthaben", der per 31. 12. 1926 noch RM 530 000 000,— betrug, um RM 158 000 000,— auf RM 372 000 000,— ermäßigt. (Alles in runder Ziffer.) Der Posten „Wechsel" betrug Ende 1926 noch RM 124 000 000,—, er war Ende 1927 auf RM 994 000,— zurückgegangen bei gleichzeitigem Anwachsen der Wertpapiere von 38 Millionen (1926) auf RM 171 Millionen (1927). Mit den Ziffern der Reichsbahn korrespondieren großen Teils die der Deutschen Verkehrs-Kredit-Bank. Allerdings macht diese ihre Bilanz per 30. Juni auf. Die letzten mir vorliegenden Ziffern betreffen daher den 30. 6. 1927. Hier finden sich Kasse und Notenbank-Guthaben mit RM 5 500 000,—, Guthaben bei

Banken und Bankiers mit RM 418 000 000,—. Entsprechend den der Bahn gehörigen Geldern befindet sich unter Kreditoren der Verkehrs-Kredit-Bank der Posten von RM 458 000 000,—.

Was das Reich selbst angeht, so ist hier ein zuverlässiges Bild nicht ganz leicht zu gewinnen. Aus dem finanziellen Ueberblick, der dem Reichshaushaltsplan für 1928 vorausgeschickt ist, kann man nur entnehmen: „soweit Mittel kassenmäßig vorhanden waren oder sind, sind sie zum größten Teil bei der Reichsbank angelegt. Ein Betrag von 100 Millionen Reichsmark ist der Preußischen Zentralgenossenschaftskasse zwecks Gewährung von Krediten an die Landwirtschaft gegeben worden; dieser Betrag wird nach der Ernte 1928 zur Reichskasse zurückfließen." Es wird ferner mitgeteilt, daß sich nach den Erfahrungen der letzten Jahre der normale Betriebsmittelbedarf etwa in Grenzen von ca. RM 250 Millionen bei der Reichshauptkasse bewegt und daß die rund 4000 Außenkassen des Reichs einen Bedarf von 40 bis 50 Millionen haben. Insgesamt liegt also ein Betriebsmittelbedarf von rund 300 Millionen RM vor. Entsprechend weist auch der Abschluß der Reichskasse per 30. 6. 1928 einen Bestand von Reichsmark 241 700 000,— aus. (Es kann dabei an dieser Stelle nicht untersucht werden, ob z. B. gerade an dem angeführten Datum die Betriebsmittel im wesentlichen aus einem bei der Post aufgenommenen Kredit von 60 000 000,— und dem Erlös aus Schatzwechselverkauf herrührten, vgl. Frankf. Ztg. Nr. 620 vom 20. 8. 1928.)

Erwähnen möchte ich schließlich noch die Kassenbestände des Reparationsagenten, die sich z. B. an den Monatsenden dieses Jahres bisher meist auf einen Betrag zwischen 160 und 170 Millionen beliefen. Hiervon dürfte ein sehr geringer Bruchteil bei der Reichsbank stehen. Im wesentlichen scheint es sich mir um Bankguthaben im Auslande zu handeln, wenigstens könnte ich mir anders nicht die von dem Agenten in seinen Berichten ausgewiesenen Zinseingänge erklären. Bei dem Kommissar für die verpfändeten Einnahmen belief sich das Monatsmittel der Einnahmen von September 1927 bis März 1928 auf rund 243 Millionen Reichsmark. Wieviel davon täglicher Saldo ist, läßt sich nicht feststellen.

Aus allen diesen Ziffern, bei denen die öffentlichen Gelder

der Länder und Kommunen schon aus dem Bestreben, das Referat nicht zu sehr in die Breite gehen zu lassen, unberücksichtigt bleiben mußten, geht hervor, daß die öffentlichen Gelder trotz der Rückgänge an manchen Stellen immer noch einen ganz gewaltigen Posten ausmachen.

Wie sollen nun diese Beträge verwaltet werden und wie werden sie verwaltet? Die Frage der Verwaltung der öffentlichen Gelder hat bereits im Laufe des letzten Jahrhunderts in allen Ländern den Männern der theoretischen Finanzwissenschaft und den Männern des staatlichen und privaten Finanzlebens Kopfzerbrechen bereitet. Ursprünglich ging der Streit darum, ob man das alte Staatskassensystem beibehalten oder für die Geldverwaltung des Staates den Anschluß an das Bankwesen finden solle. Bei dem Staatskassensystem lagen die öffentlichen Gelder in effektivem baren Gelde in den Kassen herum, und es bedurfte, z. B. in Deutschland, erst eines nicht unerheblichen Kampfes der Praktiker und der Theoretiker untereinander und gegeneinander, bis man sich zu dem Entschluß durchringen konnte, sich bei der Geldverwaltung der bestehenden Banken (Notenbanken oder auch privaten Banken) zu bedienen. Noch bis in die allerletzte Vorkriegszeit hinein mußte der Anschluß des staatlichen Geldverwaltungssystems an das Bankwesen propagiert werden, da die Bürokratie nicht ohne weiteres überall dafür zu haben war. Dieser Kampf um die öffentliche Geldverwaltung entsprang allerdings im wesentlichen anderen Motiven, als der Kampf, um dessen Ausfechten es sich heute handelt. Damals handelte es sich um die Propagierung und möglichste Ausbreitung des bargeldlosen Zahlungsverkehrs. An ihn wollte man berechtigterweise auch die staatliche Geldverwaltung anschließen. Die Frage: Verwaltung der Gelder durch die Reichsbank oder durch das private Bankgewerbe, Zentralisation usw. spielte nicht entfernt die Rolle wie heute, obwohl man auch in den letzten Vorkriegsjahren die vielfach noch geübte dezentralisierte Kassenführung und den Mangel einheitlicher Disposition über die staatlichen Gelder als eine Schwächung des Geldmarktes empfand, die seine Anspannung an den schwersten Jahresterminen nur noch akzentuierte. Ich darf hier an das vorzügliche Referat von Helfferich auf dem Münchener Bankiertag im Dezember 1912 erinnern. Eine restlos durchgeführte Konzentration der öffentlichen Gelder war tatsächlich im Deutschland der Vorkriegszeit nicht vorhanden. Immerhin aber waren es zwei Stellen, bei denen sich große öffentliche Guthaben sammelten. Einmal die Reichsbank. Trotz der starken Verschuldung des Reichs durch den Schatzwechsel-Diskont waren die öffentlichen Guthaben bei der Reichsbank sehr erheblich, wenn auch schwankend. So war der höchste Saldo in dem Jahrfünft 1906/10 691 Millionen, der niedrigste 121 Millionen. Dabei ist zu bemerken, daß dieser Höchstsaldo ganz aus dem gewöhnlichen Rahmen herausfiel. Der Höchstjahressaldo bewegte sich im übrigen stets unter 400 Millionen, mit der zweiten Ausnahme des Jahres 1910 (476 Millionen). Den Löwenanteil an den öffentlichen Geldern verwaltete die Seehandlung. Zu ihr wanderten die Gelder des Preußischen Staates, der sich ja in einer ungleich günstigeren Finanzlage als das Reich befand, und vor allem die Gelder der preußisch-hessischen Staatseisenbahnen. Der Seehandlung dürften bisweilen bis zu 800 Millionen öffentliche Gelder zur Verfügung gestanden haben. Man darf auch keineswegs annehmen, Seehandlung und Reichsbank seien in ihrer Kredit-Politik stets konform gegangen, so wie dies in jüngster Zeit vor dem Untersuchungsausschuß ausgeführt wurde. Dies mag bis zu einem sehr hohen Grade der Fall gewesen sein, seitdem der Seehandlungs-Präsident H a v e n s t e i n Reichsbank-Präsident geworden war. Bis dahin war oft Klage darüber geführt worden, die Seehandlung durchkreuze mit ihren großen öffentlichen Geldern die Diskont- und Kredit-Politik der Reichsbank. Und wenn der Reichsbank-Präsident, Dr. K o c h , im Herrenhaus (30. 6. 1904) erklärte, die Behauptung, die Seehandlung durchkreuze die Diskont-Politik der Reichsbank, sei mehr oder weniger ein Mißverständnis, so war dies doch eine reichlich diplomatisch gefaßte Erklärung. — Die Nachkriegs-, vor allem aber die Nachinflationszeit brachte nun eine sehr starke, auch heute erst teilweise beseitigte Zersplitterung in die öffentliche Geldverwaltung. Es ist eine sehr große Zahl von Stellen, die sich mit ihrer Verwaltung befaßt. Ich brauche nur zu erwähnen: Reichsbank, Preußische Seehandlung, Reichskreditgesellschaft, Staatsbanken, Landesbanken, Girozentralen, Verkehrskreditbank und in sehr bescheidenem Umfange wohl auch das private Bankgewerbe. Bei allen diesen fließen öffentliche Gelder zusammen. Festzustellen, wer von den einzelnen Stellen mit der Verwaltung betraut ist, erscheint beinahe unmöglich. Die eine Krankenkasse arbeitet mit den Girozentralen, die andere mit der Landesbank, die dritte mit einer D-Bank. Die erheblichen flüssigen Gelder der Invalidenversicherung dürften, worauf vom Standpunkt des privaten Bankgewerbes aus besonders hingewiesen sei, zu einem erheblichen Teil zu öffentlich-rechtlichen Instituten (Girozentralen und Provinzialbanken) fließen. Ein beträchtlicher Teil der öffentlichen Gelder steht auf Girokonto bei der Reichsbank. Zum Teil bestehen besondere Vereinbarungen über die Art der Geldanlage, sei es mit, sei es ohne Vermittlung der Reichsbank. Als charakteristisch für die herrschende Zersplitterung möchte ich auf die bayerische Verordnung vom 30. 8. 1922 hinweisen, in der für Bayern als zur Anlage öffentlicher Gelder geeignet nicht weniger als 7 Institute des privaten Bankgewerbes, 2 öffentlich-rechtliche Bankinstitute, ferner die Postscheckämter, die Genossenschaften mit unbeschränkter Haftpflicht und die Sparkassen bezeichnet werden.

Es ist nicht unbekannt, daß dieses Verfahren und vor allem seine Zersplitterung in der jüngsten Vergangenheit lebhaft kritisiert worden ist. Vor allem der Herr Reichsbankpräsident hat in Wort und Schrift sich dafür eingesetzt, daß die öffentlichen Gelder in immer vermehrtem Umfange bei der Reichsbank konzentriert werden. Seine Ausführungen z. B. vor dem Untersuchungsausschuß und in seinem Buche über die Stabilisierung der Mark werden in Ihrer aller Erinnerung sein. Bekannt ist auch, daß der Reparationsagent sich in sehr eingehender Weise in seinen Berichten mit diesen Fragen befaßt hat. Das Thema der Verwaltung der öffentlichen Gelder und ihrer Konzentration bei der Reichsbank durchzieht seine halbjährlichen Berichte wie ein roter Faden.

Es ist nicht zu verwundern, daß sich auch die Gegner dieser Bestrebungen zum Worte gemeldet haben. In der Presse der verschiedensten Parteirichtungen wurde dagegen Sturm gelaufen. In Wochen- und Monatsschriften befaßte man sich, meist ablehnend, mit den Kritikern der öffentlichen Geldverwaltung und ihren Bestrebungen. Die Verkehrs-Kredit-Bank vertrat mit

Energie ihren Standpunkt. Die Staatsbanken und sonstigen öffentlich-rechtlichen Bankanstalten kämpften dafür, die Gelder der öffentlichen Hand müßten im Aufbringungsgebiet bleiben, weil sonst der Teil der Wirtschaft, dem man die Gelder entzogen habe, sie nicht wieder zugeführt erhalte. Man erklärte die Konzentrierung der öffentlichen Gelder bei der Reichsbank für einen weiteren Schritt auf dem Wege zu dem so fürchterlichen Schreckgebilde eines Einheitsstaates. Die Provinz bekam Angst vor weiterer Verprovinzialisierung. Auch mit stellenweise recht weit hergeholten Einzelargumenten wurde operiert. So wurde z. B. ausgeführt, die Konzentration der Gelder bei der Reichsbank mache es den einzelnen Staatsbanken nicht möglich, für die Kursregulierung der Länder-Anleihen etwas zu tun. Wissenschaftlich begründete Gegenargumente waren nur selten zu hören. Wie bekannt, sind die Bestrebungen der Reichsbank trotz vielfacher Widerstände nicht ohne Erfolg geblieben. Er zeigt sich vornehmlich auf drei Gebieten: In der neuen Reichskassenordnung, in dem Abkommen mit der Reichspost und in dem Abkommen mit der Reichsbahn.

Was die Verwaltung der unmittelbaren Reichsgelder, also im wesentlichen die von mir oben erwähnten rund 300 Millionen angeht, so wirkt die neue Reichskassenordnung vom 6. 8. 1927, die am 1. April 1928 in Kraft getreten ist, stark zentralistisch. Ihre Bedeutung geht über den Rahmen des reichskassentechnischen Verkehrs ganz erheblich hinaus, und es ist verwunderlich, daß in der breiteren Oeffentlichkeit, die sich doch mit der Frage der öffentlichen Gelder sonst so häufig beschäftigt hat, gerade diese Kassenordnung, ich möchte sagen, fast unbemerkt geblieben ist. Sie stellt für das Reich die erste einheitliche Regelung dieser Fragen dar. Geld-Institute, die für den Verkehr mit den Reichskassen in Betracht kommen, sind nach der neuen Kassenordnung nur noch Reichsbank und Reichspost. Anschluß an das Reichsbank-Giro-Netz und an den Postscheckverkehr ist den Kassen zur Pflicht gemacht. „Die Kassen sollen an den Verkehr mit sonstigen Geldanstalten nicht angeschlossen werden" (§ 26). Wie man hört, soll dies nicht buchstäblich gehandhabt werden. Die Giro-Zentralen sollen z. B. erwirkt haben, daß sie nach wie vor als Vermittlungsstellen für Reichskassengelder in Betracht kommen, wenigstens entnahm ich dies Zeitungsmeldungen. Sollte etwa diese Ausnahme von der Regel der Reichskassenordnung sich tatsächlich auf die Girozentralen beschränken, so können wir dies nur als eine einseitige Bevorzugung der Girozentralen ansehen, gegen die wir uns ganz entschieden wenden müssen. Kann man das System, die Reichskassen nur über Reichsbank und Postscheck arbeiten zu lassen, aus technischen Gründen nicht lückenlos durchführen, dann sehe ich, weiß Gott, nicht ein, weshalb das private Bankgewerbe derartig benachteiligt werden soll. Wir wollen uns recht gerne als Lückenbüßer für diesen Zweck zur Verfügung stellen.

Von wesentlicher Bedeutung für die Bestrebungen der Reichsbank sind ferner die Vorschriften, die der Verwaltungsrat der Deutschen Reichspost im Einvernehmen mit den obersten Wirtschaftsinstanzen des Reichs, besonders nach Beratung mit dem Reichsbank-Direktorium für die Anlage der Postscheckgelder erlassen hat. Danach ist ein Bestand von durchschnittlich RM 30 Millionen auf dem Reichsbank-Giro-Konto der General-Postkasse zu halten. Von den übrigen verfügbaren Geldern ist mindestens ⅓ zum Ankauf von reichsbankfähigen Wechseln durch Vermittlung der Reichsbank zu verwenden. Der Rest ist in festverzinslichen reichsbanklombardfähigen Wertpapieren oder in öffentlichen Anleihen, oder in Reichsschatzwechseln, oder in Darlehen an das Reich, an die Länder oder an Staatsbanken anzulegen. Am 31. 3. 1927 sahen diese Posten wie folgt aus (in runder Summe):

Wechsel und Schatzanweisungen .	RM	47 000 000,—
festverzinsliche Wertpapiere und öffentliche Anleihen	„	229 000 000,—
Darlehen an Länder und Staatsbanken	„	197 000 000,—
Abwicklungskredite	„	8 000 000,—
Reichsbank-Giro-Konto	„	39 000 000,—
Verstärkung der Betriebsmittel in den Postkassen	„	30 000 000,—

Ich kann bedauerlicherweise nicht feststellen, wie groß der Anteil der Staatsbanken an dem mit RM 197 000 000,— ausgewiesenen Posten „Darlehen" ist. Ich möchte aber auch hierbei wiederholt betonen, daß ich keinerlei Grund einzusehen vermag, weshalb öffentliche Gelder, die nicht zur Reichsbank fließen, in einseitiger Weise bei öffentlichen Bank-Instituten angelegt werden.

Es bleibt die Reichsbahn. — Ich versage es mir, die einzelnen Stadien zu schildern, die in der Entwicklung der Bewirtschaftung der Bahngelder in den letzten Jahren durchlaufen wurden; es würde dies zu weit führen, und wir wollen ja hier auch keine Geschichte treiben.

Gegenwärtig ist der Zustand der folgende: die Reichsbahn läßt die flüssigen Gelder durch die Deutsche Verkehrs-Kreditbank A. G. bewirtschaften. Diese ist bekanntlich gewissermaßen die Bankabteilung der Reichsbahn, obwohl ihre Aktien sich nicht völlig im Besitz der Reichsbahn befinden. Diese besitzt nur 75 pCt. des Aktienkapitals; der Rest befindet sich zum Teil in den Händen der Kali-Industrie, die an der Gründung der Bank beteiligt war, zum Teil in Händen privater Banken. Die neue Vereinbarung zwischen der Reichsbank und der Reichsbahn-Gesellschaft schränkt nun die Beträge an Reichsbahngeldern, die der Verkehrs-Kreditbank zur Durchführung ihres Frachtstundungsgeschäftes zur Verfügung gestellt werden, ein. Es ist ein Höchstbetrag festgesetzt, der nirgends veröffentlicht wurde. Er scheint mir bei RM 200 000 000,— zu liegen. Die Verkehrs-Kreditbank leiht diese Gelder in einer Höhe, die durchschnittlich zwischen 100 und 200 Millionen liegt, an die Banken aus, und zwar im wesentlichen wohl an das private Bankgewerbe. In der Regel erfolgt die Ausleihung auf 1 Monat. Ein Betrag von etwa 30 bis 40 Millionen dürfte in sogenannten erweiterten Frachtkrediten Anlage finden. Es sind dies Frachtkredite, die über das normale Maß zu bestimmten Zeiten an bestimmte Industrien gewährt werden, z. B. an die Zuckerindustrie während der Campagne. Ein Betrag von weiteren etwa 25 Millionen wird von der Verkehrs-Kreditbank an Lieferanten der Reichsbahn als Anzahlung auf gemachte Bestellungen gewährt. Der Gesamtbetrag, der auf diese verschiedenen Arten der privaten Wirtschaft noch unmittelbar zur Verfügung gestellt wird, dürfte sich somit auf RM 250 Millionen im Höchstfalle belaufen. Die weiteren der Verkehrskreditbank zur Verfügung stehenden Gelder werden zum größeren Teil durch Vermittlung der Reichsbank in Privat-

Diskonten angelegt. Der kleinere Teil wird durch Vermittlung der Reichsbank der verzinslichen Anlage zugeführt.

Sehr wichtig ist ferner der neue Modus, nach dem die Zahlungen der Stationskassen an die Verkehrskreditbank erfolgen. Sie zahlten bisher entweder unmittelbar an die Verkehrskreditbank oder auf deren Konto bei einem privaten Bankunternehmen. Jetzt erfolgt die Einzahlung aller Stationskassen an Orten, an denen die Reichsbank vertreten ist, also praktisch, die Einzahlung durch alle wirklich wichtigen Kassen, auf das Giro-Konto der Verkehrskreditbank bei der Reichsbank. Dieses Verfahren wird vorerst allerdings nur bei den Kassen der vormals Preußisch-Hessischen Staatseisenbahn durchgeführt werden. Zur Zeit hat man es in 8 Reichsbahn-Direktions-Bezirken von insgesamt 30 eingerichtet. Gewisse Schwierigkeiten wird seine Einführung vielleicht in Bayern und Sachsen bereiten. Nach dem Abkommen zwischen Reichsbahn und Reichsbank soll es auch hier nach und nach zur Durchführung gelangen. Widerstände, die von bayerischer und sächsischer Seite unter Umständen gemacht werden könnten, dürften eine Unterstützung durch den Hinweis auf die Verträge finden, die bei Uebernahme der Eisenbahnen durch das Reich am 1. 4. 1920 abgeschlossen wurden. In diesen war vorgesehen, daß die alten Bankverbindungen aufrechterhalten bleiben; § 6 Schlußprotokoll zum Staatsvertrag über den Uebergang der Staatseisenbahnen auf das Reich. (RGBl. 1920 pag. 773.) Sie bestanden und bestehen wohl in Bayern und Sachsen mit den Staatsbanken dieser Länder. Erwähnen muß ich in diesem Zusammenhang noch die Reparationsbehörden (Generalagent, Kommissar für die verpfändeten Einnahmen, die Treuhänder für die Industrie- bzw. Eisenbahnobligationen). Ihr Geldverkehr wickelt sich über die Reichsbank ab.

Aus dieser Schilderung der gegenwärtigen Zustände werden Sie ersehen haben, daß wir von klaren, einfachen Verhältnissen in der Verwaltung der öffentlichen Gelder noch weit entfernt sind. Wir haben keine Konzentrierung aller staatlichen Gelder bei dem Zentralnoteninstitut, wie dies z. B. in restlosester Weise in England der Fall ist. Dort fließt der letzte penny staatlicher Gelder auf das zinslose Konto bei der Bank of England, und zwar ganz gleichgültig, ob es sich um Gelder des

Schatzamtes oder der Steuerbehörde oder der Zollverwaltung handelt. Auch die Gelder sämtlicher sozialer Fonds sowie das ganze Guthaben der Post stehen dauernd zinslos bei der Bank of England. Man hat dieses Verfahren als das großartigste Muster einer ökonomischen Zentralisierung der Einnahmen und Ausgaben des Staates bezeichnet (Philippovich).

Wie haben wir Bankiers uns nun zu der ganzen Frage zu stellen? Es ist selbstverständlich, daß wir ihre Entscheidung und unsere Stellungnahme nur nach rein sachlichen Gesichtspunkten zu treffen haben. Ein etwaiger Vorteil des privaten Bankgewerbes bei Lösung der Frage in der oder jener Richtung darf und wird unsere Einstellung nicht beeinflussen. Es darf auch nicht heißen: Wir in der Provinz müssen sehen, daß uns möglichst viel verbleibt. Nur was der gesamten Volkswirtschaft am meisten nützt, kann für uns das Richtige sein.

Ich muß nun sagen, daß nach meiner Auffassung die Bestrebungen der Reichsbank in vollstem Ausmaße zu billigen sind.

Die Reichsbank kann ihre Aufgaben als Zentral-Noten-Institut, die in einer den Bedürfnissen der Gesamtwirtschaft entsprechenden Währungs- und Kredit-Politik gipfeln, nur erfüllen, wenn der für alle Zeiten und unter allen wirtschaftlichen Verhältnissen bedeutendste Geldgeber, die öffentliche Hand, seine Bankgeschäfte über sie abwickelt. Das hat seinen Grund nicht in formalen Gesetzesvorschriften. Ich will gar nicht untersuchen, ob z. B. der Reparationsagent recht hat, wenn er wiederholt darauf hinweist, dies sei ein Erfordernis des Bankgesetzes. Ich will auch gar nicht prüfen, ob der Dawes-Plan, wie ebenfalls der Reparationsagent meint, die Bewirtschaftung der öffentlichen Gelder zu einer alleinigen Aufgabe der Reichsbank macht. Ich will auch lediglich illustrandi causa und nicht als Argument daran erinnern, daß zahlreiche Länder mit anerkannt guter Notenbank-Politik — ich rufe das soeben geschilderte Beispiel Englands in Ihr Gedächnis zurück, erwähne aber auch ferner Frankreich, Belgien, Holland, Schweden u. a. (in Amerika liegen die Verhältnisse etwas anders, obwohl auch hier die Verwaltung grundsätzlich im Einverständnis mit der Notenbank erfolgt) — die öffentlichen Gelder zentral bei der Emissionsbank verwalten. Es ist dies vielmehr, nach meiner Ueberzeugung, tatsächlich ein unbedingtes Erfordernis einer jeden vernünftigen Notenbank-Politik. Ich habe zu Eingang meines Vortrages ausgeführt, daß öffentliche Gelder die Beträge sind, die der Staat als Hoheitsträger dem Kreislauf der Volkswirtschaft entzogen hat. Es kann und darf nicht Aufgabe des gleichen Staates sein, die gleichen Beträge wieder bankmäßig nach seinem Belieben der Volkswirtschaft zuzuführen. Es macht es ferner die Größe der in Frage kommenden Beträge, insbesondere aber ihre häufig stoßweise, von der gesamtwirtschaftlichen Entwicklung im weitesten Umfange unabhängige Bewegung notwendig, daß der Notenbank die Kontrolle über sie zusteht. — Die öffentlichen Gelder bewegen sich häufig gerade konträr zu den Geldmitteln und Geldbedürfnissen der Volkswirtschaft. Denken wir nur an folgendes: Wenn nach starker Konjunktur die Wirtschaft im Abflauen ist, so sinken ihre Bedürfnisse und es sinkt damit die Inanspruchnahme der Reichsbank. Gerade während der sinkenden Konjunktur werden große Einkommensteuerbeträge eingehen, die auf den vorausgegangenen Gewinnen der Wirtschaft basieren. Die öffentlichen Gelder, wenn im freien Markt schwimmend, werden die Geldflüssigkeit akzentuieren. Wenn andererseits bei guter Konjunktur die Reichsbank stark von der Wirtschaft in Anspruch genommen ist, so hat sie das erheblichste Interesse daran, auf ihrem Giro-Konto möglichst große Guthaben der öffentlichen Hand zu sehen. Guthaben der öffentlichen Hand entstehen letzten Endes durch Einlieferung von Noten. Je größer die Giroguthaben der öffentlichen Hand, desto besser die Notendeckung, desto mehr Reichsbank-Kredite für die Wirtschaft.

Und hier kommen wir auf einen sehr wichtigen Punkt, in dem m. E. das bisher auf dem Wege zur Verwaltung der öffentlichen Gelder durch die Reichsbank in großenteils mühsamen Bestrebungen und Verhandlungen Erreichte unzureichend ist; unzureichend vom Standpunkt folgerichtig durchgeführter Notenbank-Politik. Wenn es richtig ist, daß die öffentlichen Gelder zur Erfüllung der der Reichsbank gestellten Aufgaben auf dem Gebiete der Kredit-Politik durch die Reichsbank verwaltet werden müssen — und dieser Grundsatz ist richtig —, dann gehören diese Gelder auf das unverzinsliche Reichsbank-Giro-Konto. Nur wenn sie hier, wie man sagt, „eingesperrt" sind, hat die Reichsbank wirklich die Verfügungsgewalt über sie. Nur dann kann die Reichsbank frei bestimmen, ob sie diese Beträge für Kreditzwecke benutzen will oder nicht. Das gegenwärtige Verfahren, nach dem ganz wesentliche Beträge der öffentlichen Gelder (ich erinnere an die Abmachungen mit der Bahn, an die Anlage des Erlöses der Reichsanleihe) durch die Reichsbank in Privatdiskonten für Rechnung der öffentlichen Hand angelegt werden, hat alle Nachteile und Unvollkommenheiten eines Kompromisses. Ich gehe sogar so weit, zu sagen, daß auf diese Weise die notenbank-politisch notwendigen Zwecke überhaupt nicht erreicht werden. Ich gebe zu, daß die Reichsbank bei diesem Verfahren einen Ueberblick darüber gewinnt, wie die Gelder im einzelnen angelegt werden. Aber besser werden sie auf diese Weise auch nicht angelegt, als wenn die öffentlichen Stellen direkt mit dem privaten Bankgewerbe arbeiteten. Wenn die Reichsbahn ihre Gelder bei der Deutschen Bank oder Mendelssohn anlegt, so werden diese derartige Guthaben auch nicht dazu benutzen, um mit ihnen gewagte Spekulationen im Inlande oder gar unter Durchkreuzung etwaiger währungspolitischer Ideen der Reichsbank im Auslande vorzunehmen. Sie werden im wesentlichen das Gleiche tun, was die Reichsbank kommissionsweise z. B. für die Reichsbahn vornimmt, nämlich Bankakzepte und Wechsel kaufen. Das bankpolitisch Wesentliche ist, diese Gelder der Reichsbank zuzuführen, damit sie in der Lage ist, auf Grund ihres derart freier gewordenen Status der Wirtschaft Notenbank-Kredite in einem Ausmaße zuzuführen, das ihr richtig und notwendig erscheint.

Eine restlose Durchführung dieses Verfahrens wird naturgemäß allen Stellen nicht unerhebliche Zinsopfer bringen. Die unmittelbaren Reichsstellen bringen sie bereits zum größten Teil, namentlich infolge der neuen Reichskassenordnung. Es müßte also vor allem auch in den Ländern und bei den sehr erheblichen sozialen Fonds eine weit stärkere Benutzung des Reichsbank-Giro-Kontos eingeführt werden. Der Zinsausfall darf keine entscheidende Rolle spielen. Er tut es auch nicht, wenn man an die Höhe unseres gesamten staatlichen Etats denkt. Im übrigen könnte der erzwungene Verzicht auf Zinsen auch sehr gute erzieherische Wirkungen haben. Bekommen die öffentlichen Stellen erst einmal keine Zinsen mehr auf ihre

Gelder, so werden sie bald sehen, wie sie mit möglichst kleinen Fonds auskommen. Es wird dann sich allmählich der Grundsatz durchsetzen, daß jedes Ressort seinen Stolz darin sieht, mit möglichst kleinen Beständen auszukommen. Das Reich wird dahin gebracht werden, daß es für vorübergehende Kassenbedürfnisse nicht durch frühzeitiges Ansammeln von Beständen Vorsorge trägt, sondern daß es von den ihm gesetzlich, vor allem nach der Novelle zum Bankgesetz, zustehenden Befugnissen der Kreditaufnahme Gebrauch macht. Man hat einmal von einer „gesunden Pumpwirtschaft" gesprochen. Die können wir gebrauchen. Eine Ermunterung zum unproduktiven Schuldenmachen soll hierin allerdings keineswegs liegen. Auch für die Eisenbahn liegen die Verhältnisse nicht so, daß sie nicht einen gewissen Teil ihrer Gelder zinslos der Reichsbank belassen könnte. Ich gebe zu, daß dies vielleicht nicht mit allen Geldern der Bahn geschehen kann; sie soll nach kaufmännischen Grundsätzen verwaltet werden; sie hat die Last der Reparationen zu einem erheblichen Teil zu tragen. Es mag sein, daß man ihr daher nicht zumuten kann, ihre gesamten Gelder zinslos zu lassen. Mir scheint aber sehr gut denkbar, daß gerade die Beträge, die heute durch Vermittlung der Reichsbank in Privat-Diskonten angelegt werden, richtiger auf Reichsbank-Giro-Konto stehen. Es sind dies, wie ich vorhin ausführte, etwa 150 Millionen. 6 pCt. Zinsausfall bedeutet eine Mindereinnahme von 9 Millionen. — Ich weiß nicht, ob dies für die Reichsbahn unerträglich wäre.

Es können hier nicht ins einzelne gehende Vorschläge gemacht werden, welche Beträge dem unverzinslichen Reichsbank-Giro-Konto zuzuführen sind. Wir können hier nur den Weg aufzeigen, auf dem nach unserer Meinung vorgegangen werden soll. Ich bin mir auch klar darüber, daß sich eine derart durchgreifende Maßnahme, wie die von mir angeregte, nicht von heute auf morgen erzielen läßt. Auch hier wird man um Kompromisse nicht herumkönnen. Vielleicht kann man eine Höchstsumme öffentlicher Gelder, die unverzinslich stehen bleibt, festsetzen, während erst von ihrer Ueberschreitung an die Reichsbank die Anlage in Privat-Diskonten vornimmt. Vielleicht läßt sich auch ein prozentuales Verhältnis zwischen der Summe bestimmen, die auf Giro-Konto zu belassen ist, und den Beträgen, die zinstragende Anlage finden sollen.

Die von mir angedeutete Entwicklung würde auch zu einem weiteren Abbau der Geschäfte der Golddiskontbank führen. Ihr allmähliches gänzliches Verschwinden scheint ja auch von der Reichsbank selbst, wenigstens geht dies aus ihrem letzten Jahresbericht hervor, als wünschenswert angesehen zu werden.

Hand in Hand mit der starken Vermehrung der Einzahlung öffentlicher Gelder auf Reichsbank-Giro-Konto müßten im Reichsbank-Ausweis unter den fremden Geldern die öffentlichen Guthaben besonders kenntlich gemacht werden. Der Herr Reichsbank-Präsident wird es uns hoffentlich nicht verübeln, wenn auch wir einmal einen Wunsch nach differenzierter Angabe gewisser Posten in Bankausweisen äußern.

Was uns bisher beschäftigt hat, waren reine notenbankpolitische Gründe, die für eine Verwaltung der öffentlichen Gelder durch die Reichsbank sprachen. Aber auch von anderen Gesichtspunkten aus gesehen empfiehlt sich die Konzentration.

Zentralisierung bedeutet rationellste Bewirtschaftung der öffentlichen Gelder. Je kleiner die Zahl der Kassen, desto geringer die Höhe der Kassenreserven, desto kleiner der Betrag, der im Steuerwege der Wirtschaft entzogen wird.

Zentralisierung der öffentlichen Gelder bei der Reichsbank ermöglicht am besten Zuleitung der öffentlichen Gelder in die Gebiete, deren Bedarf am größten ist. Es gibt nur einen Geldmarkt in Deutschland und nicht mehrere.

Die Zentrale des Geldmarktes ist Berlin. Damit müssen wir Provinzler z. B. uns abfinden. Hamburg, Frankfurt, Köln usw. können keinen selbständigen Geldmarkt haben. Wenn in Essen das Geld reichlich ist und in Breslau knapp, so wird sich an diesem Zustand nichts ändern, wenn nicht der Ausgleich über den zentralen Geldmarkt Berlin, also letzten Endes über die Reichsbank, stattfindet. Auch unser Großbank-System ist aufgebaut auf dem zentralen Geldmarkt in Berlin. Uebrigens hat die Reichsbank erst kürzlich eine Statistik der von ihr aufgenommenen Privatdiskonten angefertigt. Sie hat hierbei die Diskonten zergliedert nach dem Wohnsitz des Ausstellers. Hierbei hat sich ergeben, daß sich das von ihr diskontierte Wechselmaterial nahezu völlig im Verhältnis der Einwohnerzahl

Statistik der Verteilung der von der Reichsbank

Provinzen und Länder	Angekaufte Privatdiskonten		Bevölkerung	
	Anzahl der Kreditnehmer (Aussteller)	In % des Gesamtbetrages der angekauften Summen	In 1000 Einwohnern 1925	In % der Gesamtbevölkerung
1	2	3	4	5
Preußen	1596	57,21	38 120	61,08
Bayern	557	11,08	7 380	11,83
Sachsen	280	9,97	4 992	7,99
Württemberg	86	2,15	2 580	4,13
Baden	202	4,40	2 312	3,71
Thüringen	71	1,89	1 609	2,58
Hessen	69	1,71	1 347	2,16
Hamburg	235	8,86	1 152	1,85
beide Mecklenburg	12	0,34	786	1,26
Oldenburg	4	0,28	545	0,87
Braunschweig	24	0,75	502	0,80
Anhalt	12	0,63	351	0,56
Bremen	18	0,53	339	0,54
Lippe u. Waldeck	—	—	268	0,43
Lübeck	4	0,10	128	0,21
Deutsches Reich	3170	99,90	62 411	100,00
Saar u. Ausland	5	0,10	—	—
Insgesamt	3175	100,00	—	—

*) Nach Angaben des Statistischen Reichsamts.

der Ausstellungsgebiete und der versteuerten Umsätze in Handel und Industrie zergliedert (s. obige Statistik). Die, wie man heute so schön sagt, Belange der Provinz werden also durch eine Zentralisierung der öffentlichen Gelder in keiner Weise geschädigt. Im Gegenteil. Die Provinz arbeitet füreinander, d. h. die Provinz, die im Augenblick Geldüberschußgebiet ist, arbeitet bei dem Zentralisierungssystem nicht für einen großen Wasserkopf, von dem man eine mehr oder weniger nebelhafte Vorstellung hat. Also, meine Herren, ich glaube nicht, daß wir in der Provinz die Volksseele wegen dieser Frage nach bewährtem Muster zum Kochen bringen müssen.

Und noch eines: hier und da ist im Anschluß an die Frage, die uns hier beschäftigt, die Befürchtung geäußert worden, die

aufgenommenen Privatdiskonten auf die einzelnen Länder.

Sp. 3 gegen 5		Versteuerte Umsätze in Handel und Industrie 1925*)		Sp. 3 gegen 9		Provinzen und Länder
mehr %	weniger %	Beträge in Mill. RM	In % der Gesamtsumme	mehr %	weniger %	
6	7	8	9	10	11	
—	3,87	55 489	59,46	—	2,25	Preußen
—	0,75	9 134	9,79	1,29	—	Bayern
1,98	—	10 719	11,47	—	1,50	Sachsen
—	1,98	4 020	4,31	—	2,16	Württemberg
0,69	—	3 414	3,66	0,74	—	Baden
—	0,69	2 188	2,34	—	0,45	Thüringen
—	0,45	1 677	1,80	—	0,09	Hessen
7,01	—	2 933	3,14	5,72	—	Hamburg
—	0,92	669	0,72	—	0,38	beide Mecklenburg
—	0,59	515	0,55	—	0,27	Oldenburg
—	0,05	732	0,78	—	0,03	Braunschweig
0,07	—	500	0,54	0,09	—	Anhalt
—	0,01	861	0,92	—	0,39	Bremen
—	0,43	236	0,25	—	0,25	Lippe u. Waldeck
—	0,11	249	0,27	—	0,17	Lübeck
9,75	9,85	93 336	100,00	7,84	7,94	Deutsches Reich
0,10	—	—	—	0,10	—	Saar u. Ausland
—	—	—	—	—	—	Insgesamt

Zentralisierung der öffentlichen Gelder bei der Reichsbank bedeute nur einen weiteren Schritt zu dem ominösen Einheitsstaat. Ja, meine Herren, sollen denn gerade wir Wirtschaftler in dem Einheitsstaat den schwarzen Mann sehen, mit dem man die Kinder schreckt?

Ich betone hier so energisch die Gefahrlosigkeit der Geldkonzentration bei der Reichsbank für die sogenannte Provinz. Es ist selbstverständlich, daß diese Gefahrlosigkeit nur dann vorhanden ist, wenn wir ein tadellos funktionierendes Ueberweisungssystem haben. In dieser Beziehung sind wir zweifelsohne seit Einführung des telegraphischen Ueberweisungsverkehrs durch die Reichsbank ganz erheblich weitergekommen. Auch die Abkommen zwischen der Seehandlung, die ja ohne weiteres in den Ueberweisungsverkehr einbezogen ist, und verschiedenen großen Provinzplätzen wirken in erfreulicher Weise erleichternd für die Transferierung von und nach Berlin und auch innerhalb der Provinzplätze. Es läßt sich auf allen diesen Gebieten sicher noch manches verbessern. Es würde aber den Rahmen dieses Vortrages sprengen, wenn ich auf derartig technische Fragen im einzelnen eingehen würde. Daß die Reichsbank ihnen die gebührende Aufmerksamkeit schenkt, geht erst neuerdings wieder aus der angekündigten weiteren Ausgestaltung des roten Reichsbankschecks hervor (vgl. Frankfurter Zeitung Nr. 621 vom 20. 8. 1928).

Damit im übrigen keine Mißverständnisse aufkommen und damit man mir nicht vorwirft, ich sei ein Fanatiker der Zentralisierungs-Idee: ich spreche natürlich nur von der Zentralisierung der öffentlichen Gelder am G e l d markt. Man wirft in der Diskussion hier, wie so oft, Geld- und Kapitalmarkt durcheinander. Für den letzteren bedarf es in keiner Weise einer Konzentration. Soweit die öffentliche Hand ihre Gelder zu langfristiger Anlage am Kapitalmarkt zur Verfügung stellen kann, und sie ist hierzu sicherlich an manchen Stellen in erheblich höherem Maße fähig, als dies bislang geschieht (Krankenkassen!), so hat sie hier zweifellos die Verpflichtung, die Aufbringungsgebiete der öffentlicher Gelder zu berücksichtigen. Wenn Klage darüber geführt wird, daß z. B. die Reichsversicherungsanstalt für Angestellte ihre Hypotheken mit Vorliebe in Berlin ausleiht, weil ja dort die Prüfung und Beurteilung der Objekte am bequemsten ist — ich weiß nicht, ob die Klage begründet ist oder nicht —, so wäre das ein unbedingt zu beseitigender abusus. Ich sehe nicht ein, weshalb die Reichsversicherungs-Anstalt oder ähnliche Stellen, die langfristige Gelder zu vergeben haben, die Provinz nicht dem Aufkommen der Gelder prozentual entsprechend berücksichtigen sollten. Es wird sich auch ohne weiteres eine regionale Verteilung dieser Gelder ermöglichen lassen, wenn man z. B. bei Pfandbriefkauf die in den einzelnen Provinzen ansässigen Institute, die doch ein Großteil ihrer Beleihungen im Heimatgebiet vorzunehmen pflegen, entsprechend bei der Geldanlage bedenkt.

Es muß ferner auf folgendes hingewiesen werden:

Die zentrale Geldbewirtschaftung verringert die Zahl der Reibungsflächen, die beim Zurückziehen der öffentlichen Gelder aus dem Markte entstehen. Wenn die öffentlichen Gelder über das Reich verteilt bei den verschiedensten Stellen arbeiten, so wirken die bei plötzlichem Zurückziehen an vielen Stellen entstehenden Stöße, mögen sie auch einzeln betrachtet kleiner sein, in ihrer Gesamtheit erheblich heftiger, als wenn eine zentrale Stelle vorhanden ist, die den auf sie niederfallenden einen einzigen, naturgemäß heftigeren Stoß aufzufangen gezwungen ist. Wir kommen hiermit zwangsläufig zu der viel allgemeineren Frage der Zweckmäßigkeit des Einreservesystems überhaupt. Ich bin mir klar darüber, daß eine ganz straffe Konzentration der öffentlichen Gelder bei der Reichsbank in erheblichster Weise zur restlosen Durchführung des Einreservesystems beiträgt. Es würde den Rahmen dieses Referats sprengen, wenn ich auch nur in etwas auf die pro und contra des Einreservesystems eingehen wollte. Wir haben das Einreservesystem trotz vieler Bedenken immer gehabt und werden es weiter haben. Ich möchte dabei nur einem Einwand, mit dem man dem Einreservesystem im allgemeinen und der zentralisierten Verwaltung der öffentlichen Gelder im besonderen begegnet ist, erwidern. Man sagt, Anlage der öffentlichen Gelder bei mehreren Stellen, sagen wir bei Reichsbank, Seehandlung, Reichskredit-Gesellschaft und den großen Banken, hat den Vorteil, daß eine volkswirtschaftlich zweckentsprechendere Anlage der Gelder in ihrer Gesamtheit gesichert ist, weil zwei mehr als einer und vier mehr als zwei sehen. Wörtlich ist dies nicht zu bestreiten. Die sachliche Richtigkeit ist im Einzelfalle noch zu beweisen. Ich gebe auch zu, daß man nicht so argumentieren kann: Weil wir zur gegenwärtigen Reichsbankleitung das Vertrauen haben, daß sie es richtig machen wird, wollen wir unser System für alle Ewigkeit dahin einstellen, daß die öffentlichen Gelder bei der Reichsbank konzentriert werden. Aber, meine Herren, es liegt ja gar nicht so, daß an Stelle des freien Spiels der Kräfte ein Diktat tritt. Wenn die Reichsbank die öffentlichen Gelder anlegt, so stellt sie diese der Wirtschaft in Form des Diskontes zur Verfügung. Sie kauft Bank-Akzepte, oder in der überwiegenden Mehrzahl von Banken girierte Warenwechsel. Also zum mindesten die Auswahl der

Kreditnehmer wird letzten Endes von den privaten Banken getroffen.

Und noch ein Wort zur Frage der Einreserve. Wir müssen uns klar darüber sein, daß die Reichsbank, auch wenn sie die eine Reserve darstellt, einmal in die Lage kommen könnte, uns Bankiers zu sagen: Auch meine Reserven kennen Grenzen. Das Einreservesystem ohne Selbstdisziplin der Banken ist nicht denkbar. Wir sollten es uns angelegen sein lassen, durch die Art unserer Dispositionen, durch die Erschließung individueller, von der Reichsbank unabhängiger Reserven von uns aus unser Haus so zu bestellen, daß Bank-Enqueten und Aehnliches endgültig der Finanzgeschichte angehören. Je offensichtlicher wir unsere Geschäftsgebarung bei vollster Wahrung unserer privatwirtschaftlichen wohlbegründeten Interessen, in die uns niemand hineinreden soll und in denen wir uns gegen Konkurrenz von Stellen wehren werden, die nur Geschäfte besorgen, die wir mindestens gerade so gut durchführen können, je offensichtlicher, sage ich, wir unsere Geschäftsgebarung den Interessen der gesamten deutschen Volkswirtschaft unterordnen, desto mehr dienen wir nicht nur der Allgemeinheit, sondern uns selbst. (Lebhafter Beifall.)

Präsident Geheimrat Prof. Dr. Riesser:

Der Beifall der Versammlung wird Ihnen gezeigt haben, daß wir mit Freuden eingesehen haben, was wir von vornherein annahmen, daß wir dieses Referat in die richtigen Hände gelegt haben. Sie werden uns alle bereit finden, Ihnen zu sagen, daß Sie mit Ihrem Referat das Niveau dieses Bankiertages auch Ihrerseits erheblich hochgehalten haben. Ich danke Ihnen und freue mich ganz besonders darüber, daß wir nun im Centralverband, wie die heutigen Reden erweisen, auch eine neue Generation sehen, die unbeirrt das tut, was wir alle tun müssen, zum Besten des Vaterlandes vorwärts zu streben. (Bravo!)

Ich darf nunmehr zu einer geschäftsordnungsmäßigen Erklärung Herrn Rechtsanwalt Bernstein bitten, das Wort zu ergreifen.

Rechtsanwalt Otto Bernstein:

Meine sehr geehrten Herren! Das Präsidium hat mich beauftragt, eine geschäftsordnungsmäßige Mitteilung zu machen, bevor die Diskussion über die drei Referate von Herrn Geheimrat Hagen, von Herrn Fürstenberg und von Herrn Dr. Eberstadt eröffnet wird.

Das Präsidium hat mit Zustimmung der Herren Berichterstatter beschlossen, eine gesonderte Entschließung zu den eben gehörten drei Vorträgen nicht vorzulegen, sondern die Entschließung hierüber mit derjenigen zu verbinden, die am Nachmittag im Anschluß an die Referate der Herren Goldschmidt, Harney und Merzbach über „Entwicklungstendenzen in der deutschen Wirtschaft und ihr Einfluß auf die Kapitalbildung" erfolgen soll. Es geschieht dies wegen der starken inneren Zusammenhänge, die zwischen den Themen des Vormittags und denen des Nachmittags vorliegen.

Das Präsidium äußert ferner für die Diskussion, die jetzt beginnen soll, aber auch für die Diskussion des heutigen Nachmittags und des morgigen Vormittags einen Wunsch. Die Frage der Betätigung der öffentlichen Hand in der Privatwirtschaft und im Bankgewerbe wird naturgemäß, da sie in die Gegenstände aller Referate der Tagesordnung hineinspielt, auch die Referenten des heutigen Nachmittags, auch die Referenten des morgigen Vormittags und auch den Referenten des morgigen Nachmittags, jeden vom Standpunkte seines Themas aus, beschäftigen. Um Wiederholungen und Ueberschneidungen, namentlich Ueberschneidungen mit dem Inhalt späterer Referate, möglichst zu vermeiden, ist es der Wunsch des Präsidiums, daß tunlichst über diesen Punkt die Diskussion erst nach dem Referat des morgigen Nachmittags, also nach dem Referat stattfinden möge, das ich die Ehre haben werde, morgen nachmittag vor Ihnen zu halten.

Präsident Geheimrat Prof. Dr. Riesser:

Ich darf annehmen, daß die Versammlung mit dem Beschluß sowohl wie mit dem Wunsche des Präsidiums einverstanden ist, und eröffne nunmehr die Diskussion.

Das Wort hat zunächst Herr Landesfinanzamtspräsident i. R. Geheimrat Dr. Otto Schwarz, Erfurt.

Wirklicher Geheimer Oberfinanzrat Dr. Otto Schwarz, Landesfinanzamtspräsident i. R., Erfurt:

Meine verehrten Herren! Wenn ich an den ersten Vortrag von Herrn Geheimrat Hagen anknüpfe, so tue ich das nicht etwa, um gegen ihn zu polemisieren. Im Gegenteil! Ich bin mit seinen Ausführungen — und das sind wir wohl alle —

voll einverstanden. Aber ich möchte namentlich an das Schlußwort anknüpfen, wo er gesagt hat, er wollte sich über die Höhe der Reparationssumme nicht äußern, das wäre Sache der Diplomaten und der Sachverständigen. Nun glaube ich nur, man muß fürchten, daß diese Diplomaten und Sachverständigen gegnerische Diplomaten und Sachverständige sind und daß, wenn wir uns in dieser Sache nicht rechtzeitig rühren, eines schönen Tages jene Diplomaten und Sachverständigen sich geeinigt haben und uns dann eine Summe präsentieren werden, bei der uns aller Wahrscheinlichkeit nach die Augen übergehen werden.

Es denkt allerdings kein Mensch im Ernst daran, daß es sich dabei um 132 Milliarden handelt, obgleich neuerdings englische und amerikanische Schriftsteller (Long und Auld) diese Summe sogar wissenschaftlich zu begründen versucht haben, wie neulich in der „Frankfurter Zeitung" mitgeteilt und erörtert wurde. Aber man konnte öfters in gegnerischen Zeitungen Summen von 40, 50, 80 Milliarden nennen hören, freilich ohne nähere Begründung, wie diese Summen berechnet waren. Nun, ganz aus der Luft gegriffen waren diese Ziffern doch nicht. Ich meine, wir haben zwei nicht unwichtige Dokumente, aus denen man ungefähr ablesen kann, an welche Summe unsere Gegner, wenigstens bei Abfassung dieser Dokumente, offenbar gedacht haben. Das ist einmal der Versailler Vertrag und sodann der Dawes-Plan. Der Versailler Vertrag sagt im Artikel 235 Anl. II bekanntlich, daß sofort nach Ratifizierung zuerst 20 Milliarden M Anweisungen den Gegnern gegeben werden sollen, die bis 1921 zu tilgen waren. Diese sind auch gegeben und getilgt worden, hauptsächlich durch Sachleistungen. Nur wird bei uns gesagt, es wären bis zu 50 Milliarden Wert gewesen, was wir geleistet haben. Dann sollten zweitens weitere 40 Milliarden Anweisungen ausgestellt werden, und endlich weitere 40 Milliarden Anweisungen, diese letzteren aber nur, wenn nachgewiesen wäre, daß Deutschland den Tilgungs- und Zinsendienst auch dieser Schuldverschreibungen sicherstellen könne.

Nun, meine Herren, wer die Mentalität der Gegner kennt, der kann sich sagen, daß sie auf diese letzte Summe sicherlich nicht ganz verzichten wollen. Vielleicht begnügen sie sich mit der Hälfte. Dann haben wir aber zusammen schon als festzusetzende Reparationssumme neben den schon geleisteten 20 (50) Milliarden eine Summe von 40 + 20 = 60 Milliarden, wovon vielleicht 5 Milliarden, die bisher auf Grund des Dawes-Plans gezahlt wurden, abgehen, es würden also noch 55 Milliarden übrigbleiben.

Und der Dawes-Plan, meine Herren? Er hat erstens schon geschaffen 11 Milliarden Eisenbahnobligationen und 5 Milliarden Industrieobligationen. 660 Millionen + 300 Millionen sind alljährlich dafür an Zinsen und Tilgung zu zahlen, die an 2½ Milliarden Normalzahlung noch fehlenden 1540 Millionen sind in Höhe von 1250 Millionen aus dem Staatshaushalt und in Höhe von 290 Millionen aus der Beförderungssteuer zu zahlen; ihre Kapitalisierung wird im Dawes-Plan angedeutet. Wenn man sie, wie bei den Eisenbahnobligationen, mit 5 pCt. Zins und 1 pCt. Tilgung kapitalisiert, so kommen wir auf 25 bis 26 Milliarden. Rechnen wir die obigen 16 Milliarden hinzu, dann sind es zusammen 41—42 Milliarden, die wir außer dem bisher schon geleisteten noch zu zahlen hätten.

Meine Herren! Wie denkt sich nun der Dawes-Plan, wie diese Summen aufzubringen sind? Der Dawes-Plan will in erster Linie — — —

Präsident Geheimrat Prof. Dr. Riesser:

Darf ich Sie einen Augenblick unterbrechen mit der Bitte, da viele oder alle Hörer Sie gern hören möchten, etwas lauter zu sprechen. Wer hier sprechen will, muß mit einem frisch geölten Kehlkopf hier erscheinen. (Heiterkeit.)

Wirklicher Geheimer Oberfinanzrat Dr. Schwarz:

Ich werde mich bemühen.

Meine Herren! Der Dawes-Plan will ja zunächst nur feststellen, welche Summen der deutsche Steuerzahler an das Reich zahlen kann, ohne in seiner wirtschaftlichen Existenz gefährdet zu werden. Er involviert also gewissermaßen, daß die Reparationsschuld eine innere Schuld wäre, und sagt, 2½ Milliarden kann der Steuerzahler wohl aufbringen und muß er aufbringen, da ja die Steuerlast Deutschlands nicht hinter derjenigen der schwer bedrückten Siegerstaaten zurückstehen soll. Denn wir dürfen nicht vergessen, daß auch unsere Feinde ja durch den Krieg eine außerordentlich hohe innere Schuld bekommen haben. Die Schuld in Frankreich beträgt heute, in Reichsmark umgerechnet, 48 Milliarden gegen 20 Milliarden vor dem Kriege. In England ist die Schuld noch erheblich höher gestiegen als in Frankreich. Wenn wir nun für uns theoretisch von einer von der Gegenseite gelegentlich genannten Ziffer von 42 Milliarden Reparationsschuld ausgehen und dann noch ca. 7 Milliarden für die äußere Anleihe von 1924 und die innere von 1929, sowie für Altbesitz-Anleihen zuzählen, so kämen wir auf ungefähr 50 Milliarden innere Schuld, das Doppelte der Schuld, die wir vor dem Kriege hatten, wo wir 25 Milliarden Schulden in Reich und Ländern hatten. Nun handelt es sich aber um keine innere, sondern um eine auswärtige Schuld; und da sagt der Dawes-Plan, ob wir die tragen können, das zu entscheiden bin ich, da die Zinsen pp. ja ins Ausland gehen, also nur aus Wirtschaftsüberschüssen gedeckt werden können, nicht in der Lage, ich kann die deutsche Wirtschaft nicht abschätzen, wir müssen da erst Erfahrungen sammeln. Nun, was die Erfahrung gelehrt hat, wissen wir alle. Während der Dawes-Plan an Ausfuhrüberschüsse denkt, haben wir bisher in der Wirklichkeit in den letzten 4 Jahren ca. 11 Milliarden Einfuhrüberschüsse gehabt. Wenn sich auch im Laufe der letzten Zeit die Ausfuhr bei uns verhältnismäßig stark gebessert und der monatliche Einfuhrüberschuß vermindert hat, so sind vorläufig noch keine Aussichten vorhanden, daß wir zu einem Ueberschuß der Ausfuhr kommen werden. Wir haben also bisher noch keine aktive Handelsbilanz, und man kann sehr skeptisch sein, ob wir sie überhaupt oder sobald bekommen werden, denn es ist mehrfach heute schon betont worden, welche Schwierigkeit uns gerade die Nachkriegszeit in dieser Beziehung gebracht hat. Vor dem Kriege hatten wir im Jahre 1880, wo unsere Industrieproduktion noch nicht allzu bedeutend war, sogar noch einen kleinen Ausfuhrüberschuß. Von 1880 bis 1913 aber hatten wir trotz der enormen industriellen Entwicklung keinen Ausfuhrüberschuß bekommen, sondern sogar einen Einfuhrüberschuß von fast 1 Milliarde; und heute liegen die Verhältnisse für die Ausfuhr doch noch viel schlimmer als vor dem Kriege, da alle Länder hohe Schutzzollmauern aufgeführt, eigene neue Industrien gegründet haben usw. Und außerdem haben wir jetzt zwei weitere Klötze am Bein, die unsere Ausfuhrmöglichkeiten hemmen. Das ist einmal die hohe Steuerlast, die sich doch sobald nicht verringern wird, und sind zweitens die hohen Löhne. Der Dawes-Plan und auch der Versailler Vertrag sagen, die Arbeiterschaft Deutschlands soll nicht schlechter leben als die des Auslandes; und die Gewerkschaften ziehen natürlich daraus die Folge, daß sie die Löhne nach Möglichkeit steigern. Jedenfalls kann man nach allem doch nur sehr skeptisch hinsichtlich der Möglichkeit großer Ausfuhrüberschüsse in die Zukunft blicken.

Meine Herren! Wodurch sollen denn nun einmal die Reparationen gedeckt werden? Wenn wir solche Ueberschüsse nicht bekommen, dann bleibt doch gar nichts anderes übrig, als daß wir unsere unsichtbare Ausfuhr wieder steigern. Wir müssen unsere Einnahmen aus Schiffahrt, vielleicht auch aus der Luftschiffahrt, aus Versicherungen steigern, wir müssen mehr sparen und auch, wie heute ausgeführt wurde, unsere Unternehmer müssen im Auslande neue Unternehmungen schaffen und daraus Mittel ziehen. Daß wir aber auf diese Weise nur sehr allmählich vorwärts kommen und nur eine mäßige Reparationssumme auf uns nehmen können, ohne unsere Währung und Wirtschaft zu gefährden, das liegt doch auf der Hand.

Wenn wir, meine Herren, bedenken, daß Frankreich 1871 nur 5 Milliarden Kontributionen gezahlt hat bei einem Volksvermögen, das damals von sachverständiger Seite auf 150 Milliarden geschätzt wurde — das sind also kaum 4 pCt. —, und wenn wir heute erwarten können und meines Erachtens fürchten müssen, wenn wir uns nicht rechtzeitig rühren, daß uns 40—50 Milliarden Reparationen von den Feinden diktiert werden — das wären bei einem Volksvermögen von 200—250 Milliarden ja 20—25 pCt., wobei das schon Geleistete noch nicht einmal mitgerechnet ist —, dann, meine ich, müßten wir uns doch auch in der Oeffentlichkeit etwas mehr mit dieser Frage beschäftigen. Es müßten auch einmal deutsche Sachverständige zusammentreten und sich darüber klar zu werden suchen, welche Summe und wie sie nach unserer Meinung äußerstenfalls bezahlt werden könne. Ob und in welchem Grade sich die Gegner danach richten werden, ist freilich sehr zweifelhaft, aber sie müßten sich doch mit unseren Gründen auseinandersetzen, könnten sie nicht ganz mit Stillschweigen übergehen. Namentlich England und Frankreich sind insofern in einer üblen Lage, als sie neben den schon erwähnten inneren Schulden auch noch äußere Schulden je von einigen 20 Milliarden haben, und diese werden sie natürlich in erster Linie von uns einzubringen versuchen. Wenn Amerika dann nicht einen erheblichen Teil der Schuld erläßt, so werden wir einen schweren Stand haben, wenn wir die Summe herunterdrücken wollen. Und deshalb meine ich, ist doch ganz gewiß eine Gefahr im Verzuge, müssen wir uns energisch rühren und müßten noch rufen: Mehr als soundso viel können wir nicht zahlen. Wir können sicher sein, daß auch unser größter Optimismus für unsere Wirtschaftskraft doch nicht an den unserer Gegner heranreicht, wenn es gilt, die Reparationssumme festzusetzen. Jedenfalls möchte ich nach alledem meine Ausführungen mit der bekannten Mahnung meines alten Lehrmeisters Miquel schließen: Beuge vor! (Lebhafter Beifall.)

Präsident Geheimrat Prof. Dr. Riesser:

Ich möchte vorsorglich erklären, daß das Präsidium sich mit den Zahlen, die der Herr Redner soeben in bezug auf den Dawes-Plan und gegenüber dem Dawes-Plan geltend gemacht hat, nicht identifiziert. (Sehr richtig! und Bravo!)

Das Wort hat nunmehr Herr Dr. Hahn, Frankfurt a. M.

Dr. jur. et phil. L. Albert Hahn, Vorstandsmitglied der Deutschen Effekten- und Wechselbank, Frankfurt a. M.:

Meine sehr geehrten Herren! Die Referate des heutigen Morgens haben eine solche Fülle von Dingen berührt, die die Aufmerksamkeit des wirtschaftswissenschaftlich interessierten Hörers erregen, daß diese Dinge im Wege der Diskussion auch nur zu streifen, uns viele Wochen hier zusammenhalten würde. Gestatten Sie mir, daß ich an eine im Rahmen der Referate vielleicht als Nebenpunkt erscheinende These anknüpfe, die von Herrn Dr. Eberstadt aufgestellt worden ist.

Herr Dr. Eberstadt hat bezüglich der Bemühungen der Reichsbank, die öffentlichen Gelder bei sich zu konzentrieren, behauptet, daß die kommissionsweise Verwaltung der öffentlichen Gelder, wie sie jetzt von der Reichsbank erreicht ist, in Wirklichkeit, wie er sich, glaube ich, wörtlich ausgedrückt hat, die notenbankpolitisch notwendigen Zwecke überhaupt nicht erreiche. Diese These beruht auf dem einfachen Gedankengang, daß es verhältnismäßig gleichgültig ist, ob bestimmte Beträge von der Reichsbank oder beispielsweise von einer D-Bank ausgeliehen werden, solange die Menge der ausgeliehenen Beträge identisch ist. Dieser Satz ist meines Erachtens durchaus zutreffend. Es fragt sich nur, welche Konsequenzen man aus diesem Satz zu ziehen hat. Man kann einmal die Konsequenz ziehen zu sagen, daß es eine verhältnismäßig gleichgültige Angelegenheit ist, wo, wenn die öffentlichen Gelder einmal konzentriert sind, die Ausleihung geschieht. Man kann aber auch die andere Konsequenz ziehen, zu sagen, daß die Macht der Reichsbank bezüglich der öffentlichen Gelder noch erweitert werden muß. Diese zweite Konsequenz hat der Herr Referent in der Tat gezogen. Er hat die Behauptung aufgestellt, daß es zur Erfüllung der der Reichsbank gestellten Aufgaben auf dem Gebiete der Kreditpolitik nötig sei, daß die Gelder ihr zinslos auf Reichsbankgiro überlassen würden, damit die Reichsbank sie einsperren, d. h. thesaurieren könne. Diese Behauptung ist nun von so außerordentlicher Tragweite, daß es vielleicht doch richtig ist, sie mit einem Wort hier zu beleuchten. Ich möchte nämlich dieser Behauptung die Gegenbehauptung entgegenstellen, daß die Ansammlung öffentlicher Gelder auf zinslosem Reichsbankgirokonto für die Durchführung einer ordnungsmäßigen Kredit- und Notenpolitik weder erforderlich noch genügend ist. Sie ist nicht erforderlich. Denn die Noten- und Kreditpolitik einer Zentralbank wird nur dann gehemmt, wenn die Zentralbank nicht mehr in der Lage ist, durch Reduzierung ihres Aktivgeschäftes genügend Noten aus dem Verkehr zu ziehen. Ist dies aber, wie heute, der Fall, dann besteht keinerlei Grund, weshalb die Reichsbank in die Lage gesetzt werden müßte, öffentliche Gelder an sich zu ziehen, wenn sie den Geldmarkt verknappen will. Bei der heutigen Konstruktion des Bankgesetzes hat es die Reichsbank völlig in der Hand, durch Reduzierung ihres Wechseldiskontgeschäftes jede Notenverknappung durchzuführen, die ihr genehm ist. Ich glaube, Herr Reichsbankpräsident Dr. Schacht hat das selbst einmal bei einer früheren Gelegenheit ausgesprochen. Die Einsperrung der öffentlichen Gelder auf Reichsbankkonto ist somit tatsächlich nicht notwendig zur Durchführung der Noten- und Kreditpolitik.

Sie ist aber auch nicht genügend, denn, meine Herren, nehmen wir einmal an, es würden der Reichsbank Noten, die mehr oder weniger zufällig auf Grund des Hoheitsrechtes des Staates der Wirtschaft entzogen würden, zufließen, und sie würde diese Noten alsdann tatsächlich einsperren. Dann würde die Wirtschaft hierauf sehr einfach durch vermehrte Wechseleinreichung bei der Reichsbank reagieren. Es ist nämlich nicht so, daß eine Volkswirtschaft mit einer beliebigen Notenmenge in Gang gehalten werden kann. Vielmehr braucht eine Volkswirtschaft bei bestimmter konjunktureller und struktueller Lage immer auch eine bestimmte Zahl von Noten. Wenn man ihr diese Noten unorganisch entzieht, so reagiert die Wirtschaft hierauf durch eine Vermehrung der Inanspruchnahme der Reichsbank. Wenn also die Reichsbank in stärkerem Maße von der Ermächtigung, öffentliche Gelder zinslos einzusperren, Gebrauch machen würde, so würde sie sehr bald genötigt sein, ihren Diskont zu erhöhen. Diese Diskonterhöhung wäre es also, die in Wirklichkeit für die Reduzierung des Notenumlaufs ausschlaggebend sein würde. Deshalb kann man die Behauptung aufstellen, daß die Einsperrung der öffentlichen Gelder auf zinsfreiem Girokonto zur Reduzierung des Notenumlaufs nicht genügt, sondern daß das eigentliche Mittel der Reduzierung immer die Diskontpolitik bleibt.

Meine Damen und Herren! Man könnte diesen Gedankengang noch weiter ausspinnen und auf die Zusammenhänge zu sprechen kommen, die bezüglich dieser Einsperrung der öffentlichen Gelder auf zinslosem Girokonto zwischen den Bestrebungen der Reichsbank bestehen, die Giroguthaben der privaten Banken zu steigern. Ich möchte mir versagen, auf diese Zusammenhänge hier einzugehen, und nur das Folgende abschließend bemerken:

Wir haben uns unter dem Druck der Inflationszeit daran gewöhnt, in den Mitteln der Notenbank- und Kreditpolitik etwas Mystisches zu sehen. Das sind sie nicht. Die Mittel der Noten- und Kreditbankpolitik sind bei geordneter Währung sehr einfach. Sie bestehen im wesentlichen darin, daß man die Menge der umlaufenden Noten nach bestimmten Gesichtspunkten reguliert. Alle anderen Mittel, die manchmal im Zusammenhang mit der Notenbank- und Kreditpolitik genannt werden, haben keinerlei volkswirtschaftliche Bedeutung, mögen sie privatwirtschaftlich, d. h. für den Nutzen und die Einnahmen der betreffenden Stellen auch noch so wichtig sein. Ich möchte deshalb meinen, daß man beispielsweise die Forderungen bezüglich der Giro-Guthaben nicht mit dem Argument vertreten sollte, daß ihre Erhöhung zur Durchführung der Notenpolitik notwendig sei. Ich glaube, daß diese Erkenntnis, wenn sie auch heute noch nicht Gemeingut ist, doch in nicht allzulanger Zeit Gemeingut werden wird. (Beifall.)

Präsident Geheimrat Prof. Dr. Riesser:

Meine verehrten Herren! Es ist mir eben ein Antrag auf Schluß der Debatte zugegangen. Ich möchte meinen, daß der Herr Hans Steinschneider aus Hamburg, der sich allein noch gemeldet hat, noch zu Worte kommen sollte und dann die Herren Referenten, die vielleicht noch das Bedürfnis nach einem Schlußwort haben, unter gleicher Voraussetzung auch die Vertreter der Regierung. Die Versammlung ist einverstanden.

Ich erteile nunmehr das Wort für fünf Minuten Herrn Hans Steinschneider, Hamburg.

Hans Steinschneider, in Fa. Jacques Steinschneider, Hamburg:

Meine Herren! Ein auch immer wie gearteter Dawes-Plan berührt einschneidend unsere Zahlungsbilanz. Es sei mir daher erlaubt, auch auf eine ihrer Reserven einzugehen, zumal da sie auch Herr Minister Curtius in seiner Begrüßungsansprache erwähnte, wenngleich sie nur in losem Zusammenhang mit dem Thema steht; ich meine den deutschen Besitz an ausländischen Renten.

Zugegeben, es handelt sich nur um eine stille Reserve, ja sogar um eine sehr stille, was ihren gegenwärtig realisierbaren Wert und insbesondere leider, was die Art anlangt, in der sich ihrer die letztlich entscheidenden Stellen bisher oft angenommen haben. Dabei ist der Posten für unsere Zahlungsbilanz durchaus nicht so uninteressant. Von den 18 Goldmilliarden, die Deutschland vor dem Kriege in ausländischen Effekten investiert hatte, dürften nach verschiedenen Schätzungen ihm gegenwärtig noch etwa 4 Milliarden Mark an ursprünglichem Anlagewert verblieben sein. Gingen Zinsen und Amortisation gemäß den

Anleihebedingungen voll ein, so ergäbe das eine jährliche Einnahme aus dem Auslande von 200—250 Millionen, was etwa 10 pCt. der Maximal-Daweslast ausmachte. Natürlich sind die Zahlen verurteilt, auf dem Papier stehen zu bleiben. Sie zeigen aber immerhin, wie verlohnend es ist, alles zu versuchen, diese Reserven weitestgehend zu reaktivieren. Da sich die Forderungen aus einer sehr großen Anzahl Einzelposten zusammensetzen, darf man sich, wie ich glaube, nicht scheuen, auch um kleine Objekte zu feilschen.

Seit über 1½ Jahren haben wir zwar für diese Fragen eine gewisse Gläubiger-Schutzstelle, die Ihnen bekannte „Ständige Kommission zur Wahrung der Interessen deutscher Besitzer ausländischer Wertpapiere". Um übrigens Mißdeutungen vorzubeugen: ich habe keinerlei Mandat, in ihrem Auftrage zu sprechen. Diese „Ständige Kommission" konnte gewichtige Erfolge bisher nicht erzielen; abgesehen von den Einwendungen der Schuldner hat sie zwei weitere starke Hindernisse zu überwinden und gewinnt erst sehr allmählich an Terrain: Einstellung gewisser deutscher Behörden und des Reichstags einerseits, mangelnde Solidarität bei den ausländischen Geldgebern andererseits.

Da von diesen, wenn es ihnen in den Kram paßt, uns vorgehalten wird, daß wir bei unserem Aufwertungsgesetz moralisch gar nicht das Recht hätten, Forderungen zu stellen — nun, meine Herren, wo es sich um klare Goldverpflichtungen handelte, da gab es bei uns keine Aufwertung, da wurde eben voll bezahlt, wenn auch leider mitunter erst mit gerichtlicher Nachhilfe. Im übrigen handelt es sich fast ausschließlich um innerdeutsche Schulden, also eine innerdeutsche Angelegenheit, und die Regelung der Papierverpflichtungen erfolgte in einer Weise, mit der wir uns, reziprok vom Ausland auf uns angewandt, in den meisten Fällen durchaus einverstanden erklären würden. Die unglückliche Unterscheidung von Alt- und Neubesitz, allerdings diese gut gemeinte Irrung, wird wohl heute kaum noch jemand restlos verteidigen wollen. Schließlich ist es auch ein himmelweiter Unterschied, ob ein Land einen Krieg verloren hat, wodurch zum mindesten seine Kriegsanleihen eo ipso mehr oder weniger Makulatur werden müssen, insbesondere, wenn es quasi für den Wert der Kriegsanleihen der

Siegerstaaten, denen ja auch ein Gegenwert nicht mehr gegenübersteht, durch Reparationen garantieren muß — wenn ein solches Land, sage ich, nach vollkommener Währungsvernichtung trotzdem seine Kriegsanleihen aufwertet, oder ob ein Land wie die Tschechoslowakei, das seine Währung bei 15 pCt. des Vorkriegswertes stabilisieren konnte, unter ganz schiefer Anlehnung an das deutsche Aufwertungsgesetz seine Mark, also Auslandsschulden, an seiner Landeswährung gemessen, auf 2½ pCt. abwertet! Selbst wenn die Tschechoslowakei formal-juristisch im Recht wäre, privatwirtschaftlich gesehen ist dieses Verfahren unfair. Bei unserer starken Stellung in den Handelsvertragsverhandlungen brauchte das letzte Wort auch noch nicht gesprochen zu sein.

Wenn übrigens die offiziöse „Prager Presse" in der Polemik über diese Dinge sich kürzlich nicht entblödete, die „Ständige Kommission" „eine von einer Börsenschiebergruppe finanzierte Institution" zu nennen, so wünschte ich von meinem Standpunkt nur, daß in dieser Behauptung ein Fünkchen Wahrheit steckte, dergestalt, daß neben den Herren aus den Sekretariaten der Großfirmen, deren Sach- und juristischen Kenntnisse ich in keiner Weise missen möchte, mehr als bisher Händlerfirmen vertreten wären, die eine bessere Fühlung mit den eigentlichen Bondholders unterhalten können. Und daß von diesen eigentlichen Leidtragenden wertvolle Impulse ausgehen können, liegt auf der Hand. Auch regionale Wünsche liegen hier vor. So sind die für den Exotenhandel wichtigen Plätze Bayerns und Hannovers in der Ständigen Kommission bisher überhaupt noch nicht vertreten.

Wenn ich vorhin von der fehlenden Solidarität der ausländischen Gläubiger sprach, so trafen uns in diesem Jahr die Fälle Wien und Ungarn. Wien bekam eine amerikanische Anleihe, obwohl es seinen Verpflichtungen aus der Währungsanleihe von 1902 gegenüber dem geringen deutschen Besitz nicht nachkommt. Allerdings kann es sich hierbei auf ein österreichisches Bundesgesetz berufen. Auch seine zahlreichen Kronenanleihen sind mangels bundesgesetzlicher Regelung praktisch vorerst einmal annulliert.

Während man aber der Stadt Wien zugute halten kann, daß von ihrer Entschuldung nicht einige wenige profitieren, während jeder Besucher sich darüber wundert oder je nach Temperament wie ich vor Bewunderung hingerissen ist, wie diese schwergeprüfte Stadt in nachahmenswerter Weise ihre sozialen Aufgaben erfüllt, liegt der Fall bei Ungarn ganz anders. Das an den deutschen Börsen besonders gut bekannte „Ungarische Bodenkreditinstitut" z. B. gibt in einem Prospekt seiner Dollarpfandbriefe an, außer den Hypotheken hafte das gesamte Vermögen seiner 30 oder 40 Gründer. Der Wert desselben betrage 20 Millionen Pfund. Kein Wunder! Ebenso groß war der Vorkriegsumlauf der Pfandbriefe dieses Instituts. Ungarn, das vor dem Kriege außer seinen Staatsanleihen in die Hunderte von Millionen Pfandbriefe, Kommunal- und Eisenbahn-Obligationen in Deutschland placierte, hat es eben durch eine ausgezeichnete Propaganda verstanden, sich in den angelsächsischen Ländern als d e n Hort von Kapital und Ordnung hinzustellen und sich auf die früher verpfändeten Objekte fortlaufend neue Gelder zu beschaffen. Nur deshalb konnte es auch Anfang d. J. sein „Aufwertungsgesetz" erlassen, nach dem die alten Pfandbriefgläubiger völlig leer ausgehen, trotz der intakten Pfandobjekte.

Der große deutsche Besitz wird nur dann zu irgendeiner Entschädigung kommen können, wenn es gelingt, den weiteren Pfandbriefabsatz Ungarns zu inhibieren. Ich möchte hier nur die Hoffnung aussprechen, daß die Möglichkeiten hierzu insbesondere von den seinerzeitigen Emissionsbanken eingehend geprüft werden.

Was den Verkehr mit den Reichsstellen betrifft, so überschneidet er sich leider bei mehreren Stellen, beim Reichswirtschaftsministerium, Auswärtigen Amt, mitunter auch beim Finanzministerium. Ein gewisses, mitunter sogar großes, Verständnis im Reichswirtschaftsministerium bis zu seiner Spitze ist nicht zu verkennen. Dagegen ist bei der auf diesem Gebiete wohl vorgesetzten Behörde, dem Auswärtigen Amt, nicht recht zu erkennen, an welcher Stelle es nun eigentlich liegt, daß wir, sobald es zu Handelsvertragsverhandlungen kommt, als Interessenten zweiter und dritter Klasse behandelt werden, wie es unser verehrter Herr Rechtsanwalt B e r n s t e i n einmal bezeichnete. Dabei hätte gerade bei Ländern wie Finnland und Portugal, Serbien und Griechenland, mit denen in den letzten Jahren oder Monaten Handelsverträge geschlossen worden sind, gerade hierbei oder bisher n u r hierbei für die Renten etwas erreicht werden können. Daß noch gerade in diesen Tagen, ganz gleichgültig, mit welcher Motivierung, es möglich war, daß ein Staat es sich erlauben konnte, den deutschen Besitz einer Anleihe durch ein Dekret einfach zu annullieren, klingt geradezu unglaubhaft. Und doch, ich hatte zufällig Gelegenheit, in den Tagen der Handelsvertragsverhandlungen auf der deutschen Gesandtschaft in jenem Lande vorzusprechen und festzustellen, wie furchtbar wenig man von dem Problem dieser Anleihe wußte. Fraglos nimmt man sich auf anderen deutschen Gesandtschaften des deutschen Wertpapierbesitzes mit größerer Sachkenntnis und Liebe an. Es scheint aber an der eigentlichen Direktive von der Wilhelmstraße her zu fehlen. Die englischen Auslandsmissionen sind alle ehrenhalber Korrespondenten des Councils of Foreign Bondholders. Etwas Analoges würde mir auch bei uns als wünschenswert vorschweben, damit ein Unterrichten der „Ständigen Kommission" rechtzeitig und nicht wie jetzt über den Instanzenweg oft monatelang post festum erfolgt.

Daß nicht nur die direkt daran Interessierten von einer möglichst weitgehenden Reaktivierung unserer Auslandsguthaben profitieren würden, liegt auf der Hand, denn diese aus dem Ausland wieder einströmenden Gelder befruchten in erster Linie die Börse und damit indirekt natürlich unsere Nationalwirtschaft, so daß ich mit dem Wunsche schließe, die maßgeblichen Stellen mögen sich rasch und wirkungsvoll im aufgezeichneten Sinne einsetzen. (Lebhafter Beifall.)

Präsident Geheimrat Prof. Dr. Riesser:

Ich frage nunmehr, ob die Herren Referenten vielleicht noch ein Schlußwort wünschen. — Das ist nicht der Fall. Ebensowenig haben sich Regierungsvertreter bisher gemeldet. Ich schließe also die Versammlung und bemerke, daß wir um 2½ Uhr pünktlich hier wieder anfangen.

(Frühstückspause von 1½ bis 2¼ Uhr.)

Nachmittagssitzung.

Präsident Geheimrat Prof. Dr. Riesser:

Ich eröffne die Sitzung und bringe zunächst zur Kenntnis der Versammlung, daß von dem Herrn Reichspräsidenten von

Hindenburg folgende Depesche als Antwort auf die unsrige von gestern nachmittag eingegangen ist:

> Den zum VII. Deutschen Bankiertag in Köln versammelten Vertretern des deutschen Bankwesens danke ich für die freundlichen Grüße, die ich unter den besten Wünschen für den Erfolg Ihrer Beratungen herzlich erwidere.
>
> v. Hindenburg
> Reichspräsident.

(Lebhafter Beifall.)

Nunmehr darf ich in die Tagesordnung eintreten und das Wort Herrn Jakob Goldschmidt, Geschäftsinhaber der Darmstädter und Nationalbank K. a. A., Berlin, erteilen.

Dr. h. c. Jakob Goldschmidt, Berlin:

Entwicklungstendenzen in der deutschen Wirtschaft und ihr Einfluß auf die Kapitalbildung.

Meine verehrten Damen und Herren! Ein von mir hochgeschätzter Kollege hat vor einiger Zeit das Thema meines Vortrages als für einen Bankier ungeeignet bezeichnet und bemerkt, daß seiner Ansicht nach ein solcher Vortrag nur von einem Wissenschaftler gehalten werden sollte. Worte von Kollegen hinterlassen bei mir immer einen nachhaltigen Eindruck und ich habe bei der Abfassung dieses Vortrages wiederholt über diese Feststellung nachdenken müssen. Das Thema „Entwicklungstendenzen in der deutschen Wirtschaft und ihr Einfluß auf die Kapitalbildung" ist in der Tat so umfassend, daß es nicht nur einen Wissenschaftler, sondern einen wissenschaftlichen Kongreß beschäftigen könnte. Dennoch hat der Centralverband des Deutschen Bank- und Bankiergewerbes nach meiner Ansicht gut daran getan, ein derartig allgemein gehaltenes Referat aufzustellen. Es wäre nicht richtig, wenn der Bankiertag nur spezielle Fragen der Wirtschaft behandeln würde. Die Oeffentlichkeit hat in einer so bewegten Zeit ein Recht darauf, unsere Auffassungen über die Probleme von allgemein wirtschaftlicher Bedeutung und deren Lösung für die Zukunft zu hören. Man kann vielleicht darüber im Zweifel sein, ob überhaupt wirtschaftliche Tagungen sehr viel zur Aufhellung unseres komplizierten wirtschaftlichen Lebens beizutragen vermögen. Ich selbst gehöre nicht zu den Anhängern vieler Reden über das, was die Wirtschaft tun soll und muß. Ich glaube, daß es in dieser stürmischen Zeit wichtiger ist, als führender Wirtschaftler sich von dem kategorischen Zwange zum Handeln treiben zu lassen. Ich habe oft das Gefühl, daß in Deutschland, wie wohl überhaupt in der Welt, heute reichlich viel geschrieben, gedruckt und gesprochen wird. Wir haben es hier mit einer Entwicklungstendenz in der deutschen Wirtschaft zu tun, die die Kapitalbildung bisher allerdings nicht sonderlich stark beeinflußt hat und es scheint mir, als wenn man ruhig an eine gewisse Rationalisierung nach dieser Richtung hin denken könnte. Ich muß häufig bei dem starken Angebot geistiger Ware an das Wort eines großen Philosophen denken, der sagt: „Im allgemeinen freilich haben die Weisen aller Zeiten immer dasselbe gesagt und die Toren, d. h. die unermeßliche Majorität aller Zeiten haben immer dasselbe, nämlich das Gegenteil getan, und so wird es denn auch ferner bleiben", womit ich keineswegs gesagt haben will, daß ich mich zu den Weisen rechne. Es ist jedenfalls in unserer Zeit nicht so wie früher, wo das gesprochene und gedruckte Wort eine Seltenheit darstellte und schon um dieser Seltenheit willen ein neuer Gedanke tief und nachhaltig die Welt zu bewegen vermochte. Wir stehen mit unserer Arbeit, unserem Fühlen und Denken mitten im lebendigen Strom gewaltiger Geschehnisse und fühlen in und um uns den starken seelischen Willensimpuls, den sichtbaren Lebensdrang eines Volkes, das Erkenntnis und Führung sucht. Aus solcher Atmosphäre entsteht leicht das zu starke Bestreben von Wissenschaft und Praxis, Gedanken und Ideen durch Worte in Verbrauchsgüter umzuwandeln und sie damit zum Volksgut zu machen.

Wenn überhaupt von der Wirtschaft zur Wirtschaft gesprochen werden soll, so glaube ich, daß gerade der Bankier in seinem eigenartigen Vermittlerberuf zwischen Produktion und Konsum, durch die Mannigfaltigkeit seiner Aufgaben als Diagnostiker für den bestehenden Zustand der Wirtschaft, als Anreger und Förderer für neu zu beschreitende Wege der Entwicklung, daß gerade der Bankier, der für so vieles verantwortlich gemacht wird, der nicht zu wenig und nicht zu viel

Kapital und Geld zur Verfügung stellen darf, um gesunde Entwicklungen zu fördern oder ungesunde zu unterstützen, wie kaum ein anderer berufen ist, einmal, aber nicht oft, aus dem Reich seiner eigenen Arbeitswelt Inhalt und Wesen dieser Wirtschaft nach seinen Gedanken zu schildern. Gerade er gewinnt einen Ueberblick über all das Menschliche, allzu Menschliche unserer Zeit, wie er von anderen Standorten der Wirtschaft aus kaum möglich ist.

Das sind schließlich auch die Ueberlegungen gewesen, die mich veranlaßt haben, trotz meiner generellen Einstellung hier ein Referat zu übernehmen. Meine Ausführungen erheben natürlich keinerlei Anspruch darauf, als wissenschaftlicher Vortrag bewertet zu werden, sondern ich bitte Sie, sie als aus dem persönlichen Leben geschöpfte, subjektive Gedanken eines in der Wirtschaft stehenden Praktikers aufzunehmen. Ich werde Ihnen auch kaum etwas Neues und Grundlegendes, nicht einmal etwas Erschöpfendes über dieses Thema sagen können. Mir scheint, daß für jeden Redenden heute das alte Wort des Rabbi Ben Akiba in etwas abgeänderter Form gilt: „Es ist alles schon einmal gesagt worden". Meine Ausführungen sind entstanden sozusagen aus einem Querschnitt der Wirtschaft, aber, das bitte ich berücksichtigen zu wollen, gesehen und vorgetragen durch ein Temperament. Wenn es dabei gelingt, für den einen oder anderen Gedanken ein Interesse, eine weitere Behandlung zu erwecken, so kann ein solcher Vortrag, der für mich sein Schönstes und Bestes schon durch den Zwang zum tieferen Nachdenken gegegeben hat, vielleicht allgemein fördernd wirken.

Meine Damen und Herren! Unsere Wirtschaftsepoche hat sozusagen in gleicher Stunde unser ideelles und materielles Gut in wildem Chaos durcheinandergeworfen, sie hat uns im Glauben an Vergangenes, in der Erkenntnis von Gegenwärtigem und in der Hoffnung auf Zukünftiges schwankend und unsicher gemacht, sie stellt nicht allein ungeheure Ansprüche an den Intellekt, an wissenschaftlich-abstraktes Denken, sie zwingt vielleicht noch mehr unser seelisches intuitives Können zu höchster Leistung und fordert ein verantwortungs- und entscheidungsfreudiges Lebensbekenntnis.

Wer Wirtschaft von hoher Warte aus betreibt und betrachtet, wird, wie ich glaube, gleiche oder ähnliche Gedanken und Empfindungen in den wenigen Augenblicken der Ruhe und Sammlung haben, die er zum Studium von Zweck und Ziel seiner und aller wirtschaftlichen Arbeit verwendet. Niemand kann die ernste Verantwortung für die Lösung der großen Gegenwartsprobleme stärker empfinden als der Unternehmer, als der verantwortliche Leiter und Führer wirtschaftlicher Betriebe. Das deutsche Unternehmertum, das mit harter Energie und hoher innerer Befriedigung diese Aufgabe übernommen hat, ist täglich und stündlich mit schweren Sorgen belastet.

Es kann nicht als eine versöhnende Erleichterung empfunden werden, wenn in solcher Zeit ein so bedeutender Nationalökonom wie Professor Schmalenbach in seinem bekannten Wiener Vortrage „Freie oder gebundene Wirtschaft" Urteile über das Unternehmertum fällt, wie sie bisher in solcher Schärfe wohl nirgends ausgesprochen worden sind. Wenn Schmalenbach dabei vielleicht einen Unterschied zwischen monopolistischen Unternehmern und Unternehmern schlechthin macht, so kennt die Praxis, wie wir alle wissen, einen solchen Unterschied nicht. Professor Schmalenbach sagt, daß in den großen Monopolgebilden der heutigen Wirtschaft nicht nur einzelne Personen, sondern auch ganze Familien und Interessentengruppen sich im Schutze des Monopoles erhalten, wo ihnen unter dem System der freien Wirtschaft rücksichtslos und unbarmherzig Hindernisse bereitet worden wären, und daß dieses Parasitentum sich durch seine Erbkrankheit, die Ueberheblichkeit, tüchtig auszeichne. Man muß mit Bedauern feststellen, daß eine so allgemeine, an den Leistungen des Unternehmertums gerade der letzten Jahre gemessen unberechtigte Kritik die Zusammenarbeit von Arbeitgeber und Arbeitnehmer nicht erleichtert und daß die Ausführungen Schmalenbachs in der Form, wie sie vorgetragen sind, wie ein Schlagwort wirken, das eines politischen Beigeschmacks nicht entbehrt.

Solche Ausführungen erschweren auch — was man sehr bedauern muß — den so notwendigen Kontakt zwischen nationalökonomischer Wissenschaft und praktischer Betätigung auf wirtschaftlichem Gebiete. Ich glaube in diesem Zusammenhang einmal sagen zu sollen, daß die Wissenschaft der Praxis unrecht tut, wenn sie ihr, was oftmals geschieht, mangelnde Berücksichtigung theoretischer Grundsätze und Gesichtspunkte vorwirft. Bei aller Wertschätzung, die wir den Leistungen nationalökonomischer Wissenschaft gewiß entgegenbringen und gerade als Praktiker des Bank- und Geldwesens entgegenbringen müssen, werden wir doch aussprechen können, daß in diesen Vorwürfen eine Unterschätzung des aus der Praxis empirisch gewonnenen Gedankengutes enthalten ist und die Grenzen theoretischer Erkenntnismöglichkeit zu weit gezogen werden.

Wer als Mann der Praxis Zeiten der Muße, die ihm sein Beruf läßt, zum Studium nationalökonomischer Wissenschaft verwendet, wird mit wachsendem Erstaunen feststellen müssen, daß es kaum ein Problem gibt, über welches unsere Gelehrten sich auch nur einigermaßen einig sind. Er wird, wenn er die Absicht hat, für das praktische Tun aus der Wissenschaft Belehrung zu schöpfen, sehr schnell einsehen, daß er auf durchaus unsicherem Boden steht und daß die Erfahrung, die sich ihm aus seiner praktischen Tätigkeit ergibt, häufig wertvoller ist als der Strauß von Theorien, den ihm der Wissenschaftler anbietet. Die mathematischen und Naturwissenschaften bieten dem Chemiker oder Techniker sichere Erkenntnisse, das geistige Rüstzeug für seine Berufsarbeiten. Es mag sein, daß es im Charakter der Geisteswissenschaften liegt, mehr die Probleme aufzuzeichnen als zu lösen und solche Anregung kann gewiß auch für die Praxis fruchtbar sein. Ein bekannter Historiker hat eine treffliche Charakteristik hierfür gefunden, wenn er sagt: „Das Geheimnis des Werdens ist undurchdringlich und am Ende jeden Erforschens, das von den Erscheinungen zu den Ursachen vorzudringen sucht, steht die Resignation. Was die Wissenschaften als Erklärung darzubieten scheinen, ist, wie berechtigt der Stolz ihrer Jünger auf gewonnene Erkenntnis sein mag, nur all zu häufig ein Ersatz alter Probleme durch neue, die verwickelter sind als die scheinbar gelösten, ist in anderen Fällen eine auf feinster Beobachtung fußende Beschreibung, oft auch nur eine Umbenennung und Umwertung, bei der wenig mehr gewonnen wird als die lebenspendende Anregung, die von jedem aufrichtigen Suchen nach der unerreichbaren Wahrheit ausgeht." Die Wissenschaft soll Tatsachen feststellen, Methoden und Zusammenhänge ermitteln und erweisen. Aber die in der Wirtschaft nach Form und

Wesen drängende Bewegung kommt doch nur aus dem schöpferischen Schaffen, besonders in einer Zeit, in der ein ständiges Kommen und Gehen von Begriffen und Dingen sich vollzieht, in der eine fließende Entwicklung nach einem festen Sammelbecken von Wahrheiten und nach Grundlagen sucht, von wo aus die weiten Felder menschlicher Arbeit und Gedankenziele befruchtet werden können. Für uns als praktische Männer der Wirtschaft kann die Wissenschaft nur insofern von Bedeutung sein, als sie werturteilsfrei ist und klare Unterschiede macht zwischen dem, was Forschung und Erkenntnis ist und dem, was subjektives Urteil des einzelnen Gelehrten, basierend auf seiner Weltanschauung, darstellt. Nur wenn diese Grenzen innegehalten werden, wird eine Zusammenarbeit zwischen Praxis und Theorie, die gefördert werden muß, nutzbringend für die Wirtschaft sein können. Immer wird aber in der Praxis die Intention des schaffenden Mannes eine ausschlaggebende Rolle spielen, auch wenn der Erfolg dem Bemühen nicht entspricht, denn selbst der Irrtum kann fruchtbar und fördernd sein. Es ist die Bestimmung der Praxis, tätig und aktiv die Entwicklung vorwärts zu treiben, während die Wissenschaft ihrer Natur nach reflektierend und der reinen Erkenntnis zugewandt ist. Unsere Zeit, in der die Wahrheiten schnell kommen und gehen, die verstoßene Wahrheiten oft in Ehren zurückholt, um sie von neuem anzubeten, zwingt den Mann der Wirtschaft, aus der lebendigen Gegenwart seine Entscheidungen zu gewinnen. So bedeutungsvoll und berechtigt auch die historische Betrachtung der Dinge ist, die Geschichte denkt nicht in Analogien, und Wirtschaften in höherem Sinne ist nicht ein Vorgang, der erlernbar ist, sondern der ebenso wie die Politik eine Kunst darstellt. Der Wirtschaftler kann nicht oder nicht allein aus nationalökonomischen Lehrbüchern seine Entschlüsse entnehmen, ebensowenig wie der Staatsmann seine Aufgaben allein aus der Lektüre von Nachschlagebüchern über die Staatskunst zu lösen vermag.

Meine Damen und Herren! Das lebendige schöpferische Schaffen ist niemals so stark in die Entwicklung eingespannt worden wie in unserer Zeit. Die Entfesselung aller Kräfte der menschlichen Gesellschaft, deren Zeuge unsere Generation geworden ist, hat ihre Grundlagen, materielle wie ideelle, erschüttert und hat zu einem verschärften Kampf der verschiedenen Weltanschauungen geführt, wie er sich auf dem Gebiete der Wirtschaft vor allem in der Auseinandersetzung zwischen kapitalistischer und sozialistischer Denkweise darstellt. Das Ziel für Staat und Gesellschaft, für Politik und Wirtschaft, für Arbeitgeber und Arbeitnehmer in dieser Auseinandersetzung sollte nicht sein, die Erfüllung doktrinärer oder theoretischer Forderungen früherer oder heutiger Propheten in robustem Kampf zu erzwingen und damit die Atmosphäre weiter zu vergiften, sondern neue staatliche und private Formen des Zusammenlebens zu finden, geeignet, dem Fortschritt und der Entwicklung der Menschheit zu dienen.

Mit vollem Recht hat der bekannte amerikanische Wirtschaftsführer Owen Young kürzlich Vertretern der akademischen Jugend ausgeführt, daß man durchaus nicht zu unterschreiben brauche, daß der Kapitalismus Endzweck des menschlichen Lebens sei, sondern daß er gleichsam nur das Fahrzeug darstelle, mit dem und durch das wir soweit gekommen sind, und daß niemand den Kapitalismus in so fanatischer Weise verteidigen dürfe, daß er dessen Nachteile nicht sehe. Man braucht nicht Kommunist oder Bolschewist zu sein, um zu erkennen, daß die kapitalistische Ordnung der Welt keineswegs nur ideale Zustände gebracht hat, aber die vorhandenen Nachteile und Lücken können uns doch nur anspornen, dieses System, das solange ein gedeihliches Zusammenleben der Menschen gewährleistet hat, immer mehr zu vervollkommen. Die Verantwortung für den Kampf, der die Beseitigung des kapitalistischen durch ein sozialistisches Wirtschaftssystem anstrebt, und der nur von neuem zur Vernichtung von Menschen und Werten führen könnte, ohne uns die sichere Gewähr zu geben, daß er grundlegend und schnell Besseres für alle Menschen bringt, kann heute von Niemandem getragen werden. Gerade unsere Zeit zeigt uns am Beispiel Rußlands, daß ein solcher Vernichtungskampf nicht nur nichts Höheres und Vollkommeneres bringt, sondern im Gegenteil nur das Gute der bisherigen Wirtschaftsordnung vernichtet.

Ich habe oft die Empfindung gehabt, daß besonders unser Land alle Vorbedingungen äußerer und innerer Art dazu mitbringt, die Fortentwicklung des Kapitalismus zum Besten des Menschheitsfortschrittes organisch durchzuführen. Unsere in politischen Zusammenhängen schon so häufig als bedeutsam hervorgetretene geographische Lage, die uns unseren Platz mitten unter den Völkern Europas gegeben hat, läßt uns auch jetzt die Brücke bilden zwischen der kapitalistischen Kultur des europäischen Westens und den neuen Wirtschaftsformen des großen Sowjetstaates und man kann sich wohl vorstellen, daß die von beiden Seiten auf uns einwirkenden Einflüsse auf der Grundlage unserer geistigen und seelischen Veranlagung zu einer Synthese führen, die nicht als Kompromiß empfunden wird, sondern als ein neuer befreiender Schritt auf dem Wege, der die Menschheit zu weiteren Höhen führen soll.

Bei allem Ringen um neue Formen im kapitalistischen Wirtschaftssystem wird man sich aber stets vor Augen halten müssen, daß die kapitalistische Wirtschaft aufgebaut ist auf dem individuellen Ertragsstreben, wie zutreffend der Freiburger Gelehrte Robert Liefmann immer wieder betont. Dieses private Ertragsstreben ist die Triebfeder unseres wirtschaftlichen Handelns, die den Arbeitnehmer nicht weniger als den Arbeitgeber beherrscht, und die durchaus geeignet ist, mit dem Aufstieg des Individuums auch eine höhere Entwicklungsform der Zusammenarbeit zu zeitigen. Deshalb darf weder das Streben der Arbeitnehmer nach größerem Anteil an dem Ertrag der Wirtschaft bekämpft, noch darf der individuelle produktive Schaffensgeist des Unternehmers herabgedrückt werden.

Meine Damen und Herren! Es wird in der Welt niemals weder eine kapitalistische noch eine sozialistische Gesellschaftsordnung in Reinkultur geben. In ihrem Kampf aber um die Hegemonie werden in unserer Zeit politischer Leidenschaften von außen her in ihre eigentlichen wirtschaftlichen Ideen fremde Elemente hineingetragen, die die psychologische Atmosphäre unheilvoll beeinflussen und die ein gewaltiges System von Gesetzen und Bestimmungen geschaffen haben, dessen bürokratischer Geist nicht nur den Aufstieg des arbeitsfreudigen Individuums stört und hindert, sondern das auch eine gefährliche Nivellierung im allgemeinen und eine verhängnisvolle Apathie und Resignation bei der wirtschaftlichen Führung, ein Bedürfnis nach Ruhe und verwaltungsmäßiger Tätigkeit hervorgerufen hat. Die Wirtschaft muß sich über diese Gefahren abseits von ihrer hastenden Tagesarbeit klar werden und sie darf nicht tatenlos zulassen, daß die Ideen theoretisierender Propheten, die den Beginn einer neuen Gesellschaftsordnung und die Verabschiedung der bewährten kapitalistischen Wirtschaftsweise ankündigen, immer stärker an Boden gewinnen.

Während das Ende des kapitalistischen Zeitalters und der Ersatz der individualistischen Erwerbswirtschaft durch die staatssozialistische Wirtschaft prophetisch veranlagte Geister beschäftigt, während der Gedanke, daß die bestehende Wirtschaftsordnung dem Untergange geweiht und im Begriff sei, durch neue Wirtschaftsformen abgelöst zu werden, die Menschheit vielfach wie eine Zwangsvorstellung beherrscht, schreitet die praktische Wirtschaftsführung noch immer kräftig mit ihren kapitalistischen Methoden vorwärts. Sie hat, trotz verlorener Kapitalbasis, auf dem Trümmerhaufen eines verlorenen Weltkrieges, ungeachtet der Widerstände einer revolutionären Zeitatmosphäre, aus einer unzeitgemäßen technischen industriellen Verfassung in der kurzen Periode von noch nicht fünf Jahren einen neuen Wirtschaftsapparat geschaffen, der, wenn auch nicht ideal, so doch zunächst zufriedenstellend funktioniert, eine Leistung, die um so anerkennenswerter ist, als zeitweise unter dem Eindruck hinter uns liegender Geschehnisse und Erlebnisse stärkster Pessimismus unsere Tätigkeit lähmte. So haben wir zunächst erreicht, daß wir trotz des Verlustes wichtiger Wirtschaftsgebiete, trotz des Verlustes des größten Teiles der im Auslande arbeitenden Kapitalien, trotz einer beispiellosen Umschichtung unserer ökonomischen Grundlagen etwa 20 Millionen Menschen mehr ernährt haben, als unser Boden zurzeit zu versorgen vermag, daß wir zahlreiche Milliarden Mark an unsere ehemaligen Kriegsgegner abführen konnten und daß wir in den wenigen Jahren etwa fünf Millionen Menschen mehr beschäftigt haben als vor dem Kriege. Man sollte annehmen, daß ein Wirtschaftssystem, daß eine solche Leistung, für die es in der Wirtschaftsgeschichte wohl kaum eine Analogie gibt, in so kurzer Zeit vollbracht hat, nicht geschmäht und beschimpft, sondern anerkannt und gefördert würde.

In der Tat liegen die Dinge doch so: Der deutsche Wiederaufbau hat sich nicht vollzogen durch die Verwirklichung irgendeines neuen Wirtschaftssystems. Weder ist es der Sozialismus noch ist es die Wissel-Möllendorfsche oder Rathenausche Planwirtschaft gewesen, die die heutigen Lebensgrundlagen geschaffen haben, sondern man hat die privatkapitalistische Methode angewandt und durch privatwirtschaftliche Initiative, durch die Uebernahme privatwirtschaftlicher Risiken und Sorgen einen Organismus geschaffen, der sich wie bisher trotz aller sozial- und finanzpolitischen Einwirkungen letzten Endes auf dem individuellen Gewinnstreben der ganzen Volksgemeinschaft aufbaut.

Es darf gewiß nicht vergessen werden, daß auch die politische Führung und die Beamtenschaft nach vielen Richtungen hin bei der Schaffung neuer lebenserhaltender Grundlagen in dieser kritischen Zeit Bedeutsames und Bleibendes leistete, wobei jedoch auch gesagt werden muß, daß die Inflation, die gewiß von niemandem vollkommen zu verhindern war, ein so vernichtendes Ausmaß nur annehmen konnte, weil die staatliche Funktion viel zu spät einsetzte. Die Inflation konnte erst dann erfolgreich bekämpft werden, als sich der Staat bewußt und unbewußt unter privatwirtschaftliche Führung stellte und deren Ideen und Pläne, die schließlich im Dawesplan ihren letzten Niederschlag fanden, als zweckmäßig und heilsam anerkannte.

Die von mir bisher geschilderten Leistungen der Wirtschaft waren nur dadurch möglich, daß sich das Unternehmertum, getragen von einem zukunftsfrohen Optimismus, mit unerhörter Energie der Durchführung einer Aufgabe widmete, die allgemein als „Rationalisierung der Wirtschaft" gekennzeichnet wird.

Diese Rationalisierung erschöpft ihr Verdienst nicht in den erzielten großen Fortschritten der Technik und der verbesserten Produktionsmethode, sondern sie hat darüber hinaus die Welt und vor allem das Kapital der Welt überzeugt von der unerhörten, Deutschland beherrschenden Arbeitsenergie. Das ist von ausschlaggebender Bedeutung, denn nur ein Rohstoff war uns gleichermaßen gut in Quantität und Qualität erhalten geblieben, nämlich der Arbeitsgeist und Arbeitswille des deutschen Volkes, der, verbunden mit dem Mut und der Initiative des Unternehmers, vereint mit dem Forschersinn und dem Können des deutschen Wissenschaftlers, Ingenieurs und Technikers, gestützt auf die staats- und gesellschaftserhaltenden Tendenzen der Nation, sich so erfolgreich entfaltete. Um damit zum Ziel zu kommen, war es notwendig, schnell und möglichst ohne Zeitverlust zu handeln. Es war unmöglich, Methoden und Systeme anzuwenden, die uns erst in Dezennien oder nach Generationen wieder zur vollen Ausnutzung unserer Arbeitskräfte brachten. Wir hatten für die Bezahlung der uns auferlegten ausländischen Verpflichtungen, für die Ernährung unseres Volkes nur eine Möglichkeit, das war eine solche Steigerung unserer nationalen Erzeugung, also des sogenannten Sozialproduktes, daß diese hinreichte, um alle Erfordernisse der Gegenwart zu befriedigen und überschießende Kräfte in Reserve zu sammeln.

Unter dem Druck dieser Notwendigkeiten hat sich das Unternehmertum zur Befolgung einer weitgehenden wirtschaftlichen Verständigungspolitik durchgerungen, die zum Teil aufgebaut ist auf der schon aus der Vorkriegsperiode übernommenen Entwicklungstendenz zu Kartellen und Syndikaten, dann aber weiter führte zur Bildung von großen horizontal zusammengeschlossenen Gebilden, die wir als Trusts bezeichnen.

Zweck und Ziel solcher Trusts war es, aus dem Zustand einer verschwenderischen, falsch orientierten und in der Produktionsmöglichkeit und -notwendigkeit viel zu großen Wirtschaft herauszukommen und zu Produktionsmethoden zu gelangen, die den Betrieben die Erzielung des höchsten Nutzeffektes bei niedrigen Preisen ermöglichten und so ein hinreichend breites Absatzgebiet sicherten, um damit die Rentabilität zu gewährleisten. Die Anerkennung dieses Prinzips enthielt zugleich den Zwang, technische und organisatorische Neuerungen einzuführen, die infolge der Abschnürung Deutschlands von der Welt, infolge seiner intensiven Einstellung auf die Kriegswirtschaft und seiner verfehlten Wirtschaftspolitik zur Zeit der Inflation keinen genügenden Eingang bei uns gefunden hatten.

Erst damit war das erste Werk der Rationalisierung getan, das aber nur erreicht werden konnte unter rücksichtsloser Opferung kleinerer und größerer Betriebe in der Erkenntnis, daß man zu dem notwendigen Ziele der Rentabilität nur gelangen kann, wenn man auch bereit ist, soweit das erforderlich,

Substanz zu opfern, ein Weg, der mit klarer Zielsicherheit von der kapitalistischen Wirtschaft gegen alle egoistischen Erwägungen beschritten wurde, wodurch sich bestätigt, daß der Kapitalismus im entscheidenden Augenblick elastisch und beweglich genug ist, um sich völlig veränderten Situationen schnell und sicher anzupassen.

Die Rationalisierung auf technischem und organisatorischem Gebiet genügte aber allein nicht, um den erstrebten Erfolg zu erzielen. Der Begriff der Rationalisierung ist vielfach zum Schlagwort geworden, ein Schicksal, das Wahrheiten, zunächst nur von wenigen erfaßt, häufig erleiden, wenn sie zum Allgemeingut werden. Neben der nur auf verstandesmäßigem Wege durchzuführenden Erneuerung der Betriebe ist erforderlich und ebenso wichtig die schöpferische Kraft des Führers, die nicht hervorgeht aus dem Intellekt, sondern aus den seelischen Triebkräften des Menschen. Es genügt nicht, rein intellektuell verstandesmäßig die neuen Grundlagen für eine Rentabilität der Unternehmungen zu schaffen, auch das aus dem Reiche der Phantasie entspringende, intuitive schöpferische Element muß berücksichtigt werden. Ich glaube, daß überall in der Welt das psychologische Moment viel zu sehr unterschätzt wird, und daß besonders wir Deutschen viel zu sehr geneigt sind, alle Probleme und Entwicklungen, während sie nach Form und Inhalt streben, zu sehr durch Aufstellung abstrakter Systeme und Dogmen zu belasten. Walter Rathenau, der gewiß ein großer Anhänger abstrakter Gedanken war und bekanntlich mit zu den Schöpfern einer geistreichen, aber niemals praktisch möglichen Planwirtschaft gehörte, ist erfüllt von der Begeisterung für das intuitive Handeln, für den schöpferisch mutigen Mann, der sich auf seine seelische konstruktive Kraft in den Augenblicken verläßt, wo die fließende Lebensbewegung Stellungnahme und Entscheidung verlangt. Nirgends fand ich den intuitiven Menschen anschaulicher charakterisiert als bei Nietzsche, wenn er sagt: „Während der von Begriffen und Abstraktionen geleitete Mensch durch diese das Unglück nur abwehrt, ohne selbst aus den Abstraktionen sein Glück zu erzwingen, während er nach möglicher Freiheit von Schmerzen trachtet, erntet der intuitive Mensch, inmitten einer Kultur stehend, bereits von diesen Intuitionen außer der Abwehr des

Uebels eine fortwährend eintretende Erhellung, Aufheiterung und Erlösung".

Die Tendenz zum horizontalen Zusammenschluß industrieller Betriebe wird nur dann eine höhere Stufe der Entwicklung darstellen, wenn auch der neue Großbetrieb die individuelle Führerschaft nicht verliert und wenn man bei aller Anerkennung, daß solche Großbetriebe mehr und mehr das Allgemeinwohl und die gesamtvolkswirtschaftlichen Notwendigkeiten zu berücksichtigen haben, daran festhält, daß das individuelle Erwerbsstreben sich nicht ersetzen läßt durch bürokratisches, verwaltungstechnisches Arbeiten, und daß die Produktivität und Rentabilität der Gesamtwirtschaft nur gewahrt und gefördert werden kann durch diejenige der einzelnen Betriebe. Die bürokratische Verfolgung von Prinzipien und Programmen muß im Wirtschaftsleben immer negative Wirkung haben. Die Heranziehung eines geeigneten, praktisch denkenden und handelnden Nachwuchses mit einem Drang zu selbständigem, tatkräftigem Handeln, mit weitgehendem Verständnis für die sozialen Erfordernisse unserer Zeit, mit dem ernsten Gefühl der Verantwortung ist eine der dringendsten Aufgaben unserer Entwicklung. Ich stehe oftmals unter dem Eindruck, als ob unser ganzes neuzeitliches Erziehungswesen zu wenig von dem Geiste unserer Zeit erfaßt und zu stark lediglich davon beeinflußt ist, jeden heranwachsenden Staatsbürger auf eine objektiv vielleicht hochliegende Durchschnittsstufe der Ausbildung zu bringen, statt Wissen und Charakterbildung frühzeitig auf die großen Erfordernisse der modernen Praxis einzustellen. Auch hier scheint es mir nötig zu sein, aus dem großen Reservoir der Bevölkerung das Individuum wieder mehr in den Vordergrund treten zu lassen. Ich könnte mir denken, daß der Sport, wenn die heute vielfach etwas übersteigerte Begeisterung einer ruhigeren Betätigung Platz gemacht hat, geeignet wäre, ähnlich wie das in den alten Ländern des Sports, England und Amerika, schon der Fall ist, bei der Heranbildung neuer Generationen mitzuwirken, um deren Charakterbildung, Energie und Aufopferungsfähigkeit — Voraussetzungen für die Uebernahme einer Führerrolle — zu stärken.

Die Zusammenfassung technischer und maschineller Kräfte

darf nicht erfolgen von machtpolitischen Gesichtspunkten der Expansion aus, deren Entstehen bei der Größe der Machtgebilde nur verständlich wäre, sondern in erster Linie zur rücksichtslosen Intensivierung der Betriebe. Sie muß nach meiner Ansicht begleitet werden von einem eingehenden Studium und einem darauf aufgebauten Ausbau der Absatzorganisation. Die bestimmende Funktion des Marktes und sein freies Wirken muß weitestgehend gesichert bleiben und sein rückwirkender Einfluß auf Methode und System der Produktion wird erst die vollen Erfolge der Rationalisierungsmethode bewirken. Ueberhaupt muß die Rationalisierung weiter energisch an ihrer Verinnerlichung arbeiten, sie muß nach der Zusammenfassung von Maschinen und Betrieben auch geistigen Lebensinhalt erhalten. Der Zusammenhang zwischen Beschäftigungs-, Nutzungs- und Leistungsgrad muß von der Rationalisierung erfaßt werden und der organische Charakter des Betriebes mit den gesetzmäßigen Zusammenhängen zwischen Einzel- und Gesamtwirtschaft darf nicht übersehen werden. Rationalisieren heißt auch nicht alle wichtigen, individuellen Wirtschaftsfunktionen an einer Stelle vereinigen. So glaube ich, daß man, in der richtigen Tendenz, preissteigernde Zwischenstufen auszuschalten, nicht eine zu weitgehende Beseitigung des Handels betreiben sollte, denn die Behandlung und Besitzergreifung alter und neuer Absatzgebiete wird im notwendigen Umfange immer nur vom Handel bewältigt werden können.

Wie der durch die Rationalisierung gesteigerte Nutzeffekt sich auswirkt, scheint mir von geringerer Bedeutung zu sein. Ob er über billigere Preise zu einer gesteigerten Konsumkraft führt oder dasselbe Ziel erreicht ohne Verbilligung der Preise durch höhere Reallöhne oder aber endlich, ob Preise und Reallöhne sich nicht verändern, der Gewinn aber zur Kapitalbildung der Unternehmungen verwandt wird, wobei ja letzten Endes wiederum eine starke Befruchtung der Nachfrage eintritt, ist nicht entscheidend. Allerdings glaube ich, daß im gegenwärtigen Augenblicke das größere Interesse Deutschlands darin besteht, die Kapitalbildung zu vermehren, und zwar möglichst in ihrer ersten Quelle, d. h. bei den Unternehmungen, weil hierdurch die stärksten wirtschaftlichen Antriebe geschaffen werden können.

Die Tendenz zur Zusammenfassung horizontal gelagerter Industriebetriebe zu großen trustartigen Gebilden hat einen oligarchischen Charakter. Zahlreiche Betriebe verschwinden, ein Betrieb bleibt übrig. Sie hat jedoch ihre Grenze in gewissen Größenverhältnissen, die nicht überschritten werden können, ohne daß die Uebersicht und damit die Rentabilität gefährdet wird. Es gibt auch für den Trust eine gewisse optimale Betriebsgröße.

Im Gegensatz hierzu haben die Kartelle eine mehr demokratische Natur. Sie dienen der Erhaltung der Einzelbetriebe, indem sie ihnen ihre Selbständigkeit belassen und sie vor den Folgen einer hemmungslosen Konkurrenz schützen. Gemeinsam ist den Trusts wie den Kartellen wiederum ein psychologisches Moment, auf das ich vorhin schon einmal hingewiesen habe. Trusts und Kartelle beruhen im tiefsten Grunde auf dem Wunsche, unfruchtbare Kämpfe zu vermeiden und sich zu verständigen. Diese Entwicklungstendenz der versöhnenden und verständigungsbereiten Politik in den Kartellen und Trusts dehnt sich über die Grenzen des eigenen Landes aus und bildet eine Brücke zu internationalen Verständigungen in der Produktion, in der Preisfestsetzung sowie in der Abgrenzung der Absatzmärkte und wird im Laufe der Zeit den Protektionismus und die staatlichen Subventionsmethoden beseitigen helfen, die eine internationale Verständigung erschweren. Eine solche Einstellung der wirtschaftlichen Kreise führt die Völker schneller zusammen als alle anderen Bemühungen und sie wird auch bei der Aufrollung der Frage der interalliierten Schulden, bei der endgültigen Festsetzung der Verpflichtungen Deutschlands, bei der Behandlung des Dawes-Plans, bei dem ganzen Kreis der damit zusammenhängenden, noch der Entscheidung harrenden Probleme eine wichtige Rolle zu spielen haben.

In seinem von mir bereits erwähnten Vortrag hat Professor Schmalenbach in äußerst anregender, fast faszinierender Form die Behauptung aufgestellt, daß die Tendenz zur Bildung von Kartellen und Trusts in sich die weitere Tendenz trage, die freie Wirtschaft durch eine gebundene zu ersetzen und die Erfüllung der von Marx ausgesprochenen Ideen herbeizuführen. Diese zwangsläufige Entwicklung beruhe auf einer

Steigerung der fixen Kosten im Verhältnis zu den proportionalen. Diese These ist, soweit ich sehen kann, fast allgemein abgelehnt worden. Es ist dabei von Alfred Lansburgh auch an eine historische Entwicklung angeknüpft, die mir wesentlich erscheint: Als um die Wende des 18. Jahrhunderts der mechanische Webstuhl, die Spinn- und Wirkmaschine erfunden wurden, die Dampfkraft ihre erste praktische Anwendung erfuhr, stiegen die fixen Kosten — Anlagekapital und Amortisationsquote —, während sich der Anteil der proportionalen Kosten senkte. Die Folge war jedoch, daß die Produkte sich verbilligten und die Kapazität gewaltig gesteigert wurde, und zwar in einem solchen Ausmaße, daß im Vergleich zu der damaligen ungeheuren Produktionssteigerung die heutige Kapazität — Ueberkapazität, wie von Schmalenbach betont wird — unbedeutend erscheint. In der damaligen Zeit haben sich jedoch die Gewerbe durchaus nicht in einer gebundenen Wirtschaft zusammengefunden, vielmehr flüchtete die damalige gebundene Wirtschaft in die freie Wirtschaft, die ihren stärksten Ausdruck in dem krassen Manchestertum fand. Wir haben hier den Beweis, daß es kein Gesetz gibt, wonach die Ueberkapazität zwangsläufig von der freien zur gebundenen Wirtschaft führen muß. Es ist möglich, daß die Vergrößerung der Betriebe eine Ueberkapazität jeweils nach den konjunkturellen Entwicklungen herbeiführt, aber dieses ist meines Erachtens durchaus kein Novum und man muß erwarten, daß eine ihrer Aufgabe gewachsene Führerschaft mit den ihr zur Verfügung stehenden Hilfsquellen einen Ausgleich zu finden vermag, wobei ich auch durchaus die Meinung vertrete, daß die Wirtschaft ohne eine starke Produktionsreserve nicht auskommen kann. Eine fehlende Produktionsreserve würde bei dem geringsten Ansteigen der Konjunktur zu einer ungesunden Preisentwicklung, zur Entstehung nicht existenzberechtigter Betriebe, zum Aufbau unwirtschaftlicher, auf schnellen Gewinn hinzielender technischer und kaufmännscher Organisationen führen und damit den der Bildung von Kartellen und Trusts zugrunde liegenden Gedanken aufheben.

Die Schmalenbachschen Ausführungen entsprechen aber m. E. auch insofern nicht der Wirklichkeit, als sie zwischen Bindungen, die aus der Wirtschaft organisch erwachsen, vom Staate auferlegten Bindungen und staatssozialistischer Wirtschaftsweise nicht genügend unterscheiden. Die Not der Zeit hat es mit sich gebracht, daß die Wirtschaft aus sich heraus Bindungen geschaffen hat, wobei — wie ich schon hervorhob — der Gedanke der Verständigung das bestimmende Moment war. Kartelle und Trusts sind der Träger und das Symptom einer Entwicklung, die von einem englischen Nationalökonomen mit Recht mit der Sentenz bezeichnet wurde: „Die Konkurrenz tötet die Konkurrenz". Man hat einsehen gelernt, daß es eine klügere Politik gibt als das rücksichtslose Niederkonkurrieren und der Kaufmann hat begriffen, daß es vor allem eine billigere Politik gibt. Diese Verständigungspolitik ist unter dem Drucke der Not an die Stelle der ungehemmten Konkurrenz des vorigen Jahrhunderts getreten, hat sich als ein durchaus natürlicher Prozeß aus der Wirtschaft selbst heraus vollzogen und bedeutet keinen Bruch mit der freien Wirtschaft, sofern man unter dem Begriff der freien Wirtschaft eine solche versteht, die nicht durch äußere, vom Staat ausgehende Eingriffe in eine erzwungene Entwicklung gedrängt wird.

Durchaus verschieden von diesen aus der Wirtschaft in natürlicher Folge sich ergebenden Bindungen sind die Eingriffe der staatlichen Gewalt, wie sie auch jetzt wiederum von verschiedenen Seiten für die Kartelle gefordert werden.

Man sollte keiner Anregung folgen, die etwa den Staat veranlassen will, zu früh und zu weitgehend in diese Entwicklung einzugreifen. Ich will damit durchaus nicht sagen, daß der Staat diese Dinge nicht dauernd zu prüfen und zu überwachen hätte, um etwaige für die Allgemeinheit gefährliche Auswüchse zu beseitigen. Dazu stehen ihm hinreichend Mittel zur Verfügung, besonders kann er durch seine Zollpolitik unberechtigte Preissteigerungen verhindern.

Man hat den Kartellen häufig den Vorwurf gemacht, daß sie die Leistungsfähigkeit der kartellierten Industrie herabsetzen, indem die Produktion sich nach dem schlechtesten Teil innerhalb des Kartells richtet. Dieser Vorwurf entbehrt jedoch m. E. der Begründung. Es mag sein, daß in den Anfängen der Kartellbildung solche Befürchtungen gerechtfertigt waren, sie wurden aber bald schon gemildert dadurch, daß der stärkere Teil sich über die auferlegten Bindungen hinwegsetzte, dann aber vor allem dadurch, daß bei jeder Erneuerung des Kartells das fortgeschrittenste Unternehmen bessere Bedingungen für sich herausholte, und daß es ja im Interesse jedes einzelnen Werkes liegt, sich auch für die Zeit des Kartellablaufes konkurrenzfähig zu halten. Dadurch fällt auch der häufig gehörte Vorwurf in sich zusammen, als hindere das Kartell den technischen Fortschritt. Der Zwang zur Rentabilität ist auch für die im Kartell zusammengeschlossenen Unternehmer noch groß genug, um der Frage des technischen Fortschrittes maßgebliche Beachtung zu sichern. So wird man heute die Vorteile, welche die Kartelle bieten, indem sie in Zeiten der Krisis Katastrophen verhindern, sehr viel höher schätzen müssen als die Nachteile, die jede Einschränkung der wirtschaftlichen Bewegungsfreiheit mit sich bringt. Voraussetzung ist natürlich, daß die Kartelle eine maßvolle Preispolitik betreiben und ihre Macht nicht zum Schaden des Konsumenten gebrauchen. Man kann wohl zugestehen, daß zeitweise derartige Mißbräuche festzustellen waren, aber die gesteigerte Macht der Konsumenten und die Befürchtungen vor dem Einfluß der öffentlichen Meinung haben heute jedenfalls zweifellos im Sinne einer maßvollen Preispolitik gewirkt. Merkwürdig ist übrigens, daß die Angriffe gegen die Kartelle gerade von den Gewerkschaften ausgehen, obwohl diese die Arbeitskraft in einem Maße monopolisiert haben, das die Kartellierung der Industrie erheblich übersteigt.

Meine Damen und Herren! Die Neigung, die besonders schon in Deutschland vor dem Kriege bestand, von seiten des Staates und des Beamtentums in den Ablauf des Wirtschaftsprozesses einzugreifen, hat eine höchst bedenkliche Erweiterung durch die staatlichen Eingriffe in die Privatwirtschaft überhaupt und insbesondere durch die Betätigung der öffentlichen Hand, durch die Interessennahme von Staat, Kommunen und behördlichen Organisationen an der Privatwirtschaft erhalten. Damit komme ich zu einer der wesentlichsten Entwicklungstendenzen in unserer gegenwärtigen Wirtschaft, aber auch zu einem der Hauptübel unserer heutigen Zeit, dessen gefährliche Bedeutung für unsere Zukunft m. E. nicht überschätzt werden kann.

Die Aufgaben des Staates in unserer Zeit sind außerordentlich groß. Noch immer lebt die Welt nicht in

Frieden, noch immer müssen schwerwiegende Probleme innen- und außenpolitischer Natur gelöst werden, damit die Beziehungen unter den Völkern, damit die Zusammenarbeit der Nationen gewährleistet ist. Man wird freudig anerkennen, daß der staatliche Apparat und seine Organe in den letzten Jahren ungewöhnliche Leistungen vollbracht haben. Es ist aber erstaunlich, daß darüber hinaus auch nach Kriegsende noch das Bedürfnis nach einer so bedeutsamen und intensiven Expansion in die Privatwirtschaft besteht. Die öffentliche Hand pflegt zur Begründung dieser Entwicklung auf den historischen Werdegang hinzuweisen, und sie kann das zu einem Teil zweifellos mit Recht tun. Es muß auch gesagt werden, daß das Unternehmertum nicht frei von Schuld und Fehler an dem Umsichgreifen dieser Entwicklungstendenz ist. Sowohl in der Kriegs- wie in der Nachkriegszeit hat man allzusehr in den Zeiten schwieriger Geschäftsverhältnisse, ungenügender Beschäftigung, besonders auch während der großen Krise in der Inflations- und Deflationszeit die Privathand ausgestreckt, um von der öffentlichen Hand Aufträge, Subventionen, Kredite oder Unterstützung zu erhalten. Man hat diese Danaergeschenke nicht gefürchtet, man hat sie sogar gern entgegengenommen, um sich von den sorgenvollen Stunden und schlaflosen Nächten zu befreien, die eigentlich das freie Unternehmertum erziehen und ertüchtigen sollten. Wir können bei der Behandlung dieses Themas an dieser Selbstkritik nicht vorübergehen und müssen erwarten, daß die Wirtschaft auf diesem Gebiete mehr Selbstzucht übt.

Es ist für mich immer eine unverständliche Tatsache, wie es möglich ist, daß der privatwirtschaftliche Gedanke, die privatwirtschaftliche Wirtschaftsführung im Gegensatz zur Staatswirtschaft so unpopulär ist. Ich vermag nicht zu erkennen, daß diese staatswirtschaftlichen Betriebe in Führung und Leistung Besseres vermögen, als die unter privatwirtschaftlicher Initiative stehenden gleichartigen Betriebswerkstätten. Weder hat der Konsument in der Preisentwicklung Vorteile, noch wird der Arbeitnehmer besser entlohnt als in der Privatwirtschaft. Die staatlichen Betriebe können sich auf die Dauer auch durchaus nicht dem ersten Gesetz der kapitalistischen Ordnung, dem Streben nach Erwerb, entziehen. Es soll nicht verkannt werden, daß die Initiative des Staates in den entscheidenden Augenblicken nach dem Kriege vielfach stärker in Erscheinung trat als diejenige des Unternehmertums. Das ist aber deshalb kein Wunder, weil dieses Unternehmertum, zermürbt und entkräftet von finanziellen und Produktionssorgen, die rettende Staatshilfe verlangte, und weil der Staat sich zu allen Zeiten ohne Risiko wirtschaftlichen Arbeiten zuwenden konnte, denn ihm stand und steht immer die große Kraft des Steuerzahlers, die große Möglichkeit des Staatskredites zur Verfügung. Es darf auch nicht unterschätzt werden, daß der Staat durch seine Steuergesetzgebung, durch einen Eingriff in die Substanzen unserer Wirtschaft mit Hilfe seines Steuerapparates, besonders in der Zeit der Deflation, die Staatskasse übermäßig gefüllt hat und eine indirekte Enteignung des Privateigentums bewirkte, die die Sehnsucht nach Staatshilfe seitens der Privatwirtschaft vielfach verursachte. Nun ist es durchaus richtig, daß nicht alle Zeiten eine freie und eine rein privatwirtschaftliche Betätigung ohne jede Anlehnung an den Staat zugelassen haben, und daß auch hier das Gesetz der Veränderung Platz greift. Wenn sich aber der Staat auf seine Stellung gegenüber der Wirtschaft zu Beginn des 19. Jahrhunderts bezieht, wenn er die Zeit Friedrichs des Großen oder die Zeit der Stein-Hardenbergschen Periode hervorhebt und darauf hinweist, daß auch diese Zeit weitgehende staatliche Unterstützungen für die Privatwirtschaft erbracht hat, so muß man, um diese Dinge zu klären, doch darauf hinweisen, daß die Mitwirkung des Staates immer nur darin bestand, die private Initiative anzuregen und zu fördern. Wie wenig sich früher der Staat selbst auf Gebieten, für die wir heute die staatliche Bewirtschaftung als etwas durchaus Natürliches ansehen, Unternehmerfähigkeiten zutraute, geht deutlich aus der Tatsache hervor, daß sogar die Post nicht vom Staat betrieben, sondern bis Ende der 60iger Jahre des vorigen Jahrhunderts der Privatunternehmung des Fürsten von Thurn und Taxis überlassen war. Es ist auch bemerkenswert und charakteristisch, daß das Eisenbahnwesen gerade in Preußen uns deutlich zeigt, wann und wo die Befugnis der öffentlichen Hand, sich wirtschaftlich zu betätigen, anfängt und aufhört. Solange der Bahnbau und Bahnbetrieb noch gewerbliches Neuland war und nur der private Unternehmergeist den Mut und die Initiative aufzubringen vermochte, unter persönlicher individueller Abwägung aller Risiken und Chancen seine und fremde Kapitalien unter eigener Verantwortung zur Schaffung und Fortführung neuer Bahnbetriebe anzulegen, überließ der Staat alles der Privatwirtschaft. Es ist bekannt, woran man sich heute sehr wohl erinnern sollte, welche großen Leistungen die Effektenmärkte damals durch Heranziehung spekulativen und Anlagekapitals für Eisenbahnaktien für die Entwicklung des preußischen Bahnwesens getan haben. Erst als der Betrieb einer Bahnlinie monopolartigen Charakter bekam und damit mehr und mehr in der Uebernahme eine rein verwaltungstechnische Aufgabe entstand, schritt der Staat zur Verstaatlichung der Privatbahnen und zum Bau eigener Linien. Hier ist also die natürliche Grenze zwischen öffentlicher und privater Betätigung ganz richtig erkannt und respektiert worden. Solange ein Wirtschaftsgebiet in der Entwicklung begriffen ist, also Unternehmungsgeist und Verantwortungsfreudigkeit in erster Linie aufzubringen sind, um diese Entwicklungen sicherzustellen, kann und darf nur das Privatkapital in wirtschaftlicher Aktivität und Lebensentfaltung zur Bewältigung der vorliegenden Aufgaben herangezogen werden. Erst wenn die Entwicklung zu einer reinen Verwaltungsarbeit hinübergeleitet ist, um das Unternehmen auf einer hinreichenden Leistungsfähigkeit zu erhalten, kann der Staat ohne erheblichen Schaden das Privatkapital ablösen. Dabei ist selbst diese staatliche Betätigung keinesfalls allgemein als heilsam anerkannt; es braucht nur auf Länder wie England und Amerika hingewiesen zu werden, um zu zeigen, wie wenig bisher diese Tendenz dort auch bei solchen Unternehmungen Eingang gefunden hat. Man darf feststellen, daß das weder dem Staatsapparat, noch der Privatwirtschaft, noch dem Konsumenten oder dem Arbeitnehmer irgendwie geschadet hat. Auch hier verweise ich auf die Ausführungen von Owen Young in seinem Vortrag, in dem er feststellte, daß entweder die Politik sich den wirtschaftlichen Tendenzen anpassen muß, oder daß sie von der Wirtschaft völlig getrennt werden muß. Wenn man aber das deutsche System der Zweiteilung von Privatwirtschaft und Staatswirtschaft anerkennt — und nach der historischen Entwicklung müssen wir das bis zu einem gewissen Grade tun —, so muß sich die öffentliche Hand nur auf dasjenige Gebiet begeben, für das sie die Befähigung mitbringt, dagegen dasjenige Gebiet, auf dem das Privatkapital ihr überlegen ist und überlegen sein muß, sollte sie ein für allemal verlassen. Daraus ergibt sich ohne weiteres, daß für die kommende Zeit mit ihren sicher zu erwartenden gewaltigen technischen Fortschritten die Wirtschaft unter dem Zeichen des privaten Unternehmertums stehen muß. Es wäre zu wünschen, daß man im Reich, bei den Staaten und Kommunen den Sinn dieser prinzipiellen Zweiteilung gründlich studierte. Man müßte dann erkennen, daß der Staat die natürlichen Grenzen längst überschritten hat. Geradezu verhängnisvoll und nachdrücklich zu bekämpfen ist die Betätigung der öffentlichen Hand im Bank- und Kreditwesen. Ich wiederhole hier am besten, was ich an andrer Stelle schon gesagt habe: „Unsere Einstellung gegen das Wirken der öffentlichen Hand richtet sich insbesondere gegen die staatliche Betätigung auf privatbankgeschäftlichem Gebiet, die weit über den Rahmen dessen hinausgediehen ist, was man von Staatswegen als notwendig und berechtigt vertreten kann. Hier ist die Entwicklung um so bedenklicher und gefährlicher, als der Aufbau des deutschen Bankgewerbes so umfangreich ist, daß jede gesunde Inanspruchnahme durch die Privatwirtschaft voll erfüllt werden kann. Staatliche Bankorganisationen können nur wie in der Vorkriegszeit als solche fungieren, und ihre privatbankgeschäftliche Aufgabe muß sich in der Hauptsache darin erschöpfen, Bank der Banken zu sein." Das gilt schon für eine kapitalistische Wirtschaft, die eine natürliche und gesunde Grundlage in bezug auf starke Kapitalbasis und Kapitalbildung als wichtigste Voraussetzung für eine beharrliche und kontinuierliche Fortentwicklung besitzt, das gilt natürlich wesentlich mehr in einer Wirtschaft wie der deutschen, wo eine höchst mangelhafte Kapitalbasis, wo ungeheure finanzielle Anforderungen für politische Leistungen, für die großen umwälzenden Entwicklungstendenzen der Wirtschaft notwendig sind und wo die Erfüllung dieser ungeheuren, auf eine kurze Zeitspanne zusammengedrängten Anforderungen über Leben und Tod der Wirtschaft entscheidet. Für diese Anforderungen können wir, einerlei, ob die Wirtschaft in privater oder öffentlicher Hand liegt, die ausländischen Kapitalmärkte nicht entbehren. Wir sind angewiesen auf den Kredit der Welt, und dieser muß im System, in der Methode, eine Vertrauensbasis finden. Die Welt muß offen und klar die Strömungen und

Entwicklungen zu übersehen vermögen, die die Wirtschaft des Einzelnen und der Gesamtheit beeinflussen. Bei dem deutschen Bankwesen ruht in unserer Zeit unverändert die schwere Aufgabe, unsere Weiterentwicklung zu finanzieren und dafür zu sorgen, daß der Ertrag unserer Wirtschaft, daß das soziale Produkt fortgesetzt gesteigert wird. Dieser Aufgabenkreis ist für die öffentliche Hand wesensfremd und wesensungeeignet. Die öffentliche Hand kann und darf diese Grenzen nicht überspringen, indem sie von ihrer wirtschaftlichen oder staatlichen Machtstellung Gebrauch macht. Sie kann auch nicht mit dem Hinweis darauf, daß sie heute mehr als früher den Ueberblick über die privatwirtschaftlichen Strömungen notwendig hat, ein so weites Eindringen in das Feinste und Schwierigste eines Betriebes der Privatwirtschaft begründen, denn der Staatsapparat ist so umfangreich und so beamtenreich, daß er sich für alle Kontrollen und für jede Uebersicht, die er beanspruchen kann und beanspruchen muß, auch auf andere Weise Voraussetzungen und Grundlagen zu beschaffen vermag. Der Staat sollte nicht in der Wirtschaft, sondern über der Wirtschaft stehen. Er sollte sein staatliches Hoheitsrecht nicht inflationistisch verwässern. Ich verweise auch hier auf die Ausführungen, die ich im Geschäftsbericht der Darmstädter und Nationalbank gemacht und in denen ich hervorgehoben habe: „mehr und mehr verliert der Staat, der die höchste neutrale Stelle darstellen soll, seine Objektivität, da er selbst die Rolle eines Privatinteressenten übernimmt. Er wird in dieser Eigenschaft die schweren Aufgaben, die ihm gerade in wirtschaftlicher Hinsicht auferlegt sind, kaum zu lösen vermögen, sondern wird vielmehr immer stärker hineingedrängt in eine bedenkliche Neigung zum Kompromiß, die durch die Verbindung von Privatwirtschaft und Staatswirtschaft geschaffen wird. Die Gefahren, die damit nach mancherlei Richtungen hin für das Staatswesen verbunden sind, sind unverkennbar und müssen besonders stark hervortreten, wenn einmal die Regelung dieser ganzen schwierigen Fragen in Händen von Menschen einer späteren Generation liegt, die den Werdegang dieser eigenartigen Gestaltung nicht mehr miterlebt haben, und die infolgedessen auch viel leichter den Gefahren unterliegen werden, die die Zeitgenossen dieser Entwicklung noch leicht zu bewältigen vermocht haben." Es geht nicht an, wie ich an gleicher Stelle gesagt habe, daß der

Staat in zunehmendem Maße zum bestimmenden Faktor in unserem Wirtschaftsleben geworden ist. „Er setzt die Miete fest, bestimmt den Wohnungsbau, diktiert die Eisen-, Kohlen- und Kalipreise, er betreibt Unternehmungen größten Ausmaßes, betätigt sich in steigendem Maße im Bank- und Kreditwesen, erhebt die Steuern nicht nur nach dem Einkommen, sondern auch von der Substanz und bestimmt diktatorisch von einer zentralen Stelle aus Löhne und Arbeitszeit. Der Staat muß wieder zu seinen eigentlichen Aufgaben zurückkehren und muß sich hüten, aus einer freien eine vom Staate manipulierte Wirtschaft zu machen." Wir können diese staatliche Betätigung, die eine Verankerung von Zwangsmaßnahmen des Krieges darstellt, auf die Dauer nicht ertragen. Wenn das kapitalistische System beseitigt werden muß und soll, weil ein anderes, besseres, menschheitswürdigeres erfunden ist oder früher verkündete Theorien in die Praxis übergeführt werden sollen, so muß man den Mut und die Energie hierfür aufbringen. Man hat es im entscheidenden Augenblick nach dem Kriege nicht getan. Alle Planwirtschaftler haben sich von ihrer Planidee in wohlüberlegter Erkenntnis der Schwierigkeiten und in vollwertiger Berücksichtigung, daß der Welt nichts Besseres gebracht würde, zurückgezogen. Hieraus muß auch der Staat seine Konsequenzen ziehen, und diejenige staatliche Betätigung in der Privatwirtschaft wieder aufgeben, die er nur durch eine fehlerhafte Einstellung seiner hoheitsrechtlichen Stellung übernommen hat oder die er aus dem Bedürfnis einer krankhaften Zeit im wohlverstandenen Interesse für die Gesamtheit ausüben mußte. Das bedeutet nicht, daß er seine Autorität und sein autoritatives Wirken einbüßt, ganz im Gegenteil zeigt er seine Weitsicht, wenn auch ihn erfüllt, was er von anderen fordert, wenn auch für ihn die Freiheit über Selbstkritik und Selbstkontrolle führt. Es ist merkwürdig, daß in unserer Zeit, in der die Geschichte vor unsern Augen plastisch und greifbar gesunde und ungesunde Formen des staatlichen und wirtschaftlichen Lebens aufgerollt hat, in der wir wie in einem Lehrfilm gesunde und ungesunde Entwicklungstendenzen an uns vorbeiziehen lassen können, es ist merkwürdig, sage ich, daß in einer solchen Zeit Theorie und Praxis sich nicht über das Notwendige und Gesetzmäßige, über das Form- und Lebensgerechte, über das zweckmäßig Anzustrebende zu verständigen vermögen. Wir können innen- und außenpolitische Beispiele heranziehen, die uns zeigen, wie stark der Unterschied zwischen privatwirtschaftlicher Initiative und staatswirtschaftlicher Betätigung ist. Wenn man Amerika und Rußland oder nur Deutschland und Rußland, wo gleiche und ähnliche Zeitumstände und Verhältnisse geherrscht haben, gegenüberstellt, so bekommt man das Grausen vor staatswirtschaftlicher planmäßiger Betätigung. Und wenn man daran denkt, wie unsere frühere und heutige Reichsbank ihren Aufgabenkreis bewältigt hat und bewältigt, wenn man sich den Unterschied klar macht, der durch staatlichen Einfluß und durch privatwirtschaftliche individuelle Anpassung an die jeweiligen Forderungen der Entwicklung ausgedrückt ist, so sieht man, daß der Gesamtorganismus der Wirtschaft im kapitalistischen System getragen und geführt sein muß vom individuellen Geist privater Betätigung. Zu allen Zeiten wurden jedoch die politischen Gewalten von der Tendenz beherrscht, sich auszuwirken und das Gebiet und ihren Einfluß soweit als möglich zu erweitern. Unser Staat aber, der auf so starker demokratischer Grundlage ruht, sollte seine Rechte nicht zu Zwangsmaßnahmen und Zwangsorganisationen entfalten, denn diese sind es, die das Wesen des staatlichen Eingreifens, das Wesen der staatlichen Betätigung in der Privatwirtschaft ausmachen. Er darf nicht ohne äußerste Not in die Sphäre des Privateigentums eingreifen und sie bedrohen. Gerade die Heiligkeit des Sondereigentums muß als Glaubensbekenntnis und Weltanschauung unserer Zeit wieder eingeimpft werden.

Wir wissen als Bankiers natürlich sehr wohl, daß das staatswirtschaftliche Interesse an Betrieben der Privatwirtschaft heute ein so umfangreiches und großes ist, daß niemand etwa die prinzipielle Forderung aufzustellen vermag, daß diese historische Entwicklung aufgehoben wird. Wir müssen uns infolgedessen darauf beschränken, dafür zu sorgen, daß dieser staatliche und kommunale Einfluß nicht zu bedenklichen Erschütterungen oder gefährlichen Entwicklungen zu führen vermag. Wenn man daran denkt, daß der Staat mit Hilfe von Steuererleichterungen zum Schaden der Privatbetriebe und der Allgemeinheit jederzeit die Basis der äußeren Rentabilität seiner Betriebe heben kann, wenn man daran denkt, daß es keinerlei Uebersicht darüber gibt, ob und inwieweit staatliche und kommunale Betriebe tatsächlich demselben Gesetz völlig unterliegen wie die privatwirtschaftlichen, nämlich mit geringster Leistung an Kapital und Arbeit höchstmöglichen Nutzeffekt zu erzielen, wenn man berücksichtigt, daß niemand von uns zu übersehen vermag, ob unrationelle, verlustbringende Geschäfte und Unternehmungen nicht aus zu hohen Gewinnen lukrativer Unternehmungen gespeist werden, wenn man schließlich bedenkt, daß nicht immer privatwirtschaftliche Sachkenntnis, privatwirtschaftlicher Unternehmungsgeist für die Führung der Gesellschaften der öffentlichen Hand herangezogen werden, so kann man sich eine Vorstellung davon machen, wie hier unter der Oberfläche dieses großen Wirtschaftsgebietes Strömungen laufen, die unter Umständen Schaden und Gefahren heraufbeschwören, die uns eines Tages sehr beschäftigen könnten.

Auf dem kürzlich in Hamburg abgehaltenen Gewerkschaftskongreß ist auch die Frage der Betätigung der öffentlichen Hand in weitgehendem Maße erörtert worden. Obschon die mir bekannt gewordenen ersten Berichte, die mich nach Fertigstellung meines Referates erreichten, noch unvollständig sind, ergibt sich doch bereits der grundlegende Unterschied zwischen der in Hamburg vertretenen Weltauffassung und dem von mir in meinem Vortrage vertretenen Standpunkte. Ich habe ausgeführt, daß die kapitalistische Wirtschaftsordnung den Gesetzen der Dynamik unterliegt und daß sie nach vielfacher Richtung hin ausbaufähig ist, daß aber diese Reform lediglich durch die inneren Kräfte der Wirtschaft und nicht durch staatliche Eingriffe bewirkt werden kann. Ich habe vor allen Dingen darauf hingewiesen, daß gerade die Vermischung von Wirtschaft und Politik die organische Entwicklung gefährdet. Im Gegensatz hierzu steht die Einstellung der Gewerkschaften. Was diese wollen, nämlich die Beseitigung der kapitalistischen Wirtschaftsordnung auf dem Umwege über die politische Macht, erscheint mir verhängnisvoll und derartigen Tendenzen muß nachdrücklich widersprochen werden. Sie stehen im krassen Gegensatz zu der versöhnenden Verständigungstendenz, die ich gerade von einer möglichst vollkommenen Ausschaltung der Politik zum Wohle der Arbeitgeber und Arbeitnehmer, das heißt, zum Wohle der Wirtschaft erwarte. Alle Anhänger der kapitalistischen Wirtschaftsordnung müssen sich besinnen, daß diese von den Gewerkschaften angestrebte Entwicklung große Gefahren in sich birgt und daß wir ihr mit überzeugenden Ideen und ernster Energie entgegentreten müssen, wobei ich, um Mißverständnisse zu vermeiden, ausdrücklich betone, daß ich gegen die Entwicklung der Gewerkschaften auch auf wirtschaftlichem Gebiete, insbesondere etwa gegen die Entwicklung der Konsumvereine, der Arbeiterbanken etc. nichts einzuwenden habe und zwar weil sie aus eigenen Kräften erfolgt und nicht durch künstliche Maßnahmen des Staates erzeugt wird.

Die Atmosphäre der Spannung zwischen staatlicher und privatwirtschaftlicher Betätigung sollte baldmöglichst ausgeglichen werden. Mit genau der gleichen Sorgsamkeit und Betriebsamkeit muß aber versucht werden, die bedrückende und belastende Atmosphäre des Mißtrauens und der Fremdheit zwischen den gleich wichtigen und gleich bedeutsamen Faktoren wirtschaftlicher Zusammenarbeit, zwischen Arbeitgeber und Arbeitnehmer, zu beseitigen. Eine aus Vernichtung, aus angstvoller Lebenskrisis treibende und getriebene Wirtschaft kann nicht in einer kurzen Spanne Zeit organisch und zweckmäßig alle Forderungen und Wünsche erfüllen, die aus dem Zusammenbruch alter, festgefügter Verhältnisse herausgewachsen sind.

In der Entwicklungstendenz der deutschen Wirtschaft unserer Zeit laufen nach meiner primitiv praktischen Vorstellung der Dinge immer zwei große Linien nebeneinander. Die eine soll uns über höhere Produktion und höhere Rentabilität zu dem wirtschaftlichen Kraftzentrum der Kapitalbildung führen, d. h. eine wirtschaftliche Aufgabe lösen, über die ich schon Verschiedenes gesagt habe, die andere, der ich mich jetzt zuwenden will, über Löhne und soziale Leistungen die Arbeits- und Schaffensfreude der Menschen steigern, also eine ethische und kulturelle Aufgabe erfüllen. Man wird nicht nur den Vertretern der Arbeit das Recht zugestehen müssen, einen möglichst hohen Anteil an den Erträgnissen der Wirtschaft als Aequivalent für ihre Leistung zu fordern und auch zu erkämpfen, auch die für die Stärkung und Sicherung des Wirtschaftssystems einstehende Unternehmerschaft muß für einen möglichst starken Abfluß der Gewinne in das große Sammelbecken der unvermögenden und arbeitenden Volksschichten Sorge tragen, denn von hier fließen die Gewinne über die Erhöhung der Konsumkapazität, über die Bildung von Sparkapital ganz von selbst wieder zurück, um sich in einer Befruchtung der Produktion und damit einer Steigerung der Rentabilität auszuwirken. Es wird keine Meinungsverschiedenheit und keine Diskussion darüber notwendig sein, daß wir dieses Ziel in der Welt zu erreichen wünschen. Schwierigkeiten und Meinungsverschiedenheiten ergeben sich jedoch bei der praktischen Durchführung der Ideen, die die Erreichung dieses Zieles anstreben. Es ist in politisch aufgewühlten Zeitläufen nicht schwierig, die Erfüllung aller nur denkbaren Forderungen der Arbeitnehmer in Aussicht zu stellen, schwierig aber ist es, auf dem nüchternen Boden der Wirklichkeit tatsächlichen Fortschritten den Weg zu bereiten durch ein praktisches Wirtschaftssystem, das seinen Angehörigen in möglichst großem Umfange solche Lebensformen ermöglicht, in denen sich die vorhandenen Begabungen am besten auswirken können und das an den materiellen und geistigen Gütern der Nation möglichst vielen einen möglichst großen Anteil gewährt. Es kann keinem Zweifel unterliegen, daß wir zur Erhöhung des Anteils der Arbeitnehmer am Sozialprodukt nur dann kommen können, wenn die Erhöhung der Produktion und Rentabilität zum Zwecke der Kapitalbildung erreicht wird. Wir stören aber diesen ursächlichen Zusammenhang, wenn die Linie von Lohn- und sozialen Leistungen nicht nur an die Linie von Produktivität, Rentabilität und Kapitalbildung herankommt, sondern diese Linie überschneidet. Das gilt vor allem von einer Belastung der Produktion durch eine übertriebene soziale Fürsorge. Es soll nicht bestritten werden, daß in einem gewissen Stadium der Entwicklung im vorigen Jahrhundert der Staat mit seiner Sozialpolitik eingreifen mußte, daß auch nach dem Kriege wieder sein Eingriff notwendig war, weil die psychologischen und materiellen Voraussetzungen fehlten für eine hinreichende soziale Entwicklung, die ein Eingreifen des Staates überflüssig gemacht hätte. Heute liegen die Dinge anders. Die Unternehmerschaft ist schon aus Klugheit und im eigenen Interesse sozial eingestellt und die Arbeitnehmer verfügen über sehr erhebliche Fonds, die gemeinsam mit Mitteln der Unternehmer eine soziale Fürsorge erlauben und eine Staatshilfe jedenfalls in dem jetzigen Umfange nicht ratsam erscheinen lassen.

Man kann im übrigen sehr wohl auf dem Standpunkt stehen — und ich selbst stehe auf diesem Standpunkt —, daß das in Amerika herrschende System, das sich lediglich auf die Lohnzahlung und zwar auf den Leistungslohn konzentriert, das Bessere ist, weil es das Individuum zum Nachdenken über sich, über seine Arbeitsleistung, über sein Leben zwingt, weil es ihm selbst die Verantwortung auferlegt, aus seinem Arbeitskapital heraus für sich und seine Familie zu sorgen, und weil es das Individuum zur Aufbringung und Entfaltung aller Energien herausfordert, die einen Aufstieg aus der Masse bewirken können. Nach meiner Ansicht entsteht damit auch ein ganz anderes Verhältnis zwischen Arbeitnehmer und Arbeitgeber, und auch der Arbeitgeber wird in dem Wunsche, die Arbeitskräfte mehr mit seinem Werke zu verbinden, zu besonderen individuellen Leistungen auf sozialem Gebiet für den Arbeitnehmer angetrieben. So haben wir in Amerika ein mannigfaches und ausgedehntes System sozialer Fürsorge durch den Arbeitgeber, verschiedenartige Methoden der Beteiligung des Arbeitnehmers am Werke und besondere Einrichtungen, um den Spartrieb des Arbeitnehmers durch hohe Verzinsungen anzuregen. Der Arbeitnehmer kommt dadurch in einen menschlichen und persönlichen Zusammenhang zu seinem Werke und der Abstand zu den leitenden Persönlichkeiten wird verringert. Die zu weitgehende und nur staatlich organisierte soziale Fürsorge hat viel zu sehr den Charakter der Wohltätigkeit und schafft in der gegensätzlichen Atmosphäre zwischen Kapital und Arbeit keine Aussöhnung, sondern eine Verschärfung. Die Wirtschaft wird sich mehr und mehr darüber klar werden müssen, daß die eigenartige Entwicklung unserer politischen Parteien, einerlei, welche es sein mag, die immer mehr zur Sicherung und Erreichung einer eigenen Machtposition drängt, die rein wirtschaftlichen Gesetze des Kapitalismus in der Praxis unberücksichtigt läßt. Denn das kapitalistische System und seine Grundlage, das Privateigentum, ist nicht populär, und seine Verteidigung erwirbt weniger Beifall als seine Bekämpfung. Wenn es aber kein Wirtschaftssystem gibt, das bisher bessere Mittel und Wege finden konnte, um das erstrebte Ziel zu erreichen, so werden Arbeitnehmer und Arbeitgeber, wenn sie sich zu dieser Erkenntnis durchgerungen haben — und man muß heute annehmen, daß auch die Arbeitnehmer, zum wenigsten in ihrer Führerschaft grundlegend von dieser Erkenntnis überzeugt sind — dafür sorgen müssen, daß die Atmosphäre der Wirtschaft freier wird von bürokratischen und politischen Einflüssen des Staates und der parteipolitischen Organisationen.

Nach den zurzeit geführten Diskussionen darf man hoffen, daß demnächst unser heutiges Schlichtungswesen zu einer Reform kommen wird. Man kann natürlich nicht erwarten, daß in Zukunft irrationelle Lohnfestsetzungen und Schiedssprüche unterbleiben, aber es würde immerhin einen Fortschritt bedeuten, wenn der Staat sich aus diesen Dingen mehr heraushielte und auf diese Weise das Verantwortungsgefühl der streitenden Parteien gestärkt würde. Diese Parteien müssen wieder die volle Verantwortung für ihr Tun fühlen und müssen sich klar werden über die Konsequenzen überspannter Forderungen, wie über die Konsequenzen rigoroser, machtbewußter Ablehnungen. Man kann nicht im Lohnkampf, man kann nicht in der sozialen Fürsorge ein Niveau überschreiten, das der Produktivität und Rentabilität nicht entspricht, ohne einzusehen, daß Betriebsstillegungen und Arbeitslosigkeit erfolgen müssen. Je mehr der Staat aus diesem Kampf der Parteien herausbleibt und ihnen selbst die Verantwortung überläßt, um so eher wird ein vernünftiger Ausgleich der Interessen erreicht werden. Ein dennoch notwendig werdender Eingriff des Staates wird um so wirkungsvoller sein. Die Wirtschaft muß aber bei diesen Dingen mit großem Bedauern feststellen, daß noch immer die aus der historischen Entwicklung heraus verständliche Zweiteilung der Staatskontrolle besteht. Auf der einen Seite haben wir die Kontrolle und Tätigkeit des Reichswirtschaftsministeriums, auf der anderen diejenige des Arbeitsministeriums. Da das Wirtschaftsministerium seiner Aufgabe nach in einem kapitalistischen System die kapitalistischen Grundsätze von Produktivität und Rentabilität anerkennen muß, so darf das Arbeitsministerium innerhalb seines Aufgabenkreises diese Grundsätze nicht verlassen.

Meine Damen und Herren! Der Sozialismus hat bisher das Problem gleichmäßiger Verteilung und gleichmäßigen Genusses der Lebensgüter ebensowenig gelöst wie die Medizin das Problem, die Menschen unter allen Umständen gesund zu erhalten und sie vom Tode zu erretten. Man dient schließlich auch dem Arbeitnehmer nicht, wenn man in ihm das Gefühl der Unzufriedenheit dauernd wach erhält. Man schafft damit eine Atmosphäre des seelischen Nörglertums, die ohne Berücksichtigung historischer Entwicklung und ohne Anerkennung des gegenwärtig Erreichten immer neue Forderungen bewirkt. Man verkennt hierbei häufig dasjenige, was eine bestimmte Wirtschaftsordnung überhaupt dem Menschen geben kann. Sie kann ihm nur verhelfen zu höherem materiellem Wohlstande, aber sie ist nicht geeignet, Glück hervorzurufen, das etwas durchaus Innerliches ist, wie denn ja auch die Glücksvorstellungen durchaus verschiedene sind. Man muß auch an dieser Stelle feststellen, daß wir immerhin mit unserem Reallohn unter Berücksichtigung der Geldentwertung höher stehen als vor dem Kriege, gerechnet auf den Durchschnittslohn des gelernten Arbeiters für die achtundvierzigstündige Arbeits-Woche.

Ich glaube, daß kein vernünftiger Unternehmer die dem Arbeitnehmer günstige Entwicklung bedauert, aber die Bedrohung der Wirtschaft durch täglich sich steigernde Forderungen muß endlich durch einen Zustand der Beharrung abgelöst werden. Es ist auch nicht zu vergessen, daß neben diesen materiellen Erfolgen eine ungeheure Verschiebung gegenüber früheren wirtschaftlichen Epochen und gegenüber der Vorkriegszeit in bezug auf Stellung und politische Macht des Arbeiterstandes, in bezug auf Mitwirkung und Beteiligung des Arbeitnehmers an den Entscheidungen, welche die Wirtschaft betreffen, eingetreten ist. Auch diese Entwicklung, die vielfach zwangsweise herbeigeführt wurde, sollte von niemandem bedauert werden; man sollte im Gegenteil auch von seiten des Unternehmertums sie geistig und innerlich erfassen und sie durch vernünftige Initiative zu festigen und auszubauen versuchen.

Von den geschilderten Entwicklungstendenzen in der deutschen Wirtschaft scheinen mir zwei besonders wesentlich für die Kapitalbildung in Deutschland zu sein, die uns noch zu beschäftigen hat: Der relativ hohe Reallohn des Arbeitnehmers in Verbindung mit der starken Zunahme der Beschäftigten und die Betätigung der öffentlichen Hand auf wirtschaftlichem Gebiete. Es ist bei der Vielgestaltigkeit und Buntheit des wirtschaftlichen Lebens fast unmöglich, richtige, objektive Grundlagen für die Kapitalbildung unseres Landes in den letzten Jahren zu geben. Ich will auch bei diesem Gegenstand die Tendenz meines Vortrages, möglichst wenig Zahlen zu nennen, aufrecht erhalten, zumal die Kapitalbildung in besonderer Weise von den Herren Korreferenten behandelt wird. Ich glaube aber, daß man allgemein feststellen kann, daß die Kapitalbildung in Deutschland zwar weder objektiv noch subjektiv ungünstig ist, daß sie aber trotzdem weit zurückbleibt hinter der immensen Steigerung des Kapitalbedarfs.

Dieser große Kapitalbedarf ist nicht veranlaßt — wie das Ausland teilweise annimmt — durch eine Expansion der deutschen Wirtschaft, sondern durch eine naturgesetzliche Entwicklung infolge der starken Bevölkerungsvermehrung, die aus sich heraus einen gesteigerten Kapitalbedarf erzeugt, infolge der Notwendigkeit, die Betriebseinrichtungen zur Aufrechterhaltung des Wettbewerbs zu modernisieren, aus dem Drange heraus, dem jedes Kulturvolk unterliegt, an den Genüssen des Lebens in gleicher Weise teilzunehmen wie die Bevölkerung anderer Länder. Dieser Zwang zur Anpassung an den Standard of life anderer Länder kann allerdings, wie die Geschichte zeigt, zeitweise unterdrückt werden, so z. B. in Rußland jetzt und in der Zeit vor dem Kriege oder in Deutschland während des Krieges, die Folge aber ist, daß, wenn diese Unterdrückung eine gewisse Zeit überdauert, Explosionen innerhalb der Bevölkerung entstehen.

Die mangelnde, d. h. dem Kapitalbedarf nicht genügende Kapitalbildung hat bestimmte Schäden zur Folge: Gewisse Betriebszweige werden unwirtschaftlich und können infolgedessen nicht mehr aufrechterhalten werden. Das gilt z. B. für die Landwirtschaft. Andere Betriebszweige leiden an verminderter Wettbewerbsfähigkeit gegenüber dem Auslande. Ferner entsteht eine große Unsicherheit der Konjunkturentwicklung durch die Zahlung größerer Geldsummen an das Ausland und das ruckartige und ungleichmäßige Einströmen von Auslandsgeld. Daher liegt Deutschland nicht in dem allgemeinen Konjunkturrhythmus, sondern hat seine eigenen Konjunkturschwankungen, was einen erheblichen Nachteil gegenüber anderen Völkern bedeutet.

Es ist viel darüber geschrieben und gesprochen worden, ob wir nicht eine zu forcierte Konsumentwicklung gehabt haben oder haben. Man hat in diesem Zusammenhang auch vereinzelt die Tendenz vertreten, daß im Augenblick eine gesteigerte Entwicklung zur Sparsamkeit nicht erwünscht sei. Ich glaube im Gegenteil, daß die deutsche Wirtschaft für Jahre hinaus die einfache Formel befolgen muß „Arbeite und spare". Man soll keineswegs vergessen, daß in der heutigen Zeit mit der zunehmenden internationalen Verständigung, mit den ungeheuren technischen Fortschritten, die alle geographischen Grenzen aufheben, die die Hemmungen der Zeit und der Sprache durch die Uebertragung des Bildes und des Lautes spielend beseitigen, die es ermöglichen, im Fluge und im Flugzeug Ozeane zu überqueren, daß in einer solchen Zeit Predigten gegen Luxus und Luxusausgaben Wirkungen nicht auszuüben vermögen. Aber der Luxus von heute wächst sich vielfach zum Bedarf für morgen aus, so daß auch diese Entwicklung häufig günstige industrielle und kapitalbildende Wirkungen zur Folge hat. Man muß erwarten, daß, je mehr die Wirtschaft in einen Beharrungszustand kommt, der Ausgleich aus sich heraus für die Ausgestaltung des Sparsinnes und für die Neigung zu Ausgaben gefunden wird. Der Wunsch, für die Zukunft vorzusorgen und die Neigung, die Gegenwart zu genießen, werden verhindern, daß der Konsum zu stark auf Kosten der Kapitalbildung wächst und umgekehrt. Dieser natürliche Ausgleich wird jedoch unterbunden durch Anwendung von Methoden, die einen künstlichen Konsum erzeugen. Ich spreche von einer zu weitgehenden Finanzierung des Konsums im Wege der Abzahlungsmethoden. Wenn ein Land wie Amerika, das im Riesentempo in der Kapitalbildung vorwärtsschreitet, solche Methoden in freier Weise handhabt, so darf ein kapitalarmes und in der Kapitalbildung unter außerordentlichen Schwierigkeiten stehendes Land wie Deutschland das noch lange nicht tun, und es ist wirtschaftlich ein gefährlicher Zustand, daß wir in dieser Entwicklung schon vielfach zu weit vorgeschritten sind, und daß die Abzahlungsfinanzierungen für Beamte, Angestellte und andere Kreise von Konsumenten, die man nur für produktive Anschaffungen zulassen kann, eine bedenkliche Ausdehnung genommen haben.

Wie ich bereits betonte, hat die im Verhältnis zum Kapitalbedarf viel zu geringe Kapitalbildung große Schädigungen zur Folge. In besonders starker Weise tritt diese Situation in der deutschen Landwirtschaft hervor, die seit längerer Zeit in Produktion und Absatz zu einer gefährlichen Krisis getrieben wird. Die deutsche Landwirtschaft stellt sich jetzt in zunehmender Weise auf die allein mögliche Position der Selbsthilfe um, indem sie sich zu ähnlichen Organisationsveränderungen im Produktionsbetrieb und im Absatzmarkt entschließt, wie sie die deutsche Industrie hinter sich hat. Was die anderen Erwerbszweige der Landwirtschaft geben können, ist vor allen Dingen eine verständnisvolle psychologische Einstellung für ihre Aufgaben und Schwierigkeiten, an der es bisher, wie man offen zugeben muß, vielfach gefehlt hat, die aber im Wachsen begriffen ist mit der zunehmenden Erkenntnis von der Bedeutung des Inlandsmarktes. In der Tat muß die Neigung zu unbedingtem Export, die vor kurzem noch herrschend gewesen ist, mehr verbunden werden mit dem Bestreben, zunächst in erster Linie den Inlandsmarkt zu erfassen, durch vergrößerten Umsatz die Preise zu verbilligen und auf diesem Wege nicht nur das Eindringen ausländischer Waren zu verhindern, sondern nunmehr auch mit Hilfe einer guten Qualität und der niedrigen Preise den Export zu fördern. Daß hierfür eine starke Konsumkraft der Landwirtschaft eine wichtige Voraussetzung ist, läßt sich nicht bestreiten, und ich sehe es als besonders bedeutungsvoll an, daß der Bankiertag sich in einem eigenen Referat damit beschäftigt. Ich möchte deshalb von weiteren Ausführungen meinerseits absehen.

Meine Damen und Herren! Die Kapitalbildung läuft heute ganz andere Wege als früher. Die Ueberschüsse des Unternehmertums sind viel zu klein, um in entsprechend großem Ausmaße Real- und Reservekapital zu sammeln, besonders aber auch unter Berücksichtigung des Umstandes, daß die Wirtschaft heute in ganz anderer Weise als in einer gleichmäßig fließenden Entwicklung Risiken und Gefahren ausgesetzt ist, die der Unternehmer und Führer größerer weltumfassender Betriebe nur auf gutgepolstertem Kapitalsitz einzugehen vermag. Die wirtschaftliche Betätigung ist deshalb besonders im Auslande sehr erschwert, weil die Absatzmärkte der Welt nur zu erobern oder zurückzugewinnen sind unter Bewilligung erheblicher und langfristiger Kredite.

Man darf nicht vergessen, daß die Kapitalbildung sich heute an vielen Stellen der Wirtschaft vollzieht, die der schnellen Betätigung des ersparten Kapitals in der freien Wirtschaft hinderlich sind. Konsumgenossenschaften, die Unternehmungen der öffentlichen Hand, die vielen öffentlichen Banken und Bankorganisationen lassen viel zu viel Kapital und Geld in Kanäle und Becken strömen, aus denen heraus es zu langsam, zu unkontrolliert und zu unübersichtlich den notwendigsten Zwecken und Bedürfnissen der Privatwirtschaft zugeführt wird. Die Kapitalbildung vollzieht sich sodann unter dem Einfluß eines staatlichen und kommunalen Steuerapparates, der viel zu kompliziert ist und der die Kapitalbildung in der unternehmenden Wirtschaft viel zu weitgehend hindert. Demgegenüber tritt heute der Arbeiter als sparender Faktor stärker in Erscheinung. Diese Tatsache ist durchaus erfreulich und erwünscht, und man kann die zunehmenden Einlagezahlen bei den deutschen Sparkassen, die in großem Maße aus den Kreisen der Arbeiterschaft entstehen, als ein außerordentlich wertvolles Dokument unserer Zeit ansehen, das sicherlich allmählich bedeutsame volkswirtschaftliche Folgen haben wird, das uns aber auch in der Zuversicht bestärkt, das sich mehr und mehr die Verständigungsatmosphäre zwischen Unternehmertum und Arbeiterschaft herausbildet. Hier entsteht aus der Masse des arbeitenden Volkes mit der Zeit ein neuer Mittelstand, der die Gesetze und die Wohltaten des privatwirtschaftlichen kapitalistischen Systems aus eigener Erfahrung heraus rechtfertigen und würdigen wird, und hier haben wir vielleicht wirksame Anfänge von Entwicklungstendenzen, die auch der Unternehmer sorgsam pflegen und fortentwickeln muß. Meine Damen und Herren! Wir müssen und dürfen nicht vergessen, daß der Kapitalismus eine größere Popularität, eine stärkere Anhängerschaft, wie er es aus sich heraus verdient, gewinnen muß. Die Initiative für diese Entwicklung muß mehr von der Unternehmerseite ausgehen, die unabhängig von Organisationen, von staatlichen bürokratischen Einrichtungen Wege der Verständigung und des Verständnisses zu finden hat.

Die deutsche Wirtschaft mußte alles aufbieten, um die sich

im Inlande ansammelnden Kapitalkräfte für sich dienstbar zu machen. In den Jahren 1926 und 1927 konnten sehr erhebliche Emissionen an dem inländischen Kapitalmarkt Aufnahme finden, und man wird auch in der Zukunft nicht vergessen dürfen, daß die industrielle Entwicklung Deutschlands, wie an anderer Stelle von mir gesagt, nur gesichert und fortgeführt werden kann, wenn sie sich auf die breiten Schultern industriefreundlicher Volkskreise stützen kann und wenn sich das neu gebildete Kapital zur Bewältigung dieser Aufgaben zur Verfügung stellt. Unsere Unternehmungen sollten deshalb auch bewußt in dieser Entwicklungsstufe unserer Wirtschaft eine vielfach angewandte Methode, ihre Gewinnresultate möglichst wenig in der Oeffentlichkeit behandeln zu lassen, aufgeben. Der Aktionär muß heute sorgsam und pfleglich für die Entwicklung seines Unternehmens interessiert werden. Das Ausströmen der in Deutschland gebildeten Kapitalien zu spekulativen oder anderen Zwecken an ausländische Börsen darf sich bei der augenblicklichen Lage unseres Kapitalmarktes nicht fortsetzen. Das Vertrauen der in- und ausländischen Kapital- und Geldmärkte muß sorgsam aufrechterhalten werden, und die Wirtschaft darf nicht vergessen, daß gerade die deutsche Börse frühzeitig den Wendepunkt von der kranken zur gesunden Entwicklung in der deutschen Wirtschaft erkannt hatte. Die von hier ausgegangene Umwertung aller Werte ist für den Umbau der ganzen Wirtschaft ein einmaliger gewaltiger Vorgang geworden, der die größte rechnerische Kapitalsteigerung in Deutschland in einer so kurzen Spanne Zeit darstellt und sich auf alle Werte und Wertbegriffe übertrug. Er schuf auch im Zusammenhang mit dem großen Rationalisierungsprogramm die materielle und psychologische Voraussetzung, um die für Produktion, Rentabilität und Kapitalbildung gleich wichtige Entwicklungstendenz sicherzustellen, nämlich die Gewinnung der ausländischen Kapital- und Geldmärkte für die heimischen Bedürfnisse. Energische Währungspolitik, frühzeitige Anerkennung der Grundsätze internationaler Finanz-, Geld- und Kapitalverflechtung und eine Führung des Geld- und Kreditwesens, die dieses Vertrauen der ausländischen Geldmärkte, besonders des amerikanischen, sicherstellte, haben bewirkt, daß das Auslandskapital in einem Tempo und einem Ausmaße zu uns hereinströmte, daß unsere Aufgaben gesichert werden konnten. Diese

Kapitaleinfuhr unterlag und unterliegt vielfachen zwangsweisen Regulierungen und sie hat nach verschiedener Richtung hin zu Diskussionen und Maßnahmen Veranlassung gegeben, auf die ich hier im einzelnen nicht einzugehen brauche, die aber nicht zuletzt in bestimmter Weise beeinflußt werden durch eine oftmals zu starke, die psychologischen Wirkungen nicht beachtende Ausgabenwirtschaft der öffentlichen Hand, die besonders dadurch einen ernsthaften und bedrohenden Charakter annahm, daß sie für die in- und ausländische Finanz jeden Ueberblick und jede Kontrolle über die Verwendung der einfließenden geliehenen Kapitalien zur Unmöglichkeit machte. Der Staat hat hier gegen den Staat Zwangskontrollen eingeführt, die man teils als unzulänglich, teils als widersinnig bezeichnen muß. Erzieherische Maßnahmen für die Verwendung geliehener Kapitalien sind für die Privatwirtschaft nicht erforderlich. Die Privatwirtschaft steht durch ihre eigenen Organe unter starker Selbstzucht und Selbstkontrolle. Sie kann sich nicht lange den Luxus gestatten, in einer normalen Wirtschaftsperiode Fehlleitungen des Kapitals oder zu überspannte Investitionsausgaben vorzunehmen. Die Folgen würden sich schon allzu schnell im Gewinn- und Verlustkonto und in der Bilanz der Werke zeigen. Ganz anders ist es mit den Wirtschaftsbetrieben der öffentlichen Hand, wo unrationelle Ausgabenwirtschaft oder unnötige Luxusausgaben ausgeglichen werden können durch die Gewinnresultate anderer in ihrem Besitz befindlicher Unternehmungen und vor allen Dingen durch die Möglichkeit, in Steuererhebungen direkter oder indirekter Art den Ausgleich zu bewirken. Von diesem Gesichtspunkte aus kann über die Berechtigung der Forderung, daß Auslandsgeld nur zu produktiven Zwecken aufgenommen werden darf, ein Streit nicht bestehen. Insbesondere wäre es völlig verfehlt, zur Schaffung eines höheren sozialen Standards Auslandsgelder aufzunehmen. Die Wirtschaft muß gegen solche Entwicklungen aus den verschiedensten Gründen Einspruch erheben. Ihr eigener, für lange Zeit noch notwendiger Appell an die ausländischen Kapitalmärkte darf nicht durch falsche wirtschaftspolitische Tendenzen gestört werden. Der Staat hat hier trotz aller Rufe der Wirtschaft noch eine Zwangsmaßnahme aufrechterhalten, deren schleunige Beseitigung nicht laut genug gefordert werden kann, nämlich die Kapitalertragsteuer, die ich hier nicht zu behandeln brauche, nachdem ihre Unzweckmäßigkeit oft genug nachgewiesen ist. Das Einfließen des ausländischen Kapitals unterliegt vielfachen außenpolitischen Faktoren und Grenzen, die im Dawesplan und in der Transferfrage verankert sind und die unsere volle Beachtung beanspruchen. Dagegen sind mehr und mehr die Erörterungen verstummt, die unter Hinweis auf unsere passive Handelsbilanz das Auslandskapital bekämpften. Es ist selbstverständlich, daß die Verschuldung an das Ausland ein entsprechend ungünstiges statistisches Bild der Handelsbilanz zur Folge hat, aber diese natürliche passive Gestaltung der Handelsbilanz, die sich notwendig aus der Kapitaleinfuhr ergibt, ist nicht schädlich für eine Gesamtwirtschaft, die die Wege des kapitalistischen Wirtschaftssystems geht. Es ist selbstverständlich wie beim Einzelunternehmer, so auch bei der Gesamtwirtschaft keine angenehme Position, die notwendigen Kapitalien vom Auslande zu einem wesentlichen Teile beziehen zu müssen, aber, meine Damen und Herren, es hat sich bisher gezeigt, und es dürfte sich auch in der Zukunft zeigen, daß die deutsche Wirtschaft auf diese Zufuhr für lange Zeit nicht verzichten kann. Die individuelle und folgerichtige Währungspolitik der Reichsbank, die starke Gold- und Devisenbasis, die vorsichtige Handhabung der Notenausgabe werden auch weiter ausreichende Wirkungen auszuüben vermögen. Es ist natürlich wünschenswert, daß etwaige Spannungen, die sich bei plötzlichen Veränderungen in der Verflechtung der internationalen Kapitalmärkte ergeben können, möglichst ohne allzu starken Eingriff in die rein wirtschaftlichen Funktionen verlaufen. Man darf feststellen, daß die recht erheblichen Rückzahlungen, die gerade in letzter Zeit durch die zugespitzten Verhältnisse in New York nach dort erforderlich wurden, keine sichtbaren Störungen hervorgerufen haben. Wie man auch die Frage der Einfuhr von Auslandskapital behandelt, in einem werden wir alle einig sein, daß wir ohne dieses Auslandskapital niemals den Entwicklungsprozeß hätten durchführen können, zu dem wir heute gelangt sind, und daß wir von hier ausgehend eine Förderung der Produktivität, der Wirtschaft erreichen konnten, die letzten Endes auch die Kapitalbildung in Deutschland befruchten mußte.

Und damit komme ich noch einmal mit einem Wort zu den Zielen deutscher Wirtschaftsführung. Sie muß alles

Streben, alles Denken und Handeln auf die Kapitalbildung, dieses Kraftzentrum jedes wirtschaftlichen Organismus richten. Deutschland muß aber wissen, daß es auch in unserem technischen Zeitalter keine Wunder gibt, daß Menschengeist und Menschenwerk sich beugen müssen vor Natur, Zeit und Entwicklung. Aktivität bedeutet nicht immer Expansion; der Einzelne wie die Gesamtheit beweisen die stärkste und höchste Kraftentfaltung häufig im Warten und im Anpassen an diese Lebensfaktoren. Das deutsche Wollen muß in vorsichtigem Balancieren in Einklang gebracht werden mit seinem Können, und das Können ist in vielem abhängig von seinem Wollen. Deutschlands Wirtschaftsführung soll und darf in ruhigem, sicherem Selbstvertrauen an die Entwicklung glauben, aber sie sollte immer und überall wissen, daß sie sich selbst zu helfen hat. Weder die Hilfe des Staates und seiner Organe noch die der Parteien und ihrer Organisationen oder die Hilfe des Auslands mit seinen Kapitalien können unsere Wirtschaft unabhängig und entwicklungsfähig erhalten, wenn wir nicht mit allen Energien und Kräften die Wege eigener Kapitalbildung finden.

Die Wirtschaftsführung muß sich ihrer Verantwortung bewußt bleiben und in offenem und übersichtlichem Tun zeigen, daß sie alle Gesetze, die sie für ihr eigenes System aufstellt, auch selbst achtet, indem sie ihre Methoden, ihre Bücher offen und frei zur Kritik und Prüfung auflegt. Wir brauchen uns bei all dem, was wir erleben und überwinden mußten, der noch bestehenden Schwierigkeiten nicht zu schämen und sollten eine übertriebene Prestigepolitik vermeiden. Wir sollten für In- und Ausland möglichst weitgehende Publizität üben, die uns das Vertrauen der Kapitalmärkte der Welt erhält und sichert, die auch unsere gesunde Entwicklung erkennen läßt, die aber auch zeigen wird, daß wir Schutz und Verständnis in unserer schwierigen Lage verlangen dürfen und müssen, Schutz und Verständnis seitens der eigenen Regierung, der Volksvertretung und auch seitens des Auslandes, das so wesentlich mit seiner Politik Tempo und Ausmaß unserer Entwicklung der nächsten Jahre bestimmen wird. Publizität und offene Behandlung aller Wirtschaftsfragen, besonders der Fragen der wirklichen Rentabilität, ist auch erforderlich für die Verständigung zwischen Arbeitgeber und Arbeitnehmer, denn wir können nachweisen, daß eine weitere Schmälerung der Gewinne verhängnisvoll für alle werden kann. Die Zwangsmaßnahmen des Staates, sein Eingriff in die Privatwirtschaft müssen aufhören und, soweit sie vorhanden sind, nach vieler Richtung hin beseitigt werden. Die Wirtschaft sollte daran denken, daß sie sachverständige Kräfte und ausreichende Möglichkeiten genug hat, um die staatliche Betätigung, die Ausgabenwirtschaft der öffentlichen Hand, einen komplizierten unsachgemäßen Steuerapparat ständig und öffentlich zu prüfen und freimütig zu kritisieren. Sie kann sich nicht damit begnügen, gegen diese gefahrvolle Entwicklung nur zu protestieren, sondern sollte aktive Einrichtungen für diese Zwecke schaffen, wie sie z. B. ähnlich und mit Erfolg in Schweden durch Privatinitiative gegen eine starke staatssozialistische Ausgabenwirtschaft errichtet wurden.

Meine Damen und Herren! Damit bin ich am Schlusse meiner Ausführungen. Was ich mir Ihnen vorzutragen erlaubte, ist zugleich ein persönliches Bekenntnis, ein Bekenntnis zur individualistischen Weltanschauung. Ich bin mir wohl bewußt, daß mancher mir entgegenhalten wird, ich stände hiermit im Widerspruch zu unvermeidlichen Tendenzen der neuen kollektivistischen Entwicklung. Es scheint mir aber richtig zu sein, sich ohne Rücksicht auf anders geartete Geistesströmungen der Gegenwartsepoche zu dem zu bekennen, was man im Laufe des Lebens durch Erfahrung und Nachdenken sich als geistigen Besitz erworben hat. Aus dieser Lebensanschauung erwächst auch jener Optimismus, der mich beherrscht und jeden führenden und individuell empfindenden Mann in der Arbeit beherrschen muß, von dem auch die deutsche Wirtschaft in den großen Entscheidungen der Zukunft getragen sein muß. Diejenigen, welche die Welt davon überzeugen wollen, daß das Leben hinauslaufe auf eine behaglich mittelmäßige Existenz aller Volksgenossen, mögen damit vielleicht für eine gewisse Spanne Zeit Erfolg haben; für die Dauer aber werden sie überwunden werden von jungen, aufstrebenden Nationen, die der Gedanke beherrscht, daß das Leben nicht Ausruhen, sondern Kampf und Entwicklung ist. (Stürmischer, langanhaltender, allseitiger Beifall und Händeklatschen.)

Präsident Geheimrat Prof. Dr. Riesser:

Ich darf wohl dem Herrn Redner, der die hoch gestimmten Erwartungen mehr als erfüllt hat, herzlichen und aufrichtigen Dank im Namen der ganzen Versammlung zum Ausdruck bringen.

Ich rufe auf den Herrn Konsul Hans Harney, Geschäftsinhaber des Barmer Bankvereins.

Konsul Hans Harney, Düsseldorf:

Wenn mein geschätzter Herr Vorredner sich eingehend mit den heutigen großen Wirtschaftsfragen und deren Tendenzen beschäftigt hat im Ausblick auf die davon beeinflußte Kapitalbildung, so möchte ich mich mehr mit bestimmten Einzelfragen der Kapitalbildung als solcher befassen.

Ehe ich aber an diese Fragen herangehe, muß ich die Grundfrage herausstellen:

> „Was verstehen wir im Rahmen unserer Aussprache überhaupt unter Kapital?"

Die Volkswirtschaftslehre versteht unter Produktionskapital diejenigen wirtschaftlichen Güter, die nicht dem unmittelbaren Verbrauch oder Gebrauch dienen, sondern zur Herstellung weiterer wirtschaftlicher Güter bestimmt sind. Innerhalb dieses Produktionskapitals können wir unterscheiden die Rohstoffe, die im Produktionsprozeß aufgehen, und das sich aus Gebäuden, Maschinen, Werkzeugen, Verkehrsanlagen und ähnlichen Werten zusammensetzende Anlagekapital, das dem Produktionsprozeß bis zu seiner Abnutzung dient. Soll deshalb der Produktionsapparat nicht zusammenschrumpfen, so muß ein fortdauernder Kapitalersatz stattfinden. Ueber diesen Kapitalersatz hinaus muß aber eine ständige Zunahme an Produktivkapital erfolgen, wenn sich eine Volkswirtschaft aufwärts entwickeln will. Diese zusätzliche Kapitalbildung vollzieht sich in erster Linie durch Sparen. Die Ersparnisse können verwendet werden entweder zur Finanzierung des eigenen Betriebes und werden damit zu Unternehmerkapital oder zur Finanzierung fremder Betriebe und werden damit zu Darlehnskapital. Unternehmer- und Darlehnskapital sind es, mit denen wir es hier allein zu tun haben.

Diese Klarstellung erscheint mir um deswillen erforderlich, weil man bei eingehenderem Studium der Kapitalbildungsfrage mehrfach darauf stößt, daß Begriffe miteinander verwechselt und gleichgestellt werden, die streng auseinandergehalten werden müssen, wenn nicht immer wieder Mißverständnisse und überflüssige Diskussionen entstehen sollen. Kapitalbildung ist etwas anderes als Kapitalmarkt, Kapitalnachfrage, Kapitalbedarf und Kapitalbeschaffung, alles Dinge, die selbst in wissenschaftlich angehauchten Abhandlungen nicht immer mit der wünschenswerten Klarheit voneinander geschieden werden.

Wenn sich Kapital bilden soll, so müssen zwei Bedingungen erfüllt werden:

1. es muß produziert werden,
2. es muß ein Teil der Produktion erspart werden.

Zu ermitteln, wieviel von der Produktion erspart und damit zu Kapital wird, bleibt ein schwieriges Unterfangen, sowohl was die absolute als auch was die zum gesamten Volkseinkommen relative Feststellung angeht. Nicht alle Kapitalbildung vollzieht sich nämlich für Dritte erkennbar. In dieser Beziehung müssen wir unterscheiden zwischen der unorganisierten und der organisierten Erfassung des gebildeten Kapitals. Zur unorganisierten Kapitalerfassung gehören

a) die Kapitalbildung, die in den Betriebserweiterungen und Betriebsverbesserungen aus laufenden Einnahmen und überhaupt in der sogenannten Selbstfinanzierung zum Ausdruck kommt,

b) die Kapitalbildung, die ihren Niederschlag findet in privaten Darlehnshingaben, Hypothekenüberlassungen und Beteiligungen.

Alle diese Vorgänge lassen sich kaum statistisch feststellen. Anders steht es mit der organisierten Kapitalerfassung, die sich offenbart

a) in Gestalt der Spareinlagen bei den Banken, Sparkassen und Kreditgenossenschaften,

b) in Prämienzahlungen für private und soziale Versicherungen,

c) in Wertpapieranlagen und Emissionen von festverzinslichen Anleihen, Pfandbriefen und Schuldverschreibungen sowie Dividendenpapieren.

Zu den einzelnen Erscheinungsformen der organisierten Kapitalerfassung seien folgende Bemerkungen gestattet:

1. Bei den Bankeinlagen kann man reine Spargelder nicht unterscheiden von den nur vorübergehend angelegten Geldern, die aus zeitweilig nicht benutzten Betriebsmitteln resultieren. Diese Unterscheidung ist schon eher möglich bei den Sparkasseneinlagen.

2. Bei den Emissionen unterlaufen leicht Doppelzählungen, insofern z. B. Sparkassen mit ihren Einlagen und Versicherungsinstitute mit ihren Prämienfonds als Zeichner auftreten, und es werden große Beträge mitgezählt, die Fusionszwecken und der Bezahlung von Sacheinlagen dienen, ohne damit neue Kapitalbildung darzustellen. Neuerdings versucht deshalb auch die amtliche Statistik derartige Fehler auszuschalten.

3. Besondere Schwierigkeit bildet die Feststellung des ausländischen Kapitals, das in den einzelnen Positionen steckt. Bei einer Gesamtstatistik ist freilich zu bedenken, daß auch deutsches Kapital in ausländischen Gesell-

schaften angelegt wird, doch heben sich beide Posten nur zu einem geringen Grade auf.

4. Schließlich wird die Statistik beeinflußt durch die Aufwertungsgesetzgebung, und wenn auch nach dieser Richtung hin Korrekturen vorgenommen werden, wie z. B. durch den Abzug der Liquidationspfandbriefe vom Pfandbriefumlauf, so bleibt doch eine gewisse Unsicherheit auch hier bestehen.

Wie schon betont, kommt für unsere Untersuchung nur dasjenige Kapital in Betracht, das volkswirtschaftlichen Zwecken zu dienen bestimmt und geeignet ist. Und deshalb scheiden hier aus alle Vermögenswerte, die für die Wirtschaft unbenutzt bleiben. Man kann jede Ansammlung von Mark als ein Kapital ansehen, und es wäre eine große Kapitalbildung denkbar an Millionen Einzelstellen mit kleinen und kleinsten Beträgen. Nehmen Sie z. B. an, daß jeder erwachsene Mensch M 20,—, M 30,—, M 100,— spart. Legt er aber das ersparte Geld nur in seine Schublade, dann wäre alle diese Ersparnis volkswirtschaftlich zwecklos. Kapital gewinnt für die Volkswirtschaft erst Wert, wenn es aus kleinsten Quellen zu immer breiteren Massen zusammengeführt, an dazu berufenen Stellen konzentriert und von diesen aus in der geeignetsten Weise der Wirtschaft zur Finanzierung zugeleitet wird. Alles, was diesen Kreislauf von der Entstehung bis zur Endanwendung hemmt, ist volkswirtschaftlich schädlich und muß vom Gesichtspunkte der volkswirtschaftlich nützlichen Kapitalbildung bekämpft werden. Will man deshalb erkennen, welche Zustände und Maßnahmen richtig und welche falsch sind, so braucht man nur zu untersuchen, inwieweit sie gegen diesen Grundsatz verstoßen oder sich mit ihm decken. Die Gesamtkapitalkraft eines Volkes ist gleichsam ein Gebäude, das aus lauter einzelnen Steinen, großen und kleinen, errichtet ist. Jeder Stein ist ein kleines Kapital. Was nützen alle diese Steine, solange sie verstreut herumliegen? Erst wenn sie zum Bau herangeführt und an richtigen Stellen eingefügt werden, tragen sie zur Errichtung des Volkswirtschaftsgebäudes bei. Von diesem Standpunkt aus ergibt sich auch das berechtigte Ausmaß für alle Einwendungen gegen die Ansammlung von Kapitalien in der öffentlichen und halböffentlichen Hand. Die Einwendungen sind gerechtfertigt und müssen immer wiederholt werden, soweit durch derartige Kapitalbindungen die richtige Zuleitung an die richtigen Stellen der Wirtschaft gehemmt wird.

Die Hauptgründe für die so dringende Notwendigkeit starker Kapitalbildung in Deutschland liegen auf der Hand.

a) Zunächst sind da die gewaltigen Verluste und Einbußen, die Deutschland zuerst durch den verlorenen Krieg, dann durch die alles umwälzende Inflation erlitten hat.

b) Je mehr ein Unternehmen mit fremdem Kapital arbeitet, um so höher stellen sich die Produktionsunkosten. Die deutsche Wirtschaft braucht deshalb viel Eigenkapital, um ihre Produktion zu verbilligen. Und diese Verbilligung bei gleichzeitiger Qualitätssteigerung ist die Schicksalsfrage unserer Volkswirtschaft überhaupt. Denn wir können nur unsern Export steigern, wenn wir unsere Konkurrenzfähigkeit auf den Weltmärkten steigern, und das wiederum ist nur möglich, wenn wir bei guter Ware mit billigen Preisen aufwarten können.

c) Zu den wichtigsten Faktoren eines Volkes gehört seine Bevölkerungszahl. Steigende Einwohnerzahl eines Landes zeugt von steigender Kraft. Man denke an Italien, man denke an das Vorkriegsdeutschland. Wichtigste Staatskunst muß sein, diese Kraft dem Lande zu erhalten, um mit der wachsenden Kraft selbst zu wachsen. Dazu gehört, dafür zu sorgen, daß die zunehmende Bevölkerung im eigenen Lande Raum und Lebensmöglichkeit findet. Das wiederum hängt eng zusammen mit der eigenen Kapitalkraft des Landes. Was nützt es, wenn man diese Kapitalkraft übermäßig schwächt, um für Kranke, Sieche und Beschäftigungslose in humanitärster Weise zu sorgen, und gleichzeitig den Gesunden, Kräftigen und Fleißigen den Boden entzieht, so daß sie dem Vaterlande verlorengehen? Solange wir eine auf dem Kapital aufgebaute Wirtschaft haben — und vorläufig haben wir sie —, solange ist eine soziale Fürsorge, die allen zu Gute kommt, nur in dem Ausmaße möglich und angebracht, aber auch nur solange gesichert, als entsprechende Kapitalneubildung damit Schritt hält. Andernfalls verstricken wir uns immer mehr in den Zustand, daß Millionen deutscher Volksgenossen in der Auswanderung ihr Heil suchen und der Rest durch übermäßige Eigenbelastung dauernd so geschwächt wird, daß er als gefährlicher Konkurrent auf dem Weltmarkte nicht mehr in Betracht kommt. Und deshalb betone ich: ohne Kapitalbildung keine Erhaltung der Volkskraft, ohne Kapitalbildung keine soziale Fürsorge.

d) Wir wissen, daß Deutschland eine Wiederaufbauarbeit leisten muß, die geradezu gigantisch ist. Ich will dabei nicht einmal sprechen von dem Wiederaufbau seiner durch den Krieg als solchen durchkreuzten und beeinflußten Wirtschaft aller Betriebe, will auch nicht sprechen von der durch den Friedensvertrag der deutschen Wirtschaft in großem Umfange auferlegten Umstellung der Betriebe, ganz zu schweigen von dem Wegfall großer Absatzgebiete, von dem Wegfall unserer Kolonien, von dem Wegfall der im Inland als Großabnehmer in Betracht kommenden Armee und Marine, und was in diesem Zusammenhange alles als schmerzliche Einbuße sich anführen ließe, sondern ich will nur sprechen von dem Erneuerungs- und Wiederaufbauprozeß, den Deutschland auf sich nehmen mußte, um den Vorsprung wieder einzuholen, den das Ausland während des Krieges und während der Inflationszeit — d. h. rund während eines Jahrzehnts —, durch Fortentwicklung und Verbesserung seiner technischen Einrichtungen gewonnen, mit dem es Deutschland überflügelt und stellenweise weit im Hintertreffen gelassen hatte. Zu solcher Erneuerung gehörte und gehört immer wieder Kapital, und zwar möglichst eigenes Kapital. Denn mögen auch alle Umstellungen und Erneuerungen zunächst mit fremdem Geld durchgeführt werden, einmal müssen die dafür aufgenommenen Beträge wieder aus eigenem, neuem Kapital zurückbezahlt werden.

e) Da Deutschland kein mit Bodenprodukten und Rohstoffen überreich gesegnetes Land ist, so kann es bei steigender Bevölkerung und bei wachsender Industrie nicht ohne die Einfuhr zusätzlicher Rohstoffe und Getreidemengen auskommen. Diese Einfuhr müssen wir, soweit sie nicht durch entsprechende Ausfuhr ausgeglichen werden kann, mit unserem Kapital bezahlen. Schädlich ist deshalb jede über das notwendige Maß hinausgehende Einfuhr. Bei gesunder Wirtschaft dürfen wir nur diejenige Einfuhr mit unserem Kapital bestreiten, die produktiven Wirtschaftszwecken und nicht überflüssigem Konsum dient.

f) Mit der Kapitalarmut leidet in Deutschland kultureller und zivilisatorischer Fortschritt. Nicht als ob Kultur im engsten Sinne von Armut und Reichtum abhinge. Wie oft hat schon Not die Menschen zur höchsten Kulturempfänglichkeit geführt, zur seelischen Verfeinerung und charaktervollen Kräftigung! Aber von dieser Kultur spreche ich nicht. Hier geht es um den Erwerb allgemeiner Kulturgüter und um die Steigerung der Zivilisation in ihren verschiedenen Auswirkungen. Von dem Kapitalreichtum eines Landes hängt es heute ab, ob hohe und niedere Schulen blühen, ob Universitäten und andere Hochschulen mit den besten Lehrkräften und Lehrmitteln ausgestattet sind, ob wissenschaftliche und technische Forschungsinstitute aller Art unterhalten werden können, ob öffentliche und private Versuchsanstalten, Laboratorien, Bibliotheken und Sammlungen entstehen und in steter Modernisierung und Ergänzung erhalten bleiben, ob das Verkehrswesen sich weiter entwickelt, technische Erfindungen gemacht werden, Hygiene, Epidemien- und Krankheitsbekämpfung fortschreiten, Hebung der Volksbildung, Steigerung der körperlichen und geistigen Leistungsfähigkeit möglich sind, und tausend andere Dinge, mit denen wir den Begriff von Kultur und Zivilisation eines Volkes zu verbinden pflegen.

Haben wir so erkannt, warum Kapitalbildung bei uns lebensnotwendig ist, so sei ein kurzer Ueberblick darüber gestattet, wie sich die Kapitalbildung vor dem Kriege gestaltete und wie sie sich heute gestaltet. Mit dieser Frage haben sich schon viele Statistiker und Volkswirtschaftler aus Theorie und Praxis eingehend beschäftigt, und, da wir in der Bankwelt mit besonderer Liebe uns in Zahlen bewegen, möchte ich wenigstens einige Ziffern aus diesen Untersuchungen anführen.

Für die Vorkriegszeit hat die bekannteste Berechnung Helfferich angestellt. Es kann hier nicht Zeit und Ort sein, um im einzelnen darzulegen, wie er bei seiner Berechnung vorgegangen ist, mit welchen bekannten und mit welchen unbekannten Größen er operiert hat, es muß hier genügen festzustellen, daß nach Helfferichs gewissenhaften Schätzungen der jährliche Durchschnittszuwachs während der letzten 15 Jahre vor dem Kriege 6—7 Milliarden Mark betrug, und daß Helfferich glaubt, für die allerletzten Vorkriegsjahre sogar 10 Milliarden Mark ansetzen zu dürfen. Er geht dabei von einem Volkseinkommen von durchschnittlich 43 Milliarden Mark aus. Zu geringeren Ziffern ist der frühere Reichskanzler Luther gelangt, als er im Jahre 1925 das jährliche Vorkriegsvolkseinkommen mit 37,5 Milliarden einschätzte.

Demgegenüber liegen uns für die Nachkriegszeit vor allem die Berechnung des Herrn Hans Fürstenberg und diejenige eines größeren Bankinstitutes vor. Herr Fürstenberg glaubt, daß wir uns unter Berücksichtigung der Geldentwertung den für Luther für die Vorkriegszeit angenommenen Zahlen wieder nähern, während wir zu den Helfferichschen Zahlen noch in ganz respektablem Abstand verbleiben. Das Bankinstitut hat eine Schätzung der Kapitalbildung in Deutschland angestellt, bei der es versucht, den Zuwachs an Realkapital zu ermitteln unter Erfassung von Wohngebäuden, öffentlichen und gewerblichen Gebäuden, Verkehrsmitteln, Maschinen, Elektrizitäts-, Wasser-, Gas-, Tiefbau- und ähnlichen Anlagen, Hausrat und Lagervorräten, und es kommt dabei unter Abzug von 4,4 Milliarden Auslandskrediten zu einem inländischen Zuwachs von 7,6 Milliarden Mark. Zu demselben Ergebnis kommt es auf dem Wege der Schätzung des deutschen Volkseinkommens, in der Annahme, daß 15 pCt. dieses Einkommens als Kapitalbildung angesehen werden dürfen. So erfreulich es wäre, wenn wir in Deutschland den hier angenommenen Kapitalzuwachs wieder erreicht hätten, so glaube ich doch, daß man gegen mehrere Positionen der Schätzung gewichtige Einwendungen erheben kann, meine sogar, daß die eine und andere Position wie z. B. Hausrat gar nicht als Aktivum für die Kapital n e u bildung eingesetzt werden darf, und daß man über die Richtigkeit einer Verhältniszahl von 15 pCt. zwischen Einkommen und Kapitalbildung in der heutigen Zeit sehr streiten kann. Zu noch günstigeren Zahlen kommt die Frankfurter Zeitung, die in ihrem Jahresrückblick auf 1927 einen Kapitalzuwachs von 9 Milliarden Mark annimmt. Ich möchte vor solch optimistischen Einschätzungen unserer Nachkriegskapitalbildung dringend warnen. Nach meiner Meinung geht die tatsächliche Kapitalneubildung viel langsamer vor sich als die letztbehandelten Schätzungen annehmen. In dieser Meinung bestärkt mich eine sehr gewissenhafte Ausarbeitung über die

Frage, die mir von besonders sachverständiger Seite vorliegt. Im Gedankengange dieser Arbeit müssen wir neben den eigentlichen Spargeldern der Banken und Sparkassen vor allem richtig abzuschätzen versuchen die Ansammlung der Fonds bei den Versicherungsgesellschaften, der Sozialversicherung und der Hauszinssteuer sowie die Anlagen in Emissionen und privaten Hypotheken. Diese Abschätzung ist nicht leicht. Die erwähnte Ausarbeitung kommt dabei auf Grund gewissenhaftester Ansätze zu dem Ergebnis, daß die Kapitalbildung im Durchschnitt der letzten Jahre unter Berücksichtigung der Geldentwertung nur 3,5 Milliarden betragen hat. Das ist gegenüber einer Vorkriegszahl von 10 Milliarden eine Ziffer, die uns zu denken geben sollte.

Wenn wir noch kurz einen Blick auf die Entwicklung der Kapitalbildung im Auslande werfen dürfen, so will ich mich auf England und Amerika beschränken. In England wurde die Kapitalneubildung im Jahre 1907 auf 335 Mill. £ und im Jahre 1913 auf 380 Mill. £ geschätzt. Die Schätzungen für die Nachkriegszeit gehen auch hier auseinander, schwanken aber doch nur zwischen 450 und 500 Mill. £. Absolut gesehen würde damit die Nachkriegskapitalbildung eine Zunahme von 20—30 pCt. erfahren haben. Bringt man sie jedoch in ein Verhältnis zur allgemeinen Preissteigerung und der Bevölkerungsvermehrung, so bleibt ein jährlicher Rückgang von rund 30 pCt. Es ist nicht uninteressant zu erfahren, womit man in England diesen Rückgang erklärt. Als Hauptgrund stoßen wir nämlich bei allen Stellen, die sich mit dieser Frage befassen, immer wieder auf die Konsumausweitung auf Kosten der Akkumulation, und man nimmt an, daß sich auch in England nicht nur der absolute Betrag der jährlichen Ersparnisse gegenüber der Vorkriegszeit gesenkt hat, sondern daß auch die Akkumulationsrate gefallen ist. Während man für die Vorkriegszeit mit 16,5 pCt. Ersparnis vom Volkseinkommen rechnete, setzt man jetzt nur noch 8—11 pCt. im Durchschnitt ein.

Hinsichtlich der Vereinigten Staaten sind, soweit ich feststellen konnte, ähnliche eingehende Berechnungen, wie ich sie soeben für England zitiert habe, nicht bekannt. Es fragt sich aber auch, ob uns hier Vergleiche mit der Vorkriegszeit sehr viel sagen können, angesichts der tiefgreifenden strukturellen Aenderungen, die dieses Land seitdem erfahren hat. In glücklicher Weise mit fast allen Rohstoffen gesegnet, durch keine Zollschranken innerhalb eines weiten inneren Absatzgebietes zerrissen, haben die Vereinigten Staaten während des Krieges als die maßgeblichen Heereslieferanten aller alliierten Staaten wirtschaftlich und sozial einen außerordentlichen Aufschwung genommen und dürfen sich auch heute noch einer seit Jahren unvermindert andauernden guten Konjunktur erfreuen. Aus einem Lande, das bis zum Kriege noch überwiegend die Tendenz hatte, Kapital an sich zu ziehen, ist inzwischen der ausschlaggebende Gläubiger der Welt geworden. Allein die Tatsache, daß die Vereinigten Staaten neben der Finanzierung ihres eigenen wirtschaftlichen Aufschwunges im letzten Jahr etwa 1,6 Milliarden $ an Kapital dem Auslande zur Verfügung stellen konnten, beweist besser als alles andere, daß die Kapitalbildung im Gegensatz zu England und erst recht zu Deutschland seit der Vorkriegszeit beträchtlich gewachsen sein muß.

Nun wollen wir aber nicht übersehen, daß alle Nachkriegsziffern für den deutschen Kapitalzuwachs schon deshalb nicht leicht mit den Vorkriegsziffern in Einklang zu bringen sind, weil, ganz abgesehen von der Geldentwertung, die vielleicht noch einigermaßen mit einer Korrekturziffer eingefügt werden kann, das Deutsche Reich von heute schon rein territorial nicht mehr das Deutsche Reich der Vorkriegszeit ist. Große Gebiete sind weggefallen, von denen sich schwerlich feststellen läßt, wieviel sie vor dem Kriege zum Wachstum des Volksvermögens beigetragen haben.

Und deshalb lege ich auf diese ganzen Ziffern keinen besonderen Wert. Wert lege ich nur auf die Feststellung, daß unsere heutige Kapitalneubildung beträchtlich hinter der Vorkriegszeit zurückbleibt, und ebenso großen Wert lege ich auf die Tatsache, daß schon vor dem Kriege die Kapitalneubildung in Deutschland unzulänglich war. Eine ganze Anzahl der heute hier versammelten Herren wird sich erinnern, daß derselbe Herr Helfferich, der die ansehnlichen Ziffern der Vorkriegskapitalbildung errechnete, auf dem IV. deutschen Bankiertag in München im Jahre 1912 schon mit allem Nachdruck darauf hinwies, daß die Kapitalbildung in Deutschland nicht mehr Schritt halte mit unserer volkswirtschaftlichen Entfaltung. Meine Herren, wenn dem damals so war, wieviel mehr müssen wir erst heute besorgt sein wegen dieses offensichtlichen Mißverhältnisses.

Daß dieses Mißverhältnis größer ist, als es nach den äußeren Beeinträchtigungen der Fall zu sein brauchte, hat Ursachen, mit denen wir uns auseinandersetzen müssen.

Zunächst hat die Inflation den Sparsinn weitgehendst unterhöhlt. Man sah in kurzer Zeit alle Vermögen und Ersparnisse, die in Jahrzehnten saurer Arbeit gesammelt waren, dahinschmelzen, sah, daß derjenige Teil der Bevölkerung, der, an Sparen und Zurücklegen gewöhnt, noch immer haushälterisch seine Ausgaben auf das Notwendigste beschränkte, immer mehr verarmte, während es demjenigen gut ging, die, wie man vermeinte, den Geist der Zeit erfassend, sorglos dahinlebten, sich über alle Währungsgesetze hinwegsetzten und unbedenklich Schulden kontrahierten. Man gelangte auf diesem Wege zu der Auffassung, daß alle früheren Lehren des Lebens ad absurdum geführt seien, auch die Lehre vom Sparen und Vermögensammeln. Hand in Hand damit ging die Anschauung, daß der einzelne weniger für sich und seine Zukunft zu sorgen habe, sondern daß das Sache des Staates, Sache der Allgemeinheit sei. Nur allmählich kann hier Wandel geschaffen werden durch Heranbildung und Heranwuchs einer neuen besitzenden Volksschicht, die einen Ersatz für den fortgefallenen gesunden Mittelstand bietet. Dazu gehört auch eine geistige Umstellung, die endlich mit der Furcht vor einer neuen Inflation gründlich aufräumt, einer Furcht, die bis heute latent in den breitesten Kreisen schlummert und bei den geringsten Wetteranzeichen selbst in wirtschaftlich gehobeneren Kreisen leider immer noch sofort durchbricht.

Hemmend steht der Kapitalbildung auch der gesteigerte Luxusverbrauch im Wege. Ich glaube zwar, daß es sich dabei weniger um die so oft betonte übermäßige Einfuhr von Luxusartikeln handelt. Denn einmal ist das mehr eine Frage der Währungsbeeinflussung, des anderen zeigt ein Blick auf die einzelnen Positionen der Export- und Importstatistik, daß gerade bei den eigentlichen Luxusartikeln die Ausfuhrziffern höher als die Einfuhrziffern sind. Ich meine hier vielmehr die allgemein gesteigerten Ansprüche im Verbrauch von Luxusartikeln, die im Zusammenhange stehen mit der Neigung zu überflüssigen Ausgaben zum Nachteil des Sparens und der Vermögensansammlung. Heute steht vielfach vornan der Wunsch nach gehobener Lebenshaltung, hinter dem das Verantwortungsgefühl für ökonomische Lebensführung über Gebühr zurücktritt.

Als starkes Hemmnis zur Kapitalbildung erscheinen auch die enorm gesteigerten Steuern und Abgaben, die unter den verschiedensten Namen heute alle Betriebe und Einzelunternehmen treffen. Man schüttle bei der Erwähnung dieses leidigen Kapitels nicht verärgert den Kopf, weil das Klagelied über die Steuern immer und überall wiederkehrt. Es gibt eben Dinge, die man wie der alte Cato sein ceterum censeo solange wiederholen muß, bis Abhilfe und Wandel geschaffen ist. Oder müssen wir Bankleute nicht täglich die betrübliche Beobachtung machen, daß auch die gute Kundschaft immer wieder mit Kreditwünschen an uns herantreten muß, weil die Kapitalbildung aus den eigenen Gewinnen infolge der weitgehenden Schmälerung durch Steuern und Abgaben nicht so fortschreitet, daß die Eigenfinanzierung an Stelle der Fremdfinanzierung tritt? Es ist eben nicht möglich, in Deutschland zugleich unter schwierigen Verhältnissen der In- und Auslandskonkurrenz zu produzieren, mit möglichst billigen Preisen aufzuwarten, über die erzielten mageren Gewinne hinaus auch noch große Belastungen und Abgaben auf sich zu nehmen und doch noch soviel zu erübrigen, daß auch bei sparsamstem Verbrauch die Eigenmittel eine merkbare Steigerung erfahren. Die deutsche Wirtschaft bewegt sich eben nicht im luftleeren Raum sozialpolitischer Ideen, sondern sie steht eingekeilt im rücksichtslosesten internationalen Wettbewerb auf schwer umkämpften, dauernd von allen Seiten angegriffenen Posten. Mir fehlt deshalb auch das Verständnis dafür, daß man sich schon wieder auf die Suche nach neuen Steuern begibt, und noch mehr fehlt mir das Verständnis, daß man dabei auch wieder auf die „Vermögenszuwachssteuer" verfallen ist. Es soll nicht einmal mehr die Kapitalertragsteuer genügen, sondern man will denjenigen, der spart und Vermögen ansammelt, doppelt und dreifach bestrafen. Kann man noch Schlimmeres tun, um von der so notwendigen Kapitalbildung abzuschrecken? Wir müssen vor solch unseligen Experimenten mit allem Ernst und Nachdruck warnen und an die Einsicht für das, was uns zur wirtschaftlichen Erstarkung dient, appellieren bei denen, die berufen sind, unser Volk aus seiner Not und Bedrängnis herauszuführen. Wir können nicht weiter einem Rentenstaat zustreben, in dem jedermann als Rentner des Staates und nicht als Rentner seiner Ersparnisse leben will.

Das sollte auch bedacht werden, wenn der Staat als machtbestimmender Schlichter in die Lohnkämpfe zwischen Arbeitgebern und Arbeitnehmern eingreift. Es mag verständlich sein, daß ein aus sozialer Atmosphäre hervorgegangenes Reichsarbeitsministerium das Bestreben hat, dauernd die materielle Lage der Arbeitnehmer zu verbessern. Obenan muß aber die Erkenntnis stehen, daß die sicherste Grundlage für solche Verbesserung in der Stärkung und nicht in der Schwächung der Arbeit gebenden Betriebe besteht. Man sollte endlich begreifen, daß dem Arbeiter nicht mit einer schematischen Heraufsetzung seiner Entlohnung geholfen ist. Eine derartige Lohnsteigerung muß naturnotwendig Preiserhöhung nach sich ziehen, damit den Absatz deutscher Waren beeinträchtigen und sich in Gestalt abnehmenden Beschäftigungsgrades letzten Endes gegen den Arbeiter selbst kehren. Eine Steigerung der Lohnsätze kann sich nur dann zu einer wirklichen Verbesserung des Reallohnes auswirken, wenn sie Hand in Hand geht mit einer Steigerung der Arbeitsleistung. Nur erhöhte Arbeitsleistung vermag eine reichlichere Versorgung des Volkes mit seinen Bedarfsgütern und eine Hebung seines allgemeinen Lebensstandards herbeizuführen. Wir begrüßen es, daß der neue Arbeitsminister die Arbeitgeberverbände und die Gewerkschaften für Oktober zu einer grundlegenden Besprechung über das Schlichtungswesen eingeladen hat. Bei dieser Besprechung muß es Aufgabe der Arbeitgeber sein, nicht nur unproduktive Kritik zu üben, sondern diese vielleicht nicht so leicht wiederkehrende Gelegenheit zu positiven Reformvorschlägen zu benutzen.

Wie soll und kann aber die Kapitalbildung gefördert werden? Das ist schließlich die Frage, an der wir nicht vorbeikommen, wenn wir nicht bei Kritik und theoretischer Betrachtung stehenbleiben wollen.

Da, wie wir uns klargemacht haben, Grundbedingung für Kapitalbildung Sparsamkeitssinn ist, gilt es zunächst einmal allgemein diesen Sinn wieder zu wecken. Dabei muß berücksichtigt werden, daß Sparen ein relativer Begriff ist, daß ein mit Sparsamkeit verbundenes Leben des einen in den Augen des anderen noch als luxuriöse Verschwendung gelten kann. Es ist eben nicht damit getan, daß etwa alle Menschen sich auf das Existenzminimum des kleinsten Mannes einstellen, denn dadurch erführe der Warenabsatz eine unerträgliche Einbuße, sondern jedermann muß an seiner Stelle sich so einrichten, daß er sich die Befriedigung eines Teiles der ihm kraft seines Einkommens erlaubten Ansprüche versagt und das so Ersparte ansammelt. Je größer der Mut und die Kraft für diese Entsagung, um so schneller und erfolgreicher die Kapitalbildung bei jedem einzelnen. Und die Summe aller solcher individueller Kapitalansammlungen stellt die zunehmende Kapitalkraft des ganzen Landes dar. Dabei bin ich mir freilich bewußt, daß man Sparsamkeit und Sparen nicht von der Einsicht volkswirtschaftlicher Wirkungen erwarten darf. Sparen entspringt letzten Endes egoistischen Motiven, nämlich dem Streben nach Sicherung und Verbesserung der Zukunft. Dadurch auch die schon oben erwähnte Hemmung des Sparsinnes, sobald der Staat dem einzelnen die Sorge für die Zukunft abnimmt. Man will zwar diese staatliche Fürsorge häufig als eine Art Zwangssparkasse hinstellen. Es bleibt aber auch da die Frage offen, ob das so angesammelte Geld in dem Maße der Wirtschaft wieder zugeführt wird, wie es an sich möglich und auch der Fall wäre, wenn es den berufenen Kreditinstituten zur Verfügung gestellt würde.

Die allgemeine Aufklärung muß bei uns Banken von einer lebendigen Propaganda zum Sparen begleitet sein. Seit dem „Weltspartag" tun die Banken und Sparkassen das Ihrige dazu. Es darf keine Bank geben, in der nicht der Kunde dauernd in plastischer Weise auf den Wert und den Vorteil des Sparens hingewiesen wird. Wir dürfen in dieser Betätigung nicht erlahmen, müssen mit Wort und Schrift immer wieder vor Augen führen, daß auch auf dem Wege des Sparens jeder seines Glückes Schmied ist, und es muß dahin kommen, daß jedem Bankkunden der Schlaf bei dem Gedanken geraubt ist, daß der Nebenkunde schneller als er den Berg zum Kapitalisten hinaufstürme. Daß damit, wo es nötig ist, die früher behandelte Aufklärung über beseitigte Inflationsgefahr, über geförderte Aussicht auf Preisabbau, über wirksame Bekämpfung der Teuerung und ähnliches mehr, verbunden werden muß, ist selbstverständlich. Auch dem verstocktesten Nichtsparer muß solange zugesetzt werden, bis er sich nach Ruhe sehnt und mit Sparen beginnt.

Auf diesem Wege sorgen wir auch am besten für einen Zuwachs unserer Depositenkonten. Es darf nicht dazu kommen, daß ein Stillstand oder gar ein Rückschritt in dem Ansammeln von wahren Depositengeldern und Sparkonten eintritt. Jeder Stillstand oder Rückschritt darf uns Bankiers keine Ruhe lassen. Freilich darf man uns nicht unsere für die gesamte Volkswirtschaft so überaus wichtigen Anstrengungen durch behördliche Maßnahmen durchkreuzen. Zu solchen Maßnahmen rechne ich jeden Angriff auf das Bankgeheimnis. Sparen ist wie Wohltun ein Wirken, das im Geheimen vor sich gehen will und soll. Und deshalb rufen wir allen denjenigen, die den Schleier von solchen stillen Geschehnissen wegreißen wollen, ein lautes „zurück!" zu. Ein Führer des Volkes, der dem Wohle des Ganzen dienen will, darf nicht Maßregeln verfolgen, mit denen er die wohldurchdachten Einrichtungen zur Ansammlung von Kapitalien mit Mißtrauen bekämpft, sondern er soll sich zur Sorge gereichen lassen, wie er diese Einrichtungen mit seinem Wohlwollen beliebt macht. Das ist Dienst am Ganzen, das ist beste Führung des Volkes!

Falsch ist deshalb auch jede Abschreckung von gewinnbringender Kapitalanlage durch besondere Steuern, und es scheint mir deshalb unbedingte Forderung zu sein, daß die Kapitalertragsteuer bei uns wieder abgeschafft wird. Haben wir einmal erkannt, wie wichtig für unsere ganze deutsche Wirtschaft die Bildung und Anlegung von Kapital ist, dann müssen wir zugeben, daß die darauf gerichteten Bemühungen nicht mit einer besonderen Steuer belegt werden dürfen. Aus demselben Grunde verlangen wir eine Erleichterung der Kapitalbildung auf dem Wertpapiermarkte durch Ermäßigung der Börsenumsatzsteuer. Da sich mit beiden Steuern mein verehrter Herr Korreferent besonders befassen wird, beschränke ich mich auf diese allgemeinen Bemerkungen. Dankenswerterweise ist wenigstens eine steuerliche Erleichterung vorübergehend eingetreten für diejenige Kapitalneubildung, die auf dem Wege der Rationalisierung durch Zusammenschluß bisher selbständiger Betriebe zu einem neuen Gesamtbetriebe gefördert wird. Sie ist, von andern Gesichtspunkten abgesehen, eines der geeignetsten Mittel, um Herstellungskosten zu vermindern und Leistungen zu erhöhen. Daß mit ihr die Gefahr behördlicher Verwaltung kaufmännischer Betriebe und die Unterdrückung individueller Schaffenskraft verbunden sein kann, wollen wir nicht übersehen. Weil es aber heute nicht so leicht auf anderem Wege geht, muß durch opferwillige Aufgabe der eigenen Selbständigkeit die Kapitalkraft konzentriert werden. Mit dieser Konzentration und der Fusion wirtschaftlicher Unternehmungen wird eine der wichtigsten Formen der Kapitalbildung angestrebt, nämlich diejenige durch Selbstfinanzierung. Ueber sie brauche ich mich nicht weiter zu verbreiten. Sie ist ohne weiteres verständlich, wenn sie auch nicht jeder zu handhaben versteht. In neuerer Zeit haben sich Stimmen gegen die Selbstfinanzierung erhoben, die sich auf dem Wege sparsamer Dividendenausschüttung vollzieht. Ich kann dem nicht beipflichten, weil ich glaube, man sollte eher zu solcher Finanzierung aufmuntern als von ihr abraten. Denn diese Form der Kapitalbildung ist die billigste, gesundeste, sicherste und zukunftsstärkste. Schütte ich erst Dividenden bis zur äußersten Grenze des Möglichen aus, so bin ich, was heute leicht eintreten kann, bei eigenem Geldbedarf gezwungen, mir über den Kapitalmarkt das Nötige wieder zu beschaffen. Dann hänge ich von der zufälligen Gestaltung des Marktes ab und kann in die Zwangslage kommen, auf das notwendige Kapital ganz zu verzichten unter gleichzeitigem Verzicht auf lebensnotwendige Entwicklung, oder ich muß mit teurem Preis mir das Kapital verschaffen, dasselbe Geld, das ich vorher als Dividende ausgeschüttet habe, und das in der Zwischenzeit mindestens zweimal von der Steuerbehörde ausgekämmt worden ist. Wie immer kann man natürlich bei dieser Selbstfinanzierung zu weit gehen. Doch sind dem bald Grenzen gesetzt und wie so vieles korrigiert sich auch eine Uebertreibung in der Selbstfinanzierung einer Gesellschaft von selbst. Die Aktionäre werden bei einem nicht mehr zu vertretenden Uebermaß unzufrieden, wenden der Gesellschaft den Rücken und fehlen bei etwaigen späteren Kapitalerhöhungen. Auch würde es allgemein volkswirtschaftlich nicht begrüßenswert sein, wenn auf diese Weise deutsches Kapital sich lieber dem ausländischen Wertpapiermarkte zuwenden und ausländisches Kapital sich dem deutschen Markte entfremden würde. Aus alledem ergibt sich naturgemäß der Regulator für das richtige Maß und Tempo der Selbstfinanzierung. Man sollte nicht zu nervös auf den Spekulationsaktionär hören. Dem Daueraktionär steigert eine gesunde Selbstfinanzierung die Aussicht auf spätere Dividenden und gut fundierte Kurserhöhung.

Ich komme zum Schluß. Ohne den Anspruch auf erschöpfende Behandlung zu erheben, habe ich in gedrängter Kürze versucht, die Wichtigkeit der Kapitalbildung in Deutschland, ihre bisherige Unzulänglichkeit, die ihr entgegenstehenden Hemmnisse und die sie fördernden Maßnahmen darzulegen. Dabei bildet den Grundton das hohe Lied des „Sparens". Daneben gehört das hohe Lied der „Arbeit". Denn ohne diese ist jenes nicht möglich. Hoffentlich ist die Zeit nicht mehr ferne, wo Deutschland diesen beiden Lebensbekenntnissen wieder in allen seinen Volksschichten Ehre macht und seine Losung lautet:

„Arbeite und spare!"

(Lebhafter Beifall.)

Präsident Geheimrat Prof. Dr. Riesser:

Verehrter Herr Harney! Ich darf Ihnen meinen herzlichsten, wärmsten Dank für einen Vortrag aussprechen, der so ersichtlich ein so eingehendes Studium selbst der kleinsten Dinge zeigt, daß er nicht nur zu einer Bereicherung, sondern vielfach auch zu einer Korrektur unserer bisherigen Kenntnisse dienen wird.

Das Wort hat nunmehr der letzte Referent zum heutigen Thema, Herr Leopold Merzbach i. Fa. A. Merzbach, Bankgeschäft G. m. b. H., Frankfurt a. M. und Gebr. Merzbach, Berlin.

Leopold Merzbach, Frankfurt a. M.:

Die Entwicklung der neuesten Zeit erweist von neuem die weitgehende Kapitalbildungsfähigkeit der modernen Wirtschaft.

Die Kapitalbildung Deutschlands im Jahre 1927 wird von der Reichskreditgesellschaft, deren Ziffern diesem Referat zugrunde gelegt sind, auf 7½ Milliarden RM geschätzt. Helfferich schätzte sie für 1913 auf 8½ Milliarden M. Auch bei Berücksichtigung der inzwischen eingetretenen Geldentwertung ist aber aus der ziffernmäßigen Gegenüberstellung allein in bezug auf den zukünftigen Leistungseffekt kein zutreffender Maßstab zu gewinnen. Der zukünftige Leistungseffekt ist aber ein bedeutsamer Faktor für die Beurteilung von Deutschlands Leistungsfähigkeit für Reparationen. Um diesen abzuwägen, müssen wir uns klar werden, zu welchen Zwecken die ersparten Beträge verwandt wurden und werden mußten:

In der Vorkriegszeit verfügten wir über einen im Zeitraum von vier Jahrzehnten modern ausgestatteten Produktionsapparat. Dagegen müssen wir jetzt erst das Versäumnis der Kriegs- und Inflationsjahre nachholen. In wie großem Umfange das nötig ist, geht beispielsweise aus einer gelegentlich der Eisenbahnunfälle erfolgten Feststellung des Reichsbahngeneraldirektors hervor. Danach waren bei Uebernahme der Eisenbahnen seitens der Reichsbahn 9700 km überalterte Gleise in Betrieb, Ende 1927 waren es noch 7700 km.

In Staats- und Privatbetrieben ist der Produktionsapparat demnach immer noch nicht auf der gleichen Höhe wie einst. Erst aus dem in einer Reihe von Jahren zu bildenden Sozialprodukt wird er so ergänzt werden können, daß der Kapitalzuwachs im Leistungseffekt an den der Vorkriegszeit heranreicht. Dies gilt um so mehr, als jetzt noch Betriebe arbeiten, die zur Stillegung verurteilt sein werden, so daß über kurz oder lang das in ihnen steckende, in den Schätzungen noch als Aktivum erscheinende Kapital als Schrott und Schutt wertlos wird.

Eine Betrachtung einzelner Positionen des von der Reichskreditgesellschaft zusammengestellten Materials ergibt ebenfalls, daß das Sozialprodukt absolut betrachtet zwar hoch ist, daß es aber — im Gegensatz zu früher — nicht in Hinsicht auf Bewirkung starker zukünftiger Produktivität verwandt werden konnte.

Der im Jahre 1927 zur Herstellung von Wohnungen verwandte Kapitalzuwachs wird auf 3,2 Milliarden gegenüber einer Vergleichsziffer von nicht ganz 2 Milliarden im Jahre 1912 geschätzt. Zweifellos ist der Bau von Wohnungen eine Notwendigkeit für uns: aus Gründen der Sozialpolitik, der Hygiene, der Eugenik und der Moral. Er ist auch gewiß eine produktive Anlage in dem Sinne, daß nur in gesunden Wohnungen lebende Menschen das Höchstmaß produktiver Arbeit leisten können. Aber die aus der Anlage in Wohnungen zu erwartende Leistungsfähigkeit der Wirtschaft kann sich erst in einer langen Reihe von Jahren geltend machen.

Aehnliches ist zu sagen über die Position Hausrat, dessen Wertzuwachs auf 1,1 Milliarde geschätzt wird. Gewiß war die Hausratsergänzung notwendig, gewiß ist auch das Lebensalter von Wohnungseinrichtungen ein längeres als von mancher Maschine. Durch die Notwendigkeit aber, das Sozialprodukt zu solchen Investitionen verwenden zu müssen, kann der Kapitalzuwachs zu einem sehr beträchtlichen Teil nicht zur Produktionsmittelbildung verwandt werden. Wohnungen und Hausrat gehören vielmehr bis zu einem gewissen Grade in die Kategorie des Konsums. Die hierfür aufgewandten Summen stellen zwar gebildetes Kapital dar, aber nicht reines Produktionskapital, sondern Vorauszahlung auf zukünftigen Konsum.

Abgesehen von dem Bedarf für den Bevölkerungszuwachs sind wir aus der Vergangenheit mit der Herstellung von mindestens 700 000 Wohnungen im Rückstand. Sie müssen selbstverständlich allmählig gebaut werden. Die aus der Kapitalbildung bereits geschaffenen und aus künftiger noch herzustellenden Werte vermehren demnach nicht in solchem Maße die Intensität der Wirtschaft, als wenn wir in der Lage wären, den Zuwachs zu hoch produktiven Anlagen zu verwenden.

Aus einem weiteren Grunde ist die Produktivität des gebildeten Kapitals mit der früherer Zeiten nicht zu vergleichen. In der Vorkriegszeit überstieg die Kapitalbildung das bei uns herrschende Investitionsbedürfnis. Wir konnten infolgedessen damals Kapital exportieren. Die aus dem Kapitalexport fließenden Einkünfte setzte Helfferich unter der Position Zinsüberschuß in Höhe von 1 Milliarde M in seine Kapitalbildungsschätzung von 8½ Milliarden M ein. Der das inländische Investitionsbedürfnis übersteigende Kapitalüberschuß fand seine Verwendung in der Finanzierung des Exports, der Errichtung von Auslandsfilialen und von ausländischen Niederlassungen und im Ankauf fremdländischer Werte aller Art, konnte also damals in Werten angelegt werden, die eine rasche und hohe Produktivität verbürgten.

Im Jahre 1927 hingegen konnte das Investitionsbedürfnis aus der Kapitalbildung von 7½ Milliarden RM allein nicht befriedigt werden. Wir mußten vielmehr, um die in 1927 auf 12 Milliarden RM geschätzte Gesamtinvestition finanzieren zu können, uns mit 4½ Milliarden RM an das Ausland verschulden. Aus zukünftigem Sozialprodukt muß daher immer erst die hohe Zinslast auf diese Schuld abgetragen werden.

Daß wir für Betriebsmittel, die uns durch die Inflation nahezu völlig fehlten, Kapital importieren mußten, hatte man vorausgesehen. Neuerdings wird oft behauptet, daß dieser Bedarf inzwischen aus der eigenen Kapitalbildung gedeckt sei, und als Beweis dafür wird die Zunahme der Sparkasseneinlagen und Bankkreditoren angeführt. Da ist jedoch ein Trugschluß möglich. Die Sparkasseneinlagen haben trotz ihrer Zunahme erst den vierten Teil des Vorkriegsstandes erreicht. Weiter haben aber die Sparkassen ihr Arbeitsgebiet und ihren Kundenkreis nicht nur zu Ungunsten der Banken, sondern auch der Genossenschaften ausgedehnt. Unter den Kreditoren der Sparkassen wie aller Institute, die das Reservoir für liquide Mittel bilden, befinden sich, direkt und auch indirekt, dem Zinsgefälle folgende Auslandsguthaben.

Während man die Notwendigkeit von Kapitalimport für Betriebsmittel vorausgesehen hat, haben namentlich ausländische Beurteiler den Investitionsbedarf falsch eingeschätzt. Im Gegensatz zu den oben angeführten Aeußerungen des Reichsbahngeneraldirektors behauptet das Dawes-Gutachten, die Eisenbahnanlagen seien modern, mit übertriebenem Kapitalaufwand ausgestattet, und für Verbesserungen des Eisenbahnwesens sei kein Geld gespart worden.

Der Verlauf der letzten Jahre hat erwiesen, daß eine starke Verschuldung an das Ausland zur Finanzierung von Investitionen erforderlich war und ist. *Dadurch geht heute vom Produktionsbruttoertrag der Zinsdebetsaldo ab, während wir früher Produktionsüberschuß zuzüglich Zinsüberschuß hatten.* Ins Gewicht fällt dabei noch, daß unser Zinssatz höher als der von Kapitalexportländern sein muß.

Das Problem wäre ein einfacheres, wenn alle die produzierten Güter ein Höchstmaß von Produktivität verbürgten. Aber die Zinslast der Verschuldung an das Ausland ist im Gegenteil eine höhere als der Ertrag der zum Teil durch die Schuldkontrahierung geschaffenen Werte. Aus diesem Grunde muß ein lediglich ziffernmäßiger Vergleich der heutigen Kapitalbildung, wie er in der ausländischen Literatur vielfach vorgenommen worden ist, zu falschen Schlüssen führen.

Aus der geschilderten Situation ergibt sich eins für die Gesamtwirtschaft mit aller Klarheit: die Notwendigkeit, daß die Wirtschaft ihr Optimum leistet.

Was für die Wirtschaftsgesellschaft gilt, das trifft für den einzelnen Unternehmer in weit stärkerem Maße noch als früher zu: Die Kaufkraft der Gesamtwelt ist gesunken, die Konkurrenz in der Weltbelieferung hat sich verschärft, Agrarländer haben sich industrialisiert. Um das Optimum der Produktion zu garantieren, war die Rationalisierung der Betriebe unumgänglich. Ihre wesentliche Ausdrucksform ist die Konzentration. Sie vermindert nicht nur Kostenaufwand, sondern erweitert auch das Blickfeld der Unternehmer. Das Großunternehmen vermag sich alle Vorteile der vollkommensten Organisation zu Nutzen zu machen und durch seine Uebersicht über die Wirtschaft auch besser die Produktion der Kaufkraft anzupassen. Prinzipiell wird daher die Konzentration zu rationellstem Betrieb führen.

Gefahren dürfen dabei allerdings nicht übersehen werden:

Durch allzu große Ausdehnung fallen die einzelnen Unternehmungen der Bürokratisierung anheim. Dadurch vermindern sich ihre Rentabilität und die Produktivität der Gesamtwirtschaft.

Fehler in der Disposition werden sich in weit schärferem Maße sowohl für das Einzelunternehmen als die Gesamtwirtschaft auswirken.

Nur dann, wenn das aufnehmende Unternehmen die Produktionsmittel des fusionierten zu einem ihrer Abschreibedürftigkeit entsprechenden Preise übernimmt, hat es die Möglichkeit zu künftiger gesteigerter Rentabilität. Ist der Uebernahmepreis nicht dementsprechend, werden beispielsweise Quoten in Syndikaten und Kartellen als good will bewertet, so erscheinen überalterte Anlagen unberechtigterweise als vollwertig. Die Zins- und Amortisationslast der überteuerten Anlage verhindert dann eine Senkung der Verkaufspreise.

Bei solchen Fusionen entsteht ein weiteres Problem: Die Interessen der Einzelnen sind nur dann mit denen der Gesamtheit identisch, wenn der der Gesamtwirtschaft durch Stillegung eines Betriebes erwachsende Schaden überkompensiert wird. Bringt aber die Stillegung dem aufnehmenden Großunternehmen nicht soviel Vorteil, als durch Wegfall des alten Betriebes der Gesamtheit Schaden entsteht, so hat sich ihr Status durch die Eingliederung vermindert. Deswegen erfordert die Konzentrationstätigkeit sorgfältigste Abwägung privater und allgemeiner Interessen.

Eine solche ist noch aus einem weiteren Grunde erforderlich: Es liegt im Wesen der Konzentration, daß sie Arbeitskräfte freisetzt, die zunächst unproduktiv sind. Allerdings wenn das Ziel der Konzentration — Kapitalbildung des sich vergrößernden Unternehmens — erreicht wird, so führt diese allmählich zur Mehrbeschäftigung in der Produktionssphäre und daher zur vermehrten Einstellung von Arbeitern. Zu einem anderen Teil finden die ausgeschiedenen Arbeitskräfte auch Verwendung in neu entstehenden und in der Entwicklung befindlichen Erwerbszweigen. Führt die Rationalisierung zu einer Preisermäßigung, so belebt sich entweder der Konsum, oder es bildet sich Sparkapital bei der Masse der Konsumenten, wodurch ebenfalls freigesetzte Arbeitskräfte Beschäftigung finden. Anders ist es, wenn die Konzentration nicht in ausreichendem Maße zu verstärkter Kapitalbildung führt. Es wird dann vielmehr, da heutzutage auch die Auswanderung von Arbeitskräften gehemmt ist, ein Stock von Arbeitslosen bleiben. Diese konsumieren ohne zu produzieren und vermindern dann, teilweise unter Inanspruchnahme von Staatsfürsorge, den Produktivitätsnutzen der Rationalisierung. Daß wir uns gegenwärtig noch in dieser Lage befinden, ist die Krankheitserscheinung unseres Wirtschaftskörpers.

Die zweite, unsere Zeit kennzeichnende Tendenz, ist die zum Zusammenschluß in Konventionen, Kartellen und Syndikaten. Wenn die dadurch bewirkte Minderung der Herstellungs- und Vertriebskosten zu einer Preissenkung führt, wirkt sie kapitalbildend auch für die Gesamtheit. Andernfalls wird oft nur anderweitige Verteilung der Vermögen und Einkommen erreicht. Ein

Schutz ist zuweilen allerdings für einzelne Industriezweige eine Lebensnotwendigkeit, wenn sie in anbetracht der völlig veränderten Produktions- und Absatzverhältnisse ihre Betriebe umstellen müssen, was einen längeren Zeitraum erfordert. Dann bietet die Kartellierung die Gewähr für zukünftige Rentabilität und Kapitalsbildung und ist somit auch vom Standpunkt der Gesamtheit zu begrüßen.

Eine Kartellgründung hat fraglos eine Verständigungsaktion zur Voraussetzung. Aber die Verständigung erfolgt im wesentlichen nur über das Verhältnis der Kartellierten gegenüber Dritten. In ihren Beziehungen untereinander geht der Konkurrenzkampf um die Beteiligungsquote der Kartellgründung voran, und beeinflußt auch weiter die Maßnahmen der Kartellierten.

Grade aber durch die aus Opportunitätsgründen für das Verhältnis gegenüber Dritten erfolgte Verständigung kann der Zusammenschluß in Verbindung mit der Zollpolitik leicht monopolartigen Charakter annehmen, in welchem Falle individuelle und allgemeine Interessen kollidieren können.

Monopolbildungsmöglichkeit wird namentlich durch die weiter in der Wirtschaft herrschende Tendenz, die Kartellierung international auszugestalten, begünstigt. Vereinbarungen über den zwischenstaatlichen Wirtschaftsverkehr sind allerdings ebenso unerläßlich wie die über den nationalen. Eine Minderung der Kapitalbildung findet jedoch dann statt, wenn man — wie das vorgekommen ist — Preishochhaltung im Inland benutzt, um den Export zu unter Gestehungskosten liegenden Preisen zu forcieren. Demnach ist auch bei den internationalen Kartellen die Gefahr einer Kollision zwischen individuellen und Kollektiv-Interessen vorhanden.

Die internationale Wirtschaft wird andererseits durch eine die zwischenstaatliche Zusammenarbeit unterbindende Tendenz beherrscht: Protektionismus soll zur geschlossenen nationalen Wirtschaft führen. Rohstoffländer suchen sich zu industrialisieren. Sie hemmen alsdann die Ausfuhrmöglichkeiten der Industrieländer. Wirtschaftliche Vernunft gebietet aber Fabrikation am günstigsten Standort der Herstellung. Sperren sich Rohstoff- und Agrarländer durch Zollmauern gegen Einfuhr von Industriefabrikaten, so mindern sie dadurch die Ausfuhrmöglichkeiten ihrer Bodenschätze. Die Weltwirtschaft als Ganzes betrachtet: Ungehemmte Einfuhr bietet die Möglichkeit für ungehemmte Ausfuhr, Autarkie führt aber zur Kapitalverschwendung.

Eine auf Protektionismus eingestellte Handelspolitik führt zu einer Verschiebung der Einkommensverhältnisse innerhalb der verschiedenen Volksschichten. Mit dieser Feststellung kommen wir zur Erörterung, wie die Kapitalbildung sich auf die verschiedenen Bevölkerungskreise verteilt. Da der Anstoß zur Konzentrationsbewegung von der Erkenntnis kommt, daß Großbetriebe rationeller arbeiten, muß ihnen auch die Kapitalbildungsmöglichkeit vorzugsweise innewohnen, wenn auch nicht allenthalben gleichmäßig. Konkurrenzkampf im In- und Ausland — verschärft durch Eindringen der öffentlichen Hand in die Wirtschaft — wachsender Anteil der fixen Kosten, soziale Abgaben und Steuern, sowie Beschränkung der Wirtschaftsfreiheit durch staatliche Eingriffe, verhindern in vielen Fällen eine ausreichende Rentabilität und Kapitalsbildung auch der Großunternehmungen. Dennoch bietet der Großbetrieb die größte Chance zur Kapitalbildung.

Bei der großen Masse der Arbeiter und unteren Angestellten erfolgt durch die obligatorische Versicherung eine Zwangs-Kapitalbildung, die für das Jahr 1927 auf etwa 700 Millionen RM geschätzt wird. Ein gewisser Teil der an die Gewerkschaften fließenden Gelder wird ebenfalls als Kapitalzuwachs gelten dürfen. Darüber hinaus kann bei dieser Bevölkerungsklasse von einer nennenswerten Kapitalbildung nicht die Rede sein.

Einen Teil der Gesamtkapitalbildung bildet fraglos die Summierung zahlreicher kleiner und kleinster Ersparnisse. Dafür sprechen die Zunahme der Sparkassenguthaben und die Lebensversicherungsstatistik. Nach den Veröffentlichungen der „Allianz und Stuttgarter Lebensversicherungs-Bank A.-G." sind bei ihr im Jahre 1927 ca. 101 000 Versicherungen in Höhe von ca. 475 Millionen RM abgeschlossen worden. Der Durchschnitt der Police beträgt demnach 4700 RM. Wenn auch Versicherungen oft nur erfolgen, weil Kreditnahme mit ihnen verbunden wird, so scheinen diese Ziffern doch darauf hinzuweisen, daß unter anderem in gewissen Branchen des Kleingewerbes eine, wenn auch im Einzelfalle nur auf geringe Summen sich erstreckende Sparmöglichkeit vorhanden sein muß, die aber durch die große Anzahl der Beteiligten ins Gewicht fällt.

Am ungünstigsten ist die Lage der mittleren Betriebe. Durch den direkten Verkehr zwischen Produktion und Konsum ist der Handel in vielen Branchen ausgeschaltet. Er findet zwar Beschäftigung in anderen neu entstandenen Erwerbszweigen, aber nur selten eine lohnende. Mittlere Industrie-Unternehmungen leiden vor allem unter der Unmöglichkeit, die notwendige Rationalisierung finanzieren zu können.

Um diesem Mißstand abzuhelfen, haben die Bankkreise sich mit dem Problem der Kapitalversorgung der mittleren und kleinen Betriebe im Laufe der letzten Jahre außerordentlich stark beschäftigt. Es ist eine Reihe von Versuchen gemacht worden, durch Zusammenschluß in Industrieschaften und mit Inanspruchnahme von Staatsgarantie der mittleren Industrie langfristige Darlehen zuzuführen, ohne daß ihr Bedarf auch nur annähernd befriedigt werden konnte.

Zwei deutsche Großbanken haben Auslandsdarlehen zur Umwandlung von kurzfristigen Verpflichtungen in langfristige, insbesondere aber auch zur Weitergabe an mittlere Betriebe abgeschlossen. Die darüber von einer dieser Banken, der Deutschen Bank, in ihrem Jahresbericht für 1927 dankenswerterweise veröffentlichten Ziffern sind sehr aufschlußreich. Aus dem Erlös der in Höhe von 25 Millionen Dollar an amerikanische Geldgeber gegebenen fünfjährigen Schuldscheine sind an die Kundschaft Darlehen in Durchschnittshöhe von ca. 150 000 Dollar erfolgt. Darlehen unter 50 000 Dollar machten nur 10 pCt. der Gesamtsumme aus. Demnach ist diese Transaktion im wesentlichen Großkreditnehmern zugute gekommen.

Nunmehr ist die Gründung einer Centralbank für industriellen Hypothekarkredit zur Förderung der mittleren Industrie geplant und hiermit ein neuer Versuch zur Lösung dieser volkswirtschaftlich wichtigen Aufgabe unternommen.

Der im Juni erschienene Bericht der Vereinigung von Banken und Bankiers in Rheinland und Westfalen hat darauf hingewiesen, daß die Kapitalversorgung der mittleren Betriebe Gegenstand ihrer besonderen Fürsorge gewesen sei, und betont, die mittlere Industrie erhalte Kredit, soweit sie kreditwürdig sei. Eine relativ große Anzahl von mittleren Unternehmungen scheidet aber als für Kreditgabe riskant aus, weil für sie der Betrieb mit größeren Risiken als für große verknüpft ist.

Alle unternommenen Versuche müssen in ihrer Wirksamkeit unter dem Umstand leiden, daß die Körperschaft — die Rechtsform des Großbetriebs — leichter Kapital an sich zieht als die Unternehmungen anderer Rechtsformen, und daß daher für diese von dem nicht für alle ausreichenden Kapitalfonds nur wenig übrig bleibt. Die Aufnahme einer Obligationsanleihe zum Beispiel ist für die nichtvergesellschafteten Unternehmungen — abgesehen von ganz geringen Ausnahmen — geradezu unmöglich. Neben der Hypothekenaufnahme ist das aber die einzige Form der Schuldkontrahierung auf lange Zeitdauer. Nur so, aber nicht kurzfristig, darf eine Investition finanziert werden.

Auch die Erhöhung des haftbaren Kapitals vollzieht sich für die Körperschaft in einfacherer Form durch Erhöhung des Aktienkapitals. Eine solche ist natürlich nur bei Angebot von Kapital möglich. Ist aber kein Angebot der Nachfrage entsprechend vorhanden, so bewirkt die Spekulation den zeitlichen Ausgleich und ist in dieser Funktion für das Räderwerk der hochentwickelten Wirtschaft unentbehrlich. Die Spekulation ihrerseits wird durch Inanspruchnahme von Börsenkrediten finanziert. Die These, daß durch Anlage in Börsenkrediten Kapital der Gesamtwirtschaft zugunsten der Börse entzogen wird, ist vor Jahresfrist eingehend erörtert und widerlegt worden. Wohl aber bedingt das Wesen der Börsentechnik, daß die auf dem Umwege über die Börsenkredite der Wirtschaft zufließenden Mittel zum größten Teil an Großunternehmungen gehen und zwar aus folgender Ursache: Als Pfand für Börsenkredite können — mit Rücksicht auf Sicherheit und Liquidität — im wesentlichen nur solche Aktien genommen werden, die auf Termin oder zum mindesten variabel gehandelt werden. Zum Terminhandel sowie zur variablen Börsennotiz sind jedoch nur Aktien von Gesellschaften mit großem Aktienkapital zugelassen. Ihnen fließen demnach vornehmlich die Mittel zu, welche in Form von Reports und Lombard zur Verfügung gestellt werden. Das bedeutet, daß ein sehr wesentlicher Teil des im Inland gebildeten, ferner des im Ausland aufgenommenen, schließlich des vorübergehend unbeschäftigten Kapitals auf dem Umwege der Börsenkredite als haftbares oder Leihkapital den Großbetrieben zufließen, während die mittleren und kleinen — wenn überhaupt — nur unter erschwerten Bedingungen damit versorgt werden können. Mit der Unterbindung der Kapitalzufuhr ist für sie aber auch Kapitalbildung äußerst erschwert.

Die Kapitalzufuhr wird erschwert durch den Steuerabzug vom Kapitalertrag. Er wirkt sich dahin aus, daß eine Zollmauer gegenüber dem wichtigsten Importgut — dem Leihkapital — errichtet wird. Infolgedessen steigt unser Zinssatz. Der Zinssatz des Inlands ist abhängig von dem Weltzinsfuß zuzüglich derjenigen Risikoprämie, die der Ausländer für die Geldgabe an Deutsche nach seinem Ermessen hinzufügt. Wenn zu diesen beiden Faktoren auch noch ein Kapitalimportzoll hinzukommt, so beeinflußt dieser Zuschlag nicht etwa nur den Zinssatz der einzelnen mit dem Ausland abgeschlossenen Transaktionen, sondern die Gesamtzinshöhe Deutschlands.

Ein Spezialproblem, die Lage und Kapitalbildungsfähigkeit des mittleren und kleinen Bankgewerbes, muß in diesem Zusammenhang eingehend erörtert werden. Die allgemein in der Wirtschaft zugunsten der Großbetriebe herrschende Tendenz ist insbesondere im Bankgewerbe erkennbar. Aus dem bisher Gesagten geht hervor, daß Träger des Kontokorrent- und Kreditgeschäfts im wesentlichen Großbanken und Großfirmen sein müssen wegen der Größe der Aktienkapitalien, sowie der absolut wie relativ hohen Einlagen und Depositen und der Ausdehnungsfähigkeit ihres Akzeptumlaufs. Die Fülle der ihnen zur Verfügung stehenden Mittel gestattet es weiter den Großbanken, ihrer Kundschaft für Reports, Lombards und Wechseldiskontierungen billige Sätze zu berechnen, wodurch auf diesem Gebiete das mittlere Bankgewerbe konkurrenzminderwertig ist. Leider soll es in Einzelfällen vorgekommen sein, daß von Berlin aus an die Provinzbankkundschaft in irgend welcher Form zu niedrigeren Sätzen Geld gegeben wurde, als es gegenüber den am Platze domizilierenden Privatbankiers geschah. Diese werden dadurch in ihrer Domäne, dem Effektengeschäft mit den Bankiers an Nichtbörsenplätzen, in ihrer Konkurrenzfähigkeit beeinträchtigt.

Die Berliner Privatbankiers empfinden speziell die scharfe Konkurrenz der Reichskreditgesellschaft gegenüber der Bankkundschaft außerhalb der Hauptstadt. Natürlich haben die Provinzbankgeschäfte dadurch entsprechenden Vorteil. Alle Bankbetriebe leiden unter der Konkurrenz der Girozentralen, der Sparkassen, auch der Reichsbank.

Bei der erfolgten Dezimierung seines haftbaren Kapitals, bei dem für ihn spärlichen Zufluß an Depositen ist der Privatbankierstand besonders darauf angewiesen, seine Mittel rasch umzuschlagen. Dem wird aber unter anderem dadurch entgegengearbeitet, daß die Ausgabe junger Aktien sich oft monatelang verzögert. Auch die Ausgabe von Liquidationspfandbriefen, die ohnehin aus technischen Gründen sich monatelang hinziehen muß, wird über das notwendige Maß hinaus verzögert.

Das Betriebskapital wird weiter in Anspruch genommen durch den hohen, den Liquidationskassen zu leistenden, für ihre Sicherheit unentbehrlichen Einschuß. Die Errichtung von Liquidationskassen war unter den gegenwärtigen Verhältnissen eine Notwendigkeit für die Wiedereinführung des Terminverkehrs, der wiederum für die Plazierung von Aktien unentbehrlich ist. Für den mittleren Privatbankierstand ist aber die durch den Einschuß erfolgende Betriebskapitalentziehung von schwerem Nachteil.

Durch technische Verbesserungen hat man allerdings schnelleren Kapitalumschlag ermöglicht. Die interurbane Kompensationstätigkeit der an den verschiedenen Börsen tätigen Liquidationskassen, der drahtliche Giroverkehr bei der Reichsbank, der Geldaustausch zwischen der Preußischen Staatsbank und den Abrechnungsstellen an Provinzplätzen, schließlich der Effektengiroverkehr haben das Bankgewerbe rationalisiert. Alle diese Einrichtungen mindern zugleich die Umschlagskosten. Ihre dennoch unvermeidbare prozentuale Höhe ist bedingt durch den im Vergleich zur Vorkriegszeit zurückgegangenen Umsatz. Wesentlich zu einer Besserung in dieser Hinsicht könnte beitragen, wenn endlich einmal eine den Lebensnotwendigkeiten entsprechende Senkung der Börsenumsatzsteuer erfolgte. Ihre gegenwärtige Höhe verhindert die Ausdehnung der Börsengeschäfte. Immer noch beträgt der Händlerstempel etwa das 2½fache, der Kundenstempel das fünffache der früheren Sätze. Auf diese Weise wirkt der Fiskus einem verbilligten Kapitalverkehr und einer Kapitalbildung entgegen.

Im mittleren Bankgewerbe ist ohnehin der Spesenkoeffizient höher als im Großbetrieb. Mir sind die Ziffern eines führenden, stark aktiven, alle Zweige des Bankfachs betreibenden Privatbankhauses genannt worden, dessen Reingewinn

1927 nach Abzug von nur 5 pCt. Zinsen auf sein stattliches Eigenvermögen nur 25 pCt. des Unkostenaufwandes betrug. Bei Berechnung von 8 pCt. Zinsen hätte sich ein Verlust ergeben. Dieses Resultat ist nicht etwa eine Einzelerscheinung, sondern typisch für die Mehrzahl der mittleren Bankbetriebe. Ausnahmen bilden in der Hauptsache die wenigen Privatbankfirmen, die durch die Eigenart ihres Geschäftsaufbaues und besondere Tüchtigkeit ihrer Leitung in Beziehung zu Großkonzernen oder durch Tradition zu auswärtigen Finanzmächten stehen.

Sogar in solchen Fällen, in denen es lediglich einer Vermittlung bedarf, ist der Mittelbankier in den Hintergrund gedrängt: Die vom Ausland hereinströmenden Gelder gelangen zum weitaus größten Teile an die Großbanken und an die wenigen großen Privatbankfirmen mit Namen und Beziehungen zum Ausland.

Nicht zuletzt wird die Kapitalbildungsmöglichkeit des Privatbankiers durch die gegenüber der Vorkriegszeit wesentlich höhere Einkommensteuerskala, sowie besonders durch die veränderte Veranlagung beeinträchtigt. Nachdem diese nicht mehr nach dreijährigem Durchschnitt erfolgt, nachdem nicht einmal ein Verlust auf den Gewinn eines folgenden Jahres für die Einkommensteuer angerechnet werden kann, ist die Besteuerung allgemein, aber ganz besonders für den Privatbankierstand unerträglich geworden. Für ihn mehr als für andere Gewerbetreibende, weil das bilanzmäßige Resultat hauptsächlich von der Bewertung der bei dem Bilanzabschluß vorhandenen Aktiven abhängt. Das Bankgewerbe kann jedoch nicht auf diese die gleichen legalen inneren Reserven stellen wie andere Branchen, bei denen sich die Bilanzposten hauptsächlich aus Immobilien, Maschinen, Einrichtungen und Waren zusammensetzen.

Die Erhaltung eines kapitalkräftigen und kapitalbildenden Privatbankierstandes liegt auch im gesamtwirtschaftlichen Interesse: Uebersteigerte Bedingungen sind bei einer Konkurrenz von mehreren Tausend Betrieben nicht aufrechtzuerhalten. Dadurch wird Gewähr gegen Ueberspannung der Konditionen geboten.

Für die Allgemeinheit ist es ferner nützlich, wenn neben den großen Emissionsfirmen mittlere Bankbetriebe die emittierten Werte vertreiben. Sie übernehmen dann Mitverantwortung, daß der in beschränktem Maße zur Verfügung stehende Kapitalfonds an die richtige, nutzbringende Stelle geleitet wird.

Ganz besonders wichtig aber ist ein leistungsfähiger mittlerer Privatbankierstand im Interesse der mittleren Industrie. Die Schwierigkeit, sie mit Kapital zu versorgen, ist eben dargelegt worden. Wird die Leistungsfähigkeit der Mittelbankiers geschwächt, so erhöhen sich diese Schwierigkeiten, denn sie kommen für kleinere Kredite in besonderem Maße in Betracht. Es sind also — von der Gesamtwirtschaft aus gesehen — Grenzen für die Nützlichkeit der Konzentrationsbewegung im Bankgewerbe vorhanden.

Stellung zu nehmen ist ferner zu der Tendenz der Börsenzentralisation: Eine Vielheit von leistungsfähigen Börsen ist in Krisen- wie in Ueberschwangszeiten nützlich, weil durch Dezentralisation das Pendel der Tagesschwankungen minder heftig ausschlägt. Dadurch wird in Krisenzeiten Abwanderung von Wertpapieren ins Ausland zu Angstpreisen und in Ueberschwangszeiten Uebernahme zu übertriebenen Kursen vermieden. In beiden Fällen dient demnach eine Vielheit von Börsen zur Verhütung von Kapitalverlusten.

Leider wird nicht immer der Bedeutung der Provinzbörsen für die Gesamtwirtschaft Rechnung getragen. Fremde Werte sind mehrfach zuerst in Berlin eingeführt worden und viel später erst an anderen Börsen, obwohl diese ebenfalls im internationalen Geschäft eine wesentliche Rolle spielen. Insbesondere trifft dies für Frankfurt a. Main zu. Die Bedeutung der Provinzbörsen wird dadurch leicht unterschätzt: Bei einer verspäteten Einführung kommt die Aufnahmefähigkeit einer Börse nicht zur Geltung, weil naturgemäß die anlagefreien Beträge schon an die erste einführende Börse gelangt sind.

Junge Aktien sind nur in Berlin und nicht an Provinzbörsen eingeführt worden, obwohl vorherige Emissionen auch an solchen zur Notiz gelangt waren. Der Grund hierfür besteht oft in der Scheu vor einer verhältnismäßig geringfügigen Ausgabe für die Notizzulassung. So verfahrende Unternehmungen erschweren dadurch die Placierung ihrer Aktien und handeln damit gegen ihr eigenes Interesse.

Wie notwendig eine Vielheit von Börsen ist, wurde durch die Krise im Mai vorigen Jahres offenbar: die mittleren und kleinen Börsen waren damals dem in Panik versetzten Berliner Markt eine Stütze. An diese Ereignisse kann nicht erinnert werden, ohne auch der Tatsache zu gedenken, daß sich der Reportgeld nehmende Teil der Bankwelt durch die Taktik des gebenden damals schwer benachteiligt fühlte. Die Börsenkrisis wäre meiner Auffassung nach zwar ohnedies nach Lage der Konjunktur hereingebrochen, hätte jedoch mildere Formen bei anderem Vorgehen angenommen.

Wenn wir die Entwicklungstendenzen in der deutschen Wirtschaft und ihren Einfluß auf die Kapitalbildung behandeln, so können wir an einer Reihe weiterer Probleme nicht vorübergehen. Hierzu gehört die Haltung von Schuldnerstaaten gegenüber ihren Gläubigern überhaupt und insbesondere gegenüber deutschen. Unter Nichtachtung früherer Staatsverträge haben sich Schuldner von Staatsanleihen der Erfüllung ihrer Zins- und Amortisationspflicht entzogen. Da aus der Vorkriegszeit große Summen bei uns in fremden Werten angelegt sind, so bedeutet ein Ausfall von Zins- und Tilgungseinnahmen einen erheblichen Verlust für die deutsche Wirtschaft. Es ist daher im Interesse der deutschen Kapitalbildung zu begrüßen, daß der Centralverband eine die Interessen deutscher Gläubiger wahrende Kommission sich angegliedert hat.

Unter dem Gesichtswinkel der Kapitalbildung ist auch das Entstehen solcher Institute zu erörtern, die in der Form der regulären Bank betrieben werden, jedoch gleichzeitig Sonderzwecke verfolgen: der Hausbanken und derjenigen Banken, die mit wirtschaftlichen Zielen andere Zwecksetzung verbinden.

Hausbanken sind wirtschaftlich nützlich, wenn sie für zahlreiche Niederlassungen den Finanzverkehr an einer Stelle konzentrieren. Ueberschreiten sie jedoch diese Funktion, dann entsteht das Risiko, daß sie gerade im Bedarfsfalle funktionsunfähig sind. Die von dem Mutterunternehmen abhängige Hausbank kann überhaupt die freie Bank nicht ersetzen, die in ganz anderem Maße den Pulsschlag der Wirtschaft fühlt. Die Tätigkeit solcher Banken, die nicht nur aus wirtschaftlichen Gründen errichtet worden sind, unterliegt Gefahren, weil die außerhalb der Oekonomie liegende, mit der Bankgründung verknüpfte Zwecksetzung zu Maßnahmen führen kann, die rein wirtschaftlich betrachtet nicht opportun sind.

Von größter Bedeutung für die Weiterentwicklung der Wirtschaft und der Kapitalbildung ist die Stellung der Gesellschaftsverwaltungen gegenüber ihren Aktionären, von immer wachsender sogar, je mehr der Schwerpunkt der Kapitalbildung bei den vergesellschafteten Unternehmungen liegt. Wenn nach allen bisherigen Darlegungen unter den gegenwärtigen Verhältnissen in erster Linie Kapitalzufuhr Produktivität der Gesamtwirtschaft wie Rentabilität der Unternehmungen erst bewerkstelligen kann, so ist es notwendig, daß Aktienemissionen ohne Schwierigkeiten erfolgen können. Deswegen müssen die Körperschaften in ihrem eigenen Interesse auf die Einstellung der Aktionäre Rücksicht nehmen, weil sonst der Zustrom leicht versiegen könnte. Zur Zeit herrscht zwar in Kapitalistenkreisen eine deutlich erkennbare Bevorzugung der Aktien gegenüber einer Anlage in anderen Werten vor, was sich im Kursniveau der Aktien ausdrückt. Die Rendite der Aktienanlage ist dadurch — im Gegensatz zur Vorkriegszeit — eine geringere als die der festverzinslichen Werte und meisten sonstigen Kapitalanlagen. Die Spekulation muß auch aus diesem Grunde einen höheren Zinssatz für die Finanzierung ihrer Engagements in Report- oder Lombardform zahlen, als der Aktienbesitz Ertrag abwirft. Aus der Inflationszeit stammende Erwägungen, der Glaube an größere Verläßlichkeit der Beteiligung an Unternehmungen gegenüber sonstigen Kapitalinvestitionen, die Hoffnung auf zukünftige Ertragssteigerung oder sonstige psychologisch begründete Meinungen bewirken zuungunsten anderer Anlagen Nachfrage nach Aktien und deren Placierungsmöglichkeit. In gleicher Richtung wirken sich, — wie schon früher dargelegt — die Börsenkredite aus. Während festverzinsliche Werte unter immer neuen, von Erfindungsgabe ihrer Emittenten zeugenden Formen geschaffen werden müssen und auch dann — mangels Sparkapitals — nur schwer placierbar sind, konnten Aktienemissionen leicht Absatz finden. Das hat vielfach zu einer mangelnden Berücksichtigung der Interessen außenstehender Aktionäre geführt. Mancherlei Kritik ist in den letzten Jahren berechtigterweise in dieser Hinsicht geübt worden. Eine hier nicht näher zu erörternde, berechtigte Forderungen der Aktionäre berücksichtigende Handhabung des Aktienrechts muß auch vor seiner Reform erfolgen. Auf die Dauer wahrt nur derjenige sein eigenes Interesse, der auch das der andern zu wahren versteht. Schlägt die Tendenz um: bevorzugt infolge Vernachlässigung von Aktionärinteressen das Sparkapital die Anlage in Obligationen statt die in Aktien, so finden die Gesellschaften für die Aktienemissionen nur einen verkleinerten Kreis von Käufern. Sie unterbinden dann die ihnen notwendige Kapitalzufuhr und ihre zukünftige Kapitalbildungsfähigkeit.

Für zukünftige Kapitalbildung trägt die Heranbildung eines geschulten Nachwuchses Vorsorge. Die Wirtschaft ist allgemein komplizierter geworden. Die Spezialtechnik einer jeden Branche erfordert desto größere Schulung, je mehr sie verfeinert ist. Der in die Zukunft Blickende sieht die Notwendigkeit, rechtzeitig fähige Nachfolger heranzuziehen. Die Erkenntnis dieser Notwendigkeit ergreift erfreulicherweise immer weitere Kreise und hat auch den Centralverband zu entsprechenden Schritten geführt, deren Resultat allerdings noch nicht vorliegt.

Die Ausbildung erfordert heute aber nicht nur praktische, sondern auch theoretische Schulung. Forschungsinstitute für Volks- und Betriebswirtschaft, den Unternehmungen angegliederte wissenschaftliche Abteilungen, Tageszeitungen von Rang, eine wachsende Anzahl auf hohem Niveau stehender Zeitschriften kommen diesem Bedürfnis entgegen. Neuerdings sind unter Förderung, oft auch unter Mitwirkung der Wirtschaft, Konjunkturforschungsinstitute entstanden.

Alle diese Institutionen steigern die Erkenntnis ökonomischer Gesetzmäßigkeit und Vorgänge und fördern daher mittelbar die Kapitalbildungsmöglichkeit.

Dabei darf ein Grundlegendes jedoch nicht übersehen werden: Die Wirtschaft wird von Menschen betrieben und unterliegt daher neben ökonomischen in starkem Maße auch psychologischen Gesetzen. Wir müssen diese Kräfte mit in Rechnung stellen, wenn wir die Wirtschaftstendenzen erkennen, ihre Zeitdauer und ihren Einfluß auf den Erfolg abmessen wollen.

Die in unserer Wirtschaft existente, stark gesteigerte Produktionskraft ist nicht nur die Folge höchsten technischen Könnens und rationeller Organisation. Sie basiert auch auf den Triebkräften kapitalistisch-individualistischer Wirtschaft. Zu der Triebkraft gehört nicht nur das von L i e f m a n n angeführte private Gewinnstreben, sondern auch die Schaffenslust und die Freude am Erfolg, die im eigenen Interesse, aber zum Nutzen aller zu höchsten Leistungen anspornen.

Höchstmögliche Produktivität ist nur durch Rationalisierung zu erzielen: Sie hat aber in sozialer Beziehung die bedauerliche Folge, daß viele ein hartes Schicksal trifft, da die Ausgeschiedenen einer sozialen Degradierung unterliegen.

Mit der aus der ökonomischen Entwicklung weiter resultierenden wirtschaftlichen Stärkung Einzelner entsteht für sie auch ein Zuwachs an Macht. Das Machtstreben erklärt von der psychologischen Seite her die Stärke der geschilderten Wirtschaftstendenz. Auch unter diesem Gesichtswinkel hat die Nützlichkeit der Bewegung Grenzen, die nicht verkannt werden dürfen: Bei der Dynamik der modernen Wirtschaftskräfte erhöht Akkumulierung von Macht die in falschem Machtgebrauch ohnehin liegende Gefahr. Ihr kann nur vorgebeugt werden durch das Gefühl der Verantwortung gegenüber der Gesamtheit, das alle in der Wirtschaft Stehenden beseelen muß.

Dieses Bewußtsein der Verantwortung muß zu einer Verständigungsbereitschaft bei Gegensätzlichkeit von Interessen führen. Daß das Prinzip der Verständigung das Primat erhält seitens des Individualismus in der heimischen Wirtschaft, seitens des auf Expansion und Autarkie bedachten Nationalismus im Weltverkehr, ist die unerläßliche Vorbedingung für zukünftige Kapitalbildung. (Lebhafter Beifall.)

Präsident Geheimrat Prof. Dr. Riesser:

Ich freue mich sehr, verehrter Herr Merzbach, daß der Beifall so war, wie ich ihn erwartete und so wie Sie ihn verdienten. Und weil er so war, möchte ich selbst jedes Wort meinerseits vermeiden. Nur das eine gestatten Sie mir zu sagen: wir sind oft zusammen gewesen, und ich habe oft ihre Vorträge gehört, jedesmal aber so, daß ich eine helle Freude daran hatte. Heute war es ebenso. Lassen Sie sich dafür auch im Namen des Präsidiums und der ganzen Tagung herzlichst danken!

Und nun, meine Damen und Herren, möchte ich folgendes bemerken:

Die Diskussion über die Vormittagsthese hatten wir heute mittag erledigt, und eine Diskussion über die Nachmittagsthese scheint nicht gewünscht zu werden, denn es ist mir eine Meldung zum Reden nicht zugegangen. Sie ist geschlossen.

Inzwischen habe ich die Resolution, die, wie Sie wissen, zu der Vormittags- und zu der Nachmittagsthese eine einheitliche ist, verteilen lassen und würde Herrn Rechtsanwalt Bernstein bitten, sie nochmals zu verlesen, bevor wir abstimmen.

Rechtsanwalt Otto Bernstein:

Die gemeinsame Entschließung zu Thema I und II des Bankiertages lautet wie folgt:

Ohne eigenes Kapital gibt es für die deutsche Wirtschaft keine Entwicklungsfähigkeit und keine Unabhängigkeit. Um diese zu gewinnen, bedarf Deutschland dringend der Neubildung von Kapital in einem weit größeren Umfange, als dem bisher erreichten. In dem Verlangen nach Anwendung aller geeigneten Mittel zur Förderung der Kapitalbildung weiß sich der Bankiertag mit den weitesten Bevölkerungskreisen ohne Unterschied der politischen Grundeinstellung einig. Er hält es jedoch für ein Unding, auf der einen Seite die Kapitalbildung fördern zu wollen und doch gleichzeitig die kapitalistische Wirtschaft als solche zu bekämpfen, das Privateigentum unter dauernder Bedrohung zu halten und die Privatunternehmen mehr und mehr durch Betriebe der öffentlichen Hand zu verdrängen.

Die derzeitige Höhe der Steuerlast übersteigt vielfach die Grenzen des wirtschaftlich Tragbaren. Sie muß durch eine bessere Verteilung zwischen direkten und indirekten Steuern, durch eine Beseitigung wirtschaftsschädlicher Steuerarten und durch eine Milderung besonderer Steuerhärten erträglicher gemacht werden. Für die Einkommensteuer ist namentlich die Rückkehr zum Dreijahresdurchschnitt, mindestens aber die Zulassung eines Verlustvortrags nach englischem Muster zu befürworten. Der Gedanke einer Vermögenszuwachssteuer ist zu bekämpfen, weil diese Steuer der Kapitalbildung unmittelbar entgegenwirkt. Die Börsenumsatzsteuer hemmt in ihrer jetzigen Höhe den Kapitalverkehr. Dem Verlangen aller wirtschaftlichen Kreise nach

Beseitigung des Steuerabzugs vom Kapitalertrag muß endlich entsprochen werden.

Zum Zwecke der Gesundung des Finanzwesens ist nicht nur eine grundlegende, sondern vor allem auch eine beschleunigte Reform des Verhältnisses zwischen Reich, Ländern und Gemeinden im Sinne einer Stärkung der Reichsgewalt auf finanzwirtschaftlichem Gebiet erforderlich. Die Ausgabenwirtschaft des Reichs, der Länder und der Gemeinden muß einheitlich ausgestaltet und hierbei auch Vorsorge dafür getroffen werden, daß der Allgemeinheit ein Einblick in die wirtschaftlichen Unternehmungen der öffentlichen Hand rechtzeitig ermöglicht wird. Der Bankiertag billigt die Bestrebungen, die Verwaltung der öffentlichen Gelder weitmöglichst zu konzentrieren.

Der berechtigte Wunsch, eine Festsetzung der Reparationsschuld herbeizuführen, darf keinesfalls zur Uebernahme einer Belastung von untragbarem Ausmaß verleiten.

Präsident Geheimrat Prof. Dr. Riesser:

Ich darf nunmehr diejenigen Mitglieder bitten, die der Resolution, die eben verlesen worden ist, zustimmen wollen, ihre Hand zu erheben. — Die Gegenprobe! — Niemand ist dagegen. Ich stelle fest, daß die Resolution einstimmig angenommen ist, und schließe die Sitzung.

(Schluß: 6¼ Uhr.)

Zweiter Verhandlungstag.

Dienstag, den 11. September 1928, vormittags 9½ Uhr.
Sitzung in der Messehalle.

Präsident Geheimrat Professor Dr. Riesser:

Verehrte Versammlung! Bevor ich in die Tagesordnung eintrete, habe ich Ihnen leider das plötzliche Hinscheiden des Herrn Dr. Sorge, Ehrenpräsidenten des Reichsverbandes der Deutschen Industrie, mitzuteilen. (Die Anwesenden erheben sich von den Plätzen.) Meine Herren, wir empfinden diesen Tod eines hervorragenden Mannes, der Loyalität und Liebenswürdigkeit in seiner Person vereinte und der vielfach in schwierigen Fragen mit uns zusammen gearbeitet hat, schmerzlichst. Wir bitten, besonders den Reichsverband der Deutschen Industrie, unser herzlichstes und aufrichtigstes Beileid entgegennehmen zu wollen.

Sie haben sich, meine Herren, zu Ehren des Andenkens des Verstorbenen von Ihren Plätzen erhoben. Ich stelle dies dankend fest und hoffe, daß der Reichsverband der Deutschen Industrie immer Männer finden wird, die dem Verstorbenen gleich sind in der Tüchtigkeit und in der Liebenswürdigkeit des Umgangs. Ich danke Ihnen!

Wir treten in die Tagesordnung ein, und zwar haben wir heute das Thema: „Die Lage der Landwirtschaft und ihre Bedeutung für das Bankgewerbe" zu besprechen.

Ich rufe als Berichterstatter Herrn Dr. Georg Solmssen auf.

Dr. Georg Solmssen, Geschäftsinhaber der Disconto-Gesellschaft, Berlin:

Die Bedeutung der Landwirtschaft für das deutsche Bankgewerbe scheint eine neue Entdeckung zu sein, denn die Programme aller vergangenen deutschen Bankiertage lassen keine Beziehung zwischen beiden Branchen erkennen. Da Geld und Geldverkehr Hauptgegenstand unserer Berufstätigkeit sind, könnte man beinahe, eingedenk des Spruches „hat der Bauer Geld, so hat's die ganze Welt" aus diesem Mangel den Schluß ziehen, es sei der Landwirtschaft bisher stets so gut gegangen, daß es müßig gewesen wäre, sich auf unseren Tagungen mit ihr zu beschäftigen. So ist es freilich nicht gewesen. Die Landwirtschaft hat auch in der Vergangenheit ihr Auf und Nieder gehabt, und man kann nicht sagen, daß sie versäumt hätte, die Aufmerksamkeit der Oeffentlichkeit in Anspruch zu nehmen, so oft sie mit Schwierigkeiten zu kämpfen hatte. Diese Inanspruchnahme ist sogar meist mit so vernehmlicher Stimme erfolgt, daß manchmal der Eindruck entstand, die Leiden des Landwirtes seien weniger groß, als seine Klagen. Alles in allem handelte es sich aber bei diesen Vorgängen, abgesehen von den regelmäßig wiederkehrenden Erörterungen über Zoll- und Handelsvertragspolitik, doch mehr um die Auswirkung konjunktureller Schwankungen, nicht aber um eine so tiefgreifende Umschichtung der gesamten volkswirtschaftlichen Entwicklung, daß Anlaß gewesen wäre, sich mit den sich daraus ergebenden Fragen vor diesem Forum zu beschäftigen. Daß der Centralverband des Deutschen Bank- und Bankiergewerbes es nunmehr als erforderlich betrachtet hat, in diesem Jahre für dieses Thema drei Referenten aufzustellen, beweist, daß die Probleme der deutschen Landwirtschaft eine Entwicklung anzunehmen begonnen haben, die über das Sonderinteresse der Landwirtschaft als solcher weit hinaus reicht und die Fundamente unserer gesamten Wirtschaft berührt. Man beginnt, sich darüber klar zu werden, sowohl innerhalb der deutschen Landwirtschaft, wie außerhalb derselben, daß hinsichtlich der Grundlagen unserer Volksernährung Erscheinungen zutage treten, die als bedrohlich bezeichnet werden müssen und es zur Pflicht machen, sich mit ihnen im Rahmen unseres gesamten Wirtschaftsplanes zu beschäftigen. Dieser Erkenntnis entwuchs der Gedanke, für diesen Vormittag die Landwirtschaft in den Mittelpunkt unserer Betrachtungen zu stellen.

Das deutsche Bankgewerbe darf für sich in Anspruch nehmen, bereits vor Jahr und Tag darauf hingewiesen zu haben, daß die Ernährungslage Deutschlands bedenkliche Merkmale zeige. Am 1. März 1926 wurden auf Veranlassung der Vereinigung von Banken und Bankiers in Rheinland und Westfalen hier in Köln eine Reihe von Vorträgen über das Thema „Wie schaffen wir dem deutschen Volke Arbeit und Brot" gehalten. Bereits damals habe ich als einer der Referenten darauf hingewiesen, daß das Ansteigen der Nahrungsmittel- und Fertigwaren-Importe im Jahre 1924 um 50 pCt. der entsprechenden Beträge des Jahres 1913, bei gleichzeitigem Sinken der Ausfuhr industrieller Fertigwaren um 33 pCt. eine Zuspitzung unserer Abhängigkeit vom Auslande zeige, der mit aller Macht entgegengearbeitet werden müsse. Angesichts der Tatsache, daß die Reichsstatistik für die Monate Januar bis Dezember 1925 einen Einfuhrüberschuß im Lande erzeugbarer landwirtschaftlicher Produkte wie Kartoffeln, Gemüse, Obst, Eier, Milch, Butter und Käse von mehr als einer Milliarde Reichsmark aufwies, wurde von mir die Frage aufgeworfen, warum es nicht gelinge, durch Herabsetzung dieser Ziffer unseren Import zu verringern, um einem bodenständigen Gewerbe den ihm sonst entgehenden Anteil an der heimischen Versorgung zu verschaffen.

Diese Fragestellung rührte an einen Punkt, über dessen Bedeutsamkeit sich weitschauende Kreise der deutschen Landwirtschaft längst im klaren waren. Ich schließe das aus der Fülle der Zuschriften, die mir seitdem aus den verschiedensten Teilen des landwirtschaftlichen Deutschlands zugegangen sind und der Freude Ausdruck gaben, daß nunmehr auch von Bankseite die Aufmerksamkeit der Oeffentlichkeit auf dieses Problem gelenkt und seine Lösung gefordert würde.

Die seit jener Zeit eingetretene Entwicklung zeigt, trotz unzweifelhaft bestehenden Willens, der Materie Herr zu werden, kein besonders ermutigendes Ergebnis. Im Gegenteil, die inneren Gründe der schleichenden Krankheit scheinen sich erst seitdem voll ausgewirkt zu haben und treten nunmehr im Verein mit den Folgen anderer uns quälender Lasten in einer sehr üblen Ziffernreihe zutage. Ende des Jahres 1925 betrugen die Personal- und Realkredite der deutschen Landwirtschaft RM 3 195 000 000; bis zum März 1928 hatten sie sich auf RM 5 447 000 000 erhöht. Hierzu treten für Schwimmkredite, aufgewertete Hypotheken und Rentenbankgrundschuld RM 6 800 000 000, so daß sich eine Gesamtverschuldung von RM 12 200 000 000 mit einem entsprechenden Jahreszins ergibt. Die Verschuldung der Landwirtschaft erreicht damit beinahe den Wert ihrer jährlichen Bruttoproduktion, der zufolge den Berechnungen des Instituts für Konjunkturforschung (Vierteljahrshefte 1928, Heft 1, Teil A) im Durchschnitt der drei Jahre 1924—1927 RM 12 656 000 000 betrug. Nach Abzug der Betriebsausgaben der Landwirtschaft, die sich für die drei genannten Jahre jährlich auf durchschnittlich RM 3 235 908 000 beliefen, verbleibt ein Jahresreinertrag der landwirtschaftlichen Arbeit von RM 9 420 000 000. Berücksichtigt man, daß zu den von uns selbst erzeugten Lebensmitteln in den Jahren 1925 und 1926 ein durchschnittlicher Einfuhrüberschuß von Lebensmitteln im Betrage von RM 2 545 000 000 getreten ist, und zwar, um übertrieben vorsichtig zu sein, unter Nichteinrechnung aller hier nicht erzeugbaren Lebensmittel, die wie Mais, Reis, Kaffee, Tee, Kakao, Südfrüchte, Gewürze, pflanzliche Oele und Fette vom Ausland eingeführt werden müssen, so ergibt sich ein Verbrauch von Lebensmitteln in Höhe von RM 15 201 000 000. Hiervon werden nur 83,3 pCt. von der heimischen Landwirtschaft und 16,7 pCt. durch Einfuhr aus dem Auslande bestritten, oder mit anderen Worten: von 63 405 000 Menschen in Deutschland hängen 10 521 000 in ihrer Nahrungsmittel-Existenz völlig von ausländischen Zufuhren ab.

Wir stehen mithin einem erschreckenden Minus unserer Ernährungsbasis gegenüber, das sich zudem in steigender Proportion vorwärts bewegt. Ist doch der Anteil der Lebensmitteleinfuhr an unserer Gesamteinfuhr von 26,1 pCt. im Jahre 1913 auf 32,5 pCt. im Jahre 1925 und auf 36 pCt. im Jahre 1926 gestiegen! Die Zahlen der Lebensmitteleinfuhr zeigen, verglichen mit der Vorkriegszeit, ein nur im Jahre 1926 ein wenig unterbrochenes Ansteigen. Es betrug die Nettoeinfuhr an Lebensmitteln und Getränken:

	in Millionen RM	
	im Gegenwartswert	im Vorkriegswert
1913		1738,3
1923	1054,3	997,2
1924	2228,3	1757,0
1925	3506,1	2330,5
1926	3102,1	2288,3
1927	3931,5	2754,4

Das Schlimmste ist, daß wir in dauernd zunehmendem Umfange das Geld im Auslande borgen mußten, das zur Bezahlung dieses Einfuhrüberschusses gebraucht wurde.

Ebenso bedenklich ist, daß sich die Zusammensetzung der landwirtschaftlichen Einfuhr nach der Richtung verschlechtert hat, daß die Einfuhr von Fertigprodukten auf Kosten derjenigen von Rohstoffen größer geworden ist. Um einige Beispiele zu nennen: Es betrug die Einfuhr

	in Millionen Mark	
	1913	1926
von Futtermitteln	849,6	560,0
von Milch, Butter, Käse . . .	195,8	451,2

Diese Zahlen sprechen für sich! Statt des Rohstoffs importieren wir in steigendem Maße das fertige Erzeugnis und zahlen den in diesem enthaltenen Verarbeitungswert an das Ausland, anstatt ihn im eigenen Lande zu verdienen. Wir belasten also unsere Zahlungsbilanz immer stärker und versündigen uns immer mehr gegen die uns durch die Tatsachen vorgeschriebene Forderung, die deutsche Volkswirtschaft auf Grund ihrer unzureichenden Rohstoffausstattung zu einer Veredelungswirtschaft auszubilden und diesen Veredelungsprozeß nicht nur auf industriellem, sondern auch auf landwirtschaftlichem Gebiete durchzuführen.

Jedenfalls zeigen alle diese Zahlen eine erschreckend abschüssige Progression, die um so stärker wird, wenn man berücksichtigt, daß mit einer jährlichen Bevölkerungszunahme von 300 000 bis 400 000 Köpfen zu rechnen ist, so daß wir in 10 Jahren, anstatt wie jetzt, 63 405 000 bereits 66 650 000 Menschen zu ernähren haben werden. Es ist nicht schwer, sich die Konsequenzen auszumalen, welche entstehen müssen, wenn aus irgendeinem, in uns oder außer uns liegenden Grunde der Zustrom fremder Gelder zum Versiegen kommt. Mit diesem Zustrom, der seit 1924 von Jahr zu Jahr anstieg und gegenwärtig, lang- und kurzfristige Kredite zusammengenommen, einen Betrag von schätzungsweise mehr als RM 9 000 000 000 erreicht haben wird, haben wir bisher den von uns selbst nicht erzeugten Ernährungsbedarf bezahlt und die Daweslast transferiert. Ich weiß, es gibt Leute, welche die Möglichkeit eines solchen Nachlassens der Auslands-Kredite von sich weisen, weil sie des Glaubens sind, das Geld der Welt fließe stets zwangsläufig dorthin, wo der höchste Zins gezahlt wird, und also meinen, es sei lediglich von unserem Willen abhängig, ob wir das verfügbare fremde Geld an uns ziehen wollten. Ich vermag diese Ansicht nicht zu teilen und stehe nicht an zu behaupten, daß die Optimisten, die ihr huldigen, nicht merken, wie pessimistisch ihre Prognose ist, läßt sie doch außer acht, daß ein hochentwickeltes Kulturland, das jetzt noch für seine Anleihen 2 bis 3 pCt. mehr an Jahreszinsen zahlen muß, um Geld zu erhalten, als viel weniger intensiv bewirtschaftete Staaten, dessen Schuldverschreibungen also klassiert werden, als ob es sich um Turbanwerte handelte, schließlich unter der Last dieser Zinsenhöhe im internationalen wirtschaftlichen Wettkampfe erliegen muß.

Was geschieht aber, wenn das fremde Geld fehlt, mit dem wir das Manko unserer Versorgung bisher gedeckt haben? Soweit eine Verknappung von ersparbaren Lebensnotwendigkeiten eintritt, kann ihr, mag solches noch so unbequem und drückend sein, durch Strecken vorhandener Vorräte begegnet werden. Wenn diese Verknappung aber die zur Aufrechterhaltung des notwendigen Ernährungs-Minimums erforderliche Einfuhrmenge nicht entbehrbarer Lebensmittel betrifft, ist solche Streckung nur unter schwerster Schädigung des gesamten Volkskörpers durchführbar. Ich meine, die Erinnerung an die Kriegs- und besonders die Nachkriegsblockade sollte frisch genug in unser aller Gedächtnis fortleben, um sich darüber klar zu sein, welche Gefahren in einer, in solchem Umfange auf Borg lebenden Ernährungs-Versorgung liegen, und zwar nicht nur auf wirtschaftlichem, sondern auch auf innen- und außenpolitischem Gebiete. Der Satz „Hunger ist der beste Koch" gilt nicht nur für das Einzelindividuum, sondern genau so für ganze Völker. Deutschland ist unter dem Drucke des Hungers bereits einmal gezwungen worden, die den Versailler sogenannten Friedensvertrag tragende, infame Kriegsschuldlüge anzuerkennen und Friedens- und Nachfriedensbedingungen anzunehmen, die weit über jedes Maß und Ziel hinausschießen. Ebenso hat es sich, vor der Gefahr eines zweiten Währungsverfalles mit dem dahinterstehenden Hungergespenst, dem uns aufoktroyierten, ebenfalls über das Ziel hinausschießenden Dawes-Plan beugen müssen. Es könnte leicht kommen, daß wir, wenn der Hunger aus geldwirtschaftlichen Gründen wiederum an unsere Tür pocht, nochmals den Kopf auf den Block legen und uns von neuem ohnmächtig fremder Willkür fügen müßten. Das Wohlwollen unserer außenpolitischen und außenwirtschaftlichen Gegner wird stets in umgekehrtem Verhältnis zu unserer eigenen Widerstandskraft stehen. Der Staatsmann und Wirtschaftler, der sich dieser Binsenwahrheit nicht stets voll bewußt bleibt und sein Handeln entsprechend einrichtet, könnte eines Tages böse erwachen; Grund genug, sich mit der Landwirtschaft als einem der tragenden Pfeiler unserer staatlichen und wirtschaftlichen Unabhängigkeit und Freiheit eingehend zu beschäftigen.

Aber auch abgesehen von ihrer politischen Bedeutung, verdient die Landwirtschaft unsere höchste Aufmerksamkeit als ein sehr wesentlicher, zahlenmäßig und als Konsument nicht immer voll gewürdigter Faktor unserer Gesamtwirtschaft.

Nach der Berufszählung vom Jahre 1925 waren von der Gesamtbevölkerung Deutschlands von rund 62 400 000 rund 32 000 000, also 51,3 pCt. derselben, erwerbstätig. Davon entfielen auf die Land- und Forstwirtschaft 9 760 000, also 30,5 pCt. der Erwerbstätigen und unter Zuzählung ihrer Angehörigen insgesamt 14 270 000, also rund 23 pCt. der Gesamtbevölkerung. Diese Ziffer würde erheblich größer sein, wenn die industriellen Nebengewerbe der Landwirtschaft nicht unter den Industriegruppen mitgezählt würden. Die landwirtschaftlich Erwerbstätigen verteilten sich auf etwas über 5 000 000 landwirtschaftliche Betriebe. Von diesen entfielen nur 0,2 pCt. auf Großbetriebe über 800 Morgen, mit einem Anteil von 15,3 pCt. der gesamten landwirtschaftlich genutzten Fläche. Die 14 270 000 Menschen, die von dem Wohl und Wehe der Landwirtschaft unmittelbar abhängig sind, verteilen sich also in weit überwiegender Zahl auf Kleinbetriebe, die über das ganze Land zerstreut sind.

Entsprechend der Zahl dieser Berufsbeteiligten rangieren auch die Ziffern der von ihnen erzeugten und benötigten Werte in der Liste unserer heimischen Produktion außerordentlich hoch. Eine einzige Ziffer zeigt dies bereits: der Wert des gesamten landwirtschaftlichen Inventars wird auf RM 15 000 000 000 geschätzt. Bei jährlicher 10prozentiger Abschreibung ergibt sich hieraus der Betrag von RM 1 500 000 000 jährlicher Aufträge, welche eine gesunde Landwirtschaft an die nationale Wirtschaft zu vergeben hätte.

Der Gesamtwert der von der deutschen Landwirtschaft jährlich erzeugten und zum Verkauf gebrachten Produktion schwankte, wie bereits gesagt, in den Jahren 1924 bis 1927 zwischen RM 12—13 000 000 000 mit Jahresunterschieden von rund einer halben Milliarde Reichsmark. Hiervon entfallen nach den Ermittlungen des Instituts für Konjunktur-Forschung (Jahrg. 1928, Heft 1, S. 40) durchschnittlich auf:

Getreide	RM	2 173 000 000
Kartoffeln	„	2 000 000 000
Hülsen- und Hackfrüchte	„	681 400 000
Gemüse und Handelsgewächse . .	„	582 000 000

Heu und Stroh	RM	270 000 000
Obst und Wein	"	304 000 000
Schlachtvieh	"	4 459 000 000
Milch	"	3 410 000 000
Eier	"	321 000 000
Honig	"	17 900 000
Wolle	"	45 256 000

Die Größe dieser Ziffern erhellt aus dem Vergleiche mit einigen uns in der Regel geläufigeren Zahlen der Industrieproduktion.

Im Jahre 1925 betrug der Wert der deutschen Steinkohlenproduktion RM 1 900 000 000, also 55 pCt. des Wertes der deutschen Milch- und 32 pCt. der deutschen Fleischproduktion; der Braunkohlenproduktion RM 389 000 000, also 57 pCt. des Wertes der Hülsen- und Hackfrüchteproduktion; der Roheisenproduktion RM 879 000 000, also 25 pCt. der deutschen Milchproduktion; der Koksproduktion RM 609 000 000, also weniger, als der Wert der erzeugten Hülsen- und Hackfrüchte; aller Nebenprodukte der Kohle wie Koks, Teer, Benzol, schwefelsaures Ammoniak, Leuchtgas inklusive der dafür verbrauchten Steinkohle RM 800 000 000, also ungefähr soviel, wie der Wert der Gemüse- und Handelsgewächse und des Heus und Strohs zusammengenommen.

Es handelt sich mithin um einen so erheblichen Teil unserer Bevölkerung und so große Werte, welche von ihm erzeugt werden, daß auf der Hand liegt, welche Folgen das Wohl und Wehe dieses weit ausgebreiteten Betriebszweiges für alle übrigen Glieder des Volksganzen nach sich zieht. Die rechnerische Erfassung der gegenseitigen Beziehungen ist naturgemäß außerordentlich schwer, weil die unzähligen Wechselwirkungen des Ergehens der verschiedenen Berufsstände kaum zu ermessen sind. Kürzlich hat das Institut für Konjunkturforschung im Vierteljahrsheft 1 des Jahrgangs 1928 versucht, auf Grund der zur Verfügung stehenden Daten in großen Zügen den Anteil der Landwirtschaft als Konsument des Innenmarktes zu errechnen. Die ermittelten Ziffern sind interessant genug, um einen Augenblick bei ihnen zu verweilen.

Es betrug im Jahre 1925:

	der Jahreswert des Industrie- Gesamtabsatzes in Millionen RM	der Jahreswert des Industrie- Absatzes an die Landwirtschaft in Millionen RM	der Prozentsatz des Absatzes an die Landwirtschaft im Verhältnis zum Gesamtabsatz
Für Kraftstoffe . . .	4000	400	10
„ Düngemittel . . .	660	417	60
„ Baugewerbe . . .	5200	500	10
„ Maschinen, Fahrzeuge u. Apparate	4000	500	12½
„ Werkzeuge . . .	1000	160	16
„ Nahrungs- und Genußmittel . . .	4000	880	22
„ Textilien	5600	750	13
„ Schuhe	600	150	25
„ Wohnungsausstattung . . .	5000	340	7

Zusammengefaßt ergibt sich, daß der unmittelbare Verbrauch der deutschen Landwirtschaft an Produkten der heimischen Industrie sich auf rund RM 4 500 000 000, gleich 15 pCt. ihrer Gesamterzeugung beläuft. Hierzu treten die Handelszuschläge mit rund RM 1 000 000 000, sowie die weitere Summe für industrielle Produkte, die aus den Ersparnissen und dem Renteneinkommen der Landwirtschaft bestritten wird, desgleichen die indirekte Beeinflussung des Absatzes von Industrieprodukten, welche dadurch entsteht, daß die Landwirtschaft für Steuern, Schule, Arzt und Sonstiges jährlich RM 2 000 000 000 verausgabt, welcher Betrag von seinen Empfängern jedenfalls zum Teil benutzt wird, um ihre Bedürfnisse an Industrieprodukten zu decken. Endlich verbraucht die Industrie selbst die RM 4 500 000 000, welche die Landwirtschaft ihr für bezogene Industrie-Produkte bezahlt, nicht in vollem Umfange in Form von Nahrungsmitteln, sondern benutzt einen Teil dieses Einkommens selbst wieder, um Industrieprodukte zu kaufen.

Von dem Bruttoertrage der deutschen Landwirtschaft von rund RM 12—13 000 000 000 sind RM 3 000 000 000 als Gestehungskosten abzusetzen, während die restlichen

RM 10 000 000 000 sich verteilen mit RM 750 000 000 auf Hypotheken- und Kreditzinsen und RM 9 250 000 000 auf Einkommen der Landwirtschaft in Form von Lohn an Arbeiter und Angestellte, Arbeitsverdienst der selbständigen Landwirte, Zinsen aus eigenem Kapital sowie Nutzung des eigenen Hausbesitzes und Unternehmergewinne. Es liegt auf der Hand, daß Schwankungen dieser Ziffern gegenüber einem Gesamtwert der industriellen Nettoproduktion von rund RM 25 000 000 000 und der als Lieferant der Landwirtschaft besonders betroffenen Produktionsmittel-Industrie von rund RM 15 000 000 000 sich nachhaltig im Ergehen der Industrie bemerkbar machen müssen, und zwar um so mehr, je schwerer die Industrie um den Weltmarkt zu ringen hat. Andererseits erhellt aus diesen Ziffern, wieviel zu gewinnen wäre, wenn es gelänge, diesem Großkonsumenten unseres eigenen inneren Marktes einen erheblichen Aufschwung zu geben.

Das Ergehen der Landwirtschaft nach Produktionskraft und Rentabilität hat demnach die weitgehendsten Folgen für unsere politische und wirtschaftliche Zukunft. Der VII. Allgemeine Deutsche Bankiertag handelt deshalb im eigensten Interesse des von ihm vertretenen, vom Gesamtwohl des deutschen Wirtschaftskörpers abhängigen Berufsstandes, wenn er der bedrohten Lage der deutschen Landwirtschaft seine Aufmerksamkeit zuwendet. Seine Aktiv-Legitimation zur Behandlung des gestellten Themas ist nach dem Gesagten sogar so groß, daß wir uns einer Unterlassungssünde schuldig machen würden, wenn wir angesichts der immer stärker herandrängenden Probleme der deutschen Zukunft die Lage unserer Landwirtschaft nicht in den Kreis unserer Betrachtungen ziehen würden.

Denen unter uns, die dafür eintraten, daß dieses geschehe, wurde der Einwand entgegengehalten, wir würden uns unsterblich blamieren, wenn wir hier von Ackerbau und Viehwirtschaft, von Kartoffeln, Milch, Butter, Käse und Eiern sprechen wollten, lauter Dingen, von denen Banken und Bankiers in der Regel nichts verständen. Wir würden aber auch in der Landwirtschaft falsche Hoffnungen hinsichtlich der Hilfe erwecken, die ihr die Banken und Bankiers angedeihen lassen können.

Agrarische Kreise würden aus der Erörterung der sie bedrückenden Sorgen an dieser Stelle den Schluß ziehen, daß wir bereit wären, ihnen künftig mit großen Krediten beizuspringen. Die Folge der Nichterfüllung dieser Hoffnungen würden Enttäuschung und Aerger sein, und wir würden es bitter bereuen, uns derart exponiert zu haben.

Ich teile alle diese Befürchtungen nicht. Sie wären berechtigt, wenn wir hier versuchen wollten, in Erörterungen darüber einzutreten, was landwirtschaftlich zu geschehen hat, um die Produktion zu heben und dadurch den Import zu verringern und den Export zu vergrößern. Soweit es sich darum handelt, welche landwirtschaftlichen Maßnahmen der Erreichung dieses Zieles zu dienen haben, sind wir nicht zuständig. Wir müssen diese Zuständigkeit aber auch ablehnen hinsichtlich derjenigen finanziellen Maßnahmen, welche unmittelbar der Hebung der landwirtschaftlichen Erzeugung dienen sollen. Diese finanziellen Maßnahmen können nicht anders als in der Festlegung bedeutender Kapitalien auf unbestimmte Zeit mit ungewissem Ergebnis gipfeln, stellen also Geschäfte dar, denen der Verwalter fremder Gelder unbedingt fernzubleiben hat, weil im Interesse der Gesamtwirtschaft oberster Grundsatz bei Führung unserer aktiven Kreditgeschäfte die Erhaltung unserer eigenen Liquidität sein und bleiben muß.

Der Wunsch, die Produktion so stark zu steigern, daß dadurch das Lebensmitteldefizit gedeckt werden könnte, läßt die produktionsmäßige Betrachtungsweise erklärlich erscheinen. Sie wird besonders gefördert, wenn immer wieder theoretisch errechnet wird, daß die deutsche Landwirtschaft bei richtiger Ausnutzung der vorhandenen agrarischen und chemischen Möglichkeiten in der Lage wäre, nicht nur den Lebensmittelbedarf Deutschlands zu decken, sondern auch darüber hinaus landwirtschaftliche Produkte in einem die Handelsbilanz günstig beeinflussenden Umfange zu exportieren. Daß die in dieser Richtung zielenden Bestrebungen, so nützlich sie im einzelnen gewirkt haben mögen, bisher als Ganzes keinen Erfolg aufzuweisen haben, ergibt sich daraus, daß die Lebensmitteleinfuhr sich bei Vergleichung der Gegenwartswerte mit den Ziffern des Jahres 1913 beinahe verdoppelt hat, unter gleichzeitigem erheblichen Sinken des Ernteertrages per ha. Der Grund dieser

Erscheinung ist, daß, um die Produktion mengenmäßig zu heben, sehr erhebliche Geldmittel langfristig aufgewendet werden müssen. Ein unter so abnormen Bedingungen wie Deutschland lebender, überlasteter Schuldnerstaat ist hierzu nicht imstande, um so weniger aber, wenn er, geographisch verstümmelt und allenthalben von Zollschranken, die seinen Export erschweren, umgeben, das Rätsel lösen soll, nach Verlust fast sämtlicher Auslandsanlagen Auslandsanleihen zu verzinsen und einen der Dauer nach unbestimmten, übertrieben hohen Tribut an das Ausland abzuführen. Diese Umstände verteuern das für die Intensivierung erforderliche Kapital derart, daß es keine Rente bringen kann.

Aber auch von der die Rentabilität vernichtenden hohen Verzinsung des Leihkapitals abgesehen, ist die Beschaffung des Geldes auf Borg, soweit sie nicht als langfristiges Hypotheken-Darlehen erfolgt, für die Landwirtschaft außerordentlich gefährlich, weil der Erfolg der aufgewendeten Beträge und Arbeit nicht nur durch die Witterungsverhältnisse und die Gesamt-Wirtschafts-Entwicklung des eigenen Landes, sondern auch durch die Konjunktur des Weltmarktes für Lebensmittel in einer sich der Einwirkung des einzelnen Landwirtes völlig entziehenden Weise beeinflußt wird. Die Verzinsung und Rückzahlung des geliehenen Betriebskapitals hängen infolgedessen in hohem Maße von Faktoren ab, die jeder Berechnung spotten, so daß in Zeiten der allgemeinen Kapitalarmut eines Landes seine am intensivsten arbeitenden Landwirte am ehesten ihre wirtschaftliche Existenz aufs Spiel setzen.

Leider ist die staatliche Beeinflussung der Produktionshebung wenig planvoll zu Werke gegangen. Man hat der Landwirtschaft nahegelegt, sich zu wechselmäßiger Verpflichtung zu entschließen, indem die Marktfähigkeit solcher Wechsel in gewissem Maße anerkannt wurde, ohne zu bedenken, daß diese Form der Kreditgewährung die Landwirtschaft daran gewöhnte, die persönliche wechselrechtliche Verpflichtung, die ihrer Konstruktion nach für sie überhaupt nicht geeignet ist, als ein für sie in Betracht kommendes Finanzierungs-Instrument anzusehen.

Ebensowenig wurde umsichtig bei der Verteilung der Gelder verfahren, welche staatlicherseits aufgebracht wurden, um in

Not geratene landwirtschaftliche Betriebe über Wasser zu halten. Die Verteilung dieser Gelder geschah mehr nach dem Grade der Verschuldung, als nach demjenigen der Rentabilität und diente mithin nicht der Förderung dieser Rentabilität, sondern wirkte eher als Prämie auf ihr Fehlen.

Die Wirkung dieser systemlosen, den Grund der Dinge nicht berührenden Maßnahmen mußte Verteuerung unserer gesamten inländischen Produktionskosten sein. Was eventuell an Mehrproduktion durch auf Geldleihe beruhende Intensivierung der Landwirtschaft erreicht wird, geht reichlich verloren in der Verminderung der Ausfuhr der Gesamtwirtschaft, welche die Erhöhung der Lebensmittelkosten zu tragen hat. Dabei zeigt sich, daß diese Art der Produktionshilfe agrartechnisch den gegenteiligen Erfolg erzielt hat, der von ihr erwartet wurde.

Es betrug der Hektarertrag in Dz in Deutschland:

	1911/13	1921	1925	1926	1927
An Roggen	18,6	13,5	17,1	13,5	14,5
„ Weizen	22,7	16,6	20,7	16,2	18,7
„ Gerste	21,2	16,6	18,1	16,6	17,9
„ Hafer	19,8	16,0	16,2	18,2	18,3
„ Kartoffeln . . .	137,5	131,9	148,5	108,8	

Dementsprechend ist auch die Rentabilität der Landwirtschaft jetzt außerordentlich schlecht.

Nach den Untersuchungen des Unterausschusses für Landwirtschaft beim „Ausschuß zur Untersuchung der Erzeugungs- und Absatzbedingungen der deutschen Wirtschaft" (Enquête-Ausschuß) arbeiteten von 2773 untersuchten Betrieben im Wirtschaftsjahr 1925/26 nur 59 pCt. mit Gewinn und alle übrigen mit Verlust.

Diese Zahlen lassen den Unterschied zwischen den Möglichkeiten einer mit normalen und einer mit übertürmten Zinssätzen arbeitenden Wirtschaft deutlich erkennen, zumal, wenn es gilt, wie bei uns, die durch Krieg und Nachkriegszeit eingetretene völlige Erschöpfung der Böden wieder gutzumachen.

Das Problem ist also viel weniger ein Problem des Produzierens, als ein solches des Wirtschaftens. Als solches ist es derart anzupacken, daß unter Berücksichtigung der besonderen Verhältnisse des landwirtschaftlichen Gewerbes ermittelt wird, was geschehen kann, um die Landwirtschaft im Rahmen des Möglichen durch organisatorische Einrichtungen gegen die Auswirkungen von Bodenständigkeit, Klima und höherer Gewalt zu schützen, innerhalb deren sie sich bewegen muß. Die Antwort ist für die Landwirtschaft die gleiche wie für jeden Produktionszweig, der sich in den allgemeinen Wirtschaftsprozeß einfügen will. Die Möglichkeit jeder Produktion wird von der Möglichkeit ihres Absatzes regiert. Die landwirtschaftliche Produktion muß sich daher ebenfalls auf den Absatz einstellen mit dem Ziel, ihn und damit ihre eigene Produktionsmöglichkeit zu vergrößern. Es ist keine Kunst, zeitweise eintretende Konjunkturen durch Steigerung der Verkaufspreise auszunutzen, wohl aber, sich einen stetig immer größer werdenden Markt dadurch heranzubilden, daß die Selbstkosten des ganzen Produktions- und Absatz-Prozesses herabgedrückt und trotzdem immer bessere Qualitäten geliefert werden. Da das beste Rezept für die Markterweiterung die Stetigkeit und Güte der Qualität des zu verkaufenden Produktes ist, führt die Anwendung dieser Grundsätze von selbst zur Verbesserung der Produktion, aber auf dem einzig Erfolg versprechenden Wege durch das Portemonnaie, d. h. über die Rentabilität.

Die praktische und theoretische Erforschung der diesen Kreislauf fördernden und hemmenden Momente ist eine Wissenschaft für sich. Sie ist jüngsten Ursprungs und konnte infolge der Störungen des Weltkrieges bis vor kurzem in Deutschland nicht die Beachtung finden, die sie verdient. Wohl sind einzelne Schlagworte wie „service", d. h. der Dienst am Kunden, und „marketing", d. h. die Lehre vom Marktwesen, zu uns gedrungen. Eine auf eigenen

Füßen stehende systematische Durcharbeitung der in diesen Worten liegenden Gedanken und ihre Anpassung an die deutschen Verhältnisse fehlt aber bisher für unsere Wirtschaft, besonders jedoch für die deutsche Landwirtschaft. Wir müssen daher den Blick über unsere Grenzen richten und uns die Erfahrung solcher Länder zunutze machen, die in dieser Hinsicht weiter vorgeschritten sind und durchgreifendere Ergebnisse erzielt haben. Soweit landwirtschaftliche Fragen in Betracht kommen, sind die einschlägigen Probleme in einer ganzen Reihe von Staaten wie Dänemark, Holland, England und seinen Kolonien behandelt worden; die methodischste und umfassendste Behandlung dieses Wissenszweiges findet sich aber in den Vereinigten Staaten. An einer ganzen Reihe von Universitäten wird dort die moderne Disziplin des Marktwesens gelehrt, und zwar in uns unbekannter Verquickung von Wissenschaft und Praxis. Der Theoretiker wird dadurch vor Konstruktionen im luftleeren Raum bewahrt und der Praktiker gewöhnt sich, sein Heil nicht nur in der Empirie, sondern ebenso in der Ergründung der wissenschaftlichen Zusammenhänge zu suchen, welche die Entwicklung der Wirtschaftsgesetze bestimmen.

Es liegt mir nichts ferner, als zu fordern, die deutsche Landwirtschaft solle die Entwicklung des Auslandes sklavisch nachahmen und versuchen, die dort geschaffenen Einrichtungen zu kopieren. Die Verhältnisse verschiedener Länder und gar Weltteile, zumal auf dem Gebiete der sich in verschiedenen Zonen abspielenden landwirtschaftlichen Produktion, sind zu verschieden von einander, als daß man die zur Erreichung erfolgreicher Ergebnisse anzuwendenden Regeln abschreiben könnte. Sehr wohl aber kann man, besonders wenn es sich nicht um Zufallserscheinungen, sondern um gewachsene Gebilde der Volkswirtschaft handelt, aus dem Studium anderer Länder erkennen, nach welcher Richtung die Entwicklung der Verhältnisse drängt, und was zu geschehen hat, um zu verhüten, daß der einzuschlagende Weg erst nach, von Mißerfolgen begleiteten Irrfahrten gefunden wird. Leider wird diese Methode immer noch verhältnismäßig selten angewandt, und man könnte, ohne unrecht zu tun, den Satz „die Völker lernen nichts aus der Vergangenheit" durch den Zusatz erweitern „und nichts aus der Gegenwart". Anderenfalls würde nicht so häufig vergessen, daß die Wirtschaftsentwicklung einem organischen Wachstum unterliegt und gleiche wirtschaftliche Voraussetzungen mit zwingender Notwendigkeit zu gleichen wirtschaftlichen Konsequenzen führen müssen, deren Eintritt sich zu entziehen unmöglich ist.

Daß die Vereinigten Staaten auf dem hier zu behandelnden Gebiete eine Fülle lehrreicher Daten liefern, erklärt sich daraus, daß dort die gleichen Schwierigkeiten, wie bei uns, in Erscheinung getreten waren und, ebenso wie bei uns, die wachsende Spanne zwischen dem von den Produzenten landwirtschaftlicher Erzeugnisse erlösten und dem von ihren Konsumenten bezahlten Preise bereits seit länger als einem Jahrzehnt Anlaß geworden ist, den Gründen dieser Erscheinung nachzugehen und ein Programm für ihre Ueberwindung aufzustellen. Die zwischen den sonstigen in den Vereinigten Staaten und bei uns herrschenden Wirtschaftsmethoden, besonders auf industriellem Gebiete bestehenden Analogien liefern den Beweis, daß die Sonderformen, welche die Organisation der Landwirtschaft in den Vereinigten Staaten angenommen hat, sehr wohl innerhalb einer Wirtschaft ausgebildet werden können, deren übrige Branchen sich auf der auch bei uns üblichen organisatorischen und finanziellen Basis entwickelt haben. Der Grund dafür, daß man in den Vereinigten Staaten zielbewußt der Landwirtschaft eine Sonderregelung zuteil werden ließ, ist darin zu suchen, daß man sich dort über die Sonderstellung der Landwirtschaft innerhalb der übrigen Volkswirtschaft früher klar geworden ist, als solches bei uns zutrifft.

Die Sonderstellung der Landwirtschaft beruht auf folgenden Tatsachen:

Der Landwirt ist zwar Erzeuger von Massengütern, befindet sich aber sowohl als Erzeuger wie als Verkäufer seiner Ware in isolierter Stellung, abhängig von der Besonderheit seines Bodens und dessen geographischer Lage und ohne unmittelbaren Zusammenhang mit dem Konsum, für den er arbeitet.

Der Landwirt kann den Kreislauf der Produktion seines Gutes beim Nachlassen der Konjunktur nicht verkleinern, noch ihn bei deren Ansteigen beliebig vergrößern. Er ist gezwungen, alle Einrichtungen für die definitiv zu erzielende Produktion zu einer Zeit zu treffen, die derjenigen des Absatzes so weit voran liegt, daß es unmöglich ist, das Quantum der erzielten Produktion im voraus zu bestimmen.

Der Landwirt steht durch den zeitlichen Zwang der Ernte unter dem Druck, seine Erzeugnisse verkaufen zu müssen, wenn sie reifen, weil sie nur beschränkte Zeit haltbar sind und ihr Erlös als Betriebskapital für die Neubestellung benötigt wird. Der Zwang, den Verkauf zu einer Zeit vorzunehmen, zu welcher die Konkurrenz aller Landwirte durch die Gleichmäßigkeit ihrer betrieblichen und wirtschaftlichen Lage am größten ist, drückt den Preis. Die weite Entfernung der Betriebe von den großen Handelszentren, welche den Konsum bedienen, erschwert den Ueberblick über die Marktlage und die voraussichtliche Preisentwicklung.

Die Folge all dieser zusammenwirkenden Momente ist, daß die Landwirtschaft, wiewohl sie Massenproduzent ist, der Vorteile des Großbetriebes verlustig geht. Sie muß ihre Erzeugnisse zu Engrospreisen abgeben, während sie ihren Verbrauch an sonstigen Wirtschaftserzeugnissen zu Detailpreisen eindeckt. Und zwar verkauft sie ihre Produktion in unbegrenzter Konkurrenz mit ihren eigenen Berufsgenossen, während sie ihre Bedürfnisse von industriellen Produzenten bezieht, welche sowohl ihre Produktion wie deren Verkaufspreise organisiert und kartelliert haben.

Zu den sich aus diesen Besonderheiten des landwirtschaftlichen Betriebes ergebenden Nachteilen tritt als weitere Beeinträchtigung gegenüber den sonstigen wirtschaftlichen Betätigungsformen die Begrenztheit der Entwicklung des landwirtschaftlichen Einzelbetriebes.

Für den Industriellen bilden der Zaun seiner Fabrik, für die Handelsfirma die Wand ihres Büros keine Einengung ihrer Schaffensmöglichkeit. Ihr Feld ist die Welt. Keine lokale Gebundenheit hindert sie, ihren Interessenkreis beliebig zu erweitern, Konkurrenzbetriebe durch Ueberflügelung sich untertan zu machen und sich mit gleich starken Mitbewerbern zu gemeinsamem Vorgehen in den verschiedensten Abstufungen der Organisationsgemeinschaft zusammenzuschließen. Die Beweglichkeit des in diesen Wirtschaftszweigen arbeitenden Kapitals prädestiniert sie zur Form der Aktiengesellschaft und erschließt ihnen in schrankenloser Weise den öffentlichen Geldmarkt.

Ganz anders die Landwirtschaft. Ihre Bodenständigkeit und die Gebundenheit des Kapitals, das in dem Einzelbetriebe arbeitet, setzen der Erweiterung desselben, sein Leiter mag noch so tüchtig sein, enge Grenzen und hindern ihn, seine Tätigkeit im Rahmen seines Könnens auszudehnen. Die Vielfältigkeit der Produktion des einzelnen Betriebes und die Abhängigkeit der Ergebnisse von den Einflüssen des Klimas versagen ihr die gleichmäßige Rente, ohne welche ein Appell an den öffentlichen Geldmarkt ausgeschlossen ist, und machen sie für die modernen Formen des kapitalistischen Großbetriebes wenig geeignet.

Die Maßnahmen, welche dem Zwecke dienen können, die geschilderten Nachteile zu mindern, zerfallen in sachlich und persönlich wirkende. Sie lassen sich alle auf die Formel „Kampf gegen Vergeudung" bringen. Diese Vergeudung entsteht dadurch, daß das Wesen der Landwirtschaft im Einzelbetrieb wurzelt mit allen Verteuerungen, die sich daraus — verglichen mit rationalisierten Betriebsformen — ergeben. Um die Landwirtschaft diesen anzunähern und sie bis zu einem gewissen Grade von der ihrer Eigenart innewohnenden Schwäche zu befreien, müssen die Dinge und die Menschen organisatorisch zu übergeordneten Organisationen vereinigt werden. Es müssen die Erzeugnisse zusammengefaßt und die Betriebe zum Zwecke dieser Zusammenfassung zu geordnetem Handeln verbunden werden.

Man spricht neuerdings vielfach von der notwendigen Kartellierung der Landwirtschaft. Ich halte diese Forderung für falsch. Sie arbeitet mit Begriffen, welche aus verschiedenen Gründen für die Landwirtschaft nicht passen und deren Uebertragung auf sie im Allgemein-Interesse gefährlich wirken würde. Die Landwirtschaft muß, um Höchstleistungen zu erzielen, individuell betrieben werden. Eine dem Einzelbetriebe übergeordnete Instanz darf sich nur darauf beschränken, hinsichtlich der Produktionsmethoden beratend tätig zu sein und dieser Beratung, wenn nötig, durch Ablehnung unsachgemäßer Erzeugnisse Nachdruck zu verleihen; sie darf aber nicht in die Produktion selbst eingreifen. Es genügt auch nicht, allgemeine Grundsätze aufzustellen, nach denen der Betrieb geleitet werden soll, weil jeder der vielen Betriebe seine Eigenheiten hat, welche dauernd eine ins einzelne gehende Befassung mit unzähligen Details erforderlich machen. Ferner ist aber auch jeder noch so abgeschwächte Monopolcharakter zum Zwecke der Marktbeeinflussung mit dem Wesen der Landwirtschaft als der Ernährungsgrundlage des gesamten Staatswesens unvereinbar. Wenn je, so gilt für die Landwirtschaft das Wort „Eigentum verpflichtet". Wer ein Stück nationaler Erde sein Eigen nennt, hat auch die nationale Pflicht zu erfüllen, ihr den bestmöglichen Ertrag zu geben. Er ist berechtigt, für diesen Ertrag einen angemessenen Preis zu fordern, darf aber nicht dahin streben, die Preise seiner Produktion spekulativ nach oben zu regulieren. Nicht das Kartell ist die geeignete Form des Zusammenschlusses landwirtschaftlicher Betriebe, sondern die Genossenschaft, weil sie ihrer ganzen Struktur nach am meisten befähigt ist, die Forderung zu erfüllen, durch den Zusammenschluß das Wohl der zusammengefaßten Einzelunternehmungen zu fördern.

Die Prüfung der Möglichkeiten, die soeben entwickelten Grundsätze zu verwirklichen, wird eine überraschend große Zahl von Berührungspunkten mit den Interessen des Bankgewerbes ergeben.

Vorerst muß aber eine wichtige Frage erörtert werden:

Stets, wenn das Problem des Absatzes behandelt wird, drängt sich in den Vordergrund der Ueberlegung die Frage, ob nicht all das Weh und Ach, das Produzent und Konsument in dem Drang, zueinander zu kommen, empfinden, seinen letzten Grund in der Tatsache hat, daß sich zwischen beide der Handel einschiebt. Dementsprechend ist auch in den Ländern, die in der Absatzorganisation uns voraus sind und versucht haben, planmäßig der Mißstände auf dem Gebiete des

Absatzes landwirtschaftlicher Produkte Herr zu werden, vielfach erörtert worden, ob das Heilmittel gegen die Schwierigkeiten, mit denen die Landwirtschaft zu kämpfen hat, nicht darin besteht, den Konsumenten in direkten Kontakt mit dem Produzenten zu bringen und den Handel als Zwischenglied auszuschalten. Das Studium der einschlägigen Literatur zeigt, daß alle Stellen, welche sich mit dieser Frage ernsthaft beschäftigt haben, zu dem Ergebnis gekommen sind, ein derartiges Vorgehen als völlig verfehlt zu bezeichnen, weil dadurch das Gegenteil von dem erreicht würde, was erstrebt wird. Es hat sich immer wieder herausgestellt, daß die Funktionen des legitimen Handels mit der in seinen Dienst gestellten vielfältigen Intelligenz, die auf Tausenden von Wegen der Vermittlung des Güterverkehrs auf rentabler Grundlage zu dienen sucht, ein unersetzliches Glied in der Kette der Wirtschaftvorgänge darstellen, mit deren Ausmerzung eine für alle Beteiligten auf das schädlichste fühlbar werdende Lücke entstehen würde.

Der Secretary of Agriculture der Vereinigten Staaten, Henry C. Wallace, hat dieser Ueberzeugung auf einer Sitzung der New York Mercantile Exchange im Jahre 1924 in folgenden Sätzen Ausdruck gegeben:

„Die Tätigkeit, welche darin besteht, die verderblichen landwirtschaftlichen Güter in Zeiten der Produktionshäufung zu sammeln und zu lagern, sie vor Verderb zu schützen und sie in Zeiten des Bedarfs zu verteilen, bildet einen notwendigen Teil der Produktion und ist ihr an Wichtigkeit und Würde gleichwertig. Die Pflichten und Verantwortlichkeiten der Erzeuger landwirtschaftlicher Produkte sind nicht größer als Derjenigen, welche sie lagern und verteilen. Produzent und Konsument nehmen allerdings zeitweise eine merkwürdig inkonsequente Haltung gegenüber Denjenigen ein, welche den Kauf, die Lagerung und die Verteilung der Nahrungsmittel als Geschäft betreiben und schelten sie Wucherer. Diese Auffassung ist im höchsten Grade ungerecht. Würde der Produktionsüberschuß nicht während der Produktionsperiode aufgenommen, so würde der Produzent sich ruinös niedrige Preise gefallen lassen müssen. Würde dieser Ueberschuß nicht für künftige Verteilung während der Zeit nachlassender Produktion gelagert, so würde der Konsument diese Produktion entbehren oder für sie ruinös hohe Preise zahlen müssen. Kein gerecht denkender Produzent oder

Konsument kann daher den Handel mit allen seinen Akzessorien anders denn als einen unentbehrlichen öffentlichen Dienst betrachten."

Diese Darlegung nennt diejenigen Erfordernisse, die ein der Landwirtschaft dienender Handel erfüllen muß.

Wohl überlegt sagt der höchste landwirtschaftliche Beamte der Vereinigten Staaten, daß eine der Hauptaufgaben dieses Handels in dem Schutz der verderblichen landwirtschaftlichen Erzeugnisse vor Verderb durch geeignete Behandlung und rechtzeitige Verteilung bestehe. Ich glaube dem legitimen Handel kein Unrecht zu tun, wenn ich behaupte, daß in die Bewegung der landwirtschaftlichen Produkte eine Fülle von Stellen eingeschaltet ist, die außerstande sind, diesen Anforderungen zu genügen. Man braucht nur durch die Straßen einer Großstadt zu gehen und in die Schaufenster und Läden der unzähligen kleinen Lebensmittelhändler hineinzuschauen, die vielfach in gänzlich unzureichenden Lokalitäten hausen, um sich darüber klar zu sein, daß ihre Lagereinrichtungen jedenfalls sehr mangelhaft dem Zwecke dienen, die Qualität der ihnen anvertrauten Ware zu erhalten. Vergleicht man Qualität und Preise der in die Großmarkthallen einströmenden landwirtschaftlichen Produkte mit solchen derselben Produkte, die eine halbe Stunde Wegs weiter in der Großstadt bei einer großen Reihe von Verteilungsstellen feststellbar sind, so sieht man, daß die Qualität sich auf diesem Wege rapide verschlechtert hat, während die Preise ebenso rapide gestiegen sind. Diese Erscheinungen sind eine Folge mangelhafter Organisation, die aber bereits bei dem Produzenten beginnen muß, um kaufmännisch wirksam zu werden.

Damit der für den Absatz der landwirtschaftlichen Erzeugnisse ausreichend ausgerüstete Handel seine Aufgabe zweckentsprechend erfüllen kann, muß die Produktion sich auf die Bedürfnisse eines nach modernen Grundsätzen arbeitenden Handels einstellen. Sie muß selbst bereits diejenige Auslese unter ihren Produkten vornehmen, welche Voraussetzung für die Zusammenfassung von Mengen derselben in solchem Umfange ist, um ihre Beförderung und Verteilung von den Vorteilen Nutzen ziehen zu lassen, die sich aus der Behandlung als Masse ergeben.

Nach dieser Richtung ist zweierlei erforderlich. Die Landwirtschaft muß sich, genau so wie die Industrie, dazu bequemen, ihre Produktion zu rationalisieren, d. h. die Zahl der Produktionsformen desselben Erzeugnisses soweit wie möglich herabzudrücken. Sie muß des weiteren diese zahlenmäßig beschränkten Erzeugungsformen durch autoritative Standardisierung auf handelsmäßig einheitliche Nenner bringen. Nur nach Erfüllung dieser Vorbedingungen ist es möglich, die auf dem Vorhandensein ausreichender gleichartiger Mengen fußenden Maßnahmen einzuleiten, welche dem Zwecke dienen, das landwirtschaftliche Produkt vertretbar zu gestalten. Die unerläßliche Grundlage hierfür ist die auf autoritativer Standardisierung beruhende Gradierung der Produktion, welche ermöglicht, die Ware auf ihren Verbrauchswert abzustempeln und ihr dadurch die handelsmäßige Beweglichkeit zu verleihen, ohne welche ein Hantieren mit ihr nach den für den modernen Warenverkehr gültigen Grundsätzen unmöglich ist.

Es verlohnt sich, den Grundzügen nachzugehen, welche die Standardisierung in den Vereinigten Staaten beeinflußt haben. Ein Zirkular des Department of Agriculture vom 1. August 1927 sagt darüber im Rückblick über eine fünfzehnjährige Erfahrung:

„Die Entwicklung der nationalen Standardisierung für landwirtschaftliche Produkte hat sich als Evolutionsprozeß abgespielt. Eingeführte Handels-Usancen geben nur langsam dem Wechsel und der Verbesserung Raum und dies auch nur im Gefolge wirtschaftlicher Notwendigkeiten. Zu einem ziemlich frühen Zeitpunkt haben diejenigen Landwirte, welche der Entwicklung des kaufmännischen Handels und der Industrie nachgingen, die möglichen Vorteile zu studieren begonnen, die sich aus der Standardisierung von Baumwolle und Getreide ergeben mußten. Die darauf gerichtete Arbeit war aber in der Hauptsache experimentell. Der wirkliche Fortschritt auf diesem Gebiete hat erst während der letzten Depression eingesetzt, welche die Landwirtschaft durchzumachen hatte, als alle Kräfte in den Dienst der Aufgabe gestellt wurden, jeden Teil des dem Absatz der landwirtschaftlichen Produkte dienenden Apparates von allen ihm irgendwie anhaftenden vermeidbaren Vergeudungsformen zu befreien. Gefördert wurde diese Bewegung durch die geradezu überstürzte Entwicklung der Landwirtschaft zur Spezialitäten-Produzentin. Hierdurch hat sich das Problem der Regulierung des Absatzes landwirtschaftlicher Produkte aus der Enge lokaler oder regionaler Erörterung zur Höhe nationaler und internationaler Diskussion erhoben. Gegenüber den laut gewordenen Zweifeln, ob es sich tatsächlich bezahlt mache, landwirtschaftliche Produkte zu standardisieren, sei gesagt, daß Standardisierung nicht ein Ziel, sondern nur ein Mittel zum Zweck sein kann."

„Ob der Produzent oder Händler sich für das Mehr an Auslagen und Arbeit, das die Standardisierung verlangt, schließlich bezahlt machen kann, hängt ausschließlich davon ab, ob seine sich auf der Standardisierung aufbauenden handelsmäßigen Maßnahmen richtig sind. So würde z. B. der Krämer in der kleinen Landstadt nicht erfolgreich arbeiten können, wenn er beim Einkauf von Eiern von den einzelnen Produzenten verschiedene Preise für verschiedene Sorten festsetzen wollte. Dagegen wird es für den Engros-Eieraufkäufer unmöglich sein, sein Geschäft nutzbringend auf kaufmännische Weise zu führen, ohne demselben die anerkannten Standardgrade für Eier zugrunde zu legen. Die Standardisierung wird sich um so besser bezahlt machen, je größer die einheitlichen Mengen sind, welche behandelt werden können. Für jeden landwirtschaftlichen Großbetrieb und Großvertrieb bildet jedenfalls nach den nunmehr allenthalben bewährten Erfahrungen die Standardisierung die unumgängliche Voraussetzung des wirtschaftlichen Erfolges."

Der Bedeutung der Frage entsprechend haben die Vereinigten Staaten bereits im Jahre 1913 ein besonderes Bureau of Markets eingerichtet, dessen Aufgabe die Untersuchung aller mit der Standardisierung zusammenhängenden Fragen ist und das dementsprechend den Erlaß der einschlägigen Verordnungen herbeigeführt und mit dem Erlaß der United States Warehouse Act vom Jahre 1916 die Grundlagen für den weiteren Ausbau dieser Gesetzgebung geliefert hat. Dieselbe ist teils Bundes-, teils Staatengesetzgebung. Teilweise beschränkt sie sich darauf, Möglichkeiten zu schaffen, ohne deren Anwendung vorzuschreiben, indem sie sich darauf verläßt, daß die den Dingen innewohnende Vernunft selbst dazu führen werde, daß die geschaffenen Möglichkeiten schließlich zu Notwendigkeiten werden; teilweise greift sie durch und erteilt Befehle, deren Nichtbefolgung strafbar ist.

Als Regel bezeichnet ein Grad der Standardisierung die unterste Grenze der betreffenden Qualität. Die verschiedenen Grade liegen in so engen Grenzen, daß der Käufer eines Produktes bestimmter Gradierung die Gewißheit hat, das seinen Bedürfnissen entsprechende Produkt zu empfangen. Das Bureau of Agricultural Economics dient dem besonderen Zwecke, die Grade aufzustellen und hierbei den geographischen und sonstigen Eigentümlichkeiten der Produktionsstellen wie den Besonderheiten der in Betracht kommenden Märkte gerecht zu werden. Die Einführung der Grade erfolgt erst nach längerer Erprobung. Bei Prüfung ihrer Anwendbarkeit entscheidet kaufmännische Erwägung. Dementsprechend werden keine Grade definitiv eingeführt, zu denen sich nicht vorher die betreffenden Vertreter der Landwirte und des Handels zustimmend geäußert hätten. Die Durchführung der Standardisierung hat ermöglicht, die staatliche United States Farm Products Inspection und die privaten Prüfungsstellen einzurichten, welche die offiziellen Grade zum Maßstabe der von ihnen erteilten Atteste über die bei der Ernte, an den Verfrachtungsstellen, Empfangsstationen und bei Einlieferung der Erzeugnisse in die Lagerhäuser vorgenommenen Untersuchungen der zum Versand und Verkauf kommenden landwirtschaftlichen Erzeugnisse nehmen.

Der Zweck der Standardisierung ist die Erleichterung des Absatzes und die als Folge dieser Wirkung eintretende Verbilligung des Absatzprozesses.

Die Standardisierung schafft eine gemeinsame Sprache, um auf dem langen Wege, den das Erzeugnis des Landwirtes durch viele Hände von der Erzeugungsstelle über die Engrosmärkte und Detailhändler bis zu dem Konsumenten zurücklegt, für Verkäufer, Händler und Käufer Gewißheit darüber herbeizuführen, welches Produkt sie hantieren und zum Gegenstand ihrer geschäftlichen Transaktionen machen.

Die Einführung einer einheitlichen Bezeichnung für die verschiedenen Produkte in Abstufung nach Qualitätsgraden erleichtert ihren Vertrieb außerordentlich, beseitigt eine Fülle von Ungewißheit und Streit und macht die Arbeit unnötig, welche sonst der Engros-Käufer durch Besichtigung vor Tätigung eines Abschlusses und der Detailverkäufer durch Sortierung der Ware von ihrem Vertrieb auszuführen haben. Die Verlegung dieser Arbeit, die doch einmal während der langen Reise des Produkts vom Produzenten zum Konsumenten geleistet werden muß, an deren Anfang durch Unterwerfung des Produzenten unter den Zwang, vorgeschriebene einheitliche Qualitätsgrade abzuliefern, außerhalb deren keine Verkäuflichkeit besteht, ermöglicht, die der Distribution dienende Arbeit auf große, gleichzeitig zu behandelnde Mengen eines Produktes zu konzentrieren, sie zu mechanisieren und damit die Kosten des Vertriebes erheblich herabzusetzen.

Als nächstliegende Folge der Standardisierung ergibt sich die Zusammenfassung größerer, gleichartiger Transportmengen und die dadurch bewirkte Vereinfachung und Beschleunigung ihrer Bewegung. Die Milch, die — wie ich solches gelegentlich des World's Dairy Congress in London gesehen habe — in einer Nacht im Tankwagen von Schottland nach London fährt, bedarf viel geringerer, Zeit und Geld verschlingender Hantierung, als wenn die in einem Tankwagen transportierten 10 000 Liter in 1000 Blechkübeln ein- und ausgeladen und diese 1000 Kübel einzeln gefüllt, entleert und gesäubert werden müssen. Freilich muß die Milch, um so transportiert werden zu können, von einheitlicher Qualität, d. h. standardisiert sein.

Jedes Huhn legt, so weit meine landwirtschaftlichen Kenntnisse reichen, auf einmal an einem Tage nur ein Ei. Der Konsument verzehrt ihrer täglich eins, vielleicht auch zwei oder drei, jedenfalls erscheint dieses landwirtschaftliche Produkt am Beginn und Ende der Linie von Erzeugung bis Verbrauch in

Einzelexemplaren, die aber diesen Weg in große Quantitäten zusammengefaßt zurücklegen müssen, wenn sich Produktion und Handel lohnen sollen. Es liegt auf der Hand, daß für beide eine wesentliche Erleichterung und damit Verbilligung ihrer Manipulation eintritt, wenn sie sich auf Standardmarken einigen können, deren Befolgung ermöglicht, Eier gleicher Qualität zu Waggonladungen zusammenzufassen und jeden Waggon der gleichen Marke, der irgendwo vom Erzeugungsdistrikt nach einer Absatzstelle rollt, als Ganzes zu einem fungiblen Objekt börsenmäßigen Handels zu machen, über dessen Wert kein Zweifel bestehen kann, weil die Standardisierung über Größe, Dotter, Eiweiß- und Luftgehalt, Farbe und Sauberkeit jedes einzelnen Eies genaue Auskunft gibt.

Erst die Standardisierung ermöglicht sowohl dem Verkäufer, wie dem Käufer, sich ein zuverlässiges Urteil über den jeweiligen Marktpreis zu bilden. Das erwähnte Zirkular des United States Department of Agriculture weist darauf hin, daß, als von ihm der inzwischen in weitem Umfange ausgebildete telegraphische Nachrichtendienst für das ganze Land über die Preisschwankungen aller landwirtschaftlichen Erzeugnisse eingerichtet wurde, sofort zutage trat, daß dieser Dienst ohne gleichzeitig durchgeführte Standardisierung dieser Erzeugnisse für die Produzenten sowohl, wie für die Händler wertlos war. Ohne Standardisierung bestand keine Möglichkeit, sich ein Urteil darüber zu bilden, ob die gemeldeten Preisbewegungen auf schwankender Nachfrage oder auf Qualitätsunterschieden des notierten Produktes beruhten.

Dementsprechend bildet die Standardisierung die Voraussetzung eines gesunden Terminhandels, der den Andrang der Ware zur Zeit der Fruchtreife über die ganze Verbrauchsperiode verteilt. Im Zusammenhang hiermit steht, daß erst die Standardisierung gestattet, den Absatzradius jedes Erzeugnisses soweit zu erstrecken, wie die Höhe der Transportkosten und die Zeitdauer der Nichtverderblichkeit des Erzeugnisses solches gestatten. Damit kann die Periode, innerhalb deren der Absatz durchgeführt werden muß, auf die längstmögliche Zeitdauer erhöht, dadurch der Vertriebseffekt, d. h. die Ausnutzung der Beförderungs-, Lagerungs- und Verteilungstechnik denkbarst gesteigert und durch alle diese Verfeinerungen die Summe der Vertriebskosten auf das kleinste Maß herabgedrückt werden.

Erst die Fungibilität der Ware endlich gestattet, sie zum Träger der Geldbewegung zu machen, ein Punkt, der uns besonders interessiert und später noch besondere Behandlung finden wird.

Nur das standardisierte Produkt ermöglicht eine einheitliche, seiner Erhaltung zuträgliche, den Absatz erleichternde, die Propaganda der Marke und damit die Qualität garantierende Verpackung, welche gestattet, das Produkt bis zu dem Erzeuger zurückzuverfolgen. Dadurch führt die Standardisierung zu stärkster Beeinflussung der Produktion und der Behandlung der erzeugten Güter. Erst die nachweisbare Verantwortlichkeit für das erzeugte Produkt führt in der Regel zu äußerster Sorgfalt bei seiner Herstellung und Behandlung.

Wo keine Standardisierung besteht, stellt sich der Preis der Ware auf den Durchschnittswert zwischen schlechtester und bester Qualität ein mit der Neigung, den Preis der schlechtesten Qualität maßgebend sein zu lassen. Die Gewißheit, die bessere Qualität bezahlt zu bekommen, und die Notwendigkeit, die erzielte Qualität während der Dauer der Hantierung des Produkts nicht durch Nachlässigkeit und Fehler in seiner Behandlung zu beeinträchtigen, sind der stärkste Ansporn für den Produzenten, die Qualität seiner Produktion zu steigern, dafür zu sorgen, daß das Produkt in Formen abgeliefert wird, welche die Erhaltung der Qualität ermöglichen und sich nur solcher Handelsfirmen für den Absatz zu bedienen, die über die Einrichtungen und Sorgfalt verfügen, deren es bedarf, um der Ware ihre Qualität möglichst lange Zeit zu erhalten, und die dadurch in der Lage sind, im Handel den der Qualität entsprechenden Preis aufzuwenden und zu erzielen. Die Standardisierung wird damit wiederum zum besten Hilfsmittel des legitimen, auf den Dienst am Produzenten und Konsumenten bedachten Handels, der erst, dank ihr, Einrichtungen schaffen kann, welche den Anforderungen moderner Massenbewegung und Massenbehandlung in technisch vollendeter Form gerecht werden.

Wie gezeigt, führt die Standardisierung zur zusammenfassenden Behandlung gleichartiger großer Produktionsmengen. Sie setzt daher den Zusammenschluß einer großen Zahl von Produzenten desselben Produktes voraus und liefert gleichzeitig für ihn die wirtschaftliche Grundlage. Sie führt also dazu, den einzelnen Landwirt aus seiner Isolierung zu befreien und ihn zum Teil eines größeren Ganzen, nämlich der Vereinigung der Produzenten desselben Erzeugnisses zwecks besserer Verwertung der gemeinsamen Erzeugnisse zu machen. Damit schlägt die Standardisierung die Brücke zu der Zusammenfassung der Betriebe zu einheitlichem Handeln und damit zu dem Gedanken der kooperativen Arbeit, von dessen richtiger Verwirklichung abhängt, ob die Aufgabe gelöst werden kann, die Landwirtschaft in den modernen Wirtschaftsprozeß einzufügen. Auf diesen Punkt wird später noch näher einzugehen sein.

Es würde zu weit führen, im einzelnen die Einrichtungen darzustellen, welche die amerikanische Regierung getroffen hat, um die Standardisierung der verschiedenen landwirtschaftlichen Produkte im weitesten Umfang durchzuführen.

Der Standardisierung sind zurzeit teils obligatorisch, teils fakultativ gesetzlich unterworfen: Aepfel, Birnen, Pflaumen, Pfirsiche, Kirschen, Erdbeeren, Weintrauben, Melonen, Tomaten, Gurken, Zwiebeln, Sellerie, Bohnen, Karotten, Rüben, Kohl, Spinat, Blumenkohl, Spargel, Reis, Kartoffeln, Tabak, Mais, alle Getreidearten, alle Heuarten, Eier, Butter, Käse, Honig, alle Fleisch- sowie Geflügelarten in lebendem und geschlachtetem Zustande, Baumwolle und Wolle.

Darüber hinaus hat die United States Containers Act vom Jahre 1916 auch die Standardisierung der Behältnisse in Angriff genommen.

Diese umfassende, alle Gebiete der Landwirtschaft sowohl produktiv wie kommerziell ergreifende Standardisierung ist der gründlichen, sachverständigen Arbeit des United States Department of Agriculture zu danken, und man steht bewundernd vor der zielbewußten, stets den kaufmännischen Gesichtspunkt der Rentabilität in den Vordergrund stellenden, auf, uns in diesem Ausmaß unbekannter Wechselwirkung von Wissenschaft und Praxis beruhenden Tätigkeit dieser ausgezeichneten Behörde. Ihr Einfluß tritt auch in der Behandlung der einschlägigen Fragen auf den Universitäten zutage, deren Forschung das Bestreben zeigt, die Arbeit von vornherein auf den wirtschaftlichen Erfolg abzustellen. Die Folge dieser Auffassung ist, daß der amerikanische Wissenschaftler häufig gleichzeitig Praktiker und der Praktiker gleichzeitig Wissenschaftler ist. Der Professor, der das marketing der Milchwirtschaft in allen seinen Verzweigungen doziert, ist fähig, einen Betrieb dieser Branche zu leiten, und kehrt häufig, nach Wahrnehmung eines solchen Postens, um Kenntnisse und Können bereichert, auf seinen Lehrstuhl zurück. Dieser Verbindung von Theorie und Praxis ist jedenfalls ein gut Teil der landwirtschaftlichen Fortschritte nach der kaufmännischen Seite hin zuzuschreiben.

Die Standardisierung vermag naturgemäß ihre volle Wirkung nur dann auszuüben, wenn die Produzenten sich in den Dienst der Förderung der in ihr liegenden Idee der Hebung der Produktion stellen. Zu diesem Zwecke hat das Department of Agriculture und ebenso eine große Reihe von Einzelstaaten besondere Schulkurse für die Landwirte eingerichtet, in denen diesen in möglichst einfacher Weise das Wesen der Standardisierung und ihre praktische Anwendung beigebracht wird. Die Wirkung der dadurch verbreiteten Kenntnisse der Produktions- und Marktzusammenhänge ist außerordentlich groß.

Standardisierung ohne Kontrolle der erzeugten Produkte auf ihre Qualität wäre zwecklos. Daher bildet die Inspektion der Produkte ihr notwendiges Korrelat. Sie findet sich überall, wo die Standardisierung Bestandteil der landwirtschaftlichen Entwicklung geworden ist. In den Vereinigten Staaten erfolgt sie teils durch landwirtschaftliche Verbände, teils durch bundesstaatliche, einzelstaatliche und städtische Behörden. Alle diese Organe dienen dem gleichen Zweck, durch eine unabhängige, autoritative Stelle die Standard-Qualität des Produkts in verläßlicher Weise zu bescheinigen. In der Hand der landwirtschaftlichen Verbände, bei denen jedes Mitglied der kooperativen Gemeinschaft sein Produkt bei der Ernte durch die eingesetzte Inspektion klassieren und vielfach auch verpacken lassen muß, führt diese Kontrolle von vornherein zur Ausscheidung jeder unter dem Standard bleibenden Qualität und der Freihaltung des Marktes von solcher. Die Kontrollen finden nicht nur am Versendungsort (shipping point), sondern auch am Endpunkt der Reise des Produktes statt (terminal point). Die Tendenz geht dahin, durch Ausbreitung des Inspektionswesens in immer stärkerem Umfange die verderblichen Güter in den Kreis dieser Maßnahmen zu ziehen. Bereits im Jahre 1923 war die Zahl der Waggonladungen von Früchten und Gemüse, die im Wege der Terminal Inspection von Staats wegen untersucht wurde, auf 30 000 jährlich gestiegen, während die Zahl der shipping point Inspektionen sich im gleichen Jahre auf 72 400 belief und sich im Jahre 1924 bereits auf 120 000 erhöht hatte.

Wenn vorstehend die Standardisierungsmaßnahmen der Vereinigten Staaten besonders eingehend behandelt wurden, so geschah dieses, weil die Entwicklung dort besonders durchsichtig ist und sich, vielfach unbeschwert vom Althergebrachten, rascher und folgerichtiger zu vollziehen vermochte, als es in Ländern mit älterer Tradition möglich ist. Aber auch in solchen ist die Landwirtschaft den gleichen Weg gegangen mit dem Erfolge, daß wir die steigende Einfuhr standardisierter Produkte aus dem Auslande im eigenen Lande unter entsprechender Verdrängung der heimischen Erzeugung feststellen müssen. Um nur einige Beispiele hervorzuheben, sei auf folgende, im wesentlichen den Agrarpolitischen Aufsätzen und Vorträgen von Dr. Kurt Ritter entnommene Tatsachen verwiesen:

In Dänemark haben sich seit 30 Jahren private Initiative und staatlicher Eingriff vereinigt, um die Standardisierung von Butter, Käse, Eiern und Fleisch, insbesondere für Exportzwecke, auf gesetzlicher Grundlage durchzuführen. Es wurden Standardmarken eingeführt und deren Innehaltung durch Kontrolle überwacht.

In Norwegen ist die gesetzliche Standardisierung für Käse und die genossenschaftliche für Butter erfolgt.

In Schweden sind Käse, Butter und Fleisch ebenfalls im Hinblick auf den Export der Standardisierung unterworfen worden.

In Finnland besteht bereits seit mehr als 15 Jahren eine mit Standardisierung verbundene, auf Staatskosten erfolgende staatliche Zwangskontrolle für Exportbutter, welche nicht nur die Qualität und das Gewicht der einzelnen Fässer, sondern auch die Haltbarkeit der Butter prüft. Für Käse besteht fakultative Exportkontrolle; für Eier tritt in diesem Jahre ein Standardisierungsgesetz in Kraft.

Estland hat durch Gesetz vom Jahre 1924 für Molkereiprodukte, welche zum Export kommen, staatliche Kontrolle der Standardisierung eingeführt, mit genauen Vorschriften für die einzelnen Butter- und Käsesorten. Ebenso werden die zum Export bestimmten Eier durch staatlich ernannte Kontrollsammelstellen auf ihre Qualität nach vorgeschriebenen, die Beschaffenheit von Dotter, Eiweiß, den Luftgehalt und das Gewicht feststellenden Normen untersucht und markiert und ihre vorgeschriebenen Verpackungen plombiert.

Lettland hat die gesetzliche Standardisierung für zum Export bestimmte Butter und Eier eingeführt.

In Holland beruht die Einführung der Kontrolle für Molkereiprodukte auf privater Initiative. Seit dem Jahre 1904 sind die von den Molkereivereinigungen errichteten Kontrollstationen durch Festsetzung von der Regierung geschützter Marken staatlich anerkannt worden. Eine Verpflichtung der Erzeuger von Molkereiprodukten, sich der Kontrolle anzuschließen, besteht zwar nicht, jedoch bildet dieser Anschluß die Regel, weil nur kontrollierte Erzeugnisse exportiert werden dürfen. Die Regelung des Eierabsatzes unterliegt zwar keinen staatlichen Vorschriften, ist aber auf Grund der Selbstverwaltung der Interessenten standardisiert und kontrolliert. In gleicher Weise wird die Qualität von Gemüse, Obst und Kartoffeln daraufhin überwacht, ob die Produkte den im einzelnen vorgeschriebenen Qualitätserfordernissen nach Reife, Größe, Wuchs, Farbe, Sortierung und Verpackung genügen. Nur Ware, welche diesen Anforderungen entspricht, darf die Marke des Ausfuhrkontrollbureaus führen.

In England ist soeben „The Agricultural Produce Grading and Marking Act" ergangen, welche bestimmt ist, durch staatlich erlassene Standardisierungsvorschriften den vielen kleinen Landwirten die auf qualitativer Grundlage beruhende Zusammenfassung ihrer Produkte, und zwar in erster Linie Molkereierzeugnisse, Obst und Eier, zu ermöglichen.

Die Entwicklung in England ist sehr lehrreich, weil die dem Erlaß des erwähnten Gesetzes vorausgegangenen Ueberlegungen in anschaulicher und klarer Weise in Nr. 15 der von dem Ministry of Agriculture and Fisheries herausgegebenen

Reports on Agricultural Economics unter dem Titel „Fruit Marketing in England and Wales" niedergelegt sind. Die dort aufgestellten Grundsätze bestätigen in vollem Umfange die Richtigkeit der in den Vereinigten Staaten beschrittenen Wege und erklären ihre Befolgung auch für Großbritannien für erforderlich.

In Irland sind bereits im Jahre 1924 die „Dairy Produce Act" für Molkereiprodukte und die „Agricultural Produce Act" für sonstige Agrarerzeugnisse, insbesondere Eier, ergangen. Außerdem ist im Jahre 1927 eine den Export von Butter und Eiern regelnde Bestimmung erlassen worden. Auch hier wird nur der den Kontrollen genügenden Qualität das Recht zur Führung der betreffenden Exportmarken verliehen.

In der Schweiz sind die Standardisierungsbestimmungen erst im Entstehen, ebenso in Ungarn.

In Neuseeland und Australien ist die Standardisierung für Molkereiprodukte und teilweise auch für Fleisch durchgeführt.

Wir stehen mithin einer die Landwirtschaft der ganzen Welt einbeziehenden Entwicklung gegenüber. Sie schreitet allenthalben nach gleichen Prinzipien fort und beginnt, sich international auszuwirken, weil sie sich als Ziel setzt, den Absatz der landwirtschaftlichen Produkte nicht nur innerhalb des eigenen Erzeugerlandes zu fördern, sondern ihnen auch durch autoritative Qualitätsgarantie und Verleihung von staatlich geschützten Marken das Eindringen in fremde Erzeugungsgebiete zu erleichtern.

Wie sieht es nun in dieser Hinsicht in Deutschland aus? Verglichen mit der methodischen, von einheitlichem Willen getragenen Organisation anderer Länder, kläglich! Der Fluch der Vielstaaterei und des übertriebenen Partikularismus, sowie der verfehlten Richtung der staatlichen Energie-Entfaltung tritt grade auf diesem Gebiete besonders deutlich zutage und zeigt, daß die Quintessenz der internationalen landwirtschaftlichen Entwicklung bei uns offenbar noch nicht begriffen worden ist. Sonst wäre es unerklärlich, daß trotz einer Reihe von Ansätzen, welche privater und der Initiative der Selbstverwaltung zu danken sind, und trotz des dauernden Drängens der landwirtschaftlichen Kreise, in dieser Hinsicht eine nicht verständliche Rückständigkeit besteht. Es hängt das damit zusammen, daß dieser ganze Fragenkomplex gesetzgeberisch bisher in der Hauptsache vom polizeilichen Standpunkte aus behandelt worden ist und die staatlichen Maßnahmen sich im wesentlichen darin erschöpfen, den Verkehr mit Nahrungsmitteln zum Zwecke des Schutzes der Bevölkerung gegen den Vertrieb gesundheitsschädlicher oder verfälschter Erzeugnisse zu regeln. Eine sich über das ganze Reich erstreckende einheitliche Qualitätskontrolle fehlt, obwohl die Wirkungen der wenigen, in dieses Gebiet fallenden Maßnahmen zeigen, daß auch in Deutschland die Vorbedingungen gegeben wären, um das landwirtschaftliche Problem als Absatzproblem anzufassen.

Das Ueberwiegen des polizeilichen Charakters unserer Nahrungsmittel-Gesetzgebung tritt insbesondere in einem der wichtigsten Teile derselben, unserer Milchgesetzgebung, auch in der Form des Gesetzes vom 23. Dezember 1926, zutage und ist mit ein Anlaß dafür, daß Deutschland auf dem Gebiete der Erzeugung von Molkereiprodukten so außerordentlich rückständig und von der Einfuhr derselben vom Auslande abhängig ist. Alle Sachverständigen sind sich darüber einig, daß gerade diese Industrie noch eines gewaltigen Aufschwunges fähig ist und es nur eines einheitlichen zielbewußten Vorgehens bedarf, um den Verbrauch Deutschlands an diesen Produkten aus Eigenem zu decken, d. h. die Inlandproduktion um rund 3 600 000 000 l jährlich zu erhöhen. Damit dieses Ziel erreicht werden kann, muß die gesetzliche Regelung so beschaffen sein, daß der Produzent seinen Vorteil darin sieht, erstklassige Milch zu erzeugen, und der Handel mit solcher Milch gegen die Konkurrenz des Verkaufes minderwertiger Qualität geschützt wird. Dahingehende Maßnahmen müssen auf die örtlichen Unterschiede Rücksicht nehmen. Das bedeutet aber nicht, daß, wie jetzt, nur wenige allgemeine Grundsätze aufgestellt werden, auf deren Boden alsdann die üppigste Verschiedenheit polizeilicher Verordnungen sprießt. Persönlich möchte ich hinzufügen, daß ich glaube, daß, wenn zweckentsprechend verfahren wird, diese Industrie sich, genau so wie diejenige Dänemarks, zur Exportindustrie entwickeln kann.

Hiervon abgesehen, scheint aber auch in

breiten Kreisen noch gar nicht erkannt worden zu sein, in welchem Umfange die internationale Ueberflügelung der deutschen Landwirtschaft ihr die Verteidigung des heimischen Marktes immer mehr erschweren muß. Eine vor wenigen Tagen vom Reichskuratorium für Wirtschaftlichkeit herausgegebene Veröffentlichung von Dr. Otto Jüngst über die planmäßige Absatzgestaltung in der Landwirtschaft liefert einen guten Ueberblick unserer Rückständigkeit.

Ansätze zur Regelung dieses Fragenkomplexes von wirtschaftlichen Gesichtspunkten aus finden sich in Schleswig-Holstein, wo die Landwirtschaftskammer der Provinz nach dänischem Vorbild die Standardisierung der Butter auf Grund der Qualitätskontrolle und der Einführung einer Provinzialmarke für Butter geregelt hat. Die Wirkung hat sich alsbald in der Erzielung befriedigender Preise eingestellt. Aehnlich hat die Landwirtschaftskammer der Rheinprovinz nach holländischem Muster eine Qualitätskontrolle und Provinzialmarken für Käse eingeführt. In Oldenburg und Hannover erfolgen Eierabstempelungen durch einzelne Genossenschaften.

Eine staatliche Regelung der angegebenen Art findet sich nur in Bayern und Württemberg. In beiden Ländern bestehen für Molkereiprodukte gewisse staatliche Qualitäts-Abstempelungen, die sich zwar nur auf Garantierung des Fettgehaltes beschränken, immerhin aber doch günstige Verkaufsergebnisse gezeitigt haben. Für Preußen ist die Vereinheitlichung der Grundsätze angebahnt, welche seitens der Landwirtschaftskammern bei der Herausgabe von Qualitäts- und Standardsmarken befolgt werden sollen.

Alles das sind Ansätze für die Entwicklung von Möglichkeiten, aber nicht mehr. Mengenmäßig sind alle diese löblichen Versuche nur Stückwerk. Das Manko, das es auf diesem Gebiete noch auszufüllen gilt, ist außerordentlich groß, und man vermißt die weite, die gesamte deutsche Landwirtschaft als ein Ganzes behandelnde Linienführung. So erfreulich es ist, feststellen zu können, daß, wie eine Reihe von Anzeichen beweisen, die Bedeutung dieser Frage von den

Führern der deutschen Landwirtschaft in vollem Umfange erkannt worden ist, so viel bleibt noch zu tun und so wenig wird erreicht werden, wenn unsere beliebte Eigenbrödelei sich auch auf diesem Gebiete weiterhin politische und geographische Zäune baut, die ein einheitliches Handeln verhindern.

Uns Bankiers interessieren diese Fragen im höchsten Maße, weil für die Einbeziehung der Landwirtschaft in den Kreis im großen wirkender, auf die Dauer berechneter banklicher Maßnahmen die autoritative Standardisierung die unumgängliche Voraussetzung bildet. Erst ihre Durchführung ermöglicht, die landwirtschaftlichen Erzeugnisse fungibel und damit zu Trägern einer Finanzierung zu machen, welche dahin strebt, die Liquidität der Landwirtschaft als Betrieb systematisch zu verbessern, d. h. Mittel und Wege zu finden, um die Gebundenheit der großen Werte zu lösen, welche in den im Inlande erzeugten landwirtschaftlichen Produkten verkörpert sind.

Zwecks Mobilisierung der landwirtschaftlichen Werte muß neben den durch Hypotheken gedeckten Kredit des Grundbesitzes der durch das landwirtschaftliche Erzeugnis gedeckte Warenkredit treten. Um dieses Ziel zu erreichen, müssen die landwirtschaftlichen Erzeugnisse fungibel, d. h. gegeneinander auswechselbar sein und eine Haltbarkeit besitzen, die lange genug währt, um sie während der Zeit der Kreditgewährung in einem ihre Eigenschaft als Kreditunterlage, also als Wertträger rechtfertigenden Zustande zu erhalten. Unter gewöhnlichen Verhältnissen läßt dieses Erfordernis eine große Reihe von landwirtschaftlichen Produkten aus der Zahl der Kreditträger ausscheiden, weil die betreffenden Produkte so verderblich sind, daß sie rasch verbraucht werden müssen. Mit der Verbesserung der Technik sind in dieser Hinsicht große Fortschritte erzielt worden, so daß die Verderblichkeit stark herabgesetzt werden konnte.

Der Weg hierzu ist die durch die Standardisierung erfolgende Ausmerzung aller nicht völlig gesunden Erzeugnisse, die Immunisierung der in den Verkehr gebrachten Erzeugnisse, die durch Standardisierung erleichterte richtige und zweckmäßige Verpackung, die Vervollkommnung der Transportmittel, die sachgemäße Behandlung auf dem Transport und endlich eine die Lebensdauer des Produktes erhöhende zweckentsprechende Lagerung und Kühlung. Die Schaffung der für solche Lagerung erforderlichen Einrichtungen zeitigt weitere sehr wichtige Konsequenzen.

Die Produktion der landwirtschaftlichen Produkte muß, solange es noch nicht rentabel ist, ganze Ackerflächen unter Glas zu setzen, in den kurzen Sommermonaten erfolgen, während ihr Verbrauch sich über das ganze Jahr erstreckt. Die Schaffung geeigneter Lagerungsmöglichkeiten gestattet, die Nachteile zu verringern, welche entstehen, wenn der Zwang vorliegt, die Produkte alsbald nach ihrer Ernte zu verkaufen. Die Tendenz der Entwicklung in den Vereinigten Staaten strebt daher dahin, den Lagerraum in Einklang mit der Menge der zu lagernden Produkte zu bringen. Wie groß die Mengen sind, welche auf diese Weise gehalten werden können, zeigt ein von dem United States Department of Agriculture veröffentlichter Bericht, der besagt, daß am 1. November 1924 gelagert waren: 264 000 000 kg Fleisch, d. i. der zehntägige Bedarf für das ganze Land, 27 715 000 kg gefrorenes Geflügel, 62 125 kg Butter, 43 600 000 kg Käse, 2 000 000 000 Stück Eier (Bedarfdeckung für 17 Tage), 5 573 000 Fässer Aepfel.

Die zweckentsprechende Lagerung verringert also die Schäden, welche sich aus der zeitweisen Ueberfüllung der Märkte ergeben, ermöglicht die Verteilung des Absatzes über eine längere Zeitspanne und erleichtert, in Verbindung mit der Standardisierung, das die Preisschwankungen ausgleichende Termingeschäft. Außerdem wird eine solche, mit den erforderlichen Kautelen ausgestattete Lagerung zur Grundlage für die Finanzierung des Warenkredits.

Die dahin zielende Entwicklung knüpft sich in den Vereinigten Staaten an den Erlaß der im August 1916 vom Kongreß angenommenen Warehouse Act, des bundesstaatlichen, nur landwirtschaftliche Erzeugnisse betreffenden

Lagerhaus-Gesetzes. Dasselbe ist ein Produkt der Schwierigkeiten, die sich bei Ausbruch des Weltkrieges aus der Schließung der Baumwollbörsen in Liverpool, New York und New Orleans ergaben und zu einer durch eine besonders gute Ernte verstärkten Masse von geernteter Baumwolle führten, die weder verkauft, noch, mangels geeigneter Einrichtungen, beliehen werden konnte. Bereits im Jahre 1914 wurde der erste Entwurf für ein diesem Uebelstande abhelfendes Lagerhausgesetz ausgearbeitet. Es dauerte aber mehrere Jahre, bis die Vorbereitungen zur Durchführung der damit verknüpften Maßnahmen beendet waren.

Die Einzelstaaten sind in großer Zahl der bundesstaatlichen Lagerhaus-Gesetzgebung gefolgt und haben dieselbe ergänzt. Außerdem ist das Feld für die in Betracht kommenden Betriebe wesentlich durch Regelung der Kühlhaus-Lagerung, der „cold-storage" erweitert worden. Unter „cold-storage" wird die Aufbewahrung von Fleisch, Fleischerzeugnissen, Fischen, Wild, Geflügel, Butter und Eiern für die Zeit von einem bis zwölf Monaten in hierzu geeigneten Räumen verstanden, in denen die Temperatur dauernd unter 40—45° Fahrenheit bleibt. Der Betrieb solcher Kühlhäuser ist stets konzessionspflichtig und wird staatlich überwacht. Die eingelagerten Waren müssen mit ausreichenden Unterscheidungsmerkmalen versehen sein, welche ihre Identifizierung und die Kontrolle der Lagerdauer ermöglichen. Ihr Verkauf muß als „cold storage goods" erfolgen; sie dürfen weder aus einem Kühlhaus in ein anderes gebracht, noch, nachdem sie einmal aus einem solchen entfernt worden sind, in dasselbe zurückgebracht werden. Die Bundes-Gesetzgebung ist auch in diesem Falle durch zahlreiche einzelstaatliche Gesetze ergänzt worden.

Das Lagerhausgesetz regelt lediglich die Lagerung solcher landwirtschaftlichen Produkte, die in dem Gesetz ausdrücklich genannt sind. Ihr Kreis hat sich langsam erweitert. Zurzeit sind das: Baumwolle, Getreide, Wolle, Tabak, Nüsse, Kartoffeln, Mais, getrocknete Bohnen, getrocknete Früchte und Sirup. Der Zweck des Gesetzes war ein mehrfacher. Man wollte an erster Stelle die Verluste beseitigen, welche der Nationalwirtschaft dadurch erwachsen, daß der Landwirt seine Erzeugnisse schlecht oder gar nicht lagert. Man nahm an, daß durch eine Regelung der Lagerungsvorschriften ein Anreiz für den Landwirt gegeben würde, sich dieser Lagerungsmöglichkeiten zu bedienen und damit der Notwendigkeit enthoben zu werden, sein Produkt sofort nach der Ernte auf den Markt zu werfen. Der weitere Vorteil, den man bieten wollte, war, dem Produzenten in der Bescheinigung über die erfolgte Einlagerung, dem Lagerschein, ein handelbares Papier in die Hand zu geben, das infolge öffentlicher Beaufsichtigung der sachgemäßen Lagerung zum Wertträger des Produktes werden konnte.

Damit war der Weg geöffnet, um dem Landwirt die Geldbeschaffung auf das eingelagerte Produkt auch vor dessen Verkauf innerhalb gewisser Grenzen zu ermöglichen und diese Finanzierung für den Geldgeber auf sichere Grundlagen zu stellen.

Das Gesetz bevollmächtigt den Secretary of Agriculture:

1. die Führung öffentlicher Lagerhäuser mit in jedem Einzelfalle festgestelltem Fassungsraum für bestimmte landwirtschaftliche Produkte durch hierfür geeignete, die ordnungsmäßige Geschäftsführung verbürgende Personen zu konzessionieren, die Beachtung der gesetzlichen Normen zu beaufsichtigen und ihre mit Geld- und Gefängnisstrafen belegte Verletzung zu ahnden;

2. behördliche Standard-Typen für landwirtschaftliche Erzeugnisse festzusetzen und Vorschriften für die Lagerung der Erzeugnisse zu erlassen;

3. hierfür geeigneten Personen nach Nachweis ihrer Befähigung die Ermächtigung zu erteilen, landwirtschaftliche Erzeugnisse, die in konzessionierten Lagerhäusern eingelagert werden, auf Qualität und Standard und Gewicht zu untersuchen, entsprechend zu klassifizieren und das Ergebnis der Untersuchung zu bescheinigen;

4. die Ausgabe eines einheitlichen Lagerscheines durchzuführen.

Fußend auf dieser Grundlage schreibt das Lagerhausgesetz vor, daß

a) jedes zur Einlagerung in das öffentliche Lagerhaus gebrachte, fungible landwirtschaftliche Erzeugnis durch einen hierfür bevollmächtigten Inspektor geprüft, gewogen und klassifiziert werden muß;

b) der Lagerhalter das eingelagerte Gut so pflegen muß, wie der Eigentümer es bei Anwendung sachgemäßer Sorgfalt selbst tun würde;

c) der Lagerhalter das Gut jedes Deponenten von demjenigen eines anderen Deponenten oder von solchen desselben Deponenten, für welche eine besondere Empfangsbescheinigung ausgestellt ist, getrennt halten muß, so daß jederzeitige Identifizierung und Rückgabe der Einzelmengen möglich ist;

d) der Lagerhalter befugt ist, falls eine entsprechende Abmachung oder ein dahingehender Handelsgebrauch vorliegt, Mengen gleichen Standards desselben fungiblen Erzeugnisses, die von verschiedenen Deponenten eingelagert werden, zu vermischen, so daß jedem Einlagerer die Verfügung über seinen aliquoten Anteil an dem vermischten Gut offensteht;

e) der Lagerhaushalter bei Verschlechterung der Qualität des eingelagerten Produktes umgehend erneute Nachprüfung desselben durch den amtlich autorisierten Inspektor veranlassen und, wenn hierbei festgestellt wird, daß die Erhaltung der Qualität, deren Empfang bei Einlagerung des Produktes bescheinigt worden ist, trotz sachgemäßer Behandlung nicht möglich ist, die sofortige Benachrichtigung aller Interessenten und der öffentlichen Stellen wie Börse, Handelskammer und Bureau of Markets des Department of Agriculture veranlassen muß, damit der Aufruf des betreffenden Lagerscheines erfolgen kann;

f) der Lagerhaushalter über das eingelagerte Gut einen Lagerschein ausstellen muß und das Gut nur gegen diesen an den daraus Berechtigten ausliefern darf.

Wir sehen uns mithin in den Vereinigten Staaten einem wohldurchdachten System gegenüber, welches bemüht ist, durch einen Ring ineinander greifender Vorschriften eine verläßliche Basis zu schaffen, um unter Sicherung der Bedürfnisse von Handel und Verkehr und unter Wahrung der Interessen der Produzenten im Rahmen des Möglichen große Massen landwirtschaftlicher Erzeugnisse zu mobilisieren. Dies geschieht durch den mit einer Reihe von Kautelen, wie den Druck in besonderer Form und auf besonderem Papier, ausgestatteten

Lagerhausschein, dessen Inhalt im wesentlichen folgende Punkte verbriefen muß:

1. den Ort, wo das Lagerhaus liegt, an dem die betreffenden Produkte gelagert sind,
2. das Datum der Ausgabe des Lagerscheins und seine Nummer,
3. ob die eingelagerten Produkte dem Inhaber des Lagerscheins, oder einer bestimmten Person, oder an Order einer solchen ausgeliefert werden sollen,
4. die Kosten der Lagerhaltung,
5. eine Beschreibung des eingelagerten Gutes nach Menge, und, falls es sich um Erzeugnisse handelt, die usancemäßig in bestimmter Verpackung eingeliefert werden, das Gewicht des einzelnen Stückes unter Angabe der auf der Verpackung befindlichen Identitätsmarken,
6. den gradierten Standard und, soweit erforderlich, eine Beschreibung, welche die Klassifikation des Gutes feststellt, und zwar auf Grund der offiziellen Standardisierungsvorschriften für das betreffende Produkt,
7. daß der Lagerschein auf Grund und in Gemäßheit der Vorschriften des Lagerhausgesetzes ausgestellt ist,
8. ob der Lagerhalter Eigentümer des gelagerten Gutes ist und solches Eigentum ihm allein oder in Gemeinschaft mit anderen zusteht,
9. den Betrag, der auf das eingelagerte Gut gemachten Vorschüsse und betreffs desselben eingegangenen Verpflichtungen mit den sich daraus eventuell ergebenden Pfandrechten,
10. ob, wogegen und in welchem Umfange das Lagergut versichert ist,
11. ob der Lagerschein indossierbar oder nicht indossierbar ist.

In Verbindung mit dieser Entwicklung steht die Ausbildung der Storage-intransit-privileges, welche besondere Frachtermäßigungen und Wieder-Anrechnungen von Fracht für Ladungen ermöglichen, die nach Lagerhäusern dirigiert werden und von dort nach einiger Zeit zurückrollen.

Neben den konzessionierten Lagerhäusern sind die unkonzessionierten ruhig bestehen geblieben. Man hat nicht verlangt, daß alle Lagerhäuser sich den Normativbestimmungen des Secretary of Agriculture unterwerfen, sondern verläßt sich darauf, daß die natürliche Entwicklung von selbst dazu führen wird, den konzessionierten Unternehmungen weitere Ausbreitung zu bringen. Es soll der Ehrgeiz geweckt werden, das Lagerhaus so zu führen, daß es konzessionswürdig wird.

Die amerikanische Regierung hat es klugerweise nicht etwa unternommen, sich als öffentliche Hand in das Lagerhausgeschäft einzuschieben und diesen Zweig privater Initiative zum Gegenstand ihrer eigenen Erwerbstätigkeit zu machen. Sie beschränkt sich vielmehr darauf, Normativbestimmungen zu erlassen, deren Befolgung die Gewähr der Erreichung des gewollten Zweckes gibt, und die Ueberwachung der Innehaltung dieser Normativbestimmungen in die Hand zu nehmen. Dadurch wird den sich diesen Normativbestimmungen unterwerfenden Einrichtungen, fußend auf privater Initiative, die Verbrämung obrigkeitlicher Autorität gegeben, ohne daß der Staat selbst sich auf das gefährliche Gebiet der Ausübung kaufmännischer Funktionen zu begeben braucht.

Die Hoffnungen, welche man an den Erlaß des Lagerhausgesetzes geknüpft hatte, nämlich die Landwirtschaft zu veranlassen, ihre Erzeugnisse in richtiger Weise zu lagern und dadurch die gewaltigen Verluste zu vermeiden, die alljährlich durch unzureichende Lagerung der Ernte entstanden waren, ferner die Form der Lagerung innerhalb des ganzen Landes für landwirtschaftliche Produkte uniform zu gestalten und endlich, als Krönung dieses Systems, einen Lagerschein für landwirtschaftliche Produkte zu schaffen, der die Grundlage für eine, die Liquidität des Geldgebers nicht beeinträchtigende Finanzierung der Landwirtschaft bilden konnte, beginnen sich zu erfüllen.

In welchem Umfange der Lagerschein zum Träger der Finanzierung landwirtschaftlicher Produkte geworden ist, zeigt am besten die von dem Assistant Federal Reserve Agent der Federal Reserve Bank of New York, W. Randolph

Burgess in seinem ausgezeichneten, Ende vorigen Jahres erschienenen Buche „The Reserve Banks and the Money Market" wiedergegebene Aufteilung der von dem Federal Reserve System während des Jahres 1926 diskontierten Wechsel. Von dem gesamten Betrage von $ 1 694 000 000 entfielen mehr als ⅓ auf die Bewegung und die Lagerung amerikanischer landwirtschaftlicher Produkte. Wie starken Anteil die Lagerung als solche als Unterlage des Geldverkehrs hat, zeigt eine weitere, an derselben Stelle sich findende Zusammenstellung, die angibt, daß von dem Gesamtbetrage der Ende 1926 umlaufenden, Bankakzepte tragenden Wechsel im Betrage von $ 755 000 000 solche über $ 116 000 000, d. h. 15 pCt. des Gesamtbetrages, die Unterlage des Lagerhausscheines über in den Vereinigten Staaten lagernde Güter besaßen.

Mit der wachsenden Bedeutung dieser Entwicklung paßte sich auch die Verwaltung der Federal Reserve Bank derselben an, und man kann aus der Zusammenstellung der Instruktionen, welche die Leitung derselben an die ihr angeschlossenen Banken im Laufe der Jahre hat ergehen lassen, deutlich ablesen, wie die Entwicklung unter Wahrung aller Vorsicht dahin geht, die landwirtschaftlichen Produkte, deren standardisierte Qualität und überwachte Lagerung die erforderlichen Garantien gewährt, in den Kreis der „collateral securities", d. h. der annehmbaren Sicherheiten einzubeziehen, und die über sie lautenden Wechsel „eligibel", d. h. diskontfähig zu machen. Die wesentlichsten Bestimmungen zugunsten der Finanzierung des landwirtschaftlichen Kredites ergingen durch das Gesetz vom 4. März 1923. Dasselbe fügte zu den bereits seit dem 17. Juli 1916 für die Gewährung von Hypotheken an die Landwirtschaft durch den Federal Farm Loan Board erlassenen Bestimmungen die Federal Farm Loan Act. Dieses Gesetz erweiterte einen Teil der für die Federal Reserve Banken gültigen Bestimmungen zugunsten der Landwirtschaft, indem es sowohl staatliche Federal Intermediate Credit Banks schuf, deren Aktien sich im Besitz des Staates befinden, wie die Bildung von National Agricultural Credit Corporations privater Struktur ermöglichte. Der Zweck dieser Einrichtungen ist, die landwirtschaftliche Kreditgewährung gegen Warenunterlage zu erleichtern und die in Verbindung mit derartigen Transaktionen gezogenen Wechsel bei der Federal Reserve Bank innerhalb gewisser Grenzen diskontierbar zu machen. Es würde zu weit führen, auf die Einzelheiten der im Zusammenhang hiermit stehenden Bestimmungen einzugehen. Es genügt hervorzuheben, daß im Sinne der einschlägigen Vorschriften unter einem „landwirtschaftlichen Papier" nach den Regulations of the Federal Reserve Board, Regulation A, Series 1928, verstanden wird ein an Order gestellter, nicht länger als 9 Monate laufender Wechsel, dessen Ertrag in Vergangenheit oder Zukunft „landwirtschaftlichen Zwecken" dient, als welche anerkannt werden die Produktion landwirtschaftlicher Erzeugnisse, der Absatz und der Transport derselben durch den Erzeuger während des ordnungsmäßigen Absatzes, sowie das Aufziehen, Fettmachen oder Absetzen lebenden Viehs.

Hat ein solches Papier eine Laufzeit von mehr als 6 Monaten, so kann es nicht als Unterlage für die Ausgabe von Federal Reserve Notes benutzt werden, wenn es nicht durch indossierbare Lagerhausscheine oder ähnliche Urkunden gedeckt ist, welche jederzeit veräußerungsfähige landwirtschaftliche Stapelprodukte oder Viehhypotheken auf Vieh, das für den Absatz fett gemacht wird, verkörpern.

Als Unterlage werden auch verderbliche Produkte wie Butter, Käse, Eier, Geflügel, gefrorene Fische, Kartoffeln angesehen, vorausgesetzt, daß sie in einem konzessionierten Kühlhause auf Grund eines auf Order gestellten Lagerscheines für die angemessene Verbrauchsperiode lagern. Unter „landwirtschaftlichen Zwecken" werden alle Maßnahmen verstanden, welche den Landwirt instand setzen, seine bei der Erzeugung des Produktes eingegangenen Verpflichtungen zu erfüllen, ohne genötigt zu werden, das erzeugte Gut sofort zu verkaufen. Er soll in die Lage gebracht werden, das Erzeugnis im Laufe des regulären Absatzes durchzuhalten, wobei aber sehr scharf unterschieden wird zwischen diesem Durchhalten während der Absatzperiode und der spekulativen Zurückhaltung. Der Landwirt soll also Schutz finden vor den Nachteilen, die sich aus dem gleichzeitigen Reifen der gesamten Ernte ergeben und in die Lage gebracht werden, den Absatz des Produktes bis zur nächsten Ernte zu verteilen; er soll aber nicht unterstützt werden, wenn er die Absicht verfolgt, seine Erzeugnisse vom Markte zurückzuhalten, um die Preise zu steigern. Dementsprechend sind in den Gesetzen, welche für die einzelnen Kategorien der Erzeugnisse, die zur Einlagerung in die konzessionierten Lagerhäuser zugelassen sind, Einlagerungsfristen bestimmt worden. Dieselben sollen betragen z. B. für Kartoffeln: 3 Monate vom 15. September des Jahres an, in dem sie geerntet worden sind, mit der Möglichkeit, diese Frist bis zum 31. März des nächsten Jahres zu verlängern; für Getreide: ein Jahr; für eingemachte Früchte und Gemüse sowie getrocknete Bohnen: ein Jahr, das um ein weiteres Jahr verlängert werden kann.

Als Bankier muß man voll Neid auf diese durchgebildeten Einrichtungen blicken, deren Ineinandergreifen eine Klarheit und Sicherheit schafft, die wir schmerzlich entbehren. Sie lassen bei allem Streben, der Landwirtschaft zu helfen, die Grundlagen einer gesunden Geldwirtschaft nicht außer acht und vermeiden, wie es in einem Bulletin des Department of Agriculture vom Jahre 1926 heißt, dem Bankwesen des Landes irgend etwas zuzumuten, was zu seiner Illiquidität führen könnte. Darum verlangt das Federal Reserve System immer wieder, daß das als Sicherheit eines Kredits dienende landwirtschaftliche Erzeugnis sich im Gewahrsam eines unzweifelhaft von dem Schuldner verschiedenen Dritten befinde.

Nach deutschem Recht (§ 424 des HGB.) gehört der Lagerschein der staatlich zur Ausstellung solcher Urkunden ermächtigten Anstalten zu den Dispositionspapieren, d. h. die Urkunde überträgt, wenn sie an Order gestellt ist, das Recht an der Sache, deren Einlagerung sie bekundet. Voraussetzung für diese Rechtswirkung ist jedoch, daß der Lagerschein über individuell bestimmte Gegenstände, nicht aber über nicht individuell bestimmte Mengen lautet.

Es ist kein Zufall, daß im ganzen deutschen Reich nur 42 staatlich zugelassene Lagerhalter bestehen. Diese Institution kann sich ohne entsprechenden Ausbau der gesetzlichen Bestimmungen und deren wirtschaftliche Fortbildung durch die kaufmännische Praxis nicht zu den in ihr liegenden Möglichkeiten entfalten. Voraussetzung sind hierfür Standardisierung und autoritative Feststellung der Qualität des eingelagerten Gutes. Erst die Erfüllung beider Vorbedingungen macht aus dem individuell bestimmten Lagergut die fungible Menge und erschließt damit Möglichkeiten finanzieller Liquidität auf gefestigter Grundlage.

Man braucht nur einen Blick auf die bei uns üblichen Lagerscheine zu werfen und sie mit dem Ware House Receipt des United States Department of Agriculture zu vergleichen, um zu sehen, daß den deutschen Lagerscheinen, und zwar sowohl denjenigen staatlich konzessionierter, wie denen nicht konzessionierter Lagerhalter infolge des Vordrucks: „Art der Ware nach Angabe des Einlagerers" jede Eigenschaft präziser Fixierung abgeht. Auch die in den Einlagerungsbedingungen dem Einlagerer auferlegte Haftung für alle Folgen falscher Angaben wirkt im gleichen Sinne, liegt es doch auf der Hand, daß nur durch eine das eingelagerte Gut *objektiv* prüfende und qualifizierende Stelle eine fungibel machende Wirkung erzielt werden kann. Endlich fehlt im Gegensatz zu dem amerikanischen Recht die Pflicht des Lagerhalters, das Lagergut sachgemäß zu behandeln, so daß auch keine Gewähr für Aufrechterhaltung der Qualität besteht.

Wir Bankiers wissen ein Lied davon zu singen, welche Schwierigkeiten sich aus der lückenhaften Regelung des Lagerscheinrechtes ergeben, die trotz mannigfacher Anregungen, so zuletzt durch einen dahingehenden, im Jahre 1908 gefaßten Beschluß des 29. Deutschen Juristentages, bisher nicht erfolgt ist. Sowohl bei den Mühlenkrediten, wie bei den Krediten für Malzfabriken, genau so aber auch bei Krediten, welche basiert sind auf eingelagertem Stapelgut, hat der Kreditgeber immer wieder damit zu kämpfen, daß die pfandrechtliche Besitzausübung an dem als Sicherheit verpfändeten Pfandgute auf erhebliche Schwierigkeiten stößt, weil der Schuldner sich dagegen sträubt, sich den zur Sicherung des Gläubigers erforderlichen, rechtlich stichhaltigen Maßnahmen zu unterwerfen. Die Folge ist eine allgemeine Rechtsunsicherheit in Angelegenheiten, die solche Unsicherheit am wenigsten vertragen. Und was für Konstruktionskunststücke werden gemacht, um nur ja nicht die Dinge beim rechten Namen zu nennen, mit allen Folgen, die sich aus solcher Verschwommenheit ergeben!

Ich erinnere an die Sicherungsübereignung und die Entscheidungen des Reichsgerichts, welche diese Kreditunterlage illusorisch machen, wenn ihre Formulierung sich als so weitgehend erweist, daß der Schuldner seine geschäftliche Selbständigkeit de facto eingebüßt hat, so daß seine übrigen Gläubiger von irrigen Voraussetzungen ausgehen mußten, als sie dieselbe annahmen.

Die Folge ist, daß, wenn das Warenlager den wesentlichen Teil des zur Kreditsicherung geeigneten Vermögens des Schuldners darstellt, die Sicherungsübereignung desselben hinfällig wird, sobald bei wechselndem Lagerbestand die Abrede dahin ging, daß die an Stelle der ausgehenden neu eingehende Ware unter den Sicherungsübereignungs-Vertrag fällt. Nichts ist leichter, als dem kreditgebenden Gläubiger den Einwand entgegenzuhalten, er habe sich der Möglichkeit bewußt sein müssen, daß diese Abrede die Lieferanten neu hinzukommender Ware schädige.

Ein weiteres Problem aus der Praxis der Sicherungsübereignung ergibt sich aus den scharfen Forderungen des Reichsgerichts hinsichtlich der Konkretisierung der zu übereignenden Gegenstände bzw. der genauen Bestimmbarkeit einer ideellen Bruchteilquote an einem Gesamtvorrat. Typisch sind für diese beiden Kategorien zwei Entscheidungen des Reichsgerichts. In der einen vom 9. März 1926, bei der es sich um die Sicherungsübereignung eines Postens Mehl in Säcken handelt, wird die erforderliche Konkretisierung um deswillen verneint, weil nicht das gesamte bei Konkurseröffnung vorhandene Warenlager den Gegenstand der Sicherungsübereignung gebildet habe, sondern nur ein Teil davon — nämlich die im freien Eigentum des Schuldners stehenden Säcke — und dieser Teil hinsichtlich der einzelnen dazugehörigen Säcke unbestimmt gewesen sei!

In der anderen Entscheidung vom 17. November 1925 erkennt das Reichsgericht zwar neben der Konkretisierung der einzelnen, den Gegenstand der Sicherungsübereignung bildenden Sachgüter ausdrücklich auch eine „quotenmäßige Beteiligung" an dem Getreidelager als Inhalt der Sicherungsübereignung an, betrachtet sie aber im vorliegenden Falle als nicht bestimmbar angesichts der Vermengung der von dem Sicherungsgeber eingelieferten Getreidemengen mit anderen Lieferungen.

Aehnliche Schwierigkeiten entstehen aus der den Interessen des Schuldners dienenden Geheimhaltung der Sicherungsübereignung, die von dem Reichsgericht als Verstoß gegen die guten Sitten betrachtet wird.

Dem Bankier erwächst mithin bei jeder Sicherungsübereignung eines Warenlagers mit seinem gegenwärtigen und künftigen Bestande eine so weitgehende Erkundungs- und Prüfungspflicht aller mit Rücksicht auf die übrigen Gläubiger zu beachtenden Umstände, daß die Sicherung selbst infolge der vielen sie umgebenden Fallstricke mehr oder weniger illusorisch wird.

Alle diese komplizierten Konstruktionen kranken an dem Mangel, daß klare Verhältnisse aus allerlei Rücksichten künstlich unklar gemacht werden und infolgedessen eine nur scheinbare Sicherheit entsteht, welche eine Mobilisierung der in so unzulänglicher Weise gedeckten Verpflichtungen sehr erschwert.

Die in der Ware House Act verkörperte gesetzliche Regelung hat dagegen, über den Zweck der Ermöglichung der sachgemäßen Einlagerung landwirtschaftlicher Produkte hinaus, die rechtliche Grundlage geschaffen, um die Verwendung des Lagerguts als Pfandsicherheit in einwandfreier Weise zu ermöglichen. Fußend auf diesem Gesetz hat sich die Einrichtung herausgebildet, daß die mit großen Mühlen, Malzfabriken und ähnlichen Etablissements notwendigerweise verbundenen Lagerräume als solche an einen öffentlich konzessionierten Lagerhalter vermietet werden, der mit dem Eigentümer der Mühle nicht identisch und daher imstande ist, alle Funktionen auszuüben, die sich an die Eigenschaft des öffentlichen Lagerhalters knüpfen. Dadurch werden alle Schwierigkeiten vermieden, welche sich bei uns aus der Scheu des Schuldners ergeben, die Tatsache der Verpfändung seiner Vorräte an Rohprodukten und Halbfabrikaten in juristisch einwandfreier Weise in Erscheinung treten zu lassen. Hoffentlich führt dieser Hinweis dazu, nunmehr energisch der Modernisierung der bei uns geltenden einschlägigen gesetzlichen Vorschriften näherzutreten. Dahinzielende Maßnahmen werden eine heilsame Förderung von Wahrheit und Klarheit in den Beziehungen zwischen Bankier und Kreditnehmer nach sich ziehen.

Das Korrelat und einen notwendigen Bestandteil des geschilderten **sachlichen** Zusammenfassungsprozesses bildet die **persönliche** Zusammenfassung der das gleiche Produkt erzeugenden Landwirte zu Vereinigungen, welche sich freiwillig in den Dienst gemeinsamer Interessenvertretung stellen. Dieses unter dem Namen Cooperation bekannte System ist beinahe eine Art Religion geworden. Es wohnt ihm eine über das hier zu behandelnde landwirtschaftliche Thema weit hinausgehende Bedeutung inne, weil es, richtig verstanden und angewendet, dazu beitragen kann, die Anpassung des Kapitalismus an die Forderungen einer neuen Zeit herbeizuführen. Voraussetzung ist allerdings, daß unter Cooperation gemeinsame Bindung zum gemeinsamen Besten im wahren Sinne dieses Wortes verstanden wird, nicht aber in dem, daß sich die Dummen an die gemeinsamen Abmachungen gebunden fühlen, während die sogenannten Klugen die Bindung an die Festsetzungen der Vereinigung nur unter dem Gesichtswinkel der Möglichkeit betrachten, die Bindung der Dummen zu benutzen, um auf ihrem Rücken Geschäfte zu machen.

Die Entwicklung des landwirtschaftlichen Genossenschaftswesens ist in allen Ländern außerhalb Deutschlands mit größter Entschiedenheit den Weg gegangen, die Zusammenfassung der Betriebe vom Gesichtspunkt des Absatzes durchzuführen und durch die mit Hilfe dieser Zusammenfassung erreichte Erhöhung des Absatzes befruchtend auf die Produktion zu wirken. Das Ergebnis ist, daß Länder, die in der Vergangenheit lediglich auf die Befriedigung ihres eigenen Bedarfs in landwirtschaftlichen Produkten eingestellt waren, sich zielbewußt zu Großexporteuren solcher Produkte entwickeln konnten.

Wir haben bereits bei der Betrachtung der Standardisierungsmaßnahmen in den verschiedenen Ländern gesehen, daß eine Reihe derselben die Standardmarken für den Export besonders behandeln und staatlicherseits das Exportgut gesteigerter Kontrolle unterwerfen. Die Erfolge dieses Vorgehens prägen sich in einer rapiden Verbesserung der Qualität der erzeugten Produkte und in einer gewaltigen Zunahme der verkauften Mengen aus. Eine jüngst von dem „Bureau International du Travail" des Völkerbundes unter dem Titel „Rôle des Organisations Coopératives dans le Commerce International du Blé, des Produits Laitiers et de quelques Autres Produits Agricoles" erschienene Veröffentlichung enthält hierüber Zusammenstellungen, aus denen einiges zu zitieren nützlich ist.

In Dänemark betrug	1881	1924
die Zahl der Milchkühe . . .	899 000 Stück	1 369 000 Stück
die durchschnittliche Milchproduktion per Tier	1 136 kg	2 900 kg
die durchschnittliche Butterproduktion per Tier	54 kg	115 kg
die Gesamtmilchproduktion . .	1 440 000 t	3 970 000 t
die Gesamtbutterproduktion .	49 000 t	175 000 t
der Butterexport	15 600 t	123 000 t

Dieser staunenerregende Fortschritt ist dadurch erreicht worden, daß 85 pCt. der dänischen Landwirte kooperativen Milch- und Schlachthausgenossenschaften angehören und daß die Milch von mehr als 86 pCt. der Milchkühe durch kooperative Molkereien auf Butter verarbeitet wird. Seit dem Jahre 1894 haben sich Genossenschaften für den gemeinsamen Exportabsatz gebildet, welche nach und nach einen immer größeren Teil des Exportes übernommen haben. Aber wenn auch Dänemark bezüglich der Molkereiprodukte an der Spitze marschiert, wird doch in der Untersuchung des Bureau International du Travail des Völkerbundes festgestellt, daß auch alle anderen Länder, welche wie Neuseeland, Australien, die

Niederlande, Argentinien, Irland, Finnland, Kanada und die Schweiz auf dem Gebiete der Molkereiprodukte als Exporteure in Betracht kommen, dieses Ergebnis auf kooperativer Basis erzielt haben; und zwar repräsentiert der auf die Genossenschaften entfallende Betrag der Produktion in

Holland . .	1925	25 %	der Buttererzeugung
		45 %	der Käseerzeugung
Finnland .	1924	92 %	der Buttererzeugung
		70 %	der Käseerzeugung
Estland . .	1925	84 %	der Buttererzeugung
		84 %	der Käseerzeugung
Australien . . .		91 %	der Buttererzeugung
		91 %	der Käseerzeugung
Neuseeland . . .		80 %	der Buttererzeugung
		80 %	der Käseerzeugung.

Ebenso steht es mit anderen, als Molkerei-Produkten:

In Dänemark betrug die Zahl der Schweine

	1881:	527 417	Stück
	1924:	2 868 139	„
die Zahl der Hühner	1895:	5 900 000	„
	1925:	25 000 000	„
der Wert der exportierten Eier . . .	1895:	7 000 000	Kr.
	1925:	125 000 000	„

Das sich auf der Schweinezucht aufbauende Exportgeschäft liegt fast vollständig, das von der Hühnerzucht ausgehende zu 25 pCt. in genossenschaftlichen Händen.

Auch in den Vereinigten Staaten finden wir eine gleichartige Entwicklung des landwirtschaftlichen Genossenschaftswesens. Auch dort liegt das ganze Schwergewicht auf dem Absatz der Produkte. Die kooperativen Einkaufsgenossenschaften sind dagegen von verhältnismäßig geringer Bedeutung und der Wert der kooperativen Einkäufe beträgt nur 1/10 des Wertes des kooperativen Absatzes. Es verlohnt sich, die Entwicklung der einschlägigen Verhältnisse in den Vereinigten Staaten näher zu betrachten, weil sich dort das Genossenschaftswesen als Ausfluß des Gedankens der betrieblichen Zusammenfassung innerhalb einer hochkapitalistischen Volkswirtschaft, ohne diese zu stören, zu höchster Blüte entfalten konnte.

Hervorgegangen ist die Cooperative Association der Vereinigten Staaten aus kleinen Anfängen der berühmten Gesellschaft Grange, von der ihr Gründer sagte, „wenn alle großen Unternehmungen, um Dauer zu haben, klein anfangen müssen, so ist unser Vorhaben recht und sein Grund ist gelegt auf einem soliden Nichts, auf dem Felsen der Armut, dem härtesten Material, das es gibt." Aus diesem, bis zum Jahre 1867 zurückreichenden Beginn hat sich in den mannigfachsten Formen und besonders in der Zeit seit dem Jahre 1915 eine Entwicklung aufgebaut, die mit staunenswerter Kraft vorwärts geschritten ist und mit zäher Energie ihre Konstruktion nach zwei parallel neben einander laufenden Grundgesetzen verfolgt hat. Diese Grundgesetze lassen sich in die Worte zusammenfassen: **Qualität** und **Quantität**, und sind in der Weise verwirklicht worden, daß die Qualität durch Vereinheitlichung und Standardisierung und die Quantität durch Zusammenfassung der gleichartigen Qualitäten zu einheitlicher Behandlung erzielt wurde.

Der Bericht des Secretary of Agriculture (Technical Bulletin No. 40) vom Januar 1928 zeigt folgende Entwicklungsziffern:

1913 3099 Absatzgenossenschaften mit einem Gesamtwert des jährlichen Umsatzes von $ 310 000 000,

1915 5424 Genossenschaften mit einem Gesamtwert des jährlichen Umsatzes von $ 635 000 000,

1925 10 803 Genossenschaften mit einem Gesamtwert des jährlichen Umsatzes von $ 2 400 000 000, bei 2 700 000 Mitgliedern.

Von diesen Genossenschaften waren im Jahre 1925 nur 1217 Einkaufsgenossenschaften mit 247 000 Mitgliedern und einem Jahresumsatz von 135 000 000 $. Alle anderen Genossenschaften beschäftigten sich lediglich mit dem Absatz.

Die Verteilung des Umsatzes auf die hauptsächlichsten

Erzeugnisse unter Vergleich der Jahre 1915 und 1925 zeigt folgendes Bild:

	1915		1925	
	in Tausend Dollars	in Prozent des Gesamtumsatzes	in Tausend Dollars	in Prozent des Gesamtumsatzes
Molkereiprodukte	89 061	14,0	535 000	22,3
Getreide	289 689	45,6	750 000	31,2
Obst und Gemüse	201 543	31,7	280 000	11,7
Baumwolle und Baumwollprodukte	1 502	0,2	150 000	6,2
Vieh	5 624	0,9	320 000	13,3
Tabak	6 450	1,0	90 000	3,8
Sonstiges	41 970	6,6	275 000	11,5
Total	635 839	100,0	2 400 000	100,0

Der Gesamtwert der auf kooperativem Wege abgesetzten landwirtschaftlichen Produkte wird mit 1/6 des Gesamtwertes der landwirtschaftlichen Produktion der Vereinigten Staaten berechnet (Benjamin & Hibbard, Annals of the American Academy Vol. 117 No. 206).

Außer den soeben behandelten 10 803 Absatz- und Einkaufsgenossenschaften bestanden in den Vereinigten Staaten im Jahre 1925 nach dem erwähnten Bericht des Secretary of Agriculture für folgende landwirtschaftliche Zwecke genossenschaftliche Verbindungen in nachstehender Zahl:

Berufsausbildung	5 000
Samen- und Tierzucht	5 639
Credit	5 165
Versicherung	2 049
Telephon	40 000

Die deutschen Vergleichsziffern zeigen, wenn man die Telephon- und Versicherungs-Genossenschaften der Vereinigten Staaten außer acht läßt, eine viel größere Zahl von Genossenschaften bei viel kleineren Geschäftsziffern.

Am 1. Januar 1928 bestanden im Deutschen Reich 40 095 landwirtschaftliche Genossenschaften. Von denselben waren laut Jahrbuch des Reichsverbandes der deutschen landwirtschaftlichen Genossenschaften, 1928:

Spar- und Darlehns-Kassen	20 755
Bezugs- u. Absatz-Genossenschaften	4 540
Molkerei-Genossenschaften	4 095
Sonstige Genossenschaften	10 705

Von letzteren widmeten sich:

Elektrizitäts-Erzeugung u. -Verteilung	6 120
Dampfdrescherei	863
Pferdezucht	383
Viehzucht außer Pferdezucht	409
Viehverwertung	353
Winzerei	278
Siedlung und Pacht	286
Viehweide	243
Dampfpflug und Maschinen	207
Obst- und Gemüseverwertung	184
Eierverkauf, Geflügelzucht, Kleintierzucht	187
Getreideverkauf und Getreidelagerung	129
Brennerei	122
Kartoffeltrocknung und Kartoffelflocken	97
Saatbau	70
Bienenzucht und Honigverwertung	51

Es entfiel, unter Nichtzählung der Bevölkerung an Orten mit mehr als 20 000 Einwohnern, auf je 992 Einwohner und 716 ha landwirtschaftlich genutzter Fläche eine Genossenschaft.

Der Gesamterlös der durch Genossenschaften abgesetzten landwirtschaftlichen Erzeugnisse betrug 1926/27 beim Generalverband der deutschen Raiffeisen-Genossenschaften RM 57 000 000, beim Reichsverband der deutschen landwirtschaftlichen Genossenschaften RM 171 500 000, insgesamt also RM 228 500 000. Beim Reichsverband betrug dagegen im gleichen Jahre der Gesamtwert des Bezugs an landwirtschaftlichen Bedarfsstoffen (Düngemittel, Futtermittel, Saatgut usw.) RM 380 300 000. Der Schwerpunkt des Geschäfts liegt also weit mehr im Einkauf, als im Absatz. Immerhin ist festzustellen, daß auch dem letzteren heute mehr Aufmerksamkeit zugewendet wird als in der Vorkriegszeit. Bei den Genossenschaften des Reichsverbandes belief sich

	1913/14	1926/27
	Millionen Ztr.	
Der Absatz an Getreide auf	10,5	12,9
„ „ „ Kartoffeln „	0,2	3,1

Bei einem Ernteertrag von 37 500 000 t Kartoffeln ist also noch nicht ½ pCt. durch den genossenschaftlichen Absatz gegangen, bei rund 390 000 000 Ztr. Getreideernte beträgt der Anteil 4,3 pCt. Der Gesamterlös für Milch- und Molkereiprodukte betrug im Jahre 1926 bei 2157 Molkereigenossenschaften RM 405 462 755.

Die Wissenschaft hat in den Vereinigten Staaten mit der Durchführung des kooperativen Systems Schritt gehalten. Sie weist ein überwältigendes Material auf und zeigt, daß nichts verfehlter wäre, als für die verschiedenen Produkte die gleichen Einrichtungen schaffen zu wollen. Jedes Produkt muß für sich behandelt werden und damit nicht genug, es ist auch verschieden zu behandeln nach seinem Entstehungsort und nach seinen Absatzverhältnissen. Die amerikanische Wissenschaft lehnt es ab, durch eine Genossenschaft mehrere Erzeugnisse behandeln zu lassen. Sie ist sich aber darüber einig, daß auf alle Erzeugnisse einige gleiche Grundsätze angewandt werden müssen, die je unter Anpassung an die besonderen Verhältnisse des Einzelfalles zu modulieren sind. Jedenfalls führt die Behandlung nur eines Erzeugnisses durch jede kooperative Genossenschaft zu stärkster Einwirkung auf die Produktion und alle ihrem Absatz gewidmeten Maßnahmen.

Die Zusammenfassung der Produkte, der Erzeuger desselben Produkts, stellt die Quantitätsfunktion dar. Die kleinen Einheiten des Produktes müssen sowohl von den Erzeugern desselben, wie von denjenigen zusammengefaßt oder, wie der amerikanische technische Ausdruck lautet, „versammelt" werden, welche diese Erzeugnisse zu hantieren haben, um schließlich im Detailhandel wieder die Aufteilung dieser Mengen herbeizuführen. Ein großer Teil der lokalen Genossenschaften ist lediglich diesem Zwecke gewidmet.

Die Versammlung der Erzeugnisse ermöglicht ihre gemeinsame Behandlung. Diese vollzieht sich für eine große Reihe von Produkten auf dem Wege des sogenannten Pools. Das Poolen des Erlöses erfolgt, indem jedes Mitglied einer Genossenschaft, welche die Produkte aller ihrer Mitglieder poolt, nicht den Erlös seines Produktes, sondern einen pro rata Anteil des Erlöses erhält, den die zusammengeworfenen Erzeugnisse aller Mitglieder erzielen.

Außer diesem Poolen des Erlöses findet auch ein Poolen der Produkte selbst statt. Die Ernte des einzelnen Mitgliedes wird nicht gesondert hantiert, sondern mit der Ernte aller übrigen Mitglieder zusammengeworfen, ihrer Identität beraubt und auf Grund ihres Standardgrades verkauft. Dieses Poolen der Ernte bildet die Basis des Absatzpools. Ungefähr 75 pCt. aller Genossenschaften der Vereinigten Staaten bedienen sich dieser Absatzform, mit Ausnahme derjenigen, welche Vieh verkaufen, weil hier die Unterschiede zu groß sind und Einzelbehandlung des Erzeugnisses jedes Produzenten durchgeführt werden muß.

Der Vorteil der Poolung besteht für den Erzeuger darin, daß das Risiko, welches er hinsichtlich der Möglichkeit der Verschlechterung und des Verlustes der von ihm gelieferten Ware läuft, durch deren Untergang in der gepoolten Masse entsprechend verringert wird. Ebenso wird er von dem Risiko einer Preissenkung befreit, die ihn allein treffen würde, wenn er vereinzelt bliebe und mit seiner Ware gerade im Augenblick sinkender Konjunktur auf den Markt käme. Der Preis seines Erzeugnisses würde dann lediglich durch den Stand der Nachfrage zurzeit des Verkaufs dieser individuellen Partie bestimmt, während die Poolung ermöglicht, den Verkauf im richtigen Augenblick auszuführen oder ihn über eine längere Zeit zu erstrecken. Das Poolsystem beseitigt eine Fülle von Streitfällen zwischen den Genossenschaftsmitgliedern, die sonst nur zu bereit sind, die Verwaltung der Genossenschaft mit der Behauptung anzugreifen, daß sie gerade die von dem Einzelnen gelieferte Ware nicht im richtigen Moment auf den Markt gebracht hätte. Endlich ermöglicht die Poolung die Anbahnung neuer Absatzmöglichkeiten, indem neue Absatzgelegenheiten durch Anbietung von Ware zu niedrigem Preise geschaffen werden. Das Risiko des hierdurch eintretenden Mindererlöses wird bei der Poolung von allen Mitgliedern getragen, ebenso wie ihnen auch alle Vorteile der Eröffnung neuer Märkte zugute kommen.

Der Nachteil, der aus der Poolung entstehen kann, ist, daß die geringere Qualität den Preis der besseren Qualität herabzieht und dadurch das Interesse, bessere Qualitäten zu erzeugen, gemindert wird. Als Heilmittel hiergegen wirkt die genaue Standardisierung, welche den verschiedenen Qualitätsunterschieden, auch der gepoolten Mengen gerecht wird, und dadurch ermöglicht, bessere Preise für bessere Qualität zu erzielen. Man ist auch dazu übergegangen, dem Erzeuger zu gestatten, besonders gute Qualität außerhalb der gepoolten Mengen zu verkaufen.

Die zeitliche Länge des Pools ist verschieden und reicht von wenigen Tagen bis zur Umspannung der gesamten Verkaufszeit. Ungefähr die Hälfte aller Gesellschaften legen letztere Periode zu Grunde.

So dient die Kooperation dem Zwecke, die Schwäche auszugleichen, welche den einzelnen landwirtschaftlichen Produzenten in dem Kampf um den Markt innewohnt. Sie versucht, die in der Vereinzelung liegenden Nachteile dadurch aufzuheben, daß sie in möglichst großem Umfange alle Produzenten eines geographisch für derartige Zusammenarbeit geeigneten Bezirks zu einem Ganzen vereinigt.

Ebenso ablehnend, wie gegen die Behandlung verschiedener Erzeugnisse durch dieselbe Genossenschaft, ist man in den Vereinigten Staaten gegen jede Verquickung des kooperativen Zweckes mit anderen nicht der Konzentrierung auf ein einzelnes Erzeugnis dienenden Zielen. Es wird immer wieder betont, daß die Genossenschaft ein rein kommerzielles Unternehmen sei und sich von allen anderen Aufgaben unbedingt fernhalten müsse. Das amerikanische Genossenschaftswesen ist damit getreulich seinem dänischen Vorbilde gefolgt, von dem eine neuerliche amtliche dänische Publikation sagt: „Die Kräfte werden zersplittert, wenn verschiedene Zwecke in ein und dieselbe Vereinstätigkeit gezwängt werden. Darum verteilen wir die Arbeit und trennen das Wirtschaftliche vom Ideellen, denn das Genossenschaftswesen ist lediglich wirtschaftlicher Art." Dementsprechend werden nicht nur politische, sondern auch ethische Zwecke aus dem Kreise der Wirtschaftsgenossenschaft verbannt.

Hand in Hand mit dieser Konzentration auf ein und dasselbe Erzeugnis als Objekt des kooperativen Zusammenschlusses geht in den Vereinigten Staaten eine ungemein straffe Organisation der betreffenden Vereinigung. Aus der großen Fülle der verschiedenen Formen der cooperative associations zeichnen sich als zwei voneinander abweichende Systeme, die Federated Association und die Centralised Association ab. Bei der Federated Association bestehen Untervereinigungen der Landwirte der einzelnen Bezirke, welche dasselbe Produkt anbauen, die sich wiederum zusammenschließen, um eine Verkaufsagentur zu bilden, welche die Produktion der Mitglieder zum Verkauf bringt. Bei dieser Konstruktion besteht wohl ein Vertragsverhältnis zwischen den einzelnen Landwirten und den lokalen Assoziationen einerseits und zwischen den lokalen Assoziationen und der gemeinsamen Verkaufsagentur andererseits, es fehlt aber eine direkte Beziehung zwischen dem Produzenten und dieser Verkaufsagentur. Die eigentliche Geschäftsführung liegt dann in der Hand der lokalen Vereinigungen, welche die Standardisierung und die Verpackung überwachen und die Zentralverkaufsagentur beauftragen, die von ihnen an sie abgegebene Ware zum Verkauf zu bringen. Bei der Centralised Association fehlen die lokalen Vereinigungen und es besteht lediglich eine Zentralstelle, welche mit den einzelnen Produzenten Verträge schließt. Bei der Federated Association erfolgt der Antrieb zum Handeln von unten, aus dem Kreise der lokalen Vereinigungen, bei der Centralised Association wirkt dieser Antrieb von oben, von der Verkaufsstelle auf die vertraglich gebundenen Produzenten. Die Ansichten darüber, welche Betriebsform die richtigere sei, gehen auseinander. Im allgemeinen entspricht es dem demokratischen Geist der Vereinigten Staaten, daß der förderativen Association der Vorzug gegeben wird, weil in ihr die Zusammenarbeit der in den lokalen Associationen vereinigten einzelnen Landwirte stärker zum Ausdruck kommt und deren Initiative antreibt.

Die Kapitalbeschaffung der kooperativen Unternehmungen erfolgt teilweise auf genossenschaftlicher Basis, hat sich aber auch daneben mit dem außerordentlichen Anwachsen der betreffenden Unternehmungen und den sich mehrenden Aufgaben, die sie zu bewältigen haben, der Aktienform genähert. Es gibt kooperative Unternehmungen, die als Aktiengesellschaften konstruiert sind und einen Teil ihres Kapitals an Nichtmitglieder der Organisation verkaufen, insbesondere ist aber neuerlich eine Form zur Anwendung gekommen, welche das genossenschaftliche Prinzip mit dem Prinzip der Aktiengesellschaft zu verbinden sucht. Man geht davon aus, daß, gleichviel ob der Produzent und der letzte Verkäufer einen Verdienst aus der Erzeugung beziehungsweise dem Verkauf der landwirtschaftlichen Produkte erzielt, diejenigen Einrichtungen, welche darauf abgestellt sind, das Produkt auf dem Wege vom Produzenten bis zum letzten Verkäufer zu hantieren, eine sich aus der Hantierungsmanipulation ergebende Rente abwerfen müssen, die um so sicherer wird, je größer die hantierten Mengen sind und je tiefer die Kosten der Hantierung dadurch herabgedrückt werden können. Genau so wie, um von einer anderen Industrie zu reden, in der Petroleumindustrie sich gezeigt hat, daß, mögen Produzent und letzter Verkäufer noch so sehr allen industriellen und konjunkturellen Schwankungen unterworfen sein, die Rohrlinien, der Tankwagen und die Lagerreservoire stets ihre Rente verdienen, so hat sich auch in den Vereinigten Staaten als nützlich erwiesen, Einrichtungen wie Beförderungsmittel, Lagerhäuser, Kühlhäuser und Aehnliches, die eine dauernde Rolle innerhalb des Hantierungsprozesses spielen, durch besondere Unternehmungen zu finanzieren. An ihnen müssen die kooperativen Unternehmungen beteiligt sein, jedoch nur in der Art, daß sie sich einen maßgebenden Einfluß auf die Geschäftsführung sichern, aber die Emission der diesen Anlagen entsprechenden Werte in Aktien- oder Obligationsform durch den öffentlichen Markt bewirken. Weitere günstige Folgen dieser Konstruktion sind, daß sie das Liefer-Interesse der beteiligten Genossenschaft sichert und durch die Trennung der Rechtspersönlichkeit des Sonder-Unternehmens, wie z. B. der Lagerhausgesellschaft von derjenigen, in welcher die Produzenten vereinigt sind, die Nutzbarmachung der in den Lagerhäusern liegenden Güter für Kreditzwecke erleichtert.

Die kooperativen Unternehmungen haben im Einklang mit ihrer wachsenden Bedeutung entsprechende Beachtung seitens des Federal Reserve Systems gefunden. Dementsprechend sind die Ziehungen der Produzenten auf die kooperativen Unternehmungen, denen sie angehören, gegen Ablieferung der Erzeugnisse als diskontfähiges „agricultural paper" und „bills of exchange" erklärt worden, immer unter der Voraussetzung, daß diese Ziehungen nur bestimmt sind, die Durchführung des Verkaufs der Produkte zu finanzieren.

Ich habe bereits zu Beginn meiner Ausführungen darauf hingewiesen, daß selbstverständlich nicht die Verhältnisse eines Landes auf ein anderes Land ohne weiteres übertragen werden können, am wenigsten, wenn es sich um die Erzeugung landwirtschaftlicher Erzeugnisse handelt. Gegenüber den von mir in's Feld geführten Hinweisen auf die Entwicklung in den Vereinigten Staaten liegt der Einwand nahe, daß dort ganz andere Grundlagen für die Landwirtschaft bestehen, insbesondere die Böden viel geringere Verschiedenheiten aufweisen, daß die Zusammenfassung der Produkte dadurch von vornherein leichter war, daß die Produktion im wesentlichen im Großen betrieben wird und als Ergebnis alles dessen eine Gleichartigkeit der Erzeugnisse bestand, welche die Standardisierung und die sich an diese anschließenden Maßnahmen eigentlich zu Selbstverständlichkeiten machten. Nähere Untersuchung zeigt, daß diese Einwürfe unberechtigt sind. Es ist durchaus nicht zutreffend, daß die Vereinigten Staaten über landwirtschaftlich gleichartige Böden in höherem Maße als wir selbst verfügen, und ebensowenig kann behauptet werden, daß die Massenprodukte im wesentlichen aus Betrieben stammen, welche große Flächen umfassen.

In den Vereinigten Staaten waren im Jahre 1925 nach offiziellem Census 6 371 510 landwirtschaftliche Betriebe mit einer Gesamtfläche von 374 285 713 ha vorhanden, so daß auf den einzelnen Betrieb also 58,7 ha = 230,2 Morgen, entfielen.

Die gesamte, von der Landwirtschaft lebende Bevölkerung zählte 28 984 221 Köpfe, von denen rund 10 000 000 in der Landwirtschaft selbst beschäftigt waren. Die Böden sind in den einzelnen Bundesstaaten nicht weniger verschieden als in Deutschland, die klimatischen Verhältnisse desgleichen. Im Staate New York z. B. gibt es Gegenden, in denen Mais gezogen werden kann und andere, die so kalt sind, daß die Haferernte erst im September möglich ist. Das Klima der Seeenregion des Staates New York entspricht ungefähr demjenigen des Rheintals und des Bodensees. Die Masse der standardisierten Produkte setzt sich, genau so wie bei uns, aus Erzeugnissen einer Fülle von Einzelbetrieben zusammen. So schwankt die durchschnittliche Eierproduktion eines landwirtschaftlichen Betriebes im Jahr zwischen 1 Dutzend und 10 Dutzend Eiern per Woche, und doch werden diese Eier gesammelt und von der Küste des Stillen Ozeans in Eisenbahnwagenladungen nach der Ostküste befördert. Einer der größten Stapelartikel der Vereinigten Staaten, die Baumwolle, wird in überwiegendem Umfange von Landwirten erzeugt, die nur 7 Ballen per Jahr abliefern. Die Milch wird in Philadelphia, um nur von einer Stadt zu reden, die, ähnlich wie Mannheim, Schwierigkeiten außerordentlicher Art zu überwinden hatte, um die Zusammenfassung der Molkereiprodukte herbeizuführen, von etwa 20 000 Produzenten für den zu Philadelphia gehörenden Konsumentenbezirk geliefert.

Es betrug im Jahre 1925 der durchschnittliche Jahres-Geschäftsumfang per Genossenschaft der sämtlichen kooperativen Genossenschaften

für Molkereibetriebe	$ 126 240
für den Absatz von Früchten und Gemüse	$ 226 354
für den Absatz von Vieh für jedes Genossenschaftsmitglied	$ 800.
Für den Absatz von Geflügel und Eiern schwankte der Jahreswert der für jedes Mitglied verkauften Mengen zwischen	1 und 357 Kisten zu je 360 Eiern.

Aus vorstehenden Ziffern ergibt sich, daß es sich in den Vereinigten Staaten keineswegs immer um Riesenmengen landwirtschaftlicher Erzeugnisse einzelner Produzenten gehandelt hat, sondern dort, neben solchen, genau so wie bei uns, die Zusammenfassung kleiner und kleinster Mengen erforderlich wurde.

Die vorstehenden Hinweise auf die Entwicklung der landwirtschaftlichen Organisation in anderen Ländern zeigen, was zu geschehen hat, um auch die deutsche Landwirtschaft in den modernen Absatzkreislauf einzufügen. Die Zukunft der deutschen Landwirtschaft liegt in ihrer eigenen Hand. Je nachdem, ob sie die Kraft aufbringt, den Anschluß an die moderne Absatzentwicklung zu finden oder diesen Anschluß versäumt, wird sich ihr Schicksal entscheiden.

An der Pforte der beginnenden neuen Zeit steht die Frage: Staatshilfe oder Selbsthilfe? Im gegenwärtigen Zeitalter sozialer Einebnung und der Sucht der Prämiensetzung auf den Mangel an Willen und Kraft durch Einfügung des Staates als des nie versagenden deus ex machina, der einspringen soll mit seiner vermeintlichen Allgewalt, wenn der Einzelne oder einzelne Berufsklassen im nationalen oder internationalen Wirtschaftskampfe zu erliegen drohen, ist selbstverständlich auch unserem Problem gegenüber der Ruf laut geworden, der Staat müsse der landwirtschaftlichen Misere ein Ende machen und die Schwachen stützen, damit sie nicht untergehen. Diese bei uns zurzeit sehr beliebte Form der Abwälzung der eigenen Verantwortlichkeit auf die unpersönliche Gesamtheit aller Volksgenossen, gipfelt in der unklaren Betrachtungsweise des Staates als des allgemeinen Versorgers der Gesamtheit, einer Betrachtungsweise, welche freilich die Dinge auf den Kopf stellt, weil sie übersieht, daß nicht der Staat die Gesamtheit, sondern die Gesamtheit den Staat unterhalten und kräftigen muß, damit er seine dem Einzelnen übergeordneten Funktionen als dessen Beschützer und als Ausgleicher der verschiedenen Interessen innerhalb der Gemeinschaft erfüllen kann.

Es mag sehr bequem sein, sich auf Kosten der Allgemeinheit helfen zu lassen, wenn die eigenen Kräfte zu versagen drohen. Die Anwendung des Prinzips der Staatshilfe schließt aber eine doppelte Gefahr in sich: das Einspringen der Gesamtheit für den Einzelnen über das Maß des unbedingt Erforderlichen hinaus erzieht den Einzelnen dazu, an Stelle der Höchstleistung, zu der er fähig ist, nur das Mindestmaß an Arbeit zu vollbringen und dadurch das Staatsganze im Wettkampf der Völker so zu benachteiligen, daß alle, die sich auf den breiten Rücken des Staates geflüchtet haben, mit dem Versinken seines Gesamtwohlstandes zugrunde gehen. Des weiteren ist aber zu bedenken, daß nichts in diesem Leben umsonst ist, auch nicht die Staatshilfe, und daß der Staat, der den Einzelnen auf Kosten der Allgemeinheit stützt, hierfür Rechte fordert, die je nach dem Vorwalten bestimmter politischer Anschauungen einer der um die politische Macht ringenden Parteien zu Gute kommen sollen. Unter Wandlung eines bekannten Wortes kann man der Wirtschaft die Warnung zurufen: qui mange de l'état en meurt. Der Wirtschaftszweig, der sich vom Staate am Leben erhalten läßt, geht daran zu Grunde. *Aus einem rein wirtschaftlichen Vorgang wird ein politischer, und das Entgelt der Staatshilfe muß mit Gesinnungszwang bezahlt werden. Da politische Gesinnung aber leider keine Gewähr für richtiges wirtschaftliches Handeln bietet, tritt als Wirkung einer derartigen Verquickung wirtschaftlicher und politischer Gesichtspunkte regelmäßig ein Rückgang der Wirtschaft ein.* Der Staat darf und soll als Regel weder selbst dahin streben, sich an der Wirtschaft zu beteiligen, noch in sie finanziell eingreifen. Sein Wirken muß darauf gerichtet sein, die Staatsangehörigen zu wirtschaftlicher Selbständigkeit zu erziehen und sie auf dem Wege zu dieser Selbständigkeit zu unterstützen. Dementsprechend möge der Staat sich auch in unserem Falle darauf beschränken, fördernd und schützend seine Hand über die Maßregeln zu halten, derer die deutsche Landwirtschaft bedarf, um sich in die international erprobten modernen Organisationsformen der Nahrungs-Erzeugung und des Absatzes der landwirtschaftlichen Erzeugnisse einzuschalten. Die Initiative für diese Maßregeln, für ihre Formulierung und für ihre Durchführung muß aber von den Selbstverwaltungskörpern der Landwirtschaft ausgehen.

Die deutsche Landwirtschaft darf nicht vergessen, daß die Landwirtschaft anderer Länder viel größere Umwälzungen hat durchmachen müssen, als sie bis jetzt ihr beschieden gewesen sind, daß aber auch dort lediglich die Erhaltung der individuellen Initiative und die Selbstzucht stärkster Anspannung aller Kräfte, nicht aber das Eingreifen des Allvaters Staat ermöglicht hat, solcher Krisen Herr zu werden.

Um nur ein Beispiel zu nennen: bis zum Jahre 1880 erzeugte Dänemark hauptsächlich Weizen und andere Getreidesorten. Als in der zweiten Hälfte des vorigen Jahrhunderts der immer stärker werdende Import überseeischen Getreides dem dänischen Getreidebau eine unüberwindliche Konkurrenz schuf, stellte sich die dänische Landwirtschaft auf die Einfuhr ausländischer Futtermittel zwecks Verwertung in der Tieraufzucht um. Der Erfolg ist schlagend gewesen und Dänemark marschiert heute an der Spitze der Exportländer für Fleisch, Butter und Eier, obgleich seine landwirtschaftliche Fläche nur etwa derjenigen der Provinzen Westfalen und Hannover gleichkommt.

Ich lasse dahingestellt, ob Deutschland den gleichen Weg wie Dänemark gehen kann. Die Entscheidung hierüber muß der landwirtschaftlichen Technik überlassen bleiben. Fest steht für mich aber, daß die heutigen Einrichtungen unserer landwirtschaftlichen Absatzorganisationen der Reform großen Stils bedürfen, wenn die deutsche Landwirtschaft lebensfähig bleiben und ihren Teil dazu beitragen will, Deutschland von ausländischer Lebensmitteleinfuhr allmählich unabhängig zu machen.

Der Staat kann hierbei mitwirken, wenn er, ähnlich wie das Department of Agriculture in Washington, seine Autorität einsetzt, um die Normung der landwirtschaftlichen Erzeugnisse, in engster Zusammenarbeit mit den Vertretern der Landwirtschaft selbst, durchzuführen und den Geldumlauf innerhalb des landwirtschaftlichen Erzeugungs- und Absatzprozesses durch Ausbau des Lagerhausrechts zu erleichtern. Außerdem mag er durch vorübergehende Festsetzung von Zöllen dazu beitragen, im Entstehen begriffene Kulturen zu schützen, die bestimmt sind, den Auslandsimport nach und nach zu erübrigen.

Ich habe in meinen Ausführungen wiederholt darauf hingewiesen, in wie maßgebender und richtungweisender Art das Department of Agriculture in den Vereinigten Staaten Träger des landwirtschaftlichen Fortschritts gewesen ist. Der methodischen, konzentrierten und von jeder politischen Einmischung freien, lediglich auf sachliche Förderung gerichteten Arbeit dieser Behörde ist es zu danken, daß die amerikanische Landwirtschaft an ihr immer wieder einen Führer und Förderer ihrer Bestrebungen gefunden hat, der, fußend auf einem gewaltigen wissenschaftlichen und praktischen Apparat, sie nicht mit Verordnungen vom grünen Tisch beglückte, sondern seine Aufgabe darin sah, mitzuhelfen, um die amerikanische Erde fruchtbarer und ihren Ernteertrag reicher zu machen. Es ist dies eine ganz andere Art der Verwaltungsform, als sie uns geläufig und auf unsere Verhältnisse übertragbar ist. Entsprechend der viel älteren historischen Tradition sind bei uns Träger des Fortschritts die Landwirtschaftskammern, wie sie insbesondere im Freistaat Preußen bestehen. Dort muß auch weiterhin die zentralisierende Arbeit geleistet werden, weil diese Gremien auf dem Boden praktischer Wirtschaft stehen. Wollte man unsere Staatsverwaltung in gleicher Weise, wie solches in den Vereinigten Staaten der Fall ist, einschalten, so würden wir angesichts ihres viel unfreieren Aufbaues sehr viel Geld für neuen Bureaukratismus ausgeben. Fördern wir also die von unserer landwirtschaftlichen Selbstverwaltung verfolgten Ziele, unterstützen wir die von ihr eingeleitete Forschungsarbeit, schaffen wir auf unseren Universitäten, landwirtschaftlichen Hochschulen und Versuchs-Anstalten Lehrstühle, Kurse und Einrichtungen, um die hier umschriebenen Aufgaben zu lösen, bringen wir insbesondere alle diesem Zwecke gewidmete Arbeit in organischen Zusammenhang, so daß Zersplitterung vermieden und einheitliches Wollen herbeigeführt wird, dann werden wir etwas Brauchbares schaffen und eine der Tätigkeit des Department of Agriculture ähnliche Beeinflussung der Entwicklung herbeiführen.

Jedenfalls kann die Tätigkeit des Department of Agriculture als Beweis dafür dienen, daß Regieren im Voraussehen, im Führen, im Wegeweisen, nicht aber darin besteht, sich in das

Getümmel des wirtschaftlichen Kampfes als mitbeteiligter Erwerbs-Konkurrent zu stürzen. Das Department of Agriculture besitzt keine Landgüter, es erfüllt seine Aufgabe als außerhalb aller Erwerbsziele stehender Verwalter nationaler Interessen. Diese Enthaltsamkeit entspringt der Erkenntnis, daß die Landwirtschaft das ungeeignetste Objekt ist, um die Einzel- und Privatwirtschaft durch Staatswirtschaft zu ersetzen. Selbst in der Form der Domänen-Verpachtung vermag die staatliche Verwaltung nicht entfernt das zu leisten, was der Privatbetrieb zustande bringt. Der Preußische Staat ist der größte Landwirt Deutschlands; denn er besitzt rund 1 000 000 Morgen. Man lese in dem soeben erschienenen Lehrbuch der Agrarpolitik von Prof. Friedrich Aereboe nach, wie die Ergebnisse dieser großen Verwaltung zu beurteilen sind.

Macht man aus dem selbständigen Landwirt einen im Staatsdienst tätigen Funktionär, so zerschneidet man den Lebensnerv der Landwirtschaft. Trotz allen Wandels der Zeiten kann nur die Landwirtschaft gedeihen und blühen, deren Träger sich mit dem Boden, den sie bearbeiten, verwachsen fühlen und ihn als überkommenes Erbe betrachten, das sie ihren Nachkommen in besserem Zustande, als sie es selbst übernahmen, zu hinterlassen haben. Nur die dauernde Verflechtung des Menschenschicksals mit dem Schicksal der dem Einzelnen anvertrauten Erdfläche bringt die Verantwortungsfreudigkeit und die Kraft auf, sich der so langsam wirkenden Entwicklung der Bodenkultur mit nicht ermüdender Hingabe zu widmen und die klimatischen Rückschläge zu ertragen, die im Laufe der langen Jahre unausbleiblich sind.

Es ist daher falsch, zu glauben, das Heil der Landwirtschaft liege in aktienmäßiger Zusammenfassung der Produktionsbetriebe. Man mag mit gutem Erfolge zu betrieblichen Zusammenfassungen schreiten, wo die lokalen Verhältnisse solche gestatten. Man hüte sich aber in das historische Gefüge einzugreifen, das den einzelnen Landwirt an seine Scholle fesselt und die Grundlage urwüchsigen Heimatsgefühls und bedächtiger Eigenart bildet, wie sie der landwirtschaftlichen Bevölkerung eigen sind. Diese Eigenschaften sind es, die das gesunde und notwendige Gegengewicht gegen die oft zu rasch vorwärts treibenden, nivellierenden Kräfte des Industrialismus verkörpern.

Die Möglichkeit des Großbetriebes findet ihre Grenze in den Kosten des Arbeitslohnes, den der Kleinbetrieb spart, weil die seßhafte Familie als Ganzes im wesentlichen die Arbeiterschaft für die Bewirtschaftung stellt. Beide, Großbetrieb und Kleinbetrieb, haben ihre Berechtigung und haben sich in Anlehnung an die gegebenen örtlichen Vorbedingungen entwickelt. Wollte man in diese Verhältnisse gewaltsam eingreifen, so würde man sicher Unheil stiften und die an sich schon so stark bedrohte Volksernährung noch mehr gefährden. Man überlasse ruhig dem organischen Ausbau der Wirtschaft die Aufgabe, die Entwicklung der Betriebsgrößen dem Wechsel der Zeiten und Menschen anzupassen.

Der Punkt, von dem aus allein ein Einfluß auf das Geschehen ausgeübt werden kann, ist die Hebung der Wirtschaftlichkeit der Betriebe durch Steigerung des Absatzes ihrer Erzeugnisse.

Die Verteilung der Rollen zur Erreichung dieses Zieles ist klar.

Die Landwirtschaft muß durch Vereinheitlichung ihrer Erzeugnisse die Vorbedingungen für deren quantitative Zusammenfassung und Herbeiführung ihrer Fungibilität schaffen. Hierfür wird eine Ummodelung der Genossenschaften zu Erzeugergruppen für je ein Produkt unerläßlich sein.

Dem Staat liegt ob, durch Hebung der landwirtschaftlichen Wissenschaft und Anwendung und Förderung ihrer Ergebnisse die nationale Produktion von Nahrungsmitteln zielbewußt zu steigern. Dazu gehört, daß er im Einvernehmen mit den Vertretungen der landwirtschaftlichen Interessenten und des Handels mit landwirtschaftlichen Erzeugnissen Standardisierungs-Normen erläßt, welche eine autoritative Grundlage für die Qualitäts-Unterschiede der Ernte-Produkte schaffen, sie fungibel machen und die Flüssigmachung der in ihnen verkörperten Werte durch Regelung und Ueberwachung des Lagerhauswesens ermöglichen.

Wir deutschen Banken und Bankiers werden auf diesen, unsere eigene Liquidität verbürgenden Grundlagen, dessen bin ich gewiß, unsere Mittel mit Freuden in den Dienst der deutschen Landwirtschaft stellen, indem wir ihr dazu verhelfen, ihre Produktion nach kaufmännischen Grundsätzen zu bewegen, sie zur Unterlage eines liquiden Kreditgeschäftes zu machen und die Einrichtungen zu treffen, die, wie Lagerhäuser, Transporteinrichtungen und Verarbeitungsanstalten, unter Beteiligung der Landwirtschaft eine industriell und kommerziell rentable Basis darstellen.

Als Ziel der gemeinsamen Bemühungen winkt mehr als nur materieller Gewinn. Richtig behandelt, schließen diese Maßnahmen unsere und kommender Geschlechter Zukunft in sich. Nur ein auf eigener Kraft ruhendes Deutschland vermag wieder frei zu werden. Solange wir in Nahrungsabhängigkeit vom Ausland leben, solange wir nur mit Hilfe von Darlehen, die uns Fremde gegen hohe Zinsen leihen, die uns fehlende Nahrung in ausreichendem Umfange hinzukaufen können, solange wir also von Schulden leben, werden wir Objekt und nicht Subjekt der internationalen Politik sein. Erst wenn wir aus eigener Kraft dahin gekommen sind, daß nie wieder das Gespenst der Hungerblockade uns zu bedrohen vermag, werden wir die Selbständigkeit des Handelns erlangen, die Deutschlands Würde entspricht.

Und so beschließe ich diese Betrachtungen, welche zeigen sollten, wie die deutschen Banken und Bankiers über die landwirtschaftlichen Probleme unserer Zeit denken, mit den prophetisch in die Zukunft schauenden und gleichsam auf unsere Lage gemünzten Worten des sterbenden Faust:

„Eröffnet Räume vielen Millionen,
Nicht sicher zwar, doch tätig frei zu wohnen.
Im Innern hier ein paradiesisch Land,
Da rase draußen Flut bis auf zum Rand,
Und wie sie nascht, gewaltsam einzuschießen,
Gemeindrang eilt, die Lücke zu verschließen.
Ja! Diesem Sinne bin ich ganz ergeben,
Das ist der Weisheit letzter Schluß:

Nur der verdient sich Freiheit, wie das Leben,
Der täglich sie erobern muß.
Und so verbringt, umrungen von Gefahr,
Hier Kindheit, Mann und Greis sein tüchtig Jahr.
Solch ein Gewimmel möcht ich seh'n:
Auf freiem Grund mit freiem Volke stehn!"

(Stürmischer, allseitiger, langanhaltender Beifall und Händeklatschen.)

Präsident Geheimrat Prof. Dr. Riesser:

Gestatten Sie, sehr geehrter Herr Dr. Solmssen, daß auch ich einige Worte an Sie richte. Der anhaltende stürmische Beifall der Versammlung zeigt deutlichst an, daß niemand in diesem Saale ist, der sich nicht angesichts Ihres glänzenden Vortrags freute, ihn mitangehört zu haben. Wir alle danken Ihnen von ganzem Herzen. (Lebhafter Beifall.)

Ich bitte nunmehr Herrn Dr. Eduard von Eichborn das Wort zu nehmen.

Dr. Eduard von Eichborn in Firma Eichborn & Co., Breslau:

Schillers Wort über Wallenstein: „Von der Parteien Haß und Gunst verwirrt, schwankt sein Charakterbild in der Geschichte" gilt auch von der Landwirtschaft.

Je nach Parteirichtung werden die agrarischen Fragen behandelt; wer nicht aus dem einen oder anderen Grunde sich für Agrarprobleme speziell interessiert, wird die einschlägige statistische und wissenschaftliche Literatur zu studieren keine Zeit haben, sondern auf Zeitungslektüre angewiesen sein. In seinen Zeitungen wird er über diese Dinge aber je nach ihrer Einstellung ganz Verschiedenes finden. Bei der außerordentlichen Bedeutung der allseitig unbestrittenen Agrarkrise ist daher die Lage der Landwirtschaft zu einem Verhandlungsthema unserer Zusammenkunft gewählt worden, um Ihnen einmal in gedrängter Zusammenstellung eine objektive Darstellung der gesamten Situation der Landwirtschaft und insbesondere der sich aus dieser für das Bankgewerbe ergebenden Konsequenzen zu vermitteln.

Es liegt natürlich außerhalb der Möglichkeit, aber auch außerhalb der Aufgabe eines Bankiertages, in extenso die hierüber herrschenden Ansichten vorzutragen. Wenn ich in meinem nachfolgenden Thema, das sich insbesondere mit der Frage der Personalkreditverschuldung der Landwirtschaft beschäftigen wird, Ihnen vielleicht manches erzählen muß, was Sie bereits wissen und kennen, so bitte ich, mir dies nicht zu verübeln. Ich habe mich bemüht, mich so knapp wie möglich zu fassen, muß aber gewisse, allgemein bekannte Tatsachen wiederholen, um das zu gebende Bild vollständig zu gestalten sowie aus inneren Gründen der Logik und des Verständnisses des Zusammenhanges meines Vortrages.

Ich verstehe unter Personalkredit der Landwirtschaft solchen, dessen Rückzahlung von den Gläubigern mit angemessener Frist formal jederzeit verlangt werden kann, während ich unter Realkredit solchen verstehe, dessen Kündigung — bei pünktlicher Zinszahlung evtl. auch Amortisation — seitens des Gläubigers vor einem bestimmten Zeitpunkt ausgeschlossen ist.

Eine sichere Erfassung des Umfangs des Personalkredits ist fast unmöglich, ich werde nur mit schätzungsweisen Zahlen dienen können; da es sich aber um sehr erhebliche Beträge handelt, wird es auf die Genauigkeit hinsichtlich einiger hundert Millionen mehr oder weniger nicht gar so sehr ankommen.

Ich gedenke, von der Tatsache des Vorliegens einer erheblichen Personalverschuldung ausgehend, über die Ursachen dieser Verschuldung zu sprechen, über die bankmäßige Möglichkeit, den Kreditbedarf der Landwirtschaft zu decken und über die Möglichkeit der Verstopfung der Quellen, die zu dieser Verschuldung geführt haben.

Die Zahlen, die ich leider bringen muß, wollen Sie nur als Illustration des Textes werten.

Für Lieferung von Material und Beratung bin ich besonders zu Dank verpflichtet den Herren Kroszewski und Dr. Paesler vom Centralverband, Herrn Dr. Fensch vom Deutschen Landwirtschaftsrat, der Schlesischen Generallandschaft, der Landbundorganisation, der Deutschen Landwirtschaftsgesellschaft.

An Quellen habe ich vornehmlich benutzt:

Den Vorbericht des Enquete-Ausschusses über die Verschuldungsverhältnisse der deutschen Landwirtschaft,

Die Landwirtschaftlichen Buchführungsergebnisse des gleichen Unterausschusses,

Die Landwirtschaftlichen Vorträge während des Herbstlehrganges 1927 der deutschen Vereinigung für staatswissenschaftliche Fortbildung,

Das Archiv des Deutschen Landwirtschaftsrates,

Den Bericht über den landwirtschaftlichen Teil der Internationalen Wirtschaftskonferenz zu Genf,

Aufsätze aus der Monatszeitschrift „Die Bank"

und insbesondere die Vierteljahreshefte des Instituts für Konjunkturforschung.

An einigen Stellen habe ich sie fast wörtlich wiederzugeben Veranlassung genommen.

Zur richtigen Beurteilung der heutigen Verschuldung der Landwirtschaft müssen zum Vergleich ihre Verschuldungsverhältnisse vor dem Kriege herangezogen werden. Da die Rentabilitätsverhältnisse der Landwirtschaft, welche auch vor dem Kriege nicht mit außergewöhnlich hoher Rente rechnen konnte, sich in der Nachkriegszeit sehr verschlechtert haben, so ist hierbei zu beachten, daß neben der Verschuldungshöhe der Zinssatz für die Schulden eine wesentliche Rolle mitspielt, wenn erwogen wird, wo vom Standpunkte der Aufbringung der Zinsen und evtl. Rückzahlung die Grenze der Möglichkeit der Verschuldung der Landwirtschaft liegt.

Da die Zins- und Annuitätenbelastung aus der Realverschuldung sich letzten Endes als Personalverpflichtung ausweist, ist die Höhe der Realverschuldung von großer Bedeutung für die Beurteilung der Möglichkeit, Kreditbedürfnisse auch auf personellem Wege zu befriedigen.

Nach dem Enquete-Ausschuß belief sich die Realkreditverschuldung der Landwirtschaft im Jahre 1913 im jetzigen Gebietsumfange des Reiches auf etwa 13 Milliarden M. Nach den bis etwa Ende März 1928 vorliegenden statistischen Erfassungen betrug sie einschließlich ca. 3 Milliarden Aufwertungsschulden ca. 6 Milliarden M, also etwa 50 pCt. der Vorkriegsrealbelastung. Unberücksichtigt hierbei ist die Rentenbankgrundschuld, da diese weniger eine Kapital- als eine Zinsbelastung darstellt.

Ueber die Personalkreditverschuldung vor dem Kriege habe ich keine sicheren Schätzungen finden können. Doch kann mit großer Wahrscheinlichkeit angenommen werden, daß der — passiven — Personalverschuldung der Landwirtschaft mindestens der gleiche, wahrscheinlich aber ein höherer Betrag an aktiven mobilen Kapitalwerten gegenüberstand. Am Ende der Inflationszeit waren wohl Personalkredite überhaupt nicht vorhanden. Ende 1925 wird die Personalkreditverschuldung einschließlich der sogenannten Schwimmkredite, also der Schulden bei Händlern usw., vom Institut für Konjunkturforschung auf etwa 3,9 Milliarden, Ende März 1928 auf etwa 4,2 Milliarden geschätzt.

Was die Zinslast der Landwirtschaft vor dem Kriege und jetzt angeht, so ist, da in der Vorkriegszeit die personellen Kredite und Guthaben sich auch in ihrer Zinsbelastung und ihrem Zinsertrage etwa ausglichen, lediglich die oben genannte Realkreditverschuldung von 13 Milliarden zu betrachten, die eine Zinsbelastung von knapp 20 Mark pro ha landwirtschaftlicher Fläche ergab.

Für die Jetztzeit ist jedoch zur Realkreditbelastung von 6 Milliarden die Personalkreditbelastung von 4,2 Milliarden zuzuzählen, so daß sich angesichts der jetzt erheblich größeren Zinshöhe eine Zinslast von ca. 26 RM pro ha ergibt.

Die eben erwähnten Aktiva, über die die Landwirtschaft in der Vorkriegszeit verfügte, setzten sich zusammen aus Guthaben bei Genossenschaften, insbesondere bei bäuerlichen und kleinen landwirtschaftlichen Kreisen, Bankguthaben, Anlagen in Wertpapieren, Vermögensobjekten verschiedenster Art. Sie sind bis auf kümmerliche Reste ein Opfer der Inflation geworden.

Vor dem Kriege war die Landwirtschaft als Ganzes genommen — aber auch im Einzelfalle dürfte es durchschnittlich so gewesen sein — in der Lage, vorübergehend benötigte Kredite, also Personalkreditbedürfnisse, zu befriedigen durch Veräußerung bzw. Verpfändung von Vermögensobjekten mobilen Charakters ohne Rückgriff auf die Substanz, unter der ich in diesem Falle auch das tote und lebende Inventar der Landwirtschaft mit verstehe. Heute besteht nur die Möglichkeit, auf Grund des Substanzvermögens Personalschulden zu machen, deren Tilgung nur durch Ueberführung in Realkredit möglich ist, solange die Landwirtschaft nicht wieder in der Lage ist, Kapitalüberschüsse zu erzielen. Unter Umständen bleibt im Ernstfalle, auch wenn es sich nur um Spitzenbeträge handelt, nichts anderes als Substanzverkauf übrig. Nur in Ausnahmefällen werden solche Substanzverkäufe ohne nachhaltige Schädigung des Betriebes möglich sein, meistens wird ein Verkauf in toto notwendig werden. Eine teilweise Veräußerung von Vorräten und Inventar stellt die Fortführung des Betriebes, zum mindestens die geregelte, in Frage; der Verkauf wesentlicher Teile von Grund und Boden hat als Ergebnis, da die Generalunkosten pro Hektar-Einheit sich erhöhen, daß die in Schwierigkeit geratenen Betriebe sich noch unrentabler gestalten als sie schon vorher waren.

Ohne Erkenntnis der Ursachen, die zu dieser katastrophalen Situation geführt haben, wird es nicht nur unmöglich sein zu helfen, sondern unter Umständen könnte eine Hilfe sehr erhebliche Gefahren für die an der Hilfeleistung sich Beteiligenden mit sich bringen.

Wenn ein so außergewöhnlich hoher Prozentsatz eines Wirtschaftszweiges mit Verlust arbeitet, wie dies in der Landwirtschaft der Fall ist, wobei das gesamte Deutsche Reich — Ost und West, Groß- und Kleinbetriebe — in gleicher Weise betroffen ist, so kann nicht bestritten werden, daß es sich um eine schwere organische Erkrankung dieses Wirtschaftszweiges handelt, an der nicht im Einzelfalle mangelnde Tüchtigkeit, spezielle Unglücksfälle oder sonst als Ausnahmezustände zu bewertende Ereignisse, Betriebsform oder Betriebsgröße, Schuld sein können. Die Kreditkrise der Landwirtschaft ist daher auch nur ebenso als Symptom einer schweren Erkrankung zu werten, wie das Fieber bei der Erkrankung eines menschlichen Organismus, und mit der Bekämpfung der Kreditnot allein ist ebenso wenig wie etwa mit der Bekämpfung des Fiebers allein für die Wiedergenesung getan.

Die primäre Ursache der Notlage der Landwirtschaft ist nicht eine Kreditkrise, sondern eine Kapitalkrise, verschärft durch eine Rentabilitätskrise; beide Ursachen zusammengenommen haben erst die schwere Kreditkrise als Folgeerscheinung gezeitigt.

Wir Bankiers halten es für selbstverständlich, wenn im

Verlaufe von Konjunkturen in Industrie und Handel uns befreundete Unternehmungen in Schwierigkeiten geraten, daß wir nicht nur mit Krediten beispringen, sondern daß wir uns bemühen, auf Grund unserer allgemeinen kaufmännischen und wirtschaftlichen Erfahrungen dem kranken Unternehmen durch Reorganisation, durch Beseitigung der Ursachen seiner Erkrankung, möglichst zu Hilfe zu kommen, sofern es sich nach unserer Auffassung noch um an sich lebensfähige und nützliche Glieder der Wirtschaft handelt. — So leicht dies — es ist ja in der Praxis häufig schwierig genug — im Einzelfalle erscheint, so schwer wird es, wenn es sich um einen ganzen, außerordentlich großen Gewerbezweig handelt, und auch die an und für sich gesunden oder gesund gebliebenen Einzelunternehmungen mit in den Strudel des Verhängnisses, der das Gesamtgewerbe betroffen hat, hineingerissen und von ihm ungünstig beeinflußt werden.

Die Ursachen dieser ungünstigen Lage zerfallen meiner Ansicht nach in zwei Kategorien; in Ursachen, die einmalig aufgetreten sind, und die wohl als überwunden gelten können, deren Nachwirkung aber noch lange fortbestehen wird, und in Ursachen, die auch in der Gegenwart noch fortbestehen, und deren Ueberwindung Aufgabe der Zukunft ist.

Zur ersten Kategorie, den in der Vergangenheit liegenden Ursachen, zähle ich die auf Krieg und Zwangswirtschaft zurückzuführenden, sowie die auf Inflation und Deflation der deutschen Währung beruhenden, ferner die sehr schlechten Ernten, die mit der Deflation zusammentrafen, bzw. die Notwendigkeit, die günstige Ernte des Jahres 1925 zu außergewöhnlich schlechten Preisen zu verwerten.

Schon während des Krieges setzte die Entkapitalisierung der Landwirtschaft ein. Die zwangsweise Ablieferung von Getreide, Kartoffeln, von Pferden, Rindvieh und Schlachtvieh aller Art führte eine Umwandlung von landwirtschaftlichem Betriebskapital in Geldkapital herbei; gewissermaßen bedeutete dies eine Zwangsliquidierung des spezifisch landwirtschaftlichen Betriebskapitals. Aber nicht nur das landwirtschaftliche Betriebskapital wurde durch die Zwangswirtschaft wesentlich geschwächt, sondern auch der Grund und Boden wurde durch die naturgemäß erzwungene, nachlassende Bearbeitung, durch die

Unmöglichkeit, in ausreichendem Maße die durch die Ernten fortgenommenen Kräfte durch rationelle Düngung mit natürlichem und Kunstdünger zu ergänzen, wesentlich in seiner Ertragsfähigkeit zurückgebracht, so daß wir ein dauerndes Absinken der landwirtschaftlichen Produktionserträge pro Hektar im Laufe des Krieges und in der Nachkriegszeit zu beobachten hatten. Wenn es der Landwirtschaft möglich gewesen wäre, ihr zu erheblichem Teil in Geldkapital verwandeltes landwirtschaftliches Betriebskapital mit gleicher Kaufkraft zur Wiederbeschaffung des liquidierten landwirtschaftlichen Betriebskapitals zu verwenden, wäre wenigstens dieser Teil der Auspowerung der landwirtschaftlichen Betriebe leichter zu überwinden gewesen. Nun aber schloß sich unmittelbar an die Beendigung der Zwangswirtschaft in der Landwirtschaft die Entwertungsperiode des deutschen Geldes an, und die Vorteile, die diese hinsichtlich der Entschuldung der Landwirtschaft von Realkrediten und Personalkrediten mit sich brachte, wurden aufgehoben durch die gleichzeitige Vernichtung der dem Personalkredit gegenüberstehenden anderweitigen Vermögenswerte der Landwirtschaft, die, wie ich an anderer Stelle bemerkt habe, wohl größer gewesen sind in ihrer Gesamtheit als die Personalkredite selbst, während die Entschuldung von Realkrediten durch Rentenbankbelastungen und Aufwertung früherer Hypotheken, Restkaufgelder sowie von Ansprüchen aus Erbschaften etc. zum Teil wieder wettgemacht und insbesondere dadurch illusorisch wurde, daß bei Beendigung der Inflation aus verschiedenen Gründen der Deflation sich Kassen- und Betriebsdefizite ergaben, die zunächst durch Personalkredite zu exorbitanten Zinssätzen gedeckt werden mußten, bis eine wenigstens teilweise Umwandlung dieser Kredite in fixe Schulden möglich war, die jedoch infolge der veränderten Zinsverhältnisse die Landwirtschaft trotz geringerer Kapitalhöhe pro Hektar wesentlich höher an Zinsaufkommen als in der Vorkriegszeit belasten.

Die schon während des Krieges einsetzende Verschlechterung des Grund und Bodens durch mangelhafte Bearbeitung und Düngung läßt sich ziffernmäßig nicht erfassen, bedeutet aber, daß die Landwirtschaft, um wieder auf ihre alten Produktionsquanten normaler Erntejahre zu kommen, auch jetzt noch eine Zeitlang erhöhte Unkosten aufzuwenden haben wird. Der Wunsch, die ausgehungerten Aecker zu verbessern und die verlorenen Betriebsmittel in alter Qualität zu komplettieren, ist vielfach eine Ursache der Verschuldung geworden. Der Wille zur Produktionssteigerung, welcher auch hervorgerufen war durch die psychologische Einstellung, mitverpflichtet zu sein an dem Wiederaufbau Deutschlands und Devisen für die Ernährung zu sparen, war sehr groß. Bei den Opfern, die diesem Willen gebracht wurden, wurde aber übersehen, daß das Hineinstecken von Kapital allein nicht den angestrebten positiven Zweck sicherstellen konnte, und es wurde nebenbei übersehen, daß die für solche Zwecke aufgenommenen Schulden Zinsen bedingten, die auch im besten Falle und bei bester Technik außerhalb der Möglichkeit lagen, im landwirtschaftlichen Betriebe herausgewirtschaftet zu werden.

Wenn jemand durch Hunger oder andere Ursachen entkräftet oder geschwächt ist, so läßt sich nicht durch plötzliche Steigerung und Intensivierung der Nahrungsaufnahme das Verlorene wieder zurückgewinnen, sondern lediglich eine sehr sorgfältige und nur langsam sich steigernde Diät kann hierbei helfen.

Ich wende mich nunmehr zur Auswirkung der Wiederkehr stabilisierter Währungsverhältnisse auf die Landwirtschaft. Schon lange vor der offiziellen Stabilisierung war es auf wesentlichen Märkten üblich geworden, die Preise in Gold zu stellen, nur nicht für landwirtschaftliche Produkte. Ihr Verkaufswert sank daher ungeheuer, und es war nicht nur die Bildung neuen Sachkapitals unmöglich, sondern es mußte von den Vorräten, die während der Inflationsperiode teilweise ja sehr reichlich angeschafft worden waren, verkauft werden, um die Spannung zwischen dem Verkaufsgoldwert der landwirtschaftlichen Produkte und den in Gold zu bezahlenden Rechnungen zu überbrücken. Zu diesen nur in Gold zu bezahlenden Ausgaben der Landwirtschaft, denen, wie ich wiederholt bemerke, Einnahmen in Papiermark gegenüberstanden, gehörte der teilweise Uebergang der Löhne von Natural- zu Goldlöhnen unter gleichzeitiger Erhöhung der Löhne in Gold und bei gleichzeitiger Herabsetzung der Arbeitszeiten. Da im Gegensatz zu industriellen Unternehmungen die Landwirtschaft ihre Betriebe nicht schließen kann, mußten wesentliche Teile des Betriebskapitals für allwöchentliche Löhne verkauft werden, denn Kreditaufnahmen waren in dieser Zeit zur Unmöglichkeit geworden. Auf die Spitze getrieben wurde dann die Entkapitalisierung durch zwangsläufige Verkäufe der Betriebskapitalien infolge der Einführung von Goldsteuern, auch lange vor der Zeit, in der die Landwirtschaft wieder in Gold für ihre Produkte bezahlt wurde. Die Häufung dieser Steuern innerhalb kurzer Zeit und ihre Höhe ging über den laufenden Ertrag weit hinaus, verschlang die Getreidereserven der Ernten 1922 und 1923 und konnte von 1924 an nur noch aus verkauften Betriebsmitteln bestritten werden. Sie und die obigen notwendigen Bezahlungen in Goldwerten haben bis etwa Ende 1924 mehr verschlungen, als was während der Inflation den landwirtschaftlichen Betrieben an Kapital und Sachwerten zugeflossen war.

Nach dem Liquidationsprozeß des Betriebskapitals, der etwa Ende 1924 seinen Abschluß gefunden hatte, weil nichts mehr zu verkaufen war, begannen die Notverkäufe an laufenden Produkten der Landwirtschaft, an Vieh und Getreide.

Die Entkapitalisierung der Landwirtschaft während der Zwangswirtschaft nahm ihr das Friedenskapital, die Entkapitalisierung durch die Deflation die während der Inflation erworbenen Bestände. Ihre heutige Kreditnot ist eine Folge ihrer Kapitalkrisen.

Wenn nun wenigstens in dieser Zeit der Not außergewöhnlich gute Ernten der Landwirtschaft zu Hilfe gekommen wären, wäre die Not vielleicht nicht so schlimm geworden. Die Ernten der Jahre 1924, 1926 und 1927 waren aber notorisch schlecht, und die gute Ernte des Jahres 1925 konnte geldlich für die Landwirtschaft insofern nicht wirkungsvoll werden, als bekanntlich die aus weiter oben geschilderten Gründen im Jahre 1924 und Anfang 1925 aufgenommenen Schulden beschleunigt im Herbst 1925 mit der Begründung eingetrieben wurden, „die Landwirtschaft habe doch eine sehr gute Ernte hinter sich", so daß die Verkaufserlöse der 1925er Ernte teilweise noch unter Friedenspreisen lagen gegenüber den den Nachkriegsverhältnissen angepaßten Preisen der landwirtschaftlichen Produktionsmittel, Löhne, Steuern etc. — die berüchtigte Preisschere, die erst ganz allmählig kleiner wurde und während ihres Bestehens naturgemäß zu einer immer weitergehenden Verschuldung der Landwirtschaft geführt hat; auch jetzt ist der Index der landwirtschaftlichen Produkte noch niedriger als der gewisser Faktoren ihrer Unkosten, z. B. Löhne, Soziallasten, Baukosten etc. Die Einführung von Agrarzöllen, Beseitigung von Ausfuhrverboten, planmäßige Fürsorge für die Erntebewegung usw. brachten eine leichte Besserung. Die Viehpreise jedoch blieben dauernd gedrückt und lagen teilweise unter Vorkriegspreisen.

Wieviel nunmehr von der derzeitigen Verschuldung der Landwirtschaft durch Real- und Personalschulden auf diese hoffentlich definitiv in der Vergangenheit liegenden Ursachen zurückzuführen ist, wieviel zurückzuführen ist auf die zweite Kategorie, die noch in der Gegenwart wirkenden Ursachen der mißlichen Lage der Landwirtschaft, wird sich nicht auseinanderhalten lassen. Daß auch heute noch die Verschuldung, wenn auch langsameren Tempos, fortschreitet, steht fest.

Die auch in der Gegenwart noch bestehenden Ursachen des dauernd anhaltenden Kreditbedarfs sind ähnliche Nöte wie die, unter denen die gesamte deutsche Wirtschaft mehr oder minder leidet, nämlich die zu geringe Kapitalbildung und teilweise mangelnde Rentabilität.

Sie werden sich, sehr verehrte Herren Berufskollegen, erinnern, daß, wenn an uns Banken und Bankiers Anträge auf Kreditgewährung gestellt werden, wir zunächst versuchen, zu ermitteln, welche Gründe den Kreditbedürfnissen zu Grunde liegen. Wir unterscheiden hierbei Kredite für Anlagezwecke, für laufende Betriebszwecke, aber auch Kredite zur Deckung von Betriebsverlusten oder Ueberbrückung solcher. Die Kreditbedürfnisse der Landwirtschaft, die — um im Bilde eines industriellen Unternehmens zu bleiben — hervorgerufen waren durch die Notwendigkeit, die Anlagen wieder in Ordnung zu bringen und nach Möglichkeit zu modernisieren, das Inventar zu ergänzen und auf die Höhe zu bringen, dürften im großen ganzen als gedeckt zu betrachten sein. Fortbestehen bleibt die Notwendigkeit des Schuldenmachens zur Deckung von Betriebsdefiziten, zur Ergänzung der laufenden Betriebsmittel, soweit sie nicht aus dem Betriebe beschafft werden können, und, als besondere Kategorie, für gewisse Saisonbedürfnisse. Da ich wiederholt darauf hingewiesen habe, daß die z. Zt. noch fortbestehenden und neuen Kreditbedürfnisse der Landwirtschaft auf der fehlenden Rentabilität ihrer Betriebe beruhen, wird es notwendig sein, hierfür mit wenigen Zahlen den Beweis anzutreten.

Ermittlungen des Deutschen Landwirtschaftsrats hinsichtlich in den verschiedensten Teilen Deutschlands gelegener und nach der Art ihrer Anbauverhältnisse verschiedenster Betriebe haben ergeben, daß die laufenden Wirtschaftsausgaben (Barlöhne, Saatgut, Düngemittel, Futtermittel, Unterhaltung der Gebäude, Maschinen, abzugsfähige Steuern und Lasten, Diverse) von 1912/14 auf 1924/26 im Durchschnitt um etwa 30 % gestiegen sind. Dieses sind fast zwangsläufig gebundene Ausgaben. Die Aufwendungen für die mehr ins Belieben gestellten einmaligen Wirtschaftsausgaben (Viehzukäufe, Neubauten, Anschaffung neuer Maschinen) sind erheblich gesunken. Im einzelnen haben sich erhöht die Ausgaben für Barlöhne um 22—25 %, dazu tritt die mengen- und wertmäßig sehr viel stärkere Steigerung der Naturallöhne, so daß sich insgesamt eine Erhöhung des Lohnaufwandes um 40—50 % ergibt, bei gleichzeitiger Herabsetzung der Arbeitszeit.

Die Ausgaben der Unterhaltung von Gebäuden und Maschinen haben sich erhöht um 50—70 %, die Ausgaben für abzugsfähige Steuern und Lasten um 330—450 %, je nach Art des Betriebes. Die Betriebsüberschüsse sind von 1912/14 auf 1924/26 zurückgegangen von 149 M pro ha auf 65 M bei Hackfruchtwirtschaften, von 79 M auf 8 M bei Getreidewirtschaften, von 37 M auf minus 17 M bei Futterbauwirtschaften, ohne Berücksichtigung der abzugsfähigen Steuern, die sich je nach Art des Betriebes erhöht haben von 6 M auf 27 M bzw. von 9 M auf 39 M pro ha.

Der Reinertrag pro ha unter Berücksichtigung der abzugsfähigen Steuern ergab je nach Art des Betriebes 1924/26 gegenüber 1912/14: 26 M gegenüber 140 M, minus 19 M gegenüber 73 M plus, minus 37 M gegenüber 31 M plus. An dieser ungünstigen Gestaltung des Reinertrages tragen also sehr wesentlich die abzugsfähigen Steuern Schuld, zu denen noch persönliche Steuern (Vermögens- und Einkommensteuer), teilweise nach dem Verbrauch erhoben, treten, in Höhe von durchschnittlich 25 % der abzugsfähigen Steuern.

In den Betriebsgruppen, Getreide- und Futterbauwirtschaften, reichten die Betriebsergebnisse nicht mehr aus, die Wirtschaftsunkosten zu decken, auch ohne jede Berücksichtigung von Verzinsung; 1924/25 konnten von untersuchten ca. 3000 Betrieben nur noch 49 % einen Reinertrag aufweisen, 1925/26 ca. 58 %, 1926/27 ca. 59 %.

Ohne Berücksichtigung von Zinsansprüchen des eigenen Kapitals wurde im Wirtschaftsjahr 1925/26 in Ostdeutschland bei etwa $^1/_5$, in Westdeutschland bei etwa $^1/_3$ der untersuchten Betriebe etwas weniger als die Hälfte des Reinertrages für fremden Zinsanspruch beansprucht, in etwa 10 % der Betriebe in Ost- und Westdeutschland mehr als die Hälfte des Reinertrages, in etwa 23 % der ostdeutschen und 17 % der westdeutschen Betriebe, wo zwar noch ein Reinertrag erzielt wurde, reichte dieser nicht mehr zur Bestreitung des fremden Zinsendienstes aus. 45 % der untersuchten Betriebe in Ostdeutschland und 40 % in Westdeutschland stellten reine Verlustbetriebe dar, in denen das Betriebsergebnis den Zinsanspruch des Leihkapitals überhaupt nicht zu decken vermochte.

Wenn die ostdeutschen Verhältnisse prozentual ungünstiger als die westdeutschen sind, so ist dies durch die speziell ungünstige Lage gewisser Teile bedingt, während die besseren Resultate besonders von Landwirtschaften in der Umgebung von Städten und als Enklaven von Industriegebieten erzielt wurden; Bodengüte und Klima sind natürlich auch stark differenzierende Momente. Wenn eine Gruppe landwirtschaftlicher Betriebe, wenn auch nicht überall, so doch teilweise, in ihrer Verschuldung besser daran ist, nämlich die kleinen Betriebe, die nur mit Familienangehörigen arbeiten, so ist dies darauf zurückzuführen, daß die ersparten Arbeitslöhne den Schulden anderer Betriebe entsprechen.

Bei der Kredithergabe durch Privatbanken an die Landwirtschaft ist es gegenüber dieser Situation die Aufgabe des Kreditgebenden, um die Grenze seiner Kreditbereitschaft bemessen zu können, festzustellen, inwieweit die bei ihm angeforderten Kredite normalerweise durch die laufenden Betriebseinnahmen des Landwirts gedeckt sind und ihre Rückzahlung möglich und sichergestellt ist. Stellt der um Kredit Angegangene fest, daß die seitens des Landwirts benötigten

Kredite außerhalb des durch das normale Betriebsergebnis der Landwirtschaft gedeckten Rahmens liegen, so wird er sich zu dieser Kredithergabe, wenn ihm nicht andere Deckungen geboten werden können, nur sehr schwer entschließen. Denn selbst wenn die Realverschuldung vom Standpunkte der Sicherheiten noch die Möglichkeit zu hypothekarischer Deckung an sich bietet, wird der Kreditgeber sich darüber klar sein müssen, daß eine Rückzahlung dieser Kredite nur dann möglich ist, wenn eine entsprechende Realbelastung durchgeführt und deren Erlös zur Abdeckung des Bankkredits verwendet werden kann. Es wird sich also um eine Vorwegnahme von Immobiliarkrediten — einen Zwischenkredit bis zur Beschaffung von Hypotheken — handeln. Aber auch wenn die Möglichkeit dieser Abdeckung des Bankkredits durch Hypothezierung im Hinblick auf den Substanzwert des landwirtschaftlichen Betriebes gegeben ist, wird er es sich doch wohl sehr überlegen, ob er den Kredit einräumen kann, da er doch an dem Erwerb eines dauernden Kunden Interesse hat, und da ein derartiger landwirtschaftlicher Betrieb, der auch bei normalen Witterungs- und Preisverhältnissen mit Betriebsverlust arbeitet, als Kunde wenig reizvoll ist, selbst wenn er in der Substanz noch eine gewisse Deckung bietet; zählt er doch zu der Kategorie von Kunden, bei der man sicher sein muß, daß sie in jedem Jahr mit neuen Kreditgesuchen herankommt, und bei der die gewährten Kredite im günstigsten Falle auf unabsehbare Zeit einfrieren. Auch bei größter Sympathie für unverschuldete Notlage und bei bestem Willen zu helfen, wird bei der naturgemäßen Verpflichtung des Bankgewerbes, auf Liquidität zu achten, bei landwirtschaftlichen Krediten jeweils eine eingehende Prüfung nicht nur des Grund- und Bodenwertes, sondern fast noch mehr der gesamten Betriebslage nötig sein. Im einzelnen ist folgendes zu beachten:

1. ob der Real- bzw. Verkaufswert des Grundbesitzes, der je nach Güte der Bewirtschaftung, Lage und Bodenverhältnisse verschieden sein wird, noch die nötige Sicherheit für eine hypothekarische Eintragung im Ernstfalle bietet,
2. ob die laufenden Betriebsergebnisse ausreichend sind, um eine weitere Verschuldung hintanzuhalten,
3. ob die beanspruchten Personalkredite in Ansehung ge-

wisser Betriebszweige der Kreditsuchenden mehr einen saisongemäßen Charakter tragen, wie z. B. bei Betrieben mit Rübenbau, oder ob ausreichender, in guter Verfassung befindlicher Waldbesitz vorhanden ist.

In solchen Fällen wird nämlich mit ziemlicher Sicherheit mit Einnahmen zu rechnen sein, die die Rückzahlung solcher Personalkredite gewährleisten, insbesondere wenn der Kreditgebende sich Rechte aus den in der Regel bestehenden Lieferungsverträgen mit den Abnehmern dieser Landwirtschaften abtreten läßt. Solche Kredite waren auch schon vor dem Kriege durchaus üblich und normal, da die Hackfruchtbau betreibenden Wirtschaften bei dem starken Betriebskapitalbedarf zur Finanzierung ihrer Produktion und Bergung derselben regelmäßig Zusatzkredite aufnahmen, nach Verwertung ihrer besonders hochwertigen Produkte dann aber meistens Kreditoren der Banken wurden. Reine Getreide- und Futterbauwirtschaften bedienten sich auch schon in der Vorkriegszeit zur Befriedigung ihrer Personalkreditbedürfnisse selten der Banken und Bankiers. Sie deckten diese meistens bei speziellen landwirtschaftlichen Genossenschaften oder Spezialinstituten, noch häufiger aber standen sie mit ihren ständigen Abnehmern, Getreidehändlern, Mühlen-, Waren-Genossenschaften, in laufendem Naturalien-Kontokorrentverkehr und glichen nur die Spitzen in bar aus, da auch vielfach ihre Abnehmer gleichzeitig ihre Lieferanten für Düngemittel, Saatgetreide und landwirtschaftliche Produktionsmittel aller Art waren. Die Banken haben sich indirekt auch in diesen Fällen an der Finanzierung der Personalkreditbedürfnisse der Landwirtschaft beteiligt, dadurch, daß sie die landwirtschaftlichen Händlerfirmen durch Diskontierung von Wechseln oder in anderer Form in die Lage versetzten, ihrerseits den Landwirten zu kreditieren. Heute empfiehlt es sich noch mehr als früher, bei der Einräumung von Personalkrediten an Landwirtschaften über die Personal- und Wirtschaftsverhältnisse der Kreditsuchenden durch die Art ihres Betriebes besonders orientierte, vertrauenswürdige Branchenfirmen einzuschalten.

Die z. Zt. als Hilfsaktion geplante Umschuldung von eingefrorenen Bankschulden, Roggenrentenschulden, die ja besonders drückend geworden sind, und von sogenannten

Schwimmschulden, wird einen Teil der derzeitig laufenden Personalkredite in eine für die Landwirtschaft geeignetere Kreditform bringen und sie verbilligen.

Bei der Beurteilung, ob und in welcher Höhe Personalkredite einräumbar sind, spricht nicht nur die Höhe der Realverschuldung im Verhältnis zu dem Einheits- bzw. Verkaufswert mit, sondern insbesondere auch die sich aus ihr ergebende Zinsbelastung. Wenn die Zinsbelastung niedrig ist, können im Verhältnis zum Einheits- oder Verkaufswert relativ hoch realbelastete Besitzungen für Personalkredite noch in Frage kommen; wenn aber die Zinsbelastung eine sehr hohe ist, kann die Hergabe von Personalkrediten bedenklich werden, selbst bei im Verhältnis zum Einheitswert niedrigerer Realverschuldung.

Entscheidend für die Beurteilung der Kreditfähigkeit ist auch die Entstehungsursache der Verschuldung, die besonders bedenklich ist, wenn sie aus angehäuften Betriebsverlusten entstanden ist. Die Grenze der Kreditmöglichkeit der Privatbanken dürfte vom Standpunkte der Kapitalbelastung aus dort liegen, wo diese 50 % und mehr des Einheitswertes unter Berücksichtigung des oben Ausgeführten beträgt; vom Standpunkte des Zinsendienstes aus dürfte die Grenze dann gegeben sein, wenn die laufenden Zinsverpflichtungen den evtl. normalen Pachtzins des Gutes einschließlich Inventar erreichen. Durch besondere Umstände bedingte Ausnahmen sind selbstverständlich nach unten und nach oben möglich.

Von den z. Zt. laufenden Personalkrediten sind nach einer Schätzung des Instituts für Konjunkturforschung etwa Ende Juli 1927 gegeben worden ca. 1500 Millionen von der Preußischen Zentralgenossenschaftskasse, Seehandlung, Verkehrs-Kredit-Bank, Rentenbank, Rentenbank-Kreditanstalt und ähnlichen Stellen; ca. 900 Millionen von Sparkassen, Genossenschaften, Vorschußvereinen und anderen öffentlich-rechtlichen Kreditanstalten, ca. nur 100 Millionen dagegen von Privatbanken und sonstigen privaten Stellen, zusammen ca. 2500 Millionen.

Diese Taxe von 100 Millionen ist ganz entschieden zu niedrig; abgesehen davon, daß von den zu obigen 2500 Millionen hinzutretenden ca. 1800 Millionen sogenannter Schwimmschulden ein erheblicher Teil wohl auch bei Privatbanken und Privatstellen läuft, müssen zu den von Privatbanken direkt gegebenen Krediten die indirekt an die Landwirtschaft gegebenen Kredite über Getreidefirmen, Düngemittelhandlungen, Zuckerfabriken etc. hinzugezählt werden. Für gewisse landwirtschaftlich besonders wichtige Gegenden liegen mir durchaus abweichende Schätzungen vor; z. B. wird für Oldenburg der Anteil der von Privatbanken gegebenen Kredite auf 35 %, für Schleswig-Holstein auf etwa 40 % und für Mecklenburg sogar auf 65—70 % der gesamten landwirtschaftlichen Kredite geschätzt.

Nachdem Höhe und Art der derzeitigen Verschuldung der Landwirtschaft und deren Ursachen behandelt wurden, erscheint es angebracht, zu prüfen, ob Möglichkeiten bestehen zur Behebung der zur weiteren Verschuldung führenden mangelhaften Rentabilität einer erschreckend großen Anzahl der landwirtschaftlichen Betriebe. In erster Linie besteht hier die Notwendigkeit, die abzugsfähigen landwirtschaftlichen Steuern nicht von fiktiven Werten zu erheben, sondern in Relation zum Ertrage zu bringen. Im übrigen muß die Landwirtschaft versuchen, ihre Betriebsdefizite zu beseitigen, entweder durch Ersparnis an Ausgaben beeinflußbarer Natur, oder durch Erhöhung der Einnahmen. Bei beeinflußbaren Ausgaben zu sparen bemüht sich die Landwirtschaft mit aller Kraft.

Nicht gespart werden kann an den unbeeinflußbaren, starren Ausgaben, an Steuern und Zinsen, Soziallasten etc., über deren ungünstige Entwicklung ich Zahlen mitgeteilt habe.

Wie steht es mit der anderen Möglichkeit, den Betrieb rentabler zu gestalten — der Einkommenserhöhung? Solche ist denkbar entweder durch Erhöhung der Ernten und Leistungen, oder durch Verbesserung der Preise. Die auf schnelle Steigerung der Quantenerträge gerichteten Bemühungen haben zu Fehlschlägen geführt und sind mit Ursache der Verschuldung; Erhöhung der Produktion durch Intensivierung ist eben nur ganz allmählich und nur bis zu einem gewissen Maximum möglich.

Wie steht es mit den Preisen?

Wenn Industrie und Handel mit ihren Preisen nicht durchkommen, versuchen sie, diese entsprechend zu erhöhen. Sie sind hierzu befähigt, da sie einmal sicher kalkulieren können und zweitens fast ausnahmslos in Verbänden organisiert sind. Die Landwirtschaft in ihrer heutigen Verfassung kann dies nicht, da die Vorbedingungen fehlen, nämlich die Organisation der Märkte und eine sichere Kalkulation der Selbstkosten. Sie muß anstreben, von der Spanne zwischen Produzenten- und Konsumentenpreisen auch ohne Belastung der Konsumenten einen angemesseneren, größeren Anteil zu erhalten, als dies jetzt der Fall ist. Die Schwierigkeiten, die der Rationalisierung von Industrie und Handel, sowohl was Produktion als auch Absatz anbelangt, gegenüberstehen, werden zu einer fast unlösbaren Aufgabe bei der Landwirtschaft, denn ihre Betriebsbedingungen sind absolut andere als die industrieller und kommerzieller Unternehmungen.

Obgleich in den Rahmen dieses Vortrages nicht gehörig, möchte ich an dieser Stelle darauf hinweisen, daß, wie die objektiven Bedingungen des Wirkens und Arbeitens der Landwirtschaft von denen der Industrie verschieden sind, ebenso wesensverschieden auch die ideelle, psychologische Einstellung des Landwirts von der des Industriemenschen zu seiner Arbeit, zu seinem Berufe ist. Die, seitdem es Stadt- und Landbewohner gibt, zwischen beiden Kategorien bestehenden Mißverständnisse dürften zu erheblichem Teil beruhen auf der durch die Wesensverschiedenheit ihrer Arbeit auch bedingten Wesensverschiedenheit ihrer Psyche.

Von dem Unterschiede der Wirtschaftsbedingungen hebe ich folgende besonders hervor:

Die Industrie arbeitet mit Maschinen, die, unabhängig von Klima und Bodenstandsverhältnissen, gleichmäßige und in ihrer Quantität von vornherein bestimmbare Produktionsmassen hervorbringen, deren Qualität technisch willkürlich beeinflußbar ist.

Die Landwirtschaft ist hinsichtlich Produktionsmenge und Qualität abhängig von Faktoren, die sich jeder Beeinflussung und jeder Vorausberücksichtigung entziehen.

Die Industrie ist in der Lage, bei ihrem Produktionsprogramm im vorhinein zu kalkulieren, was ihre Produktion sie kosten wird, und infolgedessen ist es ihr möglich, hinsichtlich des Absatzes, sowohl was Quantität als auch was Qualität und

Preise anbelangt, vorauszudisponieren, und zwar in verhältnismäßig kurzen Zeitintervallen.

Die Landwirtschaft weiß bei Aufstellung ihres Betriebsprogrammes nichts über den Ausfall der Ernte quantitativ und qualitativ, und weiß noch viel weniger, welche Preise erzielbar sein werden, wenn die Verwertung der Ernte möglich sein wird. Sie schlägt im großen ganzen nur einmal im Jahre um, und Betriebsfehler können nicht in kürzester Frist, auch wenn sie erkannt sind, repariert werden.

Die Industrie kann sich ferner in verhältnismäßig kurzer Zeit bei Konjunkturschwankungen umstellen.

Die Landwirtschaft hingegen ist schon durch die mehr oder minder zwangsläufige Fruchtfolgenotwendigkeit genötigt, gewisse Produkte herzustellen, selbst wenn deren Preisgestaltung ungünstig ist. Sie muß auch bei zurückgehenden Preisen und geringerer Nachfrage ihre Betriebe in vollem Umfange weiter laufen lassen, kann nicht drosseln, stillegen oder sich umstellen; ihr Einfluß auf ihre Produktion ist beschränkt auf sorgfältige technische Führung des Betriebes; kaufmännisch ihre Ergebnisse auszuwirken, ist ihr z. Zt. nur in beschränktem Maße möglich.

In dieser Hinsicht wird nicht mit Unrecht darauf hingewiesen, daß in anderen Ländern, z. B. Dänemark, den Niederlanden, die Verkaufsorganisation gewisser Produkte die dortige Landwirtschaft befähigt, in diesen Produkten der deutschen Landwirtschaft schwere Konkurrenz zu bereiten. Es werden alljährlich Butter, Milch, Käse, Eier, Obst, Gemüse etc. im Werte von vielen hundert Millionen zu Ungunsten unserer Zahlungsbilanz nach Deutschland eingeführt und zu Preisen verkauft, die den Produzenten angemessenen Nutzen lassen, während die deutsche Landwirtschaft zeitweise Schwierigkeiten hat, ihre derartigen Produkte überhaupt zu verwerten. Hierzu ist aber zu bemerken, daß jene Organisation eines Jahrzehntes mühevoller Arbeit bedurfte und nur allmählig geschaffen werden konnte, und dabei handelte es sich nur um die Verkaufsorganisationen von Betrieben, die unter verhältnismäßig gleichen Bedingungen produzieren. Ganz Dänemark hat ja nicht mehr Einwohner als eine mittlere preußische Provinz.

Bei der großen Differenziertheit der landwirtschaftlichen

Produktionsbedingungen und der sehr großen Anzahl von landwirtschaftlichen Betrieben in Deutschland — etwa 5 Millionen — wird es natürlich unendlich viel schwieriger sein, hier ähnliche Organisationen zu schaffen. Diese können aus der Praxis heraus sich bilden oder nach bewußt rationellen Gesichtspunkten geschaffen werden. Da bekanntlich viele Wege eingeschlagen werden können, besteht die Gefahr bei Bildung aus der Praxis, daß eine große Verschiedenheit sich entwickelt, die ein Zusammenarbeiten, ganz abgesehen von Personenschwierigkeiten, auch aus sachlichen Gründen sehr erschwert. Eine Organisation der Organisationen — entschuldigen Sie das Sprachungeheuer — erscheint geboten. Die deutsche Landwirtschaft besitzt in ihren Spitzenorganisationen — ich erinnere nur an den Deutschen Landwirtschaftsrat und die Deutsche Landwirtschafts-Gesellschaft — so hervorragende, wissenschaftlich geschulte Einrichtungen, die im engsten Zusammenhang mit der Praxis arbeiten, daß ich es natürlich und richtig fände, wenn diese die Frage der Organisation der Organisationen in die Hand nähmen. Sind erst zahlreiche und starke, aus der Praxis entstandene Einrichtungen vorhanden, wird sich bei ihrem notwendigen Zusammenfassen wiederholen, was wir heute bei dem Versuch beobachten, die großen Genossenschaftsverbände aus Anlaß der Umschuldungs-Aktion zusammenzubringen.

Ich bin der Ansicht, daß die Organisation des Absatzes der landwirtschaftlichen Produkte mit Erfolg erst dann wird durchgeführt werden können, wenn eine Organisation der Produktion hiermit verbunden sein wird. Zur Zeit wird in der Hauptsache nur gesprochen von der Organisation des Marktes; um verkaufen zu können, muß aber zunächst eine marktfähige — quantitativ und qualitativ — ausreichende Ware vorhanden sein.

Die Rationalisierung der Industrie steht und fällt mit Typisierung und Standardisierung; unendliche Schwierigkeiten, Nöte und Zusammenbrüche mußten überwunden werden, um wenigstens in einigen industriellen Teilgebieten diese zu erreichen und die Basis für organisierten, rationellen Absatz zu schaffen.

Gegenüber der Form der Rationalisierung in der Industrie durch Zusammenfassen und durch Regelung der Produktion nach einheitlichen Gesichtspunkten wird von mancher Seite in dem entgegengesetzten Prinzip, der Auflösung der großen Güter, das Zukunftsheil der Agrarproduktion erblickt. Schafft man Siedlerstellen, so können die Siedler auch nur dieselben Produkte erzeugen wie die Vorbesitzer, nur in Qualität und Quantum viel zersplitterter, und die Zusammenfassung dieser zersplitterten Erzeugung zwecks gemeinsamer Verwertung wird nicht einfacher. Im übrigen sind auch für die kleinen Güter die Rentabilitätsbedingungen nicht wesentlich anders als bei großen, und ohne Rentabilität können auch sie nicht existieren.

Ansätze zu einer Organisation der landwirtschaftlichen Produktion sind auf verschiedenen Teilgebieten vorhanden. Die Organisation des Absatzes wird verhältnismäßig keine besonderen Schwierigkeiten technischer Natur hinterher mehr bieten.

Die Gründung von Molkereigenossenschaften schreitet rasch vorwärts. Rüben- und Kartoffelproduzenten betreiben gemeinsam die Veredelung ihrer Produkte; für gemeinsame Rechnung werden Mühlen erworben und betrieben, und ähnliche Bemühungen zwecks besserer Verwertung der Produkte tauchen dauernd auf. Vielleicht sind auch die unter anderen Gesichtspunkten entstandenen und z. Zt. betriebenen landwirtschaftlichen Versuchsringe in dem Sinne von Produktionsgemeinschaften ausbaufähig, um den in solchen in einer geeigneten Auswahl zusammengeschlossenen Landwirten die kaufmännischen Vorteile zu sichern, die wir an gewissen bestehenden landwirtschaftlichen Großbetrieben beobachten können.

Zur Zeit — und es geht wohl auch zur Zeit nicht anders — sucht jeder landwirtschaftliche Betrieb seine Wirtschaft möglichst zu einer autarken zu gestalten. Er versucht, alles das selbst zu erzeugen, was er braucht, da er bei der erheblichen Differenz zwischen Selbsterzeugerkosten und Händlerpreis trotz dieser wesentlichen Verteuerung der Wirtschaft durch die Zersplitterung immer noch besser wegkommt, als wenn er zukaufen würde. Es werden teilweise auf ungeeignetem Boden Produkte erzeugt, die der Nachbar besser herstellen könnte, und auf diesen Nachbar trifft wieder das Gleiche zu. Ein Ausgleich wäre möglich, wenn diese verschiedenen Betriebe nach einheitlichen Direktiven produzieren, zunächst einmal untereinander ihre Bedürfnisse austauschen und die Ueberschüsse gemeinsam verwerten würden.

Da auch in der Landwirtschaft die Zahl der besonders befähigten und als Führer sich eignenden Köpfe eine beschränkte ist — die Frage der besseren Berufsvorbildung gehört ja auch zum landwirtschaftlichen Meliorationsprogramm —, würden derartigen Versuchsringen bzw. Produktionsgemeinschaften angeschlossene Güter nebenbei noch den Vorteil der Beratung durch allererste Kräfte haben.

Aber wenn Experimente und Neuerungen an und für sich Geld kosten, so ganz besonders in der Landwirtschaft. Darum war ja der praktische Landwirt nicht mit Unrecht Neuerungen gegenüber zurückhaltend, selbst in Zeiten, wo er noch Kapital für Experimente besessen hätte. Die Risiken solcher Versuche, vom Kapitalmangel gar nicht zu sprechen, müßten ihm abgenommen werden, und öffentliche Hilfe für solche Zwecke erscheint mir kein schlecht angelegtes Kapital auch für die deutsche Gesamtwirtschaft.

Erinnern wir uns bei dieser Gelegenheit der Zeit vor 5 Jahren, als die deutsche Wirtschaft durch den Zerfall ihrer alten Währung vom Untergange nicht weit entfernt war. Das Vertrauen zum deutschen Boden, das Vertrauen zur Tüchtigkeit unserer deutschen Landwirte, hat die psychologische Grundlage der Rentenmark geschaffen, die materielle Belastung der Landwirtschaft ihr den sachlichen Unterbau gegeben. — Wenn Industrie und Handel heute in einer zur Lage der Landwirtschaft verhältnismäßig gesicherten Situation sich befinden und hoffen können, Kriegs- und Nachkriegsschäden allmählig ganz zu überwinden, sofern innen- und außenpolitische Faktoren dies nicht unmöglich machen, so besteht, da dies nur durch Wiederherstellung unserer Währung möglich war, schon eine gewisse moralische Verpflichtung gegenüber der Landwirtschaft, ihr in ihrer Notlage jeden nur denkbaren Beistand angedeihen zu lassen. Aber selbst wenn wir von diesem Gesichtspunkte absehen — denn im nüchternen kaufmännischen Leben und Denken ist Dankbarkeit, wie ein berühmter Berufskollege einmal sagte, „ein Aktivposten, der in 1—2 Jahren spätestens amortisiert ist" — **bleibt das eigene wirtschaftliche Interesse** untrennbar von dem Geschick der deutschen Landwirtschaft. Ihre Bedeutung für den inneren Markt, aber auch für unsere Zahlungsbilanz, ist Ihnen bekannt. Stehen Sie daher an Sie herantretenden landwirtschaftlichen Kreditwünschen wohlwollend und nicht kühl rechnend gegenüber. Bedenken wir, daß wir unsere kreditvermittelnde Tätigkeit nicht lediglich von dem Spezialerwerbsinteresse der Banken aus betreiben sollen, sondern daß wir hierbei dem Wirtschaftsleben Dienste zu leisten haben, und daß ein großer Teil unserer industriellen und kommerziellen Freunde in ihren Existenz- und Erwerbsmöglichkeiten in nicht hoch genug einzuschätzendem Umfange von der Landwirtschaft als einem Industrie- und Gewerbe-Erzeugnisse konsumierenden Teil der Bevölkerung abhängig ist.

Erwägen wir ferner, ob es zweckmäßig ist, einen sehr erheblichen Teil unserer Bevölkerung durch „Bei-Seite-stehen" auf die Kreditstellen hinzudrängen, deren zunehmende Konkurrenz wir schwer empfinden, und daß wir als Privatbanken und Bankiers uns nicht dem auch nur scheinbaren Vorwurf aussetzen dürfen, in einer so wichtigen Angelegenheit wie der Notlage der Landwirtschaft versagt zu haben.

Ich glaube fest an die Zukunft unserer Landwirtschaft und werde in diesem Glauben bestärkt durch die Erinnerung daran, daß ähnliche schwere Krisen, wie die am Anfange unseres Jahrhunderts, auch schon in früheren Zeiten, wenn auch aus anderen Ursachen, die Landwirtschaft betroffen haben, daß sie diese aber überwunden hat, früher dadurch, daß sich ihr neue, lohnende Produktionszweige und -methoden eröffneten, während diesmal die Gesundung der agrarischen Verhältnisse über den Weg der Organisation ihrer Betriebe und ihrer Märkte erreicht werden wird. (Lebhafter Beifall.)

Präsident Geheimrat Professor Dr. Riesser:

Ich darf mir erlauben, nach dem Beifall der Versammlung noch meinerseits diesen Beifall dahin zu erläutern, daß wir alle sehr erfreut gewesen sind, daß Sie, der über reiche landwirtschaftliche Kenntnisse und Erfahrungen seit langer Zeit verfügt, uns wenigstens einen Teil dieser landwirtschaftlichen Kenntnisse heute in Ihrem schönen Referat übermittelt haben.

Nun darf ich Herrn Geheimrat Bonschab bitten, daß ich, bevor ich zu seinem Referate aufrufe, den Herrn Reichsbankpräsidenten, der bald abreisen muß, zu Worte kommen lassen kann. Kein Widerspruch? — Herr Reichsbankpräsident Dr. Schacht!

Reichsbankpräsident Dr. Schacht:

Ich muß vielmals um Entschuldigung bitten, meine Herren, daß ich mir zwischen den Referaten zu ein paar ganz kurzen Bemerkungen das Wort erbeten habe. Insbesondere bitte ich den dritten Herrn Vortragenden um Entschuldigung; ich werde ihm nur ganz wenige Minuten wegnehmen. Ich glaube aber, daß sich an das Referat des Herrn Dr. Solmssen einige Bemerkungen anschließen lassen, die doch vielleicht für die ganze Beurteilung des Themas von einer gewissen Bedeutung sind.

Meine Herren! Es ist nicht das erste Mal, daß von einem Deutschen Bankiertag Wirkungen auf die allgemeine deutsche Volkswirtschaft ausgehen, die eine weittragende Folge gehabt haben. Ich habe mir erlaubt, vorgestern abend an den Bankiertag von 1912 und an das Helfferichsche Referat zu erinnern. Ich glaube, der Umstand, daß der Centralverband dieses Mal auf seine Tagesordnung die Lage der deutschen Landwirtschaft gesetzt hat, wird eine ähnliche Wirkung ausüben können, insbesondere nachdem wir aus den beiden eben gehörten Referaten und insbesondere aus dem Referat von Herrn Dr. Solmssen eine Beurteilung und Beleuchtung der Situation erhalten haben, die in einem gewissen Gegensatz zu der Art und Weise steht, wie landwirtschaftliche Probleme vielfach in der großen Oeffentlichkeit in Deutschland bisher betrachtet worden sind. Meines Erachtens hat es der Landwirtschaft nicht zum Heile gereicht, daß eine große Zahl agrarpolitischer Probleme sehr oft mit parteipolitischen und allgemeinpolitischen Gedankengängen verknüpft worden sind. (Sehr richtig!) Wir haben demgegenüber heute eine überaus nüchterne Betrachtung dieses Problems erlebt, die uns allen gezeigt hat, wie nicht nur für die breite Allgemeinheit, sondern auch für uns hier dieses Problem von der größten Bedeutung ist.

Vom Standpunkte der Notenbank aus darf ich sagen, daß es eigentlich früher als eine orthodoxe Wahrheit in der nationalökonomischen Wissenschaft galt, daß die Landwirtschaft und das zentrale Noteninstitut im Grunde miteinander nicht sehr viel zu tun hätten. Wenn Sie die Vorkriegszeit in Deutschland übersehen, so werden Sie konstatieren, daß die Beziehungen zwischen Landwirtschaft und Reichsbank nicht immer sehr eng und auch nicht immer geschäftlich sehr weittragend gewesen sind. Das hat sich unter dem Druck unserer Verhältnisse nach dem Kriege wie vieles andere in Deutschland erheblich geändert. Die Reichsbank hat sich um die landwirtschaftlichen Dinge außerordentlich stark kümmern müssen aus den allgemeinen Gründen heraus, meine Herren, die uns hier vorgetragen worden sind. Es hat dann natürlich auch nicht an Kritikern gefehlt, die auch dieses nun wiederum der Reichsbank zum Vorwurf gemacht haben. Meine Herren, ich darf daran erinnern, daß uns vorgeworfen worden ist, wir hätten zu viele landwirtschaftliche Wechsel in unserem Portefeuille; ich darf ferner daran erinnern, daß man die Aktion der Golddiskontbank, die ja unter der Aegide der Reichsbank vor sich gegangen ist, als eine gewisse Immobilisierung der Mittel der Reichsbank angesehen hat — obwohl beide Vorwürfe, zahlenmäßig und auch materiell betrachtet, nicht zutreffen. Auch Herr Dr. Solmssen hat ja nach dieser Richtung hin einen kleinen Vorwurf hier erhoben, indem er gesagt hat, die Reichsbank habe eigentlich die Wechselverpflichtungen der Landwirtschaft ihrerseits auch gefördert. Ja, meine Herren, das ist durchaus richtig — aus dem einfachen Grunde, weil die Reichsbank eben keine anderen Geschäfte machen kann als Wechselgeschäfte. Wenn sie also durch Notenbankkredite der Landwirtschaft helfen zu sollen glaubt, so gibt es eben für sie keinen anderen Weg. Es zeigt sich hier, daß wir die Schuld nicht auf seiten der Reichsbankleitung zu suchen haben, sondern daß sie in unserer gesetzgeberischen Organisation auf diesem Gebiete liegt. Das Beispiel der Vereinigten Staaten, daß Herr Dr. Solmssen uns hier ausführlich vorgetragen hat, zeigt, daß es auf dem Gebiete des landwirtschaftlichen Verkehrs Mittel und Wege gibt, ein absolut liquides und fungibles Kreditinstrument zu schaffen, das auch für eine Notenbank als Kreditunterlage geeignet ist.

Ich möchte nicht etwa das Problem in seiner ganzen Schwere hier auseinandersetzen; es ist durchaus kein leichtes

Problem. Ich möchte nur darauf verweisen, obwohl ich auch Laie bin, daß die Standardisierung unserer deutschen Landwirtschaftsprodukte natürlich nicht so leicht herbeizuführen ist wie die Standardisierung bei den großen Agrarflächen Nordamerikas. (Sehr richtig!) Aber auch unter Berücksichtigung dieser Schwierigkeiten glaube ich, daß wir auf dem Weg, den Herr Dr. Solmssen angegeben hat, durchaus in der Lage sind, eine kräftige Hilfe für die Landwirtschaft zu schaffen, wenn wir endlich im Zusammenwirken von Landwirtschaft, Banken, Industrie- und Handelswelt den Weg gehen, die gesetzgeberische Grundlage für eine fungible Kreditunterlage zu schaffen, die eben auch der Notenbank als Unterlage dienen kann.

Kurz, alles, was ich hier in diesen wenigen Worten zum Ausdruck bringen wollte, ist, daß ich glaube, für die Reichsbank erklären zu können, daß wir bereit sind, auf diesem Wege in nachdrücklichster Weise mitzuarbeiten. (Bravo!) Meine Herren, wie es ja immer so geht —: die Probleme an sich liegen in der Luft und die Erörterungen darüber spinnen sich sehr weit aus. Aber letzten Endes kommt es nur auf den Willen zur Tat an. Daß der Centralverband dieses Problem heute in dieser Form angeschnitten hat, glaube ich, können wir als den Willen zur Tat bezeichnen. Und wenn von diesem Bankiertag nichts weiter ausgehen sollte, als daß wir dieses Problem endlich einmal in die Hand nehmen und seiner Lösung zuführen, so, glaube ich, liegt darin allein schon eine Ursache, dieser Veranstaltung den größten Dank entgegenzubringen. (Sehr richtig!)

Meine Herren! Ich glaube, daß gerade die äußeren Ereignisse der allerletzten Tage uns immer wieder in den Kopf hämmern sollten, daß wir uns auf unsere eigene Kraft verlassen müssen. (Lebhafte Zustimmung.) Es ist vorhin hier von meinem Herrn Vorredner, Herrn Dr. von Eichborn, gesagt worden, daß die Hoffnung auf Dank ein Aktivum sei, das man in spätestens zwei Jahren abschreiben müsse. Meine Herren, die Hoffnung auf ausländische Hilfe ist ein Aktivum, das ich auch nicht mit einer Mark in meine Bilanz einstellen möchte. (Lebhafter Beifall und Sehr gut!) Dagegen ist das Vertrauen in die eigene Kraft ein Aktivum, das 100prozentig bei uns zu Buche stehen muß. (Stürmischer, allseitiger, langanhaltender Beifall.)

Präsident Geheimrat Prof. Dr. Riesser:

Dem Herrn Redner herzlichst dankend, erteile ich nunmehr dem letzten Referenten zu dem landwirtschaftlichen Thema, Herrn Geheimrat Bonschab, Vorstandsmitglied der Süddeutschen Bodencreditbank, München, das Wort.

Geh. Justizrat Friedrich Bonschab, München:

Die Bedeutung der Landwirtschaft für das Volksganze war vor dem Kriege wohl da und dort vollauf erkannt, aber von der Allgemeinheit nicht gebührend in ihrem Ausmaße gewürdigt; erst seit der Kriegszeit, der Zeit der Brot-, Fleisch- und sonstigen Marken und den Zeiten der Inflation sind sich auch die weitesten Schichten der volkswirtschaftlichen Bedeutung der Landwirtschaft bewußt geworden, und seitdem ist das allgemeine Interesse an den umfassenden und in das allgemeine Volkswohl tief eingreifenden Problemen der Landwirtschaft erstarkt und gewachsen.

Sie haben heute ja schon von sachkundiger Seite einen Teil dieser Probleme behandeln gehört, und es ist mir die ehrenvolle Aufgabe geworden, über einen anderen Ausschnitt aus diesem Fragenkomplex zu sprechen und die Beziehungen zwischen Bankgewerbe und Landwirtschaft auf dem Gebiete der Versorgung mit Realkredit zu schildern. Ich sehe davon ab, großes statistisches Material Ihnen vorzuführen, wie solches jetzt in stets erweiterter Ausgestaltung in „Wirtschaft und Statistik" und durch die Veröffentlichungen des Institutes für Konjunkturforschung geboten wird und auf die ich verweisen darf; ich glaube vielmehr, daß es mehr Interesse erwecken wird, wenn ich — allerdings in der durch die Zeit gebotenen Kürze — allgemeine Fragen dieses vielseitigen Themas zusammenfassend behandle. Während es im vorigen Jahrhundert galt, Mittel und Wege zu finden, die bestehende Kreditnot zu beseitigen, in dem Sinne, daß es an Geldgebern fehlte, handelt es sich seit den letzten drei Jahrzehnten und vornehmlich heute darum, die entstandene Schuldnot zu bekämpfen. Wenn bei der heutigen Verflechtung der Landwirtschaft mit der Geldwirtschaft auch von einer allgemeinen Entschuldung, wie sie früher gedacht war, nicht mehr die Rede sein kann, so steht doch zu hoffen, daß durch das unbedingt notwendige und in jeder Weise zu fördernde Zusammenwirken der Organisationen des Real- und des Personalkredits im Zusammenhang mit all den Aktionen, welche das Programm der Umschuldung und der Neuorganisation des Absatzes in sich schließen, aber auch mit Hilfe günstiger Ernten in absehbarer Zeit eine wesentliche Erleichterung dieser heute so drängenden Schuldnot erreicht und der Kredit wieder in normalere Bahnen gelenkt wird.

Jede Betrachtung der Quellen des ländlichen Realkredits muß zurückgehen auf den Büringschen Plan der Organisation dieses Kredits, ein Plan, der durch das Machtwort Friedrichs des Großen in die Tat umgesetzt wurde und zur Errichtung der alten preußischen Landschaften führte; sie blieben lange Zeit auf den Großgrundbesitz beschränkt, denn der Bauernstand befand sich noch im Stadium der Naturalwirtschaft und der wirtschaftlichen Unfreiheit, wozu noch die grundsätzlichen Unterschiede der Stände ein übriges taten; aber schon im Jahre 1807 wurden Vorschläge laut auf Aufnahme aller Landgüter mit mindestens 1000 Taler Wert, und als erste dehnte in der Folgezeit die ostpreußische Landschaft ihren Wirkungskreis auf den nicht adligen Grundbesitz aus. Die Bodenpolitik der preußischen Regierung von 1820—1848 ging dahin, für den bäuerlichen Realkredit weder Organisationen noch Krediterleichterungen zuzulassen, weil der kleine und unkultivierte Grundbesitz sonst mit zu viel Schulden belastet werde und zu Grunde gehe; ein wesentliches Hindernis für die Schaffung einer bäuerlichen Kreditorganisation bildete die im Jahre 1811 für die regulierten Bauerngüter eingeführte Verschuldungsbeschränkung!

Die wachsende Unzufriedenheit der bäuerlichen Kreise veranlaßte teils schon vor 1848, teils bald nachher entweder die Aufnahme der Bauern in die Landschaft oder die Ausdehnung der landschaftlichen Beleihungstätigkeit auf die Bauerngüter.

Zu diesem Zweck bildete sich 1850 die Neue westpreußische Landschaft, 1869 die Neue Brandenburgische Kreditanstalt, der Neue landwirtschaftliche Kreditverein für Posen usw.

In der Zeit von 1849—1882 wurde — wie Maurer, dem ich bei diesen Feststellungen gefolgt bin, in seiner höchst interessanten Schrift: „Das landschaftliche Kreditwesen Preußens" ausführt — „das landschaftliche Kreditsystem in neun Provinzen des Preußischen Staates in den Dienst des bäuerlichen Grundbesitzes gestellt".

Aber — wie Maurer a. a. O. S. 131 hervorhebt — die Generallandschaftsdirektion mußte in ihrem Bericht von 1857 zugeben, daß der landschaftliche Kredit von 80 pCt. der Bauern wegen der Handhabung der Feststellung der Beleihungsgrenze nicht benutzt werden konnte, und nach einem Bericht des ostpreußischen landwirtschaftlichen Zentralvereins waren im Jahre 1879 noch nicht 2 pCt. der bäuerlichen Nahrungen landschaftlich beliehen; noch ungünstiger waren die Verhältnisse in Schlesien, während die Neue westpreußische Landschaft eine regere Tätigkeit entfaltete, aber in der Hauptsache auf die Beleihung großbäuerlicher Besitzungen sich beschränkte. Es würde an dieser Stelle zu weit führen, die verschiedenen Versuche zur Bildung von landschaftlichen Kreditvereinen für bäuerliche Beleihungen ausführlicher zu behandeln; in aller Kürze sei das Resultat der Reform der Ausdehnung des landschaftlichen Kreditsystems auf den bäuerlichen Grundbesitz nach Maurer hier wiedergegeben.

Die Reform hat bis zum Ende der 70er Jahre wesentliche Erfolge nicht gehabt; die Folge der mangelhaften Entwicklung der bäuerlichen Kreditorganisation war die in den 70er Jahren eintretende Konkurrenz der Sparkassen und Hypothekenbanken. Erst infolge Umgestaltung des Taxwesens in den 80er Jahren, aber anerkanntermaßen gerade auch unter dem Wettbewerb der Hypotheken-Aktienbanken änderte sich seitdem das Verhältnis dahin, daß auch der bäuerliche Kredit die gebührende Berücksichtigung fand.

Während so in Preußen der Weg von dem organisierten Realkredit zu den Hypotheken-Aktienbanken führte und dort mit der Errichtung der Preußischen Central-Bodenkredit-A.-G. eine mächtige und nachhaltige Tätigkeit der Hypotheken-Aktienbanken auf dem ländlichen Beleihungsgebiet inaugurierte, während der preußische Staat in seinem Umfange bis 1866 Institute, für welche er selbst oder Teile von ihm Staatsgarantie übernehmen sollten, konsequent ablehnte, gingen die kleineren Staatengebilde Norddeutschlands in wachsendem Umfange dazu über, Bodenkreditinstitute ins Leben zu rufen, für deren Verpflichtungen der einzelne Staat die Haftung übernahm.

H e c h t in seinem leider unvollendet gebliebenen Werk über die staatlichen und provinziellen Bodenkreditinstitute weist darauf hin, daß es mit den Vorschriften der preußischen Verfassungsurkunde als durchaus unvereinbar erklärt wurde, Verpflichtungen seitens des Staats einzugehen zu unbestimmten, auch nicht annähernd zu berechnenden Ausgaben.

Wenn wir heute sehen, wie freigebig Reich, Länder und Kommunen mit Uebernahmen von Haftungen aller Art sind, regt die folgerichtige Stellungnahme Preußens, die den Grundbesitz auf eigene Initiative und Tätigkeit verweist, zu eingehendem Nachdenken an.

In Sachsen hat der landwirtschaftliche Kreditverein für Sachsen, auf genossenschaftlicher Grundlage aufgebaut und im Jahre 1866 errichtet, neben der seit 1844 bestehenden Landständischen Bank des Markgrafentums Oberlausitz und neben dem Erbländ. Ritterschaftl. Kreditverein die Kredite des adeligen und bürgerlich-ländlichen Grundbesitzes erfolgreich gepflegt.

Anderer Art ist die Entwicklung in Bayern. Nach einem mißglückten Versuch im Jahre 1825, einen landwirtschaftlichen Kreditverein zu gründen, haben dort die Aktienhypothekenbanken bewußt und gewollt die Pflege des ländlichen Beleihungsgeschäftes in die Hand genommen, und nach der Gründung der Bayerischen Hypotheken- und Wechselbank im Jahre 1835, die nachhaltigen Einfluß auf das Beleihungsgeschäft erst gewinnen konnte, als sie im Jahre 1864 das Recht der Pfandbriefausgabe erhielt, haben die im Jahre 1869 und später errichteten Hypothekenbanken neben der Beleihung des städtischen Grundbesitzes die Pflege des ländlichen Realkredits als ihre Hauptaufgabe betrachtet, und zwar — worauf mit allem Nachdruck hingewiesen werden muß — gerade in der Form, welche der organisierte Kredit von jeher gefordert hat — unkündbar, relativ billig und amortisabel. Den Bayerischen Hypothekenbanken ist die Mündelmäßigkeit ihrer Pfandbriefe nur unter der Bedingung zugebilligt worden, daß ihre landwirtschaftlichen Darlehen als Annuitätendarlehen gegeben werden, und wenn H e c h t in der Einleitung zu seinem eben zitierten Werk bemerkt, daß die Pflege des Bodenkredits für den kleinbäuerlichen wie für den — in Bayern ja nur verhältnismäßig geringen — Großgrundbesitz (neben dem der Städte) auf einer hohen Stufe der Entwicklung steht, so war das nur möglich durch die wie früher so auch heute wohlwollende und objektive Förderung ihrer Bestrebungen durch die bayerische Staatsregierung.

Nach den Ziffern der „Vierteljahreshefte zur Konjunkturforschung" in Sonderheft 3 von 1927 hat in Preußen der Anteil der öffentlich-rechtlichen Kreditanstalten an den Realkrediten der Landwirtschaft 64,30 pCt., der Hypothekenbanken und Siedlungsgesellschaften (welch letztere ja wohl nur mit einem verschwindenden Betrag hierfür in Betracht kommen) 22,17 pCt. betragen; in Bayern beträgt der Anteil der Hypothekenbanken an den Realkrediten der Landwirtschaft 88,07 pCt. gegen 11,43 pCt. der Sparkassen und 0,50 pCt. der Versicherungsunternehmungen! Hierin ist auch die Bayerische Landwirtschaftsbank enthalten, ein genossenschaftliches, im Jahre 1896 auf Drängen politischer Parteien mit staatlicher finanzieller Unterstützung errichtetes Bodenkreditinstitut, welchem man als Hauptaufgabe eine wesentliche Senkung des Darlehenszinsfußes mit auf den Weg gab, das aber naturgemäß auch nicht gegen den Strom schwimmen konnte, jedoch erfolgreich am ländlichen Beleihungsgeschäfte sich beteiligte und segensreich wirkt.

Diese Ziffer mit 88,07 pCt. Anteil der bayerischen Hypotheken-Aktienbanken entspricht der traditionellen Beleihungspolitik der bayerischen Institute; sie waren und sind sich stets bewußt, daß in ihrem Heimatstaat als bis vor wenigen Jahrzehnten fast rein agrarischem Lande die Pflege des landwirtschaftlichen Kredits zu ihren vornehmsten Aufgaben zählt; war doch in Friedenszeiten die Landwirtschaft ihr Hauptabnehmer für ihre Pfandbriefe und diese das Anlagepapier kat exochen; naturgemäß haben, worauf der Bericht des I. f. K. F. zutreffend hinweist, in Preußen in Provinzen mit einer großen öffentlich-rechtlichen Kreditanstalt die Hypothekenbanken ein kleineres Betätigungsfeld.

Während in Bayern ein Teil der Hypotheken-Institute als sogenannte „gemischte" Hypothekenbanken — die daneben das Kredit- und Emissionsgeschäft betreiben — der andere Teil als „reine" Hypothekenbanken besteht, sind die preußischen Hypothekenbanken ausschließlich „reine" Hypothekenbanken im Sinne des § 5 HBG., die Mehrzahl der Institute in Deutschland, wenn nicht Töchter, so mindestens

Paten der großen Kreditbanken, welche in der Erkenntnis der Bedeutung des langfristigen Kredits entweder die Initiative zur Gründung ergriffen oder in einem späteren Zeitpunkt auf die Entwicklung und Ausdehnung dieser Institute entscheidenden Einfluß genommen haben. Es befassen sich heute Landschaften, sonstige öffentlich-rechtliche Kreditanstalten, Hypothekenbanken und Sparkassen, z. T. noch Versicherungsgesellschaften mit der Pflege des ländlichen Beleihungsgeschäftes; dazu ist nun auch die Rentenbank-Kreditanstalt als Vermittlungsstelle für Auslandskredit für die Landwirtschaft getreten; die Privathypothek spielt z. Zt. keine Rolle.

Nach „Wirtschaft und Statistik" 1927 S. 481 waren auf landwirtschaftlichen Besitz Ende 1913 ausgeliehen: 5,363 Milliarden, davon treffen auf Hypotheken-Aktienbanken 757 Millionen, auf sonstige Realkreditanstalten 4,600 Milliarden. Nach der im „Deutschen Reichsanzeiger", Nr. 151 vom 30. Juni 1928 veröffentlichten Statistik der Bodenkredit-Institute waren am 31. Mai 1928 am ländlichen Beleihungsgeschäfte beteiligt: 39 Aktienhypothekenbanken, 68 — also fast das Doppelte — öffentlich-rechtliche Kreditanstalten und 6 sonstige Anstalten, zusammen 113 Institute. Im landwirtschaftlichen Neugeschäft waren Ende 1928 ausgeliehen (einschließlich der Darlehen aus Mitteln der Deutschen Rentenbank-Kreditanstalt):

von a) Hypotheken-Aktienbanken .	707,392	Millionen,
„ b) öffentlich-rechtlichen Kreditanstalten	1508,085	„
„ c) den sonstigen Anstalten . .	66,159	„

insgesamt also 2,282 Milliarden. Als „aus Aufwertung entstanden" treffen auf landwirtschaftliche Hypotheken der Hypotheken-Aktienbanken 82,918 Millionen, auf öffentlich-rechtliche Institute 111,171 Millionen, auf die 6 anderen Institute 18,615 Millionen, zusammen 212,704 Millionen. Es verwalten also die 39 Hypotheken-Aktienbanken heute 790,310 Millionen, die 68 öffentlich-rechtlichen Institute 1.619,256 Millionen und die 6 sonstigen Institute 84,774 Millionen.

Es ist außerordentlich interessant, festzustellen, daß gegenüber dem Stand von 1913 mit 757,6 Millionen die 39 Hypotheken-Aktienbanken Ende Mai 1928 nicht weniger als 707,3 Millionen landwirtschaftliche Hypotheken bereits wieder ausgeliehen hatten, also um nur 50 Millionen weniger als 1913, während das Neugeschäft der öffentlich-rechtlichen Institute mit 1,508 Milliarden gegen 4,600 Milliarden ganz wesentlich darunter bleibt. Dabei ist nicht außer acht zu lassen, daß an die Hypotheken-Aktienbanken aus Mitteln der Deutschen Rentenbank-Kreditanstalt 227,3 Millionen vergeben wurden, an die öffentlich-rechtlichen Institute 485 Millionen, während bei rechnerisch gleicher Verteilung auf die 39 Aktienbanken 245,8, also 18 Millionen mehr treffen müßten. Die Rentenbankkredite abgezogen ergibt sich ein ländlicher Hypothekenbestand der Hypotheken-Aktienbanken von 480 Millionen M, der öffentlich-rechtlichen Institute von 1,023 bzw. 1,089 Milliarden, d. s. bei ersteren 63,48, bei letzteren 23,68 pCt. des Vorkriegsbestandes. Das widerlegt eindeutig die immer wieder hörbare Behauptung, daß die Aktienhypothekenbanken in der Gegenwart den landwirtschaftlichen Kreditbedarf vernachlässigen, und ist mit ein Gegenargument gegen die Forderung nach neuen Hypotheken-Kreditinstituten öffentlichen oder privaten Charakters.

Es mutet merkwürdig an, wenn immer neue Projekte zur Errichtung auch ländlicher Beleihungsinstitute auftauchen; es ist ein von vornherein völlig verfehlter Gedanke, zu meinen, die Schuldnot werde gemildert oder gar beseitigt durch Neugründung von Instituten, sei es privaten oder öffentlichen Charakters; ein neues Institut ermangelt der nötigen Erfahrungen auf dem heiklen Gebiet des ländlichen Beleihungswesens und muß sich erst das Absatzgebiet für seine Schuldverschreibungen auf mehr oder minder dornenvollem Wege suchen; der Geldnehmer erwartet von einem neuen Institut die Behebung all seiner Nöte, insbesondere in bezug auf die Höhe der Beleihung; enttäuscht es hierin, so ist es sofort diskreditiert, erfüllt es solche Erwartungen nun, dann ist es bald am Ende seiner Tätigkeit.

Die vorhin gegebenen Ziffern deuten mit grellem Licht auf die bestehende Schuldnot der Landwirtschaft hin und beleuchten, daß die anscheinend günstige Lage der Landwirtschaft in der Inflation eine schwere Täuschung war; das Gewicht dieser Verhältnisse wurde und wird noch verstärkt durch die gegenüber den Friedensziffern bedeutend gesteigerte Zinsenlast, wozu noch die Belastungen mit Steuern, die Umwälzung auf dem Gebiete der Lohnverhältnisse, die nachteiligen Wirkungen der für landwirtschaftliche Verhältnisse perniziösen Arbeitszeit- und Arbeitslosen-Gesetzgebung traten.

Zu der langfristigen Verschuldung gesellt sich eine weitgehende Verschuldung mit Personalkredit, über deren Höhe der Herr Vorredner unterrichtet hat.

Die Lage der Landwirtschaft in finanzieller Hinsicht ist nach diesen Ziffern eine sehr ernste. Es ist zunächst vom Standpunkt der Realkreditinstitute aus zu fragen, was kann und muß geschehen, um die zweckmäßige Versorgung der Landwirtschaft mit Realkredit zu fördern. Die Beantwortung dieser Frage und die Lösung der damit gestellten Aufgabe hängt eng zusammen und ist abhängig von der jeweiligen Entwicklung des Geld- und Kapitalmarktes, womit dem Kenner der Verhältnisse ja nichts Neues gesagt ist; es ist aber zu begrüßen, daß das Institut für Konjunkturforschung in seinem schon erwähnten Sonderheft über „die Agrarkredite" auf diesen engen Zusammenhang ausführlich hinweist, der für alle Kreditinstitute gilt, die sich mit der Ausgabe von Pfandbriefen befassen. Die Kurse der festverzinslichen Papiere hatten in der Vorkriegszeit, so stellen die Untersuchungen des Instituts für Konjunkturforschung fest, während der Depression der industriellen Konjunktur ihren höchsten, während der Hochspannung ihren tiefsten Stand. Dementsprechend kam auch der Pfandbriefabsatz in der Hochspannung vielfach zum Stocken — wie hinzuzufügen ist, es machte sich dazu ein mehr oder minder großer Rückfluß von Pfandbriefen geltend —, so daß die Pfandbriefinstitute in dieser Phase nur geringe Möglichkeit hatten, den Realkreditbedarf der Landwirtschaft zu befriedigen; in dieser Zeit hatte der Landwirt auch infolge des höheren Disagios eine hohe Effektiv-Verzinsung zu zahlen.

„Die Realkreditzufuhr hat ihren Höchststand in der Depression, die Personalkreditzufuhr dagegen während des Aufschwunges und der Hochspannung."

Wenn an diese Feststellungen der Rat geknüpft wird, den langfristigen Kapitalbedarf in der Zeit der Depressions-Phase zu decken, so wäre die Möglichkeit der praktischen Durchführung desselben allerdings in hohem Grade erwünscht: es wird ja eine Reihe von Fällen geben, in denen die Darlehensaufnahme auf längere Zeit hinausgeschoben werden kann, es ist aber zu beachten, daß die Dauer einer wirtschaftlichen Depression nicht vorausgesehen werden kann; jedenfalls muß man sich aber nach dieser Untersuchung klar machen, daß der Landwirt in den Zeiten der Hochkonjunktur häufig zur Aufnahme von Personalkrediten — nicht fluktuierenden Krediten im Sinne des Institutes für Konjunkturforschung — veranlaßt war und ist, welche von vornherein dazu bestimmt sind, in langfristigen Kredit überführt zu werden und welche auch das Anwachsen der Sparkassenkredite in diesem Zeitpunkte erklären.

Das I. f. K. F. kommt bei Schilderung der Zusammenhänge zwischen Kapitalmarkt und Hypothekenbewegung auf einen Unterschied der Geschäftsbehandlung zwischen Landschaften und Hypothekenbanken zu sprechen, der in der geschilderten Art nicht allgemein zutrifft.

Es wird gesagt, daß die Landschaften gezwungen waren, zu jeder Zeit den Kreditansprüchen der ihnen angeschlossenen Landwirte zu genügen; die Hypothekenbanken hingegen konnten bei Schwierigkeiten im Pfandbriefabsatz Darlehensanträge ohne weiteres ablehnen und ihre flüssigen Mittel statt dessen zur Stützung der Pfandbriefkurse verwenden. So ist die Sache aber in der Praxis nicht.

Einerseits haben ja die Landschaften selbst ein Haar in der Hingabe von Pfandbriefen als Darlehensvaluta gefunden, anderseits haben die schlimmen Erfahrungen der Landschaften im letzten Jahre mit den ungeregelten Kursrückgängen ihrer Schuldverschreibungen gezeigt, welchen Wert die Kursregelung durch die Hypothekenbanken für den Anlagemarkt und damit wieder für ihre Ausleihungen hat. Und — was hierbei besonders zu berücksichtigen ist — es hängt von verschiedenen Umständen ab, ob eine Hypothekenbank in Zeiten des Stillstandes des Absatzes jede Beleihungstätigkeit ablehnt. Bei dem vorherrschenden Klein- und Mittelbesitz in Bayern z. B. kommen im allgemeinen nicht solch große Summen in Betracht, als in den Gebieten des größeren und Großgrundbesitzes; es ist daher bei den bayerischen Instituten auch in den Zeiten schleppenden Pfandbriefabsatzes die Regel, den Ansprüchen des landwirtschaftlichen Kreditbedarfs nachzukommen und beides zu vereinen, die Stützung der Pfandbriefkurse und die Deckung des unumgänglich nötigen Kredits.

In Nr. 21 des Wochenberichtes des I. f. K. F. vom 22. August l. J. ist hervorgehoben, daß der Zufluß von Realkredit an die Landwirtschaft in den letzten Monaten weit geringer ist, als zur entsprechenden Zeit des Vorjahres; der Rückgang ist nach den letzten Juli-Ziffern zum Stillstand gekommen und die Deckung für landwirtschaftliche Darlehen ist gegenüber Juni wieder um 33 Millionen gestiegen. Der Stillstand des ländlichen Beleihungsgeschäftes in den ersten Sommermonaten war in Friedenszeiten eine bekannte Erscheinung und ist saisonmäßig bedingt.

Was nun aber Landschaften wie Hypothekenbanken vor allem brauchen, um ihrer Aufgabe gerecht zu werden, das ist die Kräftigung und Stärkung der Kapitalbildung, ohne die ein nachhaltiger Pfandbriefabsatz, der eine feste und dauernde Anlage bilden soll, nicht möglich ist.

Wir Hypothekenbankleiter können die beruhigende Erfahrung machen, daß der Pfandbrief allmählich wieder mit dem Vertrauen, das ihm gebührt, als Anlagepapier gesucht und geschätzt wird, aber seinem Erwerb sind natürliche Grenzen gesetzt durch die Knappheit des Kapitalmarktes.

Beckmann sagt in seiner Schrift „Kreditpolitik und Kreditlage der deutschen Landwirtschaft seit der Währungsstabilisierung" mit Recht: „Je ärmer ein Volk, desto mehr muß das Kapital gehegt und gepflegt werden." Ob diese Hege und Pflege in all den Kreisen, die dazu berufen sind, mit dem gebührenden Nachdruck erfolgt, den nicht nur der Wiederaufbau der Landwirtschaft, sondern unsere ganze Wirtschaft heischt, darauf einzugehen ist hier nicht der Ort.

Eine Hauptsorge der Hypothekenbanken bildet die Entwicklung des Nominal-Zinsfußes, auf dessen Gestaltung sie keinen Einfluß haben und der vom allgemeinen Geldmarkt abhängt.

Es darf hier darauf hingewiesen werden, daß gerade die Hypothekenbanken es waren, welche Ende 1926, Anfang 1927 bereits zum sechsprozentigen, teilweise sogar schon zum fünfprozentigen Zinsfuß übergegangen waren, als der Mißerfolg der im Frühjahr 1927 aufgelegten Reichsanleihe alle Erwartungen auf Verbilligung des Zinsfußes über den Haufen warf.

Es heißt sich gegen die Gebote der harten Wirklichkeit blind verhalten, die gerade durch die Stellung ausländischer Geldgeber veranlaßte Rückkehr zum 8 pCt.-Typ, die niemand von uns gerne mitgemacht hat, als eine unnötige Verteuerung des Kredits zu erklären.

Inzwischen haben sich die Vertreter des öffentlichen wie des privaten Hypothekarkredits bekanntlich geeinigt, zu einem höheren als dem achtprozentigen Nominalzinsfuß nur nach vorheriger Vereinbarung und Verständigung mit dem Reichswirtschaftsministerium überzugehen.

Ein solcher Uebergang könnte überhaupt nur in Frage kommen, wenn die allgemeinen Geldmarktverhältnisse eine solche Verteuerung unabweisbar machen würden, und es hat heute erfreulicherweise nicht den Anschein hierzu. Für Pfandbriefinstitute — und darauf kann nicht nachdrücklich genug hingewiesen werden —, spielt es auch von der Frage des Verdienstes aus gesehen keine Rolle, ob der Zinsfuß ihrer Pfandbriefe 3 pCt. oder 8 pCt. beträgt — eine private Hypothekenbank hat ihren Verdienst lediglich in der Spanne von ½—¾ pCt. Ist einmal die Senkung des Nominalzinsfußes der Pfandbriefe mit Rücksicht auf das allgemeine Zinsniveau wieder möglich, so wird jeder von uns Hypothekenbank-Direktoren nicht einen Augenblick zurückstehen und es als seine vornehmste Aufgabe betrachten, der allgemeinen Zinsermäßigung auch bei seinen Pfandbriefen wieder Geltung zu verschaffen.

Wenn es auch von Regierungsseite aus nicht anerkannt wird, es ist doch so, daß die Kapitalertragssteuer den Nominalzinsfuß künstlich hoch hält, die Ausbreitung des Absatzgebietes und damit die Bereitstellung von Hypothekenkapital hindert.

Alle die großen Handelsredaktionen und Fachblätter, die gesamte Bankwelt, einschließlich der öffentlich-rechtlichen Institute und die gesamte öffentliche Meinung ist sich einig in der Verurteilung dieser Steuer; im „Bank-Archiv" hat Dr. Sintenis vor einem Jahr einen eindringlichen Protest gegen die Forterhebung dieser Steuer erhoben, und der Centralverband ist nicht müde geworden, in wiederholten Eingaben die Notwendigkeit der Abschaffung dieser Steuer zu begründen; es läßt sich natürlich heute nicht ziffernmäßig berechnen, ob der Zinsfuß im Inland genau oder annähernd um den 10 pCt.

Abzug erhöht wird — aber es steht für jeden Praktiker fest, daß eine Senkung des Nominalzinsfußes durch den Wegfall der Kapitalertragssteuer eintreten wird; diese Ansicht wird von berufener Seite damit zu widerlegen versucht, daß der Absatz von Pfandbriefen nach der Stabilisierung um ein Vielfaches höher gewesen sei als der Durchschnittsabsatz vor dem Kriege; aber — und diese Frage liegt doch nahe — wäre der Absatz ohne diese Steuer nicht noch günstiger und durch die Senkung des Zinsfußes die Kapitalaufnahme für den Darlehensnehmer nicht viel vorteilhafter gewesen? Und der starke Rückgang des Pfandbriefgeschäftes im Juni und die nur mäßige Zunahme im Juli l. J. sprechen doch eine beredte Sprache über die Lage des heimischen Kapitalmarktes.

Die politischen Gesichtspunkte sind im „Deutschen Volkswirt" vom 1. Juli 1927 eindringlich gewürdigt und widerlegt worden, und Neues kann bei Erschöpfung aller Gründe füglich nicht mehr gebracht werden.

Die Hypothekenbanken vermissen als Pfandbriefabnehmer die Körperschaften des öffentlichen Rechts, die heute von der subjektiven Körperschaftssteuerpflicht befreit und von dem Kapitalabzug materiell betroffen dem Erwerb festverzinslicher Papiere gegenüber sich reserviert verhalten. Die Reichsregierung hat mit uns allen mit großem Widerstreben die vorjährige Erhöhung des Zinsfußes als unumgänglich hinnehmen müssen; sie und die Allgemeinheit fordern den Abbau des Zinsfußes, sie selbst verriegelt ihn aber durch ihre Haltung. Es wäre eine unverzeihliche Unterlassung, nicht auch von dieser Stelle aus Rufer im Streit zu sein.

Die Verantwortung für die Hochhaltung des Zinsfußes trägt einzig und allein die Regierung und die Parteien, die sich der Aufhebung der Kapitalertragssteuer widersetzen.

Die Hilfe des Auslands, die ein Teil der Hypothekenbanken in der Form der steuerfreien Auslandsanleihen in Anspruch genommen hat, kann z. Zt. nicht entbehrt werden.

Man muß sich darüber klar sein, daß die Restriktion in der Aufnahme langfristiger Auslandsanleihen die kurzfristige Verschuldung fördert und vermehrt und daß es gerade für die Landwirtschaft außerordentlich wichtig ist, die Kredite *gleich von Anfang an richtig zu placieren* und sie nicht zu kurzfristigen Krediten zu zwingen, die dem Charakter ihrer Verwendung entsprechend langfristige Natur haben sollten.

Wie schon früher hervorgehoben, gründen sich auch die Ausleihungen der Hypothekenbanken bei landwirtschaftlichen Beleihungen in den meisten Fällen — in Bayern immer — auf die Unkündbarkeit und die planmäßige Tilgung des Darlehens. Es ist verständlich, wenn heute bei der Schuldnot des ländlichen Grundbesitzes von diesem als ein Rettungsmittel die Erhöhung der Beleihungsgrenzen verlangt wird; aber das wäre wohl das Schlimmste, was man heute der Landwirtschaft antun könnte.

Bei den heutigen Zinssätzen erfordert es einerseits die Sicherheit der Geldgeber mit der Beleihung innerhalb der durch die heutigen Grundstücksverhältnisse gebotenen Grenzen zu bleiben und den Ruf der mündelmäßigen oder nicht mündelmäßigen Pfandbriefe nicht zu gefährden.

Aber auch die Rücksicht auf den Geldnehmer selbst muß davon abhalten, den Hypothekarkredit bis zum Aeußersten zu erschöpfen. Es ist vollkommen zutreffend, wie Beckmann in der vorhin zitierten Schrift ausführt, daß bei der Höhe der gegenwärtigen Zinsbelastung diese nur tragbar ist, weil, obwohl die Zahl der verschuldeten Betriebe enorm zugenommen hat, die Kapitalverschuldung der einzelnen Betriebe noch nicht die Höhe erreicht hat, um ein Wirtschaften unmöglich zu machen.

Das bestätigen die Erfahrungen aus der Praxis, die zeigen, — ich kann das für mein Institut bestätigen und höre das Nämliche von befreundeten Kollegen — daß die Zinsen der landwirtschaftlichen Darlehen im allgemeinen, wenn auch je nach Lage der Zinstermine mit Verspätung, zufriedenstellend eingehen.

Man kann Prof. Beckmann unbedingt zustimmen, wenn er es als ein großes Glück für die Landwirtschaft bezeichnet, daß in den beiden ersten Jahren nach der Stabilisierung der Währung der Kredithunger der Landwirtschaft bei der Enge des Kapitalmarktes nicht befriedigt werden konnte; ich darf aber hinzufügen, daß die Hypothekenbanken in Erkenntnis der Sachlage damals sich selbst Beschränkung in der Beleihungstätigkeit auferlegt haben und mit einer größeren Aufnahme der

Beleihungen zurückgehalten haben, ein Verfahren, das sich bei den einzelnen Instituten ja auch durch die Vermeidung größerer Risiken gelohnt hat.

Ein Uebergangstypus war die Beleihung auf Roggenbasis, die sich heute ja für die meisten Landwirte als höchst unvorteilhaft herausstellt, aber damals, wenngleich nicht von allen Instituten mitgemacht, auch von der Landwirtschaft stürmisch verlangt wurde.

Der Hingabe von Valutahypotheken ist ein gesetzlicher Riegel vorgeschoben; kein seiner Verantwortung bewußter Leiter eines Bodenkreditinstitutes wird sich auf diesen Gedanken einlassen können, dessen Ausführung ja auch den Landwirt vor das Risiko vollen Ruins stellen würde. —

Es wird für uns Hypothekenbanken — und nicht für uns allein — von besonderer Bedeutung sein und unsere volle Beachtung erfahren, wenn Prof. Beckmann fordert, sobald der Kapitalmarkt sich füllt und die Beleihungsgrenze praktische Bedeutung erhält, diese neu festzusetzen und so festzusetzen, daß die Zinsen nachhaltig aus dem laufenden Ertrag erwirtschaftet werden können.

Pfleglicher und sorgfältiger denn je, müssen heute die Gesuche aus landwirtschaftlichen Kreisen behandelt, und es muß mit großer Vorsicht zu Werk gegangen werden, und mehr denn je muß eine individuelle Behandlung eines jeden einzelnen Darlehensgesuches auf Grund genauer Kenntnis der jeweilig so verschiedenen örtlichen Verhältnisse und auf Grund der Prüfung der gesamten Belastung und der Art der Belastung Platz greifen; es erweist sich, daß weniger denn je ein Zentralinstitut in der Lage wäre, diesen so verschieden gelagerten Verhältnissen Rechnung zu tragen.

Es wäre nicht möglich gewesen — im Ganzen reibungslos — die Auslandskredite der Rentenbank-Kreditanstalt in den kleinen und kleinsten Beträgen — wie es zumal die Größenverhältnisse der landwirtschaftlichen Betriebe in Süddeutschland erfordern — unterzubringen, wenn nicht die seit einem halben Jahrhundert und zum Teil noch länger eingearbeiteten Organisationen der Hypothekenbanken in Verbindung mit den landwirtschaftlichen Genossenschaften einen glatten Vollzug sichergestellt hätten.

Bei der Frage der Beleihungshöhe war auch davon die Rede gewesen, ob und wie die nun festgestellten Steuer-„Einheitswerte" einen Anhalt für die Beleihung geben sollten; ich halte die Frage heute noch nicht für spruchreif, es muß die Anwendung dieser Einheitswerte erst abgewartet werden, und es muß sich zeigen, wie sie sich zunächst steuerlich auswirken.

Auch bei Anwendung des berichtigten Wehrbeitragswertes ist große Vorsicht geboten; bei kleinen und mittleren Besitzungen ist gegen dessen Anwendung nicht viel zu sagen, bei großen Gütern und großen Beleihungen ist seine schematische Anwendung mit großen Gefahren verbunden.

Es dürfte bei diesem Punkte am Platze sein, den Gedanken zu besprechen, der bei der Tagung der öffentlich-rechtlichen Kreditanstalten im Juni d. J. in Danzig einen breiten Raum einnahm, d. i. die Frage der Sicherung des landwirtschaftlichen Kredits durch Einführung landwirtschaftlicher Beratungs- und Kontrollstellen als eines der Mittel zur Förderung des landwirtschaftlichen Kredits. Die Frage spielt ja eine große Rolle bei der im Gange befindlichen Umschuldungsaktion und ist insofern berechtigt, als es hier sich um die gesamte finanzielle Regelung eines jeden in Betracht kommenden Betriebes handelt. Ob darüber hinaus allgemein die Kontrolle der Verwendung der Gelder und daneben des Betriebes möglich ist, erscheint mir außerordentlich fraglich. Vor allem fällt der Unterschied zwischen den großen Gütern und den mittleren und kleineren Betrieben ins Gewicht, bei welch letzteren in den seltensten Fällen überhaupt eine Buchführung besteht; ich kann es mir nicht vorstellen, daß in den mittleren und kleineren bäuerlichen Betrieben im Süden, in Mittel- und Norddeutschland die praktische Ausführung einer solchen Kontrolle ohne die verbitterndsten Reibungen vor sich gehen könnte; das Eindringen in die persönlichen Verhältnisse, die Intensivierung der behördlichen und behördenähnlichen Bevormundung wird die Freude an der Berufsarbeit gewiß nicht mehren; etwas anderes ist es mit der praktischen Berufsberatung. Beratungsstellen haben wir bereits überall, in den Landwirtschaftskammern, in den Bauernkammern, in den landwirtschaftlichen Bezirksausschüssen u. a. m.

Wenn vorher die Senkung des allgemeinen Zinsfußes als

notwendig gefordert wurde, so muß zur Linderung der Schuldnot die möglichste Ermäßigung der mit der Darlehensaufnahme verbundenen Unkosten einhergehen.

In dieser Beziehung spielt das zwischen den Hypothekenbanken, Landschaften, den Girozentralen und öffentlich-rechtlichen Instituten aller Art abgeschlossene Bonifikations-Abkommen eine wichtige Rolle. Es ist das besondere Verdienst des leider zu früh dahingegangenen bisherigen Vorsitzenden des Sonderausschusses, des Herrn Präsidenten Schwartz, dessen auch bei dieser Gelegenheit zu gedenken, eine Dankespflicht ist, gerade auf diesem Gebiete in den letzten Jahren seines Lebens mit all der an ihm jederzeit bewunderten Tatkraft an diese schwierige Aufgabe herangegangen zu sein, und ich darf den Wunsch aussprechen, daß es seinem verehrten Nachfolger in diesem dornenvollen Amte beschieden sein möge, dieses Abkommen aufrecht zu halten und zu vertiefen. Ob das möglich und erreichbar ist, hängt von außerhalb stehenden Faktoren ab: von dem Maße des Verantwortungsgefühls der einzelnen Leiter gegenüber der Allgemeinheit, von der Konkurrenz und der Art, wie sich die Geschäftsmöglichkeiten und Lebensnotwendigkeiten der einzelnen Institute überschneiden und überlappen.

Es wird den Hypothekenbanken oft vorgeworfen — z. Zt. allerdings weniger als vor dem Krieg, aber auch da ohne Berechtigung —, daß sie gegenüber den Darlehensnehmern den reinen Erwerbsstandpunkt zu sehr hervorkehren. Wenn ein solcher Vorwurf je unberechtigt war, so ist er es gerade heutzutage.

Es ist Gemeingut der deutschen Hypothekenbankleitungen geworden, in weitgehendem Maße gerade auf dem Gebiete des landwirtschaftlichen Beleihungsgeschäftes sich der Gemeinnützigkeit ihrer Aufgaben anzupassen und ihr gerecht zu werden. Schon vor dem Kriege, im Jahre 1890, konnte z. B. in der nach amtlichen Quellen bearbeiteten Denkschrift über die Landwirtschaft in Bayern von dem Verfasser der Abhandlung „Der Kredit", dem mir durch fast 20jährige Mitarbeit an der Bayerischen Landwirtschaftsbank, dem genossenschaftlichen Hypothekinstitut Bayerns, verbundenen, nun leider auch dahingegangenen Dr. Freiherrn von Cetto-Reichertshausen, dem früheren Präsidenten des Bayerischen Landwirtschaftsrates, nach Schilderung der Geschäftstätigkeit der bayerischen Hypothekenbanken folgendes festgestellt worden:

„Aus den hier kurz geschilderten Momenten in der Entwicklung des landwirtschaftlichen Kreditwesens geht hervor, daß seit 25 Jahren in der Person der Darlehensgeber wie in den Modalitäten der Darlehensbedingungen sich höchst bedeutsame Veränderungen vollzogen haben, in denen sicher manches den landwirtschaftlichen Interessen Günstiges enthalten ist, die Anwendung des Genossenschaftsprinzips auf das Kreditwesen, das Prinzip der Unkündbarkeit und sukzessiven Tilgung der Hypothekdarlehen, die Ermäßigung des Darlehenszinsfußes infolge vermehrten Kapitalangebotes sind wichtige Errungenschaften, womit unleugbar Verbesserungen in der Lage der kreditsuchenden Landwirte eingetreten sind."

10 Jahre später stellt Dr. Schulte in seiner Abhandlung „Die deutschen Bodenkreditinstitute 1900—1909" mit Recht folgendes fest:

„Beim organisierten Bodenkredit erfolgt die Wahrung der Interessen des Darlehensnehmers nicht nur dann, wenn die der Kreditbefriedigung sich widmenden Institute gemeinwirtschaftlich organisiert sind; auch im Falle der kapitalwirtschaftlichen Organisation dieser Institute erkennen es dieselben als ihre Aufgabe, innerhalb der durch den Geldmarkt und durch die Obliegenheiten einer Erwerbsgesellschaft gezogenen Grenzen den Kredit, den sie gewähren, den Bedürfnissen der Darlehensnehmer nach Möglichkeit anzupassen."

Bei den durch Vermittlung der Rentenbank-Kreditanstalt gewährten Darlehen besteht ein Unterschied hinsichtlich der den einzelnen Instituten zukommenden Vergütung zwischen Hypothekenbanken und den sogenannten organisierten Bodenkreditanstalten überhaupt so gut wie nicht mehr. Die bayerischen Hypothekenbanken (einschließlich der Bayerischen Landwirtschafts-Bank) sind aber noch weiter gegangen; sie haben im Jahre 1926 in Ergänzung der Aktion der Golddiskontbank, der bayerischen Landwirtschaft 12 Millionen Mark in Form unkündbarer Tilgungshypotheken zu Vorzugsbedingungen zur Verfügung gestellt auf Grundlage 8proz. Pfandbriefe mit 8½ pCt. Verzinsung, Auszahlung 96 pCt. abzüglich des reichsgesetzlichen Pfandbriefstempels mit Rückzahlung vom 3. Jahre ab in Pfandbriefen, vom 6. Jahre ab in Pfandbriefen oder in bar.

Diese Darlehen sind, wie das auch sonst schon üblich war, in kleinsten Beträgen bis zu 1000 RM herab genehmigt worden und schließen auch die Deckung der Selbstkosten aus.

Das Vorgehen geschah aus dem Wunsche heraus, der heimischen Landwirtschaft, mit welcher die Hypothekenbanken seit Menschenaltern verbunden sind, in außerordentlichen Zeiten einen außerordentlichen Dienst zu leisten und ist auch von den landwirtschaftlichen Kreisen Bayerns anerkannt worden.

Die Hypothekenbanken haben in Erkenntnis der Bedeutung der Landwirtschaft, in Erkenntnis aber auch ihrer öffentlichen Aufgaben sich vorbehaltlos in den Dienst der Gemeinnützigkeit gestellt, sie haben ihren längst erkannten und geübten öffentlichen Pflichten den vielgeschmälten „Erwerbssinn" geopfert, und wenn früher davon gesprochen werden konnte, die Landwirtschaft brauche den organisierten Kredit, um ihre Belange gewahrt zu wissen, heute entbehrt dieser Ruf der Berechtigung.

Der Vorbericht des Unterausschusses für Landwirtschaft vom 10. März 1928 über die Verschuldungsverhältnisse der deutschen Landwirtschaft kommt in seinen Vorschlägen zur Milderung der Schulden- und Kreditnot zu folgenden Ergebnissen:

„Eine grundlegende Aenderung im landwirtschaftlichen Kreditwesen muß an dem in Deutschland herrschenden Kapitalmangel scheitern. Man wird sich damit begnügen müssen, das vorhandene Kapital der Landwirtschaft unter der Gewähr wirtschaftlicher Verwendung in möglichst großem Umfange nutzbar zu machen. Hierfür ist vor allem notwendig, daß die großes Kapital ansammelnden Unternehmungen nicht durch gesetzliche Vorschriften oder auf andere Weise davon abgehalten werden, ihre zu langfristigen Anlagen verfügbaren Mittel in starkem Maße der Landwirtschaft als erststelligen Hypothekarkredit zur Verfügung zu stellen."

Ich weiß nicht, welch „grundlegende Aenderungen" im landwirtschaftlichen Kreditwesen dem Unterausschuß vorschweben; ich glaube, Ihnen aber gezeigt zu haben, daß die Tätigkeit der Hypothekenbanken auf dem Gebiet des landwirtschaftlichen Kreditwesens sich zum mindesten neben der Tätigkeit des sogenannten organisierten Kredits sehen lassen kann, und wären die vielen, vielen Millionen, die als öffentliche

Kredite an Stelle der berufsmäßigen Kreditvermittler gegeben worden sind, diesen letzteren zugeflossen, so hätte von diesen entschieden mehr für eine sachgemäße Verwendung getan werden können als bei dem vom Staat eingeschlagenen Verfahren.

Nicht der Wille der Bankleitungen fehlt, disponible Gelder der Landwirtschaft zur Verfügung zu stellen, sondern die früheren Möglichkeiten des steten und ungehinderten Pfandbriefabsatzes, und es fehlen die früheren „räumlichen Verbundenheiten".

Das führt zu dem Punkte der viel umstrittenen Zentralisierung der öffentlichen Gelder.

Es liegt mir fern, die allgemeinen Gründe zu verkennen, welche aus den Gesichtspunkten der Gesamtwirtschaft heraus eine möglichste Zentralisierung der Gelder als wünschenswert erscheinen lassen; aber dessenungeachtet müßte es möglich sein, den der Zentralstelle ferner liegenden Gebieten in größerem Maße als bisher einen Teil dieser Gelder wieder zuzuleiten und damit auch den privaten Hypotheken-Instituten der Länder die Mittel zukommen zu lassen, die sie zur Erfüllung ihrer Aufgaben benötigen.

Bei Beurteilung der Tätigkeit der Hypothekenbanken ist leider zu beobachten, daß an diese heute oft Forderungen gestellt werden, welche die Institute mit Rücksicht auf die strengen und einengenden Vorschriften des Hypothekenbank-Gesetzes einfach nicht erfüllen können; an die Hypothekenbanken werden besonders in bezug auf Beleihungstätigkeit, Beleihungsgrenzen und in bezug auf Beteiligungen an gemeinnützigen Unternehmungen Ansinnen gestellt, welche dieselben in absoluten Widerstreit mit den Vorschriften des Gesetzes bringen; ich möchte dabei auch im besonderen auf die Bestimmung des § 12 Abs. 3 HGB. verweisen! „Die Landschaften sind heute", wie Maurer in Schmollers Jahrbüchern 1915 S. 221 sagt, „nicht mehr in bürokratischen Fesseln beengte Pfandbriefinstitute, sondern die Spitzen eines großen Finanzkonzerns, der Real- und Personalkredit gibt, Wechsel-, Lombard- und Effektengeschäfte betreibt usw. und als Ganzes eine Bedeutung hat, die ziffernmäßig über die mancher Bankkonzerne hinausgeht.

Die Hypothekenbanken sind, das muß offen festgestellt werden, ohne ihr Verschulden — ausschließlich auf Grund der für sie bestehenden Vorschriften des Hypothekenbank-Gesetzes — gegenüber den öffentlichen Realkreditanstalten teilweise Stiefkinder geworden und werden von gewissen amtlichen Stellen scheel angesehen, die sich keine Rechenschaft darüber abgeben, daß diese einengenden Vorschriften gegeben sind mit Rücksicht auf das allgemeine und hohe Vertrauen, dessen ihre Pfandbriefe bedürfen und das dieselben genießen. Wenn bei dem letzten 41. Deutschen landwirtschaftlichen Genossenschaftstag in München im Juni d. J. der Präsident der Landwirtschaftskammer für die Rheinprovinz, Herr Freiherr von Lüninck, Bonn, unter lebhafter Zustimmung der Versammlung erklärt: „kein Apparat ist so ungeeignet, Kapital an die wirtschaftlich richtige Stelle zu leiten als der bürokratisch politisierte Staatsapparat" und staatliche Kreditpolitik ablehnt, und wenn Landesökonomierat Katholy, Landau, auch vom Standpunkt der ländlichen Kreditgenossenschaften aus bedauert, daß das Interesse der öffentlich-rechtlichen Geld- und Kreditinstitute seitens der Behörden immer wieder in erster Linie zu fördern gesucht wird, so befinden wir uns hinsichtlich dieser Klagen in voller Uebereinstimmung.

Die Hypothekenbanken können aber ihres glänzend eingespielten Apparates wegen nicht entbehrt werden und gerade die Kredite der Rentenbankkreditanstalt geben hierfür einen sprechenden Beweis ab.

Man darf also zu der Einsicht der maßgebenden Kreise das Vertrauen haben, daß sie alles unterlassen, was die Tätigkeit der Hypothekenbanken beschränken, und alles tun, was ihre Tätigkeit fördern kann.

Der Herr Reichsbankpräsident weist in seinem Buche „Die Stabilisierung der Mark" nachdrücklich darauf hin, daß vor allem der langfristige Hypothekarkredit für die Landwirtschaft wieder aufgebaut werden müsse.

Die Anerkennung der Bedeutung des Hypothekarkredits für die Landwirtschaft von solch kompetenter Stelle erfüllt uns mit der Hoffnung, daß auch seine Hilfe dazu beitragen wird, die daraus entstehenden Aufgaben zu lösen.

Die Hypothekenbanken, welche nach ihren geschäftlichen Grundsätzen den landwirtschaftlichen Hypothekar-Kredit pflegen, stellen sich freudig und uneingeschränkt in den Dienst dieser im höchsten Sinne vaterländischen Belange.

Als Volk haben wir unseren Wehrstand verloren; unseren Nährstand wieder flott machen zu helfen werden die Hypothekenbanken als ihre Ehrenpflicht erachten. (Lebhafter Beifall.)

Präsident Geheimrat Prof. Dr. Riesser:

Ich danke auch meinerseits Ihnen, sehr geehrter Herr Geheimrat, für Ihr treffliches Referat. Ich bin überzeugt, daß Ihre inhaltreichen Ausführungen für alle künftigen Erörterungen der Probleme des landwirtschaftlichen Realkreditwesens eine besonders wertvolle Grundlage sein werden. Nochmals danke ich Ihnen.

Ich eröffne nunmehr die Diskussion und gebe das Wort Herrn Dr. Brandes, Präsidenten des Deutschen Landwirtschaftsrats, den ich mit Vergnügen hier begrüße.

Dr. Brandes, Präsident des Deutschen Landwirtschaftsrats:

Meine sehr verehrten Damen und Herren! Als Präsident des Deutschen Landwirtschaftsrats, der Spitzenorganisation sämtlicher deutscher Landwirtschaftskammern, habe ich zunächst die Ehre, Ihnen, Ihrem Vorstande sowie dem ganzen Bankiertag für die Einladung zu danken, dafür, daß Sie auch Vertreter der Landwirtschaft zu Ihrer Bankiertagung eingeladen haben. Wir sind dieser Einladung sehr gern gefolgt. Die Tatsache allein, daß zu einer Bankiertagung Landwirte eingeladen werden, sowie die fernere Tatsache, daß Sie einen erheblichen Teil, den heutigen ganzen Vormittag Ihrer doch wahrlich recht beschränkten Zeit der Diskussion über landwirtschaftliche Fragen widmen, zeigt, wie sehr Sie die Bedeutung der Landwirtschaft einschätzen, zeigt aber auch, wie Sie von der ganz richtigen Erkenntnis ausgehen, daß heutzutage es nicht genügt, daß jeder nur die Verhältnisse seines eigenen Berufs vor Augen hat und sich Scheuklappen gegenüber dem anlegt, was andere Berufe brauchen. Heutzutage muß der Blick eben weiter gerichtet werden. Man muß, wenn man als Wirtschaftler sprechen, wenn man als Wirtschaftler brauchbare Vorschläge machen will, sich umsehen, wie es in der Welt auch bei anderen Berufen steht, und aus diesem Umsehen, aus diesem Sicheindenken, Sicheinfühlen in andere Berufe dann etwas Brauchbares herausdestillieren und zu einer Zusammenarbeit zwischen den Berufen kommen.

Meine Damen und Herren! Ich kann versichern, daß die Landwirtschaft zu dieser Zusammenarbeit durchaus bereit ist und diese Zusammenarbeit wünscht. Daß eine solche Zusammenarbeit gute Früchte tragen kann, dafür möchte ich Sie an die Zusammenarbeit seinerzeit in der alten Rentenbank erinnern. In dieser alten Rentenbank saßen Industrie, Banken, Handel und Landwirtschaft zusammen, um die nicht ganz einfache Frage zu lösen: die Stabilisierung der Währung, die beschlossen war, nunmehr in die Praxis umzusetzen und durchzuführen. Mir ist die Erinnerung an diese Zusammenarbeit immer deshalb eine so besonders freudige und angenehme gewesen, weil es sich herausgestellt hat, daß in diesem Gremium, zusammengesetzt aus den verschiedensten Berufsständen, die aber nur immer die Sache im Augen hatten, es zu Meinungsverschiedenheiten eigentlich kaum gekommen ist und daß alle irgendwie wichtigen Beschlüsse eigentlich immer einstimmig gefaßt wurden.

Daß aber der Wunsch nach Zusammenarbeit in der Landwirtschaft nicht nur eine Geste oder ein façon de parler ist, die man so bei Gelegenheit vorbringt, das bitte ich auch daraus zu ersehen, daß, nachdem die Rentenbank-Kreditanstalt gegründet war als reine landwirtschaftliche Zentralbank, der Verwaltungsrat der Rentenbank-Kreditanstalt einmütig beschlossen hat, einen Bankier zu sich als vollberechtigtes, stimmführendes Mitglied zuzuwählen. Das zeigt, wie sehr wir in der Landwirtschaft auf Ihre Mitarbeit Wert legen.

Ich könnte mir sehr wohl denken, daß ein solches Gremium, wie wir es in der alten Rentenbank hatten, oder ein ähnliches Gremium zur Lösung der immer brennender werdenden Frage der Rentabelmachung der deutschen Wirtschaft sehr wohl wertvolle Arbeit leisten könnte und daß dabei auch über die sehr schwierige Frage der Wiederrentabelmachung und Wiederflottmachung der deutschen Landwirtschaft sehr richtige Beschlüsse herauskommen könnten. Für mich wenigstens besteht kein

Zweifel darüber, daß die deutsche Wirtschaft, als Ganzes betrachtet, heute bezüglich der Rentabilität — ich will mich ganz milde ausdrücken — recht viel zu wünschen übrigläßt. Daran ändern meines Erachtens auch die inzwischen erfreulicherweise angewachsenen Sparguthaben nichts, denn letzten Endes sind diese Guthaben auch auf der deutschen Wirtschaft basiert; und wenn die Rentabilität der deutschen Wirtschaft aufhört, dann sind auch diese Guthaben entwertet. Man braucht ja nicht einmal an eine neue Inflation zu denken. Aber wenn die Grundlagen für Guthaben umgestürzt und schwach werden, so leiden naturgemäß die Guthaben auch selbst mit darunter. Solange aber eine Kapitalbildung in den Betrieben selbst in ausreichendem Maße nicht erfolgt, kann ich den Zustand der deutschen Wirtschaft nicht als gesund ansehen, denn jeder noch so verhältnismäßig geringfügige Anlaß kann Ursache dazu sein, daß wir in ganz große Schwierigkeiten kommen. Solange namentlich auch ein so wichtiger Wirtschaftszweig wie die Landwirtschaft zum großen Teil unrentabel ist, kann ich auch die ganze wirtschaftliche Lage doch nur als sehr ernst ansehen. Es bleibt doch nach wie vor ein unheimlicher Gedanke, daß das deutsche Volk in seiner Ernährung tatsächlich jetzt von dem Zustrom ausländischen Darlehnskapitals abhängig geworden ist.

Nun, meine Damen und Herren, noch einige kurze Bemerkungen zu den Ausführungen der Herren Referenten, die wir heute morgen gehört haben. Sie werden von mir nicht erwarten, daß ich auf Einzelheiten oder auf Zahlen da eingehen soll. Ich kann nur versichern, daß es im wesentlichen dieselben Gedankengänge sind, die wir heute morgen gehört haben, wie diejenigen, die wir in der Landwirtschaft selbst oft genug verfolgt haben. Es zeigt sich eben wieder einmal, daß, wenn Männer, die im praktischen Wirtschaftsleben stehen, sich unvoreingenommen mit Wirtschaftsfragen beschäftigen, sie dann meistens zu genau denselben Resultaten kommen, ganz gleichgültig, welchem Berufe sie angehören. (Sehr richtig!) Es ist mir daher eine besondere Freude, feststellen zu können, daß wir mit den Gedankengängen der Herren Referenten durchaus übereinstimmen.

Nur einige Bemerkungen bitte ich mir zu erlauben. Wir unterschätzen keineswegs die Wichtigkeit und Notwendigkeit der Typisierung und Standardisierung, und wir arbeiten ja fortwährend in dieser Richtung und haben auch vielleicht schon manches darin erreicht. Aber, meine Herren, es wäre doch ein Irrtum, zu glauben, daß allein durch diese Mittel der Landwirtschaft geholfen werden könne. Um ihr zu helfen, dazu gehören noch andere Maßnahmen, namentlich auch Maßnahmen auf wirtschaftspolitischem Gebiete, Maßnahmen, deren Endzweck sein muß, vermehrte Rentabilitätsmöglichkeiten in der Landwirtschaft zu schaffen. Wenn z. B., um nur ein Beispiel anzuführen, der Preis für Rindvieh-Lebendgewicht, den heute der Bauer bekommt, unter oder höchstens auf Vorkriegszeit liegt, so ist eine rentable Rindviehzucht ausgeschlossen (sehr richtig!); und doch, meine Damen und Herren, bietet gerade die Viehzucht, die Rindviehzucht das Rückgrat so außerordentlich vieler, gerade bäuerlicher Betriebe. Auf die Dauer ist es auch unmöglich, einen Ausgleich etwa dadurch zu schaffen, daß der Lebensstandard des Bauern und — nicht zu vergessen! — der Bäuerin unter dasjenige Maß herabgedrückt wird, das andere Berufsstände im Deutschen Reiche mit Recht für sich beanspruchen, unter das Maß, das man dem Arbeiter ohne weiteres zubilligt. (Sehr richtig!) Leider ist das heute schon in weiten Kreisen der bäuerlichen Bevölkerung der Fall; und es wird tatsächlich augenblicklich vielfach, man kann geradezu sagen, ein Raubbau an der Lebenskraft der Bauernfamilien getrieben. (Sehr richtig!) Ich kenne sogar genug Bezirke im Deutschen Reich — und mein Weg führt mich ja ziemlich weit herum —, wo der Lebensstandard des Bauern augenblicklich schon unter dem des arbeitslosen Rentenempfängers liegt.

Meine Herren! Gewiß, wir sind hier alle Wirtschaftler. Aber wir wollen doch auch nicht vergessen, daß es auch Imponderabilien gibt, die sich nicht bilanzmäßig, nicht zahlenmäßig fassen lassen. Es wird niemand von Ihnen z. B. die Kultur, die in einem deutschen Bauernhause liegt, missen wollen. Es wird niemand von Ihnen die Heimattreue, die Heimatliebe, den Fleiß und die Arbeit, die dort aufgewendet werden, in Deutschland missen wollen. Gerade hier am Rhein, in der Stadt mit dem ewigen Dom kommt es doch jedem zum Bewußtsein, daß es zwischen Himmel und Erde auch noch andere Dinge gibt als nur Geld und Geldeswert; und eine der Stätten, in denen auch solche andere Dinge gedeihen, ist das deutsche Bauernhaus.

Ich möchte wünschen, daß es unserer gemeinsamen Arbeit gelingen möge, dieses köstliche deutsche Kleinod auch in aller Zukunft unserem deutschen Vaterlande zu erhalten. Ich glaube, meine Damen und Herren, das ist tatsächlich eine Arbeit, die des Schweißes der Edlen wert ist. (Lebhafter allseitiger Beifall.)

Präsident Geheimrat Prof. Dr. Riesser:

Das Wort hat nun in der Diskussion Herr Heinrich v. Sybel, Direktor des Reichslandbundes, Mitglied des Reichstags und des Vorl. Reichswirtschaftsrats.

Direktor v. Sybel, Direktor des Reichslandbundes, Mitglied des Reichstags und des Vorl. Reichswirtschaftsrats:

Meine Damen und Herren! Namens des Reichslandbundes, der größten freien wirtschaftspolitischen Organisation der deutschen Landwirtschaft, sage ich dem Deutschen Bankiertage unseren Dank dafür, daß er das deutsche Agrarproblem zu einem der Hauptverhandlungsgegenstände seiner diesjährigen Tagung gemacht hat. Wir danken dem deutschen Bankierstande für das hierin liegende Bekenntnis zur Schicksalsverbundenheit aller Zweige der deutschen Wirtschaft und zur Notwendigkeit der Mitarbeit an der Linderung der deutschen Agrarkrise. Insbesondere wissen wir Herrn Dr. Solmssen und den anderen Herren Referenten gerade des heutigen Tages Dank für die eingehende Schilderung der Lage und Bedeutung der deutschen Landwirtschaft und für die Aufzeigung großer Ziele, auf die seitens der Landwirtschaft und der ihr nahestehenden Berufe hingearbeitet werden muß. Ich freue mich, hier feststellen zu können, daß wir uns mit seinen Ausführungen — bei Vorbehalt natürlich der Diskussion über Einzelheiten — in der großen Linie in Uebereinstimmung befinden. Die Probleme der Förderung des Absatzes und die hiermit in unlöslichem Zusammenhang stehenden Probleme der Produktionsverbesserung halten auch wir für brennende Fragen der Agrarpolitik, gerade nachdem die deutsche Landwirtschaft infolge der Kriegs- und Zwangswirtschaft und des uns hierdurch aufgezwungenen Raubbaues an deutschem Grund und Boden bisher nicht in der Lage gewesen ist, den Vorsprung auf diesem Gebiete einzuholen, den andere Länder, die nicht oder doch weniger am Kriege beteiligt waren und unter den Kriegsfolgen zu leiden hatten, in jenen Jahren gemacht haben.

Die Wirtschaftslage der Landwirtschaft wird ebenso wie bei jedem anderen Berufstätigen am einfachsten gekennzeichnet und ist am einfachsten zu erkennen am Jahresergebnis. Wenn heute Herr Dr. Solmssen das Jahreseinkommen der deutschen Landwirtschaft durchschnittlich mit etwa 9½ Milliarden angegeben hat, so muß von diesem Einkommen, wenn man die Lage des Landwirts ermitteln will, der Betrag abgezogen werden, den der Landwirt noch für Löhne, also für einen großen Posten seiner Ausgaben, weiter ausgegeben hat; und dann kann man wohl annehmen, daß das eigentliche Einkommen des Landwirts, also des eigentlichen Landwirts, nicht mehr als jährlich in den letzten Jahren durchschnittlich 1,5 Milliarden betragen hat. Von diesem Betrage sind nur 300 Millionen als bares Einkommen anzusprechen, während der Rest von 1,2 Milliarden den Wert des Eigenverbrauchs darstellt. Bedenkt man, daß die Landwirtschaft allein durchschnittlich in den letzten Jahren an reinen Steuern an Reich, Länder und Gemeinden etwa 800—900 Millionen aufgebracht hat, so ergibt sich, daß die Landwirtschaft an Steuern allein das Dreifache dessen aufgebracht hat, was sie an barem Einkommen gehabt hat.

Es ergibt sich ferner hieraus, daß schon allein diese Steuerleistung zum größten Teil nur durch Schuldenaufnahme und weitestgehende Einschränkung des eigenen Lebensmittelbedarfs aufgebracht worden ist. So paradox es für einen Stand, der die Lebensmittel erzeugt, klingen mag: wir kommen nicht an der Tatsache vorbei, daß außer durch Schuldenaufnahme die Steuerleistung der Landwirtschaft überwiegend nur durch das Hungern der Bauern ermöglicht worden ist — dies ein Kennzeichnen der Vergangenheit!

Aber auch die Aussichten für die nächste Zukunft erfüllen uns mit schwerer Sorge. Die von Herrn Dr. Solmssen gekennzeichneten Ziele werden sich von heute auf morgen nicht verwirklichen lassen. Es sind bitter notwendige Maßnahmen. Aber es sind Maßnahmen auf lange Sicht. Schon heute, wo der Landwirt mit seinen Verkäufen noch gar nicht oder nur zum Teil am Markte ist, haben die Getreidepreise in den letzten Wochen und Tagen einen starken Sturz aufzuweisen, von dem aber infolge spekulativer Maßnahmen anderer Kreise der Konsument nicht einmal einen Vorteil haben wird. Eine glänzende Welternte an Weizen und Gerste löst hinsichtlich der Preisentwicklung die schärfsten Befürchtungen für die nächste Zukunft aus. Auch die heimische Ernte verspricht leidliche Ergebnisse und damit von sich aus auch schon einen Druck auf die Preise. Wenn in der letzten Zeit die Schweinepreise vielleicht die gegenwärtigen Gestehungskosten decken können, so liegt doch in ihnen nicht die geringste Reserve zum Ausgleich der katastrophalen Preise der jüngsten Vergangenheit, noch eine Reserve zum Ausgleich von Schwankungen der Zukunft, von denen ja gerade gestern Herr Goldschmidt in seinem großen Referat gesprochen hat. Auch in der Rindviehhaltung ist noch keine Rentabilität zu erblicken.

So wichtig also die Verbesserung der Produktion und des Absatzes ist, so bedarf sie, wie vor einiger Zeit noch in Amerika der Präsident Coolidge ausgeführt hat, doch daneben auch des Schutzes gegen die unterbietende ausländische Konkurrenz. Ich will das ominöse Wort „Schutzzoll" hier nicht aussprechen. Aber solange das durch Steuern, soziale und sonstige Ausgaben nicht so belastete Ausland zu einem Preise anbieten kann, der die deutschen Gestehungskosten nicht zu decken vermag, werden Ausgleichsmaßnahmen für die deutsche Landwirtschaft nicht entbehrt werden können. Deckung der Produktionskosten, angemessene Entlohnung der eigenen Arbeit und angemessene Verzinsung des investierten Kapitals in der Landwirtschaft sind Forderungen der Landwirtschaft, über deren Berechtigung ich wohl in diesem Kreise rechnender Kaufleute nicht erst zu sprechen brauche.

Es liegt mir fern, meine Damen und Herren, hier nach den eingehenden Darstellungen der heutigen Referate etwa noch im einzelnen Wünsche der Landwirtschaft vorzubringen. Ich stelle nur mit Befriedigung und nochmaligem Danke fest, daß Ihre Tagung insbesondere in den heutigen Referaten und dann auch grundlegend in dem großen und umfassenden Vortrag, den gestern Herr Geheimrat Hagen gehalten hat, meines Erachtens den Beweis erbracht hat, daß zwischen Bankierstand und Landwirtschaft Einmütigkeit über die Notwendigkeit der Lösung des

Agrarproblems im Interesse der deutschen Gesamtwirtschaft besteht, Einmütigkeit auch über große gemeinsam zu verfolgende Ziele und mit dieser Erkenntnis auch die Möglichkeit der Zusammenarbeit an nationaler Wirtschaftspolitik aus gemeinsamer deutscher Kraft. (Lebhafter Beifall.)

Präsident Geheimrat Prof. Dr. Riesser:

Das Wort hat in der Diskussion nunmehr Herr Dr. Crone-Münzebrock, Berlin, Mitglied des Reichstags und des Vorl. Reichswirtschaftsrats.

Dr. Crone-Münzebrock, Berlin, Mitglied des Reichstags und des Vorl. Reichswirtschaftsrats:

Meine verehrten Damen und Herren! Auch meinerseits möchte ich meine besondere Freude darüber zum Ausdruck bringen, daß heute der Bankiertag sich so eingehend mit den Fragen der Landwirtschaft beschäftigt hat; konnte man doch aus den Ausführungen entnehmen, daß auch der Bankiertag über die Bedeutung der Landwirtschaft nicht nur für die Gesunderhaltung des deutschen Volkes an Körper und Geist, sondern vor allen Dingen auch über die Bedeutung der Landwirtschaft als Grundlage der Kaufkraft des deutschen Volkes sich voll im klaren ist. Im deutschen Vaterlande bildet die Landwirtschaft mehr als in anderen Ländern die Grundlage der Kaufkraft für die gesamte Wirtschaft. Deutschland ist in seiner Wirtschaftspolitik, in seinem ganzen Wiederaufbau mehr auf sich selbst angewiesen, als das bei anderen Ländern der Fall ist, so daß gerade in Deutschland mehr als in anderen Staaten die Gesundung der Landwirtschaft und damit die Rentabilität der Landwirtschaft die Grundlage für die Entwicklung der ganzen Wirtschaft bildet.

In den Referaten wurden nun die verschiedensten Wege angegeben, um eine Wiederherstellung der Rentabilität der deutschen Landwirtschaft, eine Gesundung der Landwirtschaft herbeizuführen. Es wurde gesprochen von Standardisierung, von Regelung des Absatzes etc., Fragen, die uns ja auch in der Landwirtschaft, insbesondere auch in den deutschen Bauernvereinen seit Jahren beschäftigen, Fragen, die ja eigentlich die landwirtschaftlichen Organisationen beschäftigt haben, solange sie bestehen. Wenn die deutschen landwirtschaftlichen Organisationen und damit die deutsche Landwirtschaft in diesen

Fragen nicht die Erfolge aufzuweisen hat, die wir in Amerika, in Holland, in Dänemark und anderen Ländern sehen, so ist das darauf zurückzuführen, daß wir bei uns auch mit ganz anderen Vorbedingungen zu rechnen haben. Hingewiesen wurde in dem Referate schon darauf, daß wir es bei uns nicht mit einem einheitlichen Reich zu tun haben. Hinweisen möchte ich aber insbesondere auf die Verschiedenheit der Bodenverhältnisse, der klimatischen Verhältnisse, die wir in Deutschland vorfinden, auf den umfangreichen Kleinbesitz, wie wir ihn besonders im Süden und Westen haben — alles Momente, die eine Standardisierung und eine Absatzregelung sehr erschweren. Es werden aber die landwirtschaftlichen Organisationen, insbesondere auch die deutschen Bauernvereine auch in Zukunft in erhöhtem Maße sich diesen Aufgaben widmen.

Nun bin ich allerdings der Ansicht, so wertvoll auch diese Fragen der Standardisierung und der Absatzregelung für die Landwirtschaft sein mögen, daß sie allein nicht genügen, um die Rentabilität der Landwirtschaft dauernd zu sichern. Die deutsche Landwirtschaft hat gegenüber den Konkurrenzländern doch mit Lasten zu rechnen, die diese Länder nicht kennen. Wir haben Arbeitslöhne, soziale Lasten, Steuerlasten, die bedeutend höher sind als in manchen Konkurrenzländern. Es wird auch in Zukunft der deutsche Arbeiter, so auch der Landarbeiter und der Bauer auf Grund der allgemeinen kulturellen Entwicklung nicht mit dem Lohn zufrieden sein können, den meinetwegen ein ägyptischer Kuli bekommt. Solange aber diese höheren Lasten da sind, solange unsere deutschen Arbeiter und Bauern nicht mit dem Lohn zufrieden sein können, den ein ägyptischer Kuli erhält, wird es auch notwendig sein, daß deutsche Arbeit auch in der Landwirtschaft gegenüber ausländischer Konkurrenz in richtiger Weise in Schutz genommen wird. Wir sind hierzu leider um so mehr gezwungen, als andere Länder zu einem erhöhten Schutz übergegangen sind und weiter auch die Landwirtschaft ja indirekt von den an sich notwendigen Maßnahmen zum Schutze der deutschen Industrie mitgetroffen wird.

Wenn aber in allen Berufsständen ein so verständnisvolles Zusammenarbeiten angestrebt wird, wie es hier heute vormittag auf der Bankiertagung der Fall ist, wenn alle Berufsstände erkennen, daß in einem modernen Kulturstaate die verschiedenen Berufsstände einen lebendigen Organismus bilden, an dem kein Glied erkranken kann, ohne daß die anderen Glieder in Mitleidenschaft gezogen werden, wenn man rechtzeitig erkennt, daß alle Berufsstände aufeinander angewiesen sind, dann hoffe ich, daß auch eine Wiedergesundung der deutschen Landwirtschaft und damit ein erfolgreicher Wiederaufbau der deutschen Wirtschaft möglich sein wird. (Lebhafter Beifall.)

Präsident Geheimrat Prof. Dr. Riesser:

Das Wort hat Herr Dr. Max Warburg.

Dr. Max M. Warburg, Hamburg:

Meine sehr geehrten Herren! Es ist über das Thema heute vormittag so ausführlich gesprochen worden, daß ich kaum glaube, daß es nötig ist, die Resolution, die Sie alle in Händen haben, noch einmal besonders zu befürworten. Ich habe nur wenige Worte hinzuzufügen.

Ich möchte nicht, daß vielleicht der Glaube aufkommt, als wenn wir heute vormittag zuerst in unserem Bankierherzen die Landwirtschaft entdeckt hätten. (Heiterkeit.) So ist es nicht. Was wir entdeckt haben, ist lediglich, daß die Zeitverhältnisse uns zwingen, noch mehr Schulter an Schulter mit der Landwirtschaft zusammenzuarbeiten als bisher, da diejenigen Geldquellen, die bisher der Landwirtschaft zugeflossen sind, nicht mehr so reichlich fließen. — Diese ganze landwirtschaftliche Frage ist von uns schon früher behandelt worden, und zwar als Währungsfrage. Sehr häufig ist in unserem Kreise ausgeführt worden, daß letzten Endes unsere Währungsfrage eine landwirtschaftliche Frage ist (sehr richtig!), denn alles Herumdoktern an der Währung ist nicht so wichtig wie die geringere Einfuhr von Nahrungsmitteln, die wir auf eigenem Boden produzieren können.

In dieser Stadt, hier in Köln, wo wir so vorzüglich aufgenommen worden sind, wird mehr vielleicht als in irgendeiner anderen Stadt das Wort Okkupation verstanden. Wir sind augenblicklich in Deutschland in einer Lage, die man als eine „finanzielle Okkupation" bezeichnen kann, eine finanzielle Okkupation, die viel gefährlicher ist — wenn auch für den Augenblick nicht so erkennbar — als die militärische

Okkupation, die wir leider noch immer hier in Deutschland erdulden müssen, denn diese finanzielle Okkupation, die nicht einmal zeitlich begrenzt ist, hat Folgen, die heute für uns nicht übersehbar sind. Wir leben wie in einer belagerten Festung; und wenn wir aus dieser Festung heraus wollen, dann befinden sich an den Toren Wächter, die uns nicht hinaus lassen, und diese Wächter tragen die Uniform der Beratungsstelle; diese Beratungsstelle ist uns allen höchst unsympathisch, aber ihr Vorhandensein ist leider heute noch eine Notwendigkeit, denn das, was die Beratungsstelle will, möchten wir alle: eine Zurückhaltung in der Aufnahme von Anleihen. Wir möchten einen Streik der Geldnehmer, damit diejenigen in eine Notlage kommen, die ihre Gelder anlegen wollen und müssen. Nur so werden wir ein Zinsniveau für unsere Anleihen erhalten, das unserer würdig ist und das sich, wenn überhaupt, nur wenig von dem Zinsniveau unterscheidet, auf dem sich die Anleihen erstklassiger Länder befinden. Wir müssen darauf gefaßt sein, daß diese finanzielle Okkupation noch länger dauert. Einer der großen Fehler Deutschlands während des Krieges war, daß die maßgebenden Herren immer an eine kurze Dauer des Krieges glaubten und daß uns auch immer während des Krieges eingeredet wurde, daß der Krieg bald zu Ende wäre; das war eine falsche Propaganda. Wenn wir etwas von den Engländern lernen können, so ist es, daß sie bei allem Unglück und bei allen Gefahren, in denen sie sich befinden, sich immer auf eine lange Dauer der Gefahr, auf eine lange Krisis einstellen. Wir müssen uns auf eine lange finanzielle Okkupation einstellen. Wollen wir das, so müssen wir finanziell möglichst unabhängig sein; dazu gehört auch, daß wir — und das ist in dieser Resolution ausgedrückt, und das ist der Zweck der ernsten Arbeit meines Kollegen Dr. Solmssen — in Ruhe, wenn auch mit größter Anstrengung diese finanzielle Okkupation aushalten können, solange wir es müssen. Auch aus diesem Grunde bitte ich Sie, die Resolution anzunehmen. (Lebhafter Beifall.)

Präsident Geheimrat Prof. Dr. Riesser:

Das Wort hat zum Schluß Herr H. J. Davidsohn, Geschäftsinhaber der Berliner Industriebank, K. G. a. A., Berlin.

H. J. Davidsohn, Berlin:

Meine Damen und Herren! Ich möchte nur einen kurzen Moment Ihre Aufmerksamkeit in Anspruch nehmen und auf ein Gebiet hinweisen, das heute im Rahmen der Besprechung der landwirtschaftlichen Interessen nicht erwähnt worden ist. Das ist das Gebiet der Siedlungen. Es wäre sehr leicht, in größerem Umfange als es bisher geschehen ist, Kapitalisten für diese Anlage von Kapital in der Siedlung zu gewinnen, d. h. unter der Voraussetzung, daß die Gemeinnützigkeit auf einem anderen Zinsfuß basiert. Es ist bekannt, daß dieser Zinsfuß auf 5 pCt. bemessen ist, und zwar bereits aus der Vorkriegszeit. Damals war der normale Satz der Reichsanleihe-Verzinsung 4 pCt., und es war dadurch dem Kapital, das für Siedlungen sich interessierte, 1 pCt. mehr Gewinn gewissermaßen zugebilligt. Heute ist der Zinsfuß von 5 pCt. selbstverständlich eine Höhe, die unmöglich Privatkapital anreizen kann. Das Interesse für die Siedlungen ist infolgedessen vollständig zurückgegangen und so zurückgegangen, daß auch jetzt gar nicht mehr daran gedacht wird, vielleicht die Beträge, die aus der Reichskriegsentschädigung einfließen, diesem Zweck zuzuführen. Ich erwähne das aus einem ganz besonderen Erlebnis, das ich noch kurz hier schildern will.

Ich habe kürzlich an eine Gesellschaft hier geschrieben, die mehrere Millionen aus der Reichsentschädigung bekommen wird, und habe angeregt, zu erwägen, diesen doch immerhin sehr großen Betrag, den die Gesellschaft zum Teil additionell bekommt „für Wiederaufbau und Entwurzelung", der Innenkolonisation zuzuführen. Selbstverständlich weiß ich sehr wohl, daß es auch sehr wichtig für Deutschland ist, im Ausland wieder Fuß zu fassen und dort zu kolonisieren. Aber wichtiger ist doch noch die innere Siedlungstätigkeit. Ich habe gemerkt, daß die Kenntnis dieser Angelegenheiten nicht sehr umfangreich ist, denn die Antwort, die mir zuteil wurde, war die, daß diese Gesellschaft, die mehrere Millionen jetzt bekommen wird, sich schon fest im Auslande oder für Auslandstätigkeit gebunden hat und wohl auf Grund dieses Planes auch die Bewilligung erhalten hat, und zwar weil die Gesellschaft nicht glaubt, daß sie für Innenkolonisation die Zusatzbeträge bewilligt bekommen hätte. Ich habe darauf an das Reichsentschädigungsamt geschrieben und ausdrücklich die Bestätigung bekommen, daß für

Innenkolonisation, die im allgemeinen Interesse liegt, die Wiederaufbauzuschläge ausgezahlt werden.

Ich möchte kurz darauf zurückkommen, daß Herr Dr. Solmssen erwähnt hatte, wie wertvoll die Nahrungsmittel Milch, Butter, Obst, Gemüse als Edelprodukte sind. Gerade die Aufzucht dieser landwirtschaftlichen Erzeugnisse ist ja speziell für den Kleinbetrieb geeignet. Es ist also sehr wichtig, die Ansiedlung von kleinen Landwirtschaften zu pflegen und dafür auch Kapital zur Verfügung zu stellen.

Ich möchte dann weiter noch sagen, daß es ebenso wichtig ist, auch den Arbeitern landwirtschaftlich zu selbständigen Existenzen zu verhelfen. Ich habe auf diesem Gebiete auch eine Erfahrung gemacht, die ich hier noch kurz erwähnen will. Ich war an Hand der Arbeiten, die ich in dieser Sache hier unternommen habe, mit einem großen Institute in Verbindung getreten, das außerordentliche Kapitalien aus Arbeiter-, Beamten- und Angestelltenkreisen verwaltet. Ich hatte angeregt, auch zu ländlichen Hypotheken, besonders für Arbeitersiedlungen Gelder zur Verfügung zu stellen. Eine Antwort hierauf ist mir bis heute bejahend noch nicht zugegangen, trotzdem mehrere Monate verstrichen sind. Ich möchte auf den Geschäftsbericht verweisen, den die Bayerische Siedlungs- und Landbank im letzten Jahre veröffentlicht hat und in dem an statistischen Belegen unter anderem ausgeführt ist, daß bei 4000 ländlichen Arbeitersiedlungen, die in den letzten 10 Jahren von dieser Gesellschaft errichtet worden sind, im letzten Jahre, ich glaube, nur ein einziger aus Vermögensverfall zu einem Verkauf geschritten ist, im übrigen noch 5 aus Familienverhältnissen, Todesfall, dazu gezwungen waren.

Ich möchte, bevor ich meine Ausführungen beende, noch auf einen Umstand hinweisen, der für die Heranziehung von Privatkapital für die Binnensiedlung von großer Wichtigkeit ist. Das ist nämlich die Regelung der sogenannten „öffentlich-rechtlichen Verhältnisse", d. h. die Regelung der Gemeinde-, Kirchen- und Schulverhältnisse. Die Aufwendungen, die hierfür gemacht werden müssen, belasten die ländlichen Siedlungsunternehmen in einem außerordentlich starken Maße. Dem gegenüber braucht ein städtischer Bauunternehmer, auch wenn er hunderte von Wohnungen baut, für diese Dinge keinen Pfennig aufzubringen. Das ist eine Benachteiligung der Binnensiedlung, die die Nutzbarmachung von angemessen zu verzinsenden Privatkapitalien sehr erschwert, wenn nicht gar ausschließt. Es wäre deshalb dringend zu wünschen, daß der Staat die Aufwendung für die öffentlich-rechtlichen Leistungen in voller Höhe übernähme. Ich wollte das hier einmal vorbringen, um vielleicht auf diesem Wege diese Angelegenheit ins Rollen zu bringen.

Präsident Geheimrat Prof. Dr. Riesser:

Ich schließe nunmehr die Diskussion zu dem Thema 3.

Es liegt den Herren eine Entschließung zu diesem Thema über die Lage der Landwirtschaft und ihre Bedeutung für das Bankgewerbe vor, und ich gehe wohl nicht irre, wenn ich meine, daß eine nochmalige Verlesung der inzwischen verteilten Resolution nicht erforderlich ist. — Es erfolgt kein Widerspruch. Ich werde sie also nicht verlesen lassen, sondern bitte nunmehr diejenigen Herren, welche mit der Entschließung zum Thema 3, wie sie hier vorliegt, einverstanden sind, ihre Hand zu erheben. — Die Gegenprobe! — Ich stelle fest, daß diese Entschließung einmütig angenommen ist, und darf nunmehr die Vormittagsberatungen schließen. Ich bitte aber, davon Notiz zu nehmen, daß wir um ¾3 Uhr zu dem letzten Thema wieder zusammenkommen.

Entschließung zu Thema III:

„Die Lage der Landwirtschaft und ihre Bedeutung für das Bankgewerbe."

Das Ergehen der deutschen Landwirtschaft fordert angesichts seiner außerordentlichen Bedeutung für das Wohl aller übrigen Berufsstände, sodann aber angesichts der übermäßigen, die deutsche Handelsbilanz gefährdenden Höhe des jährlichen Lebensmittelimports die besondere Aufmerksamkeit aller Kreise des Bankgewerbes.

Der Landwirtschaft kann wirksam nur durch solche Maßnahmen geholfen werden, welche eine dauernde Wiederherstellung der Rentabilität des landwirtschaftlichen Betriebes zum Ziele haben.

Für eine aktive Mitarbeit der deutschen Banken und Bankiers an der Verbesserung der Lage der Landwirtschaft durch Versorgung ihres Kreditbedarfs über das heutige Maß hinaus müssen wichtige Vorbedingungen von der Landwirtschaft selbst geschaffen werden. Es sind Einrichtungen anzustreben, welche den Ersatz des Personalkredits durch Warenkredite ermöglichen und gestatten, dem Landwirt durch Beleihung seiner geernteten Erzeugnisse die Betriebsmittel zur Weiterführung der Wirtschaft zur Verfügung zu stellen und ihn also von dem Zwange zu befreien, seine Erzeugnisse sofort nach der Ernte auf den Markt zu werfen. Um dieses Ziel zu erreichen, ist verstärkte Einführung der Standardisierung der einzelnen Erzeugnisse auf Grund amtlicher Normativbestimmungen geboten, durch welche die Zusammenfassung gleichartiger Erzeugnisse derselben Qualität zu Mengen ermöglicht wird, die groß genug sind, um der Vorteile der Massenbewegung teilhaftig zu werden. In Verbindung hiermit ist das Lagerhauswesen zu entwickeln und das Rechtsinstitut des handelbaren Lagerscheins auszubilden, um durch diese Einrichtung die Verfügung über vertretbare, nach Quantität und Qualität verbürgte Mengen landwirtschaftlicher Erzeugnisse zu gestatten. Eine Beschränkung der freien Bewegung des Handels in solchen Produkten soll und darf mit den der Rationalisierung ihres Absatzes dienenden Maßnahmen nicht verbunden werden.

Soweit die Landwirtschaft auf Personalkredit angewiesen ist, sind für dessen Gewährung die ortsansässigen Provinzbanken und Provinzbankiers infolge ihrer genauen persönlichen Kenntnis der Verhältnisse der als Geldnehmer auftretenden Landwirte von großer Bedeutung; unter keinen Umständen dürfen deshalb auf dem Wege der Gesetzgebung oder Verwaltung Maßnahmen getroffen werden, welche bestimmt oder geeignet sind, sie zugunsten anderer Gruppen des Kreditgewerbes aus der Geschäftsverbindung mit der landwirtschaftlichen Kundschaft auszuscheiden.

Soweit die Geldbeschaffung für die Landwirtschaft im Wege des Hypothekarkredits erfolgt, muß dahin gestrebt werden, dem Verkauf von Pfandbriefen auch die außerdeutschen Märkte in noch höherem Umfange zu erschließen. Zur Erreichung dieses Ziels sowie zur Verbilligung des von der Landwirtschaft zu zahlenden Hypothekenzinses bedarf es dringend der Beseitigung des Steuerabzugs vom Kapitalertrag. Eine Einengung des landwirtschaftlichen Beleihungsgeschäfts der privaten Hypothekenbanken und ihres Pfandbriefabsatzes zugunsten öffentlich-rechtlicher Institute bedeutet eine Schädigung auch der Interessen der Landwirtschaft.

(Frühstückspause von 2 bis 2¾ Uhr.)

Nachmittagssitzung.

Präsident Geheimrat Prof. Dr. Riesser:

Ich erteile das Wort nunmehr Herrn Rechtsanwalt Otto Bernstein zu seinem Berichte und freue mich, ihm danken zu können, daß er sich auch dafür zur Verfügung gestellt hat. Mir ist allerdings noch kein Fall vorgekommen, wo er sich versagt hätte, wenn man ihn um etwas ersucht hat. (Bravo!)

Legitimer und unzulässiger Wettbewerb im Bank- und Kreditverkehr.

Rechtsanwalt Otto Bernstein, Geschäftsführendes Vorstandsmitglied des Centralverbands des Deutschen Bank- und Bankiergewerbes (E. V.):

Meine sehr geehrten Herren! Bei der Beratung des Gesetzes gegen den unlauteren Wettbewerb im Jahre 1896 prägte das witzigste Mitglied des damaligen Reichstags, der Abgeordnete Alexander Meyer, für die Abgrenzung zwischen legitimem und unzulässigem Wettbewerb eine einfache Formel: „Lauter", sagte er, „ist der Wettbewerb, den ich den Anderen mache, unlauter ist der Wettbewerb, den die Anderen mir machen!" (Heiterkeit.)

Diese negativ-skeptische Beurteilung des Wertes der Bestrebungen zur Erhaltung eines fairen Wettbewerbs zählt auch heute wieder viele Anhänger. Demgegenüber sieht eine andere Auffassung auch heute, und gerade heute, in der Pflege der Kultur des wirtschaftlichen Wettbewerbs eines der wichtigsten Ziele nationaler und internationaler Kulturbestrebungen, und zwar auch im Sinne des Dienstes am Kunden und im richtig verstandenen Interesse des Publikums.

Der Centralverband des Deutschen Bank- und Bankiergewerbes hat sich auf seinem Arbeitsgebiete stets diese letztere positive Einstellung zu eigen gemacht.

Auf dem letzten Bankiertag vor dem Kriege — 1912 in München — hat der in unserem Kreise unvergessene Kommerzienrat Albert Stäckel aus Berlin unter großem, anhaltenden Beifall der Versammlung folgende Sätze gesprochen:

> „Das Bankgeschäft kann nur gedeihen, bei freier Gestaltung des Verkehrs. Der Bankierstand ist weit davon entfernt, die Gewerbefreiheit antasten zu wollen. Er verlangt nicht nach einem in sich abgeschlossenen Kreise; jeder, der da kommt und sich uns anschließen will, ist uns willkommen, aber wir müssen Wert darauf legen, daß jeder, der berechtigt sein will, sich Bankier zu nennen, bereit ist, mitzuarbeiten daran, dem Bankierstand seine wirtschaftliche Stellung zu erhalten, mitzuarbeiten an der getreuen Erfüllung der Pflichten, die diesem Stand nach alter Anschauung obliegen. Wer das nicht will, wer also den Ehrentitel Bankier nicht verdient, den müssen wir entsprechend behandeln."

Aus der Zahl derer, die diesen Worten vor 16 Jahren Beifall zollten, sind zu unserer Freude noch viele im heutigen Kreise versammelt. Ihnen, aber auch der jüngeren Generation, schulden wir Rechenschaft darüber, wie wir den Forderungen von damals nachgelebt haben.

Da lassen Sie mich zuerst betonen: Das Bekenntnis zur Gewerbefreiheit, welches wir 1912 abgelegt haben, gilt auch 1928, und nicht als bloßes Lippenbekenntnis, obwohl der damals erst im Entstehen begriffene Gedanke der bankgewerblichen Bedingungsgemeinschaft seitdem eine auch von uns begrüßte lebendige Entwicklung genommen hat und obwohl unter unserer Befürwortung das Gesetz über Depot- und Depositengeschäfte bis Ende 1929 verlängert worden ist.

Hier liegen scheinbar Widersprüche vor. Aber diese Widersprüche verschwinden in dem Maße, in dem man sich über die Wesenseigentümlichkeit des bankgewerblichen Wettbewerbs im Unterschied zum Wettbewerb innerhalb der anderen Erwerbszweige klar wird.

Es besteht ein ganz grundlegender Unterschied zwischen den Wettbewerbsbedingungen und zwischen der Wettbewerbsethik der verschiedenen Berufe, je nachdem die für den Beruf typische Leistung vertretbar oder unvertretbar, unpersönlich oder höchstpersönlich, dem Werte nach genau meßbar oder unmeßbar ist. Bei den freien Berufen kommt das am stärksten zum Ausdruck. Gewiß ist auch beim Arzt oder Anwalt die Bemessung der Honorar- oder Gebührenforderung für den Zuspruch des Publikums nicht unerheblich, aber das Wertverhältnis zwischen Leistung und Gegenleistung, die Preiswertheit der Leistung ist hier doch nicht im entferntesten ein Wettbewerbsmoment von der Bedeutung, wie im Falle des Vertriebs von Massengütern mit feststehendem Marktwert.

Nun ist zweifellos das Gewerbe des Bankiers Gewerbe und nicht freier Beruf, aber es nimmt unter den Gewerben eine Grenzstellung ein, die es den freien Berufen außerordentlich nahe bringt. Die Einzelleistung des Bankiers als solche mag ihrem Werte nach vielfach meßbar und vertretbar sein; die Hergabe von Leihgeld gewiß, die Ausführung von Effektenkommissionsaufträgen schon in bedingterem Sinne; aber die berufliche Leistung erschöpft sich in dieser Einzelleistung nicht, sie gewinnt ihren eigentlichen Wert erst dadurch, daß sie im Rahmen einer auf Beratung und Interessenbetreuung gerichteten Geschäftsverbindung gewährt wird und insofern haftet ihr das Moment des Höchstpersönlichen, dem Werte nach Unmeßbaren an, nicht viel anders, als bei den freien Berufen. Und dazu tritt eine Verantwortlichkeit für öffentliche und allgemeinwirtschaftliche Interessen, die in neuerer Zeit immer stärker betont wird und eine gewisse Parallele bietet zu der Stellung des Rechtsanwalts, der ja auch das Interesse seines Klienten nicht unter rücksichtsloser Ausschöpfung aller Möglichkeiten, sondern nur als Diener des Rechts und zu dessen Verwirklichung wahrzunehmen hat.

Die Unterstellung des Bankgewerbes unter eine Ehrengerichtsbarkeit bringt diese Grenznachbarschaft zwischen Bankgewerbe und freiem Berufe besonders deutlich zum Ausdruck. Die offizielle, gesetzlich vorgesehene Ehrengerichtsbarkeit, über welche sich Herr Staatssekretär Oscar Meyer in der Bankiertagssondernummer des Bank-Archivs eingehend geäußert hat, ist zwar an die Voraussetzung des Börsenbesuchs geknüpft und auf die Börsentätigkeit als solche beschränkt. Für die Verbandsehrengerichtsbarkeit, deren Träger nicht nur der Centralverband des Deutschen Bank- und Bankiergewerbes, sondern auch die örtlichen Bankiervereinigungen sind, gilt diese Schranke nicht. Die Auffassung, daß für den Bankier als solchen, nicht bloß für den Börsenbesucher, ein Ehrbegriff besonderer Art gilt, ist auch im Publikum allgemein verbreitet und wir sollten es an dieser Auffassung nicht irre werden lassen, selbst wenn sie sich häufig in gegenstandslosen Beschwerden äußert, die nur den Zweck haben, das Ziel eines wenig aussichtsreichen Zivilprozesses auf rascherem Wege zu erreichen.

In dieser Nachbarstellung zum freien Beruf, die für das Bankgewerbe eigentümlich ist, in der vordringlichen Bedeutung der dem Werte nach unmeßbaren Berufsleistungen liegt der wesentliche Grund dafür, daß hinter dem Wettbewerb auf dem Gebiete der unmeßbaren Leistung der Konditionenwettbewerb wesentlich zurücktritt, ja, in gewissem Sinne als ebenso unziemlich und unstandesgemäß gilt, wie bei den freien Berufen.

Die bankgewerblichen Bedingungsgemeinschaften haben — das kann nicht oft genug wiederholt und nicht stark genug unterstrichen werden — ihren geschichtlichen Ursprung in der Reaktion des Standesbewußtseins gegen einen als unfair und unbankmäßig empfundenen Konditionenwettbewerb. Das tritt besonders deutlich in den Verhandlungen des Münchener Bankiertags von 1912 hervor, welche die stimmungsmäßigen Voraussetzungen für das wenige Monate später ins Leben gerufene System der „Allgemeinen Abmachungen" schufen. Von einer „Jagd auf Kundschaft, welche dem Ansehen und der Würde des Bankierstands nicht entspricht", sprach dort der Geh. Kommerzienrat Hermann Frenkel und forderte unter dem Beifall der Versammlung die leitenden Organe auf, „im Interesse des Publikums, wie in dem der Banken selbst" dagegen vorzugehen, und auch durch die Ausführungen der anderen Redner — Geheimrat Leiffmanns, Düsseldorf, und vor allem Helfferichs — zieht sich wie ein roter Faden dieser Gedanke. Gleiche Gedanken liegen den von Herrn Geheimrat Bonschab heute schon erwähnten Abmachungen der deutschen Hypothekenbanken über Begrenzung der Emissionsbonifikation zu Grunde und machen es allen Gliedern des Bankgewerbes, auch den Kreditbanken, zur beruflichen Pflicht, dieses Abkommen in seinem Bestand und in seiner Wirksamkeit zu schützen. Wir finden diese Erscheinung aber nicht nur in Deutschland, sondern überall in der Welt. Insbesondere in Amerika sind sogenannte Clearinghouse associations aus einem gleichen Streben heraus entstanden. Der Freundlichkeit der American Banker's Association verdanke ich die Kenntnis eines auch sonst sehr interessanten Vortrags, den ihr deputy manager, Mr. Frank W. Simmonds, am 9. Januar 1928 hierüber gehalten hat. Danach sind diese Vereinigungen entstanden im Kampfe gegen the mad scramble for new business — das irrsinnige Strampeln nach neuem Geschäft (Heiterkeit) — und gegen sonstige unsolide Wettbewerbspraktiken, von deren verderblichem Erfolg, wie Mr. Simmonds sich ausdrückt, die 3124 Leichensteine derjenigen amerikanischen Banken zeugen, die in den letzten 7 Jahren an solchen unsittlichen und unsoliden Wettbewerbspraktiken zu Grunde gegangen sind.

Dieses ideelle Moment, welches den bankgewerblichen Bedingungsgemeinschaften entsprechend jenem besonderen Wesen der bankgewerblichen Leistung zu Grunde liegt, wird verkannt, wenn man diese Bedingungsgemeinschaften unter den Prokrustesbegriff des Kartells zu bringen sucht. Die Form, in welcher das Reichswirtschaftsministerium im Jahre 1924 seine bekannte Anfrage hierüber an das Kartellgericht richtete, verriet allerdings bereits erhebliche innere Zweifel an der Richtigkeit einer Entscheidung, wie sie aus politischen Gründen damals von der Regierung gewünscht wurde. Das Kartellgericht hat die gewünschte Entscheidung nicht getroffen, oder doch nur unter Bedingungen, welche für die den Allgemeinen Abmachungen angeschlossenen Bankenvereinigungen nicht gegeben sind. Wenn gleichwohl in dem Gutachten des Kartellgerichts der Kartellcharakter der bankgewerblichen Bedingungsgemeinschaften nicht schon von vornherein verneint wurde und wenn die Kommentare zur Kartellverordnung dem im wesentlichen beistimmen, so hat dies einen besonderen Grund: Kartellgesetzgebung, Kartellrechtsprechung und kartellrechtliche Literatur sind fast durchweg Geisteserzeugnisse von Personen, deren Anschauungen und Erfahrungen auf den Verhältnissen industrieller Kartelle beruhen und die sich über deren Wesensverschiedenheit von den Bedingungsgemeinschaften des Bankgewerbes nicht hinlänglich klar geworden sind. So sind sie noch stolz auf die Folgerichtigkeit, als welche sie die Zusammenwerfung so grundverschiedener Dinge ansehen; in industriellen Kartellkreisen mag dabei auch ein gewisses schadenfrohes Vergnügen mitsprechen, möglichst weite Kreise an den „Annehmlichkeiten" der von ihnen bekämpften Kartellgesetzgebung teilnehmen zu lassen. (Heiterkeit.) In dem außerordentlich eingehenden Gutachten, das Dr. Lehnich für den morgen in Salzburg beginnenden Juristentag über Fragen der Kartellgesetzgebung erstattet hat, werden allerdings die bankgewerblichen Bedingungsgemeinschaften nirgends erwähnt; darin kann vielleicht ein erfreuliches Zeichen dafür erblickt werden, daß dieser hervorragende Kartellspezialist sie ebenfalls als nicht hierhergehörig betrachtet. Erfreulicherweise hat ja auch der Herr Reichswirtschaftsminister vorgestern im Gürzenich von den bankgewerblichen Bedingungsgemeinschaften in einem weit freundlicheren und anerkennenderem Tone gesprochen, als wir ihn aus der Viktoriastraße vor vier Jahren zu hören gewohnt waren.

In der Tat war das eigentliche Ziel der Zinsbedingungsgemeinschaften im Bankgewerbe niemals Beschränkung der Gewerbefreiheit, noch weniger die Ausbeutung eines Monopols, dem sich das Geld, die freiheitsliebendste und freizügigste aller Waren, weniger als irgendeine andere Ware unterwerfen läßt, sondern tunlichste Konzentrierung des bankgeschäftlichen Wettbewerbs auf das Gebiet der unmeßbaren Leistung, und auch dies nicht einmal in bezug auf alle Mitbewerber, sondern nur in bezug auf einen begrenzten und gewählten Kreis. Für den Anschluß an die sogenannten Allgemeinen Abmachungen bestand nie ein Zwang, das Ausscheiden aus den örtlichen Bankenvereinigungen stand jederzeit jedem Mitgliede frei; die Zugehörigkeit zu ihnen war niemals Vorbedingung der Zugehörigkeit zum Centralverband. Der Sinn der Abmachungen war von vornherein der, daß die Mitglieder der ihnen angeschlossenen

Bankenvereinigungen sich gegenseitig als ihresgleichen anerkannten, im Sinne einer im wesentlichen gleichen Wettbewerbsfähigkeit und mit der daraus folgenden Verpflichtung zu einer qualifizierten Kollegialität, die über das Maß der durch die gemeinsame Berufszugehörigkeit bedingten Kollegialität noch hinausgeht. So konnten die Allgemeinen Abmachungen auch zur Grundlage gewisser Verpflichtungen im allgemeinen und öffentlichen Interesse werden, deren gesetzliche Festlegung untunlich erschien, deren freiwillige Uebernahme jedoch die Gewißheit eines gleichen Verhaltens gleichgearteter Unternehmungen zur Voraussetzung hatte. Als ausgesprochenes Nichtkartell kennzeichnen diese Abmachungen sich auch in dem Fehlen der dem echten Kartell eigentümlichen Kampfstellung gegen den Außenseiter. Man nahm die Vorteile, die der Nichtanschluß dem Außenseiter gewährte, in Kauf, im Bewußtsein, daß dadurch die Wettbewerbsfähigkeit der Innenseiter nicht wesentlich beeinträchtigt wurde, eben weil für den Vorrang im bankgeschäftlichen Wettbewerb die Imponderabilien mehr als die Ponderabilien bedeuten.

Wir haben im Centralverband die Innehaltung der Zinssätze der Allgemeinen Abmachungen niemals als eine allgemeine Berufspflicht auch für diejenigen Unternehmungen betrachtet, die diesen Abmachungen nicht angeschlossen sind. Auf der anderen Seite haben wir allerdings für das Bankgewerbe auch niemals die z. B. in dem klassischen Werk über den unlauteren Wettbewerb von Josef Kohler vertretene Ansicht akzeptieren können, daß ein Uebermaß des Dienstes am Kunden, also ein Schleudern in den Bedingungen, niemals unlauterer Wettbewerb sein könne. Insbesondere ist eine Schleuderkonkurrenz in den Habenzinssätzen im Bankgewerbe stets als unlauter angesehen worden, einmal, weil sie zu einer ungesunden Steigerung des Sollzinssatzes führt und dann, weil sie das Publikum mißtrauisch gegenüber der Solidität des Anbietenden macht und so das Ansehen des gesamten Standes gefährdet. Während hierfür in Deutschland nicht überall das gleiche Verständnis besteht, hat in der benachbarten Tschechoslowakei bemerkenswerter Weise im Oktober 1924 der Senat der Nationalversammlung sogar gesetzgeberische Maßnahmen gegen diese Art des Wettbewerbs gefordert und der Motivenbericht zum tschechoslowakischen Gesetz gegen den unlauteren Wettbewerb vom 15. Juli 1927 nennt unter den unlauteren Wettbewerbshandlungen auf bankgewerblichem Gebiete an erster Stelle „die Versprechung oder Gewährung wirtschaftlich unbegründeter hoher Zinssätze oder anderer Vorteile oder nicht üblicher Begünstigungen im Depositengeschäft." Zu meiner Befriedigung habe ich in der vorgestrigen Rede des Herrn Reichswirtschaftsministers einen Satz gehört, der bestätigt, daß diese Auffassung nicht bloß in der Tschechoslowakei gilt.

Unstreitig unlauterer Wettbewerb ist ein Uebermaß des „Dienstes am Kunden" dann, wenn dabei gegen Gesetz oder gute Sitten verstoßen wird, wie z. B. Begünstigung von Steuerverfehlungen oder Beihilfe zur Ausstellung unzutreffender Affidavits, oder wenn Aufträge angenommen werden, deren Ausführung von den maßgebenden staatlichen Behörden vom Standpunkte der öffentlichen Interessen aus als unerwünscht bezeichnet worden ist. Die Berufsvertretung hat sich für verpflichtet gehalten, über die gleichmäßige Beobachtung und Erfüllung solcher Wünsche und Vorschriften im Interesse des legitimen Wettbewerbs selbst dann zu wachen, wenn sie die Zweckmäßigkeit und Angemessenheit der getroffenen Anordnung nicht ohne weiteres anzuerkennen in der Lage war.

Den Fällen des unzulässigen Dienstes am Kunden hinzuzuzählen ist schließlich das Danaergeschenk eines Kredits, auf welchen der Kunde seiner wirtschaftlichen Lage nach keinen Anspruch hat. Ein solcher Fall liegt insbesondere auch vor bei der Ausführung spekulativer Börsenaufträge ohne Beanspruchung des nach Lage der Sache angemessenen Einschusses. In der Mißbilligung eines solchen Verhaltens begegnen sich auch hier wiederum allgemeinwirtschaftliche und wettbewerbsethische Gesichtspunkte.

Wenn Wesen und Ziel des bankgewerblichen Wettbewerbs in der qualitativen Steigerung des Wertes der unmeßbaren Leistung im Verhältnis zu der des Mitbewerbers zu erblicken sind, so liegt auf der Hand, welche Bedeutung im Sinne eines legitimen bankgeschäftlichen Wettbewerbes dem Wettbewerb der inneren Organisation zukommt. Darunter fallen Rationalisierungsmaßnahmen im engeren und im weiteren Sinne, d. h. unter Einschluß von Kontrolle und Revision zur Verhinderung von Verlusten und Veruntreuungen, sowie unter Einschluß der Tätigkeit eines Steuerbüros, zur Verminderung der unproduktiven Kosten, die sich aus der Zahlung nicht geschuldeter Steuern oder aber auch aus den Folgen der Nichtleistung geschuldeter Steuern ergeben (Nachveranlagungen in einem Zeitpunkte, wo Erstattung vom Kunden nicht mehr zu erlangen ist), darunter fällt aber vor allem auch Auslese und Ausbildung eines berufstüchtigen Personals einschließlich der Besetzung der oberen Stellen.

In seinem grundlegenden Vortrag über Rationalisierung im Bankwesen und Geldmarkt vom 29. November 1927 hat der Geschäftsinhaber der Disconto-Gesellschaft, Herr Dr. Eduard Mosler, bereits darauf hingewiesen, daß im Wettkampf auf diesen Gebieten an sich jedes rechtlich und sittlich statthafte Mittel zur eigenen Stärkung als erlaubt gilt und als erlaubt gelten muß. Gleichwohl wird auch dieser Wettbewerb durch den Gedanken der Kollegialität erheblich gemildert, auch insofern besteht mit den freien Berufen eine gewisse Verwandtschaft. Diese Kollegialität hat, wie jede Kollegialität, nicht bloß ideelle Beweggründe, sondern entspringt auch der praktischen Erwägung, daß der Schaden des Mitbewerbers oder die Rückständigkeit seiner organisatorischen Einrichtungen dem eigenen Betriebe nicht immer zum Vorteil, sondern mitunter auch zum schweren Nachteil gereicht. Wenn Dr. Mosler aus diesem Grunde empfiehlt, daß die Banken ihre Erfindungen und Erfahrungen auf dem Gebiete der Rationalisierung voreinander nicht als absolutes Geschäftsgeheimnis behandeln sollten, so läßt sich dies entsprechend auch auf die Maßnahmen der Kontrolle und Revision sowie auf alle juristisch-technischen Erwägungen bei der Durchführung steuerlicher oder sonstiger bankrechtlicher Vorschriften ausdehnen. Der Centralverband hat Veranlassung es dankbar anzuerkennen, daß in letzterer Beziehung seine führenden Mitglieder diesem Gedanken der Kollegialität stets Rechnung getragen haben und seine Geschäftsführung durch weitgehende Informationen in die Lage gesetzt haben, der Gesamtheit der Mitglieder mit Auskünften und Richtlinien für ihre Praxis dienstbar zu sein.

Der Bedeutung der Rationalisierung für den geschäftlichen Wettbewerb entspricht es, daß Rationalisierung mit unlauteren Mitteln, z. B. durch Nichtentrichtung geschuldeter Steuern, durch untertarifliche Bezahlung von Angestellten, sich, abgesehen von der Unzulässigkeit unter anderen Gesichtspunkten, auch als unlauterer Wettbewerb darstellt. Wir werden hierauf noch in einem anderen Zusammenhange einzugehen haben.

In einer mehrere Jahre vor dem Kriege erschienenen Schrift hat der jetzige Reichsgerichtsrat Dr. Sontag das biblische Gebot: „Du sollst nicht begehren deines Nächsten Knecht" zum Beweise dafür herangezogen, daß das Wegengagieren von Angestellten anderer Firmen unter allen Umständen unlauterer Wettbewerb sei. Wir werden uns, schon im Interesse der guten Beziehungen zu unseren Bankbeamtenorganisationen, diese weitgehende Auffassung nicht zu eigen machen können. Aber auch hier ergeben sich aus dem Geist der Kollegialität wesentliche Milderungen des Wettbewerbsgedankens. Das Wegengagieren eines leitenden Angestellten einer anderen Firma zwecks Entfaltung einer individuellen Werbetätigkeit bei deren von diesem Angestellten bisher betreuten Kundschaft wird stets als eine unzulässige und anstößige Wettbewerbshandlung betrachtet werden müssen.

Die weit überwiegende Mehrzahl aller Wettbewerbsstreitigkeiten im Bankgewerbe betrifft das Gebiet von Propaganda und Reklame. Ueber eine sachlich unrichtige Reklame, wie sie z. B. auch im Gebrauch einer einen größeren Geschäftsumfang vortäuschenden Firmenbezeichnung liegen kann, braucht hier nicht weiter gesprochen zu werden. Das Verwandtschaftsverhältnis zwischen Banken und freiem Beruf äußert sich aber auf diesem Gebiete wiederum darin, daß die Standesauffassung der zulässigen Reklame eine erheblich engere Grenze zieht, als das Gesetz gegen den unlauteren Wettbewerb. — Mancher mag freilich zweifeln, ob dieser Satz heute noch richtig ist, oder ob sich hier nicht Wandlungen vollzogen haben, einerseits unter dem Einfluß der weitgehenden Propagandatätigkeit der Sparkassen und öffentlichen Banken und andererseits unter dem Einfluß angeblich amerikanischer Auffassungen von der Wichtigkeit und dem Wert einer modernen Reklame gerade auch im Bankgewerbe. In New York ist ein Mr. Bruce Barton in Fa. Barton, Durstine & Osborne schriftstellerisch mit regem Eifer dafür tätig, daß in Amerika noch viel mehr und noch viel wirksamer Reklame gemacht werden müsse, als bisher, wobei er seine Ansicht mit den eigenartigsten Zeugnissen sowohl aus dem Alten, wie auch aus dem Neuen Testament belegt. (Heiterkeit.) Er tadelt z. B. Joseph in Aegypten; er hätte sich nicht auf Reklame verstanden (Heiterkeit); denn hätte er mehr Reklame gemacht, dann würden seine Verdienste auch dem neuen Pharao nicht unbekannt geblieben sein. (Heiterkeit.) Und aus gleichem Grunde tadelt er die führenden amerikanischen Banken und Bankiers: sie seien für alle Verluste verantwortlich, welche dem Publikum aus dem Treiben der Bucketshops erwachsen. Denn würden die soliden Banken eine gleich wirksame Reklame entfalten, wie diese, so würden die Leute zu ihnen und nicht zu den bucketshops gehen. (Heiterkeit.) In dem bekannten deutschen Buche „Der Amerikanismus" von Adolf Halfeld wird dieser Mr. Barton, dessen vielgelesene Ausführungen z. B. auch in der von der Handelskammer der Vereinigten Staaten herausgegebenen Zeitschrift „Nations Business" erscheinen, als typischer Repräsentant amerikanischer Denkweise hingestellt; ich glaube, nicht ganz mit Recht. Gerade die schon erwähnten Clearinghouse-Associations haben es sich dort unter anderem zur Aufgabe gemacht, mäßigend auf die Bankreklame einzuwirken, und, wie Mr. Simmonds sich ausdrückt, gegen „the orgy of worthless complimentary advertising" anzukämpfen, insbesondere durch Förderung des community advertising, des Kollektivinserats sämtlicher Mitglieder an Stelle gegenseitig sich übertrumpfender Einzelinserate. In Deutschland jedenfalls würde ein Ausdehnung der Bankreklame über das bisher standesübliche Maß hinaus das Unwesen der Winkelbanken nicht vermindern, sondern vermehren. Unser Publikum steht jeder aufdringlichen Selbstanpreisung bankgewerblicher Leistungen in seiner überwiegenden Mehrheit mit berechtigtem Mißtrauen gegenüber; eine Aenderung der bisherigen deutschen Gepflogenheit würde also eher dazu dienen, den Unterschied zwischen Winkelbanken und respektablen Bankgeschäften im Interesse der ersteren zu verwischen. Auch bei der Art und Form der Sparpropaganda, deren Wert und Nützlichkeit ich ebenso anerkenne, wie dies Herr Konsul Harney gestern getan hat, wird dieses psychologische Moment oft nicht hinlänglich beachtet.

In Paragraphen läßt sich freilich die Abgrenzung zwischen erlaubter und standeswidriger Reklame nicht fassen; weder in Deutschland, noch, wie ich festgestellt habe, im Ausland sind von maßgebenden Bankenvereinigungen je Versuche nach dieser Richtung gemacht worden. Die reklamehafte Ankündigung hoher Habenzinssätze, sei es mit, sei es ohne Nennung bestimmter Beträge, wird man stets als unzulässig anzusehen haben, selbst wenn sich diese Sätze noch in einem solchen Rahmen halten, daß ihre Gewährung an sich keiner Beanstandung unterliegt. Gegen einen Pfandbriefabsatz mit dem Werbemittel warenhausartiger Reklame hat der Sonderausschuß für Hypothekenbankwesen unlängst Stellung genommen. Darüber, daß es standesunwürdig ist, Einleger und Kreditnehmer im Wege des Chiffreinserats aufzusuchen, war man schon vor 16 Jahren in München einig. Als allgemein unzulässig sollte aber nicht nur in der Bankwelt selbst, sondern auch vom Publikum die Verwendung politischer, religiöser, philosophischer und nationaler Ideale als Aushängeschild für bankgeschäftliche Propaganda angesehen werden. Wir haben Banken mit den Wahrzeichen der verschiedenen Konfessionen und Religionen, haben deutsch-völkische Banken und sogar theosophische Banken (Heiterkeit) entstehen und vergehen sehen und haben an den meisten dieser Fälle bestätigt gefunden, daß es auf dieselbe Entweihung menschlicher Heiligtümer hinauskommt, ob man im Gotteshaus Bankgeschäfte betreibt oder ob man im Bankhause Gottesdienst verrichtet oder zu verrichten vorgibt. (Sehr gut! und Heiterkeit.) Als unwürdige Konkurrenz sollte es ferner empfunden werden, wenn aus Anlaß der Eröffnung neuer Bankgebäude Volksfeste veranstaltet werden (Heiterkeit) oder wenn der redaktionelle Teil der Zeitungen einschließlich des „Sprechsaals" zu Zwecken der Bankreklame mißbraucht wird, und zwar ohne Unterschied, ob dieser Mißbrauch zugunsten privater oder ob er zugunsten kommunaler oder sonstiger öffentlicher Banken stattfindet und ob damit die unmittelbare Gewährung eines Entgelts verbunden ist. Ebenso unterschiedslos muß es als unzulässig betrachtet werden, wenn der Anreiz zur Begründung und Aufrechterhaltung einer Bankverbindung durch Geschenke erweckt wird.

Meine Herren! Ich würde Ihrem berechtigten Widerspruch

begegnen, wenn ich behaupten wollte, daß das Gesetz über Depot- und Depositengeschäfte eine Gewähr dafür bietet, daß das deutsche Bankgewerbe während seiner Geltung nur von Persönlichkeiten ausgeübt werden wird, die sich jener höheren Verpflichtungen der Kollegialität im Wettbewerb und der Berücksichtigung öffentlicher und gemeinwirtschaftlicher Interessen bewußt bleiben. Das Gesetz ist weit entfernt, das Bankgewerbe zu einer geschlossenen Gesellschaft zu machen; die Beschränkungen der Gewerbefreiheit, die es enthält, sind verhältnismäßig unbeträchtlich. So paradox dies manchem vielleicht klingen mag: wir sind für die Verlängerung der Geltungsdauer des Gesetzes nicht zuletzt im Interesse der Wahrung der Gewerbefreiheit und eines gesunden Wettbewerbs im Bankgewerbe eingetreten, von der bestimmten Erwartung ausgehend, daß mit der Aufhebung dieses Gesetzes die Bahn frei gemacht werden würde für Bestrebungen, die auf eine wirkliche und weitgehende Beschränkung der Gewerbefreiheit gerichtet sind, auf Einführung einer rigorosen Konzessionspflicht, auf Ersetzung des jetzigen vermeintlichen numerus clausus durch einen wirklichen, z. B. durch Beseitigung der heute bestehenden Möglichkeit, daß jeder, der 5 Jahre als Bankangestellter tätig war, ein neues Bankgeschäft errichten darf, oder im Sinne von Zwangsfusion örtlicher Bankniederlassungen, ein Gedanke, der bereits in dem erwähnten Vortrag von Dr. Mosler mit überzeugenden Gründen bekämpft worden ist. Hier liegen wirkliche Gefahren für einen gesunden Wettbewerb auf dem Gebiete der Qualitätsleistung vor. Das Gesetz über Depot- und Depositengeschäfte hat sozusagen die Bedeutung einer Schutzimpfung, um das deutsche Bankgewerbe gegen die Gefahr weitergehender behördlicher Reglementierung immun zu machen. Es hat die Aufgabe erfüllt und erfüllt sie noch heute, in einer Zeit erheblicher Strukturveränderungen einen gewissen Damm zum Schutze der guten Traditionen im Bankgewerbe gegen das verwüstende Eindringen allzu elementarer Kräfte zu bilden.

Ich habe in meinen bisherigen Ausführungen bereits verschiedentlich angedeutet, daß die Frage der Abgrenzung zwischen legitimem und unzulässigem Wettbewerb im Bankgewerbe besondere Bedeutung gewonnen hat durch die strukturellen Veränderungen, welche die zunehmende bankgewerbliche Betätigung der öffentlichen Hand mit sich gebracht hat. Ich spreche über den Gegenstand nur im Rahmen des mir vorgezeichneten Themas, nicht unter den allgemeinen finanz- und wirtschaftspolitischen Gesichtspunkten, unter denen dieser Gegenstand bereits in früheren Referaten, vor allem gestern durch Herrn Jakob Goldschmidt, berührt worden ist.

Meine sehr geehrten Herren! Sie wissen, daß im Mai dieses Jahres unter dem Vorsitz unseres hochverehrten Herrn Bruno von Planitz ein Wettbewerbsabkommen zwischen den Spitzenorganisationen des Bank- und Genossenschaftswesens und dem Deutschen Sparkassen- und Giroverband als der wohl größten und wichtigsten Organisation des öffentlichen Bankwesens zustande gekommen ist. Der Inhalt dieses Abkommens ist Ihnen bekannt, ich brauche ihn hier nicht vorzutragen. In einer Besprechung des Abkommens in der Zeitschrift des Deutschen Industrie- und Handelstags hat man die darin enthaltenen Richtlinien, welche bestimmte Tatbestände des unzulässigen Wettbewerbs als solche kennzeichnen, als „nicht gerade epochemachend" bezeichnet. Das ist zweifellos in dem Sinne richtig, als es sich im Grunde genommen um einen Codex der Selbstverständlichkeiten handelt. Wenn z. B. in diesen Richtlinien die Herabsetzung eines Mitbewerbers als unzulässige Wettbewerbsmethode bezeichnet wird, so hat bereits vor mehr als 500 Jahren hier in Köln einer der Amtsvorgänger des Herrn Oberbürgermeisters Dr. Adenauer bestimmt, daß jeder, der auf solchem Tun betroffen wird, „ein half jair unden in einem der stede turne ligen sulle". Ein halb Jahr unten in einem der Stadttürme, vermutlich bei weniger guter Kost, als sie das heutige Köln seinen Gästen bietet (Heiterkeit): solche drakonische Strafandrohungen enthält unser Abkommen nicht, ich möchte sagen, leider nicht (Erneute Heiterkeit); dennoch betrachten wir sein Zustandekommen als einen wesentlichen Fortschritt. Es handelt sich um eine Vereinbarung auf der Basis voller Gegenseitigkeit; keiner der beteiligten Verbände ist dabei überwiegend Gebender oder überwiegend Nehmender, gleichwohl messen wir dem Umstand, daß auch die große und mächtige Organisation des Deutschen Sparkassen- und Giroverbands diesem Abkommen beigetreten ist, eine besondere Bedeutung bei. Meine Herren, die Juristen unter Ihnen erinnern sich aus dem Pandektenrecht der berühmten rhetorischen Frage: „Quid enim municipes dolo facere possunt?", zu deutsch: Eine Stadt kann nicht sündigen, sie lebt jenseits von Gut und Böse, auch auf dem Gebiete des Wettbewerbs. (Heiterkeit.) Wir danken es dem Deutschen Sparkassen- und Giroverband, daß er sich diese Auffassung nicht zu eigen gemacht, sondern sich offen und rückhaltlos zu dem Ideal des fairen Wettbewerbs bekannt hat, auch für die ihm nahestehenden Gemeinden und Gemeindeverbände. Wir sehen darin ein bedeutsames Ereignis; denn große Ideen, wie diese, haben eine geheime innere Kraft: ohne Zutun von außen halten sie den, der ihnen einmal die Pforte seines Hauses geöffnet hat, im Banne der ihnen eigenen Folgerichtigkeit fest. Und ich möchte gern annehmen, daß nur in organisationstechnischen Schwierigkeiten und nicht in einer Scheu vor dieser Kraft der Idee der Grund dafür zu sehen ist, daß heute, mehr als vier Monate nach dem Zustandekommen des Abkommens, einige Unterverbände der Sparkassenorganisation mit der Bestellung von Vertrauensmännern für die örtlichen Schlichtungsstellen, das heißt mit dem Bekenntnis zu den Grundsätzen dieses Abkommens noch im Rückstande sind[1]).

Wir betrachten das Zustandekommen des Abkommens aber auch als einen Gewinn für die Pflege guter Wettbewerbssitten innerhalb des Kreises unserer eigenen Mitglieder; denn es legt uns die Ehrenpflicht auf, auch im eigenen Hause nach den Grundsätzen zu leben, deren Befolgung wir von Angehörigen anderer Gruppen verlangen. Die auf Grund des Abkommens vom privaten Bankgewerbe in die örtlichen Schlichtungsstellen entsandten Vertrauensmänner sollten deshalb auch für Wettbewerbsstreitigkeiten innerhalb der privaten Banken und Bankfirmen ihres Bezirks als Schlichter zur Verfügung stehen. Und eines, meine Herren, möchte ich dem hinzufügen in gleichzeitiger Beantwortung verschiedener Briefe, die mir nach Ankündigung meines Vortrags aus Mit-

[1]) Inzwischen hat die Benennung der Vertrauensmänner der Sparkassenorganisation in allen noch ausstehenden Bezirken stattgefunden.

gliederkreisen zugegangen sind: alle hier im Saale anwesenden verantwortlichen Männer des Bankgewerbes, Bankiers und Bankdirektoren, werden mit mir darüber einig sein, daß einer Bankstelle, sei es eine unabhängige, sei es eine abhängige, welche ohne Ueberschreitung der Grenzen des fairen Wettbewerbs an ihrer Daseinsfähigkeit verzweifeln zu müssen glaubt, unsererseits die Daseinsberechtigung abgesprochen werden muß. (Sehr richtig!)

Meine Herren, der Herr Präsident des Deutschen Sparkassen- und Giroverbands, dessen zahlreichen persönlichen Verehrern ich mich aufrichtig zugeselle, hat bei den Verhandlungen, die unserem Mai-Abkommen vorausgingen, ein gutes und treffendes Wort gesprochen: wir sollten uns im Bestreben unserer Organisationen nach Verständigung nicht über bestehende Gegensätze der Auffassungen hinwegtäuschen; es bestünde sonst die Gefahr, daß die Enttäuschung über die Unvollständigkeit der Verständigung zu heftigeren Konflikten führt, als die, welche man beilegen wollte. Wenn dieser Satz richtig ist, dann ist es für die Haltbarkeit unserer Verständigung nicht nur unschädlich, sondern im Gegenteil wertvoll und nützlich, wenn wir im Geiste gegenseitiger Achtung und Friedensbereitschaft doch auch hier freimütig von diesen noch verbliebenen Gegensätzen sprechen.

Nicht ohne Absicht ist in der Ueberschrift dieses Vortrags vom unzulässigen Wettbewerb und nicht bloß vom unlauteren Wettbewerb die Rede, über den Unterschied zwischen beiden finden sich in der Jubiläumsfestschrift der Berliner Industrie- und Handelskammer lesenswerte Betrachtungen von Syndikus Dr. Weisbart. In Anwendung juristischer Unterscheidungsgepflogenheiten hätte auch vom subjektiv unlauteren Wettbewerb und vom objektiv unlauteren Wettbewerb gesprochen werden können. Objektiv in dem Sinne, daß ein sittlicher Vorwurf nicht den einzelnen Mitbewerber trifft, der sich ungerechtfertigter, aber in der Rechtsordnung begründeter Vorteile gegen seine Mitbewerber bedient, sondern nur die Rechtsordnung, welche Vorteile dieser Art für ihn begründet. Es ist unlauterer Wettbewerb, wenn eine einzelne Bank oder Bankfirma sich konkurrenzfähiger macht, indem sie steuerliche Verpflichtungen, die auf dem übrigen Beruf liegen, unerfüllt läßt.

Wenn eine ganze Gruppe von Bankgeschäfte betreibenden Unternehmungen auf Grund eines gesetzlichen Rechtstitels ein Gleiches tut, so können wir darin zwar keinen unlauteren, aber auch keinen zulässigen Wettbewerb erblicken.

Aus Gründen dieser Art haben wir, wie Ihnen bekannt, uns nicht einverstanden erklären können mit der Art der Grenzziehung zwischen sparkasseneigenen, d. h. steuerfreien, und sparkassenfremden, d. h. steuerpflichtigen Geschäften der Sparkassen, wie sie in der Verordnung vom 22. März 1928 erfolgt ist, weil sie eine unbillige Begünstigung der Sparkassen in bezug auf die Besteuerung von Erträgnissen aus Geschäften enthält, bezüglich deren sie in Wettbewerb namentlich mit dem bankgewerblichen Mittelstande stehen. Ich gehe auf Einzelheiten dieser Erörterungen nicht ein und gebe lediglich der Befriedigung über die Zustimmung maßgebender Organe der deutschen Handelspresse zu unserer Forderung Ausdruck, daß die steuerlichen Vergünstigungen, welche den Sparkassen für ihre Mittelstandskredite gewährt werden, auch privaten Banken und Bankfirmen bei Einräumung gleichartiger Kredite nicht vorenthalten werden dürfen.

Während aber für die Sparkassen wenigstens im Prinzip eine Steuerpflicht für die Gewinne aus sogenannten sparkassenfremden Geschäften anerkannt worden ist, haben zu unserer Ueberraschung zahlreiche öffentlich-rechtliche Banken, welche nicht Sparkassen sind, für sich gänzliche Steuerfreiheit für Gewinne und Erträgnisse jeder Art auf Grund der Gemeinnützigkeit ihres Geschäftsbetriebes in Anspruch genommen, und dieser Anspruch wird von ihnen de lege ferenda auch insoweit aufrechterhalten, als er in der Rechtsprechung des Reichsfinanzhofs keine Anerkennung gefunden hat. Es handelt sich hier um in der Oeffentlichkeit wenig hervorgetretene Bestrebungen, die aber sehr ernst zu nehmen und sehr nachdrücklich zu bekämpfen sind. Im Bank-Archiv hat über diesen Gegenstand unlängst eine Kontroverse zwischen dem Oberregierungsrat am Landesfinanzamt Berlin, Herrn Dr. von Lilienthal, und dem Leiter des Verbands der deutschen öffentlich-rechtlichen Kreditanstalten, Herrn Landrat von Bitter, unserem verehrten Gaste, stattgefunden. Der dort ausgetragene Streit über das Wesen der

Gemeinnützigkeit ist von besonderer Bedeutung für unseren Gegenstand, da die Gemeinnützigkeit im Wettbewerb nicht nur als Steuerbefreiungsgrund, sondern als Aushängeschild für bankgeschäftliche Reklame eine bedeutsame Funktion hat.

In Kreisen, welche dem tatsächlichen Verlauf der bankgeschäftlichen Praxis weniger nahe stehen, also namentlich auch in manchen politischen Kreisen, pflegt man sich die Banktätigkeit gemeinnütziger Kreditinstitute ähnlich vorzustellen, wie die des venezianischen Bank- und Importhauses Antonio, welches sich bei seiner Konkurrenz unbeliebt macht, weil es, wie es bei Shakespeare heißt, aus „gemeiner Einfalt umsonst Geld ausleiht und hier in Venedig den Preis der Zinsen uns herunterbringt". Diese „gemeine Einfalt" würde ein Shylock redivivus unseren gemeinnützigen Kreditinstituten nicht zum Vorwurf machen können (Heiterkeit); sie leihen Geld nicht umsonst aus, ihre Sollzinsen sind, im großen Durchschnitt, nicht niedriger und nicht höher, als diejenigen privater Bankgeschäfte und Herr Landrat von Bitter hat, wenn ich nicht irre, auf der Danziger Tagung der öffentlich-rechtlichen Kreditinstitute hierfür gute volkswirtschaftliche Gründe geltend gemacht. Wenn gleichwohl sowohl gegenüber dem Publikum, als auch gegenüber dem Steuerfiskus die Flagge der Gemeinnützigkeit aufgezogen wird, so wird der Rechtstitel hierfür im wesentlichen daraus hergeleitet, daß in den betreffenden Betrieben zum Vorteil der Allgemeinheit in gewissem Umfange unrentable Geschäfte betrieben würden und daß die gewerblichen Erträgnisse in gewissem Umfange für gemeinnützige Zwecke Verwendung fänden.

Meine Herren, vom Standpunkte des legitimen Wettbewerbs aus ist es geboten, dem Recht zur Führung dieser Flagge der Gemeinnützigkeit ähnlich enge Grenzen zu ziehen, wie im Kriege dem Gebrauch des Genfer roten Kreuzes, welches man nicht auf einer Munitionsfabrik wehen lassen darf, weil darin auch Lazarettbedarf hergestellt wird. Die Neigung, diese Grenze zu überschreiten ist ja zweifellos nicht auf das Bankgewerbe und auch nicht auf öffentlich-rechtliche Institute beschränkt; wer einem Gewerbesteuerausschuß oder Gewerbesteuerberufungsausschuß angehört, hat fast in jeder Sitzung über eine Reihe von Fällen solcher Art zu entscheiden und gewinnt ein klares Bild von den Gefahren, die dem Steuerfiskus sowohl als auch dem legitimen Wettbewerb auf allen Gebieten des Wirtschaftslebens von dem Drange nach Ausweitung des Schutzes dieser Flagge drohen. Unrentable Geschäfte zum Nutzen der Allgemeinheit werden nicht nur in öffentlichen, sondern auch in privaten Betrieben in erheblichem Umfange gemacht und wenn in ersteren aus dem Gesamtergebnis ihrer Tätigkeit bedeutende Gewinne zurückbleiben, so beweist das eben, daß der Geschäftsbetrieb per saldo dem Erwerbszweck gedient hat und daß die unrentablen Geschäfte nur Werbungskosten zur Erzielung des Gesamtgewinns gewesen sind. Daß die Verwendung derartiger Gewinne zu allgemein-fiskalischen Zwecken der Garantieverbände nicht gemeinnützig ist, steht in der Steuerrechtsprechung bereits fest. Aber auch die Gewinnverwendung zu gemeinnützigen Zwecken besonderer Art sollte als Steuerbefreiungsgrund nicht in Anspruch genommen werden dürfen. Einmal verliert dieser Steuerbefreiungsgrund in dem Maße seine innere Berechtigung, in welchem auch die Privatwirtschaft freiwillig oder auch in Anerkennung einer durch Sittlichkeit und Sitte begründeten natürlichen Verpflichtung zu Zwecken dieser Art beisteuert. Vor allem aber widerspricht die steuerliche Privilegierung dieser Art von Gemeinnützigkeit der Grundidee der fairness im geschäftlichen Wettbewerb, ebenso wie es absurd wäre, wenn bei einem Pferderennen einem Rennstallbesitzer ein Vorsprung eingeräumt würde, wenn er erklärt, er lasse sein Pferd zugunsten eines Krankenhauses oder eines Altersheims laufen. (Heiterkeit.) Derartige Vergünstigungen waren allenfalls noch tragbar zu einer Zeit, in welcher die direkte Besteuerung, von unserem heutigen Standpunkte gesehen, eine kleine und unbedeutende Geschäftsspese bedeutete; bei dem heutigen Ausmaß steuerlicher Belastung stellen sie einen Anachronismus dar, der die Wettbewerbsfähigkeit der Privatwirtschaft gefährdet, wenn nicht ausschließt. Aus diesem Grunde erscheint es auch heute bedenklich, öffentlichen Banken in Gemäßheit der Entscheidung des Reichsfinanzhofs vom 6. Dezember 1927 eine Anwartschaft auf das Steuerprivileg der Gemeinnützigkeit für den Fall der Unterbietung der Bedingungen privater Banken und Bankfirmen einzuräumen. Hält man eine Senkung dieser Bedingungen mit Hilfe steuerlicher Erleichterungen für geboten, dann müssen diese Erleichterungen unter den gleichen Voraussetzungen allen Mitbewerbern zugute kommen. Namentlich aber ist es keine gesunde Steuer- und Gewerbepolitik, einen Mitbewerber, der nur vorübergehend, um ins Geschäft zu kommen, unrentabel arbeitet, durch Gewährung steuerlicher Vorteile hierin zu begünstigen.

Gegenüber der Kundschaft, insbesondere gegenüber einer gewerblichen Kundschaft, sollte der Hinweis auf die Gemeinnützigkeit des eigenen Betriebs im Gegensatz zu dem vom Mitbewerber verfolgten Erwerbszweck nicht nur als unzulässiges, sondern auch als untaugliches Werbemittel gelten; denn der Kunde, welcher der sich gemeinnützig nennenden Bank um dieser Gemeinnützigkeit willen den Vorzug vor der erwerbstätigen Bank oder Bankfirma einräumt, verneint das gute und gesunde Gesetz des Lebens und Lebenlassens, auf dem unsere Wirtschaft beruht, auch zum Nachteil seines eigenen Erwerbs und kapituliert als Bäcker, Schlächter oder Detaillist von vornherein vor der kommenden oder schon im Werden begriffenen gemeinnützigen Bäckerei, Schlächterei oder Warenverkaufsstelle. Schließlich und endlich: wenn man durch alle Formen, Figuren und Abstraktionen zum Wesen der Dinge hindurchdringt, steht hinter dem Wettbewerb zwischen Firma und Firma, zwischen Privatunternehmen und öffentlicher Hand, zwischen Erwerbswirtschaft und gemeinnütziger Wirtschaft doch stets der Wettbewerb zwischen Mensch und Mensch, und auch in der Leitung eines gemeinnützigen Unternehmens kann sich, ohne eigentlichen Mißbrauch, ein kräftiger menschlicher Egoismus ausleben. Dafür ist nichts kennzeichnender, als der so häufig sich in exzessiven Formen abspielende und anders gar nicht verständliche Wettbewerbskampf öffentlicher, gemeinnütziger Bankinstitute untereinander, dem das private Bankgewerbe, wenn auch nicht als lachender, so doch als staunender Dritter zuzusehen Gelegenheit erhält. Man hat manchmal den Eindruck, als fühlten sich die Leiter solcher gemeinnützigen Betriebe mitunter bereits sozusagen als Unternehmer, als tätige Sozietäre des gleichsam nur kommanditistisch beteiligten Gemeinwohls. (Heiterkeit.) Wettbewerb zwischen Mensch und Mensch ist jedoch um so fairer, je weniger das überall vorhandene Motiv des menschlichen Egoismus dabei verhüllt wird. Noch weit bedenklicher als die Reklame mit der Gemeinnützigkeit als solcher ist die Auswertung von einzelnen „guten Werken" zum Zwecke geschäftlicher Propaganda, also etwa in der Weise, daß im Eingesandtteil einer Zeitung alle Väter aufgefordert werden, ihre Einlagen zu dem Institut X. zu tragen, weil dieses aus seinem Gewinne einen Betrag von soundso viel Mark für die Errichtung von Kinderspielplätzen hergegeben habe. Unterzeichnet ist dieses Eingesandt: „Ein Vater". (Heiterkeit.) Meine Herren, die Erforschung der Vaterschaft dieses „Vaters" ist, mit Rücksicht auf das Redaktionsgeheimnis, untersagt. (Erneute Heiterkeit.) Aber eine ernste Frage: zu welcher Entwertung caritativer Betätigung würde es führen, wenn die private Bankwelt und die private Wirtschaft solchen Beispielen folgten?

Die Frage, welche Grenzen dem Wettbewerb der S t a a t s b a n k e n unter den Gesichtspunkten unseres Themas zu ziehen sind, ist bei weitem schwieriger, aber auch bei weitem wichtiger, als die bisher behandelte. S c h w i e r i g e r angesichts der Vielgestaltigkeit der Verhältnisse. Wir haben in Deutschland kein einheitliches Recht der S t a a t s b a n k e n; das deutsche Staatsbankwesen ist ein Spiegelbild deutscher Vielstaaterei. Verschiedenheiten bestehen hinsichtlich des historischen Ursprungs: neben Staatsbanken mit altehrwürdiger Tradition stehen jugendliche Schöpfungen der Inflationszeit; Verschiedenheiten bestehen hinsichtlich der Zweckbestimmung sowie auch bei gleicher Zweckbestimmung hinsichtlich der Intensität und der äußeren Formen der Betätigung im geschäftlichen Wettbewerb. Verschiedenheiten bestehen endlich auch hinsichtlich der Organisationsform: wir haben Staatsbanken in öffentlich-rechtlicher und in privatrechtlicher Form und daneben Verschachtelungen mannigfacher Art, wie z. B. sogar die der Kommanditgesellschaft auf Aktien mit dem Staat als persönlich haftenden Gesellschafter. (Heiterkeit.)

W i c h t i g e r als das Problem des Kommunalbankwettbewerbs ist das des Staatsbankwettbewerbs um deswillen, weil

Staat und Reich als Träger der Souveränität, der Gesetzgebungsgewalt und der obersten Steuerhoheit Gemeinwesen höherer Ordnung sind, als Kommunen und Kommunalverbände oder sonstige Körperschaften des öffentlichen Rechts. Der Widersinn des Wettbewerbs zwischen dem Gemeinwesen und seinen Gliedern, der nicht erst 1926 in der Singakademie zu Berlin entdeckt, sondern schon von Adam Smith und Montesquieu empfunden und von letzterem sogar mit Zeugnissen aus dem klassischen Altertum belegt worden ist, tritt deshalb bei der Staatsbank noch schärfer in Erscheinung, als bei der Kommunalbank. Von der Berufung auf staatliche Garantien hat Prof. Kalveram unlängst in einem Vortrag in London mit Recht gesagt, daß sie keine gute Grundlage für gesunden Wettbewerb sei. Die majestas reipublicae, die, wie Mahadöh, der Herr der Erde, zum Börsensaal herabsteigt, daß sie unsersgleichen werde, mitzufühlen Lust und Qual (Heiterkeit), ist nicht nur wettbewerbsethisch eine bedenkliche Erscheinung. Ob diese Bedenken wesentlich dadurch gemindert werden können, daß der souveräne Staat zum Zwecke solcher Betätigung seine Staatsuniform mit dem Zivilanzug der Aktiengesellschaft vertauscht (Heiterkeit), das ist eine große und vielumstrittene Frage.

Meine Herren, es liegt nicht im Wesen des Kaufmanns, Prinzipienfragen, wie diese, als reine Prinzipienfragen zu behandeln. Kaufmännische Verbände und Organisationen haben diese Pflicht allerdings in höherem Maße, aber auch sie müssen der Realität des geschichtlich Gewordenen Rechnung tragen und, was unseren Centralverband betrifft, so blicken die Fenster seines am Hegelplatz gelegenen Büros nicht umsonst auf das Standbild des Philosophen hinab, von welchem das Wort stammt: „Alles was wirklich ist, ist vernünftig". Ein gewisses Maß von logischer, ja vielleicht sogar von sittlicher Unstimmigkeit vertragen die Einrichtungen dieser Welt, nur gegen ein Uebermaß lehnt sich der Gesamtwillen auf. Die Frage, inwieweit der bankgeschäftliche Wettbewerb von Staatsinstituten legitim ist, mag bestritten sein, selbst innerhalb des Bankgewerbes; unstreitig aber gibt es eine Grenze, jenseits deren er nach allgemeiner Meinung zum unzulässigen, wenn nicht zum unlauteren wird. Dies ist z. B. auch bei den Verhandlungen des sächsischen Landtags über das sächsische Staatsbankgesetz im Jahre 1921 von Anhängern der bankgeschäftlichen Betätigung des Staats anerkannt worden; der Konkurrenzkampf, so heißt es im Ausschußbericht, müsse mit ehrlichen Waffen ausgetragen werden und die Vergleichsbasis zwischen Staatsbank und Privatbank dürfe nicht durch gewaltsame Mittel zu Gunsten der Staatsbank verschoben werden. Bei unserem Versuch, die Grenze zwischen legitimem und unzulässigem Staatsbankwettbewerb aufzuzeichnen, werden wir uns im einzelnen nicht darum zu kümmern haben, ob und wo und von wem sie in der Praxis bereits überschritten ist oder überschritten zu werden droht. Bei allem Respekt vor dem historisch Gewordenen wollen wir dabei auf der anderen Seite auch nicht vergessen, daß der Charakter des Provisorischen, des Uebergangszustands, der unserer Länderverfassung anhaftet, auch für die Zukunft unserer Staatsbankeinrichtungen nicht ohne Bedeutung ist, und ferner, daß gegenüber einer pietätlosen Generation, wie der heutigen, eine Lebensdauer von sieben bis acht Jahren jedenfalls keinen stärkeren historischen Rechtstitel begründen kann, als eine solche von ebenso vielen Jahrhunderten.

Wir sprachen vorhin von dem Unterschiede zwischen sparkasseneigenen und sparkassenfremden Geschäften. An einer ähnlichen reichsrechtlichen oder reichsgemeinrechtlichen Unterscheidung zwischen staatsbankeigenen und staatsbankfremden Geschäften fehlt es bisher, und zwar sowohl im Sinne absoluter, als auch im Sinne relativer, d. h. steuerrechtlicher Staatsbankfremdheit. Wenn § 9 Ziff. 3 des Körperschaftssteuergesetzes die Steuerfreiheit der Staatsbanken auf solche Institute beschränkt, die „ihrer Bestimmung nach in der Hauptsache" Geschäften staatswirtschaftlicher oder allgemeinwirtschaftlicher Art dienen, so bezeugt diese dehnbare und weite Fassung lediglich die Absicht des Reichsrats, den Staatsbanken ihr Steuerprivileg, welches bis zum Jahre 1925 ein absolutes war, im denkbar weitesten Umfang zu erhalten. Meine Herren, in der Ihnen überreichten außerordentlich verdienstvollen und bahnbrechenden Broschüre des Herrn Ministerialdirektors Dr. Schlegelberger „Zur Rationalisierung der Gesetzgebung", die ich Ihrer Aufmerksamkeit dringend empfehle, heißt es an einer Stelle, daß die Beratungen der Gesetzesvorlagen im Reichsrat zu den wertvollsten Abschnitten der Gesetzesgeschichte gehören. Der Herr Verfasser wird es mir nicht verargen, wenn ich Sie bitte, diese Stelle mit einem kleinen Fragezeichen zu versehen in bezug auf diejenige Tätigkeit des Reichsrats, welche die Besteuerung von Unternehmungen der öffentlichen Hand betrifft. (Heiterkeit.) Der Reichsrat hat sich hier als eine ebenso kenntnisreiche, wie erfolgreiche *Interessenvertretung* dieser Unternehmungen betätigt, eine Interessenvertretung, die allen anderen Interessenvertretungen durch den ihr verfassungsmäßig zustehenden Einfluß auf die Gesetzgebung bei weitem überlegen ist.

Vom Standpunkte des legitimen bankgeschäftlichen Wettbewerbs muß gefordert werden, daß zwischen staatsbankeigenen und staatsbankfremden Geschäften eine sichtbare Grenzziehung nicht bloß für steuerliche Zwecke vorgenommen wird, sei es durch Reichsgesetz, sei es, ähnlich wie für die Sparkassen, durch reichseinheitliche Mustersatzungen. Hierfür könnte der Beschluß des Preußischen Staatsministeriums vom 11. März 1926 über die Verfassung der Preußischen Staatsbank in der ihm vom Ausschußberichterstatter des Preußischen Landtags in dessen Sitzung vom 5. Juni 1926 gegebenen Auslegung weitgehend als Vorbild dienen.

Es muß dabei insbesondere verhindert werden, daß Institute dieser Art dem Publikum unmittelbar oder mittelbar für spekulative Effektengeschäfte als Ratgeber oder sogar als Anreger gegenübertreten. Ein Staat, der seine Untertanen mit Börsentips versorgt, entspricht dem Geist von Weimar ebensowenig, wie dem von Potsdam. (Heiterkeit.) Es muß selbst der Schein vermieden werden, als ob Ratschläge oder Anregungen eines solchen Institutes angesichts seiner Beziehungen zu der höchsten Staatsgewalt höher zu bewerten seien, als die einer privaten Bank oder Bankfirma.

Es muß ferner vermieden werden, daß die Beziehungen, in welche ein solches Institut auf Grund bestimmter Aufgaben und Betätigungen allgemeinwirtschaftlicher Art zum Publikum und zur privaten Geschäftswelt tritt, zur Anknüpfung rein geschäftlicher Beziehungen ausgewertet werden, etwa in der Weise, daß bei Mitteilung der Bedingungen eines aus öffentlichen Mitteln bewilligten Kredits das Staatsinstitut darauf aufmerksam macht, daß es auch sonstige bankgeschäftliche Transaktionen jeder Art zu kulantesten Bedingungen zu tätigen bereit sei. (Heiterkeit.)

Die zwischen den Spitzenverbänden der Privatbanken, Sparkassen und Genossenschaften geltenden Wettbewerbsrichtlinien müssen auch für den Wettbewerb zwischen Staatsbanken und anderen Kreditinstituten Geltung haben, insbesondere auch nach der Richtung, daß die Behördenautorität nicht zur Einwirkung auf die Errichtung von Konten bei der Staatsbank benutzt werden darf. Ferner dürfen nicht unter dem Schutze der Staatsautorität im Gegensatz zur Reichsautorität Einrichtungen geschaffen werden, die dem Publikum ein weiter gehendes Steuergeheimnis verbürgen oder zu verbürgen scheinen, als es von anderen Kreditinstituten nach Maßgabe der nun einmal geltenden Gesetze gewährleistet werden kann. Der mittelalterliche Gegensatz „Hie Welf, hie Waiblingen" sollte endgültig begraben sein und nicht in der Heimat Heinrichs des Löwen eine eigenartige Auferstehung feiern bei der Anwendung von Inhabersparkarten, über deren Vereinbarkeit mit der Reichsabgabenordnung man mindestens sehr geteilter Meinung sein kann. (Heiterkeit.)

Alle diese Forderungen, insbesondere die der Grenzziehung zwischen staatsbankeigenen und staatsbankfremden Geschäften, müssen auch gegenüber Staatsbanken in aktienrechtlicher oder sonstiger privatrechtlicher Form erhoben werden, zum mindesten dann, wenn die Beteiligung des Staats an der Bank keine bloß kapitalistische ist, sondern im Firmennamen der Bank sowie in der Zusammensetzung des Aufsichtsrats Ausdruck findet. Will sich ein Institut dieser Art im wirtschaftlichen Wettbewerb als Bank unter Banken unter Einschluß staatsbankfremder und staatsbankfremdester Geschäfte ohne jeden Zusammenhang mit staatlichen Wirtschaftszwecken betätigen, — und diese Betätigung mag im Einzelfalle dank der hervorragenden Eigenschaften seiner leitenden Persönlichkeiten eine wertvolle sein und auch von weiten Kreisen des Bankgewerbes als wertvoll betrachtet werden — dann ist es ein Gebot der fairness, daß dieses Institut sich im geschäftlichen Wettbewerb auf eigene

Füße stellt, daß es sich mit dem Ansehen begnügt, das es der eigenen Leitung verdankt, nicht aber den Kredit seines Großaktionärs, den Kredit des gemeinsamen Vaterlands, als seinen eigenen betrachtet.

Meine Herren, ich darf zum Schluß noch einmal kurz auf das Wettbewerbsabkommen mit dem Deutschen Sparkassen- und Giroverband zurückkommen. Ich bin gelegentlich gefragt worden, ob es mit diesem Abkommen noch vereinbar ist, wenn sich Sparkassen, Kommunalbanken und sonstige öffentliche Banken zu einer Art Ring in der Weise zusammenschließen, daß sie, wie insbesondere im § 34 Abs. 1 der Sparkassen-Mustersatzung von 1927 vorgesehen, bankmäßige Transaktionen lediglich durch andere öffentliche Institute unter Ausschluß privater Banken und Bankfirmen vornehmen dürfen. Ich habe erwidern müssen, daß den Sparkassen und öffentlichen Banken eine solche Ringbildung, für welche von ihnen manche, von ihrem Standpunkt aus gesehen, nicht unbeachtlichen Gründe geltend gemacht werden, insbesondere unter dem Gesichtspunkt besserer Kontrolle der Geschäfte der örtlichen Stellen, nicht verschränkt werden könne. Ich bin darauf gefragt worden, ob ich dann auch eine Ringbildung innerhalb des privaten Bankgewerbes mit dem umgekehrten Ziel einer Auftragserteilung ausschließlich an private Banken und Bankfirmen für zulässig halten würde. Ich habe geantwortet, daß ich diese Frage für eine rein theoretische hielte, weil der innerhalb des privaten Bankgewerbes bestehende Individualismus sich dem Zwang eines solchen Abkommens von vornherein widersetzen würde.

Meine Herren, diesen Individualismus im Bankgewerbe zu schelten, wäre verkehrt; ihm verdankt die Wirtschaft große und reiche Erfolge, er ist auch die sicherste Bürgschaft dafür, daß sich im Bankgewerbe niemals ein enger, verrotteter, fortschrittsfeindlicher Zunftgeist einnisten, daß der legitime Wettbewerb in ihm stets eine Stätte haben wird. In einem Artikel im „Deutschen Volkswirt" wurde dieser Zunftgeist jüngst als der schlimmste Feind der Wirtschaft bezeichnet. Aber, meine Herren, nicht jeder Zunftgeist ist vom Uebel. Gut ist der Zunftgeist, der in jedem Mitgliede unseres Berufs das lebendige Gefühl für Berufsehre und Berufspflicht wach erhält, der Zunftgeist im Bankgewerbe, den der Staat und die öffentliche Meinung ihrerseits im Interesse des Gemeinwohls oft anrufen und niemals vergeblich. Ein Zunftgeist im guten Sinne ist aber auch der Geist der Zusammengehörigkeit, welcher den Einzelnen widerstandsfähig gegen Versuchungen macht, die mit dem Motive des „Teile und Herrsche" von außen an ihn herangetragen werden. In solchem Geist ist vor fast einem Menschenalter durch den Mann, unter dessen Vorsitz wir heute zum siebenten Male tagen dürfen, der Centralverband des Deutschen Bank- und Bankiergewerbes zusammengefügt worden. Daß wir Wettbewerbsfragen des Bankgewerbes auch weiterhin in diesem Geiste behandeln dürfen, dazu erbitten wir die Zustimmung des Bankiertages.

Ich gestatte mir, meine Herren, Ihnen im Anschluß daran die von uns vorgeschlagene Resolution vorzulesen:

1. Angesichts der gewachsenen Zahl der Mitbewerber betrachtet es der Bankiertag heute als eine besonders wichtige Aufgabe der zentralen und örtlichen Organisationen des Bankgewerbes, im Interesse der Wahrung von Ansehen und Würde des Berufs über die Pflege guter Wettbewerbssitten und die Innehaltung getroffener Vereinbarungen zu wachen. Auch das zwischen den Grundkreditanstalten geschlossene Bonifikationsabkommen dient der Erhaltung guter Wettbewerbssitten; seine Innehaltung ist deshalb auch von den Angehörigen des übrigen Bankgewerbes und ihren Vereinigungen zu fördern.
2. Der Bankiertag billigt das vom Centralverband des Deutschen Bank- und Bankiergewerbes mit den Spitzenorganisationen der Sparkassen und Genossenschaften geschlossene Wettbewerbsabkommen. Er hält es für erwünscht, daß die auf Grund dieses Abkommens ernannten örtlichen Vertrauensmänner des privaten Bankgewerbes auch für Wettbewerbsstreitigkeiten zwischen Angehörigen desselben als Schlichter zur Verfügung stehen, soweit nicht diesem Bedürfnis bereits durch Einrichtungen einer örtlichen Bankiervereinigung, der beide Streitteile angehören, entsprochen ist.

3. Unabhängig von den Bedenken, welche gegen eine bankgewerbliche Betätigung der öffentlichen Hand außerhalb berechtigter öffentlicher Wirtschaftszwecke unter allgemeinen volks- und finanzwirtschaftlichen Gesichtspunkten zu erheben sind, verlangt der Bankiertag nachdrückliche Bekämpfung aller steuerlichen und sonstigen gesetzlichen Vorrechte, welche bestimmt oder geeignet sind, die Wettbewerbsfähigkeit des privaten Bank- und Bankiergewerbes zum Vorteile öffentlicher Banken zu vermindern.

(Stürmischer, allseitiger, langanhaltender Beifall.)

Präsident Geheimrat Prof. Dr. Riesser:

Meine Herren! Durch Ihren starken Beifall haben Sie gezeigt, wie sehr Sie diesen Vortrag unseres Freundes Bernstein zu schätzen wissen. Ich glaube, ich darf ihm nur unser aller herzlichsten Dank sagen; denn falls ich ihm nur etwas mehr sagte, würde er wohl lebhaften Einspruch dagegen erheben. (Lebhafter allseitiger Beifall.)

Der Entwurf der Entschließung zu diesem Vortrag wird jetzt verteilt sein. Ich eröffne deshalb die Diskussion und schließe sie, weil sich niemand zum Wort gemeldet hat. Wir kommen zur Abstimmung; ich darf die Herren, die der Entschließung zustimmen wollen, bitten, die Hand zu erheben. (Geschieht.) Das ist eine einmütige Zustimmung zu der Entschließung.

Verehrte Versammlung! Wir haben noch eine Pflicht zu erfüllen: zunächst den wärmsten Dank an alle zu richten, die sich um den schönen Verlauf unserer Tagung so verdient gemacht haben. Da denke ich natürlich zuerst an den verehrten Oberbürgermeister dieser Stadt, der sich selbst nie genug tut und es fertig bringt, immer neue große Lasten auf seine Schultern zu nehmen, die allerdings ungemein viel tragen können. Er hat uns auf Schritt und Tritt geholfen und außerordentliches geboten und geleistet. Wir rufen ihm und seinen Mitarbeitern dankbaren Herzens zu: Alaaf Köln!

Warmen und aufrichtigen Dank sprechen wir auch der Industrie- und Handelskammer Köln und der Vereinigung der Banken und Bankiers in Rheinland und Westfalen und deren Vorsitzenden und Syndicis aus, vor allem dem Herrn Präsidenten Geheimrat Dr. Louis Hagen, der uns mit Rat und Tat gefördert und durch glänzende Gastfreundschaft besonders geehrt hat, und Herrn Direktor Dr. Pferdmenges, der mit einem Stabe freiwilliger Helfer uns stets zur Seite stand. Wir werden sowohl die Ratschläge wie die Gastfreundschaft nicht vergessen.

Und nun haben wir noch eine weitere Pflicht zu erfüllen, nämlich außer Herrn Rechtsanwalt Bernstein unseren wärmsten Dank auch unseren Beamten und Beamtinnen auszusprechen, die gezeigt haben, was Beamte leisten können, wenn sie, wie dies hier der Fall war, erfüllt sind von freudiger Hingabe an den Verband, in dem sie tätig sind. Wir unsererseits wollten und wollen ja auch keine rein mechanische Arbeit, die niemandem Freude macht und ich freue mich deshalb, hier feststellen zu können, daß, von den Mitgliedern der Geschäftsführung ab, alle Beamte bis zum letzten Angestellten mit größter Gewissenhaftigkeit und Anspannung für das gemeinsame Ziel, den Bankiertag und sein Gelingen, gearbeitet haben. Diesen allen unseren wärmsten Dank zu sagen, ist mir Bedürfnis, vor allem Herrn Dr. Hans-Albrecht Fraenkel, der in unermüdlicher und aufopfernder Hingabe monatelang alles getan hat, damit die Organisation des Bankiertages und die Tagung selbst sich in glattester Weise abwickeln konnten.

Und nun lassen Sie mich zum Schlusse noch einige sachliche Bemerkungen machen: Wir erwarten, daß die Parole des Klassenkampfes, die noch immer nach vielen bis in die jüngste Zeit sich erstreckenden Erscheinungen und Betätigungen von manchen Seiten aufrechterhalten wird, nicht die herrschende Parole unserer Wirtschaft werden oder bleiben soll. Ich bedauere deshalb sehr, daß, allerdings in einer politischen, nicht in einer wirtschaftlichen Versammlung, aber doch von einem hervorragenden und politisch einflußreichen Manne das Feldgeschrei immer noch ertönte, sogar in der schärfsten und bedauerlichsten Form: „dem Kapitalismus mitten durchs Herz". Das entspricht durchaus nicht dem weisen Maßhalten, welches nicht nur ein Recht, sondern auch eine Pflicht politischer und wirtschaftlicher Führer sein muß. Ein Herzstoß, der dem deutschen „Kapitalismus" gilt, würde überdies das deutsche Volk selbst tödlich treffen durch Vernichtung der Kräfte, die seinen großen wirtschaftlichen und kulturellen Aufstieg ermöglichen. Das der Einigkeit heute mehr denn je bedürftige deutsche Volk darf sich nicht durch Aufnahme solcher Parolen in zwei völlig voneinander getrennte und sich gegenseitig auf Leben und Tod bekämpfende Heereslager scheiden. Mit Recht ist denn auch hier in Köln von hoher kirchlicher Stelle erst vor kurzem scharf unterschieden worden zwischen dem als notwendig erkannten kapitalistischen System und einer einseitig auf Erwerb und Gewinn ohne höheres sittliches Ziel gerichteten „mammonistischen" — so lautet der Ausdruck — Grundeinstellung. Wer diesen „Mammonismus" mitten ins Herz treffen will, der wird das deutsche Bankgewerbe auf seiner Seite finden. Dafür bürgt die Tatsache, daß sich der deutsche Bankierstand eine Organisation geschaffen hat und ihr treu bleibt, die ihre Gegnerschaft gegen einseitig materialistische und mammonistische Tendenzen nicht nur in Worten geäußert, sondern auch durch die Tat dauernd bekräftigt hat.

Auf diesen Grundton war auch die hinter uns liegende Tagung eingestellt. Daß sich das deutsche Bankgewerbe in Wort und Tat niemals von einer anderen Stimmung leiten lassen wird, daß es bleiben wird, was es war: ein Vorkämpfer und Schrittmacher für nationale Ziele und vaterländische Ordnung, das möchte ich heute ausgesprochen haben als ein lange andauerndes, auch künftige Bankiertage bindendes Gelöbnis. (Lebhafter Beifall.)

Ich glaube, daß ich nunmehr den VII. Allgemeinen Deutschen Bankiertag — ich kann den Satz noch nicht beenden, da Herr Dr. Gelpcke ums Wort gebeten hat.

Dr. Gelpcke, Vorstandsmitglied der Hypothekenbank in Hamburg, Berlin:

Meine hochverehrten Herren! Unser allverehrter Herr Präsident, Geheimrat Riesser, wollte soeben den VII. Deutschen Bankiertag schließen. Ich glaube, ehe er den Schluß ausspricht, daß wir noch einen Dank hier zum Ausdruck bringen müssen, den Dank an unseren allverehrten, hochverehrten Herrn Vorsitzenden. (Lebhafter Beifall.) Herr Geheimrat Riesser hat all den Herren, die am Zustandekommen dieses Bankiertags hervorragende Verdienste haben, den Dank zum Ausdruck gebracht. Eines aber konnte er nicht; er konnte sich nicht selbst den Dank aussprechen. Ich glaube, daß Sie alle mit mir eins sind, wenn ich Sie auffordere, Herrn Geheimrat Riesser den Dank des ganzen deutschen Bankiergewerbes zum Ausdruck zu bringen. (Das geschieht unter lebhaftem Beifall, indem die Anwesenden sich von den Plätzen erheben.)

Präsident Geheimrat Prof. Dr. Riesser:

Ich danke dem Herrn Vorredner herzlichst, dessen warmherzige Worte mir überaus wohlgetan haben. Ich hoffe zuversichtlich, daß der Verband frisch, rüstig und erfolgreich alle künftigen Jahre und Kämpfe bestehen wird. Sagen Sie dann dem, der an meiner Stelle stehen wird, daß wir eine Vereinigung sind, die nichts kennt als die Arbeit, die Arbeit im Dienste des Vaterlands. (Stürmischer allseitiger Beifall.)

Ich schließe die Tagung.

(Schluß: 4½ Uhr.)

Gäste und Teilnehmer des VII. Allgemeinen Deutschen Bankiertags.

Vertreter von Reichsbehörden:

Reichskanzler und Reichsregierung:

Dr. Julius Curtius, Reichswirtschaftsminister, Berlin.

Reichsfinanzministerium:

Dr. Arthur Zarden, Ministerialdirektor, Berlin
Dr. Herbert Dorn, Ministerialdirektor, Berlin
Artur Norden, Geh. Regierungsrat, Ministerialdirigent, Berlin
Dr. H. F. Berger, Ministerialrat, Berlin
Dr. Hans Neufeld, Oberregierungsrat, Berlin
Bayrhoffer, Oberregierungsrat, Berlin.

Reichswirtschaftsministerium:

Dr. Julius Curtius, Reichswirtschaftsminister, Berlin
Dr. Reichardt, Ministerialdirektor, Berlin
Dr. Johannes Heintze, Ministerialdirigent, Berlin
Hans von Boeckh, Regierungsrat, Berlin.

Reichsjustizministerium:

Dr. Dr. Schlegelberger, Ministerialdirektor, Geh. Regierungsrat, Professor, Berlin.

Reichspostministerium:

Karl Sautter, Staatssekretär, Berlin.

Reichsministerium für Ernährung und Landwirtschaft:

Dr. Hoffmann, Staatssekretär, Berlin.

Reichsministerium für die besetzten Gebiete:

Carl Christian Schmid, Staatssekretär, Berlin.

Reichskommissar für die besetzten rheinischen Gebiete:

Dr. Graf Adelmann v. Adelmannsfelden, Geh. Regierungsrat, Ministerialdirektor, Koblenz.

Reichsbank:

Dr. Hjalmar Schacht, Präsident des Reichsbankdirektoriums, Berlin
Dreyse, Vizepräsident des Reichsbankdirektoriums, Berlin
Dr. Nordhoff, Reichsbankdirektor, Leiter der Statistischen Abteilung, Berlin.

Generalrat der Reichsbank:

Dr. Hjalmar Schacht, Präsident des Reichsbankdirektoriums, Vorsitzender, Berlin
Dr. h. c. Louis Hagen, Geh. Kommerzienrat, i. Fa. A. Levy und Sal. Oppenheim jr. & Cie., Köln
Hans Remshard, Geh. Kommerzienrat, Vorstandsmitglied der Bayerischen Hypotheken- und Wechsel-Bank, München
Dr. h. c. Max M. Warburg i. Fa. M. M. Warburg & Co., Hamburg
Oscar Wassermann, Vorstandsmitglied der Deutschen Bank, Berlin
Dr. G. W. J. Bruins, Professor, Kommissar für die Notenausgabe bei der Reichsbank, Rotterdam-Berlin.

Deutsche Golddiskontbank:

Dr. Hjalmar Schacht, Präsident des Reichsbankdirektoriums, Vorsitzender des Aufsichtsrats der Deutschen Golddiskontbank, Berlin.

Reichsfinanzhof:

Dr. Strutz, Wirkl. Geh. Oberregierungsrat, Senatspräsident, München.

Reichsentschädigungsamt für Kriegsschäden:

Edward Clément, Oberregierungsrat, Berlin.

Reichsausgleichsamt:

Dr. Max Nötzel, Geh. Regierungsrat, Berlin.

Statistisches Reichsamt:

Dr. Ernst Wagemann, Geh. Reg.-Rat, Professor, Präsident, Berlin
Dr. Herrmann, Regierungsrat, Berlin
Dr. Gerhard Kokotkiewicz, Berlin.

Institut für Konjunkturforschung:

Dr. Ernst Wagemann, Geh. Reg.-Rat, Professor, Direktor, Berlin
Dr. Gerhard Kokotkiewicz, Berlin.

Anwaltskammer bei dem Reichsgericht:

Bruno Brücklmeier, Justizrat, Leipzig
Dr. Hans Drost, Rechtsanwalt, Leipzig.

Reichsversicherungsanstalt für Angestellte:

Dr. Theodor v. Olshausen, Geh. Reg.-Rat, Präsident, Berlin.

Reichszentrale für Heimatdienst:

Leo Horwitz, Regierungsrat, Berlin.

Reichskommissar für das Handwerk und das Kleingewerbe:

Dr. Reichardt, Ministerialdirektor, Berlin.

Deutsche Reichsbahn-Gesellschaft:

Prins, Reichsbahndirektor, Berlin
Rudolf Loewel, Geh. Oberbaurat, Reichsbahndirektionspräsident, Elberfeld
Dr. Dr. Baumann, Reichsbahndirektor, Leiter der Pressestelle, Berlin
Albert Ruge, Reichsbahnoberrat, Berlin
Paul Redicker, Reichsbahnoberrat, Köln.

Landesfinanzämter:

Dr. Friedrich Carl, Präsident des Landesfinanzamtes Unterweser, Bremen
Dr. Schmittmann, Präsident des Landesfinanzamtes Düsseldorf, Düsseldorf
Dr. Alexander von Brandt, Ministerialdirektor z. D., Präsident des Landesfinanzamtes Köln, Köln
Franz Naumann, Abteilungspräsident, Landesfinanzamt Köln, Köln
Dr. Hermann Hirsch, Oberregierungsrat, Landesfinanzamt Köln, Köln
Dr. Peter Haag, Finanzgerichtsdirektor, Köln
Dr. Georg Ronge, Präsident des Landesfinanzamtes Münster i. W., Münster i. W.

Oberpostdirektion Köln:

Heinrich Kraiger, Geh. Postrat, Präsident, Köln
Warning, Postinspektor, Köln.

Vertretungen ausländischer Staaten:

Nicolas Kirsch-Puricelli, Exzellenz, Großh. Luxemb. Gesandter, Berlin
Fr. Boucon, Konsul von Luxemburg, Köln
Dr. Sylvester Gruszka, Polnischer Generalkonsul, Köln
Gustavo Hörmann-Montt, Konsul von Chile, Köln
Frantisek Kopecky, Tschechoslowakischer Generalkonsul, Köln
Adalbert Laffon, Französischer Konsul, Köln
Hans C. Leiden, Konsul, Köln
John Lowdon, Britischer Generalkonsul, Köln
F. Maus, Konsul von Portugal, Köln
Eduardo Otten, Konsul von Peru, Köln
Alphonse Pétrement, Belgischer Generalkonsul, Köln
Umberto Pullino, Kgl. Ital. Generalkonsul, Düsseldorf
Santiago Suarez, Konsul von Mexiko, Köln
Dr. von Weiß, Vizekonsul, Köln

Reichsrat:

Bail, Geh. Oberregierungsrat, Ministerialdirektor (Preußen), Berlin
Carl Cohn, Senator (Hamburg), Hamburg
Dr. Conze, Wirkl. Geh. Ober-Reg.-Rat, Ministerialdirektor (Preußen), Berlin

Fritz Grosser, Geh. Finanzrat, Ministerialdirektor (Preußen), Berlin
Dr. Wilh. Hamacher, Studienrat (Preußen), Köln
Dr. Erich Klien, Geh. Rat, Ministerialdirektor (Sachsen), Dresden
Dr. Lippert, Geh. Reg.-Rat, Ministerialrat, Staatskommissar bei der Berliner Börse (Preußen), Berlin
Dr. Müllershausen, Vortragender Rat (Bremen), Bremen
Fritz Mussehl, Ministerialrat (Preußen), Berlin
W. Schenk, Ministerialdirektor (Bayern), Berlin.

Reichstag:

Vizepräsident Siegfried von Kardorff, Landrat z. D., Berlin
Dr. Johann Becker, Reichsminister a. D., Exzellenz, Darmstadt
Dr. Carl Cremer, Berlin
Dr. August Crone-Muenzebrock, Berlin
Walther Dauch, Hamburg
Reichsminister a. D. Dr. Bernhard Dernburg, Exzellenz, Berlin
Staatsminister a. D. Otto Fischbeck, Exzellenz, Berlin
Dr. Hermann Fischer, Rechtsanwalt (Köln), Berlin
Universitätsprofessor Dr. Freiherr Axel von Freytagh-Loringhoven, Breslau
Staatspräsident a. D. Dr. Dr. Hellpach, Universitätsprofessor, Heidelberg
Karl Hepp, Präsident des Reichslandbundes, Berlin
Dr. Curt Hoff, Syndikus, Berlin
Staatspräsident a. D. Professor Dr. Hermann Hummel, Berlin
Reichsminister a. D. Dr. Wilhelm Külz, Dresden
Dr. Marie-Elisabeth Lüders, Berlin
Staatssekretär a. D. Oscar Meyer, Berlin
Dr. Fritz Mittelmann, Berlin
Albrecht Morath, Berlin
Universitätsprofessor Dr. Dr. Dietrich Preyer, Königsberg i. Pr.
Bergwerksdirektor Dr. Walther Rademacher, Borna b. Leipzig
Reichsminister a. D. Dr. Peter Reinhold, Dresden
Staatssekretär Carl Christian Schmid, Berlin
Direktor Dr. Rudolph Schneider, Wachwitz b. Dresden
Direktor Heinrich von Sybel, Berlin
Ministerpräsident a. D. Theodor Tantzen, Heering, Post Abbehausen in Oldenburg
Direktor Gottfried R. Treviranus, Berlin.

Vorläufiger Reichswirtschaftsrat:

Dr. Dr. h. c. Conrad Adenauer, Oberbürgermeister, Köln
Rittergutsbesitzer Dr. Ernst Brandes, Althof-Insterburg
Direktor Jakob Cremer, Berlin
Dr. August Crone-Muenzebrock, Berlin
Geh. Reg.-Rat Professor D. Dr. phil. Dr.-Ing. e. h. Dr. h. c. Carl Duisberg, Vorsitzender des Präsidiums des Reichsverbandes der Deutschen Industrie, Leverkusen bei Köln
Abraham Frowein, Elberfeld
Regierungsrat a. D. Gennes, Generalanwalt, Berlin
Heinrich Grünfeld, Berlin
Geh. Kommerzienrat Dr. h. c. Louis Hagen, Präsident der Industrie- und Handelskammer Köln, Köln

Stadtrat Josef Humar, München
Landesökonomierat Peter Johannssen, Hannover
Geh. Regierungsrat Ludwig Kastl, Ministerialrat a. D., Berlin
Dr. Dr. August Kayser, Generalsekretär, Berlin
Otto Keinath, Berlin
Dr. Wilhelm Kutscher, Regierungspräsident i. R., Berlin
Dr. phil. Dr.-Ing. e. h. Arnold Langen, Generaldirektor, Köln
Dr. jur. Arthur Salomonsohn, Geschäftsinhaber der Disconto-Gesellschaft, Berlin
Direktor Heinrich von Sybel, Berlin
Dr. Joachim Tiburtius, Oberregierungsrat a. D., Berlin
Regierungsrat Vurthmann, Berlin
Peter Welter, Präsident der Handwerkskammer, Köln
Dr. Leon Zeitlin, Syndikus, Berlin.

Vertreter der Länderbehörden:

Preußisches Ministerium für Handel und Gewerbe:

Geh. Ober-Reg.-Rat Bail, Ministerialdirektor, Berlin
Geh. Reg.-Rat Lippert, Ministerialrat, Staatskommissar bei der Berliner Börse, Berlin.

Preußisches Finanzministerium:

Fritz Grosser, Geh. Finanzrat, Ministerialdirektor, Berlin.

Preußisches Ministerium des Innern:

Dr. Ludwig Simon, Ministerialrat, Berlin.

Preußisches Justizministerium:

Heinrich Reichartz, Oberlandesgerichtspräsident, Köln.

Preußisches Ministerium für Volkswohlfahrt:

Dr. Conze, Ministerialdirektor, Wirkl. Geh. Oberregierungsrat, Berlin
Kayser, Ministerialrat, Berlin.

Preußisches Ministerium für Landwirtschaft, Domänen und Forsten:

Fritz Mussehl, Ministerialrat, Berlin.

Preußischer Landtag:

Vizepräsident Wolfgang v. Kries, Landrat z. D., Berlin-Potsdam
Justizrat Bernhard Falk, Köln
August Haas, Köln
Rechtsanwalt Dr. Max Heimann, Köln
Graf Gerhard v. Kanitz, Reichsminister a. D., Podangen bei Tüngen, Pr.-Holland (Ostpr.)
Justizrat Paul Lüdicke, Berlin-Spandau
Oberregierungs- und Gewerbeschulrat Otto Merten, Berlin
Dr. jur. Wilhelm v. Waldthausen, Regierungsassessor a. D., Essen
Geh. Regierungsrat Franz Weißermel, Berlin
Dr. Friedrich v. Winterfeld, Landrat a. D., Hauptritterschaftsdirektor, Neuendorf b. Neustadt a. D.
Dr. Leon Zeitlin, Syndikus, Berlin.

Preußischer Staatsrat:

Dr. Dr. h. c. Conr. Adenauer, Oberbürgermeister, Präsident, Köln
Geh. Kommerzienrat Dr. h. c. Louis Hagen, Köln
Dr. Karl Jarres, Oberbürgermeister, Duisburg
Geh. Kommerzienrat Dr.-Ing. e. h. Peter Klöckner, Duisburg
Dr. J. Meerfeld, Beigeordneter, Köln
Justizrat Dr. Paul Wesenfeld, Rechtsanwalt, Barmen.

Pressestelle der Preußischen Staatsregierung:

Regierungsrat Vurthmann, Berlin.

Bayerisches Staatsministerium für Handel, Industrie und Gewerbe:

Karl Micheler, Ministerialrat, München.

Staatliche bayerische Wirtschaftsstelle in Berlin:

W. Schenk, Ministerialdirektor, Berlin.

Sächsisches Wirtschaftsministerium:

Dr. Erich Klien, Ministerialdirektor, Dresden
Dr. Ernst Arno Großmann, Ministerialrat, Dresden.

Senat der freien und Hansestadt Hamburg:

Dr. Wilhelm A. Burchard, Senator, Hamburg
Carl Cohn, Senator, Hamburg

Senat der freien und Hansestadt Bremen:

Dr. Müllershausen, Vortragender Rat, Bremen.

Senat der freien und Hansestadt Lübeck:

Dr. Georg Kalkbrenner, Senator, Lübeck.

Oberpräsident der Rheinprovinz:

Dr. h. c. Fuchs, Reichsminister a. D., Koblenz.

Rheinischer Städtetag und Provinzial-Landtag:

Dr. Karl Jarres, Oberbürgermeister, Vorsitzender, Duisburg.

Rhein-Landkreistag:

Philipp Carl Heimann, Landrat, Vorsitzender, Köln.

Regierung in Aachen:

Robert v. Görschen, Regierungsvizepräsident, Aachen.

Regierung in Düsseldorf:

Dr. Dr. h. c. Dr. Horion, Landeshauptmann, Düsseldorf.

Regierung in Köln:

Hans Elfgen, Regierungspräsident, Köln
Ernst v. Harnack, Regierungsvizepräsident, Köln.

Regierung in Trier:

Dr. Konrad Saassen, Regierungspräsident, Trier.

Staats-Banken usw.

Preußische Staatsbank:

Dr. Franz Schroeder, Staatssekretär i. e. R., Präsident, Berlin.

Preußische Zentralgenossenschaftskasse:

Rechtsanwalt Otto Klepper, Präsident, Berlin
Geh. Finanzrat Glaeser, stellv. Präsident, Berlin
Dr. Brandt, Berlin
Direktor Engelmann, Berlin
Dr. Lauffer, Berlin
Wilhelm Schaub, Berlin.

Bayerische Staatsbank:

Dr. Wilhelm v. Wolf, Staatsrat, Präsident, München
Kurt Flamme, Oberfinanzdirektor, Mitglied des Direktoriums, München
Fritz Moroff, Oberfinanzdirektor, Mitglied des Direktoriums, München.

Braunschweigische Staatsbank:

Dr. Oscar Stübben, Präsident, Braunschweig.

Hessische Landesbank — Staatsbank:

Ministerialrat Dr. Schrod, Darmstadt.

Oldenburgische Staatsbank:

Oberfinanzrat Dr. Heinz Rabeling, Oldenburg
Finanzrat Enno Haschenburger, Oldenburg.

Sächsische Staatsbank:

Carl Degenhardt, Präsident, Dresden.

Thüringische Staatsbank:

Dr. e. h. Dr. Hugo Jost, Geh. Finanzrat, Präsident, Weimar.

Bank von Danzig:

Dr. Konrad Meißner, Präsident, Danzig.

Städtische Körperschaften:

Oberbürgermeister Köln:

Dr. Dr. h. c. Conrad Adenauer, Oberbürgermeister, Köln
Geh. Kommerzienrat Dr. h. c. Louis Hagen, Stadtverordneter, Köln
Stadtverordneter Dietrich Brügelmann, Köln
Beigeordneter J. Bergmann, Köln
Beigeordneter Dr. Hermann Best, Köln
Beigeordneter Eberhard Bönner, Köln
Beigeordneter Willy Cleff, Köln
Beigeordneter Dr. Wilhelm Greven, Köln
Beigeordneter August Haas, Köln
Beigeordneter Josef Herlet, Köln
Beigeordneter Dr. Conrad Löhe, Köln
Beigeordneter Dr. J. Meerfeld, Köln
Beigeordneter Fritz Spennrath, Köln
Beigeordneter Willi Suth, Köln.

Polizeipräsidium Köln:

Otto Bauknecht, Polizeipräsident, Köln.

Stadt Berlin:

Oscar Meyer, Staatssekretär a. D., M. d. R., Stadtverordnetenvorsteher-Stellvertreter, Berlin.

Stadt Duisburg:

Oberbürgermeister Dr. Karl Jarres, Duisburg.

Stadt Duisburg-Ruhrort:

Oberbürgermeister Dr. Otto Most, Duisburg-Ruhrort.

Stadt Hagen:

Oberbürgermeister Finke, Hagen
Bürgermeister Dr. Raabe, Hagen.

Stadt Koblenz:

Oberbürgermeister Dr. Karl Russell, Koblenz.

Hochschulen und Universitäten:

Technische Hochschule Aachen:

Professor Hubert Hoff, Rektor, Aachen
Professor Dr.-Ing. Hermann Bonin, Aachen.

Universität Bonn:

Dr. Heinrich Göppert, Exzellenz, Wirkl. Geh. Rat, Professor, Bonn.

Landwirtschaftliche Hochschule Bonn-Poppelsdorf:

Professor Heimerle, Rektor, Bonn.

Universität Frankfurt a. M.:

Dr. W. Gerloff, Professor, Prorektor, Frankfurt a. M.
Dr. Wilhelm Kalveram, Professor, Oberursel i. Taunus.

Universität Hamburg:

Dr. Theodor Plaut, Professor, Hamburg.

Universität Köln:

Karl Thieß, Geh. Regierungsrat, Professor, Köln
Dr. Christian Eckert, Geh. Regierungsrat, Professor, Köln
Dr. Eduard Gammersbach, Justizrat, Professor, Köln
Dr. Karl Kumpmann, Professor, Düsseldorf
Dr. Bruno Kuske, Professor, Köln
Dr. jur. Dr. phil. Fritz Karl Mann, Professor, Köln
Dr. jur. Hans Planitz, Professor, Köln.

Universität München:

Geh. Hofrat Professor Dr. Walter Lotz, München.

Universität Münster:

Professor Schöne, Rektor, Münster.

Gesetzliche Berufsvertretungen von Handel, Industrie, Landwirtschaft und Handwerk:

Deutscher Industrie- und Handelstag:

Delegierte: Geh. Kommerzienrat Dr. h. c. Louis Hagen, Vizepräsident des Deutschen Industrie- und Handelstags, Köln
Dr. Gerhard Frentzel, Rechtsanwalt, Mitglied der Geschäftsführung, Berlin.

Landesausschuß der preußischen Industrie- und Handelskammern:

Delegierter: Rechtsanwalt Dr. Gerhard Frentzel, Mitglied der Geschäftsführung des Deutschen Industrie- und Handelstags, Berlin.

Bayerischer Industrie- und Handelskammertag:

Delegierter: Dr. Hans Dietrich, Geh. Kommerzienrat, Vorstandsmitglied der Bayerischen Vereinsbank, München.

Sächsischer Handelskammertag:

Delegierte: Geh. Kommerzienrat Richard Schmidt i. Fa. Hammer & Schmidt, Leipzig
Burghard von der Decken, Legationsrat a. D., Dresden.

Industrie- und Handelskammer Aachen:

Delegierter: Geh. Kommerzienrat Dr.-Ing. e. h. Georg Talbot, Haus Grenzhof b. Aachen.

Industrie- und Handelskammer Altona:

Delegierter: Karl Frahm, Vorstandsmitglied des Bankvereins für Schleswig-Holstein A.-G., Altona.

Verband der Industrie- und Handelskammern der Provinz Schleswig-Holstein:

Delegierter: Karl Frahm, Vorstandsmitglied des Bankvereins für Schleswig-Holstein A.-G., Altona.

Industrie- und Handelskammer für den Wuppertaler Industriebezirk:

Delegierte: Rudolf Ziersch i. Fa. Otto Budde & Co., Vorsitzender, Barmen
Karl Klussmann, Vorstandsmitglied der Uhlhorn & Klussmann A.-G., Elberfeld.

Industrie- und Handelskammer zu Berlin:

Delegierte: Dr. Karl Gelpcke, Vorstandsmitglied der Hypothekenbank in Hamburg, Vizepräsident, Berlin
Stadtrat a. D. Bruno Eisenführ, Berlin
Kommerzienrat Georg Haberland, Berlin
Direktor Max Haller, Berlin
Justizrat Walter Waldschmidt, Berlin.
Syndikus Oscar Meyer, Staatssekretär a. D., M. d. R., Berlin
Syndikus Eduard Meyerstein, Berlin.

Industrie- und Handelskammer zu Bochum:

Delegierter: Dr. Franke, Bochum.

Industrie- und Handelskammer zu Bonn:

Delegierte: Dr.-Ing. Alfred Soennecken, Vorstandsmitglied, Bonn
Dr. jur. Gerhard Merrem, Direktor der Deutschen Bank, Filiale Bonn.

Industrie- und Handelskammer Breslau:

Delegierte: Adolf Becker, Direktor der Darmstädter und Nationalbank, K. a. A., Filiale Breslau
Dr. phil. Dr. jur. h. c. Freymark, erster Syndikus, Breslau.

Industrie- und Handelskammer Dortmund:

Delegierter: Dr. jur. O. Martin, erster Geschäftsführer, Dortmund.

Handelskammer Dresden:

Delegierter: Burghard von der Decken, Legationsrat a. D., stellv. Syndikus, Dresden.

Niederrheinische Industrie- und Handelskammer Duisburg—Wesel zu Duisburg-Ruhrort:

Delegierter: Dr. Otto Most, erster Syndikus, Oberbürgermeister, Duisburg-Ruhrort.

Industrie- und Handelskammer Düsseldorf:

Delegierte: Dr.-Ing. R. Krieger, Vizepräsident, Düsseldorf
Dr. Josef Wilden, Geschäftsführer, Düsseldorf.

Verband der Industrie- und Handelskammern zu Erfurt, Mühlhausen (Thür.), Nordhausen.

Der Vorort:

Industrie- und Handelskammer zu Erfurt:

Delegierter: Max Stürcke i. Fa. Adolph Stürcke, stellv. Vorsitzender, Erfurt.

Industrie- und Handelskammer für die Kreise Essen, Mülheim (Ruhr) und Oberhausen zu Essen:

Delegierte: Wilhelm Jötten, Bankdirektor a. D., stellv. Präsident, Essen
Dr. Hoffmann, stellv. Syndikus, Essen
Dr. Dietrich, Essen.

Industrie- und Handelskammer Frankfurt a. M.—Hanau:

Delegierte: Hermann Malz, Mitglied des Aufsichtsrats der Dresdner Bank, Frankfurt a. Main
Leopold Merzbach i. Fa. A. Merzbach, Bankgeschäft, G. m. b. H., Frankfurt a. Main
Professor Hans Trumpler, Syndikus, Frankfurt a. Main.

Industrie- und Handelskammer für die preußische Oberlausitz zu Görlitz:

Delegierter: Dr. Albert Weil, Kommerzienrat, Präsident, Görlitz.

Industrie- und Handelskammer zu Hagen i. W.:

Delegierter: Heinrich Ed. Osthaus, Bankier und Handelsgerichtsrat, Hagen i. W.

Industrie- und Handelskammer Halle a. S.:

Delegierter: Curt Steckner i. Fa. Reinhold Steckner, Präsident, Halle a. S.

Handelskammer Hamburg:

Delegierte: Anton Hübbe, Direktor der Dresdner Bank in Hamburg, Präses, Hamburg
Dr. Hermann Becker, wissenschaftlicher Mitarbeiter, Hamburg.

Industrie- und Handelskammer für Hannover:

Delegierter: Dr. Karl Herzfeld i. Fa. Gottfried Herzfeld, Hannover.

Industrie- und Handelskammer Iserlohn:

Delegierte: Fritz Laar, Iserlohn
Dr. Werth, Geschäftsführer, Iserlohn.

Industrie- und Handelskammer Koblenz:

Delegierte: Ferdinand Russell, Vorsitzender, Koblenz
Dr. Hausmann i. Fa. Math. Hausmann, Cochem.

Industrie- und Handelskammer Köln:

Delegierte: Geh. Kommerzienrat Dr. h. c. Louis Hagen, i. Fa. A. Levy und Sal. Oppenheim jr. & Cie., Vorsitzender, Köln
Generalkonsul Adolf Oehme, I. stellv. Vorsitzender, Köln
Generaldirektor Dr. rer. pol. h. c. Franz Ott, II. stellv. Vorsitzender, Köln
Dr. Walter Schmitz, Syndikus, Köln
Dr. Max Klemme, Syndikus, Köln
Rudolf Eggermann, Syndikus, Köln
Dr. Wilhelm von Thenen, Syndikus, Köln.

Industrie- und Handelskammer Königsberg i. Pr.:

Delegierter: Hermann Marx, Direktor der Deutschen Bank, Filiale Königsberg.

Industrie- und Handelskammer Krefeld:

Delegierte: Arnold Willemsen, Vorsitzender, Krefeld
Moritz Bayerthal, Kommerzienrat, erster stellv. Vorsitzender, Krefeld
Rudolf Oetker, zweiter stellv. Vorsitzender, Krefeld
Dr. Fritz Müller-Reuter, Geschäftsführer, Krefeld
Dr. Josef Schilling, Reichsbankdirektor, Krefeld.

Handelskammer Leipzig:

Delegierter: Geh. Kommerzienrat Richard Schmidt, i. Fa. Hammer & Schmidt, Präsident, Leipzig.

Industrie- und Handelskammer Mainz:

Delegierter: Ludwig Kronenberger, Kommerzienrat, Mainz.

Handelskammer Mannheim:

Delegierter: Dr. rer. pol. h. c. Benno Weil, Mannheim.

Industrie- und Handelskammer München:

Delegierte: Dr. Hans Dietrich, Geh. Kommerzienrat, Vorstandsmitglied der Bayerischen Vereinsbank, München
Sichard Weinberger, Kommerzienrat, i. Fa. Herzog & Meyer, München.

Industrie- und Handelskammer zu M.-Gladbach:

Delegierter: Alfred Croon, 1. Vorsitzender, M.-Gladbach.

Industrie- und Handelskammer Münster i. W.:

Delegierter: Dr. Karl Jacobshagen, Syndikus, Münster.

Industrie- und Handelskammer Nürnberg:

Delegierter: Dr. Richard Kohn, Kommerzienrat, i. Fa. Anton Kohn, Nürnberg.

Bergische Industrie- und Handelskammer zu Remscheid:

Delegierter: Dr. Borchard, Syndikus, Remscheid.

Industrie- und Handelskammer zu Stolberg (Rhld.) für die Kreise Aachen Land, Düren und Jülich:

Delegierte: Dr.-Ing. e. h. Franz Wirtz, Präsident, Stolberg
Clemens Bruckner, 1. Geschäftsführer, Stolberg.

Industrie- und Handelskammer zu Trier:

Delegierter: Oliver Jaeger, Präsident, Trier.

Deutscher Landwirtschaftsrat:

Delegierte: Dr. Ernst Brandes, Präsident, Königsberg i. Pr.
Dr. Fritz Ehrenforth, Geschäftsführer, Berlin.

Deutsche Landwirtschafts-Gesellschaft:

Delegierter: Rittergutsbesitzer Dr. von Laer, Oberbehme b. Löhne i. W.

Preußische Hauptlandwirtschaftskammer Berlin:

Delegierter: Dr. Siemon, Berlin.

Landwirtschaftskammer für die Provinz Brandenburg u. für Berlin:

Delegierter: Joachim v. Oppen, Rittergutsbesitzer, Präsident, Berlin.

Landwirtschaftskammer für die Rheinprovinz zu Bonn:

Delegierter: Freiherr Hermann v. Lüninck, Vorsitzender, Bonn.

Landwirtschaftskammer Niederschlesien:

Delegierter: Bernhard v. Bernuth, Präsident, Post Kraschen, Kr. Guhrau, Bez. Breslau.

Landwirtschaftskammer für den Regierungsbezirk Wiesbaden:

Delegierter: Erasmus Merten, Präsident, Wiesbaden-Erbenheim.

Landwirtschaftskammer für den Freistaat Sachsen:

Delegierter: Hermann Vogelsang, Rittergutsbesitzer, Präsident, Rittergut Ebersbach b. Döbeln i. Sa.

Landwirtschaftskammer Mecklenburg-Schwerin:

Delegierter: Karl Eschenburg, Präsident, Banzin b. Vellahn, Meckl.

Thüringische Hauptlandwirtschaftskammer:

Delegierter: Carl Helm, Präsident, Rittergut Janisroda b. Naumburg.

Landwirtschaftskammer für das Land Lippe:

Delegierter: Gottfried R. Treviranus, Direktor, M. d. R., Berlin.

Deutscher Handwerks- und Gewerbekammertag Hannover:

Delegierter: Peter Welter, Vorsitzender der Handwerkskammer Köln, Köln.

Preußischer Handwerkskammertag zu Berlin:

Delegierte: Peter Welter, Vorsitzender der Handwerkskammer Köln, Köln
Dr. Fritz Engels, Geschäftsführer der Handwerkskammer Köln, Köln.

Handwerkskammer Köln:

Delegierte: Peter Welter, Vorsitzender, Köln
Dr. Fritz Engels, Geschäftsführer, Köln.

Börsenvorstände und Maklerkammern:

Vorstand der Börse zu Augsburg:

Delegierter: Friedrich Schmid, Kommerzienrat, i. Fa. Friedr. Schmid & Co., Vorsitzender, Augsburg.

Vorstand der Börse zu Berlin:

Delegierte: Richard Pohl, Geschäftsführer der Hardy & Co. G. m. b. H., Vorsitzender, Berlin
Moritz Lichtenhein, i. Fa. Königsberger & Lichtenhein, 1. stellv. Vorsitzender, Berlin
Julius Schwarz, i. Fa. Schwarz, Goldschmidt & Co., 2. stellv. Vorsitzender, Berlin
Staatssekretär a. D. Oscar Meyer, M. d. R., Syndikus, Berlin.

Vorstand der Börse zu Bremen:

Delegierte: Heinrich W. Müller, Direktor der Darmstädter u. Nationalbank, K. a. A., Filiale Bremen
Friedrich Roggemann, i. Fa. Carl F. Plump & Co., Bremen.

Vorstand der Börse zu Breslau:

Delegierter: Richard Henschel, i. Fa. Marcus Nelken & Sohn, stellv. Vorsitzender, Breslau.

Vorstand der Börse zu Chemnitz:

Delegierte: Wilhelm Bösselmann, Direktor der Deutschen Bank, Filiale Chemnitz, Vorsitzender, Chemnitz
Franz Heinze, Kommerzienrat, i. Fa. Bayer & Heinze, stellv. Vorsitzender, Chemnitz.

Vorstand der Börse zu Dresden:

Delegierter: Alfred Maron, i. Fa. Bondi & Maron, stellv. Vorsitzender, Dresden.

Vorstand der Börse zu Düsseldorf:

Delegierter: Max Trinkaus, Kommerzienrat, i. Fa. C. G. Trinkaus, Vorsitzender, Düsseldorf.

Vorstand der Börse zu Essen:

Delegierte: Louis Meyer, i. Fa. Meyer & Windmüller, Essen
Franz Woltze, Bankdirektor a. D., Essen-Bredeney.

Vorstand der Börse zu Frankfurt a. Main:

Delegierter: Dr. Karl Keck, Reg.-Rat a. D., Syndikus, Frankfurt a. Main.

Vorstand der Börse zu Halle a. S.:

Delegierter: Willy Schumann, Direktor der Allgemeinen Deutschen Credit-Anstalt, Filiale Halle a. S.

Vorstand der Börse zu Hamburg:

Delegierte: Robert Götz, i. Fa. Robert Götz, Vorsitzender, Hamburg
Dr. U. Appelius, Syndikus, Hamburg.

Vorstand der Börse zu Hannover:

Delegierte: Otto Bollmann, Direktor der Dresdner Bank, Filiale Hannover, Vorsitzender, Hannover
Moritz Goldschmidt, i. Fa. Heinrich Emden & Co., stellv. Vorsitzender, Hannover
Ludwig Silberberg, i. Fa. Adolph Meyer, Hannover.

Vorstand der Börse zu Köln:

Delegierte: Dr. jur. Paul Seligmann, i. Fa. Leopold Seligmann, Vorsitzender, Köln
Dr. h. c. Robert Pferdmenges, Vorstandsmitglied des A. Schaaffhausen'schen Bankvereins, A.-G., stellv. Vorsitzender, Köln
Dr. Max Klemme, Syndikus, Köln
Dr. Johannes Meuren, Syndikus, Köln.

Vorstand der Börse zu Königsberg i. Pr.:

Delegierter: Hermann Marx, Direktor der Deutschen Bank, Filiale Königsberg i. Pr.

Vorstand der Börse zu Leipzig:

Delegierter: Konsul Wilhelm J. Weißel, Vorstandsmitglied der Allgemeinen Deutschen Credit-Anstalt, stellv. Vorsitzender, Leipzig.

Vorstand der Börse zu München:

Delegierte: Friedrich Pasternak, Vorstandsmitglied der Bayerischen Vereinsbank, München
Sichard Weinberger, Kommerzienrat, i. Fa. Herzog & Meyer, München
Dr. Michael Schub, Syndikus, München.

Vorstand der Börse zu Stuttgart:

Delegierter: Geh. Kommerzienrat Otto Fischer, Vorsitzender des Württ. Landesausschusses der Deutschen Bank, Stuttgart.

Vorstand der Maklerkammer zu Berlin:

Delegierte: Otto Knatz, Berlin
Theodor Lomnitz, Berlin
Hermann Stein, Berlin.

Maklerkammer zu Köln:

Delegierte: Leo Oppenheimer, Vorsitzender, Köln
Josef Hoeges, Köln.

Verbände von Handel, Industrie und Landwirtschaft:

Reichsverband der Deutschen Industrie:

Delegierte: Geh. Reg.-Rat Professor D. Dr. phil. Dr.-Ing. e. h. Dr. h. c. Carl Duisberg, M. d. R.-W.-R., Vorsitzender des Präsidiums, Leverkusen bei Köln
Fabrikant Abr. Frowein, M. d. R.-W.-R., Elberfeld
Kommerzienrat Kurt Lindner, Sondershausen
Generaldirektor Richard Schweizer, Potsdam
Direktor Karl Zell, Ohligs
Ludwig Kastl, Ministerialrat a. D., Geh. Reg.-Rat, M. d. R.-W.-R., Geschäftsführendes Präsidialmitglied, Berlin
Dr. rer. pol. Egon Singer, Mitglied der Geschäftsführung, Berlin.

Reichsverband des Deutschen Groß- und Ueberseehandels e. V.:

Delegierte: Geh. Kommerzienrat Dr. Louis Ravené, Generalkonsul, Präsident, Burg Cochem a. Mosel
Otto Keinath, Geschäftsführendes Präsidialmitglied, M. d. R.-W.-R., Berlin.

Bezirksgruppe Köln:

Delegierter: Dr. Joseph Heimann, Geschäftsführendes Vorstandsmitglied, Köln.

Hauptgemeinschaft des Deutschen Einzelhandels:

Delegierte: Heinrich Grünfeld, M. d. R.-W.-R., Vorsitzender, Berlin
Joachim Tiburtius, Oberregierungsrat a. D., Geschäftsführendes Vorstandsmitglied, M. d. R.-W.-R., Berlin.

Reichslandbund:

Delegierte: Karl Hepp, Präsident, M. d. R., Berlin
Heinrich von Sybel, M. d. R., M. d. R.-W.-R., Direktor, Berlin
Dr. phil. Friedrich Wilhelm Siburg, Berlin.

Vereinigung der Deutschen Bauernvereine:

Delegierter: Dr. Dr. August Kayser, M. d. R.-W.-R., Generalsekretär, Berlin.

Generalverband der Deutschen Raiffeisen-Genossenschaften:

Delegierter: Magnus Freiherr von Braun, Regierungspräsident z. D., Vorsitzender, Berlin.

Reichsverband der Deutschen landwirtschaftlichen Genossenschaften:

Delegierte: Gennes, Regierungsrat a. D., Generalanwalt, M. d. R.-W.-R., Berlin
Peter Johannßen, Landesökonomierat, M. d. R.-W.-R., Hannover.

Rheinischer Bauernverein:

Delegierter: Clemens Freiherr v. Loe, Rittergutsbesitzer, Kgl. Kammerherr, Präsident, Burg Bergerhausen bei Blatzheim.

Deutscher Sparkassen- und Giroverband:

Delegierte: Geh. Reg.-Rat Dr. Kleiner, Präsident, Berlin
J. Cremer, Geschäftsführer, Berlin
Graf Reventlow, Landrat a. D., Geschäftsführer, Berlin.

Verband deutscher öffentlich-rechtlicher Kreditanstalten:

Delegierter: Rudolf von Bitter, Landrat a. D., Berlin.

Schutzverband für Deutschen Grundbesitz, E. V.:

Delegierter: Fritz Bertholdt, Bürgermeister, Berlin.

Zentralverband Deutscher Haus- und Grundbesitzer-Vereine:

Delegierter: Josef Humar, Stadtrat, Präsident, M. d. R.-W.-R., München.

Vereinigung der Deutschen Arbeitgeberverbände:

Delegierte: Roland Brauweiler, Reg.-Präsident a. D., Geschäftsführendes Präsidialmitglied, Berlin
Dr. Lemmer, Berlin.

Arbeitsausschuß Deutscher Verbände:

Delegierter: Hans Draeger, Geschäftsführendes Vorstandsmitglied, Berlin.

Deutscher Anwaltverein E. V., Leipzig:

Delegierter: Paul Pottgießer, Rechtsanwalt, Köln.

Deutsche Landesgruppe der International Law Association:

Delegierter: Dr. Georg Wunderlich, Rechtsanwalt, Berlin.

Reichsverband der Deutschen Presse:

Delegierter: Curt Mossner, Chefredakteur, Berlin.

Reichsverband der Privatversicherung:

Delegierte: Eduard Hilgard, Oberregierungsrat a. D., Vorstandsmitglied der Allianz und Stuttgarter Verein Versicherungs-Aktien-Gesellschaft, Berlin
Hans Knoll, Generalsekretär, Berlin.

Hansabund für Gewerbe, Handel und Industrie:

Delegierte: Dr. Hermann Fischer (Köln), M. d. R., Präsident, Berlin
Geheimrat Johannes Sturtz, Geschäftsführendes Präsidialmitglied, Berlin
Konsul Martin Streffer, Präsidialmitglied, Berlin.

Deutsch-Amerikanischer Wirtschaftsverband:

Delegierter: Paul Kind, Präsidialmitglied, Solingen.

Reichsknappschaft:

Delegierte: Dr. Heimann, Generaldirektor, Berlin
Fritz Viktor, 1. Vorsitzender, Bochum.

Rheinisch-Westfälisches Kohlen-Syndikat Essen:

Delegierter: Dr. Arnold Cappenberg, Direktor, Essen.

Verein Deutscher Maschinenbauanstalten:

Delegierte: Direktor Karl Lange, Berlin
Dr. Hans Ilau, Berlin.

Verein deutscher Eisenhüttenleute, Düsseldorf:

Delegierter: Dr. mont. e. h. Dr.-Ing. O. Petersen, Geschäftsführendes Vorstandsmitglied, Düsseldorf.

Verein Deutscher Eisen- und Stahl-Industrieller:

Delegierter: Fernando Baare, Syndikus, Berlin.

Eisen- und Stahlwaren-Industriebund Elberfeld:

Delegierte: Hermann Cremer, Fabrikbesitzer, i. Fa. Carl Cremer G. m. b. H., Velbert
Dr. Karl Moebius, Geschäftsführer, Elberfeld.

Deutsche Tuchkonvention E. V., Düsseldorf:

Delegierte: Rudolf Backhaus, Vorstandsmitglied, Düsseldorf
Dr. Wilhelm Kundler, Vorstandsmitglied, Düsseldorf.

Verein zur Wahrung der gemeinsamen wirtschaftlichen Interessen im Saargebiet:

Delegierter: Robert Martin, stellv. Generalsekretär, Saarbrücken.

Verein zur Wahrung der gemeinsamen wirtschaftlichen Interessen in Rheinland und Westfalen:

Delegierter: Dr. Max Schlenker, erster Geschäftsführer, Düsseldorf.

Zweckverband nordwestdeutscher Wirtschaftsvertretungen E. V.:

Delegierter: Dr. Martin Sogemeier, Berlin.

Verein Berliner Kaufleute und Industrieller:

Delegierter: Dr. August Koppel, Geschäftsführendes Präsidialmitglied, Berlin.

Verband Berliner Spezialgeschäfte:

Delegierter: Dr. Leon Zeitlin, M. d. L., M. d. R.-W.-R., Syndikus, Berlin.

Verband Rheinischer Industrieller:

Delegierte: Dr. phil. Dr.-Ing. e. h. Arnold Langen, Generaldirektor, M. d. R.-W.-R., Vorsitzender, Köln
Dr. Otto Rustmann, stellv. Geschäftsführer, Köln.

Verein der Industriellen des Regierungsbezirks Köln E. V.:

Delegierte: Dr. phil. Dr.-Ing. e. h. Arnold Langen, Generaldirektor, M. d. R.-W.-R., Vorsitzender, Köln
Dr.-Ing. e. h. Max Clouth, Fabrikbesitzer, stellv. Vorsitzender, Köln
Fabrikbesitzer Fritz Vorster, stellv. Vorsitzender, Köln.

Mittelrheinischer Fabrikanten-Verein, Mainz:

Delegierter: Ferdinand Russell, Vorstandsmitglied, Koblenz.

Verband Kölner Großfirmen:

Delegierter: Dr. Joseph Heimann, Geschäftsführendes Vorstandsmitglied, Köln.

Kölner Detaillisten-Verband:

Delegierte: Dr. Heinrich Müser, Geschäftsführendes Vorstandsmitglied, Köln
J. van Norden, Köln.

Verband Kölner Innungen:

Delegierte: Gustav Pesch, Obermeister, Köln
Wilhelm Schmidt, Direktor, Köln.

Verband des Einzelhandels im Handelskammerbezirk Düsseldorf E. V.:

Delegierte: Oskar Manes, Handelsgerichtsrat, erster Vorsitzender, Düsseldorf
Franz Effer, Syndikus, Geschäftsführendes Vorstandsmitglied, Düsseldorf.

Maklergemeinschaft zu Berlin:

Delegierte: Karl Herzberg, i. Fa. Karl Herzberg & Co., Berlin
Julius Linnemann, Berlin
Martin Treitel, Berlin.

Sonstige Ehrengäste:

Kommerzienrat Dr. jur. Dr. phil. h. c. Albert Ahn, Köln
Professor Dr. Max Apt, Berlin
Heinrich Auer, Köln
Finanzdirektor Fritz Bandhauer, Köln
Karl Bau, Köln
Mathias Becker, Köln
Leg.-Rat a. D. Dr. jur. Wilhelm Bein-Bertuch, Köln
Martin Bertram, Direktor der Landschaft der Provinz Sachsen, Halle (Saale)
Generaldirektor Dr. Heinrich Bierwes, Düsseldorf
Generaldirektor Dr. jur. Rudolf G. Bindschedler, Zürich
Franz Karl v. Bock, Köln
Handelsrichter Friedrich Böhle, Köln
Reichsbankdirektor Dr. Erich Born, Remscheid
Dr. Wilhelm Bötzkes, Vorstandsmitglied der Bank für Deutsche Industrieobligationen, Berlin
Direktor Wilhelm Bramann, Köln
Dr. Paul Brandt, Leiter der Nachrichtenstelle für Außenhandel, Köln
Geh. Regierungsrat Gustav Brecht, Köln
Generaldirektor Karl Britt, Elberfeld
Direktor v. Bruchhausen, Landesbank der Provinz Westfalen, Münster i. W.
Rechtsanwalt Friedrich Buro, Vorstandsmitglied des Beamtenversicherungsvereins des Deutschen Bank- und Bankiergewerbes (a. G.), Berlin
Direktor Dr. Alfred Busemann, Essen
Rechtsanwalt Dr. Curt Calmon, Berlin
Amtsgerichtsrat Dr. Paul Canetta, Köln
Staatsfinanzrat Dr. Eduard Christ, Mitglied des Direktoriums der Thüringischen Landes-Hypothekenbank A.-G., Weimar
Dr. Julius Claussen, Berlin
Korvettenkapitän Karl Coupette, Münster i. W.
Dr. jur. Dr. phil. Rudolf Dalberg, Berlin
Johannes Dan, Direktor der Landschaftlichen Bank der Provinz Sachsen, Halle a. S.
Dr. Reinhard Danneberg, Berlin
Konsul Joh. G. Denker, Köln
Dr. Hans Jakob Dernburg, Berlin
Reichsbankdirektor Karl Dietz, Elberfeld
Walter Döhle, Gesandtschaftsrat an der Deutschen Botschaft, Paris
Senatspräsident i. R. Dr. Albert Drabert, Düsseldorf

Direktor Ducas i. Fa. Otto Wolff, Köln
Wilhelm Duelberg, Reichsbankdirektor, Oberhausen
Landrat Eberhard, Köln-Mülheim
Amtsgerichtsrat Dr. Ludwig Eberstadt, Köln-Braunsfeld
Generaldirektor Wilhelm Eck, Köln-Kalk
Arthur Eltzbacher, Vorstandsmitglied des Kölner Kassenvereins, Köln
Handelsgerichtsrat Paul Engels, Köln
Heinrich Faber, Direktor der Kur- und Neumärkischen Ritterschaftlichen Darlehnskasse, Berlin
Generaldirektor Dr. jur. Walther Fahrenhorst, Düsseldorf
Generaldirektor Ph. Farnsteiner, Köln
Staatssekretär z. D. David Fischer, Berlin
Dr. Otto Fischer, Vorstandsmitglied der Reichs-Kredit-Gesellschaft, Berlin
Regierungsrat a. D. Dr. Adolf Friedrichs, Vorstandsmitglied der Deutschen Bau- und Bodenbank, A.-G., Berlin
Friedrich Fuhrmann, Köln-Ehrenfeld
Generaldirektor Robert Gerling, Köln-Marienburg
Generaldirektor Dr.-Ing. e. h. Karl Grosse, Köln-Deutz
Generaldirektor Heinrich Gruenwald, Köln
Dr. Gugelmeier, Präsident, Mannheim
Kommerzienrat Arnold von Guilleaume, Köln
Geh. Kommerzienrat Theodor Freiherr von Guilleaume, Köln
Erich Gutschmidt, Direktor der Deutschen Verkehrs-Kredit-Bank, A.-G., Zweigniederlassung, Köln
Dr. v. Hammacher, Berlin
Dr. August Happ, Senatspräsident, Reichsbankkommissar, Oberlandesgericht, Köln
Generaldirektor Hartmann, Girozentrale, Magdeburg
Reichsbankdirektor Hasse, Hamburg
Generaldirektor Dr. Johann Jacob Haßlacher, M. d. R., Duisburg-Ruhrort
Peter Haubrich, Köln
Direktor Albert Heimann, Köln
August Heinrichsbauer, Verlagsdirektor, Essen
Justizrat Dr. Paul Hensel, Köln
Generalstaatsanwalt Adolf Hepke, Oberlandesgericht, Köln
Louis Herren, Fabrikbesitzer, M.-Gladbach
Dr. Edmund Herzfelder, Berlin
Dr. Emil Herzfelder, Vorstandsmitglied der Hermes Kredit-Versicherungsbank, A.-G., Berlin
Dr. Hans Heymann, Vorstandsmitglied der Studiengesellschaft für Währungs- und Finanzreform, E. V., Berlin
Karl Heymann, Köln-Mülheim
Landgerichtsrat Dr. Oskar v. Hinüber, Düsseldorf
Max Horndasch, Köln
Sally Isaac, Köln
Direktor T. D. Kessel, Köln
Geh. Kommerzienrat Dr.-Ing. e. h. Emil Kirdorf, Mülheim a. d. Ruhr
Lic. Georg Klingenburg, Superintendent, Köln
Geh. Kommerzienrat Dr.-Ing. e. h. Peter Klöckner, Duisburg
Theodor Klutmann, Köln-Lindenthal
Harry Koopmann, Köln

Fritz Kramer, Kölner Liquidationsverein, Köln
Reichsminister a. D. Dr. Dr. Rudolf Krohne, Berlin
Dr. Alfred Krüger, Dortmund
Generaldirektor Dr. h. c. Friedrich Kruse, Köln
Ludwig Kühnast, Reichsbankdirektor, Duisburg
Otto Kunz, Köln-Mülheim
Landgerichtspräsident Dr. Alfred Kuttenkeuler, Köln
Dr. Lammers, Generaldirektor der Nassauischen Landesbank, Wiesbaden
Gottlieb von Langen, Köln
Walter Lehmann, Vorstandsmitglied der Deutschen Landesbankenzentrale, Berlin
Generaldirektor Hermann Lehnkering, Elberfeld
Kommerzienrat Adolf Lindgens, Köln-Bayenthal
Moritz Lipp, Vorstandsmitglied der Deutschen Rentenbankkreditanstalt (Landwirtschaftliche Zentralbank) und der Deutschen Rentenbank, Berlin
Dr. M. Lissauer, Köln
Otto Loy, Direktor der Kommunalen Landesbank, Darmstadt
Geh. Oberfinanzrat Dr. Karl von Lumm, Planegg b. München
Adolf Malleis, Schlesische Landschaftliche Bank zu Breslau, Breslau
Dr. jur. Gustav von Mallinckrodt, Köln
Richard Maull, Köln
Konsul Heinrich Maus, Köln
Geh. Kommerzienrat Dr. Edmund ter Meer, Uerdingen (Niederrhein)
Dr. Paul Mertens, Landgerichtspräsident, Düsseldorf
Geh. Kommerzienrat August Mittelsten Scheid, Barmen
Karl Freiherr v. Müffling, Aachen
Generaldirektor Dr. Paul Müller, Köln
Heinrich Neuerburg, Köln-Marienburg
Dr. Hermann Neuerburg, Köln-Marienburg
Kommerzienrat Dr. jur. h. c. Alfred Neven Du Mont, Köln
Richard Niemeyer, Direktor der Landesbank der Provinz Schleswig-Holstein, Kiel
Generaldirektor Dr. jur. Oertel, Köln
Carl Peters, Direktor der Communalständischen Bank für die Preußische Oberlausitz, Görlitz
Dr. Georg Porscher, Landesfinanzamtspräsident a. D., Köln
Handelsgerichtsrat Franz Proenen, Köln
Reichsbankdirektor Karl Rambeau, Essen
Eugen v. Rautenstrauch, Köln
Wilhelm v. Recklinghausen, Reichsbankhauptstelle Köln, Köln
Oberlandesgerichtspräsident Heinrich Reichartz, Köln
Paul Reifenberg, Köln-Bayenthal
Generaldirektor Heinrich Reusch, Landesbank der Provinz Westfalen, Münster i. W.
Generaldirektor Dr.-Ing. Wolfgang Reuter, Duisburg-M.
Gustav Risch, Köln
Generaldirektor Fritz Rohrbeck, Berlin
Dr. Paul Rosenberg, Köln
Rechtsanwalt Dr. Richard Rosendorff, Berlin
Direktor Ruegenberg, Landesbank der Provinz Westfalen, Münster i. W.
Josef Ruland, Köln

Dr. Edgar Salin, Universitätsprofessor, Basel
Rechtsanwalt Dr. Herbert Schachian, Berlin
Richard v. Schaewen, Eisenbahndirektionspräsident a. D., Vorstandsmitglied der Deutschen Verkehrs-Kredit-Bank A.-G., Berlin
Präsident a. D. Robert Scharmer, Berlin
Wilhelm Scheffer, Erster Staatsanwalt, Köln-Lindenthal
Alfred Schierjott, Rheinisch-Westfälischer Sparkassenverband E. V., Köln
Reichsbankdirektor Dr. Hans Schippel, Ministerialrat a. D., Lübeck
Ernst Schlesinger, Vorstandsmitglied der Deutschen Verkehrs-Kredit-Bank A.-G., Berlin
Eugen Schlitter, Vereinigte Stahlwerke A.-G., Düsseldorf
Dr. Walter Schmits, Köln
Hermann Schneider, Vorstandsmitglied der Deutschen Girozentrale, Berlin
Dr. Philipp Schneider, Direktor der Landschaftlichen Bank der Provinz Sachsen, Halle a. S.
Geh. Kommerzienrat, Generalkonsul Dr. Richard von Schnitzler, Köln
Otto Schoele, Vorstandsmitglied der Deutschen Girozentrale, Berlin
Dr. Franz Schollen, Oberlandesgerichtspräsident, Düsseldorf
Pressereferent Dr. Scholz, Köln
Konsul Max Schroeder, Direktor der Bank der Ostpreußischen Landschaft, Königsberg i. Pr.
Dr. Paul Schulz-Kiesow, Privatdozent, Hamburg
Reichsbankdirektor Schulze-Schuchardt, Köln
Gustav Schwandt, Verwaltungsdirektor der Generallandschaft Schleswig-Holstein, Kiel
Wirkl. Geh. Oberfinanzrat Dr. h. c. Otto Schwarz, Landesfinanzamtspräsident i. R., Erfurt
Rechtsanwalt Dr. Ernst Semler, Deutsche Waren-Treuhand-A.-G. Hamburg
Reichsbankdirektor Julius Siegert, Düsseldorf
Generaldirektor Dr. jur. Dr.-Ing. e. h. Paul Silverberg, Köln
Generaldirektor Wilhelm Spans, Aachen
Dr.-Ing. Fritz Springorum, Dortmund
Adolf Stahr, Köln
Regierungsrat z. D. Dr. Ernst Stern, Chefarchivar der Reichs-Kredit-Gesellschaft, Berlin
Konsul Julius Stocky, Köln
Fritz J. Stollwerck, Köln
Generalkonsul Karl Stollwerck, Köln
Konsul Richard Stollwerck, Köln
Dr. jur. h. c. Fritz Thyssen, Mülheim (Ruhr)-Speldorf
Generaldirektor Alfred Tietz, Köln-Marienburg
Dr. Otto Wachs, Direktor der Landesbank der Provinz Schleswig-Holstein, Kiel
Hermann Wasmansdorff, Vorstandsmitglied der Berliner Stadtschafts-Bank, A.-G., Berlin
Dr. jur. August Weber, Berlin
Graf Wedel, Deutsche Vereinsbank, K. G. a. A., Frankfurt a. M.
Generaldirektor D. Dr. jur. Wilhelm de Weerth, Elberfeld
Generaldirektor Dr.-Ing. e. h. G. Wegge, Köln

Staatsfinanzrat a. D. Hans Weltzien, Direktor der Deutschen Girozentrale, Berlin
Kurt Wenkel, Berlin
Justizrat Dr. Paul Wesenfeld, Rechtsanwalt, Barmen
Johannes Wiechert, Direktor der Nassauischen Landesbank, Frankfurt a. M.
Oberregierungsrat Eberhard Wildermuth, Vorstandsmitglied der Deutschen Bau- und Bodenbank, A.-G., Berlin
Direktor Dr. Wolfers, Köln
Otto Wolff, Köln
Max Worch, Vorstandsmitglied des Kölner Kassenvereins, Köln
Dr. Gotthard Würfel, Köln-Rodenkirchen
Rechtsanwalt Edmund Würtz, Köln
Generaldirektor Dr.-Ing. e. h. Georg Zapf, Köln.

Deutsche Presse:

Acht-Uhr-Abendblatt, Berlin: Ernst Neckarsulmer, Berlin
Allgemeine Zeitung, Chemnitz: Verlagsdirektor Rinne, Chemnitz

Badische Presse: Dr. W. Schneider, Karlsruhe
Die Bank: Alfred Lansburgh, Berlin
Barmer Zeitung: Eugen Fleckner, Barmen
Berliner Börsen-Courier: Dr. Baumgarten, Dr. Paul Wegner, Berlin
Berliner Börsen-Revue: Georg Hartmann, Berlin
Berliner Börsen-Zeitung: Chefredakteur Walther Funk, Berlin
Berliner Lokal-Anzeiger: Carl Sennewald, Berlin
Berliner Redaktionsbüro Georg Horwitz: Georg Horwitz, Berlin
Berliner Tageblatt: Chefredakteur Dr. Felix Pinner, Berlin
B. Z. am Mittag: Paul Elsberg, Berlin
Braunschweigische Landeszeitung: Dr. Georg Kanzow, Braunschweig
Bremer Nachrichten: Hans Tischert, Berlin
Buchwalds Börsen-Berichte: Bruno Buchwald, Berlin

Der Deutsche: Franz Kluge, Berlin
Der Deutsche Oekonomist: Hans Misgeld, Berlin
Deutsche Allgemeine Zeitung: Dr. P. Nassen, Berlin
Deutsche Allgemeine Zeitung: Redaktionsbüro für Rheinland und Westfalen: Georg Ploetz, Essen (Ruhr)
Deutsche Bergwerks-Zeitung: Felix Lauscher, Düsseldorf
Deutsche Sparkassen-Zeitung: Dr. J. Hoffmann, Berlin
Deutsche Tageszeitung: Dr. E. Wiens, Berlin
Deutscher Handelsdienst: Dr. Karl Hegemann, Berlin
Düsseldorfer Neueste Nachrichten: Dr. Alexander Rörig, Köln
Düsseldorfer Stadt-Anzeiger: Paul Freytag, Düsseldorf

Fondsmarkt: Adolf Sandheim, Berlin
Fränkischer Kurier: Dr. Hanns Bencker, Nürnberg
Frankfurter Nachrichten- und Intelligenzblatt: Dr. Gustav Plum, Frankfurt a. Main
Frankfurter Zeitung: Chefredakteur Albert Oeser, Dr. Erich Welter, Frankfurt a. Main

Hamburger Börsen-Halle: Dr. O. Schwalling, Hamburg
Hamburger Fremdenblatt: Hans Hirschstein, Berlin
Hamburger Nachrichten: Wilhelm Leda, Hamburg
Hannoverscher Kurier: Dr. Rudolf Brückner, Hannover
Industrie- und Handels-Zeitung: Dr. Hans Gestrich, Berlin
Kölner Tageblatt: Kurt Rademacher, Günther Schott, Köln
Kölnische Volkszeitung: Chr. Fülles, Köln-Deutz, Dr. Rudolf Klecker, Düsseldorf
Kölnische Zeitung: Dr. Johann Schäfer, Dr. Oscar Schmidt, Köln, Hans Sonnenschein, Berlin
Königsberger Allgemeine Zeitung, Königsberg i. Pr. (vertreten durch Magdeburgische Zeitung: Dr. Robert Platow, Magdeburg)
Königsberger Hartungsche Zeitung: Paul Elsberg vom Verlag Ullstein & Co., Berlin
Der Konfektionär: Benno Marcus, Berlin
Leipziger Neueste Nachrichten: Dr. Arthur Nepple, Leipzig
Magazin der Wirtschaft: Rafael Bernfeld, Berlin
Magdeburgische Zeitung: Dr. Robert Platow, Magdeburg
Münchener Neueste Nachrichten: R. Hafferberg, Frl. Dr. E. Staegmeyr, München
Nachrichtenbüro des Vereins Deutscher Zeitungsverleger G. m. b. H., Berlin: Chefredakteure Herbert Hartmann, Richard Lotz, Berlin
Neue Badische Landes-Zeitung (vertr. durch Ullstein-Verlag, Berlin-Köln)
Neue Berliner Börsen-Berichte: William Karfunkelstein, Bruno Saekel, Berlin
Neue Leipziger Zeitung: Otto Schumann, Leipzig
Der Qualitätsmarkt-Welthandelsdienst, Leipzig: Rudolf Schick, Köln-Deutz
Rheinisch-Westfälische Zeitung: Dr. Fritz Haubold, Essen
Ruhr und Rhein, Wirtschaftszeitung: Dr. Dietrich, Essen
Saarbrücker Zeitung: Ludwig Kreutz, Saarbrücken
Schlesische Zeitung, Breslau: W. R. Roellinghoff, Berlin
Schwäbischer Merkur: Dr. Fritz Hauenstein, Stuttgart
Sozialdemokratischer Pressedienst: Friedrich Olk, Berlin
Stadtanzeiger für Köln und Umgebung: Dr. Rodens, Köln
Süddeutsche Zeitung: W. Ehmer, Stuttgart
Telegrafen-Union (Abtlg. Parlamentsdienst): Hugo Frenz, Berlin
Textil-Zeitung: Werner Thielen, M.-Gladbach
Tischert-Correspondenz: Hans Tischert, Benno Baruch, Berlin
Ullstein-Verlag, Redaktionsbüro Köln: Hugo Boesen, Frau Botsch, Köln
Verlag Dr. R. Dammert: Dr. Hugo Nathanson, Berlin
Vorwärts: Gustav Klingelhöfer, Berlin
Vossische Zeitung: Paul Elsberg, Berlin
W. T. B.-Handelsdienst: Woldemar Barth, Berlin
W. T. B. Agentur Köln: Otto Rühlemann, Köln
Westdeutscher Handelsdienst: Carl Driever, Dr. Wilhelm Salewski, Köln
Wirtschaftsdienst: Dr. Carl Krämer, Hamburg
Wirtschaftsdienst für die Tagespresse, Heidelberg: Chefredakteur Dr. Oscar Goetz, Heidelberg
Zahlungsverkehr und Bankbetrieb: M. Schönwandt, Berlin.

Auslands-Presse:

Verein der ausländischen Presse zu Berlin: Louis P. Lochner, Vorsitzender, Berlin
Associated Press (New York): Louis P. Lochner, Berlin
Az Est (Budapest): Dr. Ferenc Vásárhelyi, Budapest
The Day (New York): Dr. Israel Coralnick, Berlin
Jewish Dayly Forward (New York): Jakob Lestschinsky
The Manchester Guardian: Wallace King
Neue Freie Presse, Wien: (vertreten durch Münchener Neueste Nachrichten)
Reuterbüro, Köln: E. Woodin, Köln
Social-Demokraten (Stockholm): Paul Olberg, Berlin
Uusi Suomi (Helsingfors): Frl. Dr. Ada Norna, Berlin

Bankier- und Börsenvereine:

Centralverband des Deutschen Bank- und Bankiergewerbes (E. V.):

Vorstand und Geschäftsführung:

Geh. Justizrat Professor Dr. jur. Dr. rer. pol. h. c. Riesser, Vorsitzender des Vorstands des Centralverbands des Deutschen Bank- und Bankiergewerbes (E. V.), Berlin
Dr. Arthur Salomonsohn, Geschäftsinhaber der Disconto-Gesellschaft, stellv. Vorsitzender, Berlin
Geh. Legationsrat Dr. Walther Frisch, Vorstandsmitglied der Dresdner Bank, stellv. Vorsitzender, Berlin
Dr. h. c. Max M. Warburg i. Fa. M. M. Warburg & Co., stellv. Vorsitzender, Hamburg
Oscar Wassermann, Vorstandsmitglied der Deutschen Bank, stellv. Vorsitzender, Berlin
Barthold Arons i. Fa. Arons & Walter, Berlin
Dr. Eduard von Eichborn, i. Fa. Eichborn & Co., Breslau
Geh. Kommerzienrat Otto Fischer, Vorsitzender des Württembergischen Landesausschusses der Deutschen Bank, Stuttgart
Alfred Maron i. Fa. Bondi & Maron, Dresden
Generalkonsul Moritz von Metzler i. Fa. B. Metzler seel. Sohn & Co., Frankfurt a. M.
Bruno Edler von der Planitz, Geschäftsinhaber der F. W. Krause & Co. Bankgeschäft K. G. a. A., Berlin
Konsul Dr. h. c. Heinrich von Stein i. Fa. J. H. Stein, Köln
Konsul Wilhelm J. Weissel, Vorstandsmitglied der Allgemeinen Deutschen Credit-Anstalt, Leipzig
Rechtsanwalt Otto Bernstein, geschäftsführendes Vorstandsmitglied, Berlin
Dr. Hans-Albrecht Fraenkel, stellv. Geschäftsführer, Berlin
Rechtsanwalt Dr. Erich Trost, stellv. Geschäftsführer, Berlin
Geh. Oberregierungsrat Paul Schmidt, stellv. Geschäftsführer, Syndikus des Verbands Deutscher Privatbankiers, Dresden-Berlin
Dr. Kurt Tornier, stellv. Geschäftsführer, Geschäftsführer des Sonderausschusses für Hypothekenbankwesen, Berlin.

Ausschuß:

Adolf Arnhold i. Fa. Gebr. Arnhold, Dresden

Eugen Bandel, Geschäftsinhaber des Barmer Bank-Vereins Hinsberg, Fischer & Comp. K. G. a. A., Düsseldorf

Dietrich Becker, Direktor der Essener Credit-Anstalt, Filiale der Deutschen Bank, Essen

George Behrens i. Fa. L. Behrens & Söhne, Hamburg

Freiherr Cornelius v. Berenberg-Goßler i. Fa. Joh. Berenberg-Goßler & Co., Hamburg

Siegfried Bieber, Geschäftsinhaber der Berliner Handels-Gesellschaft, Berlin

Richard Blecher i. Fa. von der Heydt-Kersten & Söhne, Elberfeld

Siegmund Bodenheimer, Geschäftsinhaber der Darmstädter und Nationalbank, K. a. A., Berlin

Konsul Gustav Bomke, Direktor der Disconto-Gesellschaft, Filiale Magdeburg

Dr. Otto Bruhn, Vorstandsmitglied der Braunschweigischen Bank und Kreditanstalt A.-G., Braunschweig

Richard Dammann, Geschäftsinhaber der Gebr. Dammann Bank, K. G. a. A., Hannover

Willy Dreyfus i. Fa. J. Dreyfus & Co., Berlin

Karl Frahm, Vorstandsmitglied des Bankvereins für Schleswig-Holstein, A. G., Altona (Elbe)

Ludwig Fuld, Vorstandsmitglied der Süddeutschen Disconto-Gesellschaft, A.-G., Mannheim

Robert Götz i. Fa. Robert Götz, Hamburg

Dr. jur. et phil. L. Albert Hahn, Vorstandsmitglied der Deutschen Effecten- und Wechselbank, Frankfurt a. M.

Alexander Hauck i. Fa. Georg Hauck & Sohn, Frankfurt a. M.

Dr. Ernst Heinrich Heimann i. Fa. E. Heimann, Breslau

Dr. Karl Herzfeld i. Fa. Gottfried Herzfeld, Hannover

Carl Heumann i. Fa. Bayer & Heinze, Chemnitz

Dr. Georg Hirschland i. Fa. Simon Hirschland, Essen

Dr. Paul Homburger i. Fa. Veit L. Homburger, Karlsruhe i. B.

Konsul Louis Jacoby i. Fa. Gebrüder Stern, Dortmund

Carl Joerger i. Fa. Delbrück, Schickler & Co., Berlin

Kommerzienrat Dr. Richard Kohn i. Fa. Anton Kohn, Nürnberg

Ministerialrat a. D. Heinrich Krahnstöver, Vorstandsmitglied der Oldenburgischen Landesbank, Oldenburg i. O.

Moritz Lichtenhein i. Fa. Königsberger & Lichtenhein, Berlin

Geh. Kommerzienrat Heinrich Mailaender i. Fa. Heinrich Mailaender, Fürth i. Bay.

Hermann Malz, Mitglied des Aufsichtsrats der Dresdner Bank, Frankfurt a. M.

Hermann Marx, Direktor der Deutschen Bank, Filiale Königsberg i. Pr.

Generalkonsul Paul v. Mendelssohn-Bartholdy i. Fa. Mendelssohn & Co., Berlin

Leopold Merzbach i. Fa. A. Merzbach Bankgeschäft G. m. b. H., Frankfurt a. M.

Konsul Stadtrat Wilhelm Meyer i. Fa. George Meyer, Leipzig

Dr. jur. Eduard Mosler, Geschäftsinhaber der Disconto-Gesellschaft, Berlin

Dr. h. c. Robert Pferdmenges, Vorstandsmitglied des A. Schaaffhausen'schen Bankvereins A.-G., Köln
Dr. Kurt Poensgen i. Fa. B. Simons & Co., Düsseldorf
Friedrich Reinhart, Vorstandsmitglied der Mitteldeutschen Creditbank, Berlin
Geh. Kommerzienrat Hans Remshard, Vorstandsmitglied der Bayerischen Hypotheken- u. Wechsel-Bank, München
Heinrich Rosenthal i. Fa. S. Schoenberger & Co., Berlin
Georg Rümelin, Direktor der Deutschen Bank Filiale Heilbronn, Heilbronn a. N.
Albrecht Schadt, Direktor der Disconto-Gesellschaft, Filiale Erfurt
Geh. Kommerzienrat Richard Schmidt i. Fa. Hammer & Schmidt, Leipzig
Kommerzienrat Dr. August Schneider i. Fa. Schneider & Münzing, München
Moritz Schultze, Vorstandsmitglied der Commerz- und Privat-Bank, Aktiengesellschaft, Berlin
Julius Schwarz i. Fa. Schwarz, Goldschmidt & Co., Berlin
Dr. jur. Georg Solmssen, Geschäftsinhaber der Disconto-Gesellschaft, Berlin
Curt Steckner i. Fa. Reinhold Steckner, Halle a. S.
Carl Stolcke, Vorstandsmitglied der Osnabrücker Bank, Osnabrück
Generalkonsul Dr. August Strube, Geschäftsinhaber der Darmstädter und Nationalbank, K. a. A., Bremen
Dr. Fritz Tetens, Vorstandsmitglied der Ostbank für Handel und Gewerbe Königsberg i. Pr.-Berlin, Berlin
Kommerzienrat Sichard Weinberger i. Fa. Herzog & Meyer, München
Dr. Paul Wiebering, Vorstandsmitglied der Mecklenburgischen Depositen- u. Wechselbank, Schwerin i. M.
Hermann Witscher, Direktor der Deutschen Bank, Filiale Frankfurt a. M.
Emil Wittenberg, Aufsichtsratsmitglied der Darmstädter und Nationalbank, K. a. A., Berlin.

Sonderausschuß für Hypothekenbankwesen:

Rechtsanwalt Eugen Brink, Vorstandsmitglied der Frankfurter Hypothekenbank, Frankfurt a. M.
Dr. jur. Max Fraenkel, Vorstandsmitglied der Preußischen Pfandbriefbank, Berlin
Dr. Ernst Karding, Vorstandsmitglied der Preußischen Boden-Credit-Actien-Bank, Berlin
Justizrat Dr. Ernst Lindemann, Präsident der Preußischen Central-Bodenkredit-Akt.-Ges., Berlin
Landesrat a. D. Ludwig Noack, Vorstandsmitglied der Schlesischen Boden-Credit-Aktien-Bank, Breslau.

Reichsverband der Bankleitungen:

Delegierte: Dr. Eduard Mosler, Geschäftsinhaber der Disconto-Gesellschaft, Berlin, Vorsitzender
Dr. Heinrich Haeffner, Direktor, Berlin.

Interessengemeinschaft der Berliner Privatbankfirmen:

Delegierte: Moritz Lichtenhein, i. Fa. Königsberger & Lichtenhein, stellv. Vorsitzender, Berlin

Julius Schwarz, i. Fa. Schwarz, Goldschmidt & Co., stellv. Vorsitzender, Berlin
Hans Arnhold, i. Fa. Gebr. Arnhold, Berlin
Paul Bergmann, i. Fa. Carl Cahn, Berlin
Willi Bleibtreu, i. Fa. Bleibtreu Maier & Co., Berlin
Karl Blum, i. Fa. Bernheim, Blum & Co., Berlin
Robert David, i. Fa. Marcus Nelken & Sohn, Berlin
Otto Eskeles, i. Fa. Gebr. Heyman, Berlin
Arthur Hirschfeld, i. Fa. Arthur Hirschfeld & Co., Berlin
Heinrich Rosenthal, i. Fa. S. Schoenberger & Co., Berlin
Martin Schiff, i. Fa. Martin Schiff, Berlin
Benno Stern, i. Fa. B. & E. Sachs, Berlin
Dr. Siegmund Wassermann, i. Fa. A. E. Wassermann, Berlin.

Vereinigung der Banken und Bankgeschäfte an der Unterweser:

Delegierter: Paul Diek, Direktor der Commerz- und Privat-Bank, A.-G. Filiale Bremerhaven.

Breslauer Bankiervereinigung:

Delegierte: Dr. jur. Eduard v. Eichborn, i. Fa. Eichborn & Co., erster stellv. Vorsitzender und Schatzmeister, Breslau
Justizrat Dr. Friedrich Milch, Vorstandsmitglied der Schlesischen Boden-Credit-Aktien-Bank, zweiter stellv. Vorsitzender, Breslau
Dr. Ernst Heinrich Heimann, i. Fa. E. Heimann, Breslau
Dr. phil. Dr. jur. h. c. Freymark, Justitiar, Breslau.

Schlesische Banken-Vereinigung Breslau:

Delegierte: Konsul Georg Nothmann, Direktor der Commerz- und Privat-Bank, A.-G., Filiale Breslau
Heinz Ullmann, Direktor des Schlesischen Bankvereins, Filiale der Deutschen Bank, Breslau.

Verband deutscher Privatbankiers, Dresden:

Delegierte: Alfred Maron, i. Fa. Bondi & Maron, Vorsitzender, Dresden
Dr. Karl Herzfeld i. Fa. Gottfried Herzfeld, stellv. Vorsitzender, Hannover
Paul Schmidt, Geh. Oberregierungsrat, Syndikus, Dresden und Berlin.

Bank- und Börsenverein zu Frankfurt a. M.:

Delegierte: Hermann Malz, Mitglied des Aufsichtsrats der Dresdner Bank, Vorsitzender, Frankfurt a. M.
Dr. Fritz Oppenheimer, Rechtsanwalt, Syndikus, Frankfurt a. M.

Frankfurter Bankiervereinigung:

Delegierte: Kommerzienrat Eduard Beit v. Speyer, Vorsitzender, Frankfurt a. M.
Eduard Oppenheim, Bankdirektor a. D., stellv. Vorsitzender, Frankfurt a. M.

Verein Frankfurter Privatbankiers:

Delegierte: Clemens Harlacher, i. Fa. Cl. Harlacher, Vorsitzender, Frankfurt a. M.
Dr. Fritz Oppenheimer, Syndikus, Frankfurt a. M.

Vereinigung von Banken und Bankiers in Rheinland und Westfalen, Köln:

Delegierte: Dr. h. c. Robert Pferdmenges, Vorstandsmitglied des A. Schaaffhausen'schen Bankvereins, A.-G., Vorsitzender, Köln
Dr. Arthur Lutze, Syndikus, Köln.

Münchener Bankiervereinigung:

Delegierter: Sichard Weinberger, Kommerzienrat, i. Fa. Herzog & Meyer, 1. Vorsitzender, München.

Vereinigung Württembergischer Banken und Bankiers:

Delegierter: Hermann Köhler, Direktor der Württembergischen Vereinsbank, Filiale der Deutschen Bank, Stuttgart.

Bankenvereinigung Saarbrücken:

Delegierter: Geschäftsführer Martin, Saarbrücken.

Verband des Bank- und Bankiergewerbes des Memelgebiets (E. V.):

Delegierter: Arved Ogilvie, Vorstandsmitglied der Memeler Bank für Handel und Gewerbe, A.-G., Vorsitzender, Memel.

Ausländische Bankenvereine und Bankiers:

Kjöbenhavnske Bankers Förening af 1920:

Delegierter: Carl Otto Henriques, Kopenhagen.

Confederazione Generale Bancaria Fascista:

Delegierte: Guido Ansbacher, Generalvertreter für Deutschland der Banca Commerciale Italiana-Mailand, Berlin
Guido Grego, Mitdirektor des Credito Italiano, Vertretungs-Büro Berlin, Berlin.

Comité der Rigaer Kreditinstitute:

Delegierter: Carl Schmidt, Direktor der Libauer Bank, Riga (Lettld.).

Verband österreichischer Banken und Bankiers, Wien:

Delegierte: Alfred Heinsheimer, Vorsitzender der Direktion des Wiener Bank-Vereins, Vizepräsident, Wien
Dr. Viktor Bloch, i. Fa. Kux, Bloch & Co., Wien
Hugo Marcus, Vizepräsident des Wiener Bank-Vereins, Wien

Ludwig von Neurath, Vorsitzender des Vorstandes der Oesterreichischen Creditanstalt für Handel und Gewerbe, Wien
Dr. Max Sokal, Direktor des Wiener Giro- und Cassen-Vereins, Wien
Rudolf Steiner, Vorsitzender der Direktion der Allgemeinen österreichischen Boden-Credit-Anstalt, Wien.

Verband der Banken in Polen:

Delegierte: Dr. Martin Szarski, Senator, Präsident, Warschau
Pawel Heilperin, Vorsitzender der Direktion der „Bank Dyjskontowy Warszawski", Vizepräsident, Warschau
Stanislaw Skonieczny, Direktor, Warschau.

Svenska Bankforeningen:

Delegierter: Oskar Rydbeck, Direktor der Skandinaviska Kredit A. B, Stockholm.

Schweizerische Nationalbank:

Delegierter: Dr. h. c. Alfred Sarasin, Präsident, Basel.

Schweizerische Bankiervereinigung, Basel:

Delegierter: Dr. Adolf Joehr, Direktor der Schweizerischen Kreditanstalt in Zürich, Mitglied des Vorstandes und Präsident des Komitees Deutschland der Schweizerischen Bankiervereinigung, Zürich.

Verband der Geld- und Versicherungsanstalten des Königreichs S. H. S.:

Delegierter: Dr. Branko Pliverić, Präsident, Zagreb.

Vereinigung der Sparkassen und Banken, Budapest:

Delegierte: Dr. Friedrich Földiák, Direktor der Anglo International Bank Ltd., Budapest, Representation, Budapest
Edmund Hollós, geschäftsführender Direktor der Pester Ungarischen Kommerzialbank, kgl. ung. Oberfiskalrat, Budapest
Dr. Oliver Jacobi, geschäftsführender Direktor der Pester Ungarischen Kommerzialbank, kgl. ung. Oberfiskalrat, Budapest
Dr. Carl von Kresz, Direktor der Vereinigung der Sparkassen und Banken, kgl. ung. Oberfiskalrat, Budapest
Theodor József Salamon, geschäftsführender Direktor, Budapest.

M. S. Bausch, Equitable Trust Company of New York, New York
Karl M. Becker, Handel-Maatschappij, H. Albert de Bary & Co., Amsterdam
Theodore G. Bourton, i. Fa. Lawrence, Stern & Co., Chicago
Armand Dreyfus, Schweizerischer Bankverein, Zürich

E. Frohnknecht, Direktor der Continentalen Handelsbank, Amsterdam
Bénédict Goldschmidt, i. Fa. F. M. Philippson, Brüssel
Paul Goldschmidt, Direktor der Internationale Bank te Amsterdam, Amsterdam
P. Hofstede de Groot, Direktor der Amsterdamschen Bank, Amsterdam
Alexander Joel, Direktor der Banca Commerciale Italiana, London
Julius Kahn, Vorstandsmitglied der Amsterdamsche Crediet Maatschappij, Amsterdam
Hugo Kaufmann, i. Fa. N. V. Hugo Kaufmann & Co.'S Bank, Amsterdam
Robert Lichtschein, i. Fa. Reitler & Co., Wien
W. E. von Marx, Vizepräsident der International Germanic Trust Company, Berlin
Peter Munk, i. Fa. Munk & Davidson, Budapest
Karl Nathan, i. Fa. Strupp & Co., New York
Dr. H. A. van Nierop, Direktor der Amsterdamschen Bank, Amsterdam
Emil Pusch, i. Fa. Lazard Brothers & Co., London
Georg Reichel, Riehen b. Basel
W. H. Günther Schubert, N. V. Handelscompagnie La Plata, Amsterdam
Dr. Alfred Schuetz, i. Fa. Reitler & Co., Wien
Dr. Fritz Georg Steiner, Geschäftsführer der Dillon Read Corporation, Paris
W. Weinberg, i. Fa. W. Weinberg, Amsterdam.

Teilnehmer des Bankiertages:

Vizekonsul Julius Abrahamson, Direktor der Darmstädter und Nationalbank, K. a. A., Filiale Hannover
Hans Albert, i. Fa. Friedrich Albert, Magdeburg
Erich Albrand, i. Fa. Damms & Streit, Kassel
Adolf Alexander, i. Fa. J. L. Feuchtwanger, München
Fritz Alexander, i. Fa. Gebrüder Alexander, Breslau
Dr. Hermann Alexander-Katz, i. Fa. Albert Alex Katz, Görlitz
Gustave M. Altmann, i. Fa. Ludwig Tillmann, Hamburg
Julius F. Amsberg, Direktor der Dresdner Bank, Filiale Hannover
Adolf Arnhold, i. Fa. Gebr. Arnhold, Dresden-Berlin, Dresden
Hans Arnhold, i. Fa. Gebr. Arnhold, Dresden-Berlin, Berlin
Rechtsanwalt Dr. Kurt Arnhold, i. Fa. Gebr. Arnhold, Dresden-Berlin, Dresden
Fritz Arnold, Direktor des Barmer Bank-Vereins Hinsberg, Fischer & Comp. K.-G. a. A., Gummersbach
Barthold Arons, i. Fa. Arons & Walter, Berlin
Georg Arons, i. Fa. Gebr. Arons, Berlin
Dr. Robert Arzet, Berliner Handels-Gesellschaft, Berlin
Harry Aschaffenburg, Direktor der Dresdner Bank in Frankfurt a. M.
Rechtsanwalt Eberhard Ascher, Vorstandsmitglied der Bergisch-Märkischen Industrie-Gesellschaft, Barmen
Walther Astor, Vorstandsmitglied der Hannoverschen Bodenkredit-Bank, Hildesheim

Louis Auerbach, i. Fa. Baer & Auerbach, München
Geh. Kommerzienrat Martin Aufhäuser, i. Fa. H. Aufhäuser, München

Sally Bacharach, Direktor der Dresdner Bank in Frankfurt a. M.
Gerhard v. Badewitz, i. Fa. A. Reißner Söhne, Berlin
Leo Badmann, Direktor der Darmstädter und Nationalbank K. a. A., Filiale Frankfurt a. M.
Heinz Baecker, Direktor der Commerz- und Privat-Bank A. G., Filiale Bochum
Carl Bäkmann, Vorstandsmitglied der Pyrmonter Bank A. G., Bad Pyrmont
Albert Balhorn, i. Fa. N. S. Nathalion Nachfolger, Braunschweig
Eugen Bandel, Geschäftsinhaber des Barmer Bank-Vereins Hinsberg, Fischer & Comp., K.-G. a. A., Düsseldorf
Reinhold M. Bartenstein, Direktor der Disconto-Gesellschaft, Filiale Dresden
Carl August Basse (Wilh. Basse), Hannover
Josef Basten, i. Fa. Basten, Mayer & Co., Köln
Gerhard H. Baur, i. Fa. Gebrüder Hammerstein Bankgeschäft, Berlin
Dr. Ferdinand Bausback, i. Fa. Hugo Oppenheim & Sohn, Berlin
Benno Bechhold, i. Fa. Bechhold & Co., K.-G., Berlin
Adolf Becker, Direktor der Darmstädter und Nationalbank K. a. A., Filiale Breslau
Carl Becker, Vorstandsmitglied des Bankvereins für Nordwestdeutschland A. G., Bremen
Dietrich Becker, Direktor der Essener Credit-Anstalt, Filiale der Deutschen Bank, Essen (Ruhr)
Gustav Beckers, i. Fa. C. Gustav Beckers, Rheydt
Richard Beckmann, Direktor der Disconto-Gesellschaft, Zweigstelle Rheine i. W.
Ludwig Beeck, Direktor der Darmstädter und Nationalbank, K. a. A., Filiale M.-Gladbach
Dr. Karl Beheim-Schwarzbach, Geschäftsinhaber der Darmstädter und Nationalbank, K. a. A., Berlin
Carl Behrens, i. Fa. Carl Fr. Behrens, Bremen
George Behrens, i. Fa. L. Behrens & Söhne, Hamburg
Hubert Bel, Generaldirektor der Landesbank der Rheinprovinz, Düsseldorf
Gustav Benario, Vorstandsmitglied der Deutschen Effecten- und Wechsel-Bank, Berlin
Albert Bendix, Geschäftsinhaber des Barmer Bank-Vereins Hinsberg, Fischer & Comp., K. G. a. A., Köln
Alfred Bendix, Direktor der Mitteldeutschen Creditbank, Filiale Köln
Carl Benrath, Vorstandsmitglied der Bergisch-Märkischen Industrie-Gesellschaft, Barmen
Freiherr Cornelius v. Berenberg-Goßler, i. Fa. Joh. Berenberg, Goßler & Co., Hamburg
Jakob Berglas, i. Fa. Jakob Berglas, Berlin
Paul Bergmann, i. Fa. Carl Cahn, Berlin
Ludwig Berliner, Vorstandsmitglied der Commerz- und Privat-Bank A.-G., Berlin

August Bernegau, Generaldirektor der Landesbank der Rheinprovinz, Düsseldorf
Hans Bernhardt, Direktor der Darmstädter und Nationalbank, K. a. A., Filiale Bielefeld
Rechtsanwalt Dr. Hans Bernicken, Sal. Oppenheim jr. & Cie., Köln
Rechtsanwalt Otto Bernstein, geschäftsführendes Vorstandsmitglied des Centralverbands des Deutschen Bank- und Bankiergewerbes (E. V.), Berlin
Regierungsrat a. D. Max Beseler, Vorstandsmitglied der Bank des Berliner Kassen-Vereins, Berlin
Freiherr Moritz v. Bethmann, i. Fa. Gebr. Bethmann, Frankfurt a. M.
Dr. Kasimir Bett, i. Fa. Bett, Simon & Co., Berlin
Siegfried Bieber, Geschäftsinhaber der Berliner Handels-Gesellschaft, Berlin
Josef Bienefeld, Direktor des A. Schaaffhausen'schen Bankvereins A.-G., Köln
Pet. Jos. Birkheuser, A. Schaaffhausen'scher Bankverein, A. G., Zweigstelle Uerdingen
Dr. jur. Leonhard Carsten Blanck, i. Fa. Julius Blanck, Hannover
Bernhard Blanke, i. Fa. Bernhard Blanke, Düsseldorf
Richard Blecher, i. Fa. von der Heydt-Kersten & Söhne, Elberfeld
Willi Bleibtreu, i. Fa. Bleibtreu Maier & Co., Berlin
Curt v. Bleichröder, i. Fa. S. Bleichröder, Berlin
Karl Blum, i. Fa. Bernheim, Blum & Co., Berlin
Michael Bock, i. Fa. Lesser, Nathan & Co., Berlin
Albrecht Bockstiegel, i. Fa. Wachenfeld & Gumprich, Schmalkalden
Siegmund Bodenheimer, Geschäftsinhaber der Darmstädter und Nationalbank, K. a. A., Berlin
Max Bodlaender, i. Fa. Philipp Deutsch Nachfolger, Neustadt, O.-S.
Wilhelm Böcker, i. Fa. Böcker & Co., Wiesbaden
Gerhard Boehme, i. Fa. Raehmel & Boellert, Berlin
Dr. H. Boernicke, i. Fa. Wilh. Vogt & Cie., Berlin
Carl Boes, Direktor der Deutschen Bank, Filiale Düsseldorf
Wilhelm Bösselmann, Direktor der Deutschen Bank, Filiale Chemnitz
Dr. Heinz v. Böttinger, Geschäftsinhaber der F. W. Krause & Co. Bankgeschäft K.-G. a. A., Berlin
Otto Bollmann, Direktor der Dresdner Bank, Filiale Hannover
Konsul Gustav Bomke, Direktor der Disconto-Gesellschaft, Filiale Magdeburg
Dr. Franz A. Boner, Geschäftsinhaber der Disconto-Gesellschaft, Berlin
Geh. Justizrat Friedrich Bonschab, Vorstandsmitglied der Süddeutschen Bodencreditbank, München
Georg Bonwitt, i. Fa. Georg Bonwitt & Co., Berlin
Walter Born, Direktor der Darmstädter und Nationalbank, K. a. A., Filiale Krefeld
Paul Brandi, Direktor der Disconto-Gesellschaft, Filiale Essen (Ruhr)
Leo Brandt, Geschäftsinhaber der Gebr. Dammann-Bank, K.-G. a. A., Hannover
Ferdinand Brann, i. Fa. Siegfried Brann, Berlin
Alexander Braun, i. Fa. G. F. Grohé-Henrich & Co., Saarbrücken
Dr. Julius Brecht, Vorstandsmitglied der Westfälischen Bauvereinsbank, e. G. m. b. H., Münster i. W.
Georg Bremer, stellv. Vorstandsmitglied der Dresdner Bank, Berlin

Emil Bresser, Direktor der Darmstädter und Nationalbank, K. a. A., Zweigniederlassung Remscheid
Heinrich Breuer, A. Schaaffhausen'scher Bankverein, A.-G., Zweigstelle Bad Godesberg
Rechtsanwalt Eugen Brink, Vorstandsmitglied der Frankfurter Hypothekenbank, Frankfurt a. M.
Hugo Brink, Direktor der Darmstädter und Nationalbank K. a. A., Filiale Darmstadt
Hermann Brodführer, Direktor der Dresdner Bank in Düsseldorf
Fritz Bruck, Vorstandsmitglied der Liquidationskasse A.-G., Berlin
Dr. Anton Paul Brüning, Direktor der Deutschen Bank, Filiale Köln
Friedrich Brüning, i. Fa. Friedrich A. Brüning, Bremen
Dr. Otto Bruhn, Vorstandsmitglied der Braunschweigischen Bank und Kreditanstalt A.-G., Braunschweig
Heinrich Brunner, Direktor der Dresdner Bank, Filiale Kassel
Hans Büchner, Geschäftsinhaber des Bankvereins Artern, Spröngerts, Büchner & Co., K.-G. a. A., Artern
Geh. Finanzrat Robert Bürgers, Vorstandsmitglied des A. Schaaffhausen'schen Bankvereins A.-G., Köln
Friedrich Bürkle, Direktor der Mitteldeutschen Creditbank, Filiale Essen (Ruhr)
Friedrich Büsing, Vorstandsmitglied der Mecklenburgischen Hypotheken- und Wechselbank, Schwerin i. M.
Karl Butzengeiger, Vorstandsmitglied der Bayerischen Vereinsbank, Nürnberg
Hermann Buxbaum, i. Fa. H. Buxbaum & Co., Köln

Otto Carsch i. Fa. Carsch & Co., K.-G., Berlin
Rodrigo de Castro i. Fa. Rodrigo de Castro, Hamburg
Wilhelm Chan i. Fa. Sal. Oppenheim jr. & Cie., Köln
Richard Chrambach i. Fa. Gebrüder Alexander, Breslau
Hans von Cossel, Direktor des A. Schaaffhausen'schen Bankvereins, A.-G., Düsseldorf
Ernst Cremer, Direktor des A. Schaaffhausen'schen Bankvereins, A.-G., Filiale Neuß

Ludwig Daffis, Direktor des A. Schaaffhausen'schen Bankvereins, A.-G., Filiale Bonn
Richard Dammann, Geschäftsinhaber der Gebr. Dammann Bank, K. G. a. A., Hannover
Ludwig Dane, Direktor der Dresdner Bank, Filiale Dortmund
Martin Daniel i. Fa. Daniel & Selig, Hannover
Dagobert David i. Fa. Siegfried Falk, Düsseldorf
Robert David i. Fa. Marcus Nelken & Sohn, Berlin
H. J. Davidsohn, Geschäftsinhaber der Berliner Industriebank K. G. a. A., Berlin
Georg Davidson i. Fa. Adolph Davidson, Hildesheim
Herbert Decker, Direktor des A. Schaaffhausen'schen Bankvereins, A.-G., Filiale Krefeld
Carl Theodor Deichmann i. Fa. Deichmann & Co., Köln

Dr. Hermann Deutsch i. Fa. Simon Boehm, Berlin
Ludwig Deutsch-Retze, Direktor der Darmstädter und Nationalbank, K. a. A., Filiale Frankfurt a. M.
Dr. jur. Otto Dham, Direktor des A. Schaaffhausen'schen Bankvereins, A.-G., Filiale Neuß
Paul Diek, Direktor der Commerz- und Privat-Bank, A.-G., Filiale Bremerhaven
Geh. Kommerzienrat Dr. Hans Dietrich, Vorstandsmitglied der Bayerischen Vereinsbank, München
Wilhelm Dietzel i. Fa. Dietzel & Buschkiel, Chemnitz
Friedrich Dittmer, Direktor der Disconto-Gesellschaft, Filiale Koblenz
Dr. Hans Dittmer, Direktor der Landesbank der Rheinprovinz, Filiale Köln
Dr. Ulrich Doyé, Direktor der Deutschen Bank, Filiale Krefeld
W. Drebes, Direktor der Commerz- und Privat-Bank, A.-G., Filiale Gelsenkirchen
Walter Dreesen, Vorstandsmitglied der Schleswig-Holsteinischen Bank, Husum
Konsul Otto Drewitz, Vorstandsmitglied der Danziger Privat-Actien-Bank, Danzig
Willy Dreyfus i. Fa. J. Dreyfus & Co., Berlin
Wilhelm Driesen, Direktor des Barmer Bank-Vereins Hinsberg, Fischer & Comp., K.-G. a. A., Essen
Wilhelm Droste i. Fa. Droste & Tewes, Bochum
Adalbert Düring, Vorstandsmitglied der Rheinisch-Westfälischen Boden-Credit-Bank, Köln
Wilhelm Dürr i. Fa. Gebrüder Schuster, Frankfurt a. M.
H. Dufer, Direktor der Deutschen Bank, Filiale Amsterdam
Reinhold Dunckel i. Fa. F. M. Müller K. G., Zeitz
Dr. Rudolf Dunker, Vorstandsmitglied der Schleswig-Holsteinischen Bank, Husum
Rechtsanwalt Richard Dyckerhoff, Sal. Oppenheim jr. & Cie., Köln

Dr. Georg Eberstadt i. Fa. L. Behrens & Söhne, Hamburg
Richard Edel i. Fa. Richard Edel, Köln
Dr. Egbring, Direktor des Westfälischen Bankvereins, Filiale der Deutschen Bank, Münster i. W.
Friedrich Eggeling, Direktor der Darmstädter und Nationalbank K. a. A., Filiale Düsseldorf
Georg Egly (Otto Kleesattel), Düsseldorf
Michael Eich, Direktor der Duisburg-Ruhrorter Bank, Filiale der Deutschen Bank, Duisburg
Eckart von Eichborn i. Fa. Eichborn & Co., Breslau
Dr. Eduard von Eichborn i. Fa. Eichborn & Co., Breslau
Dr. phil. Kurt von Eichborn i. Fa. Eichborn & Co., Breslau
Carl Eichholz, Direktor des A. Schaaffhausen'schen Bankvereins A.-G., Köln
Oberregierungsrat Dr. Wilhelm Eichhorn, Vorstandsmitglied der Bayerischen Landwirthschaftsbank e. G. m. b. H., München
August Eikmann, Direktor der Deutschen Bank, Filiale Erfurt
Samuel Eisemann i. Fa. Samuel Eisemann, Frankfurt a. M.

Baruch E l i a s i. Fa. M. Elias Kaufmann's Sohn, Kassel
Ernst A. E l i a t, Vertreter der Deutschen Bank in Paris
Louis E l k a n i. Fa. Siegfried Falk, Düsseldorf
Hermann E l l e r n i. Fa. Ignaz Ellern, Karlsruhe i. B.
Martin E n g e l, Direktor der Darmstädter und Nationalbank K. a. A., Filiale Hamburg
Ernst Wilhelm E n g e l s i. Fa. Ernst Wilhelm Engels & Co., Düsseldorf
Otto E s k e l e s i. Fa. Gebr. Heyman, Berlin
Dr. jur. Fritz E s s e r, Syndikus des A. Schaaffhausen'schen Bankvereins, A.-G., Köln
Robert E s s e r i. Fa. Ferd. Schroeder & Co., Köln

Siegfried F a l k i. Fa. Siegfried Falk, Düsseldorf
Karl F a l t e r, Gebr. Haldy, A.-G., Zweibrücken
Claus F a ß b e n d e r, Direktor der Darmstädter und Nationalbank K. a. A., Filiale Koblenz
Alfred F e d e r e r, Direktor der Disconto-Gesellschaft, Filiale Stuttgart
Diedrich z u m F e l d e, Vorstandsmitglied der Commerz- und Privat-Bank A.-G., Hamburg
Nikolaus F e l d m a n n, Vorstandsmitglied der Rheinischen Bauernbank, A.-G., Köln
Hans F e ß l e r, Vorstandsmitglied der Bremen-Amerika-Bank A. G., Bremen
Bernhard F i s c h e r, Direktor der Dresdner Bank, Filiale München
Emil F i s c h e r, Direktor der Deutschen Bank, Filiale Schwelm
Heinrich F i s c h e r i. Fa. W. Fortmann & Söhne, Oldenburg i. O.
Geh. Kommerzienrat O. F i s c h e r, Vorsitzender des Württembergischen Landesausschusses der Deutschen Bank, Stuttgart
Walter F l a k o w s k i, Geschäftsinhaber des Halleschen Bankvereins von Kulisch, Kaempf & Co. K. a. A., Halle a. S.
Siegfried F l e i s c h e r i. Fa. Levi, Fleischer & Co., Berlin
Kommerzienrat Adolf F l e m m i n g i. Fa. F. A. Neubauer, Magdeburg
Dr. Fritz F l e r s h e i m i. Fa. J. Dreyfus & Co., Frankfurt a. M.
Salomon F l ö r s h e i m, i. Fa. Lisser & Rosenkranz, Amsterdam
Michael F l o r a c k, Direktor des A. Schaaffhausen'schen Bankvereins, A.-G., Filiale Cleve
Heinrich F o c k e n, Direktor der Disconto-Gesellschaft, Filiale Bremen
Dr. jur. Hans-Albrecht F r a e n k e l, stellv. Geschäftsführer des Centralverbands des Deutschen Bank- und Bankiergewerbes (E. V.), Berlin
Dr. jur. Max F r a e n k e l, Vorstandsmitglied der Preußischen Pfandbriefbank, Berlin
Dr. Carl F r ä n k e n, Direktor des A. Schaaffhausen'schen Bankvereins, A.-G., Filiale Rheydt
Karl F r a h m, Vorstandsmitglied des Bankvereins für Schleswig-Holstein, A.-G., Altona (Elbe)
Jakob F r a n k i. Fa. Jakob Frank, Berlin
Kommerzienrat Dr. Theodor F r a n k, Geschäftsinhaber der Disconto-Gesellschaft, Berlin
Dr. Erich F r e n k e l i. Fa. Jacquier & Securius, Berlin
Dr. Arnold F r e s e i. Fa. Delbrück von der Heydt & Co., Köln
Eugen F r i e d m a n n i. Fa. Eugen Friedmann, Berlin

Geh. Legationsrat Dr. Walther Frisch, Vorstandsmitglied der Dresdner Bank, Berlin
Horst Fritzsche i. Fa. Horst Fritzsche, Dresden
Richard Fritzsche, Direktor der Darmstädter und Nationalbank, K. a. A., Filiale Mülheim (Ruhr)
Herbert Frohmann i. Fa. Ferdinand Frohmann, Frankfurt a. M.
Waldemar Frowein, Direktor der Commerz- und Privat-Bank, A.-G., Filiale Elberfeld
Dr. Karl Fuchs, Vorstandsmitglied der Rheinischen Creditbank, Mannheim
Siegfried Fuchs i. Fa. Leopold Friedmann, Berlin
Hans Fürstenberg, Geschäftsinhaber der Berliner Handels-Gesellschaft, Berlin
Ludwig Fuld, Vorstandsmitglied der Süddeutschen Disconto-Gesellschaft, A.-G., Mannheim
Julius Fulda i. Fa. Isaac Fulda, Mainz

Dr. Hermann Gahlen, Direktor der Darmstädter und Nationalbank, K. a. A., Filiale Essen (Ruhr)
Robert Ganschow i. Fa. Robert Ganschow & Söhne, K.-G., Königsberg (Neumark)
Hinrich Geerken, stellv. Direktor der Deutschen Bank, Zweigstelle Düren (Rhld.)
Dr. Karl Gelpcke, Vorstandsmitglied der Hypothekenbank in Hamburg, Berlin
Dr. Karl Gelpcke, Vorstandsmitglied der Preußischen Hypotheken-Actien-Bank, Berlin
Paul Georgi, i. Fa. Chr. Gotthf. Brückner, Mylau i. V.
Eduard Geyer, Direktor der Allgemeinen Elsässischen Bankgesellschaft, Filiale Köln
Richard Ginsberg, Vorstandsmitglied der Mitteldeutschen Bodenkredit-Anstalt Greiz, Zweigniederlassung Berlin
Dr. Victor Glaser i. Fa. Fraenkel & Simon, Berlin
Fritz Glass, Direktor der Dresdner Bank in Köln
Dr. Hermann Gockel, Direktor der Disconto-Gesellschaft, Filiale Dortmund
Josef Gockel, Direktor des Barmer Bank-Vereins Hinsberg, Fischer & Comp., K.-G. a. A., Duisburg
Johannes Gödderz, stellv. Direktor der Dresdner Bank, Zweigstelle Rheydt
Robert Götz i. Fa. Robert Götz, Hamburg
Hanswolf v. Goldammer i. Fa. Hammer & Mack, Berlin
Alfred Goldschmidt i. Fa. Hofbankhaus Gebr. Goldschmidt, Gotha
Eduard Goldschmidt i. Fa. J. Goldschmidt Sohn, Hamburg
Dr. h. c. Jakob Goldschmidt, Geschäftsinhaber der Darmstädter und Nationalbank, K. a. A., Berlin
Moritz Goldschmidt i. Fa. Heinrich Emden & Co., Hannover
Michael Goldstein i. Fa. H. A. Jonas Söhne & Co., Hamburg
Georg Conrad Graf v. d. Goltz, Vorstandsmitglied der Deutschen Unionbank A.-G., Berlin
Max Gottowski i. Fa. Schlubach, Thiemer & Co., Hamburg

Dagobert Gottschalk i. Fa. S. Roßberg & Co., Hagen i. Westf.
Walther Graemer, Vorstandsmitglied der Deutschen Ueberseeischen Bank, Berlin
Wilhelm Graetz i. Fa. Wilhelm Graetz, Berlin
Ernst Max v. Grunelius i. Fa. Grunelius & Co., Frankfurt a. M.
Max v. Grunelius i. Fa. Grunelius & Co., Frankfurt a. M.
Dr. Alfred Günther i. Fa. Administrations-Casse Jac. Wilh. Günther, Frankfurt a. M.
Justizrat Dr. jur. Herrmann Günther, Vorstandsmitglied der Frankfurter Hypothekenbank, Frankfurt a. M.
Dr. Gustav Gumpel i. Fa. Z. H. Gumpel, Hannover
Konsul Kurt Gumpel i. Fa. Ephraim Meyer & Sohn, Hannover
Theodor Gunzenhäuser i. Fa. Theodor Gunzenhäuser, Frankfurt a. M.
Jakob Guthmann i. Fa. Nauheim & Co., Darmstadt
Hofrat Fritz Gutleben i. Fa. Friedrich Johann Gutleben, München
Herbert Gutmann, Direktor der Commerz- und Privat-Bank, A.-G., Filiale Frankfurt a. M.
Willy Gutmann i. Fa. Kahn & Co., Frankfurt a. M.

Arthur v. Haas, Direktor der Deutschen Bank, Filiale Magdeburg
Felix Haase i. Fa. L. Behrens & Söhne, Hamburg
Franz Hachmann, Vorstandsmitglied der Barmer Creditbank, Barmen
Dr. jur. Otto Hänlein, Abteilungsdirektor der Allgemeinen Deutschen Credit-Anstalt, Leipzig
Geh. Kommerzienrat Dr. h. c. Louis Hagen i. Fa. A. Levy und Sal. Oppenheim jr. & Cie., Köln
Dr. jur. et phil. L. Albert Hahn, Vorstandsmitglied der Deutschen Effecten- und Wechsel-Bank, Frankfurt a. M.
Dr. jur. Otto H. Hanns i. Fa. G. Dammann, Hamburg
Hans Hanstein, Direktor des Barmer Bank-Vereins Hinsberg, Fischer & Comp., K.-G. a. A., Remscheid
Alois Hardt i. Fa. Maier & Hardt, Ingolstadt
Clemens Harlacher i. Fa. Cl. Harlacher, Frankfurt a. M.
Konsul Hans Harney, Geschäftsinhaber des Barmer Bank-Vereins Hinsberg, Fischer & Comp., K.-G. a. A., Düsseldorf
Richard Harte i. Fa. Richard Harte, Berlin
Adolf Hartmann, Direktor der Darmstädter und Nationalbank, K. a. A., Filiale Leipzig
Dr. Walter Hartmann, Vorstandsmitglied der Preußischen Central-Boden-Credit-A.-G., Berlin
Dr. Charly Hartung, stellv. Geschäftsführer der Hardy & Co., G. m. b. H., Berlin
Friedrich Hass, Direktor der Darmstädter und Nationalbank, K. a. A., Filiale Düsseldorf
Alexander Hauck i. Fa. Georg Hauck & Sohn, Frankfurt a. M.
Hans Heinrich Hauck, Vorstandsmitglied der Frankfurter Bank A.-G., Frankfurt a. M.
Hubert Haug, Direktor des A. Schaaffhausen'schen Bankvereins A.-G., Köln
Dr. jur. Hausmann i. Fa. Math. Hausmann, Cochem

August Heck, Direktor der Münsterischen Bank, Filiale der Deutschen Bank, Münster i. W.
Wilhelm Hecker, Direktor des Barmer Bank-Vereins Hinsberg, Fischer & Comp., K.-G. a. A., Münster i. W.
Adolf Heckmann i. Fa. Simon Hirschland, Essen
Paul Heerhaber, Direktor des Barmer Bank-Vereins Hinsberg, Fischer & Comp., K.-G. a. A., Bielefeld
Paul Hegel, Direktor des Barmer Bank-Vereins Hinsberg, Fischer & Comp., K.-G. a. A., Köln
Wilhelm Heim, Direktor der Dresdner Bank, Filiale Koblenz
Dr. Ernst Heinrich Heimann i. Fa. E. Heimann, Breslau
Dr. Friedrich Heimann i. Fa. E. Heimann, Breslau
Joh. Bapt. Heimann, Abteilungsdirektor der Darmstädter und Nationalbank, K. a. A., Filiale Köln
Wilhelm Heinrich, Direktor der Disconto-Gesellschaft, Filiale Trier
Alfred Heinsch i. Fa. Philipp Elimeyer, Dresden
Kommerzienrat Franz Heinze i. Fa. Bayer & Heinze, Chemnitz
C. Phil. Hennerici, Vorstandsmitglied des Bankvereins zu Mayen, Mayen
Friedrich Hennig, Vorstandsmitglied der Bank für Handel und Gewerbe, A. G., Leipzig
Richard Henschel i. Fa. Marcus Nelken & Sohn, Breslau
Friedrich Herbst, Direktor der Deutschen Bank, Filiale Köln
Anton Heringer, Direktor der Deutschen Bank, Filiale Bielefeld
Dr. Hermann Herold, Direktor des A. Schaaffhausen'schen Bankvereins A.-G., Köln
Paul Herrmuth, Vorstandsmitglied der Berliner Hypothekenbank A. G., Berlin
Walter Hertzsch i. Fa. G. E. Heydemann, Bautzen
Max Herz i. Fa. Sponholz & Co. (vorm. H. Herz), Berlin
Dr. Karl Herzfeld i. Fa. Gottfried Herzfeld, Hannover
Max Hess i. Fa. Hess & Comp., Hildesheim
Carl Heumann i. Fa. Bayer & Heinze, Chemnitz
Alwin Hilger, Direktor der Dresdner Bank in Duisburg
Dr. Bernhard Hilgermann, Archivar des A. Schaaffhausen'schen Bankvereins A. G., Köln
Otto Hirsch i. Fa. Otto Hirsch & Co., Frankfurt a. M.
Arthur Hirschfeld i. Fa. Arthur Hirschfeld & Co., Berlin
Curt Martin Hirschland i. Fa. Simon Hirschland, Essen
Dr. Georg Hirschland i. Fa. Simon Hirschland, Essen
Walter Hirschmann i. Fa. Neuwahl & Co., K.-G., Frankfurt a. M.
Handelsgerichtsrat Alfred Hirte i. Fa. A. Hirte, Berlin
Carl Hirte, stellv. Direktor der Deutschen Hypothekenbank (A. G.), Berlin
Justizrat Dr. Gustav Hirte, Vorstandsmitglied der Deutschen Hypothekenbank (A. G.), Berlin
Leo Hochberger i. Fa. Ernst Hochberger, Stuttgart
Hans Hocker i. Fa. J. Sternfeld & Tiefenthal, Köln
Alfred Hölling, Direktor der Darmstädter und Nationalbank K. a. A., Filiale Barmen
Max Hoepe, Vorstandsmitglied des A. Schaaffhausen'schen Bankvereins A. G., Köln
Otto Hoffa i. Fa. S. J. Werthauer jr. Nachfolger, Kassel

Carl Hoffmann-Lüth, Vorstandsmitglied der Pommerschen Bank für Landwirtschaft und Gewerbe, A.-G., Stettin
Fritz Holschau i. Fa. Georg Fromberg & Co., Berlin
Dr. Paul Homburger i. Fa. Veit L. Homburger, Karlsruhe i. B.
Artur Honroth, stellv. Direktor der Deutschen Bank, Filiale Dortmund
G. Hormann, Vorstandsmitglied der Westholsteinischen Bank, Altona
Anton Hübbe, Direktor der Dresdner Bank in Hamburg
Arnold Huldschiner, Direktor der Berliner Handels-Gesellschaft, Berlin
Otto Humburg, Direktor des Westfälischen Bank-Vereins, Filiale der Deutschen Bank, Münster i. W.
Dr. Hans Freiherr von Hurter, Vorstandsmitglied der Westdeutschen Bodenkreditanstalt, Köln

Max Ilse, Direktor des A. Schaaffhausen'schen Bankvereins, A. G., Filiale M.-Gladbach
Johann Inhoffen, Direktor der Dürener Bank, Filiale Euskirchen

Josef Jacobi, Direktor der Dürener Bank, Filiale Euskirchen
Arthur Jacoby i. Fa. Arthur Jacoby, Düsseldorf
Dr. Hans Jacoby i. Fa. Gebrüder Stern, Dortmund
Konsul Louis Jacoby, i. Fa. Gebrüder Stern, Dortmund
Franz K. Jaeger i. Fa. Gebr. Bethmann, Frankfurt a. M.
Hans Jaeger, Direktor der Osnabrücker Bank, Zweiganstalt Rheine i. W.
Franz Jaensch i. Fa. Max Jaensch, Magdeburg
Ludwig Janda, Vorstandsmitglied der Rheinischen Creditbank, Mannheim
Alfred Jarislowsky i. Fa. Jarislowsky & Co., Berlin
Ernst von Jarochowski, Direktor der Berliner Handels-Gesellschaft, Berlin
Gerichtsassessor a. D. Rudolf Jerchel, Vorstandsmitglied der Mecklenburg-Strelitzschen Hypothekenbank, Neustrelitz
Dr. Fritz Jessen, Geschäftsinhaber der Norddeutschen Bank in Hamburg, Hamburg
Philipp Jöckel i. Fa. Philipp Jöckel, Grünberg i. H.
Dr. Max Jörgens, Direktor der Bergisch-Märkischen Bank, Filiale der Deutschen Bank, Elberfeld
Carl Joerger i. Fa. Delbrück, Schickler & Co., Berlin
Dr. jur. Carl v. Joest, Aufsichtsratsmitglied des A. Schaaffhausen'schen Bankvereins, A. G., Haus Eichholz bei Sechtem
Ludwig Hermann Jonas, Vorstandsmitglied der Ostbank für Handel und Gewerbe, Königsberg i. Pr.
Otto Jordan, Direktor der Deutschen Bank, Filiale Stettin
Friedrich Junge, Vorstandsmitglied der Rostocker Bank, Rostock i. M.
Dr. Wilhelm Just, Vorstandsmitglied der Leipziger Hypothekenbank, Leipzig

Fritz Kahn i. Fa. Kahn & Co., Mainz
Jakob Kahn, Direktor der Darmstädter und Nationalbank, K. a. A., Filiale Mannheim

Ludwig Kahn i. Fa. Heinrich Mailaender, Fürth i. B.
Alexander Kann i. Fa. Alexander Kann, Essen
Dr. Ernst Karding, Vorstandsmitglied der Preußischen Boden-Credit-Actien-Bank, Berlin
Alfred Katz i. Fa. Friedmann & Co., Halle
Arnold Katz i. Fa. Moritz Levy Nachfl., Berlin
Leon Katz i. Fa. Leon Katz, Lüneburg
Alfred Katzenstein, Direktor der Darmstädter und Nationalbank, K. a. A., Filiale Duisburg
Eugen Kaufmann, Vorstandsmitglied des Duisburger Bankvereins, A.-G., Duisburg
Fritz Kaufmann i. Fa. Gust. Kaufmann D. Sohn, Mülheim (Ruhr)
Karl Kaufmann i. Fa. Paul Strasburger & Co., Frankfurt a. M.
Leopold Valentin Kaufmann, Vorstandsmitglied der Dürener Bank, Düren (Rhld.)
Otto Kaufmann i. Fa. Sal. Oppenheim jr. & Cie., Köln
Professor Dr. Kaulla i. Fa. Jacob S. H. Stern, Frankfurt a. M.
Dr. Werner Kehl, stellv. Vorstandsmitglied der Deutschen Bank, Berlin
Karl Otto Kellner i. Fa. Julius Kellner, Wetzlar (Lahn)
Dr. Paul Kempner i. Fa. Mendelssohn & Co., Berlin
Franz Kern, Direktor der Commerz- und Privat-Bank, A.-G., Filiale Köln
Dr. Erich Keup, Direktor der Preußischen Pfandbriefbank, Berlin
Johannes Keusch, Direktor der Darmstädter und Nationalbank, K. a. A., Filiale Dortmund
Oswald Keußen, Direktor des Barmer Bank-Vereins Hinsberg, Fischer & Comp., K.-G. a. A., Krefeld
Friedrich L. Kiefe i. Fa. Kiefe & Co., Stuttgart
Johannes Kiehl, stellv. Vorstandsmitglied der Deutschen Bank, Berlin
Dr. Karl Kimmich, Vorstandsmitglied des A. Schaaffhausen'schen Bankvereins, A.-G., Köln
Robert Kindgen, Vorstand der Bankhaus Stahlschmidt A.-G., Bonn
Hans Kippenberger, Direktor des A. Schaaffhausen'schen Bankvereins, A.-G., Filiale Siegen i. W.
Hans Kiwit, Direktor der Darmstädter und Nationalbank, K. a. A., Filiale Iserlohn
Gerichtsassessor a. D. Walter Klamroth, Vorstandsmitglied der Preußischen Boden-Credit-Actien-Bank, Berlin
M. Klawek, Direktor der Darmstädter und Nationalbank, K. a. A., Filiale Aachen
Paul Klose, Direktor des A. Schaaffhausen'schen Bankvereins, A.-G., Filiale Duisburg
Max Kluge, Direktor der Hannoverschen Bank, Filiale der Deutschen Bank, Hannover
Emil Knoop i. Fa. Emil Knoop, Köln
Friedrich Knoop i. Fa. Emil Knoop, Köln
Franz Koch, Direktor der Disconto-Gesellschaft, Filiale Elberfeld
Valentin Victor v. Koch, stellv. Direktor der Deutschen Bank, Filiale Hamburg
Wilhelm Koch i. Fa. Saaßen & Co., K.-G., Bonn
Walter Kochs, Direktor der Darmstädter und Nationalbank, K. a. A., Filiale Duisburg
Peter Kock, Vorstandsmitglied der Schleibank, Kappeln

Hermann Koehler, Direktor der Württembergischen Vereinsbank, Filiale der Deutschen Bank, Stuttgart
Gustav König i. Fa. König, Loeb & Co., Berlin
Dr. Hans Körner, stellv. Direktor der Anhalt-Dessauischen Landesbank, Dessau
Kommerzienrat Dr. Richard Kohn i. Fa. Anton Kohn, Nürnberg
Gottfried Hch. Koop, Vorstandsmitglied der Oberhausener Bank, A.-G., Oberhausen (Rhld.)
Adolf Kraemer, Direktor der Deutschen Bank, Filiale Dresden
Rechtsanwalt Erich Kraetke, stellv. Syndikus der Disconto-Gesellschaft, Berlin
Kurt Krahmer, Geschäftsinhaber der Deutschen Vereinsbank, K.-G. a. A., Frankfurt a. M.
Ministerialrat a. D. Heinrich Krahnstöver, Vorstandsmitglied der Oldenburgischen Landesbank, Oldenburg i. O.
Siegfried Kramarsky i. Fa. Lisser & Rosenkranz, Amsterdam
Adolf Krebs i. Fa. J. A. Krebs, Freiburg i. Br.
Dr. jur. Hubert Krier i. Fa. Gebrüder Krier, Wiesbaden
Karl Krietsch, Vorstandsmitglied des Rathenower Bankvereins, A.-G., Rathenow
Dr. Fritz Kronenberger i. Fa. Kronenberger & Co., Mainz
Theodor Kronenberger i. Fa. Kronenberger & Co., Mainz
Paul Kroszewski, Statistiker des Centralverbands des Deutschen Bank- und Bankiergewerbes (E. V.), Berlin
Helmut Krumbiegel, Direktor der Commerz- und Privat-Bank, A.-G., Filiale Solingen
Enno Kruse, Direktor der Commerz- und Privat-Bank, A.-G., Filiale Duisburg
Ludwig Kruse, Direktor der Deutschen Bank, Filiale Dortmund
Aloys Kub, Direktor der Commerz- und Privat-Bank, A.-G., Filiale Remscheid
Dr. Alfred Kulemann, Syndikus der Deutschen Hypothekenbank (A.-G.), Berlin
Hans Kurth i. Fa. Surén, Kurth & Co., Köln
Otto Kurtz, Direktor der Commerz- und Privat-Bank, A.-G., Filiale Stuttgart

Paul Ladenburg i. Fa. Samson Seligmann, Köln
Erich Lamprecht i. Fa. Paul Schauseil & Co., K.-G., Halle a. S.
Georg Lamprecht, Filial-Direktor der Paul Schauseil & Co. K.-G., Eilenburg
Peter Lang, Vorstandsmitglied des Bankvereins zu Offenbach a. Main, e. G. m. b. H., Offenbach a. Main
Eugen Langenbach i. Fa. Lefo & Langenbach, Mannheim
Ewald Lauber i. Fa. S. H. Oppenheimer jr., Hannover
Dr. Gustav Lauffs, Direktor der Dresdner Bank, Filiale M.-Gladbach
Louis Lazard, Direktor der Deutschen Bank, Filiale Saarbrücken
Peter Leber, Direktor der Darmstädter und Nationalbank, K. a. A., Filiale Köln
Heinrich Lehmann i. Fa. Langhoff, Banck & Lehmann, Düsseldorf
Konsul Dr. jur. Johannes Lehmann i. Fa. H. F. Lehmann, Halle a. S.

Ernst Lemberger i. Fa. S. Schoenberger & Co., Amsterdam
Hermann Leubsdorf i. Fa. A. Levy, Köln
Karl Leubsdorf i. Fa. A. Levy, Köln
Alfred Levy i. Fa. Alfred Levy & Co., Saarbrücken
Dr. Emil Levy i. Fa. Moritz Levy, Stargard i. Pomm.
Georg Lewandowsky i. Fa. Lincoln Menny Oppenheimer, Frankfurt a. M.
Richard Leysieffer, Vorstandsmitglied der Rheinischen Bauernbank, A.-G., Köln
Moritz Lichtenhein i. Fa. Königsberger & Lichtenhein, Berlin
Justizrat Dr. Ernst Lindemann, Präsident der Preußischen Central-Bodenkredit-Akt.-Ges., Berlin
Karl von der Linden, Gebrüder Hammerstein Bankgeschäft, Essen (Ruhr)
Ministerialrat a. D. Dr. Otto Lindenmayer, Vorstandsmitglied des Württembergischen Kreditvereins, A.-G., Bodenkreditanstalt, Stuttgart
Edgar Linz, Richard Lenz & Co., Berlin
Heinrich Lismann i. Fa. Gebrüder Lismann, Frankfurt a. M.
Rudolf Löb i. Fa. Mendelssohn & Co., Berlin
Dr. Wilhelm Löhmer, Syndikus des A. Schaaffhausen'schen Bankvereins, A.-G., Köln
Kurt Loewenbaum i. Fa. H. Schirmer, Kassel
Geheimrat Löweneck, Vorstandsmitglied der Bayerischen Zentral-Darlehenskasse e. G. m. b. H., München
Armin Loos, Direktor der Sächsischen Bodencreditanstalt und des Dresdner Kassenvereins A.-G., Dresden
Hans Lotze, Direktor der Duisburg-Ruhrorter Bank, Filiale der Deutschen Bank, Duisburg
Albert Lüdecke, Vorstandsmitglied des Elberfelder Bankvereins A.-G., Elberfeld
Ludwig Lüthgen, Direktor der Darmstädter und Nationalbank, K. a. A., Filiale Krefeld
Georg Lüthgens, Vorstandsmitglied der Vorschuß- und Sparvereins-Bank in Lübeck
Stephan Lütticken, Vorstandsmitglied der Rheinischen Volksbank A.-G., Köln
H. v. Luttitz, stellv. Direktor der Deutschen Bank, Filiale Koblenz
Josef Lux, Vorstandsmitglied der Anhalt-Dessauischen Landesbank, Dessau

Dr. Alfred Maas, stellv. Direktor der Darmstädter und Nationalbank K. a. A., Filiale Köln
Paul Mahnert, i. Fa. Mahnert & Düppe, Bochum
Geh. Kommerzienrat Heinrich Mailaender i. Fa. Heinrich Mailaender, Fürth i. B.
Helmuth Mainz i. Fa. John M. Meyer, Hamburg
Hermann Majer i. Fa. Heinrich Gontard & Co., Frankfurt a. M.
Hermann Malz, Aufsichtsratsmitglied der Dresdner Bank, Frankfurt a. M.
Werner Mankiewitz i. Fa. J. Dreyfus & Co., Frankfurt a. M.
Max Marcus i. Fa. Max Marcus & Co., Berlin
Fritz Markiewicz i. Fa. Fritz Markiewicz, Berlin

Alfred Maron i. Fa. Bondi & Maron, Dresden
Konsul Dr. Rudolf Maron i. Fa. Bondi & Maron, Dresden
Dr. Heinrich Martin i. Fa. Martin & Co., K.-G., München
Stadtrat Eduard Marx i. Fa. S. & H. Goldschmidt, Frankfurt a. M.
Franz Josef Marx, Geschäftsinhaber der Franz Josef Marx, K.-G. a. A., Köln
Hermann Marx, Direktor der Deutschen Bank, Filiale Königsberg i. Pr.
Joseph Marx i. Fa. Marx & Schulte, Hagen i. W.
Moritz Marx i. Fa. Marx & Sündermann, Berlin
Dr. Paul Marx, Geschäftsinhaber des Barmer Bank-Vereins Hinsberg, Fischer & Comp., K. G. a. A., Düsseldorf
Kommerzienrat Arnold Maser, Direktor der Deutschen Bank, Filiale Augsburg
Wolf Freiherr v. Massenbach-Salleschen i. Fa. Schweinsberg & Schröder, Halle a. S.
Hans Mattersdorff i. Fa. S. Mattersdorff, Dresden
Detmar Matthes i. Fa. G. Luce, Bremen
Max H. Mauritz, Vorstandsmitglied der Deutschen Grundcredit-Bank, Berlin
Julius Mayer i. Fa. Julius J. Mayer, Berlin
Ludwig Mayer, Direktor der Süddeutschen Disconto-Gesellschaft, A.-G., Filiale Karlsruhe
Assessor Dr. Alexander Meier i. Fa. Bankkommandite H. Kahnheimer & Co., Frankfurt a. M.
W. Meininghaus, Aufsichtsratsmitglied der Darmstädter und Nationalbank K. a. A., Dortmund
Generalkonsul Paul v. Mendelssohn-Bartholdy i. Fa. Mendelssohn & Co., Berlin
Dr. jur. Gerhard Merrem, Direktor der Deutschen Bank, Filiale Bonn
Carl Merzbach i. Fa. S. Merzbach, Offenbach und Frankfurt a. M., Offenbach a. Main
Leopold Merzbach i. Fa. A. Merzbach Bankgeschäft G. m. b. H., Frankfurt a. M.
Wilh. Erich Metzkes i. Fa. Metzkes, Volk & Co., Geilenkirchen-Hünshoven
Albert v. Metzler i. Fa. B. Metzler seel. Sohn & Co., Frankfurt a. M.
Generalkonsul Moritz v. Metzler i. Fa. B. Metzler seel. Sohn & Co., Frankfurt a. M.
Eduard Franz Meyer, Direktor der Deutschen Bank, Filiale Bochum
Ferdinand Meyer, i. Fa. Georg Kurzinsky & Co., Berlin
Hans Meyer, Direktor der Disconto-Gesellschaft, Filiale Mainz
Dr. jur. Herbert Meyer i. Fa. George Meyer, Leipzig
Louis Meyer i. Fa. Meyer & Windmüller, Essen
Otto Meyer, Direktor der Gebr. Röchling Bank, Saarbrücken
Konsul Stadtrat Wilhelm Meyer i. Fa. George Meyer, Leipzig
Alex Meyer-Wachmann i. Fa. Devisenkommandite Marx, Hartl & Co. Nchf., Köln
Kommerzienrat Friedrich Wilh. Meyerhof i. Fa. S. Mattersdorff, Dresden
Hans Meyerstein (Max Meyerstein), Hannover
Paul Meyrowitz i. Fa. Paul Meyrowitz, K.-G., Berlin
Justizrat Dr. Friedrich Milch, Vorstandsmitglied der Schlesischen Boden-Credit-Aktien-Bank, Breslau
Adolf Möhle, Direktor der Disconto-Gesellschaft, Filiale Bielefeld

Johannes Mohrdiek i. Fa. Mohrdiek & Co., Hamburg
Franz H. Morawietz, Vorstandsmitglied der Hansabank Oberschlesien A.-G., Beuthen O.-S.
Wilhelm Morgen, Direktor des A. Schaaffhausen'schen Bankvereins, A.-G., Filiale M.-Gladbach
Josef Morschbach, Geschäftsinhaber der Franz Josef Marx, K.-G. a. A., Köln
Willi Moses i. Fa. Cohnheim & Co., Hildesheim
Dr. jur. Carl Moskopp, Vorstandsmitglied der Westfalenbank A.-G., Bochum
Dr. jur. Eduard Mosler, Geschäftsinhaber der Disconto-Gesellschaft, Berlin
Friedrich Mück, Vorstandsmitglied der Handels- und Gewerbebank Heilbronn A.-G., Heilbronn a. N.
Curt Müller, Direktor der Commerz- und Privat-Bank A.-G., Filiale Bochum
Franz Müller, Direktor der Deutschen Bank, Filiale Hagen
G. Wilh. Müller, Direktor des Dortmunder Bankvereins, Zweiganstalt des Barmer Bank-Vereins Hinsberg, Fischer & Comp., K. G. a. A., Dortmund
Heinrich W. Müller, Direktor der Darmstädter und Nationalbank, K. a. A., Filiale Bremen
Hermann Müller i. Fa. H. Müller, Northeim i. H.
Paul Wolfgang Müller i. Fa. Deichmann & Co., Köln
Richard Müller, Vorstandsmitglied der Preußischen Hypotheken-Actien-Bank, Berlin
Sigmund Münzesheimer i. Fa. Münzesheimer & Co., Essen
Kommerzienrat Walter Münzing i. Fa. Schneider & Münzing, München
Elimar Murken, Vorstandsmitglied der Oldenburgischen Spar- und Leih-Bank, Oldenburg i. O.

Alfred Nacken, Direktor des A. Schaaffhausen'schen Bankvereins A. G., Filiale Krefeld
Max Najork, Geschäftsinhaber der Deutschen Vereinsbank K.-G. a. A., Frankfurt a. M.
Martin Nathansohn i. Fa. Nathansohn & Stern, Hannover
Konsul Eugen Naumann, Direktor der Deutschen Bank, Filiale Leipzig
Ministerialdirektor a. D. Dr. Karl Nebe, Vorstandsmitglied der Deutschen Hypothekenbank Meiningen, Berlin
Adolf Nehls i. Fa. Herrmann & Hauswedell, Hamburg
Wilhelm Neu, Direktor der Gebr. Röchling Bank, Saarbrücken
Friedrich August Neubauer i. Fa. F. A. Neubauer, Magdeburg
Karl Neuhaus, Direktor der Dresdner Bank, Filiale M.-Gladbach
Curt Neulaender i. Fa. Braun & Co., Berlin
Artur Neustadt i. Fa. Veit, Selberg & Cie., Berlin
Regierungsrat a. D. Dr. Eduard v. Nicolai, Vorstandsmitglied der Rheinischen Hypothekenbank, Mannheim
Heinz Niemack i. Fa. Niemack & Co., Hannover
Adolf Niggl, Vorstandsmitglied der Bayerischen Zentral-Darlehenskasse, e. G. m. b. H., München
Landesrat a. D. Ludwig Noack, Vorstandsmitglied der Schlesischen Boden-Credit-Aktien-Bank, Breslau

Carl Noll i. Fa. Friedrich A. Brüning, Bremen
Gustav Nordquist, Vorstandsmitglied der Vereinsbank in Hamburg, Hamburg
Konsul Georg Nothmann, Direktor der Commerz- und Privat-Bank A. G., Filiale Breslau

Alfred Oehme, Vorstandsmitglied der Vogtländischen Creditbank A.-G., Plauen
Johannes Oelmüller, Vorstand der Hertener Volksbank, A. G., Herten i. W.
Arved Ogilvie, Vorstandsmitglied der Memeler Bank für Handel und Gewerbe, A.-G., Memel
Bankdirektor a. D. Eduard Oppenheim, Aufsichtsratsmitglied der Deutschen Vereinsbank K.-G. a. A., Frankfurt a. M.
Eberhard Freiherr v. Oppenheim i. Fa. Sal. Oppenheim jr. & Cie., Köln
Simon Alfred Freiherr v. Oppenheim i. Fa. Sal. Oppenheim jr. & Cie., Köln
Waldemar Freiherr v. Oppenheim i. Fa. Sal. Oppenheim jr. & Cie., Köln
Berthold Oppenheimer i. Fa. Berthold Oppenheimer, Berlin
Dr. Fritz Oppenheimer, Rechtsanwalt, Syndikus des Bank- und Börsenvereins zu Frankfurt a. M.
Otto Oppenheimer i. Fa. S. H. Oppenheimer jr., Hannover
Theodor Orsinger, Direktor der Siegener Bank, Filiale der Deutschen Bank, Siegen i. W.
Eberhard Freiherr Ostmann von der Leye i. Fa. C. G. Trinkaus, Düsseldorf
Kurt Ottensooser i. Fa. Ottensooser & Co., Nürnberg

Dr. rer. pol. Kurt Paesler, Archivar des Centralverbands des Deutschen Bank- und Bankiergewerbes (E. V.), Berlin
Ludwig Paetow, Vorstandsmitglied der Mecklenburgischen Depositen- und Wechselbank, Schwerin i. M.
Hermann Pagel i. Fa. Hermann Pagel, Hildesheim
Alfred Panofsky i. Fa. Jacquier & Securius, Berlin
Fritz Pape, Direktor der Dresdner Bank, Filiale Münster i. W.
Albert Pappenheim, Direktor der Darmstädter und Nationalbank, K. a. A., Filiale Trier
Friedrich Pasternak, Vorstandsmitglied der Bayerischen Vereinsbank, München
Dr. jur. Arthur Pastor, Gebr. Röchling Bank, Berlin
Finanzrat Felix Paulsen, Vorstandsmitglied der Deutschen Hypothekenbank Meiningen, Berlin
Albert Pauly, Vorstandsmitglied der Rheinischen Bauernbank, A.-G., Köln
Karl Paustian, Direktor der Darmstädter und Nationalbank, K. a. A., Filiale Dortmund
Dr. Arthur Peill i. Fa. Deichmann & Co., Köln
Peter Peters, Direktor der Commerz- und Privat-Bank, A.-G., Filiale Duisburg
Hermann Pfeffer, Direktor der Commerz- und Privat-Bank, A.-G., Filiale Dortmund

Alfred Pfeiffer, Direktor der Rheinischen Creditbank, Filiale Freiburg i. Br.
Gerhard Pfennigs, Vorstandsmitglied der Heinsberger Volksbank, Heinsberg (Rhld.)
Dr. h. c. Robert Pferdmenges, Vorstandsmitglied des A. Schaaffhausenschen Bankvereins, A.-G., Köln
Bruno Philipp i. Fa. Bruno Philipp, Berlin
Dr. Ernst Picard, Geschäftsinhaber der Lazard Speyer-Ellissen-K.-G. a. A., Frankfurt a. M.
Jean Piel, Direktor des A. Schaaffhausen'schen Bankvereins, A.-G., Filiale Viersen
Dr. Hans Pilder, Direktor der Dresdner Bank in Hamburg, Hamburg
Bruno Edler von der Planitz, Geschäftsinhaber der F. W. Krause & Co. Bankgeschäft K. G. a. A., Berlin
Dr. jur. Clemens Plassmann, Direktor des Barmer Bank-Vereins Hinsberg, Fischer & Comp., K. G. a. A., Hamm i. W.
Albert Plaut, i. Fa. Albert Hornthal, Hildesheim
Ernst Plaut, Direktor der Commerz- und Privat-Bank A.-G., Filiale Eschwege
Otto Plaut i. Fa. Stenger, Hoffmann & Co., Essen (Ruhr)
Alfred Plett, Direktor des A. Schaaffhausen'schen Bankvereins, A.-G., Filiale Aachen
Dr. Kurt Poensgen i. Fa. B. Simons & Co., Düsseldorf
Dr. Kurt Poensgen, Direktor des A. Schaaffhausen'schen Bankvereins, A.-G., Düsseldorf
Dr. Paul Poensgen, i. Fa. Paul Poensgen, Berlin
Richard Pohl, Geschäftsführer der Hardy & Co., G. m. b. H., Berlin
Dr. jur. Richard Prenger, Vorstandsmitglied des Coseler Bankvereins, A.-G., Cosel (O.-S.)
Konsul Friedrich Probst i. Fa. Fr. Probst & Co., Bremerhaven
Hermann Probst i. Fa. Probst & Co., Aachen
Justin Putzel, Direktor der Darmstädter und Nationalbank, K. a. A., Filiale Karlsruhe i. B.

Nikolaus Rasmussen, i. Fa. Aschersiebener Bank Rasmussen & Co., K.-G., Aschersleben
Joh. B. Rath, Direktor der Deutschen Bank, Zweigstelle Düren (Rhld.)
Hans Reibstein jr. i. Fa. H. F. Klettwig & Reibstein, Göttingen
Friedrich Reinhart, Vorstandsmitglied der Mitteldeutschen Creditbank, Berlin
Wilhelm Reinold, stellv. Direktor des Barmer Bank-Vereins Hinsberg, Fischer & Comp., K.-G. a. A., Krefeld
Fritz Reiss i. Fa. Baruch Strauss, Frankfurt a. M.
Paul Reiße, Vorstandsmitglied der Stolper Bank A.-G., Stolp i. Pomm.
Geh. Kommerzienrat Hans Remshard, Vorstandsmitglied der Bayerischen Hypotheken- und Wechsel-Bank, München
Max Rentsch i. Fa. Max Rentsch, Bad Liebenwerda
Kurt Richter i. Fa. Hardy & Co., München
Richter-Rothschild, Fritz Markiewicz, Berlin
Dr. Alfred Riemer, Direktor der Dresdner Bank, Filiale Hagen i. W.
Geh. Justizrat Professor Dr. jur. Dr. rer. pol. h. c. Riesser, Vorsitzender des Vorstands des Centralverbands des Deutschen Bank- und Bankiergewerbes (E. V.), Berlin

Dr. Viktor v. Rintelen, Direktor der Disconto-Gesellschaft, Filiale Chemnitz
Georg Risse, Vorstandsmitglied der Landwirtschaftlichen Bank, e. G. m. b. H., Schwiebus
Erich Rochel-Mueller i. Fa. Hofbankhaus Max Mueller, Gotha
Dr.-Ing. Kurt Röchling i. Fa. Gebr. Röchling Bank, Berlin
Werner Roemer, Direktor der Darmstädter und Nationalbank, K. a. A., Filiale Elberfeld
Josef P. Roesle i. Fa. M. Hohenemser, Frankfurt a. M.
Alexander Freiherr v. Rössing, Direktor der Deutschen Bank, Filiale Bremen
Walter Rogge, Vorstandsmitglied der Bank der Landwirte, A.-G., Corbach (Waldeck)
Friedrich Roggemann i. Fa. Carl F. Plump & Co., Bremen
Walter Rolf, Vorstandsmitglied der Wirtschaftsbank für Niederdeutschland, A.-G., Hannover
Adolf Roos, Direktor der Süddeutschen Disconto-Gesellschaft, A.-G., Filiale Pirmasens
Fritz Roos i. Fa. S. & R. Culp, Barmen
Kurt Rosenmeyer i. Fa. E. Calmann, Hamburg
Siegmund Rosenstrauß i. Fa. S. & R. Culp, Barmen
Gerhardt Rosenthal i. Fa. Wilhelm Kuczynski, Berlin
Heinrich Rosenthal i. Fa. S. Schoenberger & Co., Berlin
Richard Rosenthal i. Fa. Wilhelm Kuczynski, Berlin
Simon Rossberg i. Fa. S. Rossberg & Co., Hagen i. W.
Dr. Julius Ruben, Direktor der Darmstädter und Nationalbank, K. a. A., Filiale Elberfeld
Richard Rubens i. Fa. M. Rubens, Magdeburg
Konsul Paul Rueff i. Fa. Paul Kapff, Stuttgart
Georg Rümelin, Direktor der Deutschen Bank, Filiale Heilbronn
Dr. Siegfried Ruhm i. Fa. H. Ruhm & Schneidemühl, Neuteich (Freistaat Danzig)
Adolf Rummel, Vorstandsmitglied der Segeberger Vereinsbank, e. G. m. b. H., Bad Segeberg

Dr. Fritz Saalfeld i. Fa. Fritz Saalfeld, Berlin
Margret Saalfeld i. Fa. H. S. Saalfeld & Co., Dessau
Siegfried Saalheimer, Direktor der Darmstädter und Nationalbank K. a. A., Berlin
Felix Saassen i. Fa. Saassen & Co. K. G., Bonn
Dr. Gerhard Sachau, Direktor der Disconto-Gesellschaft, Filiale Frankfurt a. M.
Ewald Sachs, Vorstandsmitglied der Credit-Anstalt, A.-G. Dortmund
Dr. Arthur Salomonsohn, Geschäftsinhaber der Disconto-Gesellschaft, Berlin
Joseph Sander, stv. Vorstandsmitglied der Commerz- und Privat-Bank, A.-G. Hamburg
Isidor Heinrich Sandheim, Geschäftsinhaber der Louis Berndt Nchf.-Bank-Kommanditgesellschaft auf Aktien, Berlin
Dr. Leo Sarrazin, Direktor der Gebr. Röchling Bank, Saarbrücken
Albrecht Schadt, Direktor der Disconto-Gesellschaft, Filiale Erfurt
Wilhelm Schaefer, Direktor der Deutschen Bank, Filiale Düsseldorf

Hermann Schede, Direktor der Deutschen Bank, Filiale Danzig
Georg Scheer i. Fa. Georg Scheer, Kehl a. Rh.
Albert Scheiberg i. Fa. Albert Scheiberg, Hannover
Oscar Scherf, Direktor des A. Schaaffhausen'schen Bankvereins, A.-G., Filiale Gummersbach i. Rhld.
Martin Schiff i. Fa. Martin Schiff, Berlin
Hans Schilling, Direktor der Deutschen Bank, Filiale Remscheid
Dr. Carl Schittly, Direktor der Darmstädter und Nationalbank, K. a. A., Filiale Barmen
Carl Schlesinger i. Fa. Abraham Schlesinger, Berlin
Max Schlesinger i. Fa. Sichel & Co., Düsseldorf
Dr. jur. Paul Schlesinger-Trier i. Fa. Paul Schlesinger-Trier & Co., Frankfurt a. M.
A. H. Schliep i. Fa. Schliep & Co., K.-G., Düsseldorf
Gustaf Schlieper, Geschäftsinhaber der Disconto-Gesellschaft, Berlin
Kommerzienrat Friedrich Schmid i. Fa. Friedr. Schmid & Co., Augsburg
Dr. Schmidt, Archivar der Disconto-Gesellschaft, Berlin
Dr. Erhard Schmidt, Direktor des A. Schaaffhausen'schen Bankvereins A.-G., Köln
Heinrich Schmidt, Vorstandsmitglied der Württembergischen Notenbank, Stuttgart
Geh. Oberregierungsrat Paul Schmidt, stellv. Geschäftsführer des Centralverbands des Deutschen Bank- und Bankiergewerbes, Syndikus des Verbandes Deutscher Privatbankiers Dresden, Berlin
Geh. Kommerzienrat Richard Schmidt i. Fa. Hammer & Schmidt, Leipzig
Dr. jur. et rer. pol. Wilhelm Schmidt i. Fa. Karl Schmidt, Hof i. B.
Wilhelm Schmitz-Dahl, Vorstandsmitglied der Rheinisch-Westfälischen Boden-Credit-Bank, Köln
Kommerzienrat Dr. August Schneider i. Fa. Schneider & Münzing, München
Carl Schneider, Direktor des Dortmunder Bank-Vereins, Zweiganstalt des Barmer Bank-Vereins Hinsberg, Fischer & Comp., K.-G. a. A., Dortmund
Martin Schoeller, Direktor des A. Schaaffhausen'schen Bankvereins A.-G., Filiale Düren
Hans Schön, Direktor der Deutschen Bank, Filiale Nürnberg
Leo Schöne, Trottmann & Co. K. G. a. A., Düsseldorf
Georg Schrader i. Fa. Georg Schrader, Köslin
Regierungsrat a. D. Otto Schrader, Direktor der Deutschen Bank, Filiale Lübeck
Karl Schröder, Vorstandsmitglied der Schleibank, Kappeln (Schleswig)
Dr. Ludwig Schroeder, Direktor der Deutschen Bank, Filiale Koblenz
Frederic Freiherr v. Schröder i. Fa. H. J. Merck & Co., Hamburg
Kurt Freiherr v. Schröder i. Fa. J. H. Stein, Köln
Rudolph Freiherr v. Schröder jun. i. Fa. Schröder Gebrüder & Co., Hamburg
Fritz Emil Schüler i. Fa. Fritz Emil Schüler, Düsseldorf
Oskar Schüler i. Fa. Hermann Schüler, Bochum
Fritz Schür, Direktor der Dresdner Bank, Filiale Koblenz
Moritz Schultze, Vorstandsmitglied der Commerz- und Privat-Bank, A. G. Berlin
Friedrich v. Schulz-Hausmann i. Fa. v. Schulz, Tegtmeyer & Co., Bonn

Hermann Schulze, Vorstandsmitglied der Wiesbadener Bank e. G. m. b. H., Wiesbaden
Heinrich Schumacher i. Fa. B. Stern jr., Köln
Willy Schumann, Direktor der Allgemeinen Deutschen Credit-Anstalt, Filiale Halle a. S.
Paul Julius v. Schwabach i. Fa. S. Bleichröder, Berlin
Walter Schwalge, Direktor der Darmstädter und Nationalbank, K. a. A., Filiale Köln
Rudolf Schwalm, Vorstandsmitglied der Schmiedeberger Bank, A.-G., Bad Schmiedeberg
Adolf Schwantje, Vorstandsmitglied des Rheinisch-Westfälischen Kassen-Vereins, A.-G., Essen
Julius Schwarz i. Fa. Schwarz, Goldschmidt & Co., Berlin
Moritz Schwarz i. Fa. Stenger, Hoffmann & Co., Essen
Jack A. Schwarzschild i. Fa. J. A. Schwarzschild Söhne, Frankfurt a. M.
Dr. Otto Schwarzschild, Direktor der Deutschen Bank, Filiale Barmen
Ferdinand Schwedler, Vorstandsmitglied der Rheinischen Bauernbank, A.-G., Köln
Dr. Kurt Schweitzer, Direktor der Darmstädter und Nationalbank, K. a. A., Filiale Bielefeld
Dr. jur. Walter Seidel, Direktor der Dresdner Bank in Köln
Willy Seiffert, Vorstandsmitglied der Berliner Bank für Handel und Grundbesitz A.-G., Berlin
Heinrich Selige, Direktor der Deutschen Bank, Filiale Solingen
Georg Seligmann i. Fa. Samson Seligmann, Köln
Dr. jur. Paul Seligmann, i. Fa. Leopold Seligmann, Köln
Max Sichel i. Fa. Max Sichel & Co., Düsseldorf
Willy Sick i. Fa. Nordische Bankkommandite Sick & Co., Hamburg
Ludwig Silberberg i. Fa. Adolph Meyer, Hannover
Leopold Silberstein i. Fa. Jaffa & Levin, Berlin
Franz Simon i. Fa. Siegfried Simon, Köln
Dr. Hans Alfons Simon, Syndikus der Disconto-Gesellschaft, Berlin
Paul Veit Simon i. Fa. Gebrüder Veit & Co., Berlin
Siegfried Simon i. Fa. Siegfried Simon, Köln
Dr. Herbert Simons i. Fa. B. Simons & Co., Düsseldorf
Dr. Gustav Sintenis, Geschäftsinhaber der Berliner Handels-Gesellschaft, Berlin
Dr. Karl Skiebe, Vorstandsmitglied der Bank für Landwirtschaft A. G., Berlin
Curt Sobernheim, Vorstandsmitglied der Commerz- und Privat-Bank A. G., Berlin
Johannes Söhrnsen, Direktor der Commerz- und Privat-Bank, A. G., Filiale Remscheid
Gustav Sollinger i. Fa. Sollinger, Wasserzug & Co., Berlin
Dr. jur. Georg Solmssen, Geschäftsinhaber der Disconto-Gesellschaft, Berlin
Gustav Sommer, stellv. Direktor der Deutschen Bank, Filiale Barmen
Walter Sommerlatte, Direktor der Disconto-Gesellschaft, Filiale Koblenz
Dr. jur. Erich Sondermann, Direktor der Commerz- und Privat-Bank A.-G., Filiale Dresden

Dr. Hugo Sontag i. Fa. E. Heimann & Co., Danzig
Carl Spaich i. Fa. Albert Schwarz, Stuttgart
Ferdinand Sparke, Vorstandsmitglied der Oldenburgischen Landesbank, Oldenburg i. O.
Max Speier i. Fa. Siegfried Falk, Köln
Kommerzienrat Eduard Beit v. Speyer, Aufsichtsratsvorsitzender der Lazard Speyer-Ellissen, K. a. A., Frankfurt a. M.
Paul Spengler, Direktor der Disconto-Gesellschaft, Filiale Essen
Otto Sperber, stellv. Vorstandsmitglied der Deutschen Bank, Berlin
Dr. Ernst Spiegelberg i. Fa. M. M. Warburg & Co., Hamburg
Konsul Dr. F. A. Spiegelberg i. Fa. A. Spiegelberg, Hannover
Dr. Emil Georg v. Stauß, Vorstandsmitglied der Deutschen Bank, Berlin
Curt Steckner i. Fa. Reinhold Steckner, Halle a. S.
Rudolf Steckner i. Fa. Reinhold Steckner, Halle a. S.
Karl zur Steege, Direktor der Landesbank der Rheinprovinz, Filiale Essen
Heinrich Stein, Direktor der Deutschen Bank, Zweigstelle Köln-Mülheim
Konsul Dr. h. c. H. v. Stein i. Fa. J. H. Stein, Köln
Johann Heinrich v. Stein i. Fa J. H. Stein, Köln
Dr. Rudolf Steinfeld i. Fa. R. & F. Steinfeld, Berlin
Josef Steinhäuser, Direktor der Commerz- und Privat-Bank, A.-G., Filiale Mülheim (Ruhr)
Robert Steinkauler, Direktor der Mitteldeutschen Creditbank, Filiale Köln
Dr. Victor Steinohrt, Direktor der Deutschen Bank, Filiale Gotha
Bernhard Steinrücke, Direktor der Dresdner Bank in Köln
Hans Steinschneider i. Fa. Jacques Steinschneider, Hamburg
Albert Stern i. Fa. S. Kaufmann & Co., Berlin
Benno Stern i. Fa. B. & E. Sachs, Berlin
Dr. Julius Stern i. Fa. Roman, Stern & Co., K.-G., Köln
Max Steuer i. Fa. v. Wallenberg Pachaly & Co., Breslau
Hermann Stier, Direktor der Commerz- und Privat-Bank, A.-G., Filiale Barmen
Carl Stolcke, Vorstandsmitglied der Osnabrücker Bank, Osnabrück
Paul Strasburger i. Fa. Paul Strasburger & Co., Frankfurt a. M.
Friedrich Straßburger i. Fa. Mannheimer Privat-Bank Friedrich Straßburger, Mannheim
Kurt Straßburger i. Fa. Mannheimer Privat-Bank Friedrich Straßburger, Mannheim
Kommerzialrat Ernst Straßer i. Fa. Straßer & Co., Berlin
Friedrich A. Straus i. Fa. Straus & Co., Karlsruhe i. B.
Rechtsanwalt Dr. Moritz Straus i. Fa. Straus & Co., Karlsruhe i. B.
Albert Strauß i. Fa. Baruch Strauß, Frankfurt a. M.
Generalkonsul Dr. August Strube, Geschäftsinhaber der Darmstädter und Nationalbank, K. a. A., Bremen
Hch. Strunk, Vorstandsmitglied der Deutschen Volksbank A. G., Essen (Ruhr)
Max Stürcke i. Fa. Adolph Stürcke, Erfurt
Otto Stürken i. Fa. Huth, Willink & Co., Hamburg
Direktor Suckau, Deutsche Volksbank, Essen
Bruno Surén i. Fa. B. Simons & Co., Düsseldorf
Ernst Surén i. Fa. Surén, Kurth & Co., Köln
Dr. jur. Friedrich Süßmann i. Fa. Friedrich Süßmann, Berlin

Max Heinrich Sutor i. Fa. Max Heinrich Sutor, Hamburg
Paul Syrowy i. Fa. Heinrich Syrowy, Schmalkalden i. Th.

Dr. Emil Teckener, Direktor der Bergisch-Märkischen Bank, Filiale der Deutschen Bank, Elberfeld
Dr. Fritz Tetens, Vorstandsmitglied der Ostbank für Handel u. Gewerbe, Königsberg-Berlin, Berlin
Carl Tewes i. Fa. Droste & Tewes, Bochum
Rechtsanwalt Wilhelm v. Thelemann, Merck, Finck & Co., München
Oscar Thieben, Vorstandsmitglied der Bank für Brau-Industrie, Berlin
Wilhelm Thiele, Direktor der Commerz- und Privat-Bank, A.-G., Filiale Braunschweig
Max Tholl, Direktor der Deutschen Bank, Zweigstelle Köln-Mülheim
Konsul Heinrich Tiefers, Vorstandsmitglied der Braunschweig-Hannoverschen Hypothekenbank, Hannover
Georg Tillmann i. Fa. Ludwig Tillmann, Hamburg
Dr. Curt Toebelmann i. Fa. H. F. Klettwig & Reibstein, Göttingen
Heinrich Töteberg, Direktor der Disconto-Gesellschaft, Filiale Görlitz
Dr. jur. Kurt Tornier, Geschäftsführer des Sonderausschusses für Hypothekenbankwesen, Berlin
Hans Trautner, Direktor der Darmstädter und Nationalbank, K. a. A., Filiale Hagen i. W.
Kommerzienrat Max Trinkaus i. Fa. C. G. Trinkaus, Düsseldorf
Eugen Tritschler i. Fa. F. M. Müller, K. G., Zeitz
Geh. Kommerzienrat Dr. Hermann Troeltsch, Vorstandsmitglied der Pfälzischen Hypothekenbank, Ludwigshafen a. Rh.
Rechtsanwalt Dr. Erich Trost, stellv. Geschäftsführer des Centralverbands des Deutschen Bank- und Bankiergewerbes (E. V.), Berlin
Paul Truckenbrodt, Adolph Stürcke, Erfurt

Benno Ullmann i. Fa. H. Ullmann, Erfurt
Heinz Ullmann, Direktor des Schlesischen Bankvereins, Filiale der Deutschen Bank, Breslau
Carl Ulrich, stellv. Direktor der Darmstädter und Nationalbank, K. a. A., Filiale München
Kommerzienrat Heinrich Unruh, Direktor der Süddeutschen Disconto-Gesellschaft, A.-G., Filiale Landau

Hugo Vasen i. Fa. J. Frank & Cie., Krefeld
Otto Vitua, Direktor der Deutschen Bank, Filiale Köln
Karl W. Vogel, stellv. Direktor des Barmer Bank-Vereins Hinsberg, Fischer & Comp., K. a. A., Gummersbach
Emil Volkening i. Fa. Volkening & Co., Aachen

Eugen Wachenheimer, Direktor der Deutschen Bank, Filiale Sofia (Bulgarien)
Hans Wachsmann i. Fa. Louis Hille, Breslau

Dr. Anton Wald, Direktor der Deutschen Bank, Filiale Trier
Friedrich v. Wallenberg Pachaly i. Fa. v. Wallenberg Pachaly & Co., Breslau
Karl F. Walzer, Direktor der Commerz- und Privat-Bank, A.-G., Filiale Erfurt
Erich M. Warburg i. Fa. M. M. Warburg & Co., Hamburg
Dr. h. c. Max M. Warburg i. Fa. M. M. Warburg & Co., Hamburg
Max Warlimont, Direktor der Deutschen Bank, Filiale Aachen
Kommerzienrat Max v. Wassermann i. Fa. A. E. Wassermann, Berlin
Oscar Wassermann, Vorstandsmitglied der Deutschen Bank, Berlin
Dr. Sigmund Wassermann i. Fa. A. E. Wassermann, Berlin
Artur Weber, Direktor der Darmstädter und Nationalbank, K. a. A., Filiale Wiesbaden
Jean Weber, Direktor der Mitteldeutschen Creditbank, Filiale Düsseldorf
Emil Wechsler, Direktor der Darmstädter und Nationalbank, K. a. A., Berlin
Julius Wechsler i. Fa. Julius Wechsler, Hannover
Hermann Wegmann, Direktor des A. Schaaffhausen'schen Bankvereins A.-G., Filiale Bonn
Dr. jur. Karl Weidemann, Vorstandsmitglied der Westdeutschen Bodenkreditanstalt, Köln
Albert Weidner i. Fa. Paul Krause & Co., Berlin
Ilse-Hedwig Weidner i. Fa. Paul Krause & Co., Berlin
Rudolf Weigert i. Fa. Weigert & Tobias, Berlin
Ludwig Weil, Direktor der Süddeutschen Disconto-Gesellschaft, A.-G., Filiale Kaiserslautern
Kommerzienrat Sichard Weinberger i. Fa. Herzog & Meyer, München
Hans Weinschenk i. Fa. Baß & Herz, Frankfurt a. M.
Konsul Wilhelm J. Weissel, Vorstandsmitglied der Allgemeinen Deutschen Credit-Anstalt, Leipzig
Geh. Kommerzienrat Generalkonsul Otto Weißenberger i. Fa. Otto Weißenberger, Dresden
Rudolf J. Wencker, stellv. Direktor der Darmstädter und Nationalbank, K. a. A., Filiale Duisburg
Konsul Ernst Werner i. Fa. Wm. Schlutow, Stettin
Hugo Wertheim i. Fa. J. Wertheim, Braunschweig
Eduard Wertheimber de Bary i. Fa. Ernst Wertheimber & Co., Frankfurt a. M.
Freiherr P. E. von Westenholz i. Fa. Fried. Westenholz & Co., Hamburg
Franz Wette, Direktor der Commerz- und Privat-Bank, A.-G., Filiale Mülheim (Ruhr)
Dr. Carl Weyler, Direktor der Disconto-Gesellschaft, Filiale Münster i. W.
Hans R. Wichelhaus i. Fa. J. Wichelhaus P. Sohn, Elberfeld
Dr. jur. Robert Wichelhaus i. Fa. J. Wichelhaus P. Sohn, Elberfeld
Dr. Paul Wiebering, Vorstandsmitglied der Mecklenburgischen Depositen- und Wechselbank, Schwerin i. M.
Emil Wilhelm, Vorstandsmitglied der Landesgenossenschaftsbank e. G. m. b. H., Hannover
Herbert Wilms, stellv. Direktor der Dresdner Bank, Zweigstelle Rheydt
Paul Windmüller i. Fa. Meyer & Windmüller, Essen

Hugo W i n k e l m a n n, Direktor der Disconto-Gesellschaft, Filiale Saarbrücken
Hermann W i t s c h e r, Direktor der Deutschen Bank, Filiale Frankfurt a. M.
Dr. Stephan W i t t e, Direktor der Darmstädter und Nationalbank, K. a. A., Filiale Hagen i. W.
Emil W i t t e n b e r g, Aufsichtsratsmitglied der Darmstädter und Nationalbank, K. a. A., Berlin
Rudolph W o c h e i. Fa. Woche & Co., Dessau
Dr. Willy W o h l r a b e, Vorstandsmitglied der Dresdner Handelsbank A.-G., Dresden
Josef W o l d e r i n g, Direktor der Darmstädter und Nationalbank, K. a. A., Filiale Osnabrück
Cäsar W o l f i. Fa. A. Wolf, Hamburg
Alfred W o l f f v o n d e r S a h l i. Fa. M. Gutkind & Co., Braunschweig
Curt W o l f f, Direktor der Bergisch-Märkischen Bank, Filiale der Deutschen Bank, Elberfeld
Dr. Heinrich W o l f f, Vorstandsmitglied der Credit-Anstalt, A.-G., Dortmund
Hermann W o l f f, Direktor der Disconto-Gesellschaft, Filiale Elberfeld
Handelsgerichtsrat Otto W o l f f, Direktor der Commerz- und Privat-Bank, A.-G., Filiale Kassel
Richard W o l f f, Direktor der Süddeutschen Disconto-Gesellschaft, A.-G., Filiale Ludwigshafen
Dr. W. A. W o l f f, Direktor der Commerz- und Privat-Bank, A.-G., Filiale Köln
Wilhelm W o l f f i. Fa. Katzenstein & Wolff vormals Albert Scheiberg & Co., Hannover
Willy W o l f f, Direktor der Süddeutschen Disconto-Gesellschaft, A.-G., Filiale Freiburg i. Br.
Georg W o l f s o h n i. Fa. Georg Wolfsohn & Co., Berlin
Paul W ü n s c h, Vorstandsmitglied der Credit- und Depositen-Bank für Sachsen A.-G., Dresden
Stadtrat Christian W u l f f, Segeberger Vereinsbank, e. G. m. b. H., Bad Segeberg

Otto Z e h l e i. Fa. Zehle & Co., Hannover
Max Z e n t n e r, Direktor der Dresdner Bank in Köln
Heinrich Z i c k e l i. Fa. J. Sternfeld & Tiefenthal, Köln
Alfred Z ö p h e l, stellv. Direktor der Deutschen Bank, Filiale Königsberg i. Pr.

Anhang

(Tischreden)

Bei dem **von der Industrie- und Handelskammer zu Köln** und der **Vereinigung von Banken und Bankiers in Rheinland und Westfalen E. V., Ortsgruppe Köln,** am **9. September** im Roten Saal des Messehofes dargebotenen Festessen hielt Geheimer Kommerzienrat Dr. h. c. Louis Hagen, Köln, die folgende Ansprache:

Meine sehr geehrten Herren! Willkommen, herzlich willkommen im Namen der Interessengemeinschaft der Vereinigung der rheinisch-westfälischen Banken und der Industrie- und Handelskammer zu Köln, einer Interessengemeinschaft, die nicht nur darauf beruht, daß gemeinschaftliche Interessen wahrgenommen werden, sondern die auch auf persönlicher Freundschaft basiert ist und deshalb das Schicksal dieser Rede in eine Hand gelegt hat.

Meine verehrten Herren! Wir haben heute abend die Ehre und das Vergnügen, 1200 Ehrengäste an unserer Tafel zu begrüßen. (Bravo!) Ich betone: Ehrengäste. Und ich würde gern jeden einzelnen Ehrengast speziell begrüßen, wenn ich nicht befürchten müßte, daß unser verehrter Freund Goldschmidt morgen mittag um 2 Uhr mit dem Beginn seiner Rede warten müßte. (Heiterkeit.)

Meine Herren! Ich möchte gern dem Herrn Reichsminister Curtius sagen, daß wir uns freuen, aufrichtig freuen, Herr Minister, daß Sie an der Stelle geblieben sind, an der Sie waren. (Bravo!) Ich möchte gern dem Herrn Reichsbankpräsidenten sagen, daß wir uns mit ihm freuen, daß die Kontingentierung der Kredite, die er seinerzeit vorgenommen hat, ihm nach und nach nur Verehrer eingebracht hat. Ich möchte gern dem Herrn Oberbürgermeister Adenauer sagen, daß wir uns freuen, daß er schmunzelnd Parade abhält über so viele neue Gäste auf der „Pressa" bei seiner

Rückkehr von dem wohlverdienten Urlaub. Meine Herren! All das muß ich mir weitergehend verkneifen. Ich möchte aber in meiner kurzen Anrede an Sie nicht unterlassen, Sie darauf aufmerksam zu machen, daß Sie in einer Stadt sind, auf klassischem Boden begründet und auf klassischem Boden fortgesetzt, in der schönen Domstadt, an dem schönsten deutschen Fluß gelegen, mit dem schönsten Stadtbild, das sich auch ein Amerikareisender nur denken kann. Sie befinden sich hier, meine Herren, in einem neuen grünen Gürtel, den wir der Umsicht, der Intelligenz und der Fähigkeit eines Stadtoberhauptes verdanken, um das uns die 4 Millionen Menschen, die die „Pressa" bisher besucht haben, beneiden. Und ich bin überzeugt, meine Herren, Sie werden alle mit dem Gefühl einer außergewöhnlichen Befriedigung Köln wieder verlassen, daß Sie etwas Neuartiges gesehen haben, daß Sie eine Stadt im Aufblühen gesehen haben wie selten eine zuvor.

Aber, meine Herren, nicht nur das Kölner Städtebild, nicht nur die Kölner Kirchen, Museen etc. bieten Ihnen die Garantie für einen klassischen Boden, auch die Kölner Wirtschaft hat eine Vergangenheit und, so Gott der Herr will, hoffe ich, daß sie auch eine große Zukunft noch haben wird. (Bravo!) Die Kölner Wirtschaft — das möchte ich bei dieser Gelegenheit nochmals betonen — hat bereits vor 100 Jahren ihre großen Zeiten gehabt. Von hier aus gingen die ersten Eisenbahnen durch Deutschland. Auf dem Rhein bewegten sich die ersten Dampfschiffe. Hier arbeiteten Gustav von Mevissen, Aders, Oppenheim, Camphausen, Merckens, Eugen Lange, etc. Meine Herren! Das ist auch in wirtschaftlicher Beziehung eine Vergangenheit, wie sie wenige Städte aufzuweisen haben. Und wer sich die Mühe gibt, zu untersuchen, was hier im vorigen Jahrhundert, in der ersten Hälfte des vorigen Jahrhunderts die Banken bereits geleistet haben, der kann den Deutschen Bankiertag nur dazu beglückwünschen, daß Sie Ihren Weg nach Köln gesucht und gefunden haben.

Meine Herren! Wir Kölner, wir Vertreter der Banken und der Industrie- und Handelskammer schätzen uns glücklich, diese Kölner Schätze Ihnen vorführen zu können; und wir sind überzeugt, daß Sie uns mit dem Eindruck verlassen werden, daß Köln nicht nur zu den bedeutendsten und schönsten, glanzvollsten, sondern auch zukunftsreichsten Städten im ganzen Deutschen Reiche gehört. Dieser Erwartung, daß Sie möglichst bald zu uns zurückkehren, um sich von der Wahrheit meiner Prophezeiung zu überzeugen, um sich zu überzeugen, daß die Herzen Ihnen hier heute warm entgegenschlagen in der Nähe der Grenze unseres Vaterlandes — dieser Ueberzeugung möchte ich Ausdruck geben in dem lauten und hellen Ruf: unser geliebtes Vaterland, Deutschland, hurra, hurra, hurra! (Die Anwesenden stimmen stehend begeistert unter lebhaftem Beifall in das dreimalige Hurra ein.)

Auf diese Ansprache antwortete Dr. Arthur Salomonsohn, Stellv. Vorsitzender des Centralverbands des Deutschen Bank- und Bankiergewerbes (E. V.), Geschäftsinhaber der Disconto-Gesellschaft, Berlin, wie folgt:

Sehr geehrte Herren! Gestatten Sie mir an Stelle von Herrn Geheimrat Riesser hier im Namen des Centralverbands und in Ihrer aller Namen das Wort zu ergreifen und unseren innigen Dank auszusprechen für die freundliche Begrüßung, die uns soeben hier namens der Industrie- und Handelskammer von Köln und namens der Vereinigung von Banken und Bankiers in Rheinland und Westfalen, Ortsgruppe Köln, durch Herrn Geheimrat Hagen zuteil geworden ist.

Meine Herren! Als das Präsidium des Centralverbands im Frühjahr den Entschluß faßte, der Generalversammlung vorzuschlagen, den nächsten Bankiertag in Köln abzuhalten, da waren wir uns bewußt, daß wir hier in dieser großen deutschen Handels- und Industrieempore inmitten einer sangesfrohen Bevölkerung, einer burgen- und sagenreichen Landschaft eine Atmosphäre antreffen würden, die bei jedem Teilnehmer des Bankiertages von vornherein ein großes Behagen auslösen würde. Wir haben deshalb auch nicht auf die warnende Stimme des Dichters gehört, der da gesungen hat: „An den Rhein, an den Rhein, zieh nicht an den Rhein, mein Sohn, ich rate dir gut", sondern wir folgten dem anderen Sänger, der uns ermunternd zuruft: „Strömt herbei, ihr Völkerscharen, zu des deutschen Rheines Strand. Nur am Rheine will ich leben, nur am Rhein geboren sein."

Meine Herren! Wir wählten diesen Ort aber auch, weil wir wußten, daß sich für unsere Verhandlungen, die diesmal von besonders schweren Schicksalsthemen ausgefüllt sein werden, hier ein geistiger Nährboden finden würde, wie er besser gar nicht gedacht werden konnte. Dafür bürgte uns die lange Geschichte der Stadt Köln, die Jahrhunderte und Jahrtausende hindurch ihren Weg aufwärts gegangen ist, die ihre Bedeutung nicht nur verdankt ihrer für die Vermittelung des Handelsverkehrs besonders günstigen Lage, sondern auch der eigentümlichen Mischung ihrer Bevölkerung, die, aus germanischen, keltischen und romanischen Elementen zusammengesetzt, die Vorzüge dieser drei Volksstämme in sich vereint und zu hohen Geistes- und Charakteranlagen entwickelt hat. Vielleicht haben wir ja in Köln überhaupt die Geburtsstätte der deutschen Kultur zu begrüßen; darauf hat Herr Geheimrat Hagen schon eben hingewiesen. Vielleicht ist wirklich der erste Kulturmensch, dessen Reste im Neanderthal aufgefunden worden sind, ein Kölner gewesen, wie es manche behaupten. Ich will mich in diesen Streit nicht einmischen, aber, meine Herren, was mir unzweifelhaft erscheint und was Herr Geheimrat Hagen ja auch schon angedeutet hat, ist, daß es wenige Städte und Provinzen im Deutschen Reiche geben wird, welche auf die Entfaltung unserer Kultur, auf die Entwicklung unseres Handels und unserer Industrie und auf unsere ganze politische Stellung einen solchen Einfluß gehabt haben wie Köln und mit ihm Rheinland und Westfalen. Was diesem starken Einfluß aber eine ganz besondere Note gibt, das ist, daß dieser bedeutungsvolle Einfluß nicht auf der Gunst von Fürsten und Königen basierte, sondern auf den starken Persönlichkeiten, die diese Provinz hervorgebracht hat. Ich brauche die Namen nicht zu nennen — Herr Geheimrat Hagen hat sie bereits genannt — und brauche nur auf das hinzuweisen, was diese Männer auf dem Gebiete des Verkehrs, der Schiffahrt, der Industrie, des Handels und des Versicherungswesens geleistet haben, um sich bewußt zu werden, wie groß der Einfluß ist, der von hier aus auf ganz Deutschland ausgegangen ist. Das sind die Führer gewesen, die Deutschlands Aufstieg mitveranlaßten; sie waren es, die offenen Auges die Betätigung der anderen Nationen verständnisvoll verfolgten und deren Errungenschaften in der Wirtschaft auf Deutschland zu übertragen, sie auszubilden und für Deutschland nutzbar zu machen verstanden. Sie waren aber auch gleichzeitig starke Persönlichkeiten, die ein wirksames Gegengewicht gegen den Absolutismus und den Bürokratismus bildeten und die Deutschland in die freiere politische Entwicklung hinüberleiteten. Gleichzeitig waren sie die Förderer aller kulturellen und wirtschaftlichen Bestrebungen. Meine Herren! Ich glaube nicht, daß es ein Zufall war, daß alle diese Männer in den Handelskammern tätig waren und zum Teil sogar den Vorsitz in den Handelskammern führten. Sie taten das zielbewußt und charaktervoll, charaktervoll in dem

Sinne des Ausspruchs von Hans Eibl, von dem uns der Herr Reichskanzler Luther in seinem jüngsten Werk berichtet, d. h. in dem Bestreben, unmittelbar und zunächst dem näheren Pflichtenkreise zu dienen, weiteren Einfluß zu gewinnen, was ihnen ja in der Tat gelungen ist.

Meine Herren! Wenn wir nun den Blick von der Vergangenheit in die Gegenwart richten, so können wir mit Freuden feststellen, daß dieser Geist auch heute noch in Rheinland und Westfalen vorherrscht. Wir sehen dort neben der kraftvollen Persönlichkeit des Führers, des Stadtoberhauptes, wieder die Männer der Wirtschaft an der Spitze aller wirtschaftlichen, kulturellen und politischen Bestrebungen. Wir sehen, wie sie in den schweren Zeiten des Krieges, des Zusammenbruchs und der Besetzung diesen alten Geist hochgehalten haben, wie sie dem Handel neue Wege geebnet, Verkehrsunternehmungen ausgebreitet, das Bankwesen entwickelt und damit auch wieder einen großen politischen Einfluß ausgeübt haben. Wir sehen ferner, wie sie bemüht gewesen sind, durch großzügige Anlagen die Volksgesundheit zu stählen und wie sie durch Gründung der Universität und die neuen schönen Museumsbauten den Schlußstein gesetzt haben unter die altgewohnten Bestrebungen zur Förderung von Kunst und Wissenschaft.

Meine Herren! Wir freuen uns, diesen alten rheinischen Geist, diesen Kölner Geist hier noch lebhaft zu sehen, weil wir wissen, daß wir diesen Geist und diese Charakterstärke in der nächsten Zukunft stark gebrauchen werden, denn immer dringender klopfen die großen Probleme des Tages an unsere Tür. Drei große Fragen gilt es zu lösen: erstens, ob wir die Kraft haben werden, die Fehler unserer Verfassung auszumerzen und, ohne die Eigenart unserer Volksstämme zu beeinflussen, ein wirtschaftlich starkes aktionsfähiges Reich hinzustellen. Es fragt sich zweitens, ob wir es fertig bringen werden und stark genug sein werden, unsere Wirtschaft gesund zu erhalten, d. h. sie von den irreführenden Theorien zu befreien und die Arbeitnehmerschaft und Arbeitgeberschaft zu gemeinsamer friedlicher Arbeit zu vereinen. Und es fragt sich drittens, ob wir unsere Kulturgüter so stark erhalten können, daß sie einen wirksamen Schutz gegen die Pseudokultur abgeben, die alles nivelliert, sei es, daß sie uns vom Westen, sei es, daß sie uns vom Osten zugetragen wird.

Meine Herren! Daß diese drei schweren Aufgaben nur zu lösen sind, wenn wir unsere staatliche Freiheit wiedergewinnen, wenn wir von besonnenen Führern geleitet werden, wenn wir den Geist hingebender Arbeit, gründlicher Studien, tatkräftigen Schaffens und froher Lebensbejahung, wie er hier in Rheinland-Westfalen so schön vereint ist, unserem Volke erhalten, darüber kann kein Zweifel sein.

Ich will damit schließen, daß ich den Wunsch ausspreche, daß dieser Geist, wie er heute hier noch so lebhaft ist, sich führend für das deutsche Volk erhalte wie in den Handelsorganisationen, deren Gäste wir heute sind. Ich bitte Sie, auf die Erfüllung dieses Wunsches Ihr Glas zu leeren mit dem Rufe: Die Industrie- und Handelskammer von Köln und die Vereinigung von Banken und Bankiers in Rheinland und Westfalen, sie leben hoch, hoch, hoch! (Die Anwesenden stimmen unter lebhaftem Beifall in das dreimalige Hoch ein.)

* * *

Die Stadt Köln empfing am **10. September** die Ehrengäste des Bankiertags sowie die Vorstands- und Ausschußmitglieder des Centralverbands des Deutschen Bank- und Bankiergewerbes im Gürzenich*). Oberbürgermeister Dr. Adenauer begrüßte die Gäste, insbesondere Reichswirtschaftsminister Dr. Curtius und Reichsbankpräsident Dr. Schacht. Er führte aus, daß die Vertreter der deutschen Banken in hohem Maße berufen seien, ihre Führerstellung bei den kommenden großen Untersuchungen und Lösungen auf dem Gebiet der außenpolitischen Wirtschaftsfragen zu verwerten zum Besten des Reiches. Am Schluß seiner Rede brachte er das Hoch auf das Vaterland aus. Dem Hoch folgte der Gesang des Deutschlandliedes.

Reichswirtschaftsminister Dr. Curtius betonte in seinem Trinkspruch auf die Stadt Köln, daß Wirtschaft und Staat nicht Selbstzweck sein dürften, sondern dazu berufen seien, der Kultur zu dienen, das Kulturgut zu mehren. Er wandelte ein Wort Bülows ab, der einmal gesagt hat: Im Westen der Geist und im Osten die staatenbildende Kraft. Der Bankiertag, der erfreulicherweise heute im Rheinland tage, sollte auch einmal den deutschen Osten aufsuchen.

*) Infolge der Nichtanwesenheit des Stenographen war die Redaktion des Verhandlungsberichts bei Wiedergabe der frei gesprochenen Reden auf Zeitungsberichte bzw. auf ergänzende Mitteilungen der Redner angewiesen.

Für den Centralverband des Deutschen Bank- und Bankiergewerbes führte dessen stellvertretender Vorsitzender Dr. h. c. Max M. Warburg, Hamburg, etwa folgendes aus:

Der Herr Reichswirtschaftsminister hat mir — wie schon so manches Mal — etwas genommen — dieses Mal meine Tischrede, und ich befinde mich in einer höchst unbequemen Lage. Nichtsdestoweniger möchte ich einige Worte sagen, schon für den leider abwesenden Präsidenten des Centralverbands des Deutschen Bank- und Bankiergewerbes, Geheimrat Dr. Riesser, der verhindert ist, heute abend zu erscheinen.

Ich darf in seinem Namen und im Namen des Centralverbands herzlich für die freundlichen Begrüßungsworte des Herrn Oberbürgermeisters Dr. Adenauer danken; für eine Replik hat er mir wenig Stoff gegeben, aber die Gefühle der Dankbarkeit sind für die herzliche Aufnahme, die wir in Köln gefunden haben, außerordentlich tief empfunden; wir sind stark beeindruckt von der Schönheit, Vornehmheit dieses einzigartigen Gürzenich-Saales, es ist eine durch Tradition und Schönheit sich auszeichnende Bewirtung, man fühlt sich wie in alter vornehmer Familie, ohne daß die Vertreter der jetzigen Generation die geringsten Anzeichen einer Degeneration verraten.

Haben Sie, sehr verehrter Herr Oberbürgermeister, und alle die Herren, die sich mit der Vorbereitung dieses so gelungenen Festabends befaßt haben, aufrichtigen herzlichen Dank!

Wir wären schon früher gekommen, es war nicht unser Fehler, es war die Okkupation Ihrer Stadt, die uns hinderte. Wir wollten Sie in dieser schweren, sorgenvollen Zeit als Gastgeber nicht in Anspruch nehmen. Wir werden ganz gewiß wiederkommen, schon, nachdem Sie diesen Empfang einer begrenzten Anzahl als eine unwillkommene Beschränkung empfinden; wir freuen uns auf die Voll-Leistung, obgleich uns eine Steigerung kaum möglich erscheint.

Ich darf an dieser Stelle, da wir morgen abend nicht mehr inter pocula zusammenkommen werden, nochmals herzlich den Referenten des Bankiertages danken, sie haben, soweit sie bisher gesprochen haben, aus ihrer Erfahrung heraus uns sehr wertvolle Beobachtungen mitgeteilt und Anregungen gegeben. Alle Referate waren voller Sorgen, man wird sie aber nicht schlechtweg als pessimistisch bezeichnen dürfen; ich halte die Einteilung der

Menschheit in Pessimisten und Optimisten für höchst unglücklich; wir alle erkennen den Ernst der Lage, die vor uns liegenden Schwierigkeiten, wir alle aber glauben an deren Ueberwindung, und so können wir uns alle als „ernste Optimisten" bezeichnen, vielleicht mit verschiedenem Kolorit. Ich darf besonders dem Nestor der Referenten, Herrn Geheimrat Hagen, danken für die Aufzeigung wirtschaftlicher Zusammenhänge und finanzieller Gefahren, wie sie nur ein Mann geben kann, der, wie er, die deutsche und internationale Wirtschaft beherrscht und mit stets gleicher Schwungkraft sich jederzeit zur Verfügung stellt; ich darf ferner besonders Herrn Jakob Goldschmidt danken, der uns aus der Seele gesprochen hat, da wir immer und überall für die individuelle wirtschaftliche Betätigung sind, es sei denn, daß in besonderen Fällen die Vorbedingungen zwangsweise eine staatliche Bewirtschaftung verlangen. Der Wirtschaftler soll ein solider Abenteurer sein, der wagt, ohne leichtsinnig zu sein, nicht hemmungslos, sondern im Einklang mit seinen Mitteln. Der Staat kann und darf nur verwalten, soll möglichst wenig riskieren. Diese Verschiedenheit hat Jakob Goldschmidt betont, er hat sich mutig gegen den Strom der Zeit geworfen und gab uns eine „confession d'un banquier du vingtième siècle" von beispielgebender Bedeutung.

Er ist auch sehr für eine möglichst starke Publizität eingetreten, mit Recht, aber vorher bedarf es gewisser Veränderungen in den Anschauungen derer, für die die Publizität in erster Linie bestimmt ist, nötigenfalls auch Aenderungen in unserer Steuergesetzgebung. Heute sind es — sagen wir hier einmal ruhig etwas übertrieben — vier Feinde, denen gegenüber ein Unternehmen sein Recht auf seine lebensnotwendigen Reserven erst durchsetzen muß: Es sind bei den Aktiengesellschaften die Aktionäre, in Privatunternehmungen die Inhaber und sonstigen am Gewinn Beteiligten, die in dem Wunsche nach großen Ausschüttungen, die über die wirkliche Kraft des Unternehmens hinausgehen, die erforderlichen Rückstellungen nicht anerkennen wollen. Es sind zweitens die Angestellten und Arbeiter, die oft zu Unrecht annehmen, daß eine in den Verhältnissen begründete Reserve nur dazu dienen soll, die Lage des Geschäfts schlechter erscheinen zu lassen, als sie wirklich ist und damit die Lohn- und Gehaltsansprüche zu dämpfen. Da ist ferner das Finanzamt und schließlich der Reparationsagent! Das Finanzamt ist nur Teilhaber an dem Gewinn, läßt uns aber auf unseren Verlusten allein sitzen. Natürlich ist das Finanzamt an die bestehenden Steuergesetze gebunden, aber wenn die Steuergesetze so engherzig gefaßt sind, daß auch die notwendigsten Rückstellungen weggesteuert werden, dann müssen wir eben zu einer Gesetzesänderung kommen. Der Reparationsagent endlich bekommt ein materiell falsches Bild, wenn er Bilanzen sieht, die der nötigen Reserven entbehren und daher im letzten Ende materiell unzutreffend sind.

Gewiß, auch ich bin dafür, die richtigen Bilanzen zu publizieren, aber, wie gesagt, die richtigen. Es handelt sich nicht darum, irgend etwas zu verheimlichen, sondern nur darum, nicht durch unrichtige Publikationen einen irrtümlichen Optimismus zu schaffen. Von einem Verheimlichen kann ja schon keine Rede sein, wenn man die steuerliche Nacktkultur (Heiterkeit) sieht, die jedes wirtschaftliche Unternehmen unter Unterdrückung jedes Schamgefühls sich gefallen lassen muß! Wohin steuern wir? Oder richtiger gesagt, wohin versteuert man uns? (Heiterkeit.) Das Mindeste, was man verlangen muß, ist die Möglichkeit, steuerfreie Reserven zu schaffen. Die wirtschaftliche Stärke Deutschlands, die uns die Kraft gab, während des Krieges industriell und finanziell so lange auszuhalten, war nur eine Folge großer Reservestellungen im Frieden; wir müssen solide und stark abschreiben, große Reserven stellen, um für alle Eventualitäten gewappnet zu sein. Unser Ehrgeiz ist nicht, Geld zusammenzuraffen, sondern starke Instrumente zu schaffen, Kredit-Institute, Bankfirmen, die wirklich mächtig sind — heute sind wir es nicht —, um unserem Vaterlande dienen zu können und zu würdigen Zinssätzen Geld zur Verfügung zu stellen. Nur wenn von den von mir genannten vier Gruppen anerkannt wird, daß von den jährlichen Jahres-Gewinnen diese Rückstellungen gemacht werden, können wir über das hinaus, was nötig ist, freudige, ich möchte sagen stolze Publizität fördern; solange diese Einsicht nicht herrscht, sind diese vier Gruppen Feinde eines starken wirtschaftlichen Aufbaus, d. h. unsere Feinde und ihre eigenen und Feinde der Publizität, denn sie hindern sie!

Wir sollten uns nicht, wie es so viel geschieht, so sehr darüber freuen, daß wir wieder einen Kredit im Ausland haben und Anleihen im Ausland aufnehmen können. Einen Kredit zu finden, nachdem der Chauvinismus abgeflaut ist, ist nicht zu schwer, es fragt sich, zu welchen Bedingungen; versichern kann man alles, fast alles, so ist es auch mit dem Begeben von Anleihen. Unser Kredit im Ausland ist schlecht, denn die Anleihen von den kleinsten Staaten mit schlechter finanzieller Vergangenheit werden ebenso hoch eingeschätzt wie die deutschen. Das wird auch nicht anders, solange wir noch besetzte Gebiete in Deutschland haben, solange die Reparationszahlung nicht fixiert ist, und zwar auf eine tragbare Höhe — sonst bleiben wir lieber, wo wir sind —, und bis eine Vermögensbildung in Deutschand wieder möglich wird, so daß wir unsere Anleihebedürfnisse selbst befriedigen können. In der Zwischenzeit — bis wir so weit sind, und wir tun gut, uns auf eine nicht zu kurze Zwischenzeit einzurichten, denn in den Ländern unserer früheren Gegner sind noch viele, denen wir nicht schwach, ja verkrüppelt genug sein können —, dürfen wir uns nur möglichst wenig im Ausland verschulden, denn auch hier entscheidet Angebot und Nachfrage. —

Doch ich rede zu viel, meine Aufgabe war, kurz und herzlich dem Herrn Oberbürgermeister Dr. Adenauer und der Stadt Köln für die reizende Aufnahme zu danken. Der Herr Reichswirtschaftsminister hat mir nur einen Teil meiner Aufgabe übriggelassen, allerdings einen sehr wertvollen. Ich bitte Sie, Ihre Gläser zu erheben und in klarer Konsequenz meiner Ausführungen mit mir auszurufen: Die Damen von Köln, sie leben hoch! (Die Anwesenden stimmen unter großer Heiterkeit und lebhaftem Beifall in dieses Hoch ein.)

von **H. Rehm, H. Trumpler, H. Dove, Ernst Neukamp, R. Schmidt-Ernsthausen** und Dr. **James Breit.** Mit Vorwort von **J. Riesser.** Lexikon-Oktav. XIII, 464 Seiten. 1909. 12.—, geb. 13.50

Börsengesetz. Von **Th. Hemptenmacher.** Vierte Auflage. Erscheint im Herbst 1928.
(Guttentagsche Sammlung Deutscher Reichsgesetze Bd. 41.)

Hypothekenbankgesetz vom 13. Juli 1899. Von Dr. **H. Göppert.** Dritte Auflage, bearbeitet von Geh. Legationsrat Dr. **Seidel.** Taschenformat. In Bearbeitung.
(Guttentagsche Sammlung Deutscher Reichsgesetze Bd. 51.)

Das Kredit- und Bankwesen. Von Dr. **Wilhelm Lexis.** Zweite Auflage, besorgt von Dr. **Karl Muhs,** Professor an der Universität Jena. 148 Seiten. 1924. Geb. 1.50
(Sammlung Göschen Bd. 733.)
„Das Werk verdient infolge seiner leichtverständlichen Ausdrucksweise weitgehendste Beachtung. Besonders hervorzuheben ist noch, daß die Darstellung bis zur Gegenwart fortgeführt ist und daß insbesondere die Einwirkungen des Krieges und der Nachkriegszeit eingehend gewürdigt worden sind. Jedem, der sich ein Bild von dem gegenwärtigen Stand des Kredits und des Bankwesens machen will, wird das Werk unentbehrlich sein." *Hansa-Bund, Steuer-Zeitung.*

Staubs Kommentar zum Handelsgesetzbuch. Zwölfte und dreizehnte Auflage. Bearbeitet von **Heinrich Koenige,** Senatspräsident am Reichsgericht in Leipzig, Dr. h. c. **Albert Pinner,** Justizrat in Berlin, Dr. **Felix Bondi,** Geh. Justizrat in Dresden. Vier Bände und Registerband. Groß-Oktav. Zusammen 3970 Seiten. 1926/27. 157.—, in Halbleder 183.60
„Der Staubsche Kommentar ist das klassische Hilfswerk zum Deutschen Handelsgesetzbuch und für die Beurteilung der zahlreichen schwierigen Fragen dieses Gesetzes maßgebend geworden; er stellt ein unentbehrliches Mittel zur Erfassung und zur Anwendung des Gesetzes dar."
Frankfurter Zeitung.

Handelsgesetzbuch (ohne Seerecht). Mit den ergänzenden Vorschriften des Bürgerlichen Gesetzbuchs und einem Anhang, enthaltend das Einführungsgesetz, das Depotgesetz, die Bestimmungen über Börsentermin- und Differenzgeschäfte u. a. Nebst Erläuterungen. Im Anschluß an die Textausgabe von F. Litthauer. Von Dr. **Albert Mosse,** weil. Geh. Justizrat, Oberlandesgerichtsrat a. D. und ord. Honorarprofessor. Neubearbeitet von Dr. **Ernst Heymann,** Geh. Justizrat, ord. Professor an der Universität Berlin. Siebzehnte Auflage. Unter Mitwirkung von Dr. Karl August Crisolli in Berlin. Oktav VIII, 693 Seiten. 1926. Geb. 14.—
(Guttentagsche Sammlung Deutscher Reichsgesetze Bd. 4.)
„Der Mosse-Heymann gehört zur deutschen Handelspflege. Das abgegriffene und oft mißbrauchte Wort: „Es gibt kaum einen deutschen Juristen, auf dessen Schreibtisch er fehlt", wird an ihm zur Wahrheit.
Juristische Wochenschrift.

Handelsrechtliche Nebengesetze. Zusammengestellt von Geh. Regierungsrat Dr. **Otto Schreiber,** o. Professor an der Universität Königsberg. Taschenformat. VIII, 1002 Seiten. 1926. Geb. 14.—
(Guttentagsche Sammlung Deutscher Reichsgesetze Bd. 162.)
„Die Sammlung ist ein unentbehrliches Hilfsmittel für den Praktiker. Die Zusammenstellung ist sehr zuverlässig; auch das Sachregister verdient volle Anerkennung." *Zentralblatt für Handelsrecht.*

Deutsches Handelsrecht. Von Dr. **Karl Lehmann,** weil. Professor an der Universität Göttingen. Neubearbeitet von Dr. **Heinrich Hoeniger,** o. Professor an der Universität Freiburg i. Br.

I. Einleitung. Der Kaufmann und seine Hilfspersonen. Offene Handelsgesellschaft, Kommandit- und stille Gesellschaft. 117 Seiten. 1921. (Sammlung Göschen Bd. 457.) Geb. 1.50

II. Aktiengesellschaften, Gesellschaften mit beschr. Haftung, Eingetragene Genossenschaften, Handelsgeschäfte. 126 Seiten. 1924. (Sammlung Göschen Bd. 458.) Geb. 1.50

„In klarer, knapper Sprache werden sämtliche Rechtsfragen dargestellt. Das Werk eignet sich für den täglichen Gebrauch und für allgemeine Orientierung." Deutscher Außenhandel.

Das Handelswesen. Von Professor Dr. **Wilhelm Lexis** und Professor **Karl Muhs.**

I. Das Handelspersonal und der Warenhandel. Dritte, vermehrte Auflage. 118 Seiten. 1923. Geb. 1.50 (Sammlung Göschen Bd. 296.)

II. Die Effektenbörse und die innere Handelspolitik. Dritte, vermehrte Auflage. 110 Seiten. 1923. Geb. 1.50 (Sammlung Göschen Bd. 297.)

Die „Konsumgenossenschaft" spricht von der erfreulichen Kürze und der Klarheit des Ausdruckes dieses Lehrbuches.

Grundlagen der Handelspolitik. Von **Heinrich Sieveking,** Professor an der Universität Hamburg. Dritte, gänzlich umgearbeitete Auflage. 122 Seiten. 1927. Geb. 1.50 (Sammlung Göschen Bd. 245).

„Das Büchlein enthält eine leichtverständliche Einführung in die Probleme der Handelspolitik." Mitteilungen des Reichsverbandes der Deutschen Industrie.

Scheckgesetz, mit allen einschlägigen Nebengesetzen, den ausländischen Gesetzen und dem Deutschen Postscheckgesetz mit Postscheckordnung. Kommentar von **R. Michaelis,** Reichsgerichtsrat. Groß-Oktav. VII, 339 Seiten. 1927. 16.—, geb. 18.— (Gewerbe- und Industrie-Kommentar Bd. II.)

„Was der Staub für das Handelsgesetzbuch ist, dürfte der Kommentar von Michaelis für das Scheckgesetz bedeuten, nämlich eine großangelegte, dem Bedürfnis der Wissenschaft wie dem der Praxis in gleicher Weise Rechnung tragende Durcharbeitung des Gesetzestextes, der dazugehörigen Materialien, der einschlägigen Literatur sowie der höchstrichterlichen Rechtsprechung." Deutsche Wirtschaftszeitung.

Staubs Kommentar zur Wechselordnung. Fortgesetzt von Dr. **J. Stranz** und Dr. **M. Stranz.** Elfte Auflage, bearbeitet von Justizrat **M. Stranz,** Rechtsanwalt am Kammergericht, und **Martin Stranz,** Rechtsanwalt an den Landgerichten Berlin. Groß-Oktav. 426 Seiten. 1926. 16.—, geb. 18.—

„Zwei Namen klingen ans Ohr, die der deutschen Juristenwelt unvergeßlich sind: Hermann Staub und Josef Stranz. Was soll man mehr sagen? Staub-Stranz ist der Kommentar zur Wechselordnung. Auch die jüngste Auflage des Kommentars gibt einen echten Staub-Stranz. Weiterer Kommentar dazu ist überflüssig." Juristische Wochenschrift.

Wechselordnung vom 3. Juni 1908. Kommentar von Justizrat Dr. **J. Stranz** und Dr. **M. Stranz,** Rechtsanwalt. Zwölfte Auflage von M. und **M. Stranz.** Taschenformat. VIII, 396 Seiten. 1923. Mit Nachtrag 1926. (Guttentagsche Sammlung Deutscher Reichsgesetze Bd. 5.) Geb. 3.50

„Die Verfasser haben die Vorschriften der Wechselordnung in einer stets klaren Sprache systematisch so erläutert, daß für den täglichen Gebrauch des Juristen oder Kaufmanns keine irgend erhebliche Frage ohne Beantwortung geblieben ist. . . . daß der Leser ein volles Bild vom Stande des deutschen Wechselrechts für die Zwecke der praktischen Rechtsanwendung allüberall gewinnen kann." Juristische Wochenschrift.

Kommentar zum Gesetz, betreffend die Gesellschaften mit beschränkter Haftung. (Früher **Staub-Hachenburg.**) Fünfte Auflage unter Mitarbeit von Dr. Fritz Bing, Rechtsanwalt in Mannheim, und Dr. Walter Schmidt II, Rechtsanwalt in Berlin, von Dr. **Max Hachenburg,** Rechtsanwalt in Mannheim.

Erster Band: §§ 1—34. Groß-Oktav. VI, 527 Seiten. 1926. 23.—, in Leinen 25.—

Zweiter Band: §§ 35—84. Groß-Oktav. II, 452 Seiten. 1927. 20.—, in Leinen 22.—

„Eine Schöpfung, die zu den glänzendsten deutschen Rechtsforschungen gehört. Es ist schlechterdings unmöglich, in wenigen Worten einer so hochwertigen Leistung gerecht zu werden. Man kann nur in die Worte allgemeiner Anerkennung einstimmen, die Hachenburg von jedermann, man wird wohl sagen dürfen, zwangsläufig gespendet werden. Ein wirkliches Meisterwerk." *Zentralblatt für Handelsrecht.*

Gesetz, betreffend die Gesellschaften mit beschränkter Haftung. Kommentar von Dr. jur. **Erich Brodmann,** Reichsgerichtsrat i. R. Groß-Oktav. VIII, 315 Seiten. 1924. 16.—, geb. 18.—

„Umfassende Beherrschung der Judikatur und selbständige Durchdringung der Probleme zeichnen das Werk aus."
Mitteilungen der Industrie- und Handelskammer, Berlin.

Aktienrecht. Kommentar von Dr. jur. **Erich Brodmann,** Reichsgerichtsrat i. R. Groß-Oktav. XII, 580 Seiten. 1928. 28.—, geb. 30.—

„Mit unvergleichlichem Geschick hat der Verfasser Großartiges geleistet — Brodmann ist Trumpf!" *Zeitschrift für Aktiengesellschaften.*

„Der vorliegende Band, der eine aus allererster Sachkenntnis schöpfende, die gesamte Rechtsprechung, namentlich die des Reichsgerichts, umfassende eingehende Erläuterung des Aktienrechts bietet, kann wegen der weitgreifenden Bedeutung des Aktienrechts eines starken Erfolges sicher sein. Seine Aufgabe ist ihm in vollem Umfange gelungen."
Industrie- und Handelszeitung.

Probleme des Aktienrechts unter besonderer Berücksichtigung ihrer Entwicklung in den Vereinigten Staaten von Amerika. Von Dr. **Georg Solmssen,** Geschäftsinhaber der Disconto-Gesellschaft. Zweite Auflage. Oktav. I, 127 Seiten. 1928. 2.50

Die vorliegende zweite Auflage dieser Schrift ist nach nur knapp einem Jahr notwendig geworden. Der bekannte, ganz im Wirtschaftsleben stehende Verfasser hat in der vorliegenden Auflage die Abschnitte über die Probleme der Mehrheitsaktie, der Legitimationszession und der Publizität erweitert.

Verordnung gegen Mißbrauch wirtschaftlicher Machtstellungen vom 2. November 1923. Kommentar von Reichsgerichtsrat Dr. **W. Staffel.** Oktav. 108 Seiten. 1927. Geb. 3.50
(Guttentagsche Sammlung Deutscher Reichsgesetze Bd. 167.)

Die für das Wirtschaftsrecht so wichtige Kartellordnung findet hier eine eingehende Kommentierung aus der Feder eines in diese Fragen tief eingedrungenen Mitglieds des höchsten Gerichtshofs. Die Erläuterungen werden daher um so unentbehrlicher für die wirtschaftiche Praxis auf diesem Gebiete sein.

Reichsgesetz, betreffend die Erwerbs- und Wirtschaftsgenossenschaften. Kommentar zum praktischen Gebrauch für Juristen und Genossenschaften. Herausgegeben von **Ludolf Parisius** und Dr. **Hans Crüger.** Elfte, neubearbeitete Auflage von Dr. **Hans Crüger,** Dr. **Adolf Crecelius** und **Fritz Citron.** Groß-Oktav. XII, 786 Seiten. 1928. 28.—, geb. 30.—

„Crüger beherrscht wie kein anderer Theorie und Praxis des Genossenschaftswesens, auch nach der wissenschaftichen Seite hin."
Juristische Wochenschrift.

Konkursordnung und Anfechtungsgesetz. Mit Anmerkungen unter besonderer Berücksichtigung der Entscheidungen des Reichsgerichts. Begonnen von Dr. **R. Sydow.** Fortgeführt von **L. Busch,** Reichsgerichtsrat i. R., jetzt zugleich mit **O. Krieg,** Landgerichtsrat. Vierzehnte, vermehrte Auflage. Taschenformat. XXXI, 622 Seiten. 1926. Mit Nachtrag 1927, enthaltend Vergleichsordnung. Geb. 10.—
(Guttentagsche Sammlung Deutscher Reichsgesetze Bd. 13.)

„Diese mustergültige Bearbeitung des Konkursrechtes kann einen großen Kommentar zur Konkursordnung voll ersetzen. Der Reichtum an praktisch-wissenschaftlichen Erläuterungen, an angezogenen Gerichtsentscheidungen setzt in Erstaunen. Die angefügte Darstellung des Anfechtungsgesetzes erfüllt ebenfalls alle Erwartungen."
Leipziger Zeitschrift für deutsches Recht.

Kommentar zur Konkursordnung und den Einführungsgesetzen. Mit einem Anhang, enthaltend das Anfechtungsgesetz, die Vergleichsordnung, Auszüge aus den Kostengesetzen, die Ausführungsgesetze und Geschäftsordnungen. Von Dr. **Ernst Jaeger,** Professor in Leipzig. Sechste und siebente Auflage. Lexikon-Oktav. Die Ausgabe erfolgt in Lieferungen. Gesamtumfang etwa 100 Bogen. Etwa 80.—
Lieferung 1: §§ 1—16. 1928. 16.—

„Vom Erscheinen der ersten Auflage an galt das Werk ohne Widerspruch als der beste Kommentar zur Konkursordnung. Die Autorität, die das Werk in allen Kreisen genießt, ist voll verdient. Jaeger ist der Kommentar der deutschen Konkursordnung!" *Juristische Wochenschrift.*

Gesetz gegen den unlauteren Wettbewerb vom 7. Juni 1909. Textausgabe mit Anmerkungen, Einleitung und Sachregister. Von Justizrat **A. Pinner** und Dr. **A. Elster.** Achte, sehr vermehrte und umgestaltete Auflage von Dr. jur. **Alexander Elster** in Berlin. Taschenformat. 254 Seiten. 1927. Geb. 5.—
(Guttentagsche Sammlung Deutscher Reichsgesetze Bd. 37.)

„Die Bearbeitung ist ein geschlossener, auf höchste Konzentration gebrachter Kommentar."
Mitteilungen des Reichsverbandes der Deutschen Industrie.

Arbeiterschutz und Arbeitsrecht. (Erste Auflage von Dr. Adolf Günther.) Zweite Auflage.

I. Teil: **Arbeitszeitschutz.** Das Arbeitszeitnotgesetz und die übrige arbeitszeitrechtliche Gesetzgebung des Reichs seit 9. November 1918. Erläutert von Dr. **Richard Schneider,** Archivar beim Reichstag, unter Mitwirkung von Dr. **Adolf Günther,** o. Professor an der Universität Innsbruck. Taschenformat. 386 Seiten. 1927. Geb. 7.50
(Guttentagsche Sammlung Deutscher Reichsgesetze Bd. 138 a.)

„Das Buch soll ein Führer durch das weite und unübersichtliche Gebiet der arbeitszeitrechtlichen Gesetzgebung sein. Man muß sagen, daß diese Aufgabe vollständig erfüllt wird. Ein ausführliches Sachregister erleichtert die Benutzung außerordentlich. Man kann deshalb jedem, welcher sich mit Arbeitszeitfragen beruflich zu beschäftigen hat, die Anschaffung des Buches nur empfehlen." *Archiv für Rechtspflege.*

Das Arbeitsgerichtsgesetz. Textausgabe mit Einleitung und Sachregister. Von Dr. **Hans Depène,** Obermagistratsrat, Vorsitzender des Kaufmannsgerichts in Berlin. Taschenformat. 180 Seiten. 1927. Geb. 3.60
(Guttentagsche Sammlung Deutscher Reichsgesetze Bd. 168.)

„Das Buch stellt eine sehr brauchbare Textausgabe mit Anmerkungen und Sachregister dar." *Leipziger Zeitschrift für deutsches Recht.*

Die Reichsabgabenordnung. Für die Praxis erläutert von Dr. **Albert Nieberl,** Regierungsrat beim Landesfinanzamt Stettin. Zweite, neubearbeitete Auflage. Taschenformat. 555 Seiten. 1927. Geb. 12.—
(Guttentagsche Sammlung Deutscher Reichsgesetze Bd. 143.)

„Der Kommentar ist wegen seiner Knappheit, Uebersichtlichkeit und Zuverlässigkeit allen denen zu empfehlen, die sich in ihrer täglichen Arbeit mit der Reichsabgabenordnung befassen müssen."
Mitteilungen der Industrie- und Handelskammern.

Die Industriebelastungsgesetze vom 30. August 1924 nebst den Durchführungsbestimmungen zum Gesetz über die Industriebelastung. Erläutert von Dr. jur. Dr. rer. pol. **Heinrich Hoepker,** Oberregierungsrat. Taschenformat. XV, 200 Seiten. 1925. Geb. 4.—

„Die Anmerkungen sind erschöpfend und führen den Leser mit Geschick in die schwierige und neue Materie ein. Rechtsanwälte sowie Kaufleute, für welche die Industriebelastung in Frage kommt, werden das mit einem guten Sachregister ausgestattete Werk mit gleichem Nutzen gebrauchen."
Industrie- und Handels-Zeitung.

Einkommensteuergesetz und Körperschaftsteuergesetz nebst den zugehörigen Aus- und Durchführungsbestimmungen, Verordnungen und Erlassen. Erläutert von Dr. **Adolf Hollaender,** Rechtsanwalt in Berlin. Taschenformat. XXXIX, 697 Seiten. 1926. Mit Nachtrag 1928. Geb. 24.—
(Guttentagsche Sammlung Deutscher Reichsgesetze Bd. 159.)
(Guttentagsche Sammlung Deutscher Reichsgesetze Bd. 151.)

„Dieser wertvolle Kommentar zählt zu den Werken, die in der erschöpfenden Behandlung der Zweifelsfragen ihre Aufgabe sehen.
Für Steuerbehörden wie Steuerpflichtige stellt das vorliegende Buch ein gleich wertvolles Nachschlagewerk dar, da es die auftauchenden Zweifelsfragen ausführlich erörtert und auch das an vielen Stellen verstreute Material übersichtlich darbietet." *Steuer-Archiv.*

Handwörterbuch der Rechtswissenschaft. Unter Mitberatung von ersten Juristen herausgegeben von Dr. jur. **Fritz Stier-Somlo,** o. Professor an der Universität Köln, und Dr. jur. **Alexander Elster,** Berlin. Lexikon-Oktav.

I. Band: Abandon—Deichgüter. XV, 912 Seiten. 1926. 39.—, in Halbleder 46.—

II. Band: Deichverbände—Giroverkehr. XII, 960 Seiten. 1927. 42.—, in Halbleder 48.—

III. Band: Glaubensfreiheit—Luxemburg. XII, 1004 Seiten. 1928. 48.—, in Halbleder 54.—

IV. Band: Mädchenhandel—Reichsexekution. X, 798 Seiten. 1927. 39.—, in Halbleder 46.—

V. Band: Reichsgericht—Territorialprinzip. X, 885 Seiten. 1928. 42.—, in Halbleder 48.—

Band VI beginnt jetzt in Lieferungen zu erscheinen.

Dieses auch für den Wirtschaftler enorm wichtige Werk hat eine hervorragende Kritik gefunden. Das „Zentralblatt für Handelsrecht" schreibt: „Die Herausgeber Stier-Somlo und Alexander Elster dürfen mit berechtigter Genugtuung auf das Werk blicken. Die einzelnen, nach Stichwörtern alphabetisch geordneten Abhandlungen erörtern ihr Thema nach allen Seiten: allgemein, bürgerlich-rechtlich, handelsrechtlich, öffentlich- und steuerrechtlich. Sämtliche Rechtsdisziplinen, natürlich auch Staatsrecht, Verwaltungsrecht, Kirchenrecht, Strafrecht usw., sind vertreten. Was als Ziel gesetzt war, ist in der Tat erreicht: Verständigung zwischen Rechtswissenschaft und Rechtsverwirklichung. Offenlegung des einheitlichen Rechtsgedankens der verschiedenen Rechtsgebiete."

Grundriß der Buchhaltung und Bilanzkunde. Von **Friedrich Leitner,** Professor an der Handelshochschule Berlin. Sechste und siebente, erweiterte Auflage. Oktav.

I. Band: Die doppelte kaufmännische Buchhaltung. VIII, 323 Seiten. 1923. 5.—, geb. 6.50

II. Band: Bilanztechnik und Bilanzkritik. VIII, 424 Seiten. 1923. 6.—, geb. 7.50

„Dem Verfasser ist es in bester Weise gelungen, durch reiches, anschauliches Material aus der Praxis die Probleme der Bilanztechnik und Bilanzkritik darzustellen." Blätter für Genossenschaftswesen.

Wirtschaftslehre der Unternehmung. Von Dr. **Friedrich Leitner,** Professor an der Handelshochschule Berlin und an der Technischen Hochschule Berlin-Charlottenburg. Fünfte Auflage der „Privatwirtschaftslehre der Unternehmung". Groß-Oktav. VIII, 375 Seiten. 1926. 12.—, geb. 13.50

„Das Werk, das sich durch Klarheit der Darstellung und begriffliche Schärfe auszeichnet und seinen Gegenstand nach allen Richtungen hin erschöpfend behandelt, wird nicht nur dem wissenschaftlich Interessierten, sondern auch dem Praktiker viele Anregungen bieten und wertvolle Kenntnisse übermitteln."
Mitteilungen der Industrie- und Handelskammer Frankfurt a. M.

Finanzierung der Unternehmungen. Von Dr. **Friedrich Leitner,** Professor an der Handelshochschule Berlin. 108 Seiten. 1927. Geb. 1.50 (Sammlung Göschen Bd. 963.)

„Die Darstellung beschränkt sich auf das Grundsätzliche der Finanzierungsmöglichkeiten unter Berücksichtigung der neuzeitlichen Verhältnisse. In dem Abschnitt über die Geldmittelbeschaffung bei den Unternehmungsformen werden englische und nordamerikanische Methoden vergleichsweise herangezogen." Badische Wirtschaftszeitung.

Technik des Bankbetriebes. Von Professor Dr. **Karl Eichenseer,** Direktor der Städtischen Sparkasse Harburg a. E. 146 Seiten. 1925. Geb. 1.50 (Sammlung Göschen Bd. 484.)

„Ein hervorragender Kenner auf dem Gebiete des Bankwesens hat es mit großem Geschick und mit übersichtlicher Klarheit verstanden, einen sicheren Führer durch die schwierigen und verwickelten Probleme der Technik des Bankbetriebes zu schaffen. Eine weitere nicht zu unterschätzende Stärke des Buches ist die kurze, aber trotzdem stets erschöpfende Darstellung des vielgestaltigen Stoffes."
Hamburger Industrie- und Gewerbe-Zeitung.

Statistik. Von Professor Dr. **Heinrich Bleicher.** I. Allgemeines. Physikalische und Bevölkerungsstatistik. Mit 8 Abbildungen. Zweite, ergänzte Auflage. 154 Seiten. 1925. Geb. 1.50 (Sammlung Göschen Bd. 746.)

„Wer alles das beherrscht, was Bleicher in bewundernswerter Konzentration der Darstellung in dem kleinen Büchlein zusammengestellt hat, kann getrost auf dieser Grundlage weiterbauen. So sei das Büchlein allen, die eines Vermittlers für die nähere Bekanntschaft mit der Statistik bedürfen, warm empfohlen." Jahrbücher für Nationalökonomie.

X. 1928. Nr. 2924

Druck von A. W. Hayn's Erben, Berlin SW 68

FSC
www.fsc.org
MIX
Papier | Fördert
gute Waldnutzung
FSC® C083411

Kolibri 360 GmbH
Ferdinand-Jühlke-Straße 7
99095 Erfurt, Deutschland
produktsicherheit@kolibri360.de